ÖSTERREICHISCHE INDUSTRIEGESCHICHTE

1848 bis 1955

Die verpasste Chance

Herausgegeben von
Österreichische Industriegeschichte GmbH, Linz

Johannes Jetschgo
Ferdinand Lacina
Michael Pammer
Roman Sandgruber

unter Mitarbeit von
Dionys Lehner
Manfred Getzner
Andreas Resch

UEBERREUTER

Die »Österreichische Industriegeschichte« ist insbesondere durch die großzügige Unterstützung der Stiftung »Dr. Robert und Lina Thyll-Dürr«, Stansstad, Schweiz, zustande gekommen. Dank gebührt auch der Bank Austria Creditanstalt Aktiengesellschaft und Leitner + Leitner, Wirtschaftsprüfer und Steuerberater, Linz, für die geleistete Unterstützung.

Autoren: Dr. Johannes Jetschgo
Dkfm. Ferdinand Lacina
a.o. Univ.-Prof. DDr. Michael Pammer
o. Univ.-Prof. Dr. Roman Sandgruber

Co-Autoren: Dr. Dionys Lehner
Ing. Manfred Getzner
a.o. Univ.-Prof. Dr. Andreas Resch

Herausgeber: Österreichische Industriegeschichte GmbH, Linz
mit den Gesellschaftern
Dr. Günther Chaloupek
Dr. Johannes Jetschgo
Dkfm. Ferdinand Lacina
Dr. Dionys Lehner (Vorsitz)
o. Univ.-Prof. Dr. Roman Sandgruber
KR Dr. Werner Schrotta

Wissenschaftlicher Beirat:
Dr. Günther Chaloupek
o. Univ.-Prof. Dr. Franz Mathis
o. Univ.-Prof. Dr. Herbert Matis
o. Univ.-Prof. Dr. Roman Sandgruber (Vorsitz)

Koordination: Mag. Sigrid Scheichl

Lektorat: Irmgard Dober

Textrecherche: Ing. Walter Herrmann

Bildrecherche: Dr. Angela Feldmann
Mag. Astrid Fürlinger
Mag. Sigrid Scheichl
unter Mitarbeit von
Mag. Gerda Leipold-Schneider
Mag. Ines Peper
Mag. Sabine Pitscheider
Dr. Reinhard Pohanka

Layout: Good Look – Kurt Lackner
Computergrafik: Joseph Koó, Wien
Umschlag: Maria Schuster
Umschlagbild: Fabriksansicht von Berndorf, Luigi Kasimir, 1907, Berndorf AG

ISBN 3-8000-3929-X

Druck: Druckerei Theiss GmbH, A-9431 St. Stefan i. L.
7 6 5 4 3 2 1

Ueberreuter im Internet: www.ueberreuter.at

Inhalt

»Viribus unitis!«: »Mit vereinten Kräften!«… in das 20. Jahrhundert –
unter den Wahlspruch Kaiser Franz Josephs stellten Alexander Duschnitz und
Carl Fischer die von ihnen zur Jahrhundertwende 1900 erschienene
»Ehrengallerie der österreichisch-ungarischen Monarchie«.

EINLEITUNG

Das Attentat auf den österreichischen Thronfolger Franz Ferdinand und seine Gattin Sophie in Sarajevo am 28. Juni 1914 löste den Ersten Weltkrieg aus, die »Urkatastrophe« des 20. Jahrhunderts. Illustration aus »Petit Journal«, 1918

ÖSTERREICH ÜBER ALLES, WANN ES NUR WILL! Das ist der Titel des 1684 erschienenen Buches, das für ein Jahrhundert zu der am häufigsten verbreiteten Denkschrift volkswirtschaftlichen Inhalts im deutschen Sprachraum wurde. Der Autor Philipp Wilhelm von Hörnigk gab damit den gedanklichen Boden vor, auf dem eine gesunde österreichische Industrie- und Wirtschaftspolitik zu stehen habe.

Das vorliegende dreibändige Werk über die österreichische Industriegeschichte vom 17. Jahrhundert bis zur Gegenwart ist eine Analyse dieses von Hörnigk angesprochenen Willens, der Fähigkeit, diesen Willen unternehmerisch umzusetzen, der Chance, die der Staat wirtschaftspolitisch seinen Bürgern als Erfindern und Unternehmern gab, und des Kapitals, das zur Realisierung der Unternehmungsziele zur Verfügung stand.

Das Werk umfasst folgende Perioden, die eine vergleichbare Intensität der Veränderung festhalten und dabei immer kürzer werden:

Band I: 1700–1848 »Die vorhandene Chance«
Band II: 1848–1955 »Die verpasste Chance«
Band III: 1955–2005 »Die ergriffene Chance«

Von den drei Bänden ist Band I im Oktober 2003 erschienen. Er umfasst die vorindustrielle Phase der Protoindustrie des 18. Jahrhunderts und die Frühphase der Industrialisierung und damit die industrielle Revolution des auslaufenden 18. Jahrhunderts und der ersten Hälfte des 19. Jahrhunderts. Trotz steten Kapitalmangels und enormer Lücken im Handel waren die industriellen Chancen Österreichs in dieser Periode ausreichend vorhanden.

Der vorliegende Band II beschreibt, wie die Industrialisierung ihre volle Dynamik, Produktvielfalt und Kaufkraftexplosion entfaltete. Österreich gelang es aber nicht, die sich eröffnenden Chancen ausreichend wahrzunehmen. Vor allem in der zweiten Periodenhälfte von 1914 bis 1955 waren die äußeren

Der Marshallplan war der Beginn des vereinten Europa und die Grundlage des österreichischen Wirtschaftswunders. Werbeplakat, 1948

Kriseneinflüsse so dramatisch, dass die Industrie ständig extreme, atypische Anpassungen bewältigen musste, die den industriellen Aufbau massiv erschwerten und kostspielig waren. Band III wird zeigen, wie es Österreich gelingt, trotz Kapitalmangels und fehlender multinationaler Konzerne eine Breite des Unternehmertums und der innovativen Produktentwicklung zu erreichen, die es erlaubt, von einer »ergriffenen industriellen Chance« zu sprechen.

Die vorliegende Darstellung der Industriegeschichte Österreichs bezieht sich ganz auf die Grenzen des heutigen Österreichs. Das Werk richtet sich nicht in erster Linie an den historisch vorgebildeten Leser. Die Absicht ist vielmehr, dem direkt und indirekt an der Industrie Interessierten ein lebendiges Bild der Geschichte der österreichischen Industrie zu vermitteln. Der Blick auf die industrielle Vergangenheit ist oft geeignet, ein besseres Verständnis für die industriellen Probleme der Gegenwart zu bewirken.

Das Ziel, einen erweiterten Leserkreis anzusprechen, soll durch eine homogene Struktur und eine weitgehende Visualisierung der Inhalte erreicht werden. Der nachstehende Aufbau gilt für alle drei Bände:

I. Zusammenfassung
II. Aspekte, die Impulse des Zeitgeistes
III. Branchen, die führenden Industriezweige
IV. Internationaler Vergleich
V. Nationalökonomie in Österreich
VI. Ausblick

I. DIE VERPASSTE CHANCE – EINE ZUSAMMENFASSUNG

Der Vielvölkerstaat Österreich-Ungarn, humoristische Zeichnung von F. G. Ilger, um 1908, herausgegeben von der satirischen Zeitschrift »Kikeriki«.

Hundert Jahre einer bewegten Geschichte

Österreich durchlebte von 1848 bis 1955 fast alle Situationen, die die Politikwissenschaft kennt: Revolution, absolutistische und konstitutionelle Monarchie, konfliktorientierte Demokratie, Bürgerkrieg, Diktatur in autoritären und in totalitären Varianten, bis zu der auf Konsens basierenden und sozialpartnerschaftlich ausgerichteten Demokratie nach 1945. Es wurde 1918 von einem multinationalen Großstaat zu einem Kleinstaat, der erst nach 1945 seine Identität fand.

Viele Strukturbrüche erschwerten die wirtschaftliche Entwicklung: der Verlust der reichen italienischen Provinzen Lombardei und Venetien nach der Mitte des 19. Jahrhunderts, die Katastrophe des Ersten Weltkriegs und die Zerschlagung des Vielvölkerstaates, die Weltwirtschaftskrise und die inneren Konfrontationen der nicht zur Ruhe kommenden Ersten Republik, der »Anschluss« an das Großdeutsche Reich mit der politischen und ökonomischen Katastrophe der NS-Diktatur und des Zweiten Weltkriegs und endlich die Stellung als befreites, aber durch die Besatzung geteiltes und an den Rand des Eisernen Vorhangs gedrängtes Land. Zweimal war es fast zum Verhungern verurteilt und war in das untere Drittel der europäischen Wohlstandsskala zurückgefallen. Erst nach 1955 begann es in die Spitzengruppe der reichsten Staaten der Welt aufzurücken.

Die Schlacht bei Königgrätz, 1866, entschied über die Vorherrschaft in Deutschland. Gemälde von Christian Sell (1831–1883)

Um 1950 war der Wiederaufbau weitgehend abgeschlossen. So bedeutete der Staatsvertrag im Jahr 1955 zweifellos einen formalen Schlusspunkt: Österreich hatte seine volle Souveränität wieder. Mit der Erklärung der Neutralität nach Schweizer Vorbild erhielt das Land eine neue Positionierung zwischen den Blöcken, auch wenn die Orientierung am Westen und die Zugehörigkeit zu ihm unbestritten war. Das Wirtschaftswunder, das 1955 bereits voll im Gang war, erhielt damit zusätzliche Schubkraft.

Die Habsburgermonarchie und ihre Nachfolgestaaten nach den Pariser Friedensverträgen 1919

Aspekte

Innovationen und Innovatoren: Von der Eisen- und Stahlindustrie und der Montanwissenschaft wurde ein zur Größe des Landes überproportionaler Beitrag an Innovationen erbracht.

Österreichs Beiträge in der Kraftwerkstechnik mit der von Viktor Kaplan erfundenen Turbine, in der Wechselstromtechnologie, in der Entwicklung von Elektromotoren und Haushaltselektrik und in der Nachrichten-, Rundfunk- und Fernsehtechnik sind besonders hervorzuheben.

Auch im Bereich der Chemiewirtschaft verdienen es einzelne Forscherpersönlichkeiten und Erfinder, genannt zu werden. Die Chemie als Wissenschaft erreichte im späten 19. und frühen 20. Jahrhundert in Österreich einen hohen Standard.

Besonders zahlreich sind die Beiträge, die österreichische Erfinder, Innovatoren und Konstrukteure für die Entwicklung von Automobil und Flugzeug lieferten.

Auch an der größten technologischen Revolution des 20. Jahrhunderts, jener der Informationstechnik und der Datenverarbeitung, hatte Österreich großen Anteil.

Österreich schuf sich im 19. Jahrhundert eine hervorragende Position in der Wissenschaft. Hinsichtlich der Zahl der Universitäts- und Hochschulstudenten erreichte es eine weltweite Spitzenstellung. Allerdings war der Aderlass schon durch den Zerfall der Habsburgermonarchie und noch viel stärker durch die Vertreibung und Verfolgung jüdischer und oppositioneller Wissenschaftler in der NS-Zeit enorm.

Armut und Not: Brennholzsammler im Wienerwald, 1918/19

Globalisierung – vom Imperialismus bis Bretton Woods: Die Industrialisierung revolutionierte die Produktionsverhältnisse nicht nur in Europa, sondern auch global nachhaltig. Bereits im 19. Jahrhundert bildeten sich internationale Kapitalmärkte und multinationale Konzerne. Mit internationalen Arbeiterorganisationen formierte sich aber zugleich auch eine Gegenmacht.

Der Erste Weltkrieg schwächte Sieger wie Verlierer in Europa, die USA rückten ins Zentrum. Das Entstehen neuer Nationalstaaten und die große Weltwirtschaftskrise unterbrachen mit neuen Handelshemmnissen die Tendenz zu vermehrter internationaler Arbeitsteilung. Die Fehler dieser Epoche wollte man nach 1945 vermeiden: Noch während des Zweiten Weltkriegs wurde mit Währungsfonds, Weltbank und Marshallplan eine neue Weltordnung vorbereitet, erste Schritte der Integration Europas wurden getan. Doch die Kluft zwischen Ost und West, zwischen Nord und Süd wuchs.

Schwerpunkte der industriellen Standorte: Um die Mitte des 19. Jahrhunderts machten Industrie und Gewerbe erst einen kleinen Anteil an der Gesamtwirtschaft aus und konzentrierten sich auf wenige Regionen, auf das niederösterreichische Industriegebiet einschließlich Wiens mit seiner Metall- und Textilindustrie, das obersteirische Bergbaugebiet und die Eisenwurzen mit der Eisen- und Metallindustrie sowie Vorarlberg und das Mühl- und Waldviertel auf dem Textilsektor.

In der Folge entstanden mit neuen Industrien wie der Elektro- und Chemieindustrie in Niederösterreich zusätzlich zum Maschinenbau neue Branchenschwerpunkte und Vorarlberg übernahm in der Textilindustrie die Führung. Eine neue Industrieregion entwickelte sich schließlich ab etwa 1940 im oberösterreichischen Zentralraum.

Infrastruktur und Energie: Der Bau von Eisenbahnen und die Regulierung der Donau brachten für den Verkehrsfluss große Vorteile. Mit dem Eisenbahnbau und dem dadurch möglich gewordenen weiträumigen Kohlentransport wurde die Industrie in ihren Standorten flexibler. Der Zerfall der Donaumonarchie änderte die Bedingungen für die in der Republik Österreich verbliebene Industrie radikal. Das auf den großen Wirtschaftsraum orientierte Verkehrsnetz war zum Torso geworden. Die Hauptverkehrsachsen drehten sich von der Nord-Süd- in die Ost-West-Richtung.

Der Ausbau der Wasserkraft erfolgte in Österreich nach 1918 auch aus finanziellen Gründen nur zögerlich, obwohl diese die wichtigste Alternative zu den verlorenen Kohlerevieren darstellte. In und nach dem Zweiten Weltkrieg wurde Österreich durch forcierten Ausbau seiner Wasserkraft und die Aufschließung der Erdölvorkommen für einige Jahre zu einem der am besten mit Energie versorgten Länder.

Der Weg zum Massenkonsum: Bereits im 19. Jahrhundert stiegen die Masseneinkommen, das Phänomen der Konsumgesellschaft kam aber erst im zweiten Drittel des 20. Jahrhunderts zur Geltung. Der Blütezeit der Einzelhandelsläden Ende des 19. Jahrhunderts folgten die modernen Warenhäuser, die alles unter einem Dach anboten und Werbung und Marktentwicklung vorantrieben. Erst nach dem Zweiten Weltkrieg setzte sich die Selbstbedienung durch.
Die Weltkriege und Wirtschaftskrisen bremsten das Kaufkraftwachstum. Nach der Stabilisierung der Währung 1952 setzte, begünstigt durch die Weltkonjunktur, das seit den Zwanzigerjahren erträumte Wirtschaftswunder ein, geprägt von US-amerikanischen Konsum-Mustern und mehreren Wellen der Bedarfssättigung: Essen und Bekleidung, Wohnungseinrichtung und Haushaltsgeräte, die Motorisierung auf breiter Basis und die Anfänge des Massentourismus.

Fünf Währungsreformen: In den etwas mehr als hundert Jahren zwischen 1848 und 1955 war die österreichische Wirtschaft mit heftigen Turbulenzen des Geldwesens konfrontiert. Mit der Einführung der Österreichischen Währung im Jahr 1858 statt der seit 1753 bestehenden bayerisch-österreichischen Conventionsmünze gelang keine wirkliche Stabilisierung. 1892/1900 wurden mit der Einführung der Goldwährung (Krone/Heller) die das ganze 19. Jahrhundert prägenden währungspolitischen Unsicherheiten beendet. Die damit erzielte feste Verankerung im internationalen Zahlungsverkehr zerbrach jedoch mit dem Ersten Weltkrieg, die folgende Hyperinflation zerstörte die Kapitalbildung nachhaltig. Der 1924 eingeführte Schilling war zwar eine stabile Währung, konjunkturelle Impulse gingen aber wegen des hohen Zinsniveaus und der restriktiven Geldpolitik von ihm nicht aus.
Die Eingliederung in das Deutsche Reich belastete auch Österreich mit den Konsequenzen der nationalsozialistischen Geld- und Beschäftigungspolitik. Die dramatisch ausgeweitete Geldmenge zusammen mit der kriegsbedingten Entgüterung der Wirtschaft erzwang 1945/47 wiederum einschneidende Währungsreformen.

Diktatur und Bürgerkrieg: Absperrung in der Wiener Innenstadt am 1. Mai 1933 aus Anlass des verbotenen Maiaufmarschs der Wiener Sozialdemokraten

Die praktische Konsequenz war die mehrmalige Vernichtung der Ersparnisse und Geldkapitalien, sodass sich in Österreich weder eine Schicht wirklich geldkräftiger Kapitalisten noch große Fonds und das Gefühl für eine entsprechende Eigenvorsorge bilden konnten.

Banken und Industriefinanzierung: Um 1850 entstand mit der Mobilbank ein Instrument, das die Finanzierung von Eisenbahngesellschaften und industriellen Betrieben begünstigte und erleichterte. Der Anstoß zur Gründung solcher Banken wie der Credit-Anstalt und später auch der Länderbank war aus Frankreich gekommen. Der Einfluss der Banken auf die Entstehung großer Industriegruppen war in Österreich größer als in anderen Industriestaaten.
In der Gründerzeit kam es zu vielen spekula-

tiven Bankgründungen, die meisten wurden ein Opfer der Krise nach dem Börsenkrach 1873. In der Periode des Aufschwungs vor dem Ersten Weltkrieg agierten die Banken in vielen Bereichen als die Industrie organisierende Kräfte, der Zerfall der Monarchie engte den Aktionsradius der Wiener Banken jedoch ein. Die Weltwirtschaftskrise zerstörte fast alle österreichischen Großbanken, so auch die Rothschild'sche Credit-Anstalt, die nur durch massive Staatsunterstützung gerettet werden konnte. Nach dem »Anschluss« wurden die führenden Banken in deutsche Bankenkonzerne eingegliedert. 1946 gingen ihre Anteile an die Republik Österreich über, Mitte der Fünfzigerjahre begann sich der österreichische Kapitalmarkt zu konsolidieren.

Raum für das Kapital: Die Wiener Börse, Neubau am Schottenring 16/ Börsegasse 11, erbaut in den Jahren 1874–1877, Architekt Theophil Hansen

Bruchlinien der Industriepolitik: Die Mitte des 19. Jahrhunderts war gekennzeichnet vom Widerspruch zwischen politischem Absolutismus und liberalen Wirtschaftsreformen.

Mit dem Börsenkrach 1873 schwand das Vertrauen in die freie Wirtschaft, konservative Kräfte machten viele Liberalisierungsschritte wieder rückgängig und die Befürworter einer aktiven Wettbewerbs- und Freihandelspolitik unterlagen.

Industriepolitisch wurde der Stagnation nach dem Ersten Weltkrieg und der Weltwirtschaftskrise kaum entgegengewirkt. Mit der Einverleibung Österreichs in das Großdeutsche Reich wurde die Rüstungsproduktion angeworfen. Nach 1945 wurde vorerst der staatliche Interventionismus beibehalten und erst allmählich der Weg in eine liberalisierte Marktwirtschaft beschritten.

Politische und wirtschaftliche Krisen erzwingen Eigentümerwechsel: Einer der Gründe für das Fehlen großer Industriekonzerne in Österreich ist die Vielzahl politischer wie wirtschaftlicher Einschnitte, die oft auch Umbrüche in den Eigentumsverhältnissen mit sich brachten.

Den tiefsten Einschnitt bedeutete der Zerfall des Habsburgerreiches. Die Nachfolgestaaten versuchten durch Nostrifizierungen die Industrie unter heimische Kontrolle zu bringen und aus Wien und Österreich kommende Einflüsse zu verringern.

Die groß angelegten Sozialisierungsversuche nach dem Ersten Weltkrieg blieben auf einzelne kleinere Unternehmen beschränkt.

Mit der NS-Herrschaft begann der größte Raubzug unserer Geschichte. Rund 33.000 Betriebe in jüdischem Eigentum, darunter mehr als 900 Industriebetriebe, viele Handelsbetriebe und zahlreiche Privatbanken wurden liquidiert oder »arisiert«. Im Verlauf des Krieges wurden immer mehr Industrieunternehmen reichsdeutschen Konzernen eingegliedert – was den Umfang des von der Sowjetunion nach Kriegsende beanspruchten »deutschen Eigentums« erklärt, das auch nach den umfangreichen Verstaatlichungen des Jahres 1946 der österreichischen Kontrolle bis zum Abschluss des Staatsvertrages entzogen blieb. Auch wenn nach 1945 umfangreiche Rückstellungen erfolgten, war damit die Eigentümerstruktur im Industrie- und Bankbereich massiv verändert.

Beschäftigungsstrukturen und Arbeitslosigkeit: Die Beschäftigungsverhältnisse waren im Verlauf des 19. Jahrhunderts und im ersten Drittel des 20. Jahrhunderts in mehrfacher Hinsicht extrem instabil. Bei den Unternehmen erreichte die kurzfristige Fluktuation der Belegschaft vor dem Ersten Weltkrieg Werte, die heute unbekannt sind und Unternehmen und Arbeiter vor hohe Anforderungen stellten. Der Arbeitsmarkt war vor allem in der Zwischenkriegszeit von Krisen ärgsten Ausmaßes geprägt: In den Dreißigerjahren stieg die Arbeitslosigkeit auf über ein Viertel der Beschäftigten, in einzelnen Branchen war sogar über die Hälfte ohne Arbeit. Unterstützt wurden Arbeitslose nur unzureichend. Eine rasche Erholung setzte mit der deutschen Besetzung ein, während des Zweiten Weltkriegs herrschte durch Militärdienst und Kriegswirtschaft ein Arbeitskräftemangel, der durch Fremd- und Zwangsarbeiter sowie den gnadenlosen Einsatz von KZ-Häftlingen ausgeglichen wurde.
Die Arbeitszeit in der Industrie erreichte in der zweiten Hälfte des 19. Jahrhunderts Spitzenwerte und sank dann nach und nach auf moderate Ausmaße. Die Löhne stiegen in der Zeit vor dem Ersten Weltkrieg an, in der Zwischenkriegszeit blieben die Zuwächse, auch im besten Fall, bescheiden.

Unternehmerverbände und Arbeiterbewegung: Die Handelskammern können als »Kinder der Revolution« des Jahres 1848 bezeichnet werden, während die ersten Industrieverbände eher als »Kinder der Krise« anzusehen sind. Die Handelskammern errangen in der Zeit des politischen Liberalismus eine starke wirtschaftspolitische Stellung, die Industrieverbände wurden oft zur Kontrolle über die Märkte, aber vor allem zur Koordinierung der Unternehmen gegenüber den Lohnforderungen der Gewerkschaften eingesetzt. Im Ersten

Armut auf engstem Raum: Notstandsquartiere in Wien. Foto Bruno Frei, 1920

Weltkrieg schlossen sich bisher konkurrierende Industrieverbände zusammen, in der Ersten Republik traten sie gemeinsam mit den Handelskammern stets gegen staatliche Interventionen auf. Nach »Ständestaat« und »Arbeitsfront«, die jede auf ihre Weise die Klassenharmonie verordneten, wurde 1946 eine schlagkräftige, zentrale Handelskammerorganisation aufgebaut.
Die Arbeitervereine des Jahres 1848 können als Vorläufer der modernen Arbeiterbewe-

Christian Ludwig Attersee, Lok-Montage um 1885. Mischtechnik auf Karton, 2004

gung angesehen werden. Gewerkschaften im modernen Sinn konnten sich aber erst nach Verabschiedung des Koalitionsrechts formieren. Die Krise 1873 schwächte zunächst die Arbeiterorganisationen. Die 1889 geeinte Sozialdemokratie und die erstarkenden Gewerkschaften setzten soziale Fortschritte durch, die im Ersten Weltkrieg teilweise dann wieder rückgängig gemacht wurden. Im Jahr 1919 wurden grundlegende politische und soziale Reformen verwirklicht. Wirtschaftliche Stagnation, noch mehr die Weltwirtschaftskrise, verschärften die sozialen Spannungen. Die geschwächte Arbeiterbewegung setzte der Beseitigung der Demokratie 1933/34 verzweifelten, aber erfolglosen Widerstand entgegen. Im »Ständestaat« wurden Gewerkschaften und Arbeiterkammern den Zielen der Einheitspartei unterstellt, bis nach dem »Anschluss« alle Interessenorganisationen in der »Deutschen Arbeitsfront« aufgingen.
Im Jahr 1945 wurde ein einheitlicher Österreichischer Gewerkschaftsbund gegründet. Mit Lohn- und Preisabkommen wurde versucht, die Wirtschaft in einem stabilisierten Umfeld wieder aufzubauen. Gemeinsame wirtschaftliche Interessen standen an der Wiege der österreichischen Sozialpartnerschaft.

Branchen

Die Textilindustrie: Die Textilindustrie, die in der Periode 1700–1850 die impulsgebende Stellung eingenommen hatte, blieb bis in die zweite Hälfte des 20. Jahrhunderts die beschäftigungsstärkste Branche. Die Stellung des expansiven Spitzenreiters im Industrialisierungsprozess ging aber an die dynamischen neuen Sparten wie Fahrzeug-, Maschinen-, Elektro- und chemische Industrie verloren.
In der zweiten Hälfte des 19. Jahrhunderts verlagerte sich der Schwerpunkt der Baumwollindustrie der Monarchie von den Alpenländern deutlich und uneinholbar nach Böhmen. Innerhalb Österreichs übernahm Vorarlberg die führende industrielle Stellung vor Niederösterreich. Der mechanische Webstuhl löste, wie ein halbes Jahrhundert zuvor die Spinnmaschine, die Handmaschinen industriell ab. In der ersten Hälfte des 20. Jahrhunderts entfaltete sich die Wirk- und Strickindustrie rasch und nachhaltig, bedeutende Firmengründungen erfolgten wiederum schwerpunktmäßig in Vorarlberg. Während sich in Oberösterreich der textile Impuls verstärkt auf das Grillmayr'sche Unternehmen in Kleinmünchen bei Linz und später auf das neue Viskosefaserwerk in Lenzing konzentrierte, begannen Unternehmer in der zweiten Hälfte des 19. Jahrhunderts auch in der Steiermark und vor allem in Tirol mit dem verstärkten Aufbau der Textilindustrie.
Die Krisen der ersten Hälfte des 20. Jahrhunderts trafen die Textilindustrie schon aufgrund ihrer Größe und Konsumorientierung besonders stark: Von 1850 bis zum Beginn des Ersten Weltkriegs hatte sich die Spindelzahl von rund 600.000 auf 1,2 Millionen verdoppelt, nach dem Ersten Weltkrieg waren es noch schwache 900.000. Bis 1921 wurde die Millionengrenze noch einmal überschritten, aber nur rund 800.000 Spindeln überstanden die Weltwirtschaftskrise. Es folgte die Willkür der »Arisierung« nach dem »Anschluss«, welche in der Textilindustrie besonders zum Tragen kam, da der Anteil jüdischen Besitzes in dieser Branche überdurchschnittlich hoch war. Nach dem Zweiten Weltkrieg erlebte die Textilindustrie noch einmal einen Nachfrageboom, bevor im letzten Viertel des 20. Jahrhunderts ein gnadenloser Niedergang einsetzte.

Das Jahrhundert des Eisens: In dieser Phase der Industrialisierung stieg die Eisen- und Stahlindustrie zum führenden Industriezweig auf. Die technischen Neuerungen erzwangen eine Konzentration der Standorte und Zentralisation der Gesellschaften. Mit der Alpine-Montan entstand 1881 der größte Konzern des Landes, der 1897 durch Karl Wittgenstein mit der Prager Eisenindustrie verknüpft wurde

und gemeinsam mit ihr den Kern des Eisen-Kartells darstellte. Die Eisenindustrie war natürlich auch bestimmend für die Rüstungsanstrengungen der Monarchie ebenso wie im Zweiten Weltkrieg.
Die Alpine-Montan spielte in der Zwischenkriegszeit nicht nur wirtschaftlich, sondern auch politisch durch die Unterstützung der Heimwehr und später der NS-Bewegung eine bedeutende Rolle. Nach dem »Anschluss« wurde mit der Gründung der Hütte Linz nicht nur die Verlagerung an die standortmäßig günstigere Donau eingeleitet, sondern auch die Alpine-Montan mit dem Erzberg unter die Kontrolle der staatlichen, auf Rüstung orientierten Reichswerke »Hermann Göring« gebracht.
Nach der Wiedererrichtung der Republik Österreich wurde die Eisen- und Stahlindustrie in staatliches Eigentum übergeführt und war durch Produktionssteigerung und Innovationskraft (LD-Verfahren) viele Jahre Symbol des industriellen Aufstiegs.

Die Metallindustrie: Die Metallindustrie gehörte schon in den Anfängen der Industrialisierung zu den leitenden Branchen. Die Vielfalt der Betriebe fiel einerseits einem raschen Konzentrationsprozess zum Opfer, andererseits entstanden viele neue Unternehmen und Bereiche.
Die österreichische Buntmetallverarbeitung war in hohem Maße exportorientiert, wurde aber gleichzeitig immer mehr vom Import der Rohstoffe abhängig. Der vor allem rüstungspolitisch motivierte Aufbau einer Aluminiumhütte in Ranshofen mit einer auf 60.000 Jahrestonnen ausgelegten Kapazität machte Österreich nach 1945 für einige Jahrzehnte zu einem der bedeutendsten Aluminiumerzeuger der Welt.

Die Bauwirtschaft: Die Bauwirtschaft der zweiten Hälfte des 19. Jahrhunderts profitierte einerseits vom Eisenbahnbau, andererseits von den Stadterweiterungen, insbesondere natürlich der Wiener Stadterweiterung mit ihren Infrastruktur-, Repräsentations- und Wohnprojekten. In der Gründerzeit entwickelte sich damit eine Bauindustrie, die sich vor allem durch ihre Leistungen in der Projektentwicklung, weniger hingegen in der Bautechnik von den gewerblichen Unternehmen abhob.
Wiens Bauwirtschaft blieb auch in der Zwischenkriegszeit durch den kommunalen Wohnbau bedeutend. Kraftwerksbau und Straßenbau stellten neue Anforderungen. Natürlich stellte der Wiederaufbau nach 1945 eine besondere Herausforderung für die Bauwirtschaft dar.

Die Maschinenbauindustrie: Eine der wichtigsten Sparten des Maschinenbaus im 19. Jahrhundert war der Lokomotiv- und Waggonbau. Er war besonders stark auf das heutige Österreich konzentriert. Die Verkleinerung des Inlandsmarkts durch das Ende der Monarchie wirkte sich dementsprechend stark aus. Ähnlich erging es der Landmaschinenproduktion. Eine Reihe von auch langfristig erfolgreichen Unternehmen bauten Maschinen für die unterschiedlichsten Branchen. Die Zeit nach dem Zweiten Weltkrieg markiert schließlich den Beginn einer neuen Epoche, in der österreichische Unternehmen mit der Entwicklung und dem Bau hoch spezialisierter Maschinen international höchst erfolgreich waren – und noch sind.

Waffenfabriken: Die Habsburgermonarchie als europäische Großmacht mit einer entsprechend großen Armee beschäftigte eine große Rüstungsindustrie in einem mächtigen, international verzahnten Sektor. Die Steyrer Waffenfabrik unter Josef Werndls Leitung entwickelte sich zur wichtigsten Gewehrfabrik der Habsburgermonarchie. Im Wiener Neustädter Becken lag schon vor 1914 der Schwerpunkt der Munitionsherstellung. Während des Ersten Weltkriegs entwickelte sich das Industriegebiet im Südosten Niederösterreichs zum wichtigsten Rüstungszentrum der Monarchie.

Die Umstellung auf zivile Produkte gelang nach 1918 den wenigsten Unternehmen, die Zentren der Rüstungsindustrie wurden zu Zentren der Arbeitslosigkeit. Die offensive Rüstungspolitik des »Dritten Reiches« brachte zunächst neue Beschäftigung. Im Verlauf des Krieges verlagerte sich der Schwerpunkt der deutschen Rüstungswirtschaft wegen der zu den wichtigsten Kriegsschauplätzen im Osten günstigen und vor alliierten Luftangriffen lange geschützten Lage immer stärker nach Österreich.

Der Großteil dieser Rüstungsindustrie konnte nach 1945 nicht erfolgreich in zivile Produktionen übergeführt werden, insbesondere nicht im sowjetisch besetzten Teil des Landes.

Die Fahrrad- und Automobilindustrie: Der Aufschwung der österreichischen Fahrradindustrie begann gleich nach der Entwicklung des Niederrades im Jahr 1884.

Auch in der Automobilgeschichte war Österreich ganz früh dabei: Ehemalige Kutschenerzeuger wie Lohner oder Fahrradproduzenten wie Gräf & Stift und Johann Puch gingen zur Automobilproduktion über. Andere Hersteller wie Austro-Daimler arbeiteten mit ausländischen Lizenzen und nach 1918 begann auch die Steyrer Waffenfabrik Autos zu bauen.

Die österreichischen Automobilfabriken produzierten für einen Luxusmarkt. Am Markt für Kleinwägen gab es nur unbedeutende Ansätze. Als Steyr-Daimler-Puch 1935 das berühmte »Steyr-Baby«, das Modell 50/55, auf den Markt brachte, war es bereits zu spät: 1939 musste die Produktion zugunsten der Rüstung eingestellt werden.

Nach dem Krieg gelang es nicht, die PKW-Fertigung wieder aufzunehmen. Man beschränkte sich auf den Traktor- und Nutzfahrzeugsektor. Erst ab den Siebzigerjahren nahm Österreich über zahlreiche Zulieferbetriebe doch noch am großen PKW-Geschäft teil.

Die Papierindustrie: Die Papierindustrie entwickelte sich zunächst in Niederösterreich und der Steiermark und erweiterte ihre Produktion mit Fabriken in Kärnten und Oberösterreich. Die Standorte und Ausgangspositionen verlagerten sich mit dem Übergang von Hadern auf Holz als Rohstoff. Die österreichische Papierindustrie exportierte weltweit und entwickelte zahlreiche Spezialprodukte. Nach 1918 stürzte die Branche infolge der Überkapazitäten und fehlender neuer Märkte in eine Krise. Die nationalsozialistische Wirtschaftspolitik führte zu zahlreichen »Arisierungen« und Fusionen und begann damit einen nachhaltigen Konzentrationsprozess, der auch nach den Rückstellungen der gewaltsam entzogenen Betriebe anhielt.

Vom österreichischen Bier: Die österreichische Biererzeugung stand in der zweiten Hälfte des 19. Jahrhunderts technisch und wirtschaftlich an der Spitze der europäischen Industrie. Dreher, Meichl und Mautner bildeten in Schwechat eine Biergroßmacht, die in den Zwanzigerjahren des 20. Jahrhunderts ihre Entsprechung in der Österreichischen Brau AG fand. Der Konkurrenzkampf um den Wirt, später auch um den Einzelhändler, wurde oft hart geführt, dann wieder durch strikte Kartellregeln unterbunden. Nur wenige der kleineren Brauereien konnten in regionalen Nischen überleben, der Konzentrationsprozess ging nach dem Zweiten Weltkrieg weiter.

Zuckerbarone und Zuckerlerzeuger: Die Habsburgermonarchie hatte sich in der zweiten Hälfte des 19. Jahrhunderts von bescheidenen Anfängen zum größten Rübenzuckerproduzenten der Welt entwickelt. Als die Monarchie zerfiel, stand Österreich fast ohne Zucker da. Es gelang jedoch durch Fabriksgründungen in Enns und Tulln recht rasch, die Inlandsversorgung zu sichern.

Die Süßwarenindustrie konzentrierte sich im Wiener Raum, wo die größte Kaufkraft versammelt war. Innerhalb einiger Jahrzehnte

Christian Ludwig Attersee, Fließbandarbeit, Montage des Steyr Fiat 1100 E um 1950. Mischtechnik auf Karton, 2004

waren dort im ausgehenden 19. Jahrhundert eine Reihe sehr großer Schokoladen- und Süßwarenerzeuger gegründet worden. Auch die erste Phase des Wirtschaftswunders in den Fünfzigerjahren war von einem Boom der Süßwarenindustrie und des Zucker- und Schokoladenkonsums begleitet.

Die Österreichische Tabakregie: Die Geschichte der österreichischen Tabakwirtschaft war von 1784 bis ins ausgehende 20. Jahrhundert die eines einzigen Unternehmens. Lange Zeit war die Österreichische Tabakregie, die spätere Austria Tabakwerke AG, eines der größten, wenn nicht überhaupt das größte Industrieunternehmen des Landes.
Durch den Zerfall der Monarchie gingen 21 Tabakfabriken verloren, Neubauten und Erweiterungen glichen die Verluste aus. Während der NS-Zeit wurde das Gebietsmonopol in Form der »Austria Tabakwerke Aktiengesellschaft, vormals Österreichische Tabakregie« weitergeführt. 1945–1955 litt das Unternehmen unter dem Schwarzmarkt und der Konkurrenz der steuerfreien USIA-Zigaretten, 1955 war das Monopol wieder voll gesichert.

Die chemische Industrie: Die chemische Industrie gehörte bis in die ersten Jahre nach dem Zweiten Weltkrieg zu den kleinen Branchen der österreichischen Industrie, wobei Wien und Niederösterreich lange Zeit dominierten. Produziert wurde immer schon eine Vielfalt von Substanzen – von Farben und Sprengmitteln und Zündhölzern bis zu Kautschukwaren und Seife. Die Erdölindustrie, die schon in der Habsburgermonarchie eine große Bedeutung hatte, erreichte in und nach dem Zweiten Weltkrieg beträchtliche Zuwächse. Die Neugründungen in den Jahren um 1940 bedeuteten auch den Beginn der österreichischen Kunstdünger- und Zellwolleerzeugung.

Die Elektroindustrie: Die Elektroindustrie, die in der Mitte des 19. Jahrhunderts mit Geräten für galvanotechnische Verfahren und die Telegrafie entstanden war, erreichte ihre rasch wachsende Bedeutung ab etwa 1880. Das Telefon, die ersten elektrischen Haushaltsgeräte und die elektrische Beleuchtung veränderten den Alltag. Wirtschaftlich bedeutend wurden der Ausbau der elektrischen Infrastruktur, was enorme Investitionen erforderte, die Erzeugung von Glühlampen, von elektrischen Geräten und Apparaten sowie die Kabel- und Drahterzeugung in großem Stil. Nach dem Ersten Weltkrieg wurde die Erzeugung von Radioapparaten und gesundheitstechnischen Geräten zu einem wichtigen neuen Feld. Auffallend ist die herausragende Bedeutung ausländischer Unternehmen, die schon von Beginn an an österreichischen Firmen beteiligt waren oder Tochtergesellschaften gründeten.

Massenmedien und Filmindustrie: Das Zeitungswesen erhielt in der zweiten Hälfte des 19. Jahrhunderts industrielles Format. Österreichs Filmindustrie reicht ins Jahr 1910 zurück. Ihr kreatives Potenzial war gefragt, sie scheiterte aber am fehlenden Kapital und wurde bald bleibend von Deutschland beherrscht.
Am Beginn des Rundfunks stand 1924 mit Oskar Czeija ein risikofreudiger Privatmann. Durch intensiven Senderbau stiegen die Teilnehmerzahlen, es entstand Nachfrage nach Geräten. 1938 wurden die Anlagen der RAVAG den »Reichssendern« zugeordnet, bis 1953 blieb der Rundfunk fremdbestimmt. 1953 begann auch der UKW-Betrieb mit dem ersten einheitlichen Programm des »Österreichischen Rundfunks«.

Österreich im internationalen Vergleich

Von 1820 bis 1870 wurde das ökonomische Gefälle zwischen Westeuropa und der Habsburgermonarchie größer, zwischen 1870 und 1910 machte Österreich-Ungarn durch vergleichsweise hohe Wachstumsraten Boden

gut. Dennoch war 1914 die ökonomische Position relativ zu Westeuropa schlechter als ein Jahrhundert zuvor.
Österreich hatte bis zum Zweiten Weltkrieg das Image eines Agrarstaates, war aber schon sehr früh eigentlich ein Industriestaat. Seinen maximalen Anteil erreichte der sekundäre Sektor jedoch erst sehr spät nach dem Zweiten Weltkrieg. Das Land war schon um 1900 sehr stark vom tertiären Sektor dominiert. Dieser nahm aber, anders als in westlichen Industriestaaten, zwischen 1920 und 1960 kaum zu. Die Landwirtschaft blieb für ein entwickeltes Land in diesem Zeitraum recht rückständig.
Drei Bereiche werden üblicherweise als österreichische Spezifika hervorgehoben: der hohe Staatseinfluss auf die Wirtschaft, das hohe Niveau des Ausbaus des Sozialstaats und das durch die Sozialpartnerschaft erzeugte soziale Klima.

Nationalökonomie in Österreich

Die herausragendste Leistung der österreichischen Wirtschaftswissenschaft formierte sich in der Österreichischen Schule der Nationalökonomie, die von der Gründerzeit bis in die Zwischenkriegszeit eine Reihe hervorragender Ökonomen hervorbrachte. In den Dreißigerjahren wanderten alle wesentlichen Vertreter der Österreichischen Schule aus, vor allem in die USA. Aufbauend auf der von Carl Menger gleichzeitig mit anderen Ökonomen entwickelten Grenznutzentheorie schufen schon die ersten bedeutenden Vertreter wesentliche Arbeiten über den Wert von Gütern, über den Kapitalzins und über die Geldtheorie. Aus der Österreichischen Schule kamen auch Joseph A. Schumpeter mit seiner Theorie der Rolle des Unternehmers in der wirtschaftlichen Entwicklung und der spätere Nobelpreisträger Friedrich A. Hayek, der nicht nur durch seine Gegenposition zu John M. Keynes, sondern auch durch seine gesellschaftspolitischen Beiträge Bedeutung erlangte.
Ein anderer wichtiger österreichischer Beitrag zur Nationalökonomie stammt aus der austromarxistischen Theorie, deren Hauptwerk sich mit der Rolle des Finanzkapitals im wirtschaftlichen Geschehen und mit den Veränderungen befasste, die sich aus der Wirtschaftsentwicklung des späten 19. Jahrhunderts ergaben.
Der dritte Bereich, in dem die Nationalökonomie zumindest innerhalb Österreichs wirksam wurde, war die Ganzheitslehre Othmar Spanns und die aus ihr folgenden politisch-programmatischen Überlegungen über den Aufbau des Staates. Vertreter aller drei Richtungen waren auch in der Politik an hervorgehobener Stelle tätig.

Im Fluss der Zeit

Österreichische Industrie von 1848 bis 1955

Abraham Lincoln | Charles Darwin | Richard Wagner | Graf Otto von Bismarck | Thomas Edison | Sigmund Freud | Marie Cu

Franz Joseph I. | Felix Fürst zu Schwarzenberg | Karl Ludwig Freiherr von Bruck | Anton von Schmerling | Ignaz Freiherr von Plener | Friedrich Ferdinand Graf Beust | Adolf Carl Daniel Fürst von Auersperg | Eduard Graf Taaffe | Kasimir Felix Graf Badeni | Eugen von Böhm-Bawerk | Ernes Koe

1848

MONARCHIE

ahatma Gandhi | Wladimir I. Lenin | Albert Einstein | Pablo Picasso | Joseph A. Schumpeter | John Maynard Keynes | Charles Chaplin

Vladimir r von Beck | Franz Joseph I. | Karl I. | Karl Renner | Iganz Seipel | Engelbert Dollfuß | Kurt Schuschnigg | Adolf Hitler | Karl Renner | Leopold Figl | Julius Raab

1918 | 1938 | 1945

1. REPUBLIK | NS-ZEIT | 2. REPUBLIK

Im Fluss der Zeit

Hammerwerk und Frischhütte Kollnitz bei St. Paul im Lavanttal, 1858
Links das Verweserhaus, in der Bildmitte der Kohlbarren und das Hüttengebäude mit den fünf Schloten, im Vordergrund die Lavant mit dem pittoresk wirkenden Wäschermädchen. Im späten 18. Jahrhundert als ärarischer Betrieb errichtet, ab 1826 im Besitz der Gebrüder Rosthorn, wurde die Frischhütte 1860/61 unter Hugo Henckel von Donnersmarck in eine Federnfabrik umgestaltet und 1878 stillgelegt.

Hochofenzeile der Reichswerke »Hermann Göring«, später VÖEST, 1944
Von der auf zwölf Hochöfen konzipierten Hütte Linz sollten in der ersten Ausbaustufe sechs errichtet werden. Sie wurden zwischen Mai 1938 und Anfang 1944 nach Planungen des Ingenieurbüros Hermann A. Brassert gebaut. Die ersten zwei Öfen gingen 1941 in Betrieb, der dritte 1942, der vierte 1944. Die restlichen beiden Öfen wurden zwar ebenfalls bis Kriegsende fertig gestellt, aber nicht mehr angeblasen. Von den in den Bombenangriffen weitgehend unversehrt gebliebenen Öfen wurde 1947 einer nach Schweden verkauft, ein weiterer 1988 gesprengt, die übrigen nach der Inbetriebnahme des Großhochofens A im Jahr 1977 weiter als Kapazitätsreserve gehalten. Heute sind noch drei vorhanden.

Persönlichkeiten mit großer Bedeutung für die Epoche

Abraham Lincoln (1809–1865)
Als 16. Präsident der USA (1861–1865) und Führer der Republikanischen Partei (seit 1856) setzte er nach der Sezession von elf Südstaaten im Amerikanischen Bürgerkrieg (1861–1865) die Wiederherstellung der Union und die Sklavenbefreiung durch. Unter seiner Regierung begann der Weg der USA zum modernen Industriestaat und ihr Aufstieg zur Weltmacht. Lincoln fiel am 14. April 1865 einem Attentat zum Opfer.

Charles Darwin (1809–1882)
Der englische Naturforscher und Biologe Charles Robert Darwin revolutionierte mit seinem Hauptwerk »Über den Ursprung der Arten durch natürliche Zuchtwahl« das Verständnis von der Entwicklung des Lebens und damit auch der Herkunft des Menschen. Sein Einfluss reichte in Form des »Sozialdarwinismus« weit über die Naturwissenschaft hinaus in die Sozial- und Geisteswissenschaften.

Richard Wagner (1813–1883)
Kein anderer Komponist veränderte die Struktur der Oper so stark wie Richard Wagner. In seinen musikdramatischen Werken suchte er ein Gesamtkunstwerk zu verwirklichen, bei dem alle Sparten der Kunst unter dem Primat der Musik zusammenwirken sollten.

Otto von Bismarck (1815–1898)
Als preußischer Ministerpräsident (1862–1871) und dann Reichskanzler des neu gegründeten Deutschen Reiches (1871–1890) entwickelte er sich zu einem Staatsmann von Weltbedeutung, der nicht nur die deutsche Einigung durchsetzte, sondern mit seiner Bündnispolitik auch ein lang anhaltendes, wenn auch schließlich in den Weltkrieg mündendes europäisches Gleichgewicht schuf.

Thomas Alva Edison (1847–1931)
Mit knapp 1.300 Patenten auf verschiedensten Gebieten der Technik vom Kohlekörnermikrophon über den Phonographen, die Kohlefadenglühlampe, den Kinematographen bis zum Betongießverfahren war er wohl der bedeutendste Erfinder der modernen Welt. Sein wichtigster Beitrag war zweifellos die Entwicklung der elektrischen Versorgung als System vom Generator über Leitungen und Stromzähler bis zu Glühbirnen und elektrischen Geräten.

Sigmund Freud (1856–1939)
Als Begründer der Psychoanalyse lieferte er für das Verständnis der menschlichen Psyche und ihrer Therapie revolutionierende Beiträge. Sein Einfluss dehnte sich weit über die Psychiatrie und Psychologie auf alle Bereiche der modernen Philosophie und Kunst aus.

Marie Curie (1867–1934)
Als erste Frau, die an der Sorbonne zum Studium zugelassen worden war, schuf sie mit ihren physikalischen und chemischen Forschungen nicht nur die Grundlage für die moderne Atomphysik (1903 Nobelpreis in Physik für ihre Arbeiten über radioaktive Strahlung, 1911 Nobelpreis in Chemie für die Entdeckung der Elemente Radium und Polonium), sondern auch für die Etablierung von Frauen in Wissenschaft und Forschung.

Mahatma Gandhi (1869–1948)
Mit seiner Politik des gewaltlosen Widerstandes wurde er zum symbolträchtigsten Vorkämpfer der indischen Unabhängigkeitsbewegung und des Antikolonialismus generell. 1947 erlangte Indien die Unabhängigkeit. 1948 wurde Gandhi von einem hinduistischen Fanatiker ermordet.

Wladimir I. Lenin (1870–1924)
Die kommunistische Revolution in Russland prägte das »kurze« 20. Jahrhundert vom Jahr 1917 bis zum Jahr 1989. Wladimir I. Lenin hatte nicht nur als Revolutionsführer den entscheidenden Anteil am Sieg der bolschewistischen Bewegung in Russland. Mit dem System des Marxismus-Leninismus schuf er auch die theoretischen Grundlagen für die sowjetische Parteien- und Gewaltherrschaft, die im nachfolgenden Stalinismus zum Terrorregime eskalierte.

Albert Einstein (1879–1955)
Einstein revolutionierte mit der Relativitätstheorie (1905 spezielle, 1914–1916 allgemeine Relativitätstheorie) die Grundlagen der Physik. Er legte damit nicht nur die theoretische Basis für die Kernspaltung, für Atombombe und Nutzung der Kernkraft, sondern schuf auch ein ganz neues Verständnis von Raum und Zeit.

Pablo Picasso (1881–1973)
Kein anderer Name wird mit dem Begriff der »modernen Kunst« mehr assoziiert als Pablo Picasso. Er schuf während einer Zeitspanne von 75 Jahren tausende von Gemälden, Grafiken, Skulpturen und Keramiken.

Joseph A. Schumpeter (1883–1950)
Schumpeter war mit seinen Beiträgen zum wirtschaftlichen Wachstum, zur Funktion des Unternehmers, zur Theorie der Konjunkturzyklen und zur Geschichte der ökonomischen Analyse wohl der vielseitigste aller Nationalökonomen und jener, der zum Verständnis des sozialen Wandels das meiste beitrug.

John Maynard Keynes (1883–1946)
Keynes erweiterte nicht nur die ökonomische Theorie und die Instrumente zur Konjunktur- und Wachstumssteuerung grundlegend, sondern übte auch entscheidenden Einfluss auf die Wirtschafts- und Finanzpolitik des 20. Jahrhunderts und bis in die Gegenwart aus.

Charles Chaplin (1889–1977)
Charlie Chaplin war nicht nur die vielseitigste Persönlichkeit der Filmgeschichte, er sprach mit seinen sozial- und regimekritischen Filmbeiträgen auch die zentralen Probleme des Industriezeitalters und der Diktaturen des 20. Jahrhunderts an.

Die Epoche prägende Politiker Österreichs

Kaiser Franz Joseph I. (1830–1916)
Durch seine lange Regierungszeit von 1848 bis 1916 wurde er zur Symbolfigur einer ganzen Epoche. Als absoluter Monarch beginnend, musste er aufgrund politischer Fehlentscheidungen und allgemeiner Entwicklungen zunehmend Zugeständnisse in Richtung einer konstitutionellen Monarchie machen und wurde zuletzt von vielen Zeitgenossen als einzige Stütze für den Zusammenhalt des Vielvölkerstaates gesehen.

Felix Fürst zu Schwarzenberg (1800–1852)
Als Ministerpräsident und Außenminister der Jahre 1848–1852 wurzelte er fest im konservativ-neoabsolutistischen Denken, war aber realistisch genug zu erkennen, dass die Monarchie zeitgemäßer Reformen (vor allem in der inneren Verwaltung und in der Agrar- und Gewerbeverfassung) bedurfte.

Karl Ludwig Freiherr von Bruck (1798–1860)
Als Handelsminister der Jahre 1848–1851 und Finanzminister der Jahre 1855–1860 war er die entscheidende Triebkraft für wirtschaftliche Reformen in Österreich nach der Revolution von 1848. Schuldlos in einen Finanzskandal verwickelt, nahm er sich 1860 das Leben.

Anton von Schmerling (1805–1893)
Als »Staatsminister« 1860–1865 (als nomineller Ministerpräsident fungierte Erzherzog Rainer) versuchte Schmerling, gestützt auf die Deutschliberalen, mit dem zentralistischen Februarpatent die Einheit der Habsburgermonarchie zu retten und liberale Reformen durchzusetzen.

Ignaz Freiherr von Plener (1810–1908)
Als Finanzminister der Jahre 1860–1865 gelang ihm wohl eine Sanierung der Finanzen und Währung, aber um den Preis einer tief greifenden Rezession. Als Handelsminister der Jahre 1867–1870 war er einer der wichtigsten Exponenten einer wirtschafts- und handelspolitischen Liberalisierung am Höhepunkt der liberalen Gründerzeit.

Friedrich Ferdinand Graf Beust (1809–1886)
Als Außenminister der Jahre 1866–1871 und ab 1867 auch als Ministerpräsident (ab 1868 mit dem Titel Reichskanzler) setzte er 1867 den Ausgleich mit Ungarn durch, schuf die konstitutionelle Verfassung und konnte nach dem verlorenen Krieg von 1866 auch das Verhältnis zu Preußen normalisieren.

Adolf Carl Daniel Fürst von Auersperg (1821–1885)
Als letzter altliberaler Ministerpräsident in den Jahren 1871–1879 erlebte er den Höhepunkt des Gründerbooms, den Börsenkrach und die Wirtschaftskrise, die den Niedergang des Liberalismus einleitete. Die unter ihm vollzogene Wahlreform 1873 sah die direkte Wahl des Reichsrats in einem Klassenwahlrecht vor.

Eduard Graf Taaffe (1833–1895)
Als Ministerpräsident und Innenminister der Jahre 1869/70 und 1879–1893 war er der am längsten dienende österreichische Ministerpräsident. 1882 setzte er die Zensusgrenze für die Wahlberechtigung von 10 auf 5 Gulden herab. In seine von konservativen Prinzipien geleitete Regierung fällt die Grundlegung des österreichischen sozialen Systems (Maximalarbeitszeit, Sonntagsruhe, Unfall- und Krankenversicherung, Gewerbeinspektoren).

Kasimir Felix Graf Badeni (1846–1909)
Als Ministerpräsident und Innenminister der Jahre 1895–1897 wurde er vor allem durch die 1897 eingeführte Sprachenverordnung bekannt, welche die doppelsprachige Amtsführung in Böhmen und Mähren (auch in den deutschsprachigen Gebieten) vorsah.

Eugen von Böhm-Bawerk (1851–1914)
Als Finanzminister der Jahre 1895, 1897–1898 und 1900–1904 wurde der renommierte Ökonom Böhm-Bawerk vor allem durch die Einführung der progressiven Einkommensteuer bekannt. Als Nationalökonom trat er durch grundlegende Beiträge zur Kapitaltheorie hervor.

Ernest von Koerber (1850–1919)
Als Ministerpräsident der Jahre 1900–1904 und von Oktober bis Dezember 1916, auch als Justizminister 1902–1904 und gemeinsamer österreichisch-ungarischer Finanzminister 1915/16 galt sein Streben der Einheit der Habsburgermonarchie. Seine erste Regierungszeit war durch den Koerber-Plan geprägt, der umfassende Kanal- und Eisenbahnbauprojekte mit dem Ziel einer engeren inneren Integration der Habsburgermonarchie vorsah.

Max Wladimir Freiherr von Beck (1854–1943)
Als Ministerpräsident der Jahre 1906–1908 setzte er die Wahlrechtsreform des Jahres 1907 durch, mit der das allgemeine Wahlrecht, allerdings vorerst nur für Männer, eingeführt wurde.

Kaiser Karl I. (1887–1922)
Als Kaiser in den zwei letzten Kriegsjahren 1916–1918 standen ihm nur wenige Entscheidungsmöglichkeiten offen. Sowohl für den angestrebten Sonderfrieden 1917 wie auch für die Umformung der Habsburgermonarchie in einen Staatenbund 1918 war die Chance vorbei bzw. wurden die Initiativen zu spät, zu zögerlich oder falsch gesetzt. Am 11. November 1918 verzichtete Karl auf die Ausübung der Regierungsgeschäfte in Österreich, er starb 1922 auf Madeira.

Karl Renner (1870–1950)
Als Staatskanzler der Ersten Republik 1918–1920 und wiederum 1945 bzw. als Bundespräsident 1945–1950 stand er zweimal an der Wiege der Republik Österreich. Als Schöpfer der Provisorischen Verfassung, der Wahlordnung und grundlegender Gesetze wie auch als Leiter der österreichischen Friedensdelegation in Saint-Germain war er entscheidend an der Entstehung der Ersten Republik beteiligt. Im April 1945 wiederum mit der Regierungsbildung betraut, legte er in der provisorischen Dreiparteienregierung als erster Regierungschef der Zweiten Republik die Weichen für die Wiedererrichtung Österreichs.

Ignaz Seipel (1876–1932)
Als mehrmaliger Bundeskanzler (1922–1924 und 1926–1929) und Obmann der Christlichsozialen Partei wurde der Theologe und Priester Seipel zum wichtigsten Politiker der Zwanzigerjahre in Österreich. 1922 erreichte er in Genf eine Anleihe des Völkerbundes und konnte die Sanierung der Währung und das Ende der Hyperinflation bewirken.

Engelbert Dollfuß (1892–1934)
Als Bundeskanzler und Außenminister der Jahre 1932–1934 zählt Dollfuß zu den umstrittensten Politikern Österreichs, einerseits als Kämpfer gegen den Nationalsozialismus, andererseits als Zerstörer der Demokratie mit der Ausschaltung des Parlaments im März 1933, dem Bürgerkrieg im Februar 1934 und der Einführung der autoritären Verfassung im Mai desselben Jahres. Beim nationalsozialistischen Putschversuch im Juli 1934 wurde er von Nationalsozialisten ermordet.

Kurt Schuschnigg (1897–1977)
Als Bundeskanzler der Jahre 1934–1938 setzte er den autoritären Kurs der Staatsführung fort, konnte allerdings gegenüber dem immer stärker werdenden Druck des nationalsozialistischen Deutschen Reichs keine geeignete Strategie finden. Im Juliabkommen 1936 und im Berchtesgadener Abkommen 1938 musste er immer mehr Zugeständnisse machen und trat nach der Ankündigung einer Volksabstimmung über die Unabhängigkeit Österreichs für den 13. März am 11. März 1938 auf deutschen Druck und im Schatten des beginnenden Einmarsches deutscher Truppen zurück.

Adolf Hitler (1889–1945)
Als »Führer und Reichskanzler« vereinigte Adolf Hitler, der am 30. Jänner 1933 deutscher Regierungschef geworden war, die Ämter des Parteiobmanns der NSDAP, Reichskanzlers und Reichspräsidenten. Mit dem »Anschluss« Österreichs an das Deutsche Reich am 13. März 1938 begann auch in Österreich die nationalsozialistische Gewaltherrschaft mit ihrer Rassen-, Ausbeutungs- und Kriegspolitik.

Leopold Figl (1902–1965)
Als Bundeskanzler der Jahre 1945–1953 wurde Figl, der den größten Teil der nationalsozialistischen Periode in Gefängnissen und Konzentrationslagern verbracht hatte, zum Symbol des österreichischen Wiederaufbaus. Nach seinem Rücktritt als Bundeskanzler war er als Bundesminister für Äußeres maßgeblich für die erfolgreiche Verhandlung des Staatsvertrages verantwortlich und wirkte danach als Erster Präsident des Nationalrats und Landeshauptmann von Niederösterreich weiter für Österreich.

Julius Raab (1891–1964)
Als Bundeskanzler der Jahre 1953–1961 wurde Raab nicht nur zur Symbolfigur für den Staatsvertrag und das österreichische Wirtschaftswunder, sondern auch zum Exponenten der Stabilisierung und marktwirtschaftlichen Umformung der österreichischen Wirtschaftsordnung im Raab-Kamitz-Kurs und zusammen mit Johann Böhm zum Wegbereiter der Sozialpartnerschaft und der österreichischen Europa- und Integrationspolitik.

II. ASPEKTE

Hundert Jahre einer bewegten Geschichte

Jene gut hundert Jahre der österreichischen Geschichte von 1848 bis 1955, von der gescheiterten Revolution bis zum erfolgreichen Staatsvertrag mit anschließender Deklaration der Neutralität, ergeben ein Jahrhundert, das mit voller Berechtigung als eines der Extreme angesprochen werden könnte. Österreich war in diesen Jahren alles, zuerst Großstaat, der die großdeutsche Lösung anstrebte und sich dann auf das Habsburgerreich beschränkte, eine um den inneren Ausgleich ringende Doppelmonarchie, dann ein vorerst recht orientierungsloser, ja für kurze Zeit von der Landkarte und als Name überhaupt verschwundener Kleinstaat, der erst nach 1945 seine Identität fand.

Zweimal war das Land fast zum Verhungern verurteilt und war im Jahr 1945 in das untere Drittel der europäischen Wohlstandsskala zurückgefallen, erst nach 1955 begann es in die Spitzengruppe der reichsten Staaten der Welt aufzurücken. Österreich hat in diesen hundert Jahren alle denkbaren Staatsformen durchlaufen, von der absoluten und konstitutionellen Monarchie über die Diktatur in den Spielarten von autoritär und totalitär bis zur Demokratie in kontrovers und konsensorientierten Formen der Kooperation. Das Land fand sich als mitteleuropäische Großmacht im Zentrum Europas und als Kleinstaat am Rand des Eisernen Vorhangs. Man verstand sich einmal als Bollwerk, dann wieder als Brücke oder gar als Insel.

Sich als Großmacht gebärdend, strebte das Kaisertum Österreich in seiner Auseinandersetzung mit Preußen nach einem Reich der hundert Millionen. Es verteidigte als österreichisch-ungarische Monarchie Großmachtsinteressen in Italien, am Balkan, in Osteuropa und war selbst kolonialen Ambitionen nicht ganz abgeneigt. Zum Kleinstaat gewandelt, seine Existenzfähigkeit und Eigenstaatlichkeit anzweifelnd, ist das Land nur mühsam und erst nach dem Zweiten Weltkrieg wirklich zu einer eigenen Nation geworden. Man fand sich unter nationalsozialistischer Herrschaft und unter alliierter Besatzung, kämpfte in Revolutionen, die nie erfolgreich waren, in Kriegen, die alle verloren wurden. Man war in diesen etwas mehr als hundert Jahren an sechs Kriegen beteiligt und führte einen Bürgerkrieg. Putschversuche, Attentate, Gewaltausbrüche prägten den Großteil der Zeit. Die Zahl der politischen Todesopfer ist nicht ermittelt, die der Gefallenen übersteigt mehr als eine halbe Million, und wenn man die zivilen Toten dazurechnet, sind es sicher mehr als eine Million. Fünfmal wechselten die Hymnen,

Die Hydra des Krieges: Plakat für die 8. und letzte Kriegsanleihe, Wien 1918. Entwurf Julius Klinger (1876–1942)

noch häufiger die Wappen, fünfmal wurden auch die Währungen geändert, von der Conventionsmünze zum Gulden österreichischer Währung über Krone, Schilling, Reichsmark und wieder Schilling. In zwei Hyperinflationen wurden überhaupt alle Geldwerte vernichtet. Die Regierungen wechselten fast rascher als die Jahre.

Die Periodisierung

Eine Periodisierung der Geschichte scheint fürs Erste sonnenklar. Die Geschichte der wirtschaftlichen und industriellen Entwicklung Österreichs zwischen 1848 und 1955, dem Jahr der Revolution und dem Jahr des Staatsvertrags, folgt einerseits den weltwirtschaftlichen Zyklen und Trends, ist aber andererseits geprägt von den tief greifenden Strukturbrüchen. Der Entwicklungstrend von der Mitte des 19. Jahrhunderts bis zum Ende des 20. Jahrhunderts folgt einem langfristigen Wachstumspfad, der mehr oder weniger linearen Charakter hat, aber die langen Wellen und kürzeren Zyklen der Konjunkturbewegung einschließt.

Der weltwirtschaftlichen Aufschwungsphase von 1848 bis 1873, häufig als »Gründerzeit« bezeichnet, folgte eine sich mehr in den Preisen als im Sozialprodukt ausdrückende Phase des Abschwungs zwischen 1873 und 1896, für die sich der Name »Große Depression« eingebürgert hat. Die »Zweite Gründerzeit«, ein neuer Anlauf in den Jahren 1896 bis 1913, hat der Habsburgermonarchie zum Image der »guten alten Zeit« und des Glanzes des Fin de Siècle verholfen. Zwischen den beiden Weltkriegen vermochte sich kein stabiles Wachstum einzustellen. Dem Aufschwung der Zwanzigerjahre, die in Österreich in keiner Phase wirklich »golden« waren, folgte die Weltwirtschaftskrise, der tiefste Konjunktureinbruch, den die Weltwirtschaft bislang erfahren hat und der sich in Österreich ausgesprochen schwerwiegend darstellte. Nach dem Grauen der NS-Herrschaft und des Zweiten Weltkriegs galt es zuerst an längst Erreichtes wieder anzuschließen, bis ab dem Beginn der Fünfzigerjahre das große Wirtschaftswunder einsetzte.

Die 1848 beginnende fast siebzig Jahre dauernde Regierung Kaiser Franz Josephs schuf in ihrer langen Dauer bis 1916 die symbolische Klammer, auch wenn sie von tief greifenden Strukturbrüchen und Enttäuschungen

Arbeitslosigkeit wird zum prägenden Erlebnis der Zwischenkriegszeit. »Der Kuckuck«, 1933, Nr. 6

geprägt war. Viel stärker von äußeren Jahreszahlen scheint zumindest vordergründig das 20. Jahrhundert strukturiert zu sein. 1918 zerfiel die Habsburgermonarchie und Österreich wurde zur Republik ausgerufen. 1933 endete die Demokratie in Österreich, 1934 gipfelten die politischen Kämpfe in Februarkrieg und Juliputsch. 1938 wurde die Republik Österreich an Hitler-Deutschland angeschlossen. 1945 ging der Krieg zu Ende und wurde Österreich von der NS-Herrschaft befreit. 1955 war auch die Besatzung durch die vier Siegermächte vorbei und erhielt Österreich im Staatsvertrag seine volle Souveränität zurück.

Aber die Wahl der Wendepunkte verändert jeweils die Perspektiven: Es entsteht ein anderes Geschichtsbild, wenn die Jahre 1914 bis 1945 als »Dreißigjähriger Krieg« des 20. Jahrhunderts zusammen gesehen werden, dem ein »vierzigjähriger Kalter Krieg« bis in die späten Achtzigerjahre nachgefolgt ist, oder wenn die Periode 1917 bis 1989, vom Datum der russischen Oktoberrevolution bis zum Fall des Eisernen Vorhangs, als mehr als siebzigjährige Phase der Teilung Europas verstanden wird.

Je nachdem, wie die Periodisierungen gesetzt werden, entstehen unterschiedliche Blickpunkte und Ideologien. Völlig unzulässig ist es, die Jahre 1938 bis 1955 unter dem Aspekt »Besatzung« zusammenzufassen und 1955 statt 1945 als Befreiung zu feiern. Eine derartige Periodisierung übergeht völlig die Dimensionen totalitärer NS-Herrschaft und Unterdrückung, verwischt auch die Rolle einer österreichischen Mittäterschaft und Mitverantwortung am NS-Unrechtsstaat und erweckt den Eindruck, als habe es sich bei der alliierten Besatzung mit ihren durchaus vorkommenden Übergriffen in irgendeiner Form auch um ein Unrechtsregime gehandelt. Aber auch die Jahre 1933 oder 1934 bis 1945 unter dem Titel »Diktatur« oder »Faschismus« als Einheit zusammenzuziehen, ist problematisch. Einerseits wird damit der verzweifelte Abwehrkampf Österreichs gegen die Vereinnahmung durch das nationalsozialistische Deutsche Reich unterdrückt, andererseits die Ausschaltung des österreichischen Parlaments im Jahr 1933 und die ständestaatlich-autoritäre Diktatur mit der Hitler'schen Machtübernahme in Deutschland im Jahr 1933 und der totalitären Diktatur des Nationalsozialismus mehr oder weniger gleichgesetzt.

Die Jahre 1918, 1938 und 1945 sind Strukturbrüche, die die österreichische Geschichte jeweils in eine ganz andere Richtung gelenkt

Ausrufung der Republik »Deutsch-Österreich« am 12. November 1918 vor dem Parlament in Wien

haben. Wirtschaftsgeschichtlich ist das Jahr 1929 mit dem Ausbruch der Weltwirtschaftskrise ein entscheidender Wendepunkt. Im Jahr 1933 folgten auf der politischen Ebene die Ausschaltung des Parlaments, 1934 der Bürgerkrieg und der Juli-Putsch der Nationalsozialisten mit der Ermordung von Bundeskanzler Engelbert Dollfuß. Die nationalsozialistische Machtübernahme konnte nicht aufgehalten werden. Die wirtschaftliche und industrielle Entwicklung des Landes wurde durch die Industriegründungen und kriegsbedingten Verlagerungen in eine völlig neue Richtung gelenkt. 1945 waren die NS-Gewaltherrschaft und der Schrecken des Krieges vorbei. Österreich war frei, blieb aber besetzt. Die Unterschiede zwischen den einzelnen Besatzungsregimen und der faktische Ausschluss der sowjetischen Zone von den Marshallplan-Mitteln verstärkten die Westorientierung und Westverlagerung der österreichischen Industrie. Der Staatsvertrag im Jahr 1955 brachte den völkerrechtlichen Schlusspunkt, auch wenn in Wahrheit schon Anfang der Fünfzigerjahre für die Österreicher die Nachkriegszeit vorbei war, das Wirtschaftswunder eingeleitet wurde und eine Einschränkung der Freiheit durch die »Besatzung« kaum mehr spürbar war.

Österreich ist im 20. Jahrhundert nicht nur als Staat entstanden, sondern auch zu einer Nation geworden. Es darf nicht wundern, dass diese Nationswerdung mit zahlreichen Schmerzen und Schwierigkeiten verbunden war, um die dafür notwendige Identität zu finden: Immer noch mit Großmachtsambitionen kokettierend, dann im Anschlussdenken verheddert, zuletzt auf die Neutralität fixiert, die aber inzwischen ihre Bedeutung verloren hat, konnten sich die Österreicher je nach zeitlichem und ideologischem Standort als Bollwerk, als Brücke oder Insel definieren. Das 20. Jahrhundert teilt sich in Österreich in zwei recht unterschiedliche Hälften: Die erste ist voll blutiger und zerstörerischer Konfrontationen, beginnend mit den großen Streiks

Staatskanzler Karl Renner mit der österreichischen Friedensdelegation vor dem Schloss von Saint-Germain bei Paris im Sommer 1919

und Nationalitätenkonflikten der ausgehenden Habsburgermonarchie über die Katastrophe des Ersten Weltkriegs, die Gewalttätigkeiten der Ersten Republik, den Bürgerkrieg bis zur nationalsozialistischen Terrorherrschaft und zum Zweiten Weltkrieg und endend mit den ersten Jahren der Besatzungszeit und dem Oktoberstreik 1950. Die zweite Jahrhunderthälfte zeigt eine ganz andere Grundstimmung: 1950 begann eine stark konsensorientierte, sozialpartnerschaftliche Phase ohne jegliche große Gewaltausbrüche.

Das Zeitalter Kaiser Franz Josephs

Die Revolution von 1848, die indirekt den jungen Kaiser Franz Joseph an die Regierung brachte, bildete einen entscheidenden Wendepunkt der österreichischen Geschichte, auch in ihrem Scheitern: Sie brachte das Ende des Feudalsystems, die Einführung der Ortsgemeinden und der modernen Verwaltungs- und Gerichtsstruktur und die Anfänge des Österreich so prägenden Kammersystems. Gleichzeitig setzte sie, trotz des absolutistischen Rückschritts, die ersten Schritte zur Etablierung demokratischer Vertretungen in den Gemeinden. Im ersten Jahrzehnt bestand die Herrschaft Kaiser Franz Josephs in einer rückwärts gewandten Form des politischen Absolutismus, der von liberal orientierten wirtschaftspolitischen Reformen abgestützt werden sollte. Kaiser Franz Joseph wollte beides, eine liberale, freie Wirtschaft und eine absolute, bestenfalls von Räten beratene Monarchie. Die Dampfschiffe und Eisenbahnen, zusammen mit der Sicherstellung des einheitlichen Zollgebiets, formten den gemeinsamen Markt der Habsburgermonarchie. Das neoabsolutistische Regime behinderte aber durch seine Großmachtpolitik und die damit verbundene Aufblähung der Militärausgaben und Überspannung der Staatsfinanzen den Industrialisierungs- und Kapitalbildungsprozess.

Die Gründerzeit war in Österreich überlagert von den krisenhaften politischen und ökonomischen Folgen der Frühzeit der Regierung Kaiser Franz Josephs: Noch lange zu spüren waren die Revolution von 1848 und das neoabsolutistische System, das politische Versagen im Krimkrieg, die Kosten und Folgen der Kriege durch den Verlust der Lombardei 1859 und Venetiens 1866, die Folgen der Rivalität mit Preußen und des Scheiterns der großdeutschen Konzeption, die gravierenden Auswirkungen der in den Fünfzigerjahren angesammelten Haushaltsdefizite und ihrer Abarbeitung in der Plener'schen Deflationspolitik der frühen Sechzigerjahre, die mit einer internationalen Wirtschaftskrise zusammenfielen. Das neoabsolutistische Regime war mit seinem Vorhaben gescheitert, die Monarchie zu einem straffen Zentralstaat umzugestalten.

In den Sechzigerjahren erfolgte die schrittweise sich vollziehende politische Liberalisierung, die nach dem Schock von 1866 zu einem Neubau der inneren Organisation im staatsrechtlich komplexen Gebilde der k. u. k. Doppelmonarchie führte. In den Jahren 1866/67 veränderte sich der Habsburgerstaat durch den Rückzug aus Italien und Deutschland, den Ausgleich mit Ungarn und die Umwandlung in eine Doppelmonarchie von Grund auf: Mit der Aufgabe Venedigs war die jahrhundertealte Orientierung der habsburgisch-österreichischen Kultur an Spanien und Italien endgültig zu Ende. Die slawischen Nationalitäten waren zusammengerechnet zur Mehrheit geworden. Der Ausschluss aus Deutschland verstörte die Deutschen Österreichs zutiefst, die im Zeitalter des Nationalismus mit einem föderalistischen Vielvölkerstaat nicht viel anzufangen wussten und sich vom Deutschliberalismus immer mehr in Richtung Deutschnationalismus entwickelten. Der Ausgleich mit Ungarn schließlich war in hohem Maße umstritten. Die einen sahen in der faktischen Anerkennung der Selbstständigkeit Ungarns den Todeskeim des Habsburgerstaates, die anderen die Festschreibung der Herr-

Die k. u. k. Monarchie: Krönung Kaiser Franz Josephs zum König von Ungarn, 8. Juni 1867

schaft von zwei Nationalitäten, der deutschen und der ungarischen, über die restlichen mindestens neun Nationalitäten.

1868 verfügte Kaiser Franz Joseph die Bezeichnung »österreichisch-ungarische Monarchie« als Name für den Gesamtstaat. Es begann der Streit, ob dies ein Reich sei und ob es daher überhaupt zwei Reichshälften gebe. In der offiziellen Terminologie wählte man daher die beiden mehr als komplizierten Begriffe der »im Reichsrat vertretenen Königreiche und Länder« und der »Länder der ungarischen Krone«, die inoffiziell als »Cisleithanien« und »Transleithanien« bezeichnet wurden, mit k. k. (kaiserlich-königlichen) und k. u. k. (kaiserlichen und königlich-ungarischen) Behörden. Was »Österreich« bedeutete, war dabei ganz unklar: ob die Gesamtmonarchie, ob nur der »cisleithanische« Teil oder nur die beiden Länder Österreich ob und unter der Enns. Erst 1915 wurde Österreich offiziell zur Bezeichnung für den nichtungarischen Teil der Habsburgermonarchie.

Gemeinsame Angelegenheiten waren die Außenpolitik und das Kriegswesen sowie die dafür notwendigen Finanzen, wobei die drei k. u. k. Minister des Äußeren, des Krieges und der Finanzen in einem gemeinsamen Ministerrat unter Vorsitz des Außenministers und des Kaisers tagten. Das sicherte dem Kaiser erheblichen Einfluss auf Diplomatie und Militär. Der Streit um die »Quote«, um den finanziellen Beitrag der beiden Reichshälften zu den gemeinsamen Angelegenheiten, wurde zum Feld der heftigsten Auseinandersetzungen. In Wirklichkeit handelte es sich angesichts relativ geringer Beträge um reine Prestigeangelegenheiten.

Dass sich 1867 nach einem verlorenen Krieg das wirtschaftliche Bild ganz schlagartig änderte und das Land einen glanzvollen ökonomischen und kulturellen Aufholprozess erlebte, mochte fast wie ein Wunder erscheinen. Wien wurde zu einer riesigen Baustelle. Rund 40 Prozent der Mietshäuser entlang der Ringstraße wurden in den sieben Gründerjahren zwischen 1867 und 1873 errichtet und die meisten Prunkbauten begonnen: Rathaus, Burgtheater, Parlament, Universität, Hofmuseen und Börse. Wien erhielt die nobelste Repräsentationsarchitektur und den prächtigsten Boulevard, der in Europa angelegt wurde. Mit einem Schlag zog Wien als moderne Großstadt mit Paris gleich und überrundete London sowie jede andere Hauptstadt der Welt, doch es war eine kurze Blüte des politischen Liberalismus.

Dem hektischen Gründungs- und Spekulationsgeschehen folgte der Börsenkrach des Jahres

Weltausstellung und Börsenkrach 1873: Die Karikatur zeigt den für das Defizit verantwortlich gemachten Weltausstellungs-Generaldirektor Wilhelm Freiherr von Schwarz-Senborn. »Kikeriki«, 30. Oktober 1873

1873. Dieser 9. Mai, der »Schwarze Freitag« des Jahres 1873, das in Wien zusätzlich durch das letzte großräumige Auftreten der Cholera und durch den nicht gerade berauschenden Erfolg der Weltausstellung gekennzeichnet war, führte zu einem nachhaltigen Stimmungsumschwung. Der Zusammenbruch zahlreicher Banken und Industriegründungen erschütterte das bisherige Vertrauen in die Prinzipien des wirtschaftlichen Liberalismus. Das Ausmaß und die tatsächlichen Auswirkungen des großen Krachs und der Depression, die der Hochkonjunktur der beginnenden Siebzigerjahre nachfolgten, wurden von den Zeitgenossen zweifellos überschätzt. Doch der Börsenkrach symbolisierte das Ende des Liberalismus.

Die Phase des Liberalismus ging zu Ende, parteipolitisch wie wirtschaftspolitisch. 1879 wurde die kurze Reihe liberaler Regierungen durch die konservative Regierung Taaffe (1879–1893) abgelöst. Das Krisenjahr 1873 zeigt sich damit als wichtige Zäsur der österreichischen Wirtschafts- und Sozialgeschichte: Es bereitete den Beginn der neuerlichen Verstaatlichung des Bahnsystems vor, die Reaktivierung schutzzöllnerischer Bestrebungen, die neuerliche Einschränkung der Gewerbefreiheit und generell eine stärker antikapitalistisch orientierte Stimmung. Das Streben nach Sicherheit wurde zum Leitstern: Risikofeindschaft, »Rentnermentalität« und zünftlerisch-kleingewerbliches Denken waren lange nachwirkende Grundkomponenten der österreichischen Wirtschaftsordnung. Wirtschafts- und sozialpolitisch wurden in der Gewerbeordnung, im Bereich der sozialen Sicherheit oder auch im Banken- und Genossenschaftsbereich Weichenstellungen getätigt, die bis in die Gegenwart wirken.

In den Achtziger- und Neunzigerjahren entstanden jene politischen Gruppierungen, die das öffentliche Leben Österreichs bis ins späte 20. Jahrhundert bestimmen sollten, als Parteien die drei neuen Massenparteien und Lager – das christlichsoziale, das deutschnationale und das sozialdemokratische – und als Interessenvertretungen die Gewerkschaften und Unternehmerverbände.

Die drei prominentesten Exponenten der drei Lager, Victor Adler für die Sozialdemokratie, Karl Lueger für die Christlichsozialen und Georg von Schönerer für die Deutschnationalen, hatten vorerst gemeinsame Wurzeln aus der Arbeit am Linzer Programm der Deutschnationalen.

Die Deutschnationalen, die den Habsburgerstaat entschieden ablehnten, waren nicht nur Vertreter der Idee der deutschen Einheit, sondern auch Befürworter einer Volksbewegung, die sich bewusst außerhalb aller gesetzlichen Spielregeln stellte und Gewalt als Mittel der Politik klar bejahte. »Gegen Juda, Habsburg, Rom / bauen wir den deutschen Dom«, sangen die Anhänger Georg von Schönerers.

1888 schlossen sich die kleinbürgerlichen Demokraten Wiens als »Vereinigte Christen« zu einer Partei zusammen. Ohne explizite Bezugnahme auf die christliche Theologie, aber mit einem von der katholischen Soziallehre geprägten Parteiprogramm präsentierten sich die Christlichsozialen als sozialreformerische und doch bürgerliche Partei.

An der Jahreswende 1888/89 gelang auch den Sozialdemokraten auf dem Parteitag im niederösterreichischen Hainfeld der Zusammenschluss zwischen Gemäßigten und Radikalen. Das war zuvorderst das Verdienst des »Hofrats der Revolution« Victor Adler.

Was die Habsburgermonarchie dennoch nicht schaffte, war eine grundlegende Demokratisierung. Dass man das Parlament als Theater apostrophierte, bot sich an, war doch das erste Parlamentsgebäude als Provisorium auf der Roßauer Lände von den Theaterarchitekten Helmer & Fellner errichtet worden. Auch als das Parlament ab 1883 nicht mehr im »Schmerling-Theater«, sondern in dem von Theophil Hansen geplanten Prunkbau am Ring tagte, konnte es nicht an Ansehen gewinnen, sondern brachte sich immer mehr als obstruierende »Quatschbude« in Misskredit. Teile

Der Krieg

Aus den „Lustigen Blättern"

Sonnenfinsternis 1914

Im Finanzministerium

Hofrat: Ihre Aufgabe ist, die laufenden Staatsschulden nachzurechnen.

Beamter: Herr Hofrat, so schnell kann ich nicht rechnen, als die Schulden laufen!

Spießiger Granatensplitter

In Zeiten der Gefahr appellieren alle Regierungen an die „Völker". In Friedenszeiten pflegen aber manche Regierungen die Völker bloß als „Volk" zu betrachten.

Der Ehrenmann an der Newa

„Zu Hilfe, zu Hilfe! Schon wieder ein Bombenattentat auf unser Väterchen!"

„Schadet nichts, Kinder, schadet nichts – an dem prallt alles ab!"

Die Lichter gehen aus in Europa: »Glühlichter«, 24. September 1914

der Eliten suchten mit Staatsstreichplänen und außerhalb der Demokratie stehenden »Fachleuten« eine nur in den Gehirnen ausweglos scheinende Situation zu durchbrechen und begannen, einen den Untergang riskierenden Krieg als besseres, weil ehrenvolleres Ende herbeizureden. So machte sich überall viel Unzufriedenheit breit.

In Literatur, bildender Kunst, Architektur, Musik und Lebensführung begannen sich jene Strömungen auszubilden, die üblicherweise unter dem Begriff Moderne zusammengefasst werden, von Impressionismus und Jugendstil über die neue Musik bis zur Lebensreform.

Vom Glanz der Jahrhundertwende bis zur Katastrophe von 1914 war es nur ein kleiner Schritt.

Hunger und Mangel prägten das Leben nach dem Ersten Weltkrieg

Die Höhen und Tiefen der Republik

Das Fiasko des Ersten Weltkriegs war in Österreich nachhaltiger und tiefer reichend als sonst überall: Durch die Zerschlagung der Habsburgermonarchie war ein großer Wirtschaftsraum zertrennt worden, Zollgrenzen wurden aufgerichtet. Der Handel und die Arbeitsteilung schrumpften beträchtlich. Österreich, die vormals reichste Region, die vor allem von hauptstädtischen Dienstleistungen profitiert hatte, war davon am stärksten betroffen. Die Infrastruktureinrichtungen den neuen Gegebenheiten anzupassen erforderte hohe Kosten. Auch von der Abtragung der Kriegsschulden war auf Österreich die größte Last entfallen. Die Hyperinflation löste zwar das Problem, aber mit katastrophalen Nachwirkungen auf die Vermögensstruktur, das Investitionsverhalten und die wirtschaftliche Weiterentwicklung. Man hielt Österreich für wirtschaftlich nicht lebensfähig, weil die Landwirtschaft die Bevölkerung bei weitem nicht ausreichend versorgen konnte, weil das Land arm an reichhaltigen Rohstoffvorkommen war und vor allem entsprechende Steinkohlevorkommen fehlten, weil die Produktionsstruktur für das kleine Land nicht passte, die Bevölkerung und der Reichtum regional zu ungleich verteilt waren etc. Vor allem aber waren es die subjektiven Gefühle, den Großmachtstatus verloren zu haben, als Staat nicht lebensfähig zu sein, als Nation identitätslos zu bleiben, ohne eigentliche außen- und innenpolitische Orientierung.

Die Schwierigkeiten der Anpassung an die neuen staatlichen Strukturen wurden durch wirtschaftspolitische Fehlentwicklungen in Österreich und seinen Nachbarstaaten verstärkt. Die »goldenen« Zwanzigerjahre fanden in Österreich nicht statt. Die Weltwirtschaftskrise erreichte in Österreich aus verschiedenen Gründen ein besonders tief greifendes und lang wirkendes Ausmaß: wegen der Langzeitfolgen des Zerfalls der Habsburgermonarchie, wegen der Nachwirkungen der Hyperinflation, wegen der Welle von Bankenzusammenbrüchen mit dem Gipfelpunkt der Credit-Anstalt-Krise und wegen der politisch motivierten Pressionen aus dem nationalsozialistischen Deutschland.

Die Beurteilung der Wirtschaftspolitik des

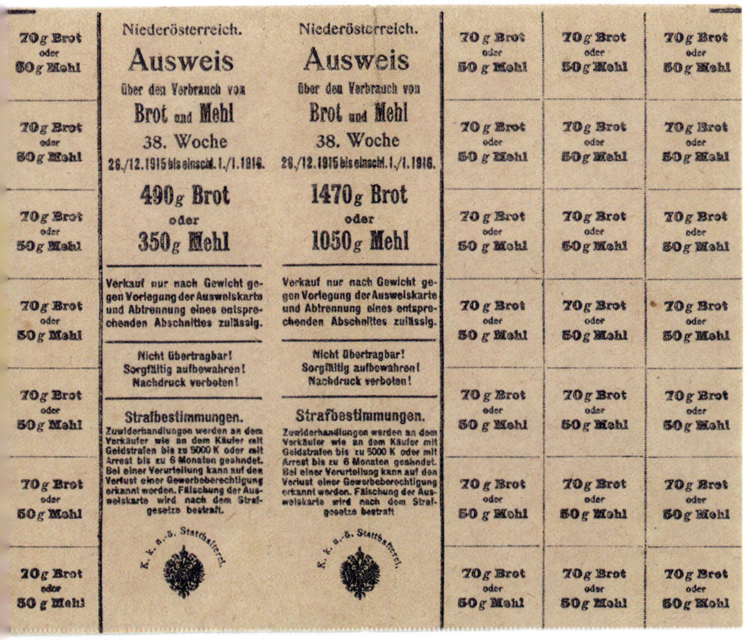

Niederösterreich.
Ausweis über den Verbrauch von Brot und Mehl
38. Woche
26./12.1915 bis einschl. 1./1.1916.
490 g Brot oder 350 g Mehl
(zweiter Ausweis: 1470 g Brot oder 1050 g Mehl)
Verkauf nur nach Gewicht gegen Vorlegung der Ausweiskarte und Abtrennung eines entsprechenden Abschnittes zulässig.
Nicht übertragbar! Sorgfältig aufbewahren! Nachdruck verboten!
Strafbestimmungen.
K. k. n.-ö. Statthalterei.
(Abschnitte, je: 70 g Brot oder 50 g Mehl)

WIEN K. k. n. ö. Statthalterei.
23. bis 48. Woche, 13./10. 1918 bis 12./4. 1919.
Kohlen-Bezugskarte für halben Zimmerbrand
Inhaber: Bezirk, Nr. Wohnung Nr. Abgabetag:
Z. B.
Für abhanden gekommene Karten kein Ersatz!
(Abschnitte 23–48, je: halber Zimmerbrand)

österreichischen Ständestaates geschieht meist aus der Perspektive einer fehlenden Konjunktur- und Beschäftigungspolitik: Die wirtschaftlichen Belebungsmaßnahmen seien halbherzig und wenig durchdacht gewesen. Selbst wohlmeinende Historiker und Politiker neigen dazu, den »Ständestaat« an den vermeintlichen Erfolgen Hitler-Deutschlands bei der Ankurbelung der Wirtschaft und Beseitigung der Arbeitslosigkeit zu messen, und übersehen dabei, wie sehr die nationalsozialistische Politik von Anfang an durch extreme Verschuldung finanziert wurde und auf Gewalt und Zwang aufgebaut war. Die deutsche Beschäftigungspolitik war in erheblichem Umfang durch zusätzliche staatliche Nachfrage über Kreditschöpfung finanziert worden (öffentliche Sonderkreditinstitute, eigens dafür gegründete öffentlich-rechtliche Körperschaften und Gesellschaften des privaten Rechts). Diese Vorfinanzierung erreichte bereits in den beiden Jahren 1933 und 1934 jeweils fast die halbe Höhe der gesamten Steuereinnahmen des Reiches. 1938 war die Situation schon so verfahren, dass man den besten Ausweg in Eroberung und Ausbeutung sah.

Die Folgen der nationalsozialistischen Herrschaft

Hitlers Kampf gegen Österreich bestand erstens in einem Wirtschaftskrieg. Mit der am 1. Juni 1933 in Kraft getretenen 1.000-Mark-Sperre sollte die österreichische Fremdenverkehrswirtschaft ins Mark getroffen werden, eine Drosselung der Importe von Holz, Obst und Vieh sollte die österreichische Exportwirtschaft nachhaltig schädigen und mit einem Boykott österreichischer Rauchwaren und entsprechend unterstütztem Schmuggel aus Deutschland sollte dem Staat eine wichtige Steuerquelle geraubt werden. Dazu kamen eine beispiellose Propaganda- und Hetzkampagne, landesweit organisierter Terrorismus (mit bis zu 140 Bombenattentaten pro Monat zwischen Juni 1933 und Juli 1934, gezielten Mordanschlägen: zweimal auf den Bundeskanzler – der zweite tödlich –, auf den Vizekanzler, den Justizminister, den Sicherheitsminister, auf Heimwehrführer und andere Persönlichkeiten), die Bildung einer bewaffneten Eingreiftruppe aus geflüchteten österreichischen NS-Aktivisten (die »Österreichi-

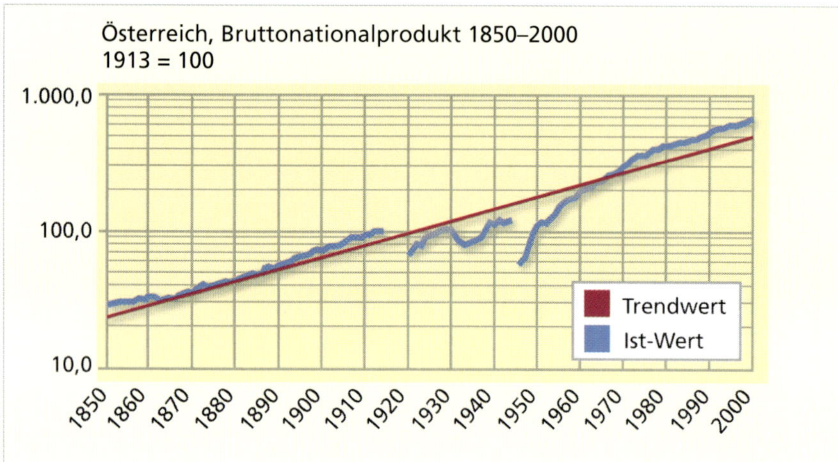

Quelle: Entwurf nach Daten bei F. Butscheck, Statistische Reihen zur österreichischen Wirtschaftsgeschichte (Wien 1993); Statistik Austria.

sche Legion«, die eine Stärke von 15.000 Mann erreichte) und der Versuch einer internationalen Isolierung Österreichs.

Das »Intermezzo« des Nationalsozialismus und der siebenjährige »Anschluss« an Deutschland änderte die Rahmenbedingungen: Die Meinungen, ob die nationalsozialistische Wirtschaftspolitik und die kriegswirtschaftliche Gründungstätigkeit in Österreich das Industrialisierungswunder ausgelöst oder Österreichs industrielle Entwicklungsmöglichkeiten eher behindert als begünstigt haben, gehen weit auseinander.

1938 war jedenfalls nicht jener tiefe Einschnitt, der Österreich zu einem modernen Industrieland gemacht hat. Zahlreiche der nationalsozialistischen Gründungen waren durch umfangreiche Fehlinvestitionen sehr teuer oder wären auf dem Weltmarkt nicht konkurrenzfähig gewesen, wenn sie nicht nach 1945 durch die massive Geldentwertung entschuldet und durch die Marshallplan-Hilfe ausgebaut worden wären. Zahlreiche Investitionen waren reine Repräsentativ- oder Militärbauten (Kasernen), viele Investitionen wurden nur begonnen, aber nicht fertig gestellt. Alle Projekte konnten zwar rasch begonnen werden, weil ein Zwangsregime ohne demokratische Rücksichtnahmen Boden und Gebäude enteignen, in- und ausländische Arbeitskräfte und Zwangsarbeiter ausbeuten, die gesamte Bevölkerung zum Zwangssparen verpflichten und politisch und rassisch Verfolgte berauben und besetzte Gebiete ausplündern konnte. Die unmittelbaren ökonomischen Effekte der Industriegründungen durch das »Dritte Reich« waren aber wegen der damit verbundenen Auslaugung und Auskämmung anderer, mittlerer und kleinerer Betriebe durchaus zweifelhaft.

Wiederaufbau und Neubeginn

Anders als nach dem Ersten Weltkrieg konnte Österreich nach dem Zweiten Weltkrieg rascher seine politische Identität und seine wirtschaftliche Ausrichtung finden. Der Wirtschaftsinfarkt fiel zwar ähnlich stark aus wie nach 1918. Gänzlich anders war aber, dass Österreich nicht um seine innere Identität ringen musste. Das Vertrauen in das Land war vorhanden. Die Wirtschaftsstruktur war durch die NS-Investitionspolitik und die Notwendigkeiten der Kriegswirtschaft umgestaltet worden, von einer stark konsumgüterorientierten Produktion in Richtung Schwerindustrie, von der Konzentration im Osten des Landes zu mehr Gleichmäßigkeit, von einem energiearmen Land zu einem kurzfristigen Nettoenergieexporteur. Die Aufteilung in Besatzungszonen, die Marshallplan-Hilfe und die Errichtung des Eisernen Vorhangs verstärkten die Westorientierung. Sozialpartnerschaft, hoher Staatsanteil in der Wirtschaft und Betonung der öffentlichen Planungskomponenten wurden für die ersten Jahre konstitutiv und bestimmten das Wirtschaftsklima der Zweiten Republik.

Um 1950 war der Wiederaufbau weitgehend abgeschlossen. Der bislang letzte große Generalstreik, verbunden mit Putschgerüchten, erschütterte im Oktober 1950 das Land. Die Besatzung änderte nach 1950 ihren Charakter, die Bewirtschaftung konnte sukzessive abgebaut werden, das Wirtschaftswunder konnte beginnen. So bedeutete das Jahr 1955 zweifellos einen formalen Schlusspunkt: Österreich hatte seine volle Souveränität wiedergewonnen, die Besatzungsmächte zogen ab, mit Erklärung der Neutralität nach Schweizer Vorbild erhielt das Land eine neue Positionierung zwischen den Blöcken, auch wenn die inhaltliche Westorientierung und Westzugehörigkeit unbestritten war. Die öffentliche Verschuldung wurde innerhalb weniger Jahre auf historische Tiefstwerte gedrückt, die Währung war stabilisiert und mit dem ASVG 1955 der Sozialstaat institutionalisiert. Dass 1955 mit der Einführung des Fernsehens eine ganz neue Ära der Medien einsetzte, Burgtheater und Staatsoper in ihren historischen Gebäuden wieder eröffnen konnten und man in der Landwirtschaft bereits mit Überschüssen statt mit Mangel zu kämpfen begann, markiert das Ende einer Epoche und den Anfang einer ganz neuen.

Die »Vier im Jeep«: Die gemeinsame Kontrolle durch die Besatzungsmächte gehörte zwischen 1945 und 1955 zum Alltagsbild der Wiener Innenstadt.

Außenminister Leopold Figl mit den Vertretern der vier Signatarmächte und Bundeskanzler Julius Raab am Balkon des Wiener Belvedere nach der Unterzeichnung des Staatsvertrags, 15. Mai 1955

Innovationen und Innovatoren

Die Periode 1848 bis 1955 stand im Zeichen entscheidender Innovationen. Die grundlegenden technischen Veränderungen erfolgten nicht mehr im Bereich der Textilindustrie und der Dampfkraft, die Basisinnovationen verlagerten sich in neue und immer mehr Bereiche: Eisenindustrie, Elektrizität und Nachrichtentechnik, Chemie und Fahrzeugbau, Bauwirtschaft und Agrartechnik.
Zunächst einmal waren es die grundlegend neuen Verfahren der Stahlerzeugung vom Bessemer-Verfahren über das Thomas-Verfahren, die Siemens-Martin- und Elektrostahlöfen bis zum LD-Verfahren. Österreich präsentierte sich als Land der Grundstoffindustrie, in dem ein zur Größe des Landes überproportionaler Beitrag an Innovationen erbracht wurde.
Die zweite Zentralinnovation war die Elektrizität beziehungsweise ihre wirtschaftliche Nutzung: Österreichs Beitrag war hier deutlich weniger prominent. Eine wirklich führende Stellung vermochte Österreich nicht zu erringen und es fehlten die von Österreich aus operierenden internationalen Konzerne. Doch ist Österreichs Beitrag hervorzuheben: in der Wechselstromtechnologie mit dem aus Kroatien gebürtigen Nicola Tesla, der allerdings bereits nach dem Studium am Joanneum in Graz nach Amerika ging; in der Kraftwerkstechnologie mit der von Viktor Kaplan erfundenen Turbine, aber auch in der Entwicklung der Elektromotoren und der Haushaltselektrik.
Gering war Österreichs Beitrag, was Innovationen im Bereich der Chemiewirtschaft betrifft, auch wenn einzelne Forscherpersönlichkeiten und Erfinder hervorgehoben werden müssen und die Chemie als Wissenschaft im späten 19. und frühen 20. Jahrhundert in Österreich einen hohen Standard erreichte.
Kennzeichnend für das 20. Jahrhundert wurde die Verkehrsrevolution: Die Beiträge, die österreichische Erfinder, Innovatoren und Konstrukteure für die Entwicklung von Automobil und Flugzeug lieferten, sind beträchtlich. Das hatte schon im Schiffs- und Eisenbahnbau mit so bekannten Pionieren wie Josef Ressel oder Karl Ritter v. Ghega begonnen und ging in der zweiten Hälfte des 19. und im frühen 20. Jahrhundert weiter. Österreich war bei den ersten Automobilen und ersten Flugzeugen mit dabei: Siegfried Marcus, die Brüder Franz, Heinrich und Carl Gräf, begnadete Konstrukteure wie Hans Ledwinka, Ferdinand Porsche, Karl Jenschke, Flugzeugpioniere wie Wilhelm Kress, Igo Etrich, Jacob Lohner, Edmund Rumpler u. a.
Und auch der Beitrag Österreichs zur größten technologischen Revolution des 20. Jahrhunderts, jener der Informationstechnik und der Datenverarbeitung, wo die Innovationsfüh-

Der Flugapparat des österreichischen Flugpioniers Wilhelm Kress vor dem gescheiterten Probeflug 1901 bei Tullnerbach

Siegerehrung auf dem Wiener Neustädter Flugfeld, Plakat von Fritz Schönpflug, 1911

rerschaft, wie Alfred D. Chandler betont, eine pazifische Angelegenheit geworden ist, kann nicht übersehen werden. Auch wenn Mitterhofers Schreibmaschinen verstaubte Modelle blieben, waren sie richtungsweisend. In der Film-, Rundfunk- und Fernsehtechnik gab es wesentliche Beiträge Österreichs, auch in der Datenverarbeitung, deren Entwicklung später weitgehend außerhalb Europas vor sich ging, darf der Beitrag Europas, insbesondere auch Österreichs nicht übersehen werden.

Wenig innovativ wirkte Österreich in der Verkaufsrevolution. Keine der großen Innovationen des Handels wurde von Österreich mit wesentlichen Beiträgen unterstützt und gefördert: Nicht das Warenhaus, das von Paris und London aus sich ausbreitete, nicht die großen Filialketten, wo zwar in Österreich mit Julius Meinl dann ein traditionsreiches Unternehmen entstand, und schon gar nicht die Selbstbedienung, die erst sehr spät im Jahre 1950 erstmals nach Österreich gelangte.

Verkannte Genies

Umfragen über die österreichische Identität, die in den Neunzigerjahren gemacht wurden, ergaben, dass die Österreicher ihr Land vorwiegend als Fremdenverkehrsland einstuften und es in der modernen technischen Entwicklung weit hinten einordneten. Auf die Frage nach typisch österreichischen Industrieprodukten und Branchen, auf die man stolz ist, wurden die Schiindustrie, Trachtenprodukte und Mozartkugeln, Mannerschnitten oder Sachertorten ganz vorne gereiht. Als 1980 in einer Befragung nach den Namen berühmter Österreicher gefragt wurde, lebender wie verstorbener, ergab dies unter den ersten fünfzehn keinen Erfinder, Techniker, Wissenschaftler oder Unternehmer.

Österreich pflegt in seiner historischen Tradition sehr liebevoll das Klischee von den armen Genies und verkannten Erfindern. Man ist zwar fest davon überzeugt, dass die Österreicher vieles und alles erfunden und der Welt große Leistungen hinterlassen haben: »Heimat bist du großer Söhne …« Andererseits ist man aber auch der fest gefügten Meinung, dass die österreichischen Genies meist nicht verstanden wurden oder es nicht verstanden haben, ihre Ideen entsprechend zu vermarkten. Ja, manchmal hat man sogar das Gefühl, dass die Österreicher ihre Genies für umso größer halten, je ärmer sie gestorben und je erfolgloser sie geblieben sind, beziehungweise dass man ihnen Armut und gesellschaftliche Verkennung andichtet, um sie als Genies einstufen zu können. Das gilt für die großen österreichischen Künstler und Komponisten, denen man gerne viel weniger finanziellen Erfolg zuschreiben wollte, als sie tatsächlich hatten, das gilt auch für die Techniker und Erfinder – und für die Wissenschaftler sowieso. Der Österreicher ist es gewohnt oder sieht es gerne, wenn Leistung nicht oder möglichst wenig entlohnt wird. So wurde das »österreichische Erfinderschicksal« geboren: Menschen, die zwar innovative Leistungen hervorbrachten, aber an der Verwertung ihrer Produkte scheiterten oder an der Indolenz der Behörden sowie am Unverständnis der Bevölkerung zerbrachen.

Das mag daher rühren, dass in Österreich stärker als in anderen Ländern immer wieder antikapitalistische Traditionen mit klassenkämpferischen, religiös-fundamentalistischen und antisemitischen Untertönen hervortraten. Diese setzten sich aus Elementen der sozialistischen Theorie und der christlichen Soziallehre sowie aus einer weit verbreiteten Technikskepsis des Bürgertums und einer rückwärtsgewandten, antimodernistischen Heimatideologie zusammen und formten eine Mentalität, die mit Vorliebe darauf schaut, wie viel der andere verdient und wie man das fremde Einkommen verringern könne, statt das eigene zu erhöhen.

Schreibmaschine des Peter Mitterhofer (1822–1893), Modell aus dem Jahr 1864. Der Tiroler Tischler Mitterhofer baute zwischen 1864 und 1869 fünf Schreibmaschinenmodelle, die bereits alle wesentlichen Konstruktionselemente moderner Schreibmaschinen enthielten. Die wirtschaftliche Umsetzung gelang ihm aber nicht. Wien, Technisches Museum

Franz Wertheim vermarktete seine Geldschränke mit spektakulären Aktionen: Feuerprobe 1857 in Konstantinopel in Gegenwart des Sultans und sämtlicher Minister

Unternehmer und Innovatoren

Waren innovative Techniker im 18. und frühen 19. Jahrhundert häufig ausländischer, vornehmlich westeuropäischer Herkunft, so stammten innovative und unternehmerische Persönlichkeiten der österreichischen Wirtschafts- und Geistesgeschichte nach 1850 immer öfter aus den nördlichen und östlichen Teilen der Habsburgermonarchie. Sie kamen aus allen Teilen und Winkeln des Reiches, nach Ende des Zweiten Weltkriegs vor allem auch aus dem Sudetenland.

Daneben dürfen aber zahlreiche österreichische Unternehmerpersönlichkeiten nicht vergessen werden, die teils aus sehr einfachen Verhältnissen kamen und oft unter schwierigsten Bedingungen ihre unternehmerische Karriere machten: etwa der Scheibbser Eisenindustrielle Anton Töpper, der aus Krems gebürtige Franz Wertheim, berühmt durch seine einbruchs- und feuerfesten Geldschränke, oder der aus Perg gebürtige Schokoladefabri-

Josef Strauß, Polka »Feuerfest«, uraufgeführt 1869 anlässlich der Fertigstellung der 20.000sten Wertheim-Kasse. An dem Bankett mit 1.200 Gedecken nahmen die Spitzen der Militär- und Zivilbehörden, die Repräsentanten aus Bank und Industrie und Vertreter der Kunst und Wissenschaft teil. Im Souterrain war für die Arbeiter und deren Angehörige an langen Tafeln aufgetischt.

kant Josef Manner, der aus kleinstem Herkommen eine Traditionsmarke begründete.
Es gab die patriarchalischen Unternehmer wie Josef Werndl oder Alfred Krupp, es gab die Schieber und Spekulanten wie Camillo Castiglioni oder Sigmund Bosel, es gab die Marketinggenies wie Franz Wertheim, aber es gab in jeder Unternehmerfamilie auch jene, die häufig als die »schwarzen Schafe« angesehen wurden – oft nicht die Schlechtesten der Familie. Aus Unternehmer- und Bankiersfamilien stammten Naturwissenschaftler wie Robert Lieben, Literaten wie Hermann Broch, Stefan Zweig, Felix Salten, Heimito von Doderer und Hugo von Hofmannsthal sowie Kultur- und Sozialwissenschaftler wie Theodor Gomperz, Ludwig Wittgenstein oder Marie Jahoda.
Denkmäler haben die Unternehmer und Erfinder in Österreich nur selten erhalten: Die bedeutendste Ausnahme ist das von Viktor Tilgner gestaltete Werndl-Denkmal in Steyr, das sich in seinem imperialen Aufbau an das Maria-Theresien-Denkmal in Wien anlehnt. Mehr oder minder verborgene Büsten und Gedenktafeln gibt es wohl öfter, vor allem dort, wo die Unternehmer und Innovatoren selbst durch wohltätige Stiftungen oder großzügige Förderungen für den entsprechenden Nachruhm gesorgt haben. Auch bei Straßenbenennungen gab es immer wieder Bedarf. Dass Josef Ressel, Auer von Welsbach oder Viktor Kaplan als Erfinder so bekannt sind und auf prominenten Plätzen in Wien geehrt werden, hängt auch mit der Überlieferungsgeschichte und Traditionspflege zusammen. Im 19. Jahrhundert war Österreich noch technikbewusst. Man feierte die Erfinder, Techniker und Ingenieure in großen Publikationen, Ausstellungen und Museen. Das Technische Museum, 1918 eröffnet, war das letzte und großartigste Monument dieser Technikbegeisterung. Das Österreich der Ersten und Zweiten Republik ist mit seinen Technikern, Erfindern und Unternehmern viel kleinlicher und sorgloser umgegangen. Nicht nur dass viele vertrieben und vergessen wurden, hat man sie und auch jene aus dem 19. Jahrhundert nur dann in die Schar der prominenten Persönlichkeiten einordnen wollen, wenn sie möglichst wenig mit der »Hast und Unruhe« der Industrialisierung zu tun hatten.

Innovatives Österreich

Nach dem Zweiten Weltkrieg hat Österreich, allen gegenteiligen Eindrücken zum Trotz, beachtliches innovatorisches und unternehmerisches Potenzial entwickelt. Ein beträchtlicher Teil der heutigen österreichischen Großunternehmen ist erst nach 1945 von dynamischen Gründern und innovativen Managern aufgebaut worden: im Motoren- und Automobilbau, in der Eisenindustrie und im Maschinenbau, in der Kunststoffindustrie, in der Schi- und Sportartikelerzeugung ebenso wie neuerdings in zahlreichen Unternehmen der Elektronik oder des Softwareengineerings.
Nicht übersehen werden darf, wie viele Österreicher inzwischen in führender Managementposition im Ausland oder in internationalen Konzernen tätig sind. Was aber vor allem hervorsticht, ist die Dynamik der aufstrebenden Mittelbetriebe. Österreich ist zu einem Land der vielen Innovatoren und Unternehmer geworden.
Der Öffentlichkeit allerdings sind die meisten so gut wie unbekannt geblieben, auch wenn jeder Österreicher mit ihren Namen gewisse Vorstellungen und Erfahrungen assoziiert. Man könnte etwa die Familie Hörbiger herausgreifen. Der Name Hörbiger klingt wohl fast jedem Österreicher vertraut, als Name der wohl traditionsreichsten und berühmtesten österreichischen Schauspielerdynastie: die Brüder Attila und Paul Hörbiger, Paula Wessely, verheiratete Hörbiger, Christiane Hörbiger, Elisabeth Orth, geborene Hörbiger …
Als Erfinder und Unternehmer hingegen ist der Name Hanns Hörbiger wohl nur Spezialisten geläufig. Hanns Hörbiger, aus einer

alten Tiroler Familie stammend, wurde 1860 in Atzgersdorf bei Wien geboren. Nach einer Schmiede- und Mechanikerlehre und einem Studium an der Bau- und Maschinengewerbeschule in Wien begann er 1881 als technischer Zeichner bei dem renommierten Wiener Dampfmaschinenkonstrukteur Collmann. Es folgten von 1884 bis 1886 Tätigkeiten als Konstrukteur und Betriebsleiter bei der Ersten Brünner Maschinenfabrik in Brünn, dann bis 1890 als Bauleiter bei der Textilfirma Adolf Löw & Sohn in Helenenthal bei Iglau. 1887 heiratete Hörbiger Leopoldine Janak. Aus der Ehe stammten vier Söhne: Hanns Robert, geboren 1885, Alfred, geboren 1891 in Budatin (bei Brünn), Paul, geboren 1894 in Budapest, und Attila, geboren 1896 in Budapest. Seit 1891 war Hanns Hörbiger Erster Konstrukteur bei der Maschinenfabrik L. Lang in Budapest. Aus Studien zur Neukonstruktion eines Gebläses für das königliche ungarische Eisenwerk Vajdahunyad im heutigen Rumänien entstand die Idee, die bisherigen Lederklappenventile durch selbsttätige, reibungsfrei arbeitende Stahlklappenventile zu ersetzen. 1906 folgte das entscheidende Patent: das Hoerbiger-Plattenventil. Moderne Großchemie und Verfahrenstechnologie wären ohne diese Entwicklung kaum denkbar gewesen.

Auch bei Johann Eibl ist die Situation ähnlich. Fast jeder Österreicher ist schon von Kindheit an ganz unmittelbar, vielleicht sogar schmerzlich, mit Produkten konfrontiert gewesen, die Eibl entwickelt oder maßgeblich mitgestaltet hat: die Diphtherie- und Tetanusimpfung oder die Zeckenschutzimpfung. Auch der Name des Unternehmens, nunmehr im Baxter-Konzern aufgegangen, war prominent: Immuno. Der Name des Erfinders hingegen und die Persönlichkeit, die hinter dieser österreichischen Erfolgsgeschichte steht, sind in der Öffentlichkeit nahezu unbekannt geblieben.

Johann Eibl (geboren 1926) begann nach dem Zweiten Weltkrieg das Studium der Chemie an der Universität Wien, das er 1952 mit der Promotion zum Dr. phil. abschließen konnte. Schon während seines Studiums entwickelte er zwischen 1948 und 1952 unter der wissenschaftlichen Leitung von Professor Michael Eisler-Terramare und dem Leiter des damaligen Bundesstaatlichen Serotherapeutischen Instituts Teichmann einen Diphtherie-Tetanus-Impfstoff zur Immunisierung von Kindern. 1953 war er Mitbegründer des Österreichischen Instituts für Haemoderivate GmbH. Unter Verwendung neuer Technologien aus den USA konnten neuartige Arzneimittel und

Josef Werndl (1831–1889), Denkmal in Steyr von Viktor Tilgner nach dem Vorbild des Wiener Maria-Theresien-Denkmals

LD-Tiegel, VÖEST, Linz, Leo Adler (1897–1987), Öl auf Karton, 1955

Impfstoffe hergestellt werden, unter anderem auch der erste in Europa kommerziell produzierte inaktivierte Kinderlähmungsimpfstoff (1957). Erforscht und entwickelt wurden neue Blutprodukte, Impfstoffe und Biomaterialien. Die wichtigsten Meilensteine waren 1954 ein Blutgruppen-kompatibles antihämophiles Plasma, 1964 ein menschliches Tetanus-Immunglobulin, 1972 der FSME-Impfstoff, 1976 ein Fibrinkleber, 1981 das Rhesus-Immunglobulin, 1985 ein Virusinaktivierungsverfahren mit erhöhtem Dampfdruck, 1989 ein nebenwirkungsfreies intravenöses Immunglobulin, 1992 der molekularbiologische Ausschluss von Infektionserregern im Ausgangsmaterial und 1996 ein Faktor-XIII-freier Fibrinkleber.

Hörbiger und Eibl sind zwei österreichische technisch-unternehmerische Erfolgsgeschichten des 20. Jahrhunderts, die eine aus der ersten, die andere aus der zweiten Hälfte, die stellvertretend für viele stehen und deren Präsentation das Bewusstsein für österreichische Leistungen, das Verständnis für technisch-innovativen Fortschritt und das Engagement für Forschung und Entwicklung stärken soll. Die Erstellung einer systematischen Galerie österreichischer Erfolgsgeschichten des 20. Jahrhunderts muss daher nicht nur ein Anliegen der Wirtschafts-, Technik- und Wissenschaftsgeschichte, sondern auch der Wirtschafts-, Gesellschafts- und Technologiepolitik sein.

Das LD-Verfahren

Das in Linz und Donawitz entwickelte LD-Verfahren wurde zur bekanntesten technischen Neuentwicklung der österreichischen Nachkriegszeit stilisiert. Beim Ende der Vierzigerjahre in Linz und Donawitz entwickelten und 1952/53 an den beiden Standorten erstmals industriell verwendeten Sauerstoffaufblas- oder LD-Verfahren wird im Unterschied zum Bessemer- und Thomas-Verfahren statt Luft von unten reiner Sauerstoff von oben mit einer Lanze auf das Eisenbad im Tiegel aufgeblasen. Damit wird der im Roheisen enthaltene Kohlenstoff bis auf wenige Zehntelprozent verbrannt und aus dem spröden Roheisen schmiedbarer Stahl gemacht. Da dabei sehr hohe Temperaturen entstehen, können bis zu 30 Prozent Schrott verarbeitet werden, ohne dass zusätzliches Heizen notwendig ist.

Das LD-Verfahren hat mehrere Väter. Einer der wichtigsten war der gebürtige Schweizer Robert Durrer (1890–1978), der von 1928 bis 1943 dem Institut für Eisenhüttenkunde der TH Berlin-Charlottenburg vorstand, 1943 an die ETH Zürich wechselte und von 1946 bis 1959 als technischer Generaldirektor die Von Roll'schen Eisenwerke in Gerlafingen in der Schweiz leitete.

Ab September 1947 begannen die Kontakte zur VÖEST AG in Linz, die vor dem Problem der Anpassung ihrer Stahlwerkskapazität an die im Krieg errichteten Hochöfen stand und die Gerlafinger Techniker zu einer Kooperation auf großtechnischer Basis einlud. Die Blasversuche in einem 2,5-Tonnen-Konverter der VÖEST liefen am 3. Juni 1949 an und hatten schon am 25. Juni durchschlagenden Erfolg. Im Dezember 1949 wurde in der VÖEST der interne Beschluss gefasst, die Ausweitung der Rohstahlkapazität nicht nach dem Siemens-Martin-, sondern nach dem LD-Verfahren durchzuführen. Das mit zwei 30-Tonnen-Konvertern ausgestattete LD-Stahlwerk nahm am 27. November 1952 als erstes kommerziell arbeitendes LD-Stahlwerk der Welt die laufende Produktion auf.

Im Jahr 1949 hatte sich auch die Österreichisch-Alpine Montangesellschaft in Donawitz mit dem Sauerstoffaufblas-Verfahren zu beschäftigen begonnen. Auch hier wurde in den Jahren 1950 bis 1952 eine erfolgreiche Versuchsreihe durchgeführt und mit der Errichtung von zwei 25-Tonnen-Konvertern begonnen. Die erste Schmelze im Donawitzer Konverter- beziehungsweise LD-Stahlwerk wurde am 22. Mai 1953 erblasen.

Das Sauerstoffaufblas-Verfahren hat von Linz und Donawitz aus seinen Siegeszug um die Welt angetreten. Bis 1960 wurden bereits 18 Stahlwerke nach dem Linz-Donawitz-Verfahren eröffnet, heute werden weltweit 60 bis 70 Prozent des Stahls auf Basis des LD-Verfahrens erzeugt.

Elektrizität und Information

Große Datenmassen hat man schon im ausgehenden 19. Jahrhundert mit Hollerith-Lochkartenmaschinen zu beherrschen gelernt.

Eine der ersten volltransistorisierten Rechenanlagen in Europa wurde zwischen 1956 und 1959 am Institut für Niederfrequenztechnik der Technischen Hochschule Wien unter der Leitung von Prof. Heinz Zemanek gebaut.

Hermann Hollerith stellte 1890 bei der Volkszählung in den USA ihre Leistungsfähigkeit erstmals unter Beweis und Österreich zog noch im selben Jahr mit den USA gleich. Verantwortlich war der Österreicher Otto Schäffler (1838–1928), der sich eingehend mit der Wirkungsweise elektrischer Zählmaschinen auf der Grundlage des Hollerith'schen Systems befasste und eine vollständige Maschine nebst Lochungs- und Sortierapparat und einem für die Volkszählung angepassten Schaltungsplan konstruierte. Schäffler, ein Mechaniker, der zahlreiche nachrichtentechnische Erfindungen machte, war auch geschäftlich höchst erfolgreich, verkaufte seine Firma aber 1896 an Czeija & Nissl. Seine Lochkartenmaschinen arbeiteten im Statistischen Zentralamt bis 1945.

Die große Blütezeit der mechanischen Rechenmaschinen und Registrierwerke war das späte 19. und frühe 20. Jahrhundert. Odhner, Brunsviga, Burroughs waren die berühmten Namen, die Ingenieuren, Buchhaltern und Wissenschaftlern halfen, ihre Rechenprobleme zu lösen. Samuel Jakob Herzstark hatte 1905 eine Firma zur Erzeugung von Büromaschinen gegründet und war ab 1906 mit der Staffelwalzenrechenmaschine »Austria« recht erfolgreich. Sein Sohn Curt Herzstark (1902–1988) entwickelte im Konzentrationslager Buchenwald, wo er nach den NS-Rassengesetzen interniert war, für die nahe dem KZ gelegenen Wilhelm-Gustloff-Werke einen mechanischen Taschenrechner zur Serienreife: die Curta. Sie war zweifellos der Höhe- und Schlusspunkt mechanischer Rechner. Die erste Curta kam 1948 auf den Markt, das letzte Exemplar verließ 1970 die in Liechtenstein angesiedelte Fabrik. Insgesamt dürften von den Modellen Curta I und Curta II rund 160.000 Stück erzeugt worden sein, heute bereits gesuchte Sammlerobjekte.

Die Grundlage für die elektronische Datenverarbeitung mit Elektronenröhren lieferte ebenfalls ein Österreicher: Robert von Lieben (1878–1913). Er erfand 1905/06 die nach ihm benannte Verstärkerröhre mit magnetischer Steuerung und 1910 die Glühkathodenröhre mit Gittersteuerung (Triode), die für die weitere Entwicklung der Telefon-, Radio-, Fernseh- und Computertechnik grundlegend wurden.

Eine der ersten volltransistorisierten Rechenanlagen in Europa wurde an der Technischen Hochschule Wien gebaut. Bereits 1950 entwickelten Heinz Zemanek und sein Team an der Wiener Technischen Hochschule einen Relais-Rechner, 1954 bildete er ein Entwicklungsteam für den Bau eines Transistor-Rechners. Die Maschine, der auf gut Wienerisch hinsichtlich der bescheidenen Mittelausstattung in Österreich in ironischer Anspielung an das amerikanische Großprojekt »Whirlwind« der Name »Mailüfterl« gegeben wurde, entstand zwischen 1956 und 1959 am Institut für Niederfrequenztechnik der Technischen Hochschule Wien. Der Rechner war bis 1966 bei IBM Wien in Betrieb.

Eine der bekanntesten österreichischen Erfinder- und Unternehmerpersönlichkeiten ist

Carl Auer Freiherr von Welsbach (1858–1929). Seine drei wichtigsten Entwicklungen waren das »Gasglühlicht«, das durch die Verwendung von Thorium und Cer verbessert und als »Auer-Glühstrumpf« patentiert wurde, die Verbesserung der elektrischen Glühlampe durch den Einsatz von Osmium und Wolfram zur (Osram-)Metallfaden-Glühlampe und die Verwendung des Cereisens für die Herstellung künstlicher Feuersteine in Feuerzeugen.
1898 gründete er für die Verarbeitung von Thorium und Cer die Treibacher Chemischen Werke (Treibacher Industrie AG).

Carl Auer von Welsbach (1858–1929). Er experimentierte mit seltenen Erden. Zuerst revolutionierte er mit dem Glühstrumpf das Gaslicht und gab dem Gas eine neue Chance gegenüber der Glühbirne, ab 1900 aber versetzte er dem Gaslicht mit verbesserten Glühbirnen den Todesstoß. 1900 gelang ihm die Herstellung von Glühdrähten aus Osmium, 1903 folgte die Tantallampe, zwei Jahre später die erste Lampe mit Wolfram-Einfachwendelfaden. Osmium und Wolfram wurden zur Markenbezeichnung Osram zusammengezogen. Die Lichtausbeute, die bei der Edison'schen Glühbirne bei etwa 1,5 Lumen pro Watt lag, stieg auf 10 Lumen bei Wolfram-Einfachwendellampen. Populär war auch seine Entwicklung des Cereisens. Der Erfolg manifestierte sich ab 1898 in den Treibacher Chemischen Werken.

Der Textilunternehmer Friedrich Wilhelm Schindler (1856–1920) wurde zu einem der wichtigsten Pioniere der Elektrizitätsanwendung in Österreich. Er hielt zahlreiche Patente für elektrothermische Geräte, vom Bügeleisen bis zum Teekocher und Küchenherd. 1893 präsentierte er auf der Weltausstellung in Chicago die erste vollelektrische Küche, 1898 gründete er die Firma Elektra, später Elektra Bregenz, 1907 auch die Elektrizitätswerke Jenny & Schindler.

Am 15. Juni 1904 konnte der 28-jährige Techniker Otto Nußbaumer am physikalischen Institut der Technischen Hochschule Graz die erste drahtlose Musikübertragung vorführen. »Hoch vom Dachstein an«, die steirische Landeshymne, hatte er ins Mikrofon gesungen. Einige Räume weiter waren die lauschenden Zuhörer zwar angeblich weniger von den Sangeskünsten Nußbaumers angetan, umso mehr aber vom Erfolg der Übertragung. Nußbaumer erhielt aber nicht die notwendige Förderung und verfolgte seine Erfindung nicht weiter.

Der Mürzzuschlager Viktor Kaplan (1876–1934), der 1913 bis 1932 an der Technischen Hochschule in Brünn arbeitete, konstruierte 1912 eine neue Wasserturbine mit verstellbaren Schaufeln, die für niedere Gefällsstufen bei Flusskraftwerken geeignet war und damit den Wasserkraftwerksbau revolutionierte. Die erste Kaplan-Turbine wurde 1919 in Velm (Niederösterreich) in Betrieb genommen. Sie wurde auf österreichischen Ausstellungspräsentationen so häufig eingesetzt, dass man sie bereits zu einer Art inoffiziellem Hoheitszeichen Österreichs zählen konnte, als Symbol der Stahl erzeugenden und verarbeitenden Industrie, als Symbol der Wasserkraft, als Symbol österreichischer Qualitätsarbeit und österreichischen Erfindergeists. Das auf der Weltausstellung in Brüssel 1958 gezeigte, eigens verchromte und polierte Exemplar kam Anfang der Sechzigerjahre im Ennskraftwerk Losenstein zum Einsatz.

Osmium-Metallfadenlampe: Carl Auer von Welsbach (1858–1929) revolutionierte mit dem Gasglühstrumpf und später mit der Osmium-Metallfadenlampe die Beleuchtungstechnik.

Patentschutz und Innovation

Innovationen brauchen Förderung, einerseits durch eine entsprechende Wissenschafts- und Forschungsförderung, andererseits durch

Viktor Kaplan (1876–1934) und sein Förderer, der Großindustrielle Ignaz Storek (links im Bild), vor einer der ersten Kaplan-Turbinen, die die Nutzung großer Wassermengen mit geringem Gefälle möglich machten.

eine geeignete Absicherung des geistigen Eigentums. Der Schutz von Erfindungen in Form von Privilegien, mit unterschiedlich langer Dauer (zwischen sechs und 31 Jahren), lag in der Entscheidungsfreiheit des Herrschers. Bereits im 18. Jahrhundert standen einander zwei Lehrmeinungen gegenüber: Ob die Gewährung »exklusiver« Vorteile für Einzelne oder die Zugänglichmachung der Neuheit für alle der bessere Weg sei, ob eher der Schutz von Erfindungen oder ganz im Gegenteil deren völlig freie und ungehinderte Verbreitung den wirtschaftlich-technischen Fortschritt stärker fördere. Während unter Maria Theresia und Joseph II. der Schutz von Erfindungen der möglichst raschen Verbreitung der Neuheiten untergeordnet wurde, wurde ab dem ausgehenden 18.

Jahrhundert der Schutz des geistigen Eigentums allmählich ausgedehnt. Aus Privilegien als Ausfluss obrigkeitlicher Begünstigungen wurden allmählich Schutzrechte für technische Neuerungen. Aber Erfinder hatten weder Anspruch auf Privilegierung noch Eigentumsrechte an ihrer geistigen Leistung und damit keine entsprechende Absicherung. Geistiges Eigentum war noch unbekannt. Ab 1852 gab es eine eindeutige Festschreibung des Erfindungsbegriffes und ein geordnetes Verfahren für die Erlangung eines Privilegiums.

Erst Ende des 19. Jahrhunderts erhielt die Habsburgermonarchie nach deutschem Vorbild ein Patentgesetz und wurden die Erfindungs- und Markenschutzrechte in ihre heutige Form gebracht. Am 1. Januar 1899 nahm das Österreichische Patentamt seine Tätigkeit auf. Gleichzeitig trat das 1897 beschlossene Gesetz zum Schutz von Erfindungen (Patentgesetz) in Kraft. Dem Präsidenten des Patentamtes wurde auch die Leitung des Privilegien-, Marken- und Musterschutz-Departements des Handelsministeriums übertragen. Ab 1934 gab es ein Zentralmarkenregister beim Patentamt und 1947 wurden auch die bis dahin den Kammern der gewerblichen Wirtschaft zugewiesenen Kompetenzen zur Führung des Markenregisters dem Patentamt übertragen. Auf internationaler Ebene erhielt der Erfindungsschutz im Pariser Unionsvertrag vom 20. März 1883 seine Grundlage, Österreich trat im Jahr 1909 dieser Übereinkunft bei.

Wissenschaft und Technik

Österreich schuf sich im 19. Jahrhundert eine bedeutende Position in der Wissenschaft. Hinsichtlich der Zahl der Universitäts- und Hochschulstudenten erreichte es eine weltweite Spitzenstellung. Zu erwähnen sind vier Nobelpreisträger für Chemie, drei für Physik und vier für Medizin. Viele Nobelpreisträger und hervorragende Techniker, auch davon hatte Österreich eine ganze Menge, sind aber noch kein Garant für viele Innovationen sowie eine gute Wirtschaftsentwicklung und Wirtschaftspolitik.

Österreich entwickelte seit dem frühen 19. Jahrhundert eine zunehmend besser werdende wissenschaftliche und technische Ausbildung und Forschung. Die drei Universitäten in Wien, Graz und Innsbruck zogen hervorragende Wissenschaftler an, der Austausch mit Prag und Brünn oder auch Krakau und Czernowitz funktionierte reibungslos und beflügelte die Konkurrenz. Die Technischen Hochschulen in Wien und Graz, die Hochschule für Bodenkultur, die Montanhochschule Leoben, aber auch das mittlere und das Elementarschulwesen wurden ausgebaut.

Luxusausführung eines Tischtelefons von Siemens & Halske, um 1896

Die Rotunde, das Wahrzeichen der Wiener Weltausstellung 1873. Die Weltausstellung (mit mehr als 1.000 Ausstellern) wurde von Mai bis November 1873 von rund 7 Millionen Menschen und den prominentesten Persönlichkeiten der Zeit besucht. Aufgrund des Börsenkrachs vom 9. Mai 1873 und einer Choleraepidemie erreichte sie nicht den erwarteten Erfolg und hinterließ ein großes Defizit.

Die Durchsetzung der achtjährigen Schulpflicht, die Einführung der Hauptschulen, die Verbreiterung des Angebots an Technischen Lehranstalten, aber auch die Weiterbildung über Volkshochschulen und sonstige Bildungsinstitutionen wurden immer bedeutsamer.

Österreich hat im 19. Jahrhundert viel kreatives Potenzial angezogen. Die wissenschaftliche und kulturelle Blüte der Jahrhundertwende war zahlreichen Zuwanderern und Angehörigen von Minderheiten, insbesondere Juden, zu verdanken. Österreich hat aber nach 1918 auch viel geistige Kompetenz verloren, teils durch Auswanderung, teils durch Vertreibung. Dazu gehören die zahlreichen Wissenschaftler, die sich nach 1918 im Ausland bessere Chancen sich zu entfalten ausrechnen konnten, vor allem aber die Vertreibung durch das nationalsozialistische Regime nach 1938 und das Versäumnis, diese Exilierten nach 1945 nicht zurückgeholt oder zu einer Rückkehr ernsthaft aufgefordert zu haben.

Während Wien bis 1914 Künstler, Wissenschaftler und Wirtschaftstreibende wie ein Magnet anzog, führte das Ende der Habsburgermonarchie zu einem dramatischen Bedeutungsverlust als Kulturhauptstadt. Die Aufträge blieben aus, der Glanz verblasste. »Es ist schön, als Österreicher geboren zu werden, und es ist schön, als Österreicher zu sterben. Aber was macht man dazwischen?«, fragte Anton Kuh 1925 und umschrieb damit die Probleme, die sich für Wissenschaftler und Kulturschaffende in der Ersten Republik stellten.

Berlin, Paris, die USA wurden zu neuen Anziehungspunkten. Die Österreichische Schule der Nationalökonomie (Joseph A. Schumpeter, Fritz Machlup, Friedrich August von Hayek, Oskar Morgenstern, Gottfried Haberler, Ludwig von Mises, Alexander Gerschenkron u. a.) erlangte ihren Weltruf in den USA und in England. Zahlreiche der führenden Naturwissenschaftler und Architekten fanden nur im Ausland die entsprechenden Karrierechancen vor. Das galt auch für innovative

Oswald Haerdtl, Vorentwurf für den Österreich-Pavillon auf der Weltausstellung Paris 1937

Kunstschaffende, Filmregisseure und Designer. Doch erst die ideologischen und rassistischen Verfolgungen ab dem Jahr 1938 führten zu jenem dramatischen Aderlass, der das österreichische Kultur- und Geistesleben für Jahrzehnte mit einer schweren Hypothek belastete.

Fast alle 50 ordentlichen Mitglieder der Wiener Psychoanalytischen Vereinigung, darunter Sigmund und Anna Freud, und 17 jüngere außerordentliche Mitglieder verloren die Heimat, die sie ohnehin immer verkannt hatte. Groß war der Aderlass auch für die Psychologie (Karl und Charlotte Bühler, aber auch Ernest Dichter, der Vater der Werbepsychologie), für die Soziologie und Sozialforschung und für Sozialwissenschaftler unterschiedlicher ideologischer Ausrichtung.

Lang ist die Liste der vertriebenen und ausgewanderten Mathematiker, Naturwissenschaftler, Ärzte, Techniker und Architekten. Nur in Ausnahmefällen gelang es, sie nach 1945 zurückzuholen. Insgesamt konnte die österreichische Wissenschaft nicht mehr an die führende Bedeutung anschließen, die sie noch vor dem Ersten Weltkrieg und zwischen den beiden Kriegen besessen hatte. Aber dies war nicht nur ein österreichisches, sondern auch ein gesamteuropäisches Phänomen.

Die Präsentation nach außen

Die Darstellung seiner Innovationen und wirtschaftlich-technischen Leistungen nach außen, insbesondere auf den großen Weltausstellungen der Epoche, spiegelt das Selbstverständnis Österreichs. Auf der Pariser Weltausstellung 1867 präsentierte sich die Monarchie als riesiges Dorf: im Zentrum eine große Bierhalle, dahinter eine ungarische Csarda zur Ausschank ungarischer Weine, ein Oberösterreicherhaus (!) als Niederlage österreichischer Weine, eine Wiener Bäckerei, ein von in Leder- und Holzarbeit geübten Landsleuten bewohntes Tirolerhaus, eine Glasschleiferei aus dem Riesengebirge, ein Arbeiterhaus aus der Gegend von Reichenberg und ein polnisches Haus zur Ausschank geistiger, in Galizien erzeugter Getränke.

Die Wiener Weltausstellung 1873 war als großartige Demonstration österreichischer Leistungskraft in Wissenschaft, Technik und Wirtschaft gedacht. Der Erfolg entsprach nicht ganz den Erwartungen – die Wirtschaftskrise brach aus und die grassierende Cholera schreckte viele Besucher ab. Auch auf der Weltausstellung in Chicago 1893 zeigte man neuerlich als Versatzstück österreichischer Identität ein romantisierendes Bild vorindustrieller Lebensformen.

Für die Weltausstellung in Paris 1900 wurde der Plan, wiederum wie 1867 ein ethnographisches Dorf im Sinne der Hausindustrie zu präsentieren, als ein ungewolltes Eingeständnis ökonomischer Rückständigkeit zugunsten eines repräsentativen »Reichshauses« in Form eines Schlossgebäudes fallen gelassen. Dieses wurde dann in barockem Stil als einem »notorisch österreichischen Stil, dessen specifische Eigenart in aller Welt als solche anerkannt war«, errichtet – was zu einem Zeitpunkt, zu dem der Historismus als Kunstform bereits als überwunden galt, ein neuerlich rückwärts gewandtes Signal darstellte.

In den österreichischen Planungen für die Weltausstellung 1935 in Brüssel wurde die schöne Landschaft und die naturnahe Produktionsweise als Gegenpol gegen die nationalsozialistisch-deutschnationale industrielle Gigantomanie hervorgehoben: »Das neue Österreich könnte auf der Brüsseler Ausstellung nicht besser vertreten werden als durch einen wuchtigen, aus dem Boden wachsenden Holzbau, der in Brüssel der Welt ein Zeugnis echter deutscher Handwerkskunst vermitteln könnte.«

Waren es vor 1938 Landschaft und Handwerk, die dominieren sollten, so nach 1945 die Grundstoff- und Energiewirtschaft. Die Betonung der Roh- und Grundstoffe im Beitrag Österreichs auf der Brüsseler Weltausstellung 1958 sollte das grundstoffbetonte österreichische Industrialisierungsprogramm klar zum Ausdruck bringen. Die Ausstellung war dominiert von Erz, Salz, Magnesit, Holz, Erdöl in Form einer 4 Meter hohen Magnesitkugel, einem Ring aus etwa 15 Meter hohen Fichtenstämmen, einer Installation aus 120 mit Rohöl gefüllten Glasbehältern … Im Ausstellungskonzept und im Katalog präsentierte man Österreich als »Brücke zwischen Vergangenheit und Zukunft, zwischen Tradition und Moderne, Brücke des kulturellen und materiellen Güteraustausches zwischen Nord und Süd, Ost und West«. Die Internationalisierung der Wirtschaft und insbesondere der Forschung habe dazu geführt, dass ein Kleinstaat wie Österreich »kaum eine sehenswerte Leistung vollbringen kann«, die als exklusiv gelten könne. Daher solle man den kosmopolitischen Charakter der österreichischen Kulturgeschichte zum Ausgangspunkt nehmen. Nicht durch »Atommeiler, Raketen und Überschallflugzeuge« werde Österreich in der Welt repräsentiert, so der Ausstellungskatalog, sondern »durch kulturelle Leistungen, durch seine verbindende, lebensbejahende Mentalität und Fähigkeit, Gegensätze auszugleichen«.

Globalisierung – vom Imperialismus bis Bretton Woods

In der zweiten Hälfte des 19. Jahrhunderts waren die durch die erste Phase der Industrialisierung hervorgerufenen Ängste und ihre schockartigen Auswirkungen einer steigenden Akzeptanz des Phänomens Industrie und seines globalen Ausmaßes gewichen. Die Innovationen fanden ihren Weg rund um die Welt, die großen Betriebe und Unternehmen wurden zu einem Faktum und die unbeschränkte Verfügbarkeit von Rohstoffen wurde zu einer selbstverständlichen Grundlage des industriellen Aufbaus.

In dieser Zeit verschwanden nicht nur die letzten weißen Flecken von den Landkarten, Europa und die USA überzogen die gesamte Welt mit einem Netz aus wirtschaftlichen und politischen Abhängigkeiten. Diesem System wurde sehr bald der Name »Imperialismus« verliehen, der später formelhaft als Metapher das Vokabular des Kalten Krieges bereichern sollte. In dieser Periode bedeutete der Begriff nichts anderes als die Herausbildung weltwirtschaftlicher Strukturen durch die Expansion des industriellen, des kapitalistischen Systems in alle Winkel unserer Erde. Viele Theorieansätze haben versucht, Erklärungen für diese geradezu explosive Entwicklung zu finden. Es war eine der Glanzperioden der Wirtschaftsentwicklung in den Industriestaaten, die letzte Blütezeit der österreichisch-ungarischen Monarchie, die so genannte Gründerzeit.

Werbung für Kunerol-Kokosfett, Entwurf von E. Dücker ca. 1912. Die Firma Khuner wurde 1912 in die Kunerol Atzgersdorf AG im Bereich des Aussiger Schicht-Konzerns umbenannt. Schicht ging 1928 in der holländischen Margarine-Union auf, die 1939 mit der britischen Lever-Brothers zu Unilever fusionierte.

Wissenschaft als Magd der Wirtschaft

In der ersten Phase der Industrialisierung war zwar eine unerhörte Produktivitätssteigerung und ein radikaler Strukturwandel durch den technischen Fortschritt, durch die Maschine eingetreten, doch der Zeitraum von der Invention zur Innovation, von der Erfindung zur Produktionsreife, war recht lang und meist Zufällen unterworfen. Manchmal waren es »wissenschaftliche Analphabeten«, wie Eric Hobsbawms Urteil über den britischen Eisenbahnpionier George Stephenson lautet, die technische Revolutionen auslösten. Systematische Forschung und Entwicklung in den Unternehmen begann erst in der zweiten Hälfte des 19. Jahrhunderts. Der Transfer von Technologie erfolgte aber teilweise schon auf recht moderne Weise. Die deutsche Firma Siemens ließ sich bereits im Jahr 1848 in Wien nieder, die Zweigniederlassung wurde jedoch bald wieder geschlossen. 1879 erfolgte die neuerliche Gründung von Siemens in Österreich, die sich als nachhaltig erweisen sollte. Sechs Jahre später entstand eine Tochtergesellschaft der belgischen

Internationale Schuhmode: Entwurf von Emil Ranzenhofer, ca. 1910

Solvay-Werke. Die Elektroindustrie und die chemische Industrie zählten – neben den rohstofforientierten Produktionszweigen – zu den ersten, die Know-how international im eigenen Konzern nutzen wollten und folgerichtig ein Netzwerk von Filialen errichteten. Die Kapitalkraft und Größe der Aktiengesellschaft erlaubten nicht nur systematische Forschungs- und Entwicklungsarbeit in den konzerneigenen Abteilungen, bald entstanden enge Kontakte zu den Ingenieur- und Naturwissenschaftlern auf den Hochschulen. Die Techniker waren zwar unter den Gründern der österreichischen Großunternehmen nach den Untersuchungen von Franz Mathis eine kleine Minderheit, die Großunternehmen waren aber bald kapitalkräftig genug, um sie in ihren Sold zu nehmen oder kleinere, innovative Unternehmen zu schlucken.

Europa erobert die Welt

Der internationale Warenaustausch war kein neues Phänomen, die Revolution der Transportsysteme ermöglichte jedoch, ebenso wie die Vereinheitlichung von Maßen und Gewichten, die schnelle Expansion des Welthandels. Es mag überraschen, aber die Produktion entwickelte sich noch rascher als der Handel. Zwischen 1870 und 1913 stieg nach dem Befund Walt Whitman Rostows die Weltproduktion auf das Fünffache, der Welthandel nur auf das Vierfache. Die Fortschritte der Industrialisierung revolutionierten nicht nur die Produktionsverhältnisse in Europa, sie veränderten auch grundlegend und nachhaltig die globalen Verhältnisse. Im 18. Jahrhundert differierte das Bruttosozialprodukt pro Kopf in Europa von den die heutige »Dritte Welt« umfassenden Ländern relativ geringfügig. 1830 war es bereits doppelt so hoch, 1913 siebenmal so hoch als in jenen Ländern, die wir heute als »Entwicklungsländer« bezeichnen. Die Revolution des Transportsystems spielte dabei eine wesentliche Rolle, war doch die Versorgung mit Rohstoffen ebenso wie der Export von Fertigwaren Voraussetzung für die Expansion der europäischen Industrie und diese wiederum für das Wachstum des Sozialprodukts.
Die ökonomische Expansion Europas fand ihre Entsprechung im militärischen und politischen Bereich. Zwischen 1880 und 1913 wurde rund ein Viertel der Erde kolonialisiert, Asien zu mehr als der Hälfte, Afrika zu mehr als 90 Prozent, die pazifische Region fast zur Gänze. Wenn man die vielfältigen sonstigen Abhängigkeitsverhältnisse berücksichtigt, teilten sich wenige Industrieländer den Besitz der Welt. Mittels internationaler

Verlegung des ersten Unterseekabels von der Insel Valentia aus, August 1857, nach einer Zeichnung von Albert Krüger

Anleihen wurde in entfernten Weltgegenden eine moderne Infrastruktur – vor allem die Eisenbahn, aber auch Kanäle – entwickelt, der britische Finanzmarkt spielte beispielsweise eine führende Rolle bei Investitionen in Südamerika. Der Hunger nach Rohstoffen in der industrialisierten Welt verlieh dem Welthandel kräftige Impulse. Dennoch: Das Wachstum der Weltwirtschaft – Außenhandel und Auslandsinvestitionen – wurde nur in geringem Maß durch die Kolonialisierung bestimmt. Die Märkte der europäischen Industriestaaten lagen in Europa und in den USA, dies galt gleichermaßen für die Waren- als auch die Finanzmärkte.

Daraus kann wohl der Schluss gezogen werden, dass Österreichs Industrie zumindest mittelfristig kaum Nachteile daraus zog, dass sich die Donaumonarchie nicht an dieser kolonialen Expansion beteiligen konnte. Auf längere Frist gesehen mag die geringe weltpolitische Präsenz eine der Ursachen für das weitgehende Fehlen multinationaler Konzerne mit Stammsitz in Österreich sein. Das Beispiel der Schweiz zeigt allerdings, dass es kaum eine ausschlaggebende war.

Weltumspannender Verkehr: Eisenbahn und Dampfschiff, Vignette

Felten & Guilleaume, Fabrik von Eisen-, Stahl- und Kupferdraht, Drahtseilen und elektrischen Leitungen, Verzinkungsanstalt Wien. Die 1899 in Köln gegründete Felten & Guilleaume Carlswerk AG verfügte über Tochtergesellschaften in Wien, Bruck a. d. Mur und Budapest.

Geburtsstunde des multinationalen Konzerns

Unter den bereits im 19. Jahrhundert existenten Tochtergesellschaften multinationaler Konzerne in Österreich befanden sich neben den bereits erwähnten Firmen Siemens und Solvay so klingende Namen wie AEG, Alfa-Laval, Krupp, Felten & Guilleaume, J. & P. Coats, Clayton & Shuttleworth, ITT – Western Electric und Nestlé. Der österreichische Erfinder Carl Auer von Welsbach gründete zur Nutzung seiner Innovationen Tochterunternehmen im Ausland und begründete damit das erste multinationale Industrieunternehmen Österreichs.

Vorherrschend waren jedoch die nationalen Unternehmen, Absprachen über Preise, Produktionsmengen, Marktaufteilungen etc., also Kartelle, aber auch die Konzentration und Zentralisation des Kapitals fanden vorwiegend innerhalb der nationalen Grenzen statt. Banken waren häufig Geburtshelfer solcher Zusammenschlüsse. An der Wende zum 20. Jahrhundert wurde jedoch ein starker Trend zur Internationalisierung wirksam. Sicherung von Rohstoffquellen und Absatzgebieten in allen Teilen der Welt führte in der Erdölindustrie in atemberaubendem Tempo zum Entstehen multinationaler Konzerne. Damals ging es noch nicht um Verkauf von Dieselöl oder Benzin, es war der Bedarf an Petroleum, der Anfang der Neunzigerjahre des 19. Jahrhunderts die Standard Oil Company aus den USA auf den europäischen Markt führte. Dort traf sie auf die Konkurrenz russischen Petroleums, das vorwiegend von Rothschild und Nobel kontrolliert wurde. Der Wiener Bankverein und die Deutsche Bank brachten rumänische Erdölprodukte auf den Markt und gründeten Finanzierungs- und Vertriebsgesellschaften in vielen europäischen Ländern. Die Auseinandersetzungen um Marktanteile dauerten jedoch nur kurze Zeit, dann schlossen sich zunächst die Anbieter russischen und rumänischen Petroleums zusammen, mit denen auch die Standard Oil Rockefellers nach der Jahrhundertwende ihren Frieden machte. Mächtigster Konkurrent war die Shell, die unter anderem die Ölquellen Niederländisch-Indiens, des heutigen Indonesien, ausbeutete. »Die Organisationen der Petroleumindustrie und des Petroleumhandels sind ohne Zweifel das Höchste, was bisher in bezug auf die ›Weltorganisation‹ eines Gewerbes, auf die Weltversorgung mit einem Gebrauchsgegenstande geleistet ist.« So urteilte der deutsche Nationalökonom Robert Liefmann 1918.

Internationale Gegenmacht

Der Formierung internationaler Firmenzusammenschlüsse, der Abschluss über die Grenzen wirkender Absprachen von Unternehmen und nicht zuletzt auch die wachsende Mobilität des Kapitals führten zum Entstehen internationaler Absprachen der Gegenkräfte, und das in einem relativ frühen Stadium. Dem berühmten Schluss-Appell des Kommunistischen Manifests von Marx und Engels aus dem Jahr 1848: »Proletarier aller Länder, vereinigt Euch!« folgte zuerst nur eine kleine, eher aus Intellektuellen als aus Handarbeitern bestehende Gruppe. Diese so genannte »Erste Internationale« zerbrach an inneren Richtungskämpfen über Strategie und Taktik der Arbeiterbewegung.
Auf dem internationalen Sozialistenkongress 1889 in Paris wurde mit der Forderung nach dem Achtstundentag eine wirksame Losung ausgegeben, die durch eine internationale Manifestation am 1. Mai 1890 propagiert werden sollte. Der Kongress unterstützte auch eine Initiative der Schweiz, die darauf abzielte, internationale Verträge über den Arbeiterschutz, vor allem zum Schutz der Frauen, Kinder und Jugendlichen, sowie über ein Verbot der Sonntagsarbeit auf einer Regierungskonferenz zu beschließen. In der aus dem Jahr 1888 stammenden Denkschrift des Schweizer Bundesrates wurde die Errichtung eines Internationalen Arbeitsamtes angeregt. Dieser Anregung folgten die Mitglieder des »Völkerbundes« erst nach dem Ersten Weltkrieg. Die Internationale Arbeitsorganisation wurde 1919 gegründet und in Genf eingerichtet.
1893 wurde von Vertretern verschiedenster Berufszweige die Errichtung »Internationaler Berufssekretariate« beschlossen, länderübergreifende Organisationen zur Koordination gewerkschaftlicher Aktivitäten auf Branchenebene. Wirksam wurden die Arbeiterorganisationen aber fast ausschließlich auf der nationalen Ebene. Der Versuch, Nationalitäten übergreifende Verbände in Cisleithanien zu organisieren, scheiterte recht bald.

Motorisierung bewegt die elegante Welt: Inserat, »Österreichische Touring-Zeitung«, 1930

Die USA rücken ins Zentrum der Weltwirtschaft

Wie weit die Globalisierung fortgeschritten war, wurde deutlich durch den bewaffneten Konflikt europäischer Mächte, der sich 1914 an dem Attentat auf den Thronfolger Österreich-Ungarns entzündete und über die Kolonien globale Ausmaße erlangte. Der Erste Weltkrieg war aber gleichzeitig auch ein schwerer Rückschlag für alle Tendenzen der Internationalisierung. Die europäischen Mächte verloren ihre Vorherrschaft an die Vereinigten Staaten von Amerika.

Die österreichische Industrie büßte nicht nur den größten Teil ihres Binnenmarktes ein, die allgemeine Wirtschaftsmisere, insbesondere die Devisenknappheit, reduzierte den Außenhandel auf ein Minimum. Ein nicht unbeträchtlicher Teil der in den nunmehrigen Nachfolgestaaten getätigten Investitionen ging im Wege von Nostrifikationen, also Überführungen in nationales Eigentum, verloren. Österreich wurde geradezu aus dem weltwirtschaftlichen Zusammenhang gedrängt, der Warenverkehr mit dem Ausland sank auf etwa die Hälfte ab. Die neuen Nationalstaaten errichteten hohe Zollmauern um ihre Industrien zu schützen. Den Höhepunkt erreichte diese Tendenz in der Weltwirtschaftskrise, von 1929 bis 1933 verringerte sich das Außenhandelsvolumen Österreichs um rund ein Drittel. Die klassische Arbeitsteilung in der österreichisch-ungarischen Monarchie – Industrieprodukte aus Cisleithanien gegen Agrarprodukte aus der ungarischen Reichshälfte – war zusammengebrochen. Im Vergleich zum Stand vor dem Ersten Weltkrieg war das Volumen des Warenaustausches zwischen diesen beiden Regionen bis 1935 auf ein Sechstel zurückgefallen.

Doch nicht nur Österreich war von dieser Entwicklung betroffen, Währungsspekulationen unerhörten Ausmaßes hatten immer neue Instabilitäten in die Weltwirtschaft, insbesondere in die internationale Finanzwirtschaft, gebracht. Hohe Zölle, Kontingente und bürokratische Handelshemmnisse verschiedenster Art behinderten den internationalen Warenaustausch. Es fehlte wohl nicht an Plänen, durch Handelsverträge, Präferenzabkommen oder gar durch Zollunionen zu einer Belebung des Warenaustauschs in Europa zu kommen. In der Wirtschaftskrise dominierte naturgemäß aber die »beggar my neighbour«-Strategie mit ihrer Vielzahl von Instrumenten, von der Währungspolitik bis zu protektionistischen Maßnahmen aller Art.

Die Internationalisierung der Produktion war trotzdem auch in dieser Periode fortgeschritten, insbesondere Unternehmen aus den USA traten als Direktinvestoren in Europa auf. Von der Jahrhundertwende bis zum Ende der Ersten Republik waren eine Reihe von multinationalen Konzernen nach Österreich gekommen: aus Schweden die AGA, der Kreuger-Konzern und Ericsson; aus Deutschland die Vereinigten Stahlwerke, Voith, Ullstein und die Allgemeine Kunstseide Union; aus der Schweiz Bally, Brown-Boveri, Schmidheiny und Alusuisse; aus Norwegen Kellner-Partington; aus den USA General Electric und St. Regis; aus den Niederlanden Philips; aus Italien Fiat und Burgo; aus Frankreich Schneider-Creusot; dazu kam die niederländisch-britische Firma Unilever.

Auch eine Reihe österreichischer Unternehmen überschritt die Grenzen des eng gewordenen Inlandsmarkts. Klingende Namen von gestern sollen hier als Beispiel genannt werden, wie der des Strickwarenerzeugers Bernhard Altmann, der mit Produktionsstätten nach Russland und Frankreich ging, der Bürowarenerzeuger Koreska ging nach Berlin, London und Paris, der Papiererzeuger Bunzl & Biach verfügte über eine Reihe von ausländischen Niederlassungen, die in einer Schweizer Holding zusammengeführt wurden, die Schicht-Werke, älteren Semestern noch als Marke für Seifen ein Begriff, waren vor Eingliederung in den Unilever-Konzern ein österreichischer Multi. Von den heute

Freier Handel: Die »Untere Donaulände« in Linz nächst des neu errichteten Hauptzollamtes nach 1857/58

noch existierenden Unternehmen seien zwei genannt: Die Familie Böhler kam zwar aus Deutschland, aber die Betriebsstätte in Düsseldorf und die weltweiten Vertriebsgesellschaften wurden von Gebr. Böhler Österreich geführt. Das Monopolunternehmen Tabakregie, der im Eigentum des Staates befindliche Vorgänger der Austria Tabakwerke, gründete Produktionsgesellschaften in Deutschland und der Schweiz.

Die Stammländer der Investoren konnten damals noch klarer bestimmt werden, als dies heute der Fall wäre. Sie werden hier auch angeführt, weil zu dieser Zeit die Diskussion über die »Überfremdung« der Wirtschaft neue Nahrung erhalten hatte. In der österreichisch-ungarischen Monarchie war dieser Begriff bereits aufgetaucht, damals in Verbindung mit den Nationalitätenkonflikten, insbesondere zwischen Tschechen und Deutschsprachigen. Nun bekam er einen neuen Sinn. Aus wirtschaftlichen, später aus vorwiegend politischen Erwägungen übten die Regierungen einiger Stammländer von Direktinvestitionen Druck auf ihre Unternehmensleitungen aus, Arbeitskräfte abzubauen oder Betriebsstilllegungen zunächst in den ausländischen Betriebsstätten und nicht im Heimatland vorzunehmen. So verdächtigte beispielsweise die Regierung Dollfuß 1933 die Manager der unter deutscher Kontrolle stehenden Alpine-Montan, einen Streik der Bergarbeiter provoziert und verlängert zu haben, um mittels dieser Produktionsunterbrechungen politische Schwierigkeiten auszulösen. Der Handelsminister entzog der Betriebsführung die Verfügungsgewalt und setzte für eine Übergangszeit zur Beendigung des Arbeitskampfes und zur weiteren Führung der Geschäfte einen Regierungskommissar ein.

Neue Weltordnung als Frucht des Zweiten Weltkriegs

Die Hoffnungen auf eine neue, gerechtere Weltordnung nach dem Ersten Weltkrieg, die vom amerikanischen Präsidenten Woodrow

John Maynard Keynes (1883–1946) gilt heute als wichtigster und gleichzeitig umstrittenster Ökonom des 20. Jahrhunderts. Sein 1935 erschienenes Hauptwerk »The General Theory of Employment, Interest and Money« ist einer der Meilensteine ökonomischer Theorie.

Vom französischen Außenminister Robert Schuman ersonnen und von Konrad Adenauer, dem großen deutschen Bundeskanzler der Nachkriegszeit, mitunterzeichnet, wurde am 23. Juli 1952 die Europäische Gemeinschaft für Kohle und Stahl, kurz »Montanunion«, gegründet.

Globalisierung und Blockbildung: Marshallplan-Werbung, 1948

Wilson geweckt worden waren und ihre institutionelle Umsetzung im Völkerbund gefunden hatten, waren bald geschwunden. Die Friedensverträge, militärische Besetzungen sowie die Auseinandersetzungen um Reparationen ließen Europa nicht zur Ruhe kommen. Die Revolution in Russland und das Entstehen kommunistischer Parteien sowie der Sieg des Faschismus in Italien und die Abwertung demokratischer Prinzipien durch autoritäre Bewegungen steigerten die politischen Spannungen. Die USA wandten sich von Europa ab, in einer Phase des Isolationismus verlor die nunmehr führende Industriemacht das Interesse an multilateralen Institutionen. Sie trat dem Völkerbund nicht bei, eine der Hauptursachen für sein Scheitern als Instrument einer stabilen Friedensordnung.

Die erste große Wirtschaftskrise globalen Ausmaßes Ende der Zwanziger- und Anfang der Dreißigerjahre des 20. Jahrhunderts bedeutete nach dem Weltkrieg einen weiteren schweren Rückschlag für eine internationale, arbeitsteilige Wirtschaft. Als es offensichtlich bereits zu spät war, schlossen drei führende Industrieländer – die USA, Großbritannien und Frankreich – ein Währungsabkommen, das der Abwertungsspirale ein Ende bereiten sollte. Eine Reihe der noch demokratisch gebliebenen Staaten schloss sich dem Mechanismus an, durch den Abschluss eines Handelsabkommens zwischen Großbritannien und den USA wurde die politische Kluft zwischen beiden Seiten des Atlantiks verkleinert. Nazi-Deutschland hatte in dieser Zeit seine Industriepolitik auf möglichste Autarkie und den Außenhandel weitgehend auf ein Tauschsystem umgestellt. Mit währungspolitischen Instrumenten wurden kleine Staaten Zentraleuropas veranlasst, die Aufrüstung des Deutschen Reiches mitzufinanzieren. Der so vorbereitete Zweite Weltkrieg wurde durch den Einmarsch der deutschen Wehrmacht in Polen 1939 ausgelöst. Er stürzte die Welt in ein Inferno.

Der britische Ökonom John Maynard Keynes, der die Fehlreaktion der Wirtschaftspolitik auf die Weltwirtschaftskrise kritisiert hatte, arbeitete ab 1941 an Vorschlägen, die eine ökonomisch stabile Nachkriegsordnung zum Ziel hatten. Eine »Internationale Währungs-Union« sollte mittels Ziehungsrechten Ungleichgewichte in den Zahlungsbilanzen der Mitgliedsländer vermeiden helfen, Anpassungen der Währungsrelationen sollten strengen Regeln folgen. Seine Vorschläge umfassten aber auch Käufe strategischer Güter in neutralen Ländern, um sie Hitler-Deutschland wegzuschnappen, ebenso wie ein Programm (1941!) zur Hilfe für die Zivilbevölkerung Kontinentaleuropas nach dem Ende des Krieges.

1944 wurden unter Keynes' Vorsitz die Abschlussverhandlungen über die Gründung des Internationalen Währungsfonds und der Internationalen Bank für Wiederaufbau und Entwicklung, heute meist kurz »Weltbank« genannt, abgeschlossen. War Keynes schon in seiner Heimat mit seinen radikalen Vorschlägen auf Widerstand gestoßen, so musste er noch so manchen Kompromiss mit seinen US-amerikanischen Verhandlungspartnern eingehen. Die nach dem Ort des Vertragsabschlusses benannten Verträge von Bretton Woods sollten den ökonomischen Rahmen für viele Jahre bestimmen, eine der Grundvoraussetzungen für die Expansion der Industriestaaten, insbesondere aber des internationalen Austausches von Gütern und Dienstleistungen sein.

Die Erwartungen in eine friedliche Weltordnung nach dem Ende des Zweiten Weltkriegs wurden rasch enttäuscht. Die Vereinten Nationen konnten im Spannungsfeld des Kalten Krieges, der sich in einer Reihe militärischer Konflikte an der Peripherie der beiden Machtzentren entlud, die in sie gesetzten Hoffnungen nicht einlösen. Politisch und ökonomisch kam es zur Konkurrenz zweier Weltsysteme. In unseren Breiten gewöhnte man sich daran, die Welt in drei Teilen zu sehen – den westlichen der demokratischen Industriestaaten, den östlichen des kommunistischen Lagers und die »Dritte Welt« der Entwicklungsländer. Mit der Gründung einer Reihe von Organisationen wurde der legale Rahmen globalen Wirtschaftens in der westlichen Hemisphäre geschaffen. Der Marshallplan bildete die materielle Grundlage des Wiederaufbaus nicht nur der europäischen Industrien, sondern auch für eine Intensivierung der transatlantischen Wirtschaftsbeziehungen. Die OEEC (Organization for European Economic Cooperation, ab 1961 OECD) bildete den Rahmen für die wirtschaftspolitische Ausrichtung der westlichen Industriewelt, im GATT, dem Vorläufer der WTO, wurden die Spielregeln für den internationalen Warenaustausch festgelegt und in Folge mehrmals in globalen Verhandlungsrunden mit dem Ziel weiterer Liberalisierung des Güteraustausches modifiziert.

In Europa hatte man aus der Geschichte nach dem Ersten Weltkrieg gelernt. Statt Besetzung und Reparationen wurde die deutsche Montanindustrie in die Europäische Gemeinschaft für Kohle und Stahl eingebunden. Die Montanunion war die Keimzelle der europäischen Integration, das »Europa der Sechs« Auslöser für weitere Integrationsschritte bis hin zu einer Europäischen Union, die nunmehr bereits 25 Mitglieder umfasst.

Noch war man weit davon entfernt, in einem Ausmaß, wie wir es heute gewohnt sind, Waren, Dienstleistungen und Finanzströme ohne Hindernisse über Landesgrenzen zu transferieren. Ein System stabiler Wechselkurse und verlässlicher Rahmenbedingungen für grenzüberschreitende Aktivitäten in den westlichen Industriestaaten führte aber zu einem raschen Wiederaufbau zerstörter Kapazitäten und in der Folge zu einer Periode der Prosperität, einem Wachstum ohnegleichen. Freilich: Die Unterschiede zwischen Erster Welt auf der einen Seite, der Zweiten und Dritten Welt vergrößerten sich fast ebenso rasch. Neue Widersprüche und Spannungsfelder in der Weltwirtschaft entstanden, viele davon prägen die Entwicklung der Globalisierung bis heute.

Verlagerung der Schwerpunkte der industriellen Entwicklung

Von der Mitte des 19. bis zur Mitte des 20. Jahrhunderts wuchs der gewerbliche und industrielle Sektor von weniger als 20 Prozent der berufstätigen Bevölkerung auf mehr als 40 Prozent an. Der sekundäre Sektor wuchs fast im ganzen Land, nur in wenigen Gebieten gab es einen Rückgang. 1869 waren noch in der Hälfte aller Bezirke deutlich weniger als 20 Prozent der Beschäftigten im gewerblich-industriellen Bereich tätig; 1910 lag der entsprechende Wert bei etwa 25 und 1961 bei knapp 38 Prozent. Die regionalen Schwerpunkte verlagerten sich durch die Herausbildung neuer industrieller Standorte und durch Änderungen in den Rangpositionen von Industriegebieten, weniger aber im Sinn eines absoluten Niedergangs von Industrieregionen.

Die verhältnismäßige Position von Regionen veränderte sich deshalb, weil der sekundäre Sektor zwar fast überall wuchs, dies aber nicht überall gleich schnell vor sich ging. Es gab Regionen, in denen zwischen 1869 und 1961 mehr als ein Drittel der Bevölkerung aus der Landwirtschaft in den sekundären Sektor strömte, aber auch Regionen, in denen sich nicht allzu viel änderte. Manche Gebiete waren und blieben schwach industrialisiert, andere waren wenig industrialisiert und holten auf, wieder andere waren schon im 19. Jahrhundert wichtige Industrieregionen und wurden dies auch in weiterer Folge in immer stärkerem Maß, und manche Gebiete waren im 19. Jahrhundert stark, ohne diese Position noch weiter auszubauen.

Um 1870 gab es im Gebiet des heutigen Österreich mehrere Regionen, die entweder in einer einzelnen Branche oder in der Industrie schlechthin eine hervorgehobene Rolle spielten. Die wichtigste Industrieregion Österreichs war nach räumlicher Ausdehnung, Umfang der betroffenen Bevölkerung, Anteil der Industrie an der Bevölkerung und Wertschöpfung in der Industrie ein Gebiet, das von Wien ausgehend das ganze südöstliche Niederösterreich einschloss und in einer Reihe von Branchen mit Abstand führte. Unmittelbar daran grenzte jenseits des Semmering das obersteirische Bergbau- und Industriegebiet an, das mit dem Berg- und Hüttenwesen einen deutlichen Branchenschwerpunkt hatte; außer dieser Region bestand noch eine Anzahl von kleineren Bergbaugebieten. Während sich die Bergbaugebiete entsprechend den natürlichen Gegebenheiten und dem Bedarf an den Bodenschätzen entwickelten, war für die Textilindustrie in ihrer ersten Phase die Struktur der regionalen Landwirtschaft eine Größe von entscheidender Bedeutung; in der Textilindustrie war zwar das niederösterreichische Zentralgebiet lange Zeit führend, mit Vorarlberg entwickelte sich aber ein neues Zentrum. Erst spät wurde der Raum Linz, der von der politisch motivierten Industrieansiedlung unter der Herrschaft des Nationalsozialismus profitierte, zu einem wichtigen Industriestandort.

Das industrielle Zentrum

Das größte Industriegebiet war Wien mit dem südlich anschließenden Wiener Becken, wo sich insgesamt die Hälfte der im gewerblich-industriellen Bereich arbeitenden Bevölkerung der Alpenländer konzentrierte. Dieser Schwerpunkt ergab sich durch eine hohe Bevölkerungsdichte zusammen mit einem hohen Anteil des sekundären Sektors an den Beschäftigten. Wien selbst mit seinen Vororten hatte schon um 1870 eine große Bevölkerung, der gewerblich-industrielle Sektor umfasste über die Hälfte der Beschäftigten. Aber auch im südlich unmittelbar angrenzenden Raum

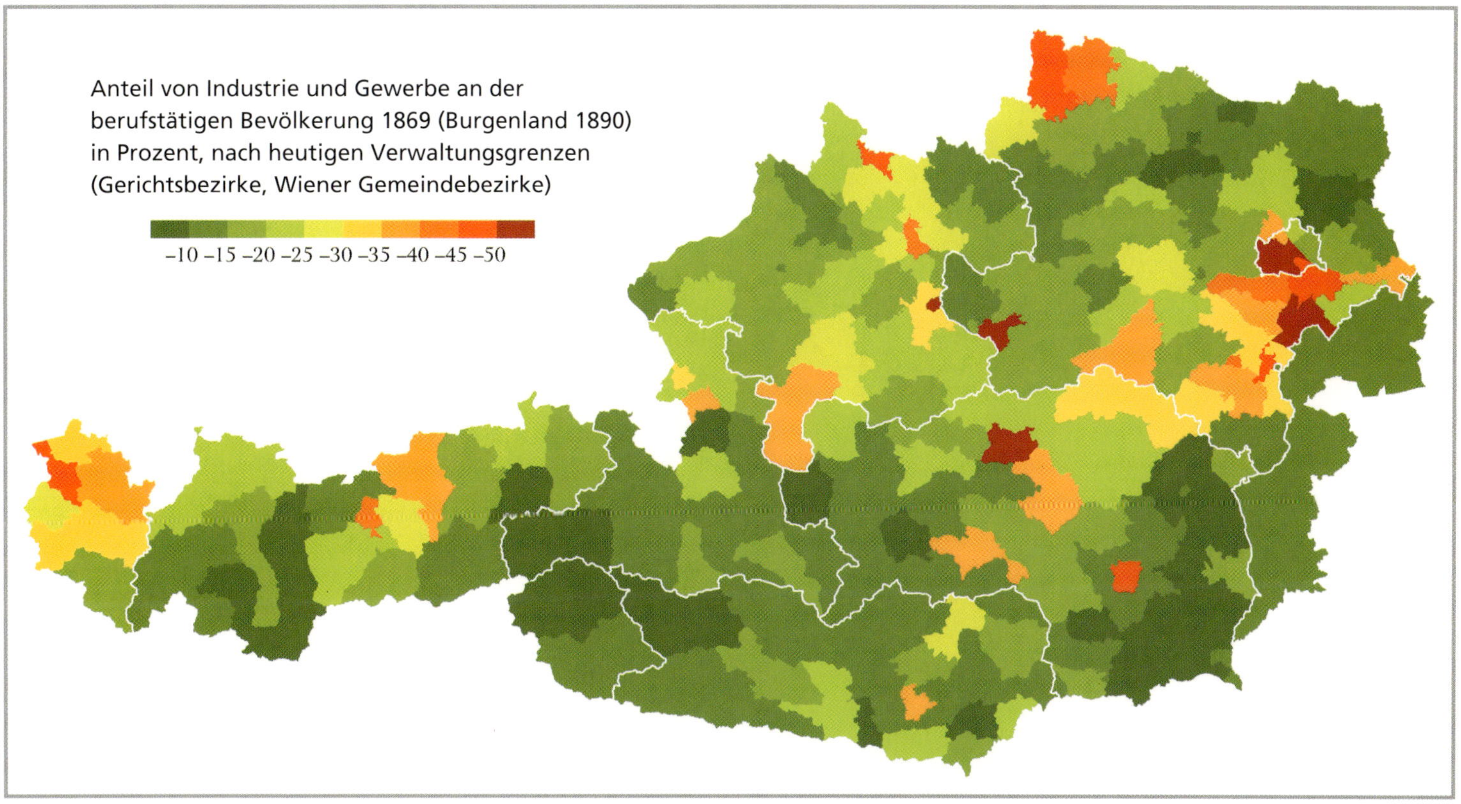

Quelle: Bevölkerung und Viehstand der im Reichsrathe vertretenen Königreiche und Länder, dann der Militärgränze, nach der Zählung vom 31. Dezember 1869. 2. Heft: Die Bevölkerung nach dem Berufe und der Beschäftigung (hg. von der k. k. Statistischen Central-Commission, Wien 1871); Volkszählung in den Ländern der ungarischen heiligen Krone im Jahre 1900. Vierter Teil. Die Berufstätigkeit der Bevölkerung. Ungarische Statistische Mitteilungen, Neue Serie 9.

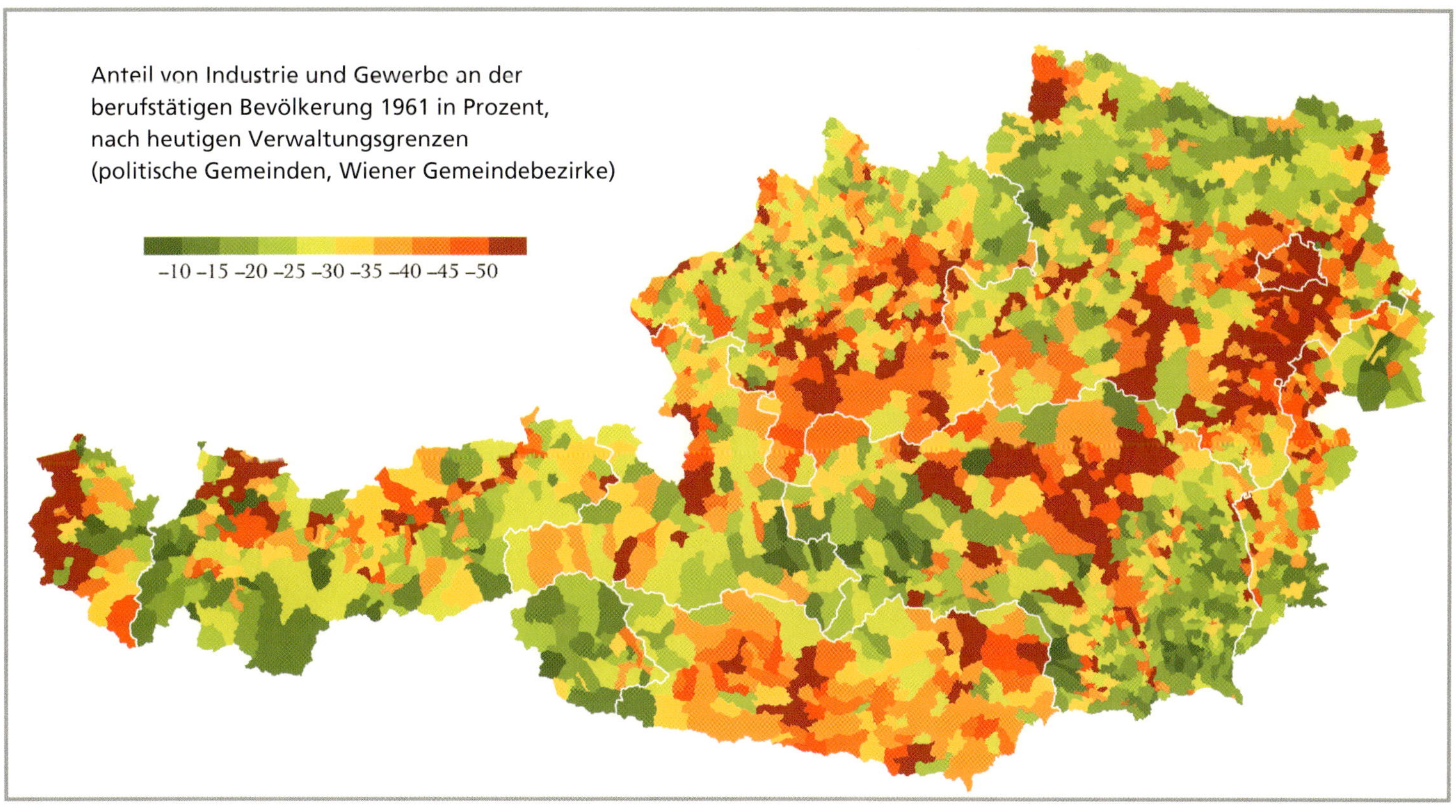

Quelle: Ergebnisse der Volkszählung vom 21. März 1961 (bearb. u. hg. vom Österreichischen Statistischen Zentralamt, Wien 1963–1964)

Floridsdorfer Mineralölfabrik, Raffinerie 1924

Baden–Mödling arbeiteten bereits über 40 Prozent der Bevölkerung in Gewerbe und Industrie. Noch weiter südlich und südwestlich, im Gebiet von Lilienfeld nach Wiener Neustadt, hatte der sekundäre Sektor immer noch einen Anteil von 30 Prozent.

Die Dominanz der Industrie im Raum Wien–Wiener Neustadt kam durch eine starke Textilindustrie und eine starke Metallindustrie zustande. Diese Breite zeichnet das Gebiet gegenüber den anderen, stärker spezialisierten alpenländischen Industrieregionen der Epoche aus. Außer in Wien selbst war die Textilindustrie im Raum Baden besonders stark, wo insgesamt mehr als jeder sechste Berufstätige in dieser Branche arbeitete. Große Unternehmen waren hier die Vöslauer Kammgarnfabrik, die Pottendorfer Baumwollspinnerei, die Trumau-Marienthaler Baumwollspinnerei, die alle schon vor 1848 gegründet worden waren, und die Felixdorfer Weberei und Appretur, zu der sich mehrere bestehende Unternehmen 1869 zusammenschlossen. Auch im sonstigen Wiener Umland und im Raum Wiener Neustadt–Neunkirchen, wo der Anteil der Textilindustrie um die Hälfte kleiner war, hatte sie immer noch eine vergleichsweise beachtliche Größe. Die Metallindustrie hatte ebenfalls in Wien selbst, noch mehr aber im Raum Mödling–Baden, ihr Zentrum. Hier befanden sich wichtige Unternehmen wie die Berndorfer Metallwarenfabrik, die Hirtenberger Patronen-, Zündhütchen- und Metallwarenfabrik und die Enzesfelder Munitions- und Metallwerke. Im Gebiet um Mödling arbeitete mehr als ein Fünftel aller Berufstätigen in der Metallindustrie, im Raum Lilienfeld fast ebenso viele. Der Bezirk Lilienfeld wies mit der St. Egydyer Eisen- und Stahlindustrie ein großes Unternehmen der Branche auf, das seinen Ursprung im 18. Jahrhundert hatte.

Bis zum Ersten Weltkrieg stieg der Anteil des niederösterreichischen Zentralraums an Gewerbe und Industrie der Alpenländer, nach Beschäftigten gerechnet, auf fast 60 Prozent an. Zur weiterhin wichtigen Textil- und Metallindustrie waren noch weitere Branchen gekommen, die der Region eine stärkere Vielfalt verliehen und sie so noch mehr als bisher von den anderen alpenländischen Industriegebieten absetzten. Kleinräumig betrachtet findet man freilich auch im niederösterreichischen Kerngebiet eine regionale Spezialisierung: So kennzeichnete die Nahrungsmittelindustrie das Gebiet von Bruck an der Leitha östlich von Wien stärker als sonst irgendeine österreichische Region. Im Gebiet von Mödling und von Bruck an der Leitha war die Industrie der Steine und Erden wichtig. Die chemische Industrie, eine Branche, die sich erst um die Jahrhundertwende entwickelte, prägte nur eine einzige Region Österreichs in nennenswertem Ausmaß, nämlich den Raum südlich von Wien: Baden mit Semperit in Traiskirchen und das Gebiet um Wiener Neustadt mit der Wöllersdorfer Munitionsfabrik. Die Holz verarbeitende Industrie beschäftigte

im Raum Neunkirchen mit 6 Prozent der Berufstätigen einen verhältnismäßig beträchtlichen Teil der Bevölkerung. Bei alldem ist nicht zu vergessen, dass die meisten Branchen zwar keinen auffallend großen Anteil an der Wirtschaft Wiens einnahmen, die Reichshauptstadt aufgrund ihrer schieren Größe aber doch für fast alle Wirtschaftszweige der zentrale Standort war: In der Elektrizitätsindustrie, der Metall-, der Holz- und der grafischen Branche konzentrierte sich in Wien mehr als die Hälfte der alpenländischen Industrie, in der Papier- und der chemischen Industrie mehr als 40 Prozent, in der Textilindustrie und der Industrie der Steine und Erden an die 30 Prozent. Auch für Bauwirtschaft und Nahrungsmittelindustrie war Wien das Zentrum. Wien war Standort für Siemens & Halske, Siemens-Schuckert, Kapsch, Schrack, Watt, Osram und eine Reihe anderer Großunternehmen der Elektroindustrie, hier befanden sich die Werke der späteren Simmering-Graz-Pauker AG, die Wiener Lokomotivfabrik, die Lokomotivfabrik der Staatseisenbahngesellschaft, die Landmaschinenfabrik Hofherr-Schrantz-Clayton-Shuttleworth, große Unternehmen der Nahrungsmittelindustrie wie Heller, Manner, Schmidt und Ankerbrot, die Wienerberger Ziegelfabrik, die Wiener Ziegelwerke und andere Baumaterialienerzeuger und eine Reihe anderer Großunternehmen. Die einzige Branche, die in Wien nahezu bedeutungslos war, war erwartungsgemäß der Bergbau.

Die Zeit unmittelbar vor dem Ersten Weltkrieg war der Höhepunkt des Industriegebiets um Wien. In der Folge ging die Zahl der gewerblich-industriellen Beschäftigten in Wien im Verhältnis sogar stärker zurück als die ohnehin schrumpfende Bevölkerungzahl und betrug 1961 weniger als die Hälfte aller Beschäftigten. Im zentralen Wiener und nieder-

Fabriksgründung auf »grüner Wiese«: I. Österreichische Ceresin-Fabrik, H. Ujhely & Comp., gegründet 1873, Stockerau österreichischen Industriegebiet lebten nun nur noch 40 Prozent der österreichischen Industriebevölkerung. Für die Region wichtige Branchen waren weiterhin die Industrie der Steine und Erden im Raum Mödling, die Holz verarbeitende Industrie um Lilienfeld, die Textilindustrie im Raum Baden, die Papierindustrie im Gebiet Wiener Neustadt–Neunkirchen, die chemische Industrie im Gebiet Baden–Mödling bis nach St. Pölten hin und im Neunkirchner Bezirk, die Nahrungsmittelindustrie nordöstlich von Wien im Raum Gänserndorf und Bruck und nordwestlich um Tulln sowie schließlich und vor allem die Metallindustrie im ganzen Gebiet.

waren es 12 Prozent. Der Bezirk Leoben, zu dem der Erzberg gehörte, war und blieb damit bis zum Ersten Weltkrieg das Zentrum des obersteirischen Bergbaus. Daneben begann aber mit dem Aufschwung des Kohlenbergbaus in Fohnsdorf, Köflach und Voitsberg die Herausbildung weiterer Bergbaugebiete, die dazu führte, dass schon vor dem Ersten Weltkrieg die Bevölkerung der Bezirke Judenburg und Voitsberg zu gut einem Zehntel vom Bergbau lebte. Während Fohnsdorf damit den Höhepunkt bereits erreicht hatte, kamen die besten Zeiten für Voitsberg erst in den folgenden Jahrzehnten: 1961 waren hier fast 17 Prozent der Berufstätigen im Bergbau

Die Werksanlagen der Gebrüder Böhler & Co. AG im engen Mürztal in Kapfenberg, Luftaufnahme Anfang der 1940er-Jahre

Mitte:
Die Standortwahl der frühen Industrie war ganz entscheidend vom Angebot an Holz und Wasserkraft beeinflusst: Eisenwerk Turrach an der steirisch-kärtnerischen Grenze, um 1900

Bergbau und Hüttenindustrie

Das niederösterreichische Industriegebiet setzte sich jenseits des Semmering im obersteirischen Industrie- und Bergbaugebiet fort. Im 19. Jahrhundert war die Obersteiermark nur im Berg- und Hüttenwesen bedeutend gewesen und bildete das weitaus bedeutendste Bergbaugebiet der Alpenländer. Im Bezirk Leoben waren mehr als 20 Prozent der Berufstätigen in dieser Branche beschäftigt, im Gebiet des späteren Bezirks Mürzzuschlag

tätig, während im Bezirk Leoben der Anteil des Bergbaus mittlerweile sogar etwas unter diesen Wert gesunken war; in absoluten Zahlen gab es freilich im Leobener Bezirk immer noch mehr Bergarbeiter. Insgesamt war die Steiermark auch zur Mitte des 20. Jahrhunderts mit weitem Abstand das bedeutendste Bergbauland Österreichs, beschäftigte aber absolut deutlich weniger Bergarbeiter als fünfzig Jahre zuvor.
Hingegen war in den anderen Ländern, die einen nennenswerten Bergbau aufwiesen,

das Berg- und Hüttenwesen in der ersten Hälfte des 20. Jahrhunderts wichtiger geworden. Diese Länder waren Kärnten und Niederösterreich, in denen vor dem Ersten Weltkrieg jeweils 4.000 bis 5.000 Bergarbeiter lebten, und Oberösterreich mit etwa 3.000 Beschäftigten dieses Wirtschaftszweigs. Ein halbes Jahrhundert später waren die Beschäftigtenzahlen in diesen Ländern jeweils um ein Drittel bis um die Hälfte gestiegen. Neue Zweige des Bergbaus entwickelten sich etwa mit dem Magnesitabbau im kärntnerischen Radenthein und vor allem mit der Erdölgewinnung im östlichen Niederösterreich in der ersten Hälfte des 20. Jahrhunderts.

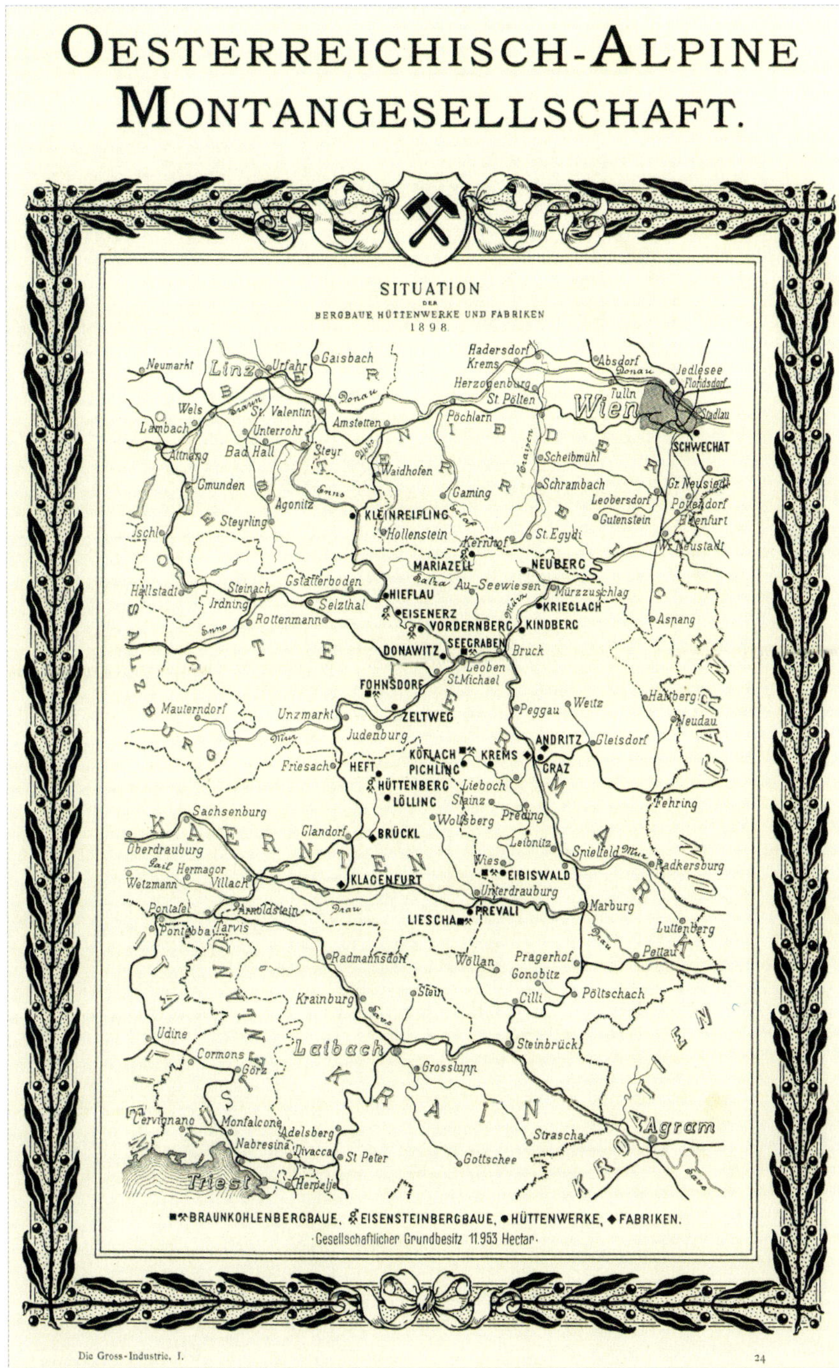

Die Standortfrage war das Hauptproblem der österreichischen Eisenindustrie: die Standorte der 1881 aus der Fusion der fünf größten alpenländischen Hüttenwerke hervorgegangenen Oesterreichisch-Alpine Montangesellschaft um 1900

Eisengewerbe und Metallindustrie

Eine der ältesten Industrieregionen waren die Eisenwurzen, das Gebiet um das Dreiländereck Oberösterreich–Niederösterreich–Steiermark, das eine lange Tradition im Eisen verarbeitenden Gewerbe hatte und Standort einiger Großunternehmen wurde. Die beiden Statutarstädte Steyr in Oberösterreich und Waidhofen an der Ybbs in Niederösterreich wiesen über Jahrzehnte eine singuläre Konzentration auf die Metallindustrie auf, Steyr behielt diese Stellung im gesamten Zeitraum von der Mitte des 19. Jahrhunderts bis heute. Die Wirkung erstreckte sich auch auf das Umland, das auf diese Weise den Übergang vom traditionellen Eisengewerbe zur Eisenindustrie bewerkstelligte. Über 60 Prozent der berufstätigen Bevölkerung von Steyr arbeiteten in der Industrie, um 45 Prozent alleine in der Metallindustrie. Die Waffenfabrik in Steyr war lange Zeit das zweitgrößte Industrieunternehmen Österreichs, Waidhofen an der Ybbs wurde mit der von Gebr. Böhler & Co.

erworbenen Bruckbacherhütte ein wichtiger Standort dieses Großunternehmens.
Die Waffenfabrik in Steyr ist ein Beispiel für die Bedeutung bestehender gewerblicher Traditionen für die Standortwahl. In einer Region, die eine lange zurückreichende Erfahrung in der Metallverarbeitung aufwies, war es leichter, ein Maschinenbauunternehmen zu betreiben. Aber auch biografische Zufälle spielten eine Rolle: Der Gründer der Waffenfabrik als Großunternehmen, Josef Werndl, stammte aus Steyr und war der Sohn eines dort ansässigen Bohrerschmieds und Armaturenfabrikanten, der selbst bereits ein Unternehmen mit mehreren hundert Beschäftigten betrieben hatte.

Alte Textilregionen

Zu den alten Industriegebieten Österreichs gehören einige ländliche Gebiete, wichtige Standorte der frühen Textilindustrie. Diese Textilindustrie war zu einem erheblichen Teil Hausindustrie, die Arbeiter werkten also zu Hause und erschienen oberflächlich betrachtet wie Selbstständige. Daneben betrieben sie oft eine kleine Landwirtschaft, die alleine für den Lebensunterhalt nicht ausgereicht hätte. Die Textilindustrie bildete also eine notwendige Ergänzung zur Landwirtschaft. Diese Wirtschaftsform entstand daher vor allem in Gegenden mit kleinen landwirtschaftlichen Betrieben, wo intensive Bewirtschaftung aus klimatischen Gründen nicht möglich war.
Der langfristig weniger erfolgreiche Fall dieser Art war das Hochland nördlich der Donau, bestehend aus dem oberösterreichischen Mühlviertel und dem niederösterreichischen Waldviertel. Hier bestand um die Mitte des 19. Jahrhunderts eine florierende Textilindustrie, die im oberen Mühlviertel gut ein Siebtel der berufstätigen Bevölkerung ernährte und im nördlichen Waldviertel sogar ein Viertel. Besonders hoch war die Konzentration der Textilindustrie im Raum Gmünd, wo fast ein Drittel der Bevölkerung in der Branche arbeitete. Ein großes Unternehmen in der Region war die Strickgarn- und Zwirnfabrik von Schüller & Co. in Litschau. Die Mühlviertler Textilindustrie ging alsbald zugrunde; schon vor dem Ersten Weltkrieg spielte die Branche in dieser Region keine hervorgehobene Rolle mehr. Auch die Waldviertler Textilindustrie verlor an Gewicht, hielt sich aber insgesamt wesentlich länger: Bis zum Ersten Weltkrieg den absoluten Beschäftigtenzahlen und dem Anteil an der Bevölkerung nach etwa halbiert, verblieb sie dann bis in die späten Fünfzigerjahre in etwa derselben Größe.
Die stärkste Konzentration erreichte die Textilbranche aber schließlich in Vorarlberg, das schon zur Mitte des 19. Jahrhunderts ein Land mit einer starken Textilindustrie war. Ein Grund lag in der erbrechtlichen Realteilung, die im Gebiet um Feldkirch und Dornbirn die Zerstückelung der landwirtschaftlichen Betriebe förderte. Viele verzichteten zwar auf Heirat und Kinder, aber die Betriebe waren dennoch in vielen Fällen so klein, dass ein zusätzlicher Erwerb unbedingt notwendig war.
Die Vorarlberger Hausindustrie war bis weit ins 19. Jahrhundert bedeutsam. Der Aufschwung der Textilbranche in der Zeit zwischen 1848 und 1955 spielte sich allerdings in den modernen Fabriken ab, die zum Teil unmittelbar aus Verleger-Unternehmen entstanden waren. Die großen Unternehmen der Vorarlberger Textilindustrie waren Getzner, Mutter & Cie., Jenny & Schindler, Herrburger & Rhomberg, F. M. Rhomberg, F. M. Hämmerle, Benedict Mäser, Josef Huber und Ganahl & Co. Die Zahl der Beschäftigten in der Branche verdoppelte sich zwischen 1869 und 1910 und wuchs bis 1961 noch einmal um ein Fünftel. Der Zahl der Beschäftigten nach lag damit Vorarlberg nicht mehr weit hinter Niederösterreich zurück, der Produktionskapazität nach war es bereits klar die führende Textilregion in Österreich.

Mit der 1857 durchgehend vollendeten Eisenbahnlinie Wien–Triest (Südbahn) wurde die Verbindung zum wichtigsten Hafen der Habsburgermonarchie und in den Orient hergestellt.

Industriepolitik und das neue Industriegebiet Linz

Der Raum Linz war vor der Zeit der nationalsozialistischen Herrschaft ein Industriegebiet minderer Bedeutung gewesen. In Linz hatte zwar bis 1851 mit der Wollzeugfabrik ein Unternehmen bestanden, das aufgrund der enormen Zahl seiner verlegten Arbeiter auf dem flachen Land auch große Bedeutung für die ganze Region bis nach Südböhmen gehabt hatte, insgesamt war die Stadt aber kein besonderer industrieller Schwerpunkt gewesen und wies vor dem Ersten Weltkrieg kein einziges Großunternehmen auf. 1869 arbeiteten 43 Prozent der berufstätigen Linzer Bevölkerung im sekundären Sektor, ein Anteil, der für eine Stadt nicht auffallend hoch war und unter den Werten für Wien und Graz lag. Linz war überdies eine kleine Stadt mit nur 68.000 Einwohnern im Jahr 1914, auf die nur etwa 1 Prozent der Industriebeschäftigten im Gebiet des heutigen Österreich entfielen. Das Umland spielte eine ebenso unbedeutende Rolle.

Nach dem Zweiten Weltkrieg war die Situation völlig verändert. Linz war zu einer Stadt mit etwa 190.000 Einwohnern geworden. 45 Prozent der Berufstätigen arbeiteten im sekundären Sektor, das war geringfügig weniger als in Wien und Bregenz, aber deutlich mehr als in den sonstigen Landeshauptstädten. In Linz selbst lebten nun 3,2 Prozent der gewerblich und industriell Beschäftigten Österreichs. Auch die angrenzenden Gebiete schlossen zu den stärksten gewerblich-industriellen Gebieten des Landes auf.

Veränderungen dieses Ausmaßes gab es in keiner anderen Region Österreichs. Zustande gekommen waren sie durch die politische Entscheidung für Industrieansiedlungen nach der Annexion Österreichs durch das Deutsche Reich 1938, durch eine gezielte Bevölkerungsansiedlung während des Zweiten Weltkriegs und den Zuzug von Vertriebenen um 1945. Die deutsche Regierung entschied sich

Der Nord-West-Bahnhof in Wien, Ölgemälde von Karl Karger (1848–1913), 1875

für Linz als Standort einiger geplanter neuer Großunternehmen, nämlich der Reichswerke »Hermann Göring« samt ihrer Tochtergesellschaft, der Eisenwerke Oberdonau, und der Stickstoffwerke Ostmark, die nach dem Zweiten Weltkrieg als VÖEST und Österreichische Stickstoffwerke firmierten. In der Stadt selbst veränderte sich die sektorale Struktur markant: 1961 arbeiteten 21 Prozent der Linzer Berufstätigen in der Metallindustrie, 1910 waren es in einer noch wesentlich kleineren Stadt unter 10 Prozent gewesen; der Anteil der Beschäftigten in der chemischen Industrie stieg von 0,7 Prozent 1910 auf fast 5 Prozent 1961. Die Wirkung erstreckte sich auf den ganzen oberösterreichischen Zentralraum: Nach dem Zweiten Weltkrieg bildete das Gebiet zwischen Linz, Wels und dem traditionellen Standort Steyr eine zusammenhängende Schwerpunktregion in der Metallindustrie. In der chemischen Industrie war im Raum zwischen Linz, der ebenfalls neu gegründeten Chemiefaser Lenzing und den schon seit 1885 bestehenden, aber nun beträchtlich gewachsenen Ebenseer Solvay-Werken auch ein in dieser Größe völlig neuer Schwerpunkt entstanden.

Ausbreitung der Industrie

Vergleicht man die Karte der Industriestandorte in der zweiten Hälfte des 19. Jahrhunderts mit der Situation hundert Jahre später, so wird deutlich, dass die Industrialisierung nicht nur ein Vorgang war, der bloß den Anteil des sekundären Sektors erhöht hätte. Sie bezog auch einen größeren Raum in die Entwicklung der gewerblich-industriellen Produktion ein und schuf neue Schwerpunkte in diesem Sektor. Der Niedergang mancher Industrieregionen war dem weiteren Verlauf der Entwicklung vorbehalten – bis in die erste Nachkriegszeit gab es fast nur alte, weiterbestehende oder neue, aufstrebende Industriegebiete.

Infrastruktur und Energie

Der Ausbau einer funktionsfähigen Infrastruktur und die vorhandenen und nutzbaren Energievorräte stehen in engem Bezug zueinander. Waren ursprünglich Fabriksstandorte energietechnisch an Flüsse gebunden, so brachte die Eisenbahn durch den Kohletransport größere Unabhängigkeit in die Standortwahl. Während in der zweiten Hälfte des 19. Jahrhunderts die Donau als Wasserweg oberhalb von Wien reguliert und somit schiffbar gemacht wurde, dehnte sich das Eisenbahnnetz der Monarchie vorwiegend an der Nord-Süd-Achse aus. Die Eisenbahn senkte die Transportkosten und wurde Konkurrent der Schifffahrt. Mit dem Zusammenbruch der Monarchie war das Eisenbahnnetz auf dem Boden der Ersten Republik zunächst ein Torso. Die Elektrifizierung war begrenzt, ihr Ausbau erfolgte aus finanziellen Gründen nach 1918 zögerlich. Der Wasserkraftwerks-Ausbau existierte zunächst nur auf dem Papier, obwohl Wasserkraft in der kleinen Alpenrepublik die einzige Alternative zu den verlorenen Kohlerevieren war. Mancher Wasserkraftwerksbau wurde in der Ersten Republik konzipiert, im »Dritten Reich« zwar begonnen, aber erst nach 1945 zu Ende geführt. Der Ausbau des Straßennetzes beschränkte sich in der Zwischenkriegszeit auf plakative Alpenstraßenprojekte, die Zeit des Massenverkehrs auf Straßen, ob Güter- oder Personenverkehr, begann erst nach dem Zweiten Weltkrieg. Auch die Autobahn der NS-Zeit war mehr Propaganda denn ernst zu nehmendes Infrastrukturprojekt.

Bau der Kraftwerke Kaprun: Der Speicher Mooserboden in über 2.000 Metern Seehöhe wird durch die 107 Meter hohe Moosersperre (Hintergrund) und die 112 Meter hohe Drossensperre (im Vordergrund) abgeschlossen.

Die DDSG war um 1900 die größte Binnenschifffahrtsgesellschaft der Welt und transportierte jährlich über 3 Millionen Fahrgäste. Plakat, 1909

Wasserwege

Natürliche Wasserstraßen waren die ältesten Wege für den Gütertransport. Lange vor der Zeit der Dampfschifffahrt wurde die Flößerei auf den Alpenflüssen und auf der Donau zur Beförderung von Holz, Salz, Eisen, Getreide und Kohle eingesetzt. Flößerei und Flussschifffahrt bedingten teilweise aufwändigen Klausenbau, mit dem für ausreichendes Fahrwasser gesorgt wurde. Diese Wasserwege wurden im 19. Jahrhundert durch die Eisenbahn abgelöst. Anders als der Rhein war die Donau ursprünglich in ihrem Oberlauf schlecht schiffbar. 1829 war die DDSG gegründet worden, 1862 richtete sie den Verkehr Linz–Regensburg ein. Die gesamte zweite Jahrhunderthälfte stand im Zeichen der Donauregulierung: Zwischen 1849 und 1900 wurden 71 Millionen Gulden in Donaustrombauten investiert, insbesondere in die Entschärfung der Flussstrecke im niederösterreichischen Strudengau, Stauwerke sollten die nötige Flusstiefe erzeugen. Im Zuge der Donauregulierung begann man in Linz 1897 den Winterhafen zu bauen, ebenso wurden Korneuburg und Fischamend ausgebaut. In Wien diente der Donaukanal als Handelshafen, der Hafen in der Freudenau bot außerdem 400 Schiffen Platz. 1938 wurde im Zuge der Errichtung der Stickstoffwerke und der Hermann-Göring-Werke der Hafen Linz erheblich erweitert und nun erhielt auch die Hütte Krems einen Hafen. Allerdings erreichte die Güterbewegung auf der Donau bis 1938 nicht mehr das Ausmaß aus der Zeit der Donaumonarchie.

Wurde in der zweiten Hälfte des 19. Jahrhunderts auf der Donau vor allem Getreide aus Ungarn den großen Mühlen am Oberlauf zugeliefert, so waren es nach dem Ersten Weltkrieg Erdölprodukte aus den östlichen Donaustaaten und Baustoffe. Das ambitionierteste Projekt gelangte allerdings in seinen wesentlichen Teilen nie zur Ausführung. Es war dies der 1901 vom Reichsrat beschlossene Bau eines Kanalsystems, das die Donau sowohl mit der Oder als auch mit der Moldau hätte verbinden sollen. Darüber hinaus wäre dieser Kanal mit Elbe einerseits und Weichsel beziehungsweise Dnjestr andererseits zu verbinden gewesen. Das Projekt wurde von Ministerpräsident Ernest von Koerber betrieben und scheiterte an den mangelnden finanziellen Möglichkeiten. Außer technischen Schwierigkeiten sprachen auch volkswirtschaftliche Bedenken gegen das Projekt, dessen Ausführung außer der österreichischen Wirtschaft, die die Baukosten zu tragen gehabt hätte, auch die ungarische und russische Wirtschaft begünstigt hätte. Realisiert wurde vom Gesamtplan nur die Flussregulierung.

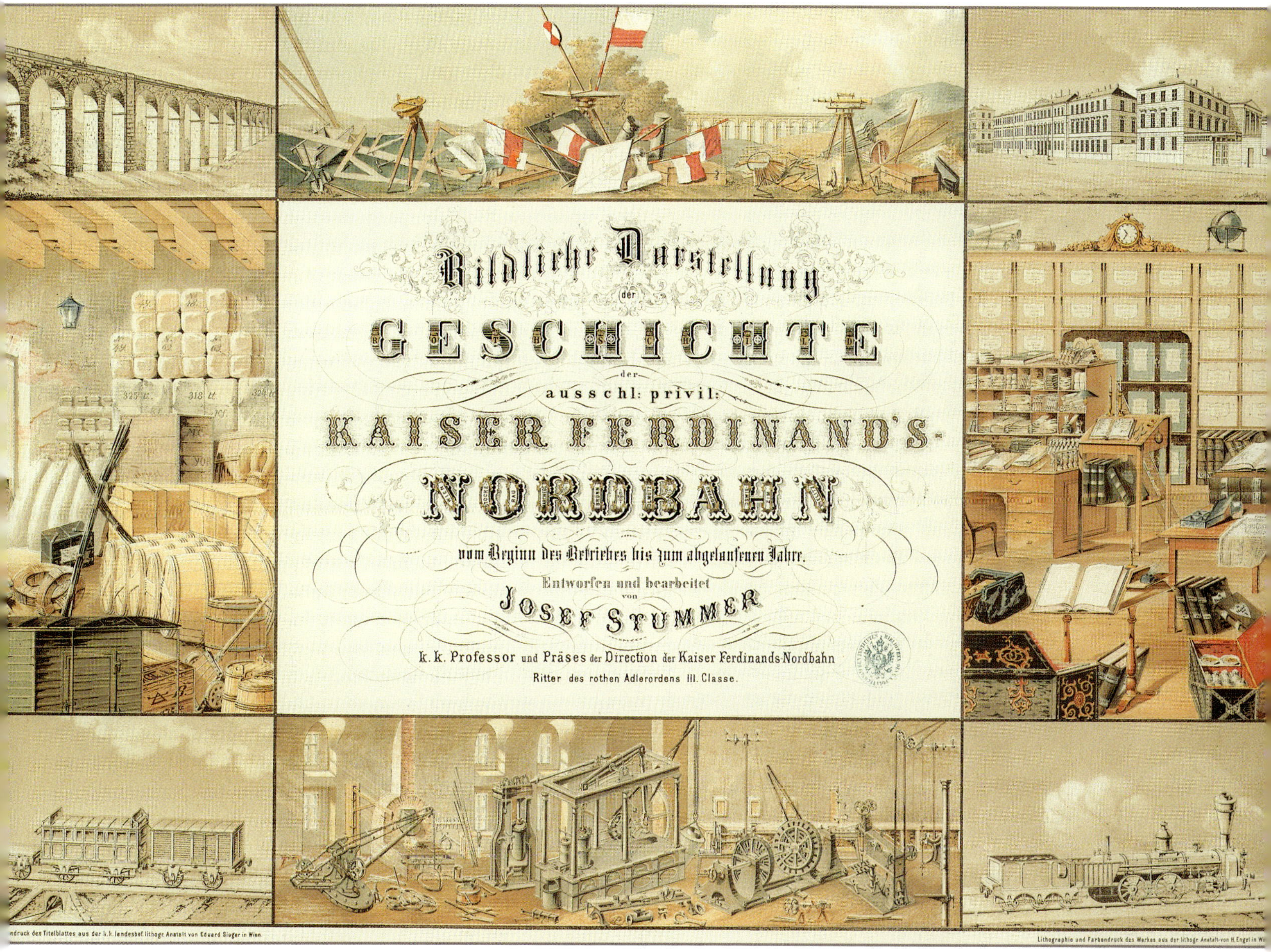

Die Nord-Süd-Achse war die wirtschaftliche Hauptachse der Habsburgermonarchie. Josef Stummer, Bildliche Darstellung der Geschichte der ausschl. privil. Kaiser Ferdinand's-Nordbahn. Farblithografie Wien 1855, auf den Randleisten Viaduktanlagen, der (alte) Nordbahnhof in der Leopoldstadt, Warenlager und Büro, der Fuhrpark, die Bahnschlosserei und die Hilfsmittel der planenden Ingenieure

Die Eisenbahnen

1836 hatte der Wiener Bankier Salomon Rothschild das Privileg zur Errichtung der Kaiser-Ferdinands-Nordbahn erhalten. Diese erste österreichische Dampfeisenbahn sollte den Raum um Wien mit den Kohle- und Erzvorkommen in Nordmähren und Schlesien sowie den Salzlagern in Bochnia verbinden. Eine Verkehrsinnovation, die schon in den Bühnenstücken von Johann Nestroy eine Rolle spielte.

1848 waren im Gebiet des späteren Cisleithanien etwas mehr als 1.000 Kilometer Eisenbahnstrecke gebaut, ein Ausbau, der bis 1880 rasch fortschritt und sich dann verlangsamte. 1913 hatte das cisleithanische Eisenbahnnetz eine Länge von 23.400 Kilometern, nach dem Ersten Weltkrieg lagen davon 6.600 Kilometer auf dem Boden des heutigen Österreich. Die Eisenbahn beeinflusste die österreichische Industrie des 19. Jahrhunderts, ihre Standorte und den Arbeitsmarkt. Sie erhöhte die Mobilität der arbeitenden Bevölkerung, für die sie im 19. Jahrhundert das primäre Verkehrsmittel wurde, und belebte mehrere Industriezweige wie die Eisenindustrie, Maschinenindustrie und den Kohlebergbau. Und sie beschleunigte auch den Konzentrationsprozess: Kleinere Betriebe wichen größeren, die ihrerseits erst jetzt durch großflächige Verbreitung ausreichend Kunden für ihre Produkte fanden. Dort, wo bereits gewerbliche Strukturen existierten, entstand im Zuge des Bahnbaus industrieller Aufschwung leichter als anderswo. Allerdings brachte die Erschließung durch die Bahn auch Regionen, etwa die Eisenwurzen, wirtschaftlich in Konkurrenz zu anderen und in weiterer Folge in die Verlustzone. Die Bahn regte auch zu neuen Finanzierungsformen durch Aktien an, die zunächst große Euphorie auslösten.

Besonderen Einfluss auf die Industrie nahmen die Bahnen durch ihre Tarifgestaltung. Dadurch konnten Unternehmen oder Branchen in ihrer Konkurrenzfähigkeit massiv gefördert oder gehemmt werden, insofern sie auf den Bahntransport ihrer Rohstoffe oder Produkte angewiesen waren. Eisenbahntarife wurden zu einem Instrument der Standortpolitik. So waren nicht zuletzt die hohen Tarife der Nordbahn und ihr Transportmonopol für schlesische Kohle in den Sechzigerjahren Ursache dafür, dass im Wiener Raum bis 1873 vorwiegend Holz als Heizmaterial verwendet wurde. Betroffen von diskriminierenden Tarifen waren energieintensive Branchen wie Färbereien, Spiritusraffinerien, die Zuckerindustrie und Brauereien sowie die Maschinen- und Eisenindustrie. Umgekehrt konnten sich in den Jahren nach 1850 Dampfmaschinen nur dort in der Industrie durchsetzen, wo Kohle preisgünstig war, also in den Sudetenländern.

Bauarbeiten an der Arlbergbahn (1880–1884), Leitung Julius Lott

Eine wirksame Maßnahme, für die ausgewogene Versorgung der verschiedenen Industriestandorte zu sorgen, war die Vergabe neuer Bahnkonzessionen. Der Bau der Nordwestbahn, der Staatsbahn und der Kaiser-Franz-Josefs-Bahn zog enorme Preisreduktionen im Tarif nach sich. Die wirtschaftsfördernde Erschließung durch Bahnlinien hatte Franz Xaver Riepl sehr früh auch schon für die Strecke von Wien bis an die Adria, nach Triest, erkannt. Als er die Trasse aufgrund der Geländeprobleme über Westungarn legen wollte, intervenierte Erzherzog Johann zugunsten der Steiermark und ihrer Eisenindustrie. So kam die Semmeringroute zum Zug. Erzherzog Johann war von Anfang an enthusiastischer Beobachter des Industrie-Vorbilds England gewesen und hatte bereits 1816 empfohlen, die Eisenbahn »blind nachzuahmen«. 1842 reichte die Südbahn von Wien bis Gloggnitz, 1853 wurde unter der Bauleitung Carl Ritter von Ghegas die Semmeringstrecke als Pionierleistung in der Geschichte des Eisenbahnbaus fertig gestellt, 1857 die gesamte Linie bis Triest. Bis zu 20.000 Arbeiter aus allen Teilen der Monarchie waren zeitweise am Semmering beschäftigt, die Strecke erforderte auf 42 Kilometern Länge 15 Tunnels und mehrstöckige Viadukte.

In den ersten beiden Phasen des Eisenbahnbaus zwischen 1841 und 1869 wurde vor allem die Obersteiermark erschlossen, ab 1872 bestand mit der Kronprinz-Rudolf-Bahn ein Schienenweg zwischen Oberösterreich und Kärnten. Die Vielzahl von Montan- und Industriebahnen, die Zugang zu den Hauptlinien schufen, bestätigten die wirtschaftliche Funktion der Eisenbahn für die Regionen. Allein die Nordbahn verfügte 1887 über 97 solcher Bahnanschlüsse zu Zucker-, Eisen- und chemischer Industrie.

1858 konnte die Kaiserin-Elisabeth-Westbahn von Wien über Linz nach Salzburg eröffnet

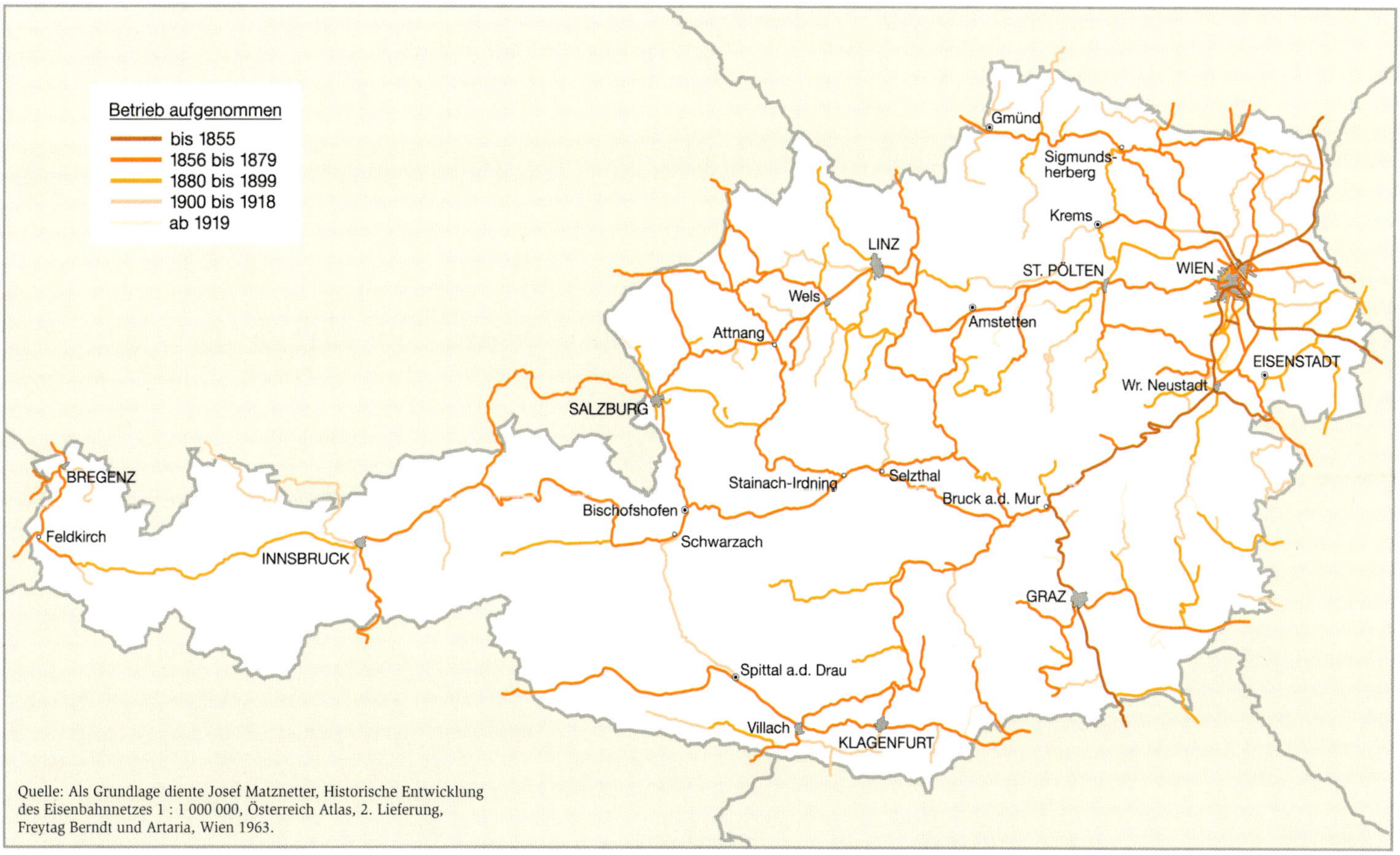

Quelle: Als Grundlage diente Josef Matznetter, Historische Entwicklung des Eisenbahnnetzes 1 : 1 000 000, Österreich Atlas, 2. Lieferung, Freytag Berndt und Artaria, Wien 1963.

Die Entwicklung des österreichischen Eisenbahnnetzes 1835 bis 1923

werden, 1870 die Kaiser-Franz-Josefs-Bahn, die Wien mit Budweis und dem westböhmischen Bäderdreieck verband und touristisch an Bedeutung gewann. Ab 1858 verband eine Bahnlinie Innsbruck mit Kufstein, ab 1867 stand die Brennerbahn in Betrieb. Vorarlberg besaß bis zum Bau der Arlbergbahn 1880–1884, der für die Textilindustrie wichtig wurde, keinen direkten Bahnanschluss zum übrigen Österreich, der Warenfluss des Landes lief bis dahin über Bayern. Infolge des »Eisenbahnbau- und Investitionsgesetzes« von 1901 wurden fünf Gebirgsbahnen errichtet: die Tauernbahn, die Karawankenbahn, die Pyhrnbahn, die Wechselbahn und die Wocheinerbahn. Insbesondere diese Leistung Österreichs beim Ausbau der Gebirgsstrecken sollte dem Land nach 1918 zugute kommen. Ab 1868 erfolgte in Wien auch der Ausbau der Tramways und der städtischen Verkehrsinfrastruktur, insgesamt 80 Kilometer Schienenstrecke wurden angelegt, abschnittsweise als Hochbahn oder Untergrundbahn.

Obwohl die Eisenbahntransporte spätestens seit dem Krimkrieg als »das Herz eines gelungenen Aufmarschs« galten, mangelte es in der Monarchie durchwegs an Finanzkraft, diese strategische Erkenntnis ins Bauprogramm umzusetzen. Der Einfluss der Armeeführung stieß an budgetäre Grenzen, machte sich aber immerhin beim Bau der erwähnten Gebirgsbahnen am Anfang des 20. Jahrhunderts geltend, die weniger aus ökonomischen Gründen als aufgrund der strategischen Planung eines etwaigen Aufmarsches gegen Italien errichtet wurden. Meyers Konversationslexikon berichtet 1906 allerdings auch von einem »Veto des Generalstabs« gegen die Elektrifizierung der Bahn, weil man den elektrischen Betrieb für »zu verwundbar und störanfällig« hielt und daher Dampflokomotiven vorzog.

Über das nach dem Ersten Weltkrieg in Österreich verbliebene Schienennetz schrieb 1919 Staatskanzler Karl Renner: »Nur zwei Routen blieben intakt. Die westliche Route in die Schweiz und die südwestliche Wien–Villach–Tarvis nach Italien. Alle anderen waren verstümmelt.« Das erforderte eine grundlegende Neuorientierung. In der Donaumonarchie hatte die Nord-Süd-Achse dominiert, nach ihrem Zusammenbruch war Österreich auf die wesentlich leistungsschwächere Ost-West-Achse angewiesen. Diese führte damals von Amstetten über die Steiermark (Selzthal) nach Salzburg und Tirol. Die später bedeutende Westbahnstrecke der vormaligen Kaiserin-Elisabeth-Bahn blieb bis 1938 nur einspurig und der Korridor über Rosenheim nach Tirol fehlte. An der Länge des aus der Monarchie verbliebenen Schienennetzes änderte sich in den Jahren bis 1955 nicht viel, 1955 war etwa ein Viertel der Strecken zweigleisig ausgebaut.

Der geringe Elektrifizierungsgrad der Bahnen – ein Erbe der Monarchie – wurde nach 1918 zu einem beträchtlichen Nachteil. Angewiesen auf die Steinkohlevorräte der Tschechoslowakei – die Eisenbahn hatte die Verwendung von Mineralkohle etabliert –, musste Österreich noch 1925 84 Prozent seines jährlichen Kohlebedarfs importieren. Die Braunkohleförderung auf dem Boden der Republik wurde ausgebaut, aber auch die Suche nach Alternativen in der Energieversorgung. Karl Renner sagte im Rückblick 1927, dass die »ganze Bevölkerung sich an das eine Werk der Elektrifizierung, nicht nur der Bahnen, sondern unserer Industrie und unseres ganzen Lebens gehängt hat wie an eine Hoffnung«.

Die Jahre zwischen 1918 und 1930 waren für die Bahn eine Zeit der wirtschaftlichen Neuordnung. Von 1923 bis 1927 reduzierten die Bundesbahnen, die ab 1923 als BBÖ Bundesbahnen Österreich ein selbstständiges Unternehmen waren, ihren Personalstand um 25 Prozent. Massive Einsparungen als Bedingung der Sanierung mit Hilfe der Genfer Völkerbundanleihe bremsten immer wieder das Elektrifizierungsprogramm der Bahn, das 1920 zwar gesetzlich festgeschrieben, 1928 aber aufgrund des niedrigen Kohlepreises wieder gestoppt wurde.

Wenn sich auch die Elektrifizierung der Salzkammergutbahn zwischen Attnang-Puchheim und Stainach-Irdning durch die Pionierarbeit der Firma Stern & Hafferl als erstes Vorhaben der Elektrifizierung 1924 abschließen ließ, elektrifizierte man nur dort, wo die Stromversorgung in unmittelbarer Nähe gesichert und sparsam errichtet werden konnte, etwa auf der Tauernbahn. 1927 waren 12 Prozent des Eisenbahnnetzes elektrifiziert. Erstmals wurde das Modell eines Energieverbunds entwickelt, der sich zur Gänze aus Wasserkraft speisen sollte. Zwar wurde 1937 unter der Leitung der Creditanstalt noch die Elektrifizierung der Westbahn beschlossen, dieses Vorhaben wurde dann aber ein Jahr später als Investitionsprogramm der nationalsozialistischen Reichsbahn ausgegeben und propagandistisch vereinnahmt. Obwohl die Elektrifizierung der Bahn ein fortschrittlicher Ansatz der Zwischenkriegszeit war, blieb bis zum Ende des Zweiten Weltkriegs die Dampflok das »Rückgrat der Eisenbahn«. Und die Eisenbahn blieb der bedeutendste Transportträger der Ersten Republik und des »Ständestaats«.

Straße und »Automobilisierung«

Konkurrenz erwuchs der Eisenbahn zunächst nicht im Güterverkehr, sondern im Personentransport durch den Autobus. Für motorisierten Schwerverkehr war der Straßenzustand bis in die zweite Hälfte der Dreißigerjahre in Österreich noch gar nicht geeignet, daher wurde der LKW zunächst als Ersatz für das Pferdefuhrwerk beim Transport zum oder vom Bahnhof eingesetzt. Der Gesetzgeber reagierte zwiespältig auf die Konkurrenz der Systeme. Einerseits wurden die Eisenbahn schützende Maßnahmen getroffen, etwa mit der »Lastwagenverkehrsordnung«, die von 1933 bis 1937 in Kraft war. Andererseits wurde der Straßenbau vorangetrieben – aber vor allem als augenfällige Arbeitsbeschaffung, bei der man zum Teil sogar bewusst den Einsatz von Baumaschinen untersagte.

Ab 1928 hatte die Bundesregierung begonnen, Bundesstraßen dem Autoverkehr anzupassen, sechs Meter breite Fahrbahnen und entsprechende Kurvenradien zu schaffen. Die Ost-West-Transitstrecke Wien–Bregenz war 1931 zu 36 Prozent fertig gestellt. Im »Ständestaat« erhielt das Straßenbauprogramm, als »Arbeitsschlacht« gelobt, Priorität. Der Bau der Großglockner-Hochalpenstraße, unter schwierigsten technischen und klimatischen Bedingungen zwischen 1930 und 1935 durchgeführt, zielte auf den begüterten »fashionablen Touristen«, wie es Projektleiter Franz Wallack formulierte. Sie sollte internationalen Fremdenverkehr anziehen und Österreich Renommee als landschaftlich attraktiver Kleinstaat sichern. Ähnliche Straßenbauten, wenn auch in anderer Dimension, waren die Wiener Höhenstraße und die Straße auf den Linzer Freinberg. Die rückwärts gewandte Wirtschaftspolitik des »Ständestaats« begünstigte derartige Bauprojekte mit symbolischem Wert, setzte hingegen produktive Bauvorhaben wie den Kraftwerksbau hintan.

In der Zeit des »Dritten Reichs« kündigten dann die Nationalsozialisten zwar den Bau von 1.100 Autobahnkilometern an, letztlich wurde aber nur ein Teilstück bei Salzburg errichtet. Die Rüstung hatte Vorrang, die Infrastruktur musste warten.

Erst 1954 wurde auch der Bau der Westautobahn wieder begonnen, 1958 dann der Bau der Inntal- und der Brennerautobahn. Die Pläne der NS-Zeit wurden nun in konkrete Bauvorhaben umgesetzt. Gleichzeitig befürchteten heute transitbelastete Regionen wie Tirol Mitte der Fünfzigerjahre verkehrspolitisch ins Abseits zu geraten und verlangten die Förderung des Nord-Süd-Verkehrs. Es war in den Medien sogar warnend die Rede, dass die West-Ost-Verbindung »einen nicht unbeträchtlichen Teil des westdeutschen Verkehrs von Tirol abzulenken droht«(!).

Bau der Großglockner-Hochalpenstraße (1930–1935) nach Plänen von Franz Wallack, Kehre 3, August 1932. Im Zentrum standen Beschäftigungspolitik und Österreich-Image statt Ausbau der Infrastruktur.

Bau der Wiener Höhenstraße, 1935: Walzung des Makadamunterbaus, im Hintergrund das Schlosshotel Cobenzl

Luftfahrt

Die beträchtliche militärische Luftfahrtindustrie der Donaumonarchie, die im Ersten Weltkrieg die erste internationale Luftpostlinie der Welt ermöglicht hatte, musste 1918 stillgelegt werden. Trotzdem gelang 1923 die Gründung der Österreichischen Luftverkehrs AG (ÖLAG), indem die Flugzeuge nicht in Österreich, sondern in der Schweiz registriert wurden. Die deutschen Junkers-Werke waren dabei Partner und brachten als solche zwei

Eine Junkers Ju52-3/m der ÖLAG um 1930. Die Österreichische Luftverkehrs-AG, die 1923 gegründet und 1938 aufgelöst wurde, nahm eine bedeutende Stellung im europäischen Flugwesen ein.

einmotorige Maschinen ein. 1925 verfügte die ÖLAG bereits über acht Flugzeuge und bot die Destinationen Berlin, Zürich und Saloniki an. Zwölf Jahre nach ihrer Gründung war die ÖLAG die viertgrößte Fluggesellschaft Europas, der Flughafen Aspern bei Wien war 1935 bedeutender als der Flughafen Zürich. Ab 1933 gewann der Flugbetrieb Österreichs – mit Duldung durch die Siegermächte – immer stärker militärischen Charakter, 1938 wurde er in die Deutsche Lufthansa eingegliedert. Nach dem Ende des Zweiten Weltkriegs wurden die Flughäfen Langenlebarn, Schwechat und Aspern von Amerikanern, Briten und Sowjets kontrolliert, erst 1947 begann der Wiederaufbau der Zivilluftfahrt. 1955 erlangte Österreich nach 17 Jahren wieder seine Lufthoheit, parteipolitische Auseinandersetzungen zwischen SPÖ und ÖVP bremsten aber zunächst die Gründung einer österreichischen Luftlinie. Nach zweijährigem Tauziehen einigte man sich schließlich auf die Gründung der »Austrian Airlines Österreichische Luftverkehrs AG«, zu deren Gründungsaktionären unter anderem die Stickstoffwerke AG, die Steyr-Daimler-Puch AG und die Zellwolle Lenzing AG zählten.

Energie

Kohle als »Dauerbrenner«

Bis in die Mitte des 19. Jahrhunderts war für die Wirtschaft Cisleithaniens Holz der wichtigste Energieträger. Solange die Holzpreise niedrig waren und ein Eisenbahnnetz fehlte, war die Industrie der Alpenländer (das Gebiet des heutigen Österreich) trotz veralteter Produktionstechnik vor Konkurrenz geschützt. In den Fünfziger- und Sechzigerjahren des 19. Jahrhunderts stieg dann der Brennholzpreis überdurchschnittlich stark durch neue Verwertungsmöglichkeiten in der Papierindustrie wie die Celluloseerzeugung und zwang zur Alternative Kohle und zur Dampfkraft. Außerdem etablierte sich Kohle als Energieträger für die Eisenbahn, sodass sich der Verbrauch von Steinkohle zwischen 1850 und 1890 in jedem Jahrzehnt verdoppelte. Allerdings waren die Mineralkohlevorräte der Sudetenländer ungleich bedeutender als jene der Alpenländer: In Böhmen hatte sich die Steinkohleförderung zwischen 1851 und 1913 vervierzigfacht, in den Alpenländern vervierfacht. Die industriellen Zentren der Habsburgermonarchie verlagerten sich nach Nordböhmen, Nordmähren und Schlesien, die alten Industriegebiete in der Steiermark, in Kärnten und Oberösterreich fielen zurück. Dadurch ging im heutigen Österreich der Umstieg von Holz auf Kohle wesentlich langsamer vor sich als in Böhmen und die Alpenländer fanden

Österreichischer Braunkohlenbergbau: Der große Lankowitzer Tagebau und Revierstollen in der Steiermark, nach einer Zeichnung von R. Zander, 1875

erst mit Ende des 19. Jahrhunderts wieder Anschluss an das durchschnittliche Wachstumstempo der Monarchie.

Kohle blieb aber bis in die Zwanzigerjahre des 20. Jahrhunderts die industrielle Energiebasis, die Elektrizitätswirtschaft hatte 1913 erst 1 Prozent Anteil und damit geringfügige Bedeutung. Als 1918 dann die großen schlesischen Kohlereviere im Ausland lagen, besann man sich auf die eigenen Vorräte der Republik in der Steiermark, in Oberösterreich und in Kärnten. Die nationalsozialistische Kriegswirtschaft wiederum maß den österreichischen Kohlevorkommen keine große Bedeutung bei. Nach dem Zweiten Weltkrieg setzte Österreich insbesondere in Kärnten nochmals zur Modernisierung und Ausweitung der Kohlegewinnung an, doch ab 1954 sank die

Das Kraftwerk der Vorarlberger Kraftwerke AG im Bregenzer Stadtteil Weidach. Die Vorarlberger Kraftwerke AG ist aus den von der Textilfirma Jenny & Schindler in Kennelbach gegründeten Elektrizitätswerken Jenny & Schindler hervorgegangen. Foto um 1930

Das Kraftwerk Partenstein an der Großen Mühl, erbaut 1919–1924 (Architekt Mauriz Balzarek, 1872–1945), war das größte Kraftwerksprojekt der Ersten Republik.

Förderung der österreichischen Braunkohle auf Dauer. Importkohle hatte sich schon 1953 durch die Neufestsetzung der Wechselkurse um 22 Prozent verteuert, was den Heizölabsatz begünstigte.

Elektrizität – Verzögerter Ausbau der Wasserkraft

Den Beginn der großtechnischen Nutzung von elektrischer Energie mit entsprechender Leistung ermöglichte 1867 Werner von Siemens' Entdeckung des dynamoelektrischen Prinzips. Am Anfang standen betriebliche und kommunale Selbstversorger, Strom war noch keine Handelsware. In Österreich ging 1886 in Scheibbs mit einem Wasserkraftwerk an der Erlauf das erste öffentliche Elektrizitätsversorgungsunternehmen in Betrieb, ein Jahr später folgte eines in Salzburg. Ebenfalls 1887 errichtete in Wien Siemens & Halske ein Dampfkraftwerk, mit Kohle betriebene Wärmekraftwerke waren vor dem Ersten Weltkrieg in der Mehrzahl.

Die E-Werke versorgten anfangs Kleinbetriebe und Gewerbe, die sich gegen den »Dampfmaschinenkapitalismus« der Großindustrie stemmten und im Elektromotor die Rettung vor der Verelendung sahen. 1895 zählte Wien 592 Elektromotoren im Gewerbe, 1913 schon 32.000; gebremst wurde diese Markteinführung allerdings durch den hohen Strompreis.

In der Großindustrie setzte sich der Elektromotor erst allmählich durch, der Wettbewerb zwischen Gaswerken und Stromversorgern dauerte bis in die Zeit der Ersten Republik. Pioniere der Elektrizitätsversorgung waren vielfach branchenfremde Unternehmer: Die Firma Krupp nahm 1873 in Berndorf eine Gleichstrommaschine in Betrieb, Josef Werndl, Gründer der Steyrer Waffenfabrik, organisierte die erste Elektrizitätsausstellung in Steyr, Friedrich Wilhelm Schindler, Textilindustrieller in Vorarlberg, gründete 1882 eine Haushaltsgeräteerzeugung (Elektra Bregenz) und baute in Andelsbuch 1908 ein Wasserkraftwerk, das Vorläufer der Vorarlberger Kraftwerke AG wurde. Die Bauingenieure Josef Stern und Franz Hafferl nutzten als Erste Elektrizität im Tourismus zur Beleuchtung des Hotels am Schafberg und errichteten Dampfzentralen zur Versorgung elektrischer Straßenbahnen in Gmunden. 1901 bauten Stern & Hafferl das erste Drehstromkraftwerk Oberösterreichs, das bald die Papierfabrik Steyrermühl, die Theresienthaler Baumwollspinnerei und mehrere Orte mit Strom versorgte. 1890 verfügte Österreich über sechs Elektrizitätswerke, 1914 bereits über 358. Allerdings blieb Elektrizität vor dem Ersten Weltkrieg eine Randerscheinung und elektrischer Strom wurde meist kalorisch erzeugt.

Der Kohleverbrauch dominierte bis 1918 die E-Wirtschaft, große Wasserkraftwerke wie das 1903 errichtete Tiroler Sillwerk mit 15.000 Kilowatt blieben Ausnahmen. Nach dem Ende der Donaumonarchie freilich erkannte man die Bedeutung der Wasserkraft und machte ihren Ausbau zur Sache der Bundesländer.

Das bedeutendste Wasserkraftwerk der Zwischenkriegszeit wurde in Oberösterreich, in Partenstein an der Großen Mühl, 1924 fertig gestellt. Von hier wurde die erste 110-Kilovolt-Leitung nach Wien gelegt.

Auch der Turbinenerfinder Viktor Kaplan, dessen technische Innovation den Wirkungsgrad von Flusskraftwerken wesentlich erhöhte, plädierte in diesen Jahren für die »Donau als Energiequelle«, wie er einen seiner Aufsätze betitelte. Das Donaukraftwerk Ybbs-Persenbeug wurde 1928 konzipiert, bestand aber genauso wie Jochenstein bis in die Fünfzigerjahre nur auf dem Papier. Insgesamt mangelte es Österreich an »Systembauern«, die ein flächendeckendes Versorgungsnetz entwickelt hätten. Das Tauziehen zwischen den Verfechtern des Wasserkraftausbaus und den Anhängern der Dampfkraftwerke, die sich durch niedrige Kohlepreise bestätigt sahen, beschäftigte die österreichische E-Wirtschaft bis zur Weltwirtschaftskrise, die dann einem weiteren Ausbau der Wasserkraft ohnehin die finanzielle Basis entzog. Die Erste Republik

Die 1951 eröffnete Limbergsperre Kaprun. Mit der in »Elektra« umbenannten »Donau«-Zigarette sollten auch die Raucher in den Dienst des Ausbaus der Energiereserven Österreichs genommen werden. Plakat, 1953

blieb damit die Zeit der Wasserkraftwerks-Projekte, nicht ihrer Realisierung.

Die Wirtschaftspolitik des »Dritten Reichs« zielte auf die Verbindung deutscher Kohlekraftwerke mit alpiner Wasserkraft und holte die Projekte der Ersten Republik aus der Schublade, schon 1938 erfolgte der Spatenstich für Kaprun. Letztlich erlahmte aber wie beim Bau des Straßen- und Bahnnetzes der Elan im Mangel der Kriegswirtschaft und die NS-Machthaber konzentrierten sich auf rasch umsetzbare Dampfkraftwerksprojekte.

Durch Kriegsschäden und Demontagen war Österreich zunächst 1945 nur imstande ein Viertel seines Strombedarfs zu erzeugen, wurde aber bald zu einem der am besten und billigsten mit Energie versorgten Länder Europas. Das Zweite Verstaatlichungsgesetz übertrug 1947 die Elektrizitätsversorgung größtenteils in öffentliches Eigentum und schuf neben den Landesgesellschaften eine bundesweite Organisation. Schon im Jahr zuvor hatte die Stromproduktion Österreichs den Wert des Jahres 1937 überstiegen und sollte sich bis 1950 verdoppeln. Das 1951 fertig gestellte Speicherkraftwerk Kaprun wurde zum Symbol für den Wiederaufbau, zum Heimatfilmsujet, dessen »Hohelied« zuerst von Karl Waldbrunner, dem Minister für Verkehr und Verstaatlichung, angestimmt wurde, der es zum »Nationalheiligtum« erhob. 1952 begann mit dem Kraftwerk Jochenstein der Ausbau der Wasserkraft der Donau. Von 1951 bis 1961 stieg die österreichische Stromproduktion dank der Investitionen im Rahmen des amerikanischen ERP-Programms von 6,4 auf 16 Milliarden Kilowattstunden.

Erdöl

Österreich-Ungarns Erdölförderung wurde seit 1850 in Galizien ausgebaut, die Monarchie war nach den USA und Russland das drittgrößte Ölförderland. Nach dem Ersten Weltkrieg mangelte es zunächst an kapitalstarken einheimischen Gesellschaften, die eine Aufschließung auf österreichischem Boden finanziert hätten. Erst als 1934 im niederösterreichischen Gösting ein entsprechender Rohölfund gemacht wurde, interessierten sich Shell und Vacuum Oil Company, gründeten die »Rohölgewinnungs AG« und sicherten sich den größten Teil des Wiener Beckens als Förder- und Hoffnungsgebiet.

Nach 1945 lag die Erdölwirtschaft Österreichs in den Händen der sowjetischen Besatzung. Im Marchfeld wurde das damals größte Ölfeld Mitteleuropas entdeckt. Erst mit dem Staatsvertrag übergaben die Sowjets die Erdölproduktion an Österreich, das sich aber im Gegenzug zu einer Lieferung von 10 Millionen Tonnen Öl in Jahresraten an die Sowjetunion verpflichten musste. 1955 entstand auch die Österreichische Mineralölverwaltung (ÖMV), welche die bisherigen fünf Raffineriestandorte durch eine Großraffinerie in Schwechat ersetzte. Die Preise für Erdöl konnten zunächst niedrig gehalten werden, da in der unmittelbaren Nachkriegszeit ausschließlich österreichisches Rohöl genutzt wurde. Die Industrie verzehnfachte aber zwischen 1947 und 1955 ihren Heizölverbrauch, sodass Anfang der Sechzigerjahre mit Rohölimporten begonnen wurde. Erst die ÖMV führte Erdgas der Energiewirtschaft zu und baute zu diesem Zweck bis 1959 ein Versorgungsnetz zwischen Wien, Niederösterreich und der Steiermark. Erdgas wurde in den Sechzigerjahren auch für die Kunststoffindustrie relevant. Die Produkte aus Erdöl wurden in der zweiten Hälfte der Fünfzigerjahre zum wichtigsten Energieträger. Die ÖMV blieb aber seit ihrer Gründung entgegen der weltweiten Praxis der Mineralölindustrie ohne eigenes Vertriebsnetz und musste so auf erhebliche Wertschöpfung verzichten und das Tankstellennetz internationalen Konzernen überlassen. Dieser wichtige Schritt der Integration, die Eingliederung der Vertriebsorganisation in die ÖMV, wurde durch Kompetenzstreitigkeiten zwischen ÖVP und SPÖ bis 1965 verzögert.

Die Wiener Gaswerke
in Simmering.
Aquarell von
Franz Kopallik
(1860–1931),
um 1900

Der Weg zum Massenkonsum

Massenkonsum ist ein Phänomen des 20. Jahrhunderts, wurde aber von der im 19. Jahrhundert entstehenden Konsumgesellschaft, der soziale Veränderungen, neue Kommunikations- und Transportwege zugrunde lagen, vorbereitet. Das Tempo dieser Entwicklung zum Massenkonsum, die in den Zwanzigerjahren des 20. Jahrhunderts einsetzte, darf nicht überschätzt werden. Erst in den Sechzigerjahren entwickelte sich in Europa ein Markt, der Haushaltsgeräte, Unterhaltungselektronik und Autos als Massenprodukte zuließ. Die Vorstufen dazu, Lebensmittelkonsum, Wohnen und individuelle Mobilität, dokumentierten allerdings gerade in der Zeit zwischen 1848 und 1945 die Rückschläge, denen diese Epoche ausgesetzt war.

Ernährung als sensibler Wohlstandsindikator

Die Veränderung im Konsumverhalten war zunächst ablesbar an der Ernährung, an der Entstehung eines nationalen Marktes und an der Entwicklung einer Konsumgüterindustrie. Bis in die Mitte des 19. Jahrhunderts nahm das Getreide in der Ernährung der Europäer eine absolut bestimmende Rolle ein und trug bis zu 75 Prozent am Gesamtbedarf an Kalorien bei. Der Großteil der Bevölkerung kannte nur dunkles Brot, erst Mitte des 19. Jahrhunderts wurde durch Weizenanbau, Handel und neue Mühlen in Ungarn Weißbrot für breite Bevölkerungsteile erschwinglich. Es besaß zwar weniger Vitamine und Mineralstoffe, brachte aber höheres Sozialprestige. Zugleich nahm der Fleischkonsum zu. Während dieser durchschnittlich pro Jahr im heutigen Bundesgebiet Anfang des 19. Jahrhunderts 20 bis 25 Kilogramm betrug, erreichte er in Wien um 1850 schon 70,3 Kilogramm. Die sozialen Unterschiede und das Gefälle zwischen Stadt und Land wurden an der Umstellung auf Fleisch sichtbar, die sich in höheren Einkommensklassen rascher vollzog. Während bis zur Jahrhundertmitte Schlachtvieh unter Qualitätsverlust direkt zu den Absatzmärkten getrieben wurde, eröffneten Eisenbahntransport und neue Kühl- und Konservierungstechniken neue Versorgungsmöglichkeiten. Diese Kühl- und Transportmöglichkeiten machten auch Bier lagerfähig und damit für die industrielle Herstellung geeignet und für den Massenkonsum verfügbar. 1873 konstruierte Carl von Linde im Auftrag der Schwechater Brauerei eine Kältemaschine für den Gärkeller. Bier wurde als »flüssiges Brot« beworben und auch Kaffee wurde – meist als Kaffee-Ersatzmittel – im 19. Jahrhundert zu einem Konsumgut der sozial schwächeren Schichten.

Im städtischen Arbeiterhaushalt diente aufgrund sinkender Rübenzuckerpreise auch Zucker der Kalorienaufbesserung, wenn Fleisch und Fett zu teuer waren.

Konsum wurde zum Ausweis und Indikator sozialer Unterschiede. In einem Arbeiterhaushalt beanspruchte der Lebensmittelkauf noch 1869 zwei Drittel des Einkommens, der Rest ging für Wohnungsmiete und Kleidung auf. Die Konsumgesellschaft entwickelte sich zunächst in den Städten, erst später auf dem Land. In der zweiten Hälfte des 19. Jahrhunderts wurde die Wohnungsnot in Wien extrem. In den Arbeiterbezirken lebten in den Neunzigerjahren bis zu acht Personen in Dreizimmer-Wohnungen, denn durch Untermieter und Bettgeher suchte man die Kosten zu mindern. Es fehlte an erschwinglichen Kleinwohnungen und an eigene Einrichtung in eigenen vier Wänden war in einer derartigen Situation gar nicht zu denken. An dritter Stelle der Haushaltsausgaben rangierten die Kosten für Kleidung. Die Kleiderkonfektion

Ersatzkaffee als Massenprodukt: Kaffeefabrik Frank & Kathreiner, Linz, anonym, Öl/Leinwand, 1883

hatte in der Donaumonarchie in Mähren ihren Anfang genommen; zunächst wurden gebrauchte Armeebestände gehandelt. Neue Kleider wurden häufig auf Raten gekauft, später half die Nähmaschine in der Eigenversorgung. Selbst in Kleinstädten wie Steyr nahm zwischen 1885 und 1890 die Zahl der Handelsbetriebe um 25 Prozent zu, darunter fanden sich drei Kleidergeschäfte und drei Nähmaschinenhändler. Der Handel mit Konfektionskleidung weitete sich aus, als auf den Bauernhöfen die Naturalentlohnung der Dienstboten durch Geldentlohnung ersetzt wurde.

Fertig-Suppen und Teigwaren als moderne Massennahrung: C. H. Knorr GmbH, Fabrik in Wels, um 1925

Um die Jahrhundertwende ging die Nahversorgung auf dem Land von Hausierern und wandernden Händlern auf ortsansässige Gemischtwarenhändler über. In den Städten hatte schon 1870 das goldene Zeitalter der Einzelhandelsläden begonnen, vom Obst-, Milch-, Tabak- und Zuckerl- bis zum Kleider- und Papiergeschäft. In Oberösterreich etwa stieg die Anzahl der Gemischtwarenläden von 605 im Jahr 1875 auf 2.415 im Jahr 1903, die Zahl der Parfümerien und Drogerien von vier auf 91, die Zahl der Schuhgeschäfte von 13 auf 49. Insgesamt ist die Etablierung des Einzelhandelsgeschäfts eine Innovation des 19. Jahrhunderts.

Andererseits kam es bis 1873 auch zu einer Welle von Genossenschaftsgründungen, es entstanden Vorschusskassen und Konsumvereine, der erste 1857 in Teesdorf. Insbesondere in der Arbeiterschaft fanden die Konsumvereine bald großen Zuspruch. Arbeiterkonsumvereine waren aus der sozialen Not der Zeit gewachsen, aus dem Bedürfnis, qualitätsvolle Lebensmittel und Haushaltswaren erschwinglich anzubieten. 1904 entstand der Zentralverband der österreichischen Konsumvereine, die neben Partei und Gewerkschaft bald die dritte Säule der Sozialdemokratie bildeten. Die mittelständische Kaufmannschaft und das Kleingewerbe sahen diese Konsumvereine zunehmend als Gegner.

Der spezialisierte Detailhandel förderte bald die Verschmelzung mit bestimmten Produktionsbetrieben: Kaffeeröstereien und Molkereien erkannten zuerst die Chance eigener Vertriebsstrukturen und Läden. Der Handel erfüllte eine Pionierleistung, indem er neue Produkte verbreitete, er profitierte aber auch von der Nachfrage, die besonders im ländlichen Bereich durch Märkte und Messen angeregt wurde. Sie weckten Interesse, lange bevor ein Produkt massenkonsumfähig war. Das gilt für die Anwendung der Elektrizität ebenso wie für das Fahrrad oder später das Auto. Gerade das Fahrrad konnte bald wie die Nähmaschine aus genormten Teilen als Massenprodukt gefertigt werden und verbilligte sich so zwischen 1895 und 1900 um ein Viertel. Absatzorganisation, Werbung und Marktentwicklung hatten voll eingesetzt.

Neben dem Fachgeschäft entwickelte sich mit dem Warenhaus aber auch jener Ladentyp, der möglichst vieles unter einem Dach vereint. In Frankreich, dem Ursprungsland des modernen »Einkaufstempels«, stammten die Gründer der Warenhäuser selbst aus dem Einzelhandel. Ab 1880 tauchten in Deutschland die großen Namen der Warenhauskönige auf: Rudolf Karstadt und Georg Wertheim. In Österreich hatte die genaue Trennung der

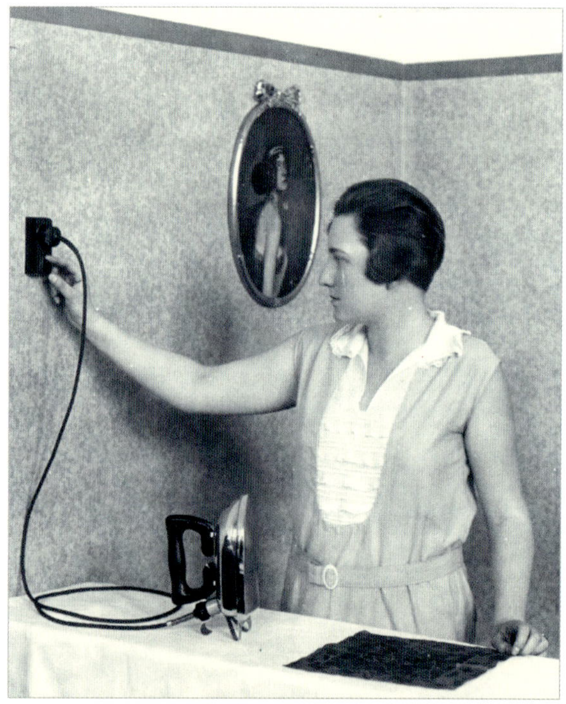

Die Haushaltsmechanisierung kündigt sich an: elektrisch Bügeln um 1930

Warenkategorien durch die maria-theresianische Gesetzgebung, an die sich Behörden und Konsumenten gewöhnt hatten, die Einführung von Warenhäusern verzögert. Als Kauf- und Warenhäuser in der Donaumonarchie Fuß fassten, dominierten unter den Gründern jüdische Kaufleute, denen jahrhundertelang andere Tätigkeiten als Geld- und Handelsgeschäfte verwehrt waren. Zu den innovativsten Warenhaus-Unternehmern der Monarchie zählten Carl Kastner und Hermann

Öhler. Sie hatten ihre erste Niederlassung im schlesischen Troppau 1873 errichtet, 1877 dann ein Geschäft in Wien und 1883 die spätere Unternehmenszentrale in Graz gegründet. Kastner & Öhler betrieben als Erste im deutschen Sprachraum den Versandhandel mittels Katalog. In Wien traten ihnen in den Neunzigerjahren des 19. Jahrhunderts die beiden Textilhäuser Herzmansky und Gerngroß zur Seite.

Marken und Werbung

Musterkataloge waren in Österreich bereits Mitte des 19. Jahrhunderts aus der Parfümeriebranche bekannt. 1853 bediente sich der Kassenfabrikant Franz Wertheim des Massenmediums der Presse und schaltete großformatig eines der ersten Bildinserate. Im letzten Jahrzehnt des 19. Jahrhunderts präsentierte sich im Sog der Hochkonjunktur die neue Konsumgüterindustrie mit elektrotechnischen und Hygieneartikeln, mit Fahrrädern und Lebensmitteln in Inseraten und auf dem Plakat. 1895 setzte der erste große Boom des modernen Wirtschaftsplakats ein, aus England wurde die lithografische Technik, aus Frankreich die Bildsprache der Plakatgestaltung übernommen. »Die Steigerung des Massenbedarfs«, analysierte der Wirtschaftshistoriker Werner Sombart 1912, »wird durch eine neue Absatz- oder Handelsmethode erreicht. Nach der alten erzeugt der Produzent und der Händler hält feil, was begehrt wird; zu haben, was der Abnehmer verlangt, ist hiernach das Ziel der Bestrebungen. Nach der neuen sucht man zu bewirken, dass das begehrt wird, was man macht oder anzubieten hat. (...) Bei der ersten Methode genügt es daher, den Geschmack zu erkunden, bei der letzteren trachtet man danach, ihn zu beeinflussen.« In den Dienst dieser Sache stellten sich bald eine Reihe namhafter österreichischer Künstler, darunter auch Gustav Klimt. Unter dem Einfluss der Werbung entwickelten sich die Produktmarken.

Mitten auf dem Weg in die Konsumgesellschaft brach mit dem Beginn des Ersten Weltkriegs die gesamte Versorgung, die es erstmals großen Bevölkerungsteilen ermöglicht hatte, von der Industrialisierung zu profitieren, in sich zusammen. Der steigende Fleisch- und Milchkonsum und der sinkende Brotverbrauch – ein Indikator verbesserter Lebensbedingungen – waren plötzlich Geschichte.

Einkommen eines ungelernten Industriearbeiters pro Woche, 1790–2000

Jahr	Durchschn. Bruttolohn pro Woche		Brotpreis		Für einen Wochenlohn erhält man kg Brot	Wert des Lohns in Schilling 2000	Wert des Lohns in Euro 2000	Arbeitszeit pro Woche in h
1790	1,5	fl	0,035	fl	21,0	495,0	36,0	70,0
1830	2,5	fl CM	0,04	fl CM	35,7	531,7	38,6	82,5
1870	6,0	fl ÖW	0,16	fl ÖW	37,5	755,7	54,9	78,0
1910	18,0	Kr	0,31	Kr	58,1	1.033,0	75,1	58,0
1930	56,0	S	0,55	S	101,8	1.891,5	137,5	44,0
1950	231,0	S	2,40	S	96,3	1.824,4	132,6	50,3
1970	961,0	S	6,10	S	157,5	3.157,1	229,4	44,3
1980	2.686,5	S	11,10	S	242,0	4.804,8	349,2	40,0
1990	4.122,8	S	19,20	S	270,8	5.219,9	379,4	39,5
2000	5.619,8	S	23,04	S	243,9	5.619,8	408,4	37,5

Quellen: Eigene Berechnungen Vgl. Roman Sandgruber, Ökonomie und Politik. Österreichische Wirtschaftsgeschichte vom Mittelalter bis zur Gegenwart (Wien 1995) 529 f.

fl = Gulden
fl CM = Gulden Conventionsmünze
fl ÖW = Gulden Österreichische Währung
Kr = Kronen
S = Schilling

Am Ende des Ersten Weltkriegs war Österreichs Lebensmittelproduktion nur noch imstande ein Viertel beziehungsweise ein Drittel des Bedarfs zu decken. Auch nach dem Ende der alliierten Blockade im März 1919 galt Wien noch als eine der am schlechtesten versorgten Städte Europas, in ihr lebte damals aber immerhin ein Drittel der Bevölkerung Österreichs. Der Krieg hatte das Einkommensniveau generell gedrückt, Arbeiter verfügten nur noch über ein Drittel ihres

Symbol der Konsumgesellschaft: Der erste Selbstbedienungsladen Österreichs, Linz, Wiener Reichsstraße 2, eröffnet am 27. Mai 1950.

Realeinkommens vor dem Krieg, Beamte sogar nur noch über ein Fünftel bis ein Zehntel ihres Einkommens der Vorkriegszeit. Im Sommer 1922 erreichten die Lebenshaltungskosten das 14.000fache der Vorkriegszeit. Hyperinflation und Kaufkraftvernichtung griffen um sich.

Bis 1929 erholte sich zwar der private Konsum, insbesondere die Ausgaben für Kleidung stiegen. Die USA wurden zum großen, unerreichbaren Vorbild, was den Lebensstil betraf, doch der private Konsum sollte erst 1954 wieder das Niveau von 1929 erreichen. Mit der Weltwirtschaftskrise 1929 und dem Zusammenbruch der Bodencreditanstalt in Österreich kam der langsam keimende Konsum zum Erliegen. Die Arbeitslosigkeit stieg und der Lebensmittelverbrauch sank: bei Bier zwischen 1929 und 1936 um 60 Prozent, bei Fleisch um 25 Prozent, bei Milch um 20 Prozent. Wieder setzte Mangelwirtschaft ein, die bis in die Nachkriegszeit dauern sollte.

Noch im Februar 1947 waren durch den Versorgungsengpass 70 Prozent aller Wiener Kinder unterernährt. Erst in diesem Jahr glichen sich die Schwarzmarktpreise für Grundnahrungsmittel langsam den amtlichen Preisen an, die Tauschwirtschaft herrschte vor. Ein »Rucksackverbot« seit 1946 sollte das »Hamstern« eindämmen, mit dem sich die Städter wie nach 1918 durch die Hungerzeit brachten. Um einer inflationären Entwicklung, wie man sie aus den Zeiten nach dem Ersten Weltkrieg kannte, vorzubeugen, wurde noch 1947 ein Lohn-Preis-Abkommen zwischen Arbeitgebern und Arbeitnehmern abgeschlossen, eine Vorstufe zur späteren Sozialpartnerschaft. Erst fünf Jahre nach Kriegsende, im August 1950, wurde das Bewirtschaftungsgesetz, das System der Lebensmittelbezugskarten, aufgehoben, allerletzte Rationierungsmaßnahmen dauerten bis 1953.

Ab 1950 öffneten wieder Warenhäuser. Das Sortiment des – nach der »Arisierung« wieder restituierten – Warenhauses Kraus & Schober auf dem Linzer Hauptplatz konnte zwischen 1953 und 1960 von 14.000 auf 28.800 Artikel verdoppelt werden.

1950 eröffnete die Konsumgenossenschaft Linz in der Wiener Reichsstraße 2 den ersten Selbstbedienungsladen Österreichs. Der große Erfolg führte dazu, dass zwei Monate später schon ein zweiter in Linz eingerichtet wurde. Es ist kein Zufall, dass die Selbstbedienungsläden in der amerikanischen Zone entstanden, die am meisten vom Marshallplan profitierte. Die Kunden erkannten Verpackung, Hygiene, Preisauszeichnung und geringe Wartezeiten als Vorteile des Selbstbedienungsgeschäfts. Diese Rationalisierung des Einzelhandels und das Massenfilialsystem zählten zu den innovativen Leistungen der Nachkriegszeit, waren allerdings als Idee importiert worden. Ab Mitte der Fünfzigerjahre entwickelte sich dann Konkurrenz durch die freiwilligen Zusammenschlüsse und Kooperationen des kleinen und mittelständischen Handels zu Einkaufsvereinigungen und Handelsketten. Die österreichische Handelskette ADEG war schon in der Zwischenkriegszeit entstanden. Ende 1954 kam die in den Niederlanden gegründete SPAR-Kette mit einem Geschäft in Kufstein erstmals nach Österreich, Julius Meinl führte seit 1894 Filialen, Karl Wlaschek, der Gründer der Billa-Märkte, begann 1953 mit einer Diskont-Parfümerie.

Nach der endgültigen Stabilisierung der Währung im Jahr 1952 setzte die Konjunktur, das österreichische »Wirtschaftswunder«, ein, mitgetragen von der Weltkonjunktur seit dem Ende des Koreakriegs, von der Auslandshilfe nach Plänen des US-Außenministers George Marshall und nicht zuletzt von der geänderten Haltung der österreichischen Bevölkerung, die nicht mehr – wie nach dem Ende des Ersten Weltkriegs – in politischem Radikalismus befangen war. Die Produktivitätssteigerung wurde zum Motor für größeren Wohlstand, sinkende Preise und höhere Löhne und ermöglichte schließlich den Massenkonsum. Von 1950 bis 1960 nahm der private Konsum real um 71 Prozent zu, die Ausgaben für Nahrung wurden innerhalb dieser Zeitspanne um 50 Prozent gesteigert, für Bekleidung um 68 Prozent, für Wohnungseinrichtung und Hausrat sogar um 228 Prozent. Diese Steigerung des Verbrauchs erfolgte in drei sich einander überschneidenden Schüben, die als »Fresswelle«, »Bekleidungswelle« und »Einrichtungswelle« bezeichnet wurden. Erst jetzt konnte das, was den Österreichern seit den Zwanzigerjahren als amerikanisches Konsummodell vorschwebte, tatsächlich gelebt werden.

War zunächst der Warenkorb der frühen Fünfzigerjahre noch charakteristisch für eine verarmte Wirtschaft und die Ernährung auf billigere Pflanzenprodukte ausgerichtet, so sollte sich das rasch ändern.

Der erhöhte Zuckerverbrauch war vor allem dem höheren Süßwarenkonsum zuzuschreiben: Der Inlandsabsatz der Süßwarenindustrie war 1951 fast doppelt so hoch wie 1937. Zwischen 1950 und 1962 stieg auch der Verbrauch von alkoholischen Getränken pro Kopf um 80 Prozent: 1954 betrug der Bierverbrauch 61,6 Liter pro Person, lag damit aber doch noch immer um 20 Liter unter dem Verbrauch von 1929. Bei den Zigaretten lösten die mit den Hilfslieferungen des Marshallplans ins Land gekommenen Virginia-Tabake den Orient-Tabak ab. Die »Jonny« war die erste österreichische Zigarette mit amerikanischen Tabaken, Zigarettenrauchen wurde als patriotischer Beitrag zum Wiederaufbau beworben. Die amerikanischen und englischen Lebensmittelkonserven in den Care-Paketen der ERP-Hilfe machten mit standardisierten Konservierungs- und Verpackungsmethoden vertraut und unterstützten den Trend der Sechzigerjahre zu tisch- und kochfertigen Nahrungsmitteln.

Lebensmittelverbrauch in Linz 1947 und 1958 (Kalorien pro Tag und erwachsener Person)

Lebensmittel	Anfang 1947	1958
Fett	278	546
Milch	191	415
Fleisch	166	322
Zucker	98	381
Schwarzbrot und andere Cerealien	1.519	1.135
Kartoffeln und Gemüse	528	294

Quelle: Erich Meixner, Linz 1945–1960. Industrie, Gewerbe, Handel, Verkehr, Fremdenverkehr, Geldwesen (Linz 1962).

1946 wurde in Lambach für die US-Besatzungssoldaten eine Coca-Cola-Abfüllanlage aufgestellt, die ab 1953 auch an Zivilpersonen verkaufte und ab 1956 Österreich flächendeckend versorgte. Die Faszination der amerikanischen Getränkemarke zeigte sich in den zahlreichen kurzlebigen Plagiaten der

Austro-Cola, das um 1949 von der Firma Jellco auf den Markt gebracht wurde, war neben Erfrig-Cola und Sodax-Cola eines der ersten in Österreich nach dem Zweiten Weltkrieg erhältlichen Cola-Getränke. Farbdruck, 1952

Marke, ob sie sich nun »Taxi-Cola« oder »Austro-Cola« nannten. Die Herstellung aus Konzentrat und hohem Zuckeranteil sicherte Coca-Cola die gleich bleibende Qualität und verdrängte kleinere »Kracherl«-Marken.

In den Jahren 1949 und 1950 verlagerte sich die Nachfragesteigerung der Konsumenten von Lebensmitteln auf Textilien. Kleidung wurde jetzt als Konfektionsware gekauft und nicht mehr aus Meterware gefertigt wie noch in der Zeit zwischen den Kriegen. Nylon wurde ein Leitmaterial, ein »neuer Wunderstoff«, wie der Wiener »Kurier«, das Organ der amerikanischen Besatzung, 1950 schwärmte.

Die Hausfrau wurde umworben: »Wer spricht noch vom Waschtag. Die elektrische Waschmaschine kennt keine ausgelaugten Hände«, heißt es in einem Werbetext von 1951. Damals besaßen 3.000 österreichische Haushalte eine Waschmaschine, 1960 sollten es 230.000 sein, welche Frauen die Vereinbarkeit von Haushalt und Beruf erleichtern sollten. Allerdings war genau dieses Zusatzeinkommen der Frauen notwendig, um die privaten Haushalte mit den Errungenschaften der Geräteindustrie auszustatten.

Drei Steuerreformen in den Jahren 1954, 1955 und 1958 sowie die Möglichkeit von Teilzahlungsgeschäften beschleunigten die »Einrichtungswelle«. Der Verband der E-Werke organisierte gemeinsam mit der Elektroindustrie 1954 eine »Elektrogeräte-Aktion«, dementsprechend wuchs auch der Stromverbrauch in den Fünfzigerjahren jährlich um 10 Prozent. Was in der Zwischenkriegszeit noch Gemeinschaftsnutzen war, wurde nun für den Einzelhaushalt Realität: »Das amerikanische Prinzip des downscalings wurde zum Erfolgsgeheimnis der Konsumgüterproduktion. Vom Kühlhaus zum Kühlschrank, vom Waschhaus zur Waschmaschine, vom Film zum Fernsehen.«

Die Modernisierung der Küche wurde unterstützt vom sozialen Wohnbau und dem Streben nach »Zweckmäßigkeit«, das in der »Essecke« oder dem »Couchbett« als Einbaumöbel aus Spanplatten seinen Ausdruck fand. Moderne Möbel pries der neu gegründete Österreichische Werkbund an, der sich auf die Bauhaus-Tradition berief, aber betonte: In der »Anwendung der guten Form – hier geht Amerika voran«.

Endlich satt: Recheis-Eierteigwaren, Plakat 1945. 1873 erwarb die Familie Recheis die Grießmühle in Hall in Tirol, zehn Jahre später das bis heute bestehende Firmengelände, wo es 1889 zur Errichtung der ersten Teigwarenfabrik Österreichs kam.

Im Hintergrund der professionellen Amerikanisierung stand der 1950 aus ERP-Mitteln gegründete gemeinnützige Verein Österreichisches Produktivitätszentrum (ÖPZ), der zielstrebig an der Modernisierung Österreichs arbeitete und als Agentur Beratungs- und Fördertätigkeit wahrnahm. Im ÖPZ saßen Vertreter der Arbeitgeber- und Arbeitnehmerverbände, aus Landwirtschaftskammer, Gewerkschaft und Ministerien. Es verlieh Kurzfilme zur Instruktion, stellte den ÖGB-Funktionären »Experten aus Übersee« zur Seite, regte den ersten Konsum-Selbstbedienungsladen an und organisierte 1951 eine Österreichische Verpackungstagung, auf der »Cellophan-Verpackung« vorgestellt wurde. Der Schritt zur modernen Produktpräsentation war getan.

Vor allem suchte das ÖPZ nach dem Muster der USA die Produktivität in Österreich zu heben. So schilderte ein für den österreichischen Arbeiter gedachtes Werbematerial 1952 das Leben der »Familie Williams«: »Mr. Williams ist Eisenarbeiter, besitzt ein eigenes Haus, einen Wagen, einen Kühlschrank und ein Fernsehgerät. Außerdem – fast hätten wir es vergessen – eine elektrische Waschmaschine. Wieso ist das möglich? In den USA hat die Produktivität in Industrie und Gewerbe, Landwirtschaft und Haushalt einen Höhepunkt erreicht, wie er sonst nirgends zu finden ist. Massenproduktion mit relativ geringem Materialaufwand ermöglicht höhere Löhne und billigere Preise. Mr. Williams aus Washington, seines Zeichens Eisenarbeiter, zieht Nutzen aus beidem. Die Produktivität, die er als Arbeiter steigern hilft, bringt ihm als Konsumenten Vorteile, die er zu schätzen weiß.« Mahnender Nachsatz: »Uns Österreichern« sei die Produktivität »noch nicht zur Selbstverständlichkeit geworden. Leider.« Was sich ändern sollte.

1950 zählte Österreich unter den späteren OECD-Ländern noch zu jenen mit der niedrigsten Pro-Kopf-Produktion. 1992 rangierte Österreich im Spitzenfeld hinter den USA. »Kein anderes Land außer Japan konnte seine Leistung schneller steigern«, konstatiert Roman Sandgruber in »Ökonomie und Politik«.

Mit der Liberalisierung des Kfz-Imports und einer deutlichen Zollsenkung für Autos im Jahr 1954 begann auch in Österreich die Motorisierung auf breiter Basis. Jetzt wurde das Auto zum Massenprodukt, zwischen 1948 und 1960 verzehnfachte sich die Zahl der Autos in Österreich. Im April 1957 wurde erstmals die Radiosendung »Autofahrer unterwegs« aus dem Wiener Einkaufszentrum AEZ übertragen, auch ein sinnfälliges Zeichen dafür, dass Autos zum Alltags- und Massenprodukt geworden waren.

Nylon- und Perlon-Strümpfe waren eines der Leitbilder des Wirtschaftswunders. Plakatwerbung, 1953. Die Palmers Textil AG ist aus einem 1914 in Innsbruck gegründeten Unternehmen für Strumpfwaren und Wäsche hervorgegangen.

Es geht immer weiter nach oben. Neujahrsplakat 1953, Atelier Koszler

Die Industrie wird mit fünf Währungsreformen konfrontiert

In den etwas mehr als hundert Jahren zwischen 1848 und 1955 war die österreichische Wirtschaft mit fünf Währungsumstellungen und entsprechend heftigen Turbulenzen des Geldwesens konfrontiert. Die praktische Konsequenz war die mehrmals wiederkehrende Vernichtung der Ersparnisse und Geldkapitalien, sodass sich in Österreich weder eine Schicht wirklich geldkräftiger Kapitalisten entwickeln konnte, noch große Ersparnisse und Fonds verfügbar waren; das Vertrauen in Veranlagungsformen blieb sehr gering, aber auch die Schicht der Rentiers wurde im 20. Jahrhundert zweimal radikal vernichtet. Bis heute zählt Österreich zu jenen Ländern mit der ausgeglichensten Einkommens- und Vermögensverteilung.

Von der Conventionsmünze zur Österreichischen Währung

Die Wirren der Revolution von 1848 und die Kriege in Italien und Ungarn hatten eine sprunghafte Ausdehnung der Geldmenge zur Folge. In den inflationären Nachwehen dieser Notenemissionen konnte die Nationalbank die Konvertierbarkeit des Guldens nicht länger aufrechterhalten. Schon im Mai 1848 musste von der Zentralbank die Suspendierung der Einlösungspflicht ihrer Noten in Silber veranlasst werden. Zum gesetzlichen Zahlungsmittel mit Annahmezwang wurde das Papiergeld, dessen Kurs zum Silbergulden sich bis 1859 immer mehr verschlechterte. Man kann im Agio des Papiergeldes eine Abwertung und damit Exportprämie sehen. Allerdings scheint es, dass es dem Ausbau der Außenhandelsbeziehungen Österreichs eher abträglich war, weil das unsichere Schwanken ein spekulatives Moment in den Außenhandel hineinbrachte.
1858 wurde statt der seit 1753 bestehenden bayerisch-österreichischen Conventionsmünze die Österreichische Währung (ÖW) geschaffen. Das war nicht nur ein Signal gesamtstaatlicher Identität und einer Vereinfachung der alltäglichen Rechnung durch Einführung des Dezimalsystems, sondern auch ein neuerlicher Versuch einer währungspolitischen Stabilisierung. 1857 wurde ein Münzvertrag mit dem Deutschen Zollverein abgeschlossen, der für die Zukunft einen fixen Wechselkurs zwischen den Währungen des Zollvereins und der neuen »Österreichischen Währung« vorsah. Ein bisheriger Gulden Conventionsmünze (CM) entsprach 1,05 Gulden neuer Österreichischer Währung (ÖW). Mit Kriegsausbruch 1859 zerrütteten sich aber die Währungsverhältnisse neuerdings. Nur kurzfristig

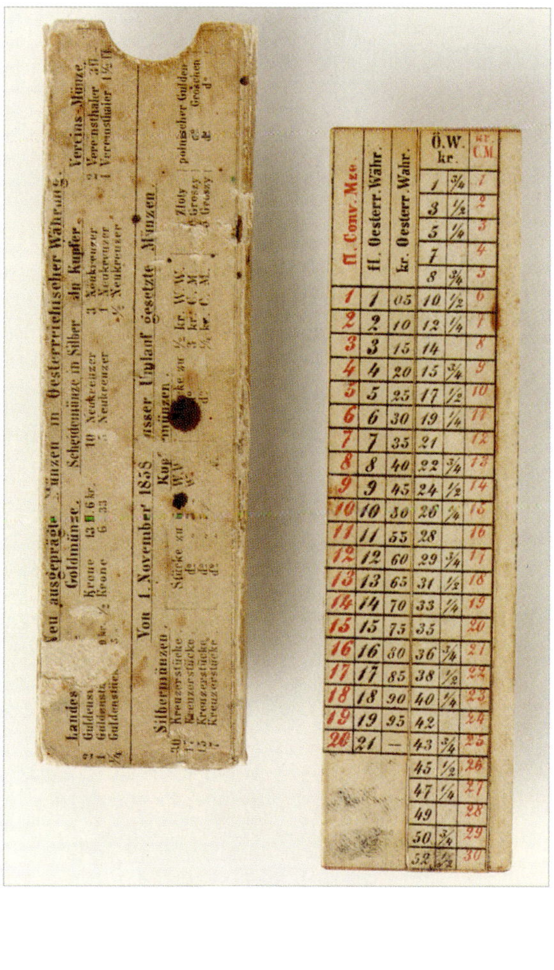

Münzrechenschieber, 1858. Für die komplizierte Umstellung von der 60-Kreuzer-Rechnung der Conventionsmünze zur 100-Kreuzer-Rechnung der Österreichischen Währung im Jahr 1858 hatte man noch nicht die Hilfsmittel der modernen Elektronik.

nahm die Notenbank mit 1. November 1858 die Einwechslung von Papiergeld wieder auf, stellte sie aber schon im April 1859 mit dem Ausbruch des Krieges gegen Frankreich und Piemont abrupt wieder ein.
Die Bankakte von 1862 war in wesentlichen Teilen das Resultat der Erfahrungen, die der Staat, die Nationalbank-Aktionäre und die Öffentlichkeit seit der Gründung der »k. k. priv. Oesterreichischen Nationalbank« im Jahr 1816 gesammelt hatten, vor allem des Umstands, dass die Nationalbank in den Kriegsjahren 1848 und 1859 jeweils als »lender of last resort« für den österreichischen Staat, immer unter Verlust der Konvertibilität, hatte einspringen müssen. Im Reichsrat bildeten sich in der Diskussion um den Plener'schen Gesetzentwurf drei Gruppierungen: Gegner einer Einschränkung des Notenumlaufs, Befürworter einer starken Reduktion und solche einer gemäßigten Reduzierung. Es setzten sich die Befürworter einer Reduktion durch. Die wichtigste Bestimmung der Plener'schen »Bankakte« von 1862 war die Beschränkung der Notenemission nach dem Vorbild der Peel'schen Bankakte. Der Bank- und Staatsnotenumlauf, der 1861 noch 477 Millionen Gulden betragen hatte, wurde drastisch reduziert und war Ende April 1866 auf einen Tiefststand von 337,9 Millionen gesunken. Das Silberagio, das Verhältnis zwischen dem höher bewerteten Silbergeld und der Papierwährung, sank von 150 im Januar 1861 auf 102 im März 1866. Das musste wie eine Aufwertung der heimischen Währung wirken, dennoch kam es zwischen 1863 und 1867 zu einem rasch steigenden Handelsbilanzüberschuss. Das war allerdings zugleich Folge und Ursache einer drastischen Wirtschaftskrise. Die Weltwirtschaftskrise, die als Folge des amerikanischen Bürgerkrieges vor allem die Baumwollindustrie empfindlich getroffen hatte, wurde durch die österreichische Geldpolitik noch drastisch verschärft. Die Importe waren noch stärker zurückgegangen als die Exporte.

Die Kronenwährung: Sicheres Gold oder wertloses Papier

Die Probleme mit der Silberwährung konnten in der Folge nicht mehr bewältigt werden. Mit dem Übergang zur Goldwährung wurde ein definitives Ende der langfristigen währungspolitischen Unsicherheit und die feste Verankerung im internationalen Zahlungsverkehr erreicht. Da das Silber nach 1870 auf den internationalen Metallbörsen im Preis stark zu sinken begann und 1878/79 einen förmlichen Kurssturz erlebte, wurde es als Währungsmetall zunehmend diskreditiert. Es bildete sich ein Disagio zwischen Silbermünzen und Papiergeld. Im Jahr 1879 musste die Österreichisch-ungarische Bank, die 1878 aus der Oesterreichischen Nationalbank als Konsequenz der dualistischen Umgestaltung des Reiches hervorgegangen war, den direkten Konnex zu einem Währungsmetall aufgeben, setzte sich aber das Ziel der Einführung der Goldwährung. 1892 wurde dieser Schritt getan. An die Stelle der bisherigen Österreichischen Währung von einem Gulden gleich 100 Kreuzern trat die Krone zu 100 Hellern, die nach einer Übergangszeit bis 1900 als alleiniges gesetzliches Zahlungsmittel fungierte, wobei aus einem Kilogramm Feingold 3.280 Kronen ausgemünzt wurden. Größte Bedeutung hatte die Regelung der Umrechnungsrelation von alter und neuer Währung. Ein Gulden ÖW in Silber oder Papier wurde mit zwei Kronen festgelegt. Die Bareinlösung ihrer Noten wurde von der Österreichisch-ungarischen Bank nie aufgenommen, sodass es sich statt einer reinen Goldwährung eigentlich um eine Golddevisenwährung handelte. Dennoch bewies der Wechselkurs der Krone von 1892 bis 1913 bemerkenswerte Stabilität. Schon mit Kriegsausbruch sah sich die Österreichisch-ungarische Bank am 31. Juli 1914 wie zahlreiche andere Notenbanken angesichts der rasch wachsenden Anforderungen gezwungen, die Abgabe von Gold und Devisen einzustellen. Das bedeutete das faktische

Ende des seit rund drei Jahrzehnten bestehenden Goldstandards. Wenige Tage später wurden jene Passagen der Banksatzung außer Kraft gesetzt, die einer uneingeschränkten Finanzierung von Staatsausgaben durch die Notenbank entgegenstanden. Die österreichische und die ungarische Finanzverwaltung machten von der Möglichkeit der Verschuldung bei der Notenbank ausgiebig Gebrauch. Bei Kriegsende betrugen die Forderungen der Österreichisch-ungarischen Bank an die beiden Finanzverwaltungen zirka 35 Milliarden Kronen. Von Anfang des Jahres 1917 an, als das Instrument der Kriegsanleihe immer mehr versagte, vergrößerte sich die Geldmenge rapide und schlug voll auf die Preisentwicklung durch. Das Geldvolumen war von 1914 bis 1918 von 3,4 auf 42,6 Milliarden Kronen gestiegen. Der Krieg wurde zu drei Fünfteln über Anleihen, zu zwei Fünfteln über die Geldschöpfung und praktisch überhaupt nicht über Steuern finanziert.

Schon während des Krieges war die Kaufkraft der Krone auf ein Sechzehntel des Friedenswertes gesunken. Österreich gehörte mit Russland, Polen, Ungarn, Griechenland und Deutschland zu jener Gruppe von Ländern, deren Währungen nach dem Krieg völlig zusammenbrachen, während es der Tschechoslowakei gelang, nach einer mäßigen Inflation die Währung zu stabilisieren. Die Ursachen der österreichischen Hyperinflation lagen einerseits in der durch die Anstrengungen des Krieges, die Folgen des Zerfalls der Habsburgermonarchie und die schlechten Ernten und industriellen Produktionsausfälle hervorgerufenen Entgüterung der Wirtschaft, andererseits im Anstieg der Zentralbankgeldmenge und der Umlaufgeschwindigkeit des Geldes.

Im Jahr 1920 stieg der Geldumlauf von zwölf auf 30 Milliarden Kronen, erreichte Ende 1921 rund 174 Milliarden und überstieg im August 1922 die Grenze zur Billion. Die Preise verdoppelten sich zwischen 1914 und 1921 jedes Jahr. Im Herbst 1921 setzte die letzte Phase der Hyperinflation mit Preissteigerungen von über 50 Prozent pro Monat ein. Im August 1922 schließlich verdoppelten sich die Verbraucherpreise in einem Monat. Die Lebenshaltungskosten erreichten bis Sommer 1922 das 14.000fache der Vorkriegszeit.

Die Flucht aus und die Spekulation gegen die Krone, die nach Kriegsende massiv eingesetzt hatten, drückten den Kurs auf den Devisenmärkten, der zu Kriegsende noch deutlich über der Kaufkraftparität der Krone gelegen war, in den Jahren 1919 und 1920 weit unter die Kaufkraft, was zu einer Exportprämie führte und Österreich zu einem »Preisparadies« für ausländische Touristen und internationale Finanzgruppen machte. Das Risiko für ausländische Investoren war durch den Kurssturz sehr gering geworden. So betrug der Kurswert des Aktienkapitals der Credit-Anstalt, das vor dem Krieg mit über 60 Millionen Dollar zu bewerten war, mit Jahresende 1920 nur 2,4 Millionen Dollar. Österreichische Aktien wurden für einige Zeit auf internationalen Märkten zu Modeeffekten.

Die Inflation minderte und verschärfte zugleich die wirtschaftlichen und sozialen Probleme. Sie führte zu einer raschen Ankurbelung der Wirtschaft: 1921 stieg das Bruttoinlandsprodukt um 10,7 Prozent und 1922

Münzsortiermaschine, 1900, konstruiert von L. Seyssa Atzgersdorfer

Von der Hyperinflation zur Schilling-Währung: Ein Schilling = 10.000 Kronen. 1-Schilling-Schein, Ausgabe 11. Mai 1925

Auf dem Höhepunkt der Hyperinflation 1922, 100.000-Kronen-Schein

um 9 Prozent. Besonders die Exportwirtschaft profitierte. Österreich erlebte eine kurze Hochkonjunktur und einen Ausverkauf ins Ausland, 1921 lag die Gesamtproduktion Österreichs um 60 Prozent höher als 1919 und die Zahl der Arbeitslosen war von 350.000 im Jahr 1919 auf 30.000 im Jahr 1921 gefallen. Es herrschte Vollbeschäftigung. Es ist klar, dass die inflationäre Wirtschaftspolitik sowohl die Produktion als auch den Außenhandel wesentlich schneller in Gang zu setzen vermochte, als dies mit einer Stabilitätspolitik geschehen wäre. Damit konnte die inflationäre Politik kurzfristig zur Aufrechterhaltung des sozialen Friedens beitragen.

Daraus entstand zwar ein aktivitätssteigernder Effekt, aber es wuchs auch die Gefahr gigantischer Fehlinvestitionen, deren Ausmaß erst im Nachhinein voll erkennbar wurde. Wenn manche Experten die Auffassung vertraten, dass im Gegensatz zu Deutschland der Umfang der von der Inflation stimulierten Investitionen in Österreich sehr gering gewesen sei, so stimmt das pauschal sicher nicht, zum Beispiel nicht für die Elektrizitätswirtschaft, die Holz- und Papierindustrie, die Lebensmittelindustrie oder auch die Magnesiterzeugung und Metallurgie. Eine der Neugründungen, die erfolgreich expandierten, waren die Metallwerke Plansee GmbH, mit denen Paul Schwarzkopf 1921 von Berlin in das elektrizitätsreiche Tirol übersiedelte und die sich in den folgenden Jahren zu einem der weltweit führenden Betriebe der Pulvermetallurgie entwickelten.

In vielen Fällen allerdings schob die Inflation Probleme auf, die in der nachfolgenden Stabilisierungskrise mit umso größerer Schärfe deutlich wurden: Besonders negativ wirkte sich aus, dass sich die wirtschaftliche Expansion der Inflationszeit in einem hohen Maß in den Dienstleistungssektor verlagerte, der sich wegen des Verlusts der zentralen Funktionen ohnehin schon überdimensioniert darstellte. Die Inflation des Geldes führte zu einer Inflation der Kleinhändler, deren Zahl allein in Wien von 35.000 im Jahr 1913 auf rund 85.000 im Jahr 1925 anstieg. Von 1919 bis 1922 waren Hunderte neuer Banken registriert worden. Dazu kamen jene, die ihre Geschäfte unbefugt betrieben. Insgesamt, so schätzte man, gab es im Frühjahr 1924 nicht weniger als 1.500 Bankfirmen gegenüber etwa 500 im Jahr 1914. Die Währungsreform offenbarte die Instabilität: Bankenzusammenbrüche und Skandale wurden nach 1924 zu einer Dauererscheinung in der österreichischen Wirtschaft.

Die Inflation traf die verschiedenen Bevölkerungsklassen ungleichmäßig: Die allgemeine

Nivellierung der Löhne, zwischen Fach- und Hilfsarbeitern, zwischen städtischen und außerstädtischen Industriearbeitern, zwischen Industrie- und Landarbeitern, zwischen Arbeitern und Beamten und zwischen den oberen und den unteren Gehaltsklassen wurde zum sichtbarsten Ausdruck der Auflösung des Wertesystems der alten Gesellschaft. Unternehmer als typische Geldschuldner und Sachwertbesitzer standen eher auf der Gewinner- als auf der Verliererseite der Inflation. Die Rentiers, die im späten 19. Jahrhundert stark an Bedeutung gewonnen hatten, waren die Hauptgeschädigten. Ihr Anteil am Volkseinkommen war fast vollständig auf Unternehmer und Arbeitnehmer aufgeteilt worden. Völlig vernichtet wurde der breite Bestand von Stipendien, Stiftungen und Fonds, der einen wesentlichen Teil des sozialen Netzes des 19. Jahrhunderts gebildet hatte. Der Stellenwert privater Vorsorge und Fürsorge war durch die Inflation für lange Zeit diskreditiert.

In den Genfer Protokollen vom 4. Oktober 1922 wurden die Bedingungen festgelegt, zu denen Österreich eine Anleihe in der Höhe von 650 Millionen Goldkronen oder 936 Millionen Schilling mit einer effektiven Zinsbelastung von rund 10 Prozent zugesichert wurde. Im Gegenzug verpflichtete sich die österreichische Regierung, den Staatshaushalt durch umfassende Reformen ins Gleichgewicht zu bringen und dem Völkerbund weit reichende Kontrollrechte bei der laufenden Gebarung einzuräumen. Schon die Ankündigung der bevorstehenden Anleihe brachte den Währungsverfall abrupt zum Stillstand.

Trotz der restriktiven Wirkungen, die von der Budgetsanierung und Währungssicherung ausgingen, war die Stabilisierungskrise 1923 mit einer Schrumpfung von real 1,1 Prozent viel milder ausgefallen als erwartet. Das mag mit dem einsetzenden Investitionsprogramm der Gemeinde Wien und der Weiterführung der öffentlichen Investitionstätigkeit (Elektrifizierung, Ausbau der Wasserkraft) zu erklären sein, auch mit der Ruhrkrise in Deutschland, die die rheinisch-westfälische Industrie lahm legte, vor allem aber mit der Hausse an der Wiener Börse.

Währungssanierung 1922 durch eine internationale Völkerbundanleihe. Plakatentwurf von Julius Klinger, 1923

Vom Schilling zur Reichsmark

Mit der Einführung der Schillingwährung, die auf 10.000 Kronen umgerechnet wurde, ging mit 20. Dezember 1924 das Kapitel Inflation auch formal zu Ende. Die Folge der Hyperinflation war nicht nur ein massiver Vertrauensverlust in den Staat, dem man die Schuld für die Vernichtung so vieler Vermögen und Existenzen anlastete, sondern eine langfristige und dramatische Erhöhung des Zinsniveaus, was Investitionen extrem teuer und kaum rentabel machte. Die Zwanzigerjahre, in Westeuropa und den USA als Jahrzehnt der Rationalisierung bezeichnet, waren in Österreich eher durch sehr geringe Investitionstätigkeit gekennzeichnet.

Im Vordergrund der Wirtschaftspolitik der Zwanziger- und Dreißigerjahre stand die Preisstabilität: Der Schilling rühmte sich als Alpendollar. Wegen der hohen Auslandsver-

5-Schilling-Banknote 1927, Vorderseite: die Technik, Rückseite: der Erzberg, Entwurf Rudolf Junk, Ausführung Karl Sterrer

50-Schilling-Banknote 1929, Vorderseite: idealisierte Arbeiter und Arbeiterin, Rückseite: Karlskirche in Wien, Entwurf Alfred Cossmann

schuldung glaubte man auch die Wechselkurspolitik eher auf Hartwährungsniveau bringen zu müssen. 1938 war der Schilling gut gedeckt. Für die deutsche Notenbank war der »Anschluss« Österreichs daher die willkommene Gelegenheit zu einem gewaltigen Beutezug in eigener Sache und die Möglichkeit, die total erschöpften Devisenreserven aufzufüllen. Der Gold- und Devisenbesitz der Oesterreichischen Nationalbank wurde zu den an der Berliner Börse notierten Kursen (also niedriger als der politisch festgelegte Wechselkurs) übernommen: zirka 78 Tonnen Feingold im Wert von 467,7 Millionen Schilling und Devisen und Valuten im Wert von 60,2 Millionen Schilling. Dazu kamen die Forderungen Österreichs aus den Clearingverträgen gegenüber dem Ausland und dem Deutschen Reich, die netto zwischen 94 und 150 Millionen Schilling ausmachten. Darüber hinaus wurden nach inoffiziellen Schätzungen von Privaten Goldbestände und Auslandsguthaben in der Höhe von insgesamt 1.250 Millionen Schilling abgeliefert. Der Besitz österreichischer Staatsbürger an ausländischen Wertpapieren wurde auf 500 Millionen Schilling geschätzt, wobei es sich zunächst vor allem um Anmeldungen und noch nicht um tatsächliche Verkäufe handelte.

Die Reserven des Deutschen Reiches an Gold, Devisen und Valuten wären also um mindestens eine Milliarde, wahrscheinlich aber um mehr als 2,4 Milliarden Schilling erhöht worden, zu dem von der Reichsbank in diesem Fall verrechneten Kurs waren das 1,2 Milliarden Reichsmark. Zum Vergleich: Die Deutsche Reichsbank verfügte am Jahresende 1937 nur über internationale Zahlungsmittel in der Höhe von ca. 77 Millionen Reichsmark (rund 116 Millionen Schilling). Und da war 1937 schon das letzte devisenwirtschaftliche Aufgebot aufgerufen worden, der erzwungene Verkauf ausländischer Wertpapiere durch Inländer. Mit den österreichischen Zahlungsmitteln konnte daher die devisenwirtschaftliche Abwicklung des Vierjahresplanes sichergestellt werden.

Der österreichische Schilling blieb bis zum

25. April 1938 gesetzliches Zahlungsmittel und konnte bis 25. Mai gegen Reichsmark eingetauscht werden. Das gewählte Verhältnis (zwei Reichsmark = drei Schilling) entsprach in etwa der Kaufkraftparität und bedeutete eine Aufwertung des Schillings gegenüber der offiziellen Berliner Notierung um 36 Prozent von 2,17 Schilling auf 1,50 Schilling je Reichsmark.

Es kam trotz der kursmäßigen Aufwertung des Schillings um 36 Prozent zu einem Ansturm auf österreichische Geschäfte, Gaststätten, Unternehmen und Realitäten, weil die innerhalb des Deutschen Reiches nicht mehr realisierbare Kaufkraft durch den Wegfall der Transfer- und Devisenbeschränkungen plötzlich frei wurde. Nun wurden damit nicht nur die bereits schmerzlich verspürten Versorgungslücken gestopft, sondern es konnten auch die sonst gar nicht mehr verwertbaren Ersparnisse veranlagt werden. Preise spielten in der durch vielfache amtliche Eingriffe und Beschränkungen gesteuerten deutschen Wirtschaft bereits eine untergeordnete Rolle.

Die Rückkehr zum Schilling: Suche nach Stabilität und Partnerschaft

Die deutsche Wirtschaftspolitik und die Finanzierung des Zweiten Weltkriegs endeten erneut in einer riesigen »Geldwolke«. Die in Österreich umlaufende Geldmenge war bis 1945 auf das Vier- bis Sechsfache der Vorkriegsmenge angestiegen. Die in den umliegenden Staaten nach Kriegsende überhaupt wertlosen oder nur mit geringer Entschädigung entwerteten Reichsmarknoten strömten über die offenen Grenzen unkontrolliert nach Österreich. Eine ähnlich destruktive Wirkung übte die Ausgabe von Besatzungsgeld in Form des alliierten Militärschillings aus, auch wenn damit nur beschränkt Ansprüche an das österreichische Sozialprodukt geschaffen wurden, da ja die meisten Konsumgüter nur gegen Lebensmittelkarten oder Bezugsscheine erhältlich waren.

Der Geldüberhang, der trotz des Lohnstopps über die legalen Einkaufsmöglichkeiten wesentlich hinausging, begünstigte den Schleich-

Die aus einer Entwurfserie von Josef Seger aus dem Jahr 1936 stammende 100-Schilling-Note, die wegen des »Anschlusses« 1938 nicht mehr zur Ausgabe gelangte, wurde 1939 als 20-Reichsmark-Note herausgebracht und war in Österreich bis 20. Dezember 1945, in Deutschland bis 20. Juni 1948 gültig. Der Entwurf wurde noch einmal für die österreichischen 100-Schilling-Noten 1947 verwendet.

handel. Schwarze und graue Märkte dehnten sich immer mehr aus. Am berühmtesten Schwarzmarkt Wiens im Resselpark galten viele Währungen: Schokolade und Zigaretten, Schnaps und Konserven, Kaffee und Uhren, Saccharin und Penicillin, Dollar und Diamanten.

Vorerst blieb die Reichsmark gesetzliches Zahlungsmittel. Durch das Schaltergesetz vom 3. Juli 1945, das vorerst allerdings nur

100-Schilling-Note der Alliierten Militärbehörden (Militärschillinge), 1945

in der sowjetischen Besatzungszone Geltung erlangte, wurden 60 Prozent der bei Kreditinstituten vorhandenen Reichsmarkguthaben eingefroren. Über den Rest durfte nur beschränkt verfügt werden. Gleichzeitig wurde die Bevölkerung aufgerufen, die in ihren Händen befindliche Geldmenge bei voller Zusicherung der Verfügbarkeit auf die Banken zu transferieren. Der Erfolg war groß: 1,5 Milliarden Reichsmark wurden hinterlegt. Der dringendste Schritt aber war, die österreichische Währung von der deutschen abzukoppeln, um die immer unkontrollierbarer werdenden Banknotenzuflüsse zu stoppen. Mit 30. November 1945 wurde der Schilling wieder zur österreichischen Währung. Das Umtauschverhältnis betrug 1:1. Zur Barauszahlung gelangte jedoch nur eine Pro-Kopf-Quote von 150 Schilling. Darüber hinausgehende Beträge mussten in Konversionskonten angelegt werden, die zu 60 Prozent gesperrt, zu 28 Prozent beschränkt und nur zu 12 Prozent unbeschränkt verfügbar waren.

Die 1945 ergriffenen währungspolitischen Maßnahmen lassen sich nur bedingt als erfolgreich bezeichnen. Zwar wurde der Geldüberhang fürs Erste abgeschöpft. Das Zentralbankgeld wurde von etwa 7,7 Milliarden Reichsmark auf zwei Milliarden Schilling reduziert, etwa 8,5 Milliarden Schilling wurden auf diversen Sperrkonten blockiert. Da die Bundesregierung aber dazu übergegangen war, die Besatzungskosten zum größten Teil über die Notenbank zu bezahlen, und zusätzlich etwa 2,6 Milliarden Militärschilling im Umlauf waren, begann die Geldmenge bald wieder zu steigen und die Preis-Lohn-Spirale wieder in Gang zu setzen. Ende Oktober 1947 betrug der Notenumlauf bereits wieder 12,5 Milliarden, zusätzlich zu den vielen Milliarden auf diversen Konten, von denen etwa sieben Milliarden verfügbar waren.

Mit dem »Währungsschutzgesetz« (Bundesgesetz über die Verringerung des Geldumlaufs und der Geldeinlagen bei Kreditunternehmungen) vom 19. November 1947 wurde durch einen Zwangsumtausch im Verhältnis 3:1 von Alt- auf Neuschilling, ausgenommen 150 Schilling pro Lebensmittelkartenbesitzer, ein neuerlicher Geldmengenschnitt vollzogen. Sämtliche Sperrkonten wurden ersatzlos gestrichen. Sparbücher, Kriegsanleihen und sonstige Ersparnisse waren wieder einmal endgültig verloren.

Um einer neuerlichen inflationären Entwicklung vorzubeugen war bereits im August 1947 von den Interessenvertretungen der Arbeitgeber und Arbeitnehmer das erste Lohn-Preis-Abkommen ausgehandelt worden. Ein zweites folgte im Oktober 1948. Der Weg, der zur Preis-Lohn-Regelung eingeschlagen wurde, repräsentierte in mehrfacher Hinsicht eine wirtschaftspolitische Novität. Die Inflation sollte auf der monetären Seite durch Kontenblockierung und Geldabschöpfung, auf der realen durch Kontingentierung, Rationierung und den Lohn-Preis-Stopp bekämpft werden. Allerdings war nur das erste Abkommen mit monetären Eingriffen verknüpft, die weiteren vier Abkommen beschränkten sich auf preis- und lohnregelnde Absprachen. Das vierte Lohn-Preis-Abkommen bot den äußeren Anlass für den Generalstreik und kommunistischen Putschversuch vom Oktober 1950. Mitte 1951 folgte noch ein fünftes Lohn-Preis-Abkommen. Doch als Waffe gegen die Inflation waren diese Vereinbarungen längst stumpf geworden: Unternehmer und Gewerkschaften nahmen in ihren Kalkulationen die Inflationserwartung bereits vorweg und untergruben damit von vornherein eine mögliche dämpfende Wirkung.

Wenn das Konzept der Lohn-Preis-Abkommen letztendlich auch fehlschlug, so bedeutete es doch einen wichtigen Schritt zur Integration der Interessenvertretung der Arbeitnehmer in den Prozess der wirtschaftspolitischen Willensbildung und zur Ausbildung eines konsensualen Klimas und der Institution der Sozialpartnerschaft. Das wirtschaftspolitische Hauptziel, die Herstellung des binnenwirtschaftlichen Gleichgewichts, scheint aber eindeutig verfehlt worden zu sein. Im Gegenteil, das fünfte Lohn-Preis-Abkommen erwies sich als Fiasko: Es vermochte den Preisauftrieb in keiner Weise zu bremsen, es scheint ihn sogar beschleunigt zu haben.

Nach dem Misserfolg des letzten Lohn-Preis-Abkommens wurde nur noch eine informelle Übereinkunft zwischen Arbeitgebern und Arbeitnehmern erreicht, die durch eine restriktive Geld- und Budgetpolitik flankiert wurde. Einer von der Industriellenvereinigung initiierten Preissenkungsaktion entsprach auf Gewerkschaftsseite die Zurückstellung von Lohnforderungen. Die informelle Sozialpartnerschaft war geboren. Eine sozialpartnerschaftliche Fundierung erhielt 1955 auch die Nationalbank, deren Aktien zur einen Hälfte von der Regierung, zur anderen paritätisch von sozialpartnerschaftlichen Institutionen gezeichnet wurden. Sozialpartnerschaftlich wurde auch das Österreichische Institut für Wirtschaftsforschung organisiert, dessen Vorgängerorganisation schon bei der Gründung 1927 paritätisch von Handelskammern und Arbeiterkammern getragen worden war.

1953 gelang es, die Preissteigerung in den Griff zu bekommen und das Vertrauen in die Währung langfristig zu sichern. Der Stabilisierung der Währung nach innen folgte die

Schilling-Umtausch aufgrund des Währungsschutzgesetzes 1947, Linz, Dezember 1947

Stabilisierung nach außen: Mit einer Abwertung des Schillings um 18 Prozent am 4. Mai 1953 und der Festlegung eines Einheitskurses von einem US-Dollar gleich 26 Schilling, der das komplizierte System der bisher geltenden drei unterschiedlichen Schilling-Wechselkurse ersetzte, wurde der Abbau der Devisenbewirtschaftung eingeleitet und damit die Einordnung der österreichischen Wirtschaft in das internationale Handels- und Wettbewerbssystem ermöglicht. Am 1. Juli 1953 konnte Österreich, nachdem der Ausgleich seiner Zahlungsbilanz gelungen war, als Vollmitglied der EZU (Europäischen Zahlungsunion) beitreten.

Banken und Industriefinanzierung

Anselm Salomon Freiherr von Rothschild (1803–1874), größter Bankier Österreichs, finanzierte u. a. den Bau der Nordbahn und gründete 1855 die »Österreichische Credit-Anstalt für Handel und Gewerbe«. Xylografie von Szigmond Pollák

Der Kapitalmarkt hatte bis in die Fünfzigerjahre des 19. Jahrhunderts Finanzierungsfunktion fast ausschließlich für den Staat und den Eisenbahnbau. Kredite an Industrieunternehmen waren fast ausschließlich Wechselkredite, von Banken unterzeichnet und bei der 1816 gegründeten k. k. priv. Nationalbank zum »Re-Escompte« eingereicht. Vor 1848 existierte nur eine Hand voll Aktiengesellschaften, die industriell tätig waren. Abgesehen von der bei Warenwechsel äußerst restriktiven Nationalbank bestanden auch keine Aktienbanken. Als erste wurde 1854 die Niederösterreichische Escompte-Gesellschaft gegründet, sie konnte die Finanznot der jungen Industrieunternehmen aber nur zum Teil lindern.

Zwei Jahre zuvor war in Paris den Brüdern Isaac und Emile Péreire die kaiserliche Genehmigung für die Gründung eines Crédit Mobilier gegeben worden. Dieser neue Bankentyp sollte die Gründung von Industrie- und Eisenbahngesellschaften finanzieren. Kleinanleger wurden eingeladen, sich mit ihren Ersparnissen an dieser Bank zu beteiligen und somit am raschen Wachstum der Industrie und dem Ausbau des europäischen Eisenbahnnetzes zu partizipieren. Der anfänglich große Erfolg dieser Gründung ließ den großen Konkurrenten der Péreires, das Haus Rothschild, nicht ruhen. Die Péreires hatten in Österreich – gemeinsam mit österreichischen Finanzgruppen – im Jahre 1855 alle Staatsbahnen, mit Ausnahme der Südbahn und der italienischen Bahnen, gekauft. Rothschild musste um seine Position bei der Finanzierung des weiteren Netzausbaues bangen. Im Ringen der beiden Konkurrenten begab sich Anselm von Rothschild in Österreich auf das Geschäftsfeld seines Konkurrenten. Mitglieder der österreichischen Aristokratie wie Fürstenberg, Schwarzenberg, Auersperg, Chotek und der Frankfurter Bankier Louis von Haber beantragten 1855 die Gründung eines »allgemeinen Creditinstitutes für die Monarchie«, das Haus Rothschild, der Initiator der Mobilbank, fand erst in der Ermächtigungsurkunde des Finanzministers Carl Freiherr von Bruck Erwähnung.

Der Crédit Mobilier kommt nach Österreich

Die Bank sollte mit einem für diese Zeit außerordentlich hohen Grundkapital von 100 Millionen Gulden ausgestattet werden, die Gründer hafteten für die Übernahme von 60 Millionen. Ihr Vorhaben weckte, so ein zeitgenössischer Beobachter, das Interesse vieler: »In den Büros derjenigen Finanzgrößen, welche die neue Kreditbank ins Leben gerufen haben, wimmelt es von Leuten aller Art. Große und kleine Spekulanten bücken sich und drücken sich, um ihr Teil an dem Glückssegen, der dort aus überreichem Füllhorn strömt, zu erhalten, d. h. um mit Aktien der neuen Anstalt zum Emissionspreise bedacht zu werden.«

Bei Subskription der ersten 15 Millionen konnten nur jeweils 2 Prozent des gezeichneten Betrages zugeteilt werden. Derselbe Berichterstatter beschreibt das Gründungsfieber:

»Trotz der Kälte, die in einzelnen Nächten bis auf –12 Grad Reaumur [–15 °C] stieg, standen die ungeheuren Volksmassen die ganze Nacht durch unter der Aufsicht der Polizei in den an die Bank angrenzenden Straßen … Es gab einen Tag, wo man für die bloßen Subskriptionsformulare, die in der Bank umsonst verabfolgt wurden, einen Gulden zahlte. Gestern

Das 1855 bis 1859 nach Plänen von Heinrich Ferstel errichtete Bankgebäude der Oesterreichischen Nationalbank in der Herrengasse 14/ Strauchgasse 2/ Freyung 2 (heute Palais Ferstel). Rudolf von Alt, kolorierte Lithografie

[14. Dezember] wurde bereits Militär in bedeutenden Maßen requiriert ...«
Die neue Bank sollte die drückenden Finanznöte des Staates, der Eisenbahnunternehmen und der jungen Industrie lindern. Doch schon im Herbst 1856 dämpfte eine europäische Stagnation die Entwicklung des Kapitalmarkts. Finanzminister Bruck veranlasste die Gründer, das restliche Kapital der Bank einzuzahlen und durch Effektenkäufe die Wiener Börse in der Krisenperiode 1857/58 zu stützen. Auf diese Weise stieg der Effektenbestand des Instituts auf 32,5 Millionen Gulden an, ohne dass der Abwärtsbewegung der Kurse Einhalt geboten worden wäre. Nun fehlte das Geld anderswo. Mittels einer Losanleihe sollten Eisenbahnprojekte ausfinanziert werden, auch der Staat nahm dieses Mittel in Anspruch, war doch inzwischen – 1859 – wieder Krieg, gegen Frankreich und Piemont. Indirekt wurde auch der erste Hauptdirektor der Credit-Anstalt und ehemalige Textilindustrielle Franz Richter ein Opfer dieses Waffengangs. Die Bank hatte im Auftrag des Militärs Getreide gekauft, Gerüchte über Unregelmäßigkeiten in der Armee führten zum Geständnis und Selbstmord des verantwortlichen Offiziers, aber auch zur Verhaftung Richters und zur Amtsenthebung des Finanzministers. Die Anschuldigungen gegenüber Richter und Bruck erwiesen sich als haltlos, jedoch starb Richter bald nach seiner Entlassung aus dem Gefängnis und Bruck verübte Selbstmord.
Das erste große Industrie-Engagement der Credit-Anstalt war die Zusammenfassung dreier böhmischer Montan-Unternehmen zur Prager Eisenindustrie gewesen, die Kreditgewährung an die Lokomotivfabrik Günther in Wiener Neustadt führte 1860 aufgrund akuter Schwierigkeiten dazu, dass die Bank diese übernehmen musste. Diese beiden Beispiele zeigen die Intensität der Beziehungen zwischen den Banken und der Industrie, die für die künftige industrielle Entwicklung bestimmend sein sollte. Banken spielten in Österreich eine führende Rolle bei der Heraus-

bildung industrieller Konzerne, sie hielten ein umfangreiches Portefeuille an Industrieaktien, das nur zum Teil einer aktiven Beteiligungspolitik sein Entstehen verdankte, oftmals verblieben den Finanzierungsinstituten die Anteile als Gegenwert notleidend gewordener Kredite.

Von der Gründerzeit zum Börsenkrach

Im nächsten Jahrzehnt stieg die Zahl der Bankgründungen. In verschiedenen Landesteilen entstanden Escompte-Banken, in der Reichshaupt- und Residenzstadt Wien Universalbanken, so die k. k. priv. allgemeine Boden-Credit-Anstalt, eine Gründung französischer Kapitalgruppen, die sich mit österreichischen Adeligen zusammentaten. Englische Finanzgruppen gründeten gemeinsam mit österreichischen Industriellen und Adeligen die Anglo-Österreichische Bank, in enger Beziehung zur Credit-Anstalt stand die k. k. priv. Pfandleihgesellschaft, die in der Folge in Verkehrsbank umbenannt wurde. Zu einer wahrhaften Explosion der Zahl von Kreditinstituten kam es in der »Gründerzeit«. Zwischen 1870 und 1873 wurden 102 Banken in der österreichischen Reichshälfte neu gegründet.

Das 1877 eröffnete neue Gebäude der Wiener Börse am Schottenring. Zeichnung von A. Wirth, 1877

Die Zahl der an der Wiener Börse amtlich gehandelten Effekten stieg von Ende 1866 bis zum Börsenkrach 1873 von 124 auf 526, darunter waren anfangs nur vier Industrie-Aktien, am Ende des Beobachtungszeitraums bereits 201! Allein zwischen 1870 und 1873 waren mehr als 700 Millionen Gulden durch Gründungen und Emissionen in die Industrie der Monarchie geflossen. Die Credit-Anstalt führte beispielsweise ein Konsortium, das dem Staat die Innerberger Montanwerke abkaufte, ein Stahlwerk in Schwechat bei Wien errichtete und dem Unternehmen eine Kohlebasis sicherte.

Ein großer Teil der neuen Banken waren jedoch Spekulationsgründungen, an denen aber auch renommierte Universalbanken Anteile hatten. So gründete die Boden-Credit-Anstalt den Wiener Bankverein, der für die Gruppe ein höchst spekulatives Gründungsgeschäft betrieb, was beide Institute in Schwierigkeiten brachte, die ihre Entwicklung noch jahrelang hemmen sollten. Von 70 zwischen 1868 und 1873 in Wien entstandenen Instituten überlebten nur acht das folgende Jahrzehnt. Die an der Wiener Börse gehandelten Effekten verloren innerhalb kurzer Zeit 1.500 Millionen Gulden an Wert, ein Verlust, der mit dem Platzen der Blase der New Economy unserer Tage vergleichbar ist.

Zu den Verlierern zählte auch die Industrie. Das Interesse des Publikums an Aktien war noch längere Zeit höchst gering, alles flüchtete in festverzinsliche Werte, vor allem Staatspapiere. Auch die Banken scheuten das Risiko des Gründungsgeschäfts, der Schock des Börsenkrachs wirkte lange nach. Manche industrielle Unternehmen waren in der Depression in erhebliche Schwierigkeiten gekommen, so war es zwar beispielsweise der Credit-Anstalt gelungen, die oben erwähnte Lokomotivfabrik in Wiener Neustadt 1866 an den Industriellen Georg Sigl zu verkaufen, im Jahr 1876 war das Unternehmen wie ein Bumerang wieder in das Portefeuille der Bank zurückgekehrt.

Die Börsenkatastrophe in Wien am 9. Mai 1873. Nach einer Skizze von J. E. Hörwarter

Gründung der Länderbank

Nach Jahren der Schrumpfung des Bankwesens kam es 1880 zur Neugründung einer Großbank unter französischer Führung. Es war der schon viele Jahre an der Spitze der österreichischen Südbahngesellschaft stehende Eugène Bontoux, der gemeinsam mit Mitgliedern der französischen Aristokratie die k. k. priv. österreichische Länderbank ins Leben rief. Die »Société de l'Union Générale« hatte Bontoux fünf Jahre zuvor in Lyon mit folgendem Ziel gegründet: »Die Finanzkraft der Katholiken zusammenfassen und ihnen so die Macht geben, die ihnen fehlt und die sich ganz in den Händen der Feinde ihres Glaubens und ihrer Interessen befindet.« Die Länderbank erfreute sich des außerordentlichen Wohlwollens des Finanzministers Alois Ritter von Dunajewski und spielte daher bald eine wichtige Rolle in der Staatsfinanzierung. Sie organisierte auch das Entstehen des größten österreichischen Industriekonzerns – der Alpine-Montan.

Doch schon 1882 kam es – nach unglücklich verlaufenen Spekulationsgeschäften der Union Générale – zu einem Run auf die Bank und schließlich zu deren Bankrott. Die Länderbank war zwar von diesem Zusammenbruch nicht direkt betroffen, jedoch deutlich in ihrer Entwicklung gehemmt.

Hauptgebäude des Wiener Bankvereins, Schottenring (nach 1945 Hauptgebäude der Creditanstalt-Bankverein), um 1910

In der Folge stieg sie dennoch zur bedeutendsten Konkurrentin der Credit-Anstalt in der Industriefinanzierung auf, die jedoch den ersten Platz in diesem Geschäftsfeld behaupten konnte. Der Konkurrenzkampf verschärfte sich, die einzelnen Institute versuchten durch Übernahme von Anteilen an ihren Kunden die jeweiligen Geschäftsbeziehungen nachhaltig abzusichern. Dies war jedoch nur einer der Gründe für die Wiederbelebung des Gründungsgeschäfts, ein weiterer lag in der allgemeinen Verbesserung der Wirtschaftslage, wesentlich durch gesteigerte Exportnachfrage stimuliert.

Die immer häufigere Bildung von Konsortien war bedingt durch die wachsende Größe der Unternehmen, diente aber – nach der Phase heftiger Konkurrenz – auch der »Befriedung«, das heißt der Regulierung des Wettbewerbs unter den Konsorten. Die Banken wurden häufig auch zu Geburtshelfern von Unternehmenszusammenschlüssen. Mit heutigen Begriffen operierend kann man feststellen, dass die großen Industriebanken zu dieser Zeit in das Investment Banking und das M&A-Business (Mergers and Acquisitions) eingestiegen waren.

Das Vertrauen der Anleger war aber noch nicht gänzlich wiederhergestellt. Die Banken sahen sich daher gezwungen, Anteile von gegründeten oder fusionierten Unternehmen länger in ihrem Portefeuille zu halten und sie erst abzugeben, wenn das Publikum vom Erfolg der Unternehmen überzeugt werden konnte. Sie mussten daher ihr Kapital beträchtlich aufstocken. In den zehn Jahren, die dem Ersten Weltkrieg vorangingen, erhöhte sich das Kapital der Wiener Großbanken fast auf das Doppelte. In diesen Jahren kam es auch zu einer neuen Gründungswelle, in der die Banken wiederum eine führende Rolle spielten.

Einige Industriezweige kamen geradezu unter die Patronanz bestimmter Banken, so konstatiert Eduard März, dass enge Beziehungen zwischen der Anglo-Österreichischen Bank und der böhmischen Braunkohle, zwischen der Niederösterreichischen Escompte-Gesellschaft und der böhmisch-mährischen Montanindustrie, zwischen dem Wiener Bankverein und der ungarischen Eisenindustrie sowie zwischen der Boden-Credit-Anstalt und der Montan- und Maschinenindustrie bestanden. Die Credit-Anstalt verfügte im Jahr 1900 über 15, im Jahr 1914 bereits über 43 industrielle Konzernunternehmen in fast allen Branchen: Zuckerraffinerien, Brauereien, Textilbetriebe, Papierfabriken, chemische Werke, Rüstungs- und Maschinenbetriebe wie auch Unternehmen der Elektro- und Baustoffindustrie zählten zu ihrem Einflussbereich. Vielfach organisierten diese Banken auch in »ihren« Branchen den Wettbewerb ordnende Vereinbarungen, sprich Kartelle.

Im Jahr 1914 gründeten die führenden österreichischen Banken die Österreichische Kontrollbank, die die Einhaltung von Kartellvereinbarungen, die Führung von Syndikaten und die Herstellung von Beziehungen zwischen Industrie und Handel als Aufgabe übertragen bekam, sei es direkt als Verkaufsbüro oder als Verrechnungsstelle der Kartelle.

Kriegswirtschaft und Kriegsfinanzierung

Die führenden Männer der Bankenwelt dürften – schenkt man den Ausführungen in ihren Erinnerungen Glauben – nicht begeistert vom Waffengang gewesen sein, den die Monarchie im Jahr 1914 antrat. Die Finanzierungserfordernisse eines modernen Krieges überforderten bald die Kraft der Banken, sie wandten sich an die Notenbank um Hilfe und diese begann Geld zu drucken. Auch das P. T. Publikum wurde eingeladen, sich an der Kriegsfinanzierung zu beteiligen, die nach Meinung des Kommentators der »Neuen Freien Presse« den Zeichnern »eine hochverzinsliche, ungewöhnlich günstige Kapitalanlage« bot. Der Vertrieb der Kriegsanleihen war zweifellos das wichtigste Geschäft. Profi-

Interessen der Credit-Anstalt an österreichischen Unternehmen vor dem Ersten Weltkrieg

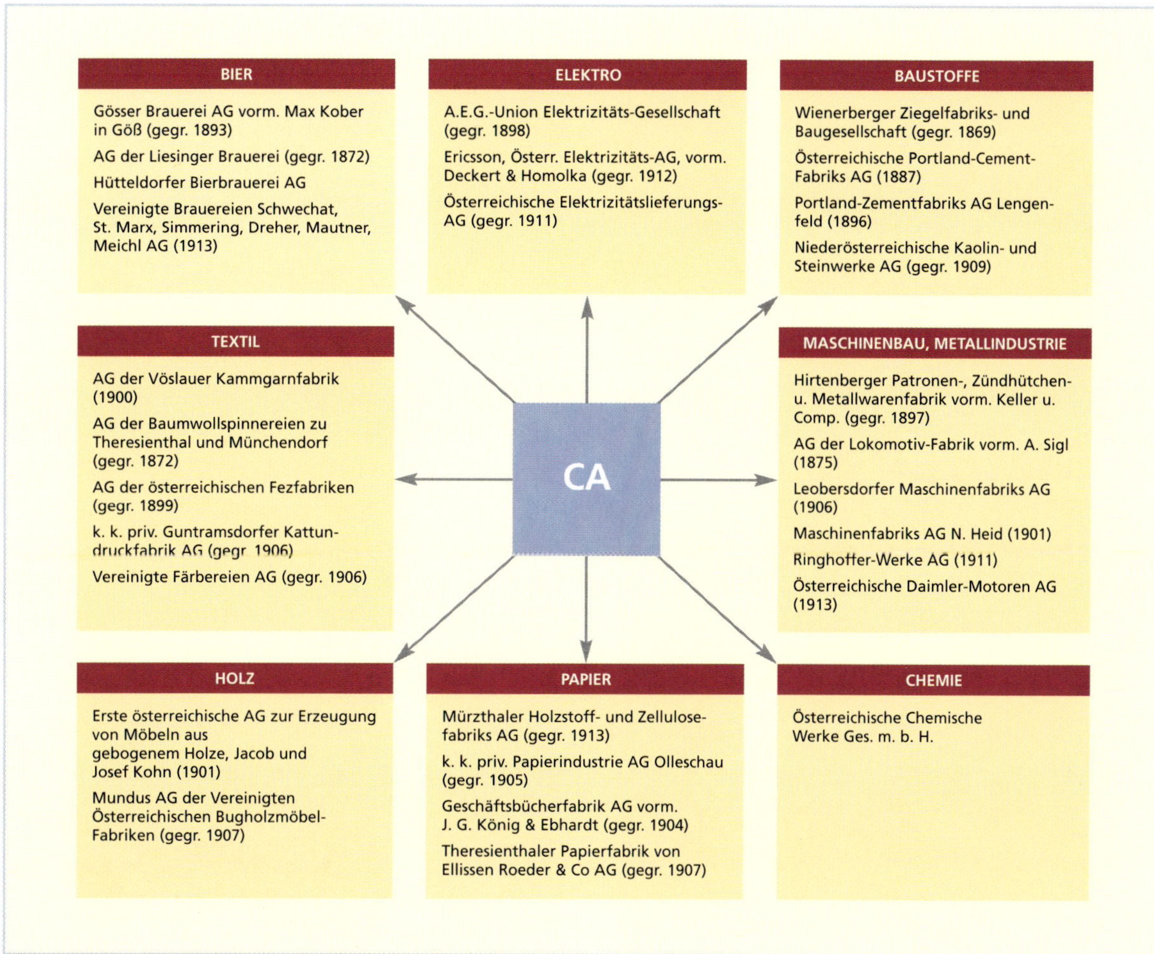

Quelle: Erstellt nach Eduard März, Österreichische Bankpolitik in der Zeit der großen Wende 1913–1923. Am Beispiel der Creditanstalt für Handel und Gewerbe (Wien 1981).

tabel erwies sich vor allem die Finanzierung der Warengeschäfte der »Zentralen«, die einer kriegswirtschaftlich regulierten Versorgung der Industrien dienten. In manchen Fällen beteiligten sich Banken an diesen Verteilungsstellen für Roh- und Hilfsstoffe, so erwarb beispielsweise die Credit-Anstalt Anteile an der Metall- und der Wollzentrale.

Das Ausleihungsvolumen der Banken explodierte, von 1913 bis 1918 stiegen die Kreditoren der Wiener Großbanken von 3,2 auf 11,5 Milliarden Kronen. Im Wesentlichen waren es Vorfinanzierungen der Zentralen und Kriegsanleihen, also Finanzierung der Rüstungsindustrie wie die des Krieges selbst, die sich in diesen Zahlen niederschlugen. Die Gewinne der Wiener Aktienbanken erreichten Rekordwerte, noch im vorletzten Kriegsjahr schütteten sie deutlich höhere Dividenden aus als vor dem Krieg. Das Nominale dieser Dividenden des Jahres 1917 war freilich bereits durch den Kaufkraftverlust der Währung – bedingt durch Warenknappheit und Geldvermehrung – entwertet.

Die Banken in der Republik

Wien war unbestreitbar das finanzielle Zentrum der Donaumonarchie gewesen, der Aktionsradius der Wiener Großbanken erstreckte sich über ihr gesamtes Territorium und darüber hinaus. Anfangs reagierten die Banken auf den Zerfall Österreich-Ungarns mit »business as usual«. Doch schon im Jahr 1919 zeigte sich, dass die ersten organisatorischen

Verlosbar innerhalb 50 Jahren.

Nr. 11301.

Gulden 5000 oesterr. Währ.

PFANDBRIEF

der Oesterreichisch-ungarischen Bank

über Fünf Tausend Gulden österr. Währung, welche nach Verlosung dieses Pfandbriefes an dem nächstfolgenden Coupon-Termine, spätestens aber nach Ablauf von 50 Jahren vom Ausstellungstage gerechnet, dem Ueberbringer bar ausgezahlt und inzwischen mit jährlich Vier vom Hundert verzinst werden. Die Zinsen werden halbjährig am 1. April und 1. Oktober jedes Jahres gegen Beibringung des fällig gewordenen Coupons bezahlt.

Die Oesterreichisch-ungarische Bank haftet gemäß Artikel 6 der Gesellschaftsstatuten (§. 58 der Statuten der Hypothekarkredits-abtheilung) für die pünktliche Verzinsung und Bezahlung des Kapitales dieses Pfandbriefes.

4%

Wien, am 1. April 1890.

OESTERREICHISCH-UNGARISCHE BANK.

Gouverneur. Generalrath. Generalsekretär.

Dieser Pfandbrief ist mit statutenmäßig versicherten, in die öffentlichen Bücher eingetragenen Forderungen der Oesterreichisch-ungarischen Bank gedeckt, was durch die unterzeichneten Regierungskommissäre beglaubigt wird.

Wien, am 1. April 1890.

kais. kön. österr. Regierungskommissär. kön. ungar. Regierungskommissär.

PFANDBRIEF

Pfandbrief der Österreichisch-ungarischen Bank, 1890

Das 1913–1925 nach Plänen von Leopold Bauer errichtete Gebäude der Österreichisch-ungarischen Bank, ab 1923 Oesterreichische Nationalbank

Konsequenzen aus dem Entstehen der neuen Nationalstaaten – Filialen in neue Hauptanstalten umzuwandeln – nicht ausreichten. Die Nachfolgestaaten koppelten ihre Währungen von der österreichischen ab und erschwerten damit den Kapitalverkehr. Bankfilialen in nunmehr italienischen Städten wurden verkauft. Ein beträchtlicher Teil der Industrie der ehemaligen österreichischen Reichshälfte lag nunmehr in der Tschechoslowakei, die durch »Nostrifizierung« viele Bande zwischen den Wiener Großbanken und ihren Filialen wie ihrem Industriegeschäft auflöste.

Die österreichischen Banken versuchten mit Erfolg Gegenstrategien zu entwickeln – durch Beteiligungen an lokalen Instituten Einfluss zu behalten oder wiederzugewinnen. Durch Verlagerung von Anteilen in Holdings, die ihren Sitz im westlichen Ausland, meist in der Schweiz, hatten, konnten einige »Nationalisierungen« umgangen werden. Bald sollte sich bei der Credit-Anstalt selbst eine überraschende Wendung ergeben. An der unter Einfluss des Hauses Rothschild stehenden Bank beteiligten sich 1920 US-amerikanische und 1921 holländische Kapitalgruppen. Dieses Engagement ausländischer Kapitalgruppen ist um so bemerkenswerter, als es in die Zeit des ungebremsten Wertverfalls der Kronenwährung fällt. Noch rascher als die Kaufkraft sank der Kurs der Krone gegenüber dem Dollar.

Die Finanzierung der Investitionstätigkeit der Unternehmen kam angesichts bestehender Überkapazitäten in der sich langsam von der Kriegs- auf die Friedenswirtschaft umstellenden Industrie fast zum Erliegen. Die gesamte Zeitspanne der Ersten Republik sollte von

Aktie der Wienerberger Ziegelwerke AG, 200 Kronen, 1905, 1926 auf 30 Schilling umgestellt

dieser Investitionsschwäche gekennzeichnet sein. Rasche Spekulationsgewinne an der Devisenbörse schienen für Kleinanleger, aber auch für manche Großbank ein lohnenderes Ziel zu sein als die Finanzierung industrieller Vorhaben. Walther Federn schreibt: »Im Jahre 1913 gab es im Gebiet des heutigen Österreich 26 Banken und schätzungsweise 15 größere Bankfirmen. Im Jahre 1924 – vor der Krise – gab es 61 Banken und ungefähr 260 Bankfirmen, wobei von der großen Zahl kleinerer Bankgeschäfte abgesehen wird.« (Unter dem Begriff »Bankfirmen« werden in diesem Zusammenhang Privatbanken verstanden.) Dieser Vielzahl von Banken stand eine auf ein Achtel geschrumpfte Bevölkerungszahl gegenüber. Die Zustände mögen nicht unähnlich jenen gewesen sein, die in einer Reihe von Ländern Zentral- und Osteuropas in der ersten Zeit des Übergangs von der Kommando- zur Marktwirtschaft zu beobachten waren.

Ausländisches Kapital übernahm eine Reihe österreichischer Banken, die Anglo-Österreichische Bank wie die Länderbank gerieten zur Gänze unter die Kontrolle englischer beziehungsweise französischer Kapitalgruppen. An allen Großbanken waren zumindest ausländische Minderheitsaktionäre beteiligt, eine Konsequenz der im Gefolge der Inflation nötigen Kapitalerhöhungen und der für ausländische Anleger günstigen Kronenparität. Freilich ist auch die Vermutung berechtigt, dass mit Beteiligungen aus Siegerstaaten den Nostrifizierungen besser begegnet werden konnte. Die Niederösterreichische Escompte verband sich mit dem Comptoir d'Escompte de Genève, der Banque de Bruxelles, der französischen Gruppe Schneider-Creuzot, Lloyds und Hambros; die Boden-Credit-Anstalt mit der US-amerikanischen Morgan-Gruppe und dem englischen Bankhaus Schroeder; der Wiener Bankverein mit der Société Générale, der Banque Belge pour l'Etranger und der Baseler Handelsbank.

Damit ging freilich auch die Kontrolle einer Reihe österreichischer Industrieunternehmen in ausländische Hände über, so zählte die Länderbank die Österreichischen Siemens-Schuckert-Werke, die Austria-Email, Waagner-Biró, Perlmoos Zement, Solo Zündwaren und Wienerberger Ziegel zu ihren Beteiligungen. Die Wiener Niederlassung der Anglo-Austrian Bank, die ehemalige Anglo-Österreichische

Cassa-Schein der Anglo-Österreichischen Bank, 1913

Camillo Castiglioni, der größte Kriegs- und Inflationsspekulant in Österreich (1879–1957): Sein Vermögen zerrann nach der Währungsstabilisierung so schnell, wie es vorher entstanden war. Berühmt wurde er auch durch seine große Kunstsammlung und die Förderung von Max Reinhardt, dem er 1923 das Theater in der Josefstadt zur Verfügung stellte.

Bank, war an der Elin, an den Enzesfelder Metallwerken, der Hirtenberger Patronenfabrik, der Universale Bau und der Julius Meinl AG beteiligt.

Teilweise kann dieses massive Engagement westeuropäischer Finanzgruppen auch mit der politischen Absicht erklärt werden, einer allzu engen wirtschaftlichen Bindung an Deutschland vorzubeugen. Diese Institute, insbesondere die Anglo-Bank, spielten auch bei der Genfer Sanierung eine Vermittlerrolle.

1924 – Verfehlte Spekulation und Bankenzusammenbrüche

Eine verfehlte Spekulation gegen den französischen Franc stürzte einen großen Teil der Wiener Börsenspekulanten in den Bankrott. Verluste von 500 Milliarden Kronen sollen es gewesen sein, die viele Anleger zwangen, sich von ihrem Aktienbesitz zu trennen. Lawinenartig wurden auch jene in die Tiefe der Aktienkurse gerissen, die sich an der Devisenspekulation gar nicht beteiligt hatten. Nach der Pleite einiger kleiner Bankgeschäfte griff im Mai 1924 ein Bankenkonsortium ein, um die Allgemeine Depositenbank, eine Bank im Einflussbereich Camillo Castiglionis, vor dem Zusammenbruch zu retten. Im Kapitel über die Eisen- und Stahlindustrie wird uns dieser Mann, einer der großen Inflationsgewinner dieser Zeit, wieder begegnen – als Vermittler des Verkaufs der Alpine-Montan, zuerst an die Fiat- und dann an die Stinnes-Gruppe. Doch schon im Juni musste die Rettungsaktion infolge unübersehbarer Verlustpotenziale aufgegeben werden. Der Reigen der Bankenzusammenbrüche war eingeleitet worden. Von 1924 bis 1926 schlossen 37 Aktienbanken und 136 Privatbanken ihre Schalter für immer.

Korruption und Misswirtschaft waren neben den verfehlten Spekulationen die Gründe für weitere Bankenzusammenbrüche. Die Biedermann-Bank, die Nordisch-österreichische Bank, die Wiener Bank, die Centralbank der deutschen Sparkassen, die Industrie- und Handelsbank, die Niederösterreichische Bauernbank, die Steirerbank, alle gerieten sie in den Strudel der Bankpleiten, bis dann die Krise der Österreichischen Postsparkasse ein massives Eingreifen des Staates notwendig machte. Eine Bundeshaftung von 133 Millionen Schilling wurde der Postsparkasse erteilt, mehr als 74 Millionen Schilling wurden aus dem Budget zugeschossen.

Die Anglo-Bank hatte sich vom österreichischen Markt zurückgezogen, widersprach doch die enge Verknüpfung von Industrie und Bankwesen zu sehr den britischen Usancen. Das Geschäft ihrer Wiener Niederlassung wurde der Credit-Anstalt angegliedert, was deren Beteiligungskreis wesentlich erweiterte. Mittelbare Folge der Bankenkrise war eine Konzentration des Bankgeschäfts auf wenige Großbanken. So wurde die Union-Bank wie die Allgemeine Verkehrsbank von der Boden-Credit-Anstalt aufgenommen. Die relativ schwache Kapitalausstattung vieler Industrieunternehmen machte sie mehr und mehr von der Kreditgewährung dieser Institute abhängig. Bankenkrisen und die zunehmende politische Instabilität führten zum Abzug ausländischer Kapitalanlagen und zur Flucht heimischer Kapitalanlagen ins Ausland oder zumindest in ausländische Währungen.

Die Banken in der Weltwirtschaftskrise

Die Boden-Credit war eine jener Banken, die gezwungen war, den Kredithunger ihres Industriekonzerns in immer höherem Ausmaß mit kurzfristigen Mitteln zu finanzieren. Gouverneur der Boden-Credit war Rudolf Sieghardt, der ehemalige Leiter des Büros des Ministerratspräsidiums. Den nunmehrigen Präsidenten der Nationalbank, Richard Reisch, hatte er seinerzeit in die Leitung der Boden-Credit geholt. Er verfügte also über ausgezeichnete politische Kontakte. Die Notenbank stand der Boden-Credit anfangs auch bei, durch Wechselkredite, denen vielfach die Deckung durch Warengeschäfte fehlte. Im September 1929, in einer politisch wie wirtschaftlich schwierigen Zeit, zog der Generaldirektor der Nationalbank Viktor Brauneis aber die Notbremse. Die Boden-Credit musste Fusionsverhandlungen führen um ein Schließen ihrer Schalter zu vermeiden – zunächst mit dem Wiener Bankverein. Nach deren Scheitern nahm die Credit-Anstalt unter großen Vorbehalten und erheblichem politischen Druck die Boden-Credit auf.

Auf der anderen Seite des Atlantiks platzte am 24. Oktober 1929 die Spekulationsblase an der New Yorker Börse. Dies war mehr der Auslöser als der Anlass für die große Weltwirtschaftskrise, die zu einer lang anhaltenden Destabilisierung des ökonomischen wie des politischen Systems führte. Auch in Österreich brachen die Aktienkurse ein, die Auslandsnachfrage ging abrupt zurück, steigende Arbeitslosigkeit führte zu Kaufkraftverlusten im Inland, die Spirale der Krise hatte sich zu drehen begonnen. Die Credit-Anstalt, mit der Übernahme der Boden-Credit und durch ihre umfangreichen Industriebeteiligungen überfordert, teilte am 8. Mai 1931 der Bundesregierung mit, dass sie rund 85 Prozent ihrer Eigenmittel verloren hatte.

Kassensaal der Niederösterreichischen Escomptegesellschaft, Wien 1, Am Hof 2, 1913/15 von den Architekten Gotthilf und Neumann anstelle des niedergerissenen Kriegsministeriums errichtet

Ein Schicksalstag: Der Zusammenbruch der Credit-Anstalt, Zeitungsschlagzeilen vom 12. Mai 1931 »am Morgen« und »am Abend«

Preis in Wien: 32 Groschen.

Neue Freie Presse.

Morgenblatt.

Nr. 23944 — Wien, Dienstag, den 12. Mai — 1931.

Im redaktionellen Teil (Kleine Chronik. Lokalbericht. Theaternachrichten. Economist) enthaltene entgeltliche Mitteilungen sind durch ein vorgesetztes E (C) kenntlich gemacht.

Eine abgewendete Finanzkatastrophe.

Verluste der Credit-Anstalt von hundertvierzig Millionen. Intervention von Regierung, Nationalbank und Haus Rothschild. Die Rettung gesichert.

Wien, 12. Mai.

Gutes Material für Genf. Ein herrlicher Beweis für das Wohlergehen in Oesterreich, das manchen Parlamentariern des Auslandes noch immer bemerkenswert erscheint. Die Credit-Anstalt, die bisher mächtigste und stärkste Bank von Oesterreich mit vertrauungswürdiger Führung, sie muß Verluste von hundertvierzig Millionen Schilling im Jahre 1930 verzeichnen. Die offenen Reserven und ein großer Teil des Aktienkapitals, das hundertfünfundzwanzig Millionen beträgt, sind aufgezehrt und Staat, Nationalbank und das Haus Rothschild müssen in die Bresche springen, um die Situation zu retten. Die Rettung, dies sei vorweg betont, ist gelungen, das Kapital der Credit-Anstalt wird um ein Viertel verkleinert, dann werden einundneunzig Millionen neue Aktien ausgegeben, die zu einem erhöhten Kurse vom

Es wäre heute gänzlich sinnlos, wollte man in dieser Beziehung etwa Kritik üben. Wir stehen vor einer Situation, die mit scharfen Umrissen unabänderlich gegeben ist, wir können nur unter der Wirkung einer so nervenerschütternden Krise und mit dem schmerzlichen Anteil an dem Schicksal eines so ehrwürdigen Unternehmens, wir können heute nur die Genugtuung äußern, daß es in dreitägigen Verhandlungen geglückt ist, einer unnennbaren, gar nicht zu schildernden Katastrophe beizukommen und drei Viertel der österreichischen Arbeiterschaft vor der Arbeitslosigkeit zu bewahren.

Mußte es dazu kommen, war das schmerzliche Resultat des vorigen Jahres unvermeidlich? Es ist nicht unsere Sache, zu entscheiden, ob nicht Irrtümer geschehen sind. Aber im wesentlichen ist es doch der einfache Ausdruck der Weltkrise

Der frühere spanische Gewalthaber General Berenguer wurde abermals verhaftet.

Der Abend

„Wo es Stärkere gibt, immer auf Seite der Schwächeren."

Wien 20 Groschen
Außerhalb 22 Groschen
Trafikbezug S. 5.—
Postversand Inland monatlich S. 5,50
Fernruf: A-33-5-25
Drahtanschrift: Wienerabend
Zeitung und Verlag: Wien IX/₉, Universitätsstraße 6—8

Nr. 109 — Wien, Dienstag, 12. Mai 1931 — 17. Jahrgang

Die Creditanstalt — das Schicksal Oesterreichs.

Der Eindruck der Schwierigkeiten der Creditanstalt. — Ein Ritt über den Bodensee. Eine Sache Europas. — Die Schuldigen. — Das Haus Rothschild. — Vertreter des ausländischen Großkapitals in Wien. — Was wird geschehen?

Den Eindruck, den die wie ein Blitz aus heiterem Himmel heute bekanntgewordenen Schwierigkeiten der Creditanstalt hervorriefen, ist allgemein niederschmetternd. Ganz Wien steht unter dem nachhaltigsten Einfluß dieser Hiobsstunde. Es ist daher sehr zu begrüßen, daß man gleichzeitig auch der Oeffentlichkeit mitteilte, welche Maß-

sogenannten Kulisse im freien Markt gehandelt werden, heute durch einen beeideten Sensal im sogenannten Schranken zur Durchführung gelangen. Dadurch ist eine strenge Kontrolle aller Umsätze gewährleistet.

Eine Aeußerung des Direktors Neurath.

Ludwig Neurath. Auf die Frage des Korrespondenten, ob der Generaldirektor einen Run auf die Bank für möglich halte, erklärte dieser, es sei nicht wahrscheinlich, daß nach der Sicherung der Sanierung die Einleger das Institut bestürmen werden. Die Bank sei aber für diesen Fall vorbereitet.

Schon sechs Tage später beschloss der Nationalrat die Verlustabdeckung durch Budget- und Nationalbank-Mittel, der Großaktionär Rothschild unterstützte diese Aktion durch Tilgung alter Aktien und Einzahlung neuer Mittel. Der Industriekonzern der Credit-Anstalt war – nach Aufnahme der Anglo-Bank und der Boden-Credit – in nahezu allen Branchen mit einem oder mehreren Großunternehmen vertreten. Peter Eigner schätzt, dass sich damals rund 42 Prozent des gesamten österreichischen Aktienkapitals unter ihrer Kontrolle befunden haben.

Die Hoffnung, dass mit dem Versprechen von 100 Millionen Schilling aus öffentlichen Mitteln und der Zahlung weiterer 30 Millionen durch die Nationalbank die Sanierung gelungen sei, wurde jedoch enttäuscht. Die Gläubiger stürmten die Schalter der Credit-Anstalt. Die Oesterreichische Nationalbank musste zur Unterstützung der Credit-Anstalt einen Kredit bei der Bank für Internationalen Zahlungsausgleich in Höhe von 100 Millionen Schilling aufnehmen, der Bund übernahm im Zweiten Credit-Anstalt-Gesetz vom 28. Mai 1931 faktisch die Haftung für die Verpflichtungen des Instituts. Der Zusammenbruch der Credit-Anstalt hatte eine Abwertung des Schillings und schwere Belastungen des Budgets zur Folge, erschütterte das Wirtschaftsgefüge aber weit über die österreichischen Grenzen hinaus.

In der Folge sollten noch zwei große Banken – der Wiener Bankverein und die Niederösterreichische Escompte-Gesellschaft – trotz öffentlicher Hilfe unrettbar verloren sein. Die Credit-Anstalt nahm den Bankverein und das Mobilgeschäft der Escompte-Gesellschaft auf, sodass lediglich drei Großbanken die Weltwirtschaftskrise überlebt hatten – die unter französischem Einfluss stehende Länderbank, die Filiale der tschechslowakischen Živnostenská Banka und die nach der Sanierung im Mehrheitsbesitz des österreichischen Staates befindliche Creditanstalt-Bankverein.

Anschluss an die deutschen Großbanken

Unmittelbar nach dem »Anschluss« an Hitler-Deutschland kamen Creditanstalt-Bankverein und Länderbank unter Kontrolle deutscher Großbanken. Die Deutsche Bank übernahm das Kommando in der Creditanstalt-Bankverein. Hermann J. Abs hatte die Deutsche Bank bereits seit 1937 im Aufsichtsrat vertreten, allerdings repräsentierte er nur ein kleines Aktienpaket. Um der Konkurrenz zuvorzukommen war er unmittelbar nach dem Einmarsch der deutschen Truppen nach Wien gekommen und schloss ein »Freundschaftsabkommen«, in dem die Deutsche Bank ihren Willen bekundete, die CA-BV zu übernehmen. Durch Übernahme der öffentlichen Anteile der Republik Österreich wurde aber zunächst die VIAG, eine Staatsholding des Deutschen Reiches, Eigentümer der Mehrheitsanteile. Erst Ende 1938 gab sie zunächst ein Viertel des Aktienkapitals an die Deutsche Bank ab und erst 1942 ein weiteres Viertel. Der Industriekonzern der CA-BV wurde aufgeteilt, den Hermann-Göring-Werken wurden Stück für Stück einverleibt: Steyr-Daimler-Puch, die Steirischen Gussstahlwerke, die Kärntnerischen Eisen- und Stahlwerke, der Simmeringer und Grazer Maschinen- und Waggonbau, die Stahlwerke Traisen, die Schiffswerft Linz, die Minderheitsbeteiligungen an der Alpine-Montan, an der DDSG und der Floridsdorfer Lokomotivfabrik. Im Laufe der Zeit ging eine Industriebeteiligung nach der anderen an deutsche Großkonzerne.

Die früheren Verbindungen der CA-BV zu den Gebieten der ehemaligen Donaumonarchie waren offenbar ausschlaggebend für die neue Rolle, die ihr die Deutsche Bank zuwies. Sie übernahm eine Minderheitsbeteiligung an der

Hauptgebäude der Credit-Anstalt vor dem Zweiten Weltkrieg (Am Hof 6, Freyung 8/9). Foto vom 23. Juni 1937

Kassenhalle der Credit-Anstalt Am Hof/Freyung. Ansicht aus dem Jahr 1922

von der Deutschen Bank kontrollierten Böhmischen Union Bank, sie erwarb eine Mehrheit am Jugoslawischen Bankverein, eine Minderheit an der Ungarischen Commercial Bank, eröffnete in Polen Filialen und erwarb Anteile an Buntmetall-Bergbauen in Jugoslawien. Die CA-BV war zum Agenten der Deutschen Bank in Ost-Mitteleuropa und am Balkan geworden. Die Dresdner Bank verfügte im März 1938 bereits über einen Stützpunkt in Österreich: Sie war Mehrheitsaktionär der Merkurbank. Die französischen und englischen Aktionäre der Banque des Pays de l'Europe Centrale verkauften ihre Wiener Niederlassung – die Länderbank – an die Dresdner Bank, die sie der halb so großen Merkurbank eingliederte. Ebenso wurde die Wiener Filiale der Prager Živnostenská Banka von der nunmehr unter Länderbank Wien firmierenden Tochter der Dresdner Bank übernommen.
Das »Österreichische Creditinstitut für Verkehrsunternehmungen und öffentliche Arbeiten« war eine staatliche Gründung aus den Zeiten der Monarchie. Der Bayerischen Hypotheken- und Wechselbank gelang es, sich dieses Institut einzuverleiben.
Wie man bei Übernahme der Banken darauf geachtet hatte, dass die entscheidenden Positionen mit dem Nazi-Regime ergebenen Personen besetzt wurden, wurde selbstverständlich auch die Geschäftspolitik auf die Kriegsziele Hitler-Deutschlands ausgerichtet. Die unerhörten Kosten der Rüstung und Kriegsführung schlugen sich auch in den Bankbilanzen nieder. Den Reichswerken »Hermann Göring« wurde ein Konsortialkredit in Höhe von 30 Millionen Reichsmark gewährt. Der Anteil der Creditanstalt betrug fast 55 Prozent, die Länderbank steuerte rund ein Drittel bei. Einen beachtlichen, im Kriegsverlauf stark steigenden Teil der Aktiven machte die Staatsfinanzierung mittels Schatzwechsel und unverzinslichen Schatzanweisungen des Reiches und der Länder aus.

Verstaatlichung

Am 3. Juli 1945, also wenige Wochen nach Ende der Kampfhandlungen in Österreich, beschloss die Provisorische Bundesregierung unter Karl Renner ein Kreditlenkungsgesetz, das einer Regierungskommission die Aufgabe erteilte, öffentliche und private Kredite im Dienst des Wiederaufbaus und der Volkswirtschaft planmäßig zu lenken. Mit dem Ersten Verstaatlichungsgesetz aus dem Juli 1946 gingen alle Anteile an der Creditanstalt-Bankverein, der Länderbank und dem Österreichischen Creditinstitut an die Republik Österreich über.
Den Eigentümer vertrat der Finanzminister, die verstaatlichten Banken waren also nicht – wie die verstaatlichten Industrieunternehmen – einem dauernden Wechsel der Organisationsform unterworfen, das Management war dazu angehalten, privatwirtschaftliche Ziele in relativer Autonomie zu verfolgen. Die Industriebeteiligungen wurden mit wenigen Ausnahmen den Banken wieder angegliedert. Auf diese Weise entstanden Konzerne, die vor allem die CA-BV zu einer Konzernspitze machten, die nahezu in allen Industriezweigen über zumindest ein führendes Unternehmen verfügte. In der Industriefinanzierung beherrschten Creditanstalt-Bankverein und Länderbank die Szene. Eine von der Regierung 1953 eingeladene internationale Expertenkommission kam zum Schluss, dass diese Struktur »geschichtlich bedingt« war und »korrekturbedürftige Faktoren« enthalte. Mit den Kapitalmarktgesetzen 1954 und 1955 wurde die Rekonstruktionsphase des Finanzsektors abgeschlossen, die Schillingeröffnungsbilanzen ordneten die wirtschaftlichen und finanziellen Verhältnisse in den Unternehmen, vor allem aber in den Banken, neu. Nach dem Wiederaufbau waren dies die ersten Schritte in eine Normalisierung des Finanzsektors.

Bruchlinien der Industriepolitik

Freiherr von Bruck – ein Reformer scheitert

Ein Außenseiter stellte die Weichen für die Bahn, die zukünftig Österreichs Industrie einschlagen sollte: Es war Karl Freiherr von Bruck, geboren in Elberfeld und aus einer einfachen, protestantischen Familie stammend; in ihm hätte wohl niemand den späteren Handels- und Finanzminister vermutet, der entscheidend für jene Phase wurde, in der sich – nach der Niederlage der bürgerlichen Revolution – ein absolutistisches Regime mit liberaler Wirtschaftspolitik verband.
Ursprünglich Buchhändler, kam er 1821 nach Triest, elf Jahre später gründete er dort den Österreichischen Lloyd. Nach dem Londoner Vorbild sollte diese Gesellschaft Versicherungen, die auf dem Gebiet des Seeverkehrs tätig waren, zusammenfassen. Doch schon 1835 stellte er an den Kaiser das Gesuch, der Gesellschaft eine Abteilung für Dampfschifffahrt anzuschließen. Das Unternehmen hatte Erfolg, die Wiener Regierung wurde auf Bruck aufmerksam. 1848 wurde er in die Frankfurter Nationalversammlung gewählt, nach der Niederwerfung der Revolution wurde er Handelsminister.
»Ebensowenig wie Höfling war Bruck Bureaukrat«, stellte sein Zeitgenosse Freiherr von Helfert fest, sein strategisches Ziel war die Vereinigung Österreichs mit dem 1834 gegründeten deutschen Zollverein. Zunächst wurden Steuerprivilegien in Ungarn aufgehoben und damit die Voraussetzung für einen freien Warenverkehr zwischen den Ländern der Donaumonarchie geschaffen. Bruck erweiterte sein Ressort zum »Ministerium für Handel, Gewerbe und öffentliche Bauten«, richtete Zentralstellen für Eisenbahn-, Wasser- und Straßenbau sowie für Kommunikation – den Betrieb der Eisenbahn, der Post und des Telegrafen – ein. Unter seiner Leitung wurde gegen Widerstände der Eisenindustrie und der Baumwollverarbeiter ein neuer, den Güteraustausch fördernder Zolltarif erarbeitet.

Ausmaß und Tempo der Reformen schienen manchen zu schnell, 1851 resignierte Bruck und ging zurück zum Lloyd nach Triest. Doch schon 1852 rief man ihn zurück, um ihn zu Verhandlungen mit Preußen über die Aufhebung von Handelsverboten und einen neuen Zolltarif nach Berlin zu entsenden. 1853 wurde ein Zollvertrag unterschrieben, der fast alle Ein- und Ausfuhrverbote aufhob und dem jeweiligen Partner die Meistbegünstigung einräumte. 1855 wurde Bruck Finanzminister in Wien und fand eine nahezu hoffnungslose Situation der Staatsfinanzen vor. Währung, Zölle, Eisenbahnen, Kreditwesen – in allen Bereichen versuchte Bruck Sanierungsmaßnahmen einzuleiten, der Ausbruch des Krieges mit Piemont und Frankreich machte fast alle seine Bemühungen zunichte. 1859 sollte ihm noch ein großer Wurf gelingen: Mit der Gewerbereform, die sein Freund Handelsminister Georg Graf von Toggenburg vorlegte, wurden die Zöpfe des Zunftwesens zur Gänze abgeschnitten, die wohl liberalsten wirtschaftlichen Rahmenbedingungen Europas in Österreich geschaffen.
Brucks Karriere fand 1860 ein abruptes Ende. Der verlorene Krieg hatte ungeheure Mittel verschlungen, Armeelieferanten hatten durch Bestechung hoher Militärs und Beamter Überpreise verrechnet und große Gewinne gemacht. Die Gerüchte erreichten immer höhere Kreise, die Generaldirektion der Credit-Anstalt, schließlich das Finanzministerium. Bruck wurde verhört. Ohne dass eine Beschuldigung erhoben worden wäre, entließ ihn der Kaiser aus dem Kabinett. Bruck nahm sich in der Nacht nach Erhalt des Entlassungsbriefes das Leben.
Die Lebensgeschichte eines der großen Wirt-

Einer der profiliertesten Wirtschaftspolitiker Österreichs: Karl Ludwig Freiherr von Bruck (1798–1860, Selbstmord), Gründer der Triester Börse und des Österreichischen Lloyd; 1848–1951 Handels-, 1855–1860 Finanzminister. Lithografie von Josef Kriehuber, 1849

Der Österreichische Lloyd, 1833 in Triest analog zum Londoner »Lloyd's« als Versicherungsanstalt gegründet, 1836 um eine Dampfschifffahrtsgesellschaft zur Verbindung der österreichischen Seehäfen mit der Levante erweitert, war 1914 eine der größten Reedereien der Welt. Farblithografie aus dem Jahr 1900

schaftsreformer Österreichs wird hier kurz dargestellt, weil sie in vielen Aspekten typisch ist für die Widersprüche in der Regierungszeit Franz Josephs, für das Ringen um Reformen. Die Hierarchien des Landes waren durchlässig genug, um einen Außenseiter – Ausländer, Protestant, Bürgerlicher – in führende Funktionen aufsteigen zu lassen, letztlich aber scheiterte er an einer Intrige des »Establishments«. Die Reformen wurden, anders als in der Stillstandsperiode des Vormärz, in der nachrevolutionären Periode mit Verve angegangen. Zahlreiche Widerstände nationaler und wirtschaftlicher Interessengruppen verzögerten aber ihre Wirksamkeit, einige wie die liberale Gewerbeordnung wurden wieder rückgängig gemacht. Die größten Hindernisse für die wirtschaftliche Entwicklung waren aber letzten Endes die zahlreichen Kriege, die die Finanzen des Staates zerrütteten, und die nationalen Konflikte, die allzu viele Kräfte banden.

Der Neoabsolutismus wird oft mit den Reformen von oben verglichen, die Joseph II. seinen Untertanen verordnete, und tatsächlich war die Mitte des 19. Jahrhunderts durch eine Reihe grundlegender Neuordnungen gekennzeichnet. Neben der Schaffung eines einheitlichen Wirtschaftsgebietes in der Monarchie waren es die Öffnung der Grenzen für den Wirtschaftsverkehr, die in der Gewerbeordnung festgeschriebene Erwerbsfreiheit, die Vereinheitlichung des Wirtschaftsrechts, der Ausbau des Kommunikationswesens und die Neuordnung der Bildungs- und Wissenschaftseinrichtungen, welche die wirtschaftlichen Rahmenbedingungen in Österreich fundamental veränderten, dem persönlichen Scheitern vieler ihrer Vorkämpfer zum Trotz.

Die kurze Blüte des Liberalismus

Die politischen Reformen blieben zunächst aus, letzten Endes waren sie jedoch die Frucht der wirtschaftlichen Rahmenbedingungen. Die Sanierung der Staatsfinanzen brachte so hohe Belastungen mit sich, dass man sich genötigt sah, eine Verfassung zuzugestehen und einen mit Budgethoheit ausgestatteten Reichsrat einzuberufen. Die wirtschaftlichen Erfolge ließen jedoch auf sich warten, die ersten Jahre des Konstitutionalismus waren überschattet von den Sanierungslasten und einer internationalen Konjunkturschwäche. Die passive Haltung der Regierung – im Gegensatz zur interventionistischen ihrer Vorgänger – trug wenig zur Besserung der Lage bei. Der Höhepunkt der Krise war mit Königgrätz erreicht, der Niederlage Österreichs im Kampf mit Preußen um die Vorherrschaft im Deutschen Bund.

Karikatur auf die von ausländischen Kapitalisten manipulierte Industriepolitik, 1865

Der Ausgleich mit Ungarn 1867 definierte auch die wirtschaftlichen Rahmenbedingungen der Doppelmonarchie, allerdings nur für den kurzen Zeitraum von zehn Jahren. Dies und die immer neu aufflammenden nationalen Streitigkeiten, vor allem mit den eine ähnliche Stellung wie die Ungarn anstrebenden Tschechen, sollten in den letzten Jahrzehnten der Monarchie immer wieder Unruhe in das politische und wirtschaftliche Gefüge tragen, die industrielle Dynamik des Landes dämpfen.

Doch zunächst begann ein unerhörter wirtschaftlicher Aufschwung. Im 1867 wieder einberufenen Reichsrat wie in der Regierung gaben die Liberalen den Ton an. Neue Handelsverträge wurden abgeschlossen, die Ausfuhr industrieller Güter stieg stark an, gute Ernten erhöhten die Inlandsnachfrage, ein Ansteigen der Kurse an der Börse und das Ende der Kreditnot leiteten die »Gründerzeit« ein. Neue Wirtschaftsgesetze wurden geschaffen – so wurden Budget und Staatsschuld rechtlich neu geordnet, die Grundsteuer wie die bäuerliche Erbfolge reformiert, der Kreditverkehr erleichtert, eine neue Konkursordnung erlassen, den Interessenvertretungen der Unternehmer Anhörungs- und Mitwirkungsrechte eingeräumt. Der frühere Handelsminister Albert Schäffle stellte fest, dass das Abgeordnetenhaus wie eine Aktionärsversammlung agiere und die Regierung wie ihr Verwaltungsrat, ein Urteil, das um die Wende vom 20. zum 21. Jahrhundert in vielen Ländern wieder an Aktualität gewonnen hat.

Mit dem Börsenkrach des Jahres 1873 verwelkte auch die Blüte des Liberalismus in Österreich. Das gesamte Finanzwesen Öster-

reichs war diskreditiert, die Folgen der Krise viele Jahre lang wirtschaftlich, noch länger atmosphärisch spürbar. Das Ende des politischen Liberalismus läutete die Regierungsübernahme durch Eduard Graf Taaffe ein, dessen Kabinett konservative und klerikale Kräfte repräsentierte. Die Träger des Liberalismus, das deutsche und jüdische Großbürgertum, wurden auch mehr und mehr von den erstarkenden nationalen Strömungen angegriffen. Eine immer weiter gehende Rücknahme der Erwerbsfreiheit, beginnend mit der neuen Gewerbeordnung 1883, und Regulierungen für landwirtschaftliche Produkte entsprachen einer neuen Ausrichtung der wirtschaftspolitischen Rahmenbedingungen.
Die Industrie reagierte vielfach mit Absprachen über Produktionsmengen, Absatzgebiete und Preise auf diese Veränderungen, mit Forderungen nach Schutz vor internationaler Konkurrenz und dort, wo er nicht zu erhalten war, mit grenzüberschreitenden Absprachen. Zwar konnten solche Vereinbarungen aufgrund der Bestimmungen des Koalitionsgesetzes aus dem Jahr 1870 nicht eingeklagt werden, aber die Kartellmitglieder behalfen sich mit der Einrichtung von Schiedsgerichten und dem Ausschluss des Zivilrechtsweges. Eine Neufassung der Zivilprozessordnung untersagte solche Vereinbarungen.
Die Politik verbot also die Kartellierungen nicht, sie suchte jedoch ihre Durchsetzung im Konfliktfall zu verhindern. In der Praxis bedeutete dies, wie Andreas Resch in seiner Habilitationsschrift ausführt, die Gewährung eines großen Spielraums für die Gerichte. Ihre Spruchpraxis entwickelte sich unter dem Eindruck der deutschen Rechtsentwicklung in eine »kartellfreundlichere« Richtung. Zum Teil wurde dies damit begründet, dass ein industrieller Nachzügler wie Österreich sich nicht an die Spitze der Wettbewerbsgesetzgebung zu setzen brauche.
In engstem Zusammenhang damit ist wohl auch die Zollgesetzgebung zu sehen, die von Anfang an durch wirtschaftliche wie nationale Gegensätze charakterisiert war. Die ungarische Reichshälfte stand unter dem Einfluss agrarischer Interessen im Lager der Befürworter von Schutzzöllen, ebenso wie die Vertreter der Grundstoffindustrie. Weiterverarbeitende Betriebe wie Endverbraucher befürworteten naturgemäß die Reduktion von Handelshemmnissen.
Trotz wachsender Widerstände gegen Kartelle und Schutzzölle und vehementer Demonstrationen gegen die Teuerung konnten sich die Befürworter der Schutzzölle durchsetzen. Ähnliches gilt für die Kartellpolitik. In den USA wurde bereits 1890 mit dem »Sherman Antitrust-Act« ein erstes Kartellgesetz beschlossen, in Österreich hingegen wurde zwar eine interessante rechtspolitische Debatte geführt, in der Praxis entfernte man sich in der Zeit vor dem Ersten Weltkrieg vom Gedanken einer Einschränkung von Unternehmensabsprachen. Zur Beschlussfassung eines Kartellgesetzes kam es in Österreich erst im Jahr 1951!
Die Entwicklung der weiterverarbeitenden Industrien dürfte weniger durch steuerliche Diskriminierung der Kapitalgesellschaften als durch die hohen Einfuhrzölle behindert worden sein. Seit 1867, als dem Reichsrat die Kompetenz über die Erhebung von Steuern eingeräumt worden war, waren die direkten Steuern bis zum Jahr 1913 auf das Dreifache, die Einnahmen aus Zöllen jedoch auf das Sechsfache angestiegen. In Relation zu den Gesamteinnahmen der österreichischen Reichshälfte machten die Zölle, Gebühren aller Art und Verzehrungssteuern im Jahr 1913 mehr als die Hälfte, die direkten Steuern bloß 28 Prozent aus.

Organisierter Kapitalismus

Wie bereits im Kapitel über Banken und Industriefinanzierung ausgeführt, kam den Finanzinstitutionen in Österreich aufgrund ihres umfangreichen Beteiligungsportefeuilles deutlich mehr Verantwortung für die industrielle Entwicklung zu als den Banken in anderen europäischen Ländern. Sie waren es, die mittels ihres Anteilsbesitzes, durch Kreditgewährungen sowie über personelle Verflechtungen den Grad an »Organisation« im Wirtschaftssystem Österreichs wesentlich erhöhten. Darin ist vielleicht auch der Schlüssel für die Tatsache zu finden, dass aktive Wettbewerbspolitik bis zum Ende des 20. Jahrhunderts niemals im Fokus der wirtschaftspolitischen Debatten oder gar Maßnahmen stand. Eine Vielzahl von Kartellen wurde noch in der zweiten Hälfte des 20. Jahrhunderts registriert, wobei sich die Kartellgesetzgebung und ihre Handhabung im wahrsten Sinne des Wortes auf die Registrierung beschränkten.

So ist es auch erklärbar, dass 1914 der Übergang in die Kriegswirtschaft gerade in Schlüsselbereichen der Industrie zunächst kaum eine qualitative Veränderung mit sich brachte. »Trotz der aufs Geratewohl erfolgten Errichtung von der Kriegsmobilisierung dienenden Organisationen durch Zivilregierung und Militär wurde de facto eine Zentralisierung der Bemühungen durch die frühzeitig von militärischer Seite erfolgte Zusammenfassung von Rohstoffen und deren Verarbeitung in einer von wenigen Großfirmen beherrschten Industrie erzielt.« So urteilt Robert J. Wegs über die österreichische Kriegswirtschaft. Die unerwartet lange Dauer des Krieges führte dann zu großen Anstrengungen, die Engpässe in der Versorgung der Front wie der Bevölkerung zu beheben, was nicht nur angesichts der »Parallelaktionen« ziviler und militärischer Stellen sowie in der österreichischen und ungarischen Reichshälfte zu dauernden Konflikten führte. Vor allem der Zusammenbruch des Verkehrssystems im letzten Kriegsjahr war die Ursache katastrophaler Verteilungsmängel.

Die wachsenden sozialen Spannungen sollten durch erstmalige Beteiligung gewerkschaftlicher Interessenvertreter an der Verwaltung des Mangels und der Arbeitsorganisation eingedämmt, Wucher durch Preiskontrollen verhindert werden. Beide Zielsetzungen konnten angesichts des Kriegsverlaufs und der spürbar werdenden Zerfallstendenzen der Monarchie nur teilweise erreicht werden.

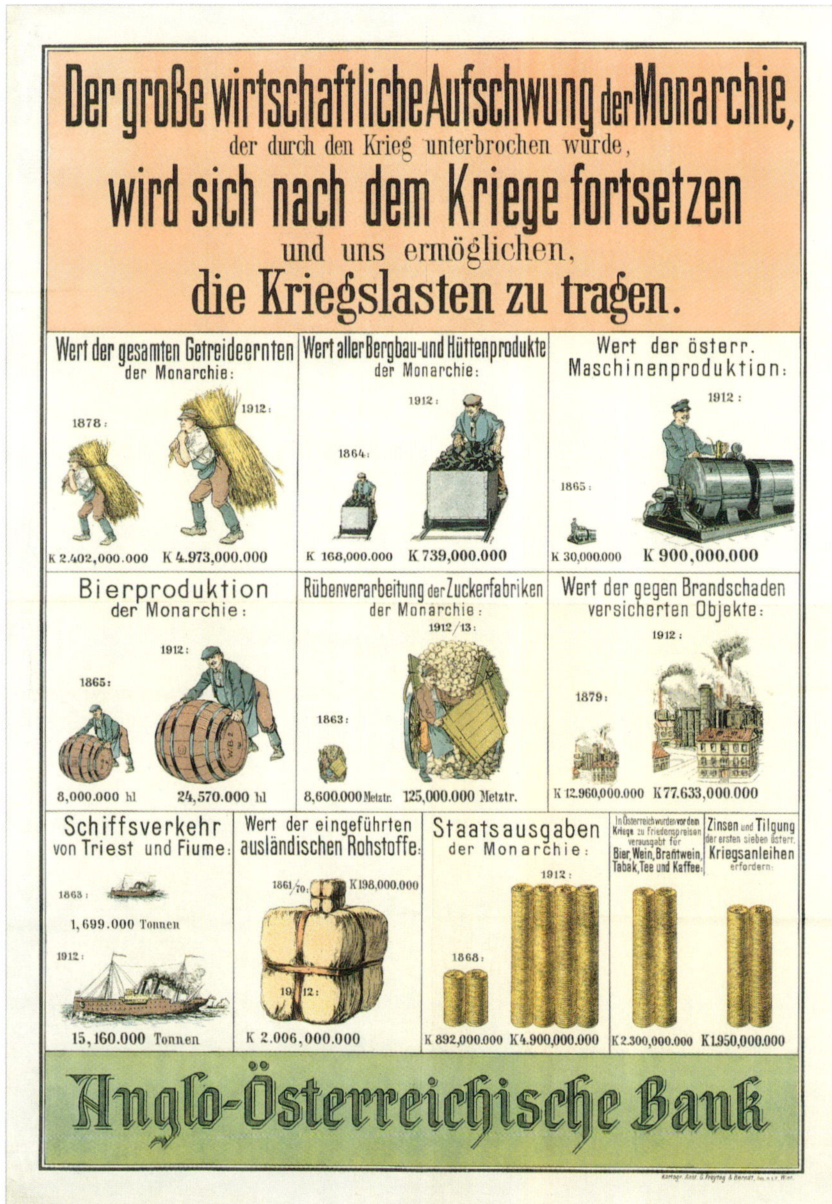

Werbeplakat für Kriegsanleihen, das die wirtschaftliche Leistungsfähigkeit und Entwicklung der Habsburgermonarchie beweisen sollte, 1915

Industrieller Niedergang

Niederlage und Aufteilung der Habsburgermonarchie in die neuen Nationalstaaten veränderten die Rahmenbedingungen für die nunmehr »deutsch-österreichische« Industrie radikal. Zunächst war es aber der allgemeine Mangel an Rohstoffen, Energie und Lebensmitteln, der den wirtschaftlichen Wiederaufbau behinderte. Der Verlust von Kapazitäten, die arbeitsteilig funktioniert hatten, durch Handelshemmnisse oder Nostrifizierungen, die Einengung des Heimatmarktes und auch die Abwanderung von Schlüsselkräften aus den industriellen Zentren in ihre neuen Heimatländer war lange Jahre spürbar. Dazu kamen auch mentale Hindernisse, nur wenige glaubten an die Lebensfähigkeit jenes Gebildes, das bei der Aufteilung der Monarchie »übrig geblieben« war. Durch ein Netz von Handelsverträgen mit den Nachfolgestaaten versuchte die österreichische Regierung seit Ende 1919 die negativen Folgen des Marktverlustes zu mildern, was bis 1923 im Wesentlichen auch gelang.

Zwar zerstoben die Sozialisierungspläne, die von manchen Industriellen wohl als Bedrohung angesehen worden waren, wie auch die Furcht vor einer Revolution bolschewistischen Zuschnitts relativ bald, die galoppierende Inflation einerseits wie die hohen Belastungen der Sanierung andererseits waren aber nicht dazu angetan, ein Klima industriellen Wachstums zu erzeugen. Die Banken widmeten sich in ihrer Mehrzahl weniger dem Wohlergehen ihrer Industriebeteiligungen als der Währungsspekulation, von der man sich raschere und mühelosere Gewinne erhoffte. Die Regierungspolitik war nicht auf Initiativen oder Interventionen zugunsten der Industrie ausgerichtet. Zum einen war dies auf ordnungspolitische Vorstellungen zurückzuführen, zum anderen auf das politische Gewicht des gewerblichen Mittelstandes, der vielfach in der Industrie die Bedrohung der eigenen Existenz erblickte. Schließlich soll nicht unerwähnt bleiben, dass mit der zunehmenden Organisierung der agrarischen Interessen in den Landwirtschaftskammern, im Bauernbund wie im Landbund, eine industriellen Zielsetzungen nicht gerade freundlich gegenüberstehende Lobby entstanden war, die in der Bürgerblock-Regierung wachsenden Einfluss ausübte. Die Industrie beklagte jedenfalls des Öfteren und lebhaft die Ungleichbehandlung. Als Beispiel sei der 1932 eingeführte Krisenzuschlag zur Umsatzsteuer angeführt, der bei der Landwirtschaft lediglich pauschal eingehoben wurde, aber die gewerbliche und industrielle Gütererzeugung voll traf. Dies führte im September 1932 sogar zu einer Kontroverse im Ministerrat zwischen Bundeskanzler Dollfuß, der gleichzeitig das Landwirtschaftsressort innehatte, und dem Handelsminister Guido Jakoncig.

Industriepolitik beschränkte sich in dieser Periode im Wesentlichen auf defensive Maßnahmen, sei es das Krisenmanagement rund um die Banken mit ihren umfangreichen Industrieinteressen, sei es die Erlassung von Importverboten, die neben der Landwirtschaft auch bestimmte Erzeugungen schützten. So wurden neben Einfuhrverboten für viele landwirtschaftliche Produkte im Jahr 1932 auch Einfuhrverbote für Baumwollgarne, Sperrholzplatten, Jagdgewehre, fotografische Postkarten, Knöpfe aus Steinnuss und Bleistifte erlassen.

Die von der Regierung – vor und nach der Beseitigung der Demokratie – ergriffenen Maßnahmen zur Arbeitsbeschaffung waren halbherzig und auf wenige, größere Bauprojekte konzentriert.

Schulden machen für den Krieg

Die rasche Beseitigung der Arbeitslosigkeit nach der Annexion Österreichs durch Hitler-Deutschland ist seiner Eingliederung in das deutsche Rüstungsprogramm zuzuschreiben. Felix Butschek zeigt in seiner Studie »Die österreichische Wirtschaft 1938 bis 1945«, dass schon der deutsche Aufschwung im Wesentlichen auf die vervielfachten Rüstungsausgaben zurückzuführen war. 1932 wurden 720 Millionen Reichsmark für Rüstung ausgegeben, 1938 waren es 15,5 Milliarden! Alle anderen Ausgabensteigerungen für Verkehr, Wohnbau und Versorgungsbetriebe blieben

Experiment »Ständestaat«: als Staat der Stände und Berufsgruppen, nicht mehr als Staat der Parteien. Festzug der Stände über den Wiener Rathausplatz, 1. Mai 1934, in berufstypischer Kleidung, im Bild die Gruppe der Hutmacherinnen

weit hinter dieser Steigerung zurück. Finanziert wurde dies durch ein ungeheures Ansteigen der Verschuldung des Staates – finanziert vor allem durch die Notenbank. Deshalb kam die Beschlagnahme der österreichischen Gold- und Währungsreserven gerade zum richtigen Zeitpunkt. Ebenfalls nicht ungelegen kamen auch die Raubzüge an jüdischem Vermögen im »Altreich«, die nunmehr in hohem Tempo auf die »Ostmark« ausgedehnt wurden, wie im Kapitel über den erzwungenen Eigentümerwechsel dargestellt wird. Im ersten Jahr nach dem »Anschluss« schnellten die Investitionen für kriegswichtige Infrastruktur in Österreich hinauf, die Eisen- und Stahlindustrie profitierte von einer kräftigen Steigerung der Nachfrage.

Nach Kriegsausbruch wurden die Ölförderung (1937: 33.000 Tonnen, 1944: 1,2 Millionen Tonnen), die Eisen- und Stahlerzeugung und die Aluminiumproduktion zugunsten anderer Industriezweige forciert, insgesamt stieg die Industriebeschäftigung in der »Ostmark« stärker als im »Altreich«. Einer der Hauptgründe war die geografische Lage des Landes. Nach zunehmenden Bombardements der reichsdeutschen Rüstungskapazitäten wurde die Erzeugung kriegswichtiger Teile in den »Reichsluftschutzkeller« verlagert. Im Rahmen einer zentralen Steuerung durch das »Ministerium für Bewaffnung und Munition« unter Albert Speer wurden in der »Ostmark« neue Rüstungsbetriebe errichtet und zahlreiche Zivilbetriebe auf Kriegsproduktion umgestellt.

Reichswerke »Hermann Göring«, Linz, später VÖEST. Spatenstich durch Hermann Göring am 13. Mai 1938

Reichswerke »Hermann Göring«, später VÖEST, Zerstörung der Benzolanlage nach dem amerikanischen Bombenangriff am 25. Juli 1944

Wiederaufbau nach 1945: Das Tabakmonopol war eine der wichtigsten Einnahmequellen für den Staatshaushalt, war aber durch Schwarzmarkt und ausländische Zigaretten massiv beeinträchtigt. Plakat, Entwurf 1946, Atelier Koszler

Wiederaufbau und beginnende Prosperität

Das Vorkriegs-Niveau der industriellen Produktion wurde nach 1945 trotz der umfangreichen Zerstörungen verhältnismäßig bald erreicht. Dazu muss aber einschränkend bemerkt werden, dass das Niveau des Jahres 1937 auch relativ niedrig war. Für die Grundstoffindustrie und die Infrastruktur wurden sektorale Pläne entwickelt, die den Kern einer umfassenderen, planvollen Entwicklung der Wirtschaft bilden sollten. Die Sektor-Pläne wurden bald von der Realität übertroffen, gesamtwirtschaftliche Planungen nicht einmal im Ansatz entwickelt.

Aufgrund des Kapitalmangels und der trotz einsetzender ERP-Hilfe für Investitionen unzureichenden Ausstattung der Industrie mit Maschinen und Ausrüstungen hinkte die Produktivität hinterher. Mit dem so genannten Raab-Kamitz-Kurs wurde versucht, trotz restriktiver Budgetpolitik durch Steuervergünstigungen für Unternehmen, insbesondere durch die »vorzeitige Abschreibung« die private Investitionstätigkeit anzukurbeln. Die Restriktionen ließen die Arbeitslosigkeit jedoch stark ansteigen und dämpften das reale Wachstum. Bis zum Jahr 1954, ein Jahr vor dem Staatsvertrag, sollte es dauern, bis die »Take-off-Periode« der Industrie voll einsetzte. In diesem Jahr stieg das Volkseinkommen real um 9 Prozent, 1955 um nahezu 12 Prozent an. In den kommenden Jahren entwickelten sich auch Außenhandel und Fremdenverkehr, neben der gestiegenen Binnennachfrage wesentliche Faktoren für Prosperität und industrielles Wachstum, für das »österreichische Wirtschaftswunder«.

Politische und wirtschaftliche Krisen erzwingen Eigentümerwechsel

Eine der Schwächen der österreichischen Industriestruktur, die bis in die Gegenwart fortwirkt, ist das Fehlen großer, multinationaler Unternehmen mit Konzernzentralen in Österreich. Zweifellos sind dafür eine Reihe von Faktoren maßgeblich, unter anderem die Größe des Heimmarktes. Weltkonzerne mit Sitz in der Schweiz, in Belgien, in den Niederlanden, in Schweden – hinsichtlich Bevölkerung und Marktgröße mit Österreich vergleichbare Länder – illustrieren, dass wohl auch andere Gründe für diese Entwicklung verantwortlich sind.
Einer dieser Gründe ist in den zahlreichen Einschnitten im politischen wie wirtschaftlichen Leben zu finden, die das Jahrhundert nach 1848 geprägt haben. Im Folgenden werden vor allem die durch politische Umbrüche ausgelösten Eigentümerwechsel in Industrieunternehmen dargestellt. Zur Komplettierung des Bildes wird kurz auch auf den wirtschaftlichen »Zwang« – Krisenfolgen, Konzentrationstendenzen – eingegangen, der allerdings jede Marktwirtschaft prägt.

Hin und Her bei der Eisenbahn

Jener Wirtschaftszweig, der am stärksten durch Diskontinuität der Eigentumsverhältnisse geprägt ist, ist zweifellos das Eisenbahnwesen. Er zählt zwar nicht unmittelbar zum industriellen Bereich, wegen seiner großen Bedeutung für die industrielle Entwicklung und die Existenz industrieller Fertigungen im Rahmen der Eisenbahnbetriebe soll hier aber kurz das Hin und Her zwischen Staat und privat dargestellt werden. Bald nach dem Bau der ersten Privatbahnen musste der Staat nach einer Reihe von Krisen und Fehlspekulationen eingreifen. 1841 wurde ein staatliches Programm für den Eisenbahnbau beschlossen, die Staatseisenbahn kaufte Strecken auf um Lücken zu schließen, beispielsweise die über den Semmering. Die nächste Finanzkrise traf das Budget, daher verfügte das Eisenbahnkonzessionsgesetz aus dem Jahr 1854 die Überlassung staatlicher Eisenbahnen an Private. Nach der Krise 1873 kam der private Bahnbau aber wiederum zum Erliegen, 1875 wurde erneut ein staatlicher Eisenbahnausbau beschlossen und die meisten privaten Linien wurden ab 1877 sequestriert, also verstaatlicht. 1913 waren 82 Prozent der Linien in der österreichischen Reichshälfte im Betrieb der staatlichen Eisenbahnverwaltung. 1913 machten die Ausgaben für die Eisenbahn – für den Neubau wie für die Entschädigungen Privater – mit 24 Prozent des Ausgabenvolumens den größten Posten im Budget der österreichischen Reichshälfte aus. Seither waren die Eisenbahnen Österreichs Gegenstand zahlreicher Reorganisationen, doch staatliches Eigentum dominiert bis in die Gegenwart.

Zerstörung und Innovation

Es ist ein österreichischer Nationalökonom, Joseph A. Schumpeter, der den schöpferischen Charakter der Zerstörung, die Diskonti-

Pfändung von Getreide, um 1935. Die Weltwirtschaftskrise traf Banken, Industrie, Fremdenverkehr und auch die Land- und Forstwirtschaft.

nuität wirtschaftlicher Aktivitäten als Grundlage eines innovativen Kapitalismus ansieht. Die widersprüchliche Epoche nach der Niederschlagung der bürgerlichen Revolution – Absolutismus gepaart mit Wirtschaftsliberalismus – mag als Beispiel für diese These dienen. In dieser Zeit wurden in einem wirtschaftlichen Konzentrationsprozess ohnegleichen Existenzen von Unternehmern, die bisher den zünftischen Schutz ihrer Gewerbe genossen hatten, zerstört. Andererseits entstand fast die Hälfte der von Franz Mathis untersuchten österreichischen Großunternehmen zwischen 1841 und 1900. Mittel- und kleinbetrieblich organisierte Branchen – wie die Seidenindustrie in Wien oder die vielen kleinen Eisenerzeuger in den Alpenländern – verschwanden und neue entstanden, beispielsweise die Elektroindustrie.

Die erste massenhafte Enteignung von Anlegern brachte die Krise des Kapitalmarktes im Gefolge des »Schwarzen Freitags«, des 9. Mai 1873, nachdem die Spekulationsblase des Aktienmarktes geplatzt war. Rettungsversuche halfen wenig, die Kurse fielen ins Bodenlose, Herbert Matis veranschlagt die Verluste bis Ende 1873 auf 1,5 Milliarden Gulden. Die Krise erfasste die gesamte Volkswirtschaft, der Staat richtete so genannte »Vorschusskassen« ein, um den notleidenden Gewerbebetrieben zu helfen. Der Kaiser selbst musste einspringen, er verzichtete auf Feiern zum 25-jährigen Thronjubiläum und führte die dafür gewidmeten Beträge einem Unterstützungsfonds zu. Das Vertrauen des Publikums in den Aktienmarkt blieb aber für längere Zeit zerstört.

Weltkrieg und Zerfall des Reiches

Der Erste Weltkrieg brachte mit der »Militarisierung« der Betriebe und durch kriegswirtschaftliche Verordnungen verschiedenster Art zwar massive Eingriffe in die Verfügungsmacht der Unternehmen, durch umfangreiche Kartellierungen zahlreicher Branchen waren aber solche Eingriffe auf privatwirtschaftlicher Ebene bereits geprobt worden, große Teile des österreichischen Kapitalismus waren »organisiert«. Der wahrscheinlich schärfste kriegswirtschaftliche Eingriff betraf nicht die Industrie, sondern den städtischen Immobilienbesitz durch die Einführung der Preisregelung für Mieten, den »Mieterschutz«.

Der Zusammenbruch der Doppelmonarchie stellt den zweifellos tiefsten Einschnitt in der Entwicklung der österreichischen Industrieunternehmen dar. Die Inflation zerstörte die Spareinlagen breiter Bevölkerungsschichten, die zur Finanzierung des Krieges aufgelegten Anleihen waren kaum mehr das Papier wert, auf dem sie gedruckt worden waren. Die Aufteilung des Staatsgebietes stellte viele Unternehmen vor existenzielle Probleme. Ein- und Ausfuhrverbote, Kontingente und Zölle türmten sich als Hindernisse zwischen Betrieben auf, die bisher im Rahmen eines Unternehmens ihre Arbeit geteilt hatten.

In den Auseinandersetzungen unter den Völkern der Habsburgermonarchie, insbesondere zwischen Tschechen und Deutschsprachigen, war seit längerem die Frage des Eigentums an den größeren Wirtschaftsbetrieben Konfliktstoff gewesen. Politische und wirtschaftliche Selbstständigkeit wurden in zunehmendem Maße als zwei Seiten einer Medaille gesehen. Die Tschechen bemühten sich, durch gezielte Gewerbeförderung, ein nationales Gewerbeschulwesen und die Gründung ökonomischer Gesellschaften die Dominanz österreichischer und reichsdeutscher Einflüsse zu brechen. »Angewiesen auf ihre eigenen Kräfte, ohne engere Verbindung kämpften die Slowaken gegen den magyarischen Druck an, die Tschechen wieder gegen den Druck des deutschen Nationalismus, wobei beiden der Staatsapparat in Budapest und in Wien unter der Devise einer zweckmäßigen Regelung der modernen Staatsverwaltung dienstbar ist, die in Ungarn dabei allerdings nur die Verschleierung der alten feudalen Kräfte, in Wien so-

Czakowitzer Zuckerfabrik Schoeller & Comp., Fabriksgebäude um 1900. Der österreichische Auslandsbesitz ging durch den Zerfall der Habsburgermonarchie und die kommunistischen Enteignungen nach 1945 weitgehend verloren.

dann der neuen Macht des Finanzkapitals war.« So sieht eine 1937 gezogene Bilanz in der Festschrift zum zehnjährigen Bestand der tschechoslowakischen Nationalbank aus.

Dem standen deutschnationale Kreise gegenüber, die ernsthaft die Meinung vertraten, dass »der Deutsche … rückhaltlos gibt und wieder gibt, der Slawe aber nur zu nehmen versteht; wie der Deutsche in Wirklichkeit und in der Tat nicht nur für Öesterreichs Großmacht sorgt und schafft, und allein dieselbe noch erhält, der Slawe aber nur das Hindernis der … Weiterentwicklung und des Mitschritthaltenkönnens Öesterreichs … bildet.« So urteilt ein Anonymus in der Schrift »Das Deutschtum im Wirtschaftshaushalte Österreichs« im Jahr 1905.

Karl Bachinger und Vlastislav Lacina schätzen, dass vor dem Ende des Ersten Weltkriegs rund 43 Prozent der Industriebeschäftigten der Monarchie auf die später von der ČSR eingenommenen Gebiete und rund 23 Prozent auf das spätere Restösterreich entfielen. Angesichts der beherrschenden Rolle der großen Wiener Banken in der Industrie der Donaumonarchie war in Prag ein Gefühl der allzu großen Abhängigkeit von der Zentrale des Reiches entstanden.

In der ČSR wurde Ende 1919 ein »Nostrifizierungsgesetz« verabschiedet, das zwar keine Enteignungen vorsah, jedoch eine Stärkung des Standorts durch die Verselbstständigung tschechoslowakischer Zweigbetriebe und die Führung dieser Unternehmen durch einen in der ČSR ansässigen Generaldirektor und einen Verwaltungsrat, der zumindest zur Hälfte mit tschechoslowakischen Staatsbürgern beschickt werden musste. Mehr als 200 Gesellschaften mit einem Drittel des gesamten Aktienkapitals der ČSR waren davon betroffen, unter anderem die Škoda-Werke, Zuckerfabriken der Schoeller-Gruppe und die Berg- und Hüttenwerksgesellschaft. Auch in Rumänien, Jugoslawien und Polen kam es zu Nostrifizierungen, die jedoch geringen Einfluss auf die Besitzstände österreichischer Industrien oder Banken hatten.

Der Kapitalmangel in den Nachfolgestaaten führte in manchen Fällen, etwa bei Škoda und bei der Berg- und Hüttenwerksgesellschaft, dazu, dass diese Unternehmen in die Hände anderer Ausländer – in diesem Fall französischer Konzerne – fielen. Ein Teil der Konzernbetriebe österreichischer Banken vermochte sich durch formale oder tatsächliche Hereinnahme ausländischer Eigentümer der Nostrifizierung zur Gänze entziehen. Die Schrift »Ein Jahrhundert Creditanstalt-Bankverein« stellt dazu verklausuliert fest: »Insoweit die wirtschaftlichen Zusammenhänge über die neuen Grenzen hinausgingen und ihre Aufrechterhaltung wünschenswert erschien, wurde auch im Wege neuer Reorganisationsformen (Holdings) die Neuordnung bestimmter Wirtschaftszweige in die Wege geleitet. Das galt vor allem für die Textilindustrie, für die Holz- und holzverarbeitenden Industrien.« Als Beispiele werden der Färbereien und Druckereien Trust in Chur für die Betriebe der Vereinigten Färbereien, der Tarbouches Trust für die Fezfabriken sowie die Mundus Zürich für die gleichnamigen Bugholzfabriken genannt.

Sozialisierung in Österreich

Der Zusammenbruch der Donaumonarchie war Ergebnis einer nationalen wie sozialen Erhebung gegen die alten Mächte. Der Sieg der bolschewistischen Revolution in Russland und die unerträglichen sozialen Zustände in Deutschland und Österreich gaben revolutionären Stimmungen Auftrieb. Arbeiterräte entstanden, die Sozialisierung der Industrie, des Bergbaus, des Großgrundbesitzes wurde gefordert.

Bereits am 14. März 1919 wurde ein Rahmengesetz über die Sozialisierung durch die Nationalversammlung verabschiedet, das Enteignungsmaßnahmen, die Errichtung öffentlich-rechtlicher Körperschaften zur Verwaltung der enteigneten Vermögen, die Vertretung der Arbeiter und Angestellten in der Leitung dieser Betriebe sowie die Errichtung einer Sozialisierungskommission vorsah.

Unmittelbares Ergebnis dieser Kommission waren vier Gesetzentwürfe, welche die Einrichtung von Betriebsräten, von gemeinwirtschaftlichen Unternehmen und die Enteignung sowie Kommunalisierung von Wirtschaftsbetrieben regeln sollten und im April der Nationalversammlung vorgelegt wurden.

Gemeinwirtschaftliche Unternehmen sollten grundsätzlich in zwei Rechtsformen organisiert werden: in gemeinwirtschaftlichen Anstalten und in Gesellschaften gemeinwirtschaftlichen Charakters. Die Erstere war für Unternehmen bestimmt, die zur Gänze sozialisiert werden sollten, die Letztere stellte eine Mischform von privatem Kapital und sozialisierten Unternehmensanteilen dar.

Die Regierung beschloss am 21. Mai 1919 ein Sozialisierungsprogramm, das die Überführung in gemeinwirtschaftliche Unternehmen für die Wirtschaftszweige Großeisenindustrie, die Forstwirtschaft, den Kohlenbergbau, den Großhandel mit Kohle sowie die Elektrizitätswirtschaft vorsah. Der erste Sozialisierungsversuch erwies sich als Fehlschlag: Die Österreichisch-Alpine Montangesellschaft ging an italienische Aktionäre. Näheres wird dazu im Kapitel über die Eisen- und Stahlindustrie ausgeführt.

De facto wurden nur wenige gemeinwirtschaftliche Anstalten und gemischtwirtschaftliche Gesellschaften gegründet. Mit dem Ende rätedemokratischer Experimente in Ungarn und Bayern und der Konsolidierung der bürgerlichen Parteien gerieten die Befürworter der Vergesellschaftung von Produktionsmitteln in die Defensive. Im Rahmen der »Sach-Demobilisierung«, also der Überführung kriegswirtschaftlicher Vermögensteile in zivile Verwendung, wurden so genannte militärärarische Betriebe, also Staatsbetriebe, die der Militärverwaltung unterworfen waren, in gemeinwirtschaftliche Anstalten umgewandelt. Die Schuh-Gewa und die Heilmittelstelle waren die ersten im Herbst 1919 eingerichteten Betriebe dieser Art. An der für militärische Zwecke in Brunn errichteten Schuhfabrik beteiligten sich die Konsumgenossenschaften über ihre Großeinkaufsgesellschaft sowie die

Landwirtschaftliche Warenverkehrsstelle. In der Heilmittelstelle wurden Verteilungs- und Erzeugungskapazitäten von Militärstellen und zivilen Krankenhäusern in Wien zusammengefasst.

Der große Militärbetrieb im Wiener Arsenal wurde in der ersten Nachkriegszeit von den Staatlichen Industriewerken mehr schlecht als recht weitergeführt und sollte im Sommer 1920 an ein mehrheitlich privatisiertes Unternehmen – unter Führung der Credit-Anstalt – übergeben werden. Der Widerstand der Arsenalarbeiter gegen diese Privatisierung, unterstützt von Freier Gewerkschaft und Sozialdemokraten, hatte Erfolg: Im Februar 1921 wurden die Österreichischen Werke als gemeinwirtschaftliche Anstalt mit rund 3.000 Beschäftigten gegründet. Doch gelang es nicht, das Sammelsurium von Betrieben – auf dem Gelände unweit des Wiener Südbahnhofs befanden sich ein nicht fertig gestelltes Stahlwerk (!), Gießereien, eine Schmiede, Werkzeug- und Waffenfabriken, Tischlereien, eine Karosserie- und Wagenfertigung, eine Sattlerei und Lederverarbeitung, ein Kraftwerk, Versuchsanstalten etc. – auf die rentable Erzeugung von Zivilprodukten umzustellen. 1926 wurden Betriebsteile von der Gemeinde Wien übernommen, die Produktionspalette gestrafft und auf den Bedarf der Stadt Wien und den Russlandexport eingestellt. Die Reorganisation besorgte Hans Neubacher, damals Leiter der Gesiba, einer Wohnbaugesellschaft der Stadt Wien. Neubacher wurde später der erste Nazi-Bürgermeister Wiens, während des Krieges koordinierte er die Kriegswirtschaft in Südosteuropa.

Weitere Militärbetriebe wurden in Fischamend (Flugzeugfabrik) und in Puntigam bei Graz (Steirische Fahrzeugwerke) als gemeinwirtschaftliche Anstalten weitergeführt. Die Munitionsfabrik Wöllersdorf, die während des Krieges 40.000 (!) Menschen beschäftigt hatte, wurde vorerst mehrheitlich an ein privates österreichisches Konsortium, dann an die deutsche AEG, schließlich an ein Konsortium deutscher und österreichischer Gesellschaften verkauft. Diese teilten sich offenbar die Plünderung der reichen Rohstoffvorräte dieser Riesenfabrik, wie eine Vielzahl von Prozessen an den Tag brachte.

Die Sozialisierung war in Österreich ohne Eingriff in privates Eigentum über die Bühne gegangen, nach wenigen Jahren wurden die meisten Betriebe entweder geschlossen oder von der Stadt Wien übernommen. Weder hatte sich die Organisationsform bewährt, noch konnte das Experiment angesichts des politisch wie ökonomisch ungünstigen Umfelds erfolgreich sein.

Die Metallwerke Plansee, in der Hyperinflation nach dem Ersten Weltkrieg gegründet, 1938 »arisiert«, nach 1945 wieder zurückgestellt, Werksansicht 1928

Von der Banken- zur Weltwirtschaftskrise

Die galoppierende Inflation nach dem Ersten Weltkrieg hatte einige Akteure zu Superreichen gemacht. Der rasche Aufstieg von Camillo Castiglioni oder Sigmund Bosel in Wien zu Wirtschaftsmagnaten lässt sich vielleicht mit dem Aufstieg der »Oligarchen« im heutigen Russland vergleichen. Sie beherrschten mittels eines undurchschaubaren Geflechts von Bank- und Industriebeteiligungen im In- und Ausland große Teile der Wirtschaft, durch Beteiligung an Zeitungen auch Teile der veröffentlichten Meinung. Die Atmosphäre war auf den raschen Gewinn, die Spekulation, nicht auf die mühsam erarbeiteten Erfolge mit Sachinvestitionen oder neuen Produkten gerichtet. Zunächst brachen – Mitte der Zwanzigerjahre – infolge von Fehlspekulationen und Korruption eine Reihe von Banken zusammen.

Die Weltwirtschaftskrise traf Österreich besonders hart. Nun gerieten auch die größten Banken an den Rand des Abgrunds, langfristige Ausleihungen standen kurzfristigen Depots gegenüber, jeder Vertrauensverlust der Anleger musste in eine Situation führen, in der nur mehr der Staat und die Notenbank helfen konnten. Durch die enge Verknüpfung des Finanzsektors mit der Großindustrie schlug die Krise rascher und stärker als anderswo auf den Realsektor der Wirtschaft durch. Der Kurssturz an den Börsen verursachte neue Verluste, die nicht nur Spekulanten in den Ruin trieben, sondern auch kleine Anleger um ihre Ersparnisse brachten. Die Massenarbeitslosigkeit und die Deklassierung breiter Schichten – Unternehmer, Akademiker und Angestellte – waren der Nährboden für politische Bewegungen, die mit dem vermeintlich schuldigen »System« auch gleich die Demokratie abschaffen wollten. 1933 wurde dieses Ziel erreicht, das Parlament ausgeschaltet, ein autoritäres Regime errichtet.

Antisemitische Parolen auf den Fenstern und Türen des Cafés Rembrandt in Wien nach dem »Anschluss« im März 1938

Enteignung von Arbeitskraft: Sklavenarbeit im KZ Mauthausen bei der Arbeit im Steinbruch

Der große Raubzug

Die Dollfuß-Diktatur beschlagnahmte nach der Zerschlagung der Arbeiterbewegung im Februar 1934 deren Vermögenswerte, darunter die Arbeiterbank und die Produktionsunternehmen der Konsumgenossenschaften. Nach dem Juliputsch der Nationalsozialisten wurde die Verfügungsmacht deutscher Konzernzentralen, beispielsweise in der Österreichisch-Alpine Montangesellschaft, durch Einsatz von Regierungskommissaren eingeschränkt.

Der größte Raubzug in der österreichischen Geschichte aber begann im März 1938, noch vor dem formellen »Anschluss« Österreichs an Hitler-Deutschland. Die zunächst »wilden

Arisierungen« betrafen naturgemäß kleine Handels- und Gewerbebetriebe und erregten bald den Unwillen der Zentralstellen in Berlin, die ein geordnetes Vorgehen bei der so genannten »Arisierung«, also bei der Enteignung jüdischen Besitzes, vorzogen. Das änderte nichts am Ergebnis für die Beraubten, denn die Regeln wurden von den Nazi-Behörden festgelegt, und das mit bürokratischer Gründlichkeit. So erließ das Ministerium für Wirtschaft und Arbeit 1938 Richtlinien für Wirtschaftsprüfer, die unter anderem ein Urteil enthalten sollten über die Frage »Wie groß ist der Wert des Unternehmens für den verkaufenden Juden unter Berücksichtigung des Umstandes, dass diesem eine gewinnbringende Weiterführung des Unternehmens nicht mehr möglich wäre (= Ablösesumme oder Sachwert)?« Zynischer als durch eine so geartete Anwendung des Ertragswertprinzips lässt sich Raub kaum darstellen. Im Februar 1939 wurde die »Arisierungs«-Bürokratie ungeduldig: »Die Notwendigkeit einer raschen Beendigung der Entjudung der ostmärkischen Wirtschaft erfordert unter anderem ein einheitlich ausgerichtetes Arbeiten der eingesetzten Prüfer. ... Die Vermögensverkehrsstelle wird deshalb in Zukunft nur jene Berichte akzeptieren, die in formaler Hinsicht einwandfrei sind ...«

Der Endbericht der von der österreichischen Bundesregierung eingesetzten Historikerkommission gibt Aufschluss über den Umfang dieser Aktionen. Rund 26.000 Betriebe aller Wirtschaftszweige wurden »arisiert«, inklusive der »wilden Arisierungen« dürften es 33.000 Betriebe gewesen sein. In der Praxis bedeutete die »Arisierung« entweder die Stilllegung des Betriebes (unter Übernahme von Lagerbeständen und Betriebsausstattung) oder die Übernahme durch einen in der Regel wohl dem Nazi-Regime ergebenen Konkurrenten. 1940 stellte die Vermögensverkehrsstelle Wien fest, dass von den behandelten »Arisierungsfällen« im Bereich der Industrie 170 Betriebe stillgelegt und 608 »arisiert« worden waren, 72 waren in Abwicklung befindlich und 83 noch zur weiteren Behandlung vorgesehen. Zahlreiche Großunternehmen, vor allem in den Bereichen Papier, Textil, Nahrungs- und Genussmittel, Baustoffe, Eisen- und Metallwaren sowie Maschinen wurden ihren Eigentümern geraubt.

Wie in der Praxis die Vorgangsweise gegenüber den Eigentümern aussah, enthüllt ein internes Dokument über die »Arisierung« der Hirtenberger Patronenfabrik:

»Unsere ursprüngliche Absicht war, Mandl beziehungsweise die Aktionäre zu enteignen beziehungsweise durch die Einleitung des Konkurses Hirtenberg wertlos zu machen.«

In diesem Fall hatte der von den Nazis als »Halbjude« eingestufte Fritz Mandl rechtzeitig ausländische Gesellschaften als Aktionäre eingesetzt, was die Übernahme durch die deutsche Wilhelm-Gustloff-Stiftung etwas komplizierter gestaltete. Etwas voreilig hatte der aus dem »Altreich« herbeigeeilte thüringische Gauleiter Fritz Sauckel in einer Betriebsversammlung diesen Eigentumsübergang be-

Gründung und Errichtung der Zellwolle Lenzing AG, 1938, Bauzustand Ende November 1938. Die Papier- und Zellstofffabrik am gleichen Standort wurde 1938 »arisiert« und die Zellwollfabrik von deutschen Investoren errichtet. Nach 1945 wurde die Papier- und Zellstofffabrik an die Familie Bunzl zurückgestellt, die Zellwollfabrik wurde als deutsches Eigentum beschlagnahmt und gelangte mehrheitlich an die Österreichische Länderbank.

reits als vollzogen dargestellt und die Arbeiter und Arbeiterinnen in Hirtenberg mit der »Wahrheit über das verbrecherische Judentum« konfrontiert, die in diesem Fall in Munitionslieferungen an die spanische Republik bestanden haben sollte. Besondere Glaubwürdigkeit verdient auch diese Behauptung nicht, war Mandl doch bekanntermaßen ein bedeutender Financier und Ausrüster der Heimwehr und verfügte über beste Verbindungen zum italienischen Faschismus und zum Horthy-Regime in Ungarn.

Von den 21 Aktienbanken wurden sechs liquidiert, fünf wurden reichsdeutschen Institutionen eingegliedert, darunter auch die Creditanstalt-Bankverein, die Länderbank, das Österreichische Credit-Institut, die Niederösterreichische Handels- und Gewerbebank sowie die Girozentrale. Freilich kam es nicht nur zur Beschlagnahme jüdischen Vermögens. Selbstverständlich gingen die Vermögenswerte des österreichischen Staates auf das Deutsche Reich über, so etwa die aus der Sanierung der Creditanstalt-Bankverein stammende Beteiligung an diesem Institut. Eines kam den neuen Herren besonders gelegen – der beträchtliche Goldschatz der Oesterreichischen Nationalbank, der die unter Hjalmar Schacht bis auf symbolische 77 Millionen Reichsmark geleerten Reserven der Reichsbank wieder auffüllen sollte. Norbert Schausberger gibt an, dass 2,7 Milliarden Schilling, das waren rund 1,4 Milliarden Reichsmark, nach Berlin flossen, also der fast 18fache Betrag des deutschen Währungsschatzes. Jener Teil der österreichischen Gold- und Devisenreserven, der sich physisch nicht in Wien, sondern in den Tresoren der Bank of England befand, immerhin fünf Millionen Pfund, wurde nach dem »Anschluss« von Gouverneur Montagu Norman anstandslos Berlin ausgeliefert. Noch dominierte in Großbritannien die Politik des »appeasement«.

Natürlich gingen die Vermögenswerte der Einheitspartei und der Einheitsgewerkschaft des »Ständestaates« an entsprechende Gliederungen der NSDAP über. Die Wiener Filiale der Prager Živnostenská Banka ging an die Merkurbank – eine Tochter der Dresdner Bank –, die slowenischen Genossenschaften in Österreich wurden ebenfalls enteignet.

»Germanisierung« der Industrie

Ein beträchtlicher Teil österreichischer Unternehmen ging unter politischem Druck und oftmals mit Unterstützung der »ins Reich heimgeholten« Banken an deutsche Konzerne über, sodass der Anteil deutscher Unternehmen am Kapital der österreichischen Aktiengesellschaften von 9 Prozent im Jahre 1938 auf 57 vor Kriegsende anstieg.

In den jeweiligen Branchenkapiteln wird dargestellt, dass sich die Eingliederung österreichischer Unternehmen in deutsche Konzerne oftmals unter beachtlichen Machtkämpfen der Konzerne aus dem »Altreich« vollzog. Als

Deutscher Anteil am Aktienkapital österreichischer Unternehmen 1938 und 1945 (in Prozent)

Branche	1938	1945
Ölindustrie	0	13
Banken	8	83
Elektroindustrie	19	72
Berg- und Hüttenwesen	25	72
Chemische Industrie	4	71
Maschinen und Metall	7	54
Versicherungen	6	51
Transportwesen	0	48
Textilindustrie	3	37
Bauindustrie	0	36
Lederindustrie		33
Glas und Porzellan	0	59
Holzindustrie	0	39
Papierindustrie	1	12
Nahrungsmittel	0	1
Zucker	0	6
Brauereien	0	1
Hotels	0	26
Insgesamt	**9**	**57**

Quelle: Roman Sandgruber, Österreichische Geschichte, Ökonomie und Politik (Wien 1995) 423.

Beispiele mögen dafür der Kampf um die Kontrolle der Creditanstalt-Bankverein, mit den Kontrahenten Deutsches Reich, Deutsche Bank und Dresdner Bank, und der Kampf um die Kontrolle der Alpine-Montan zwischen der Ruhrindustrie und den Hermann-Göring-Werken dienen. Der umfangreiche Beteiligungsbesitz der Creditanstalt-Bankverein wurde regelrecht filetiert.

Die Interessen der Bank an österreichischen Elektrizitätswerken gingen an die VIAG, eine Holding des Deutschen Reiches, später folgte auch die Universale Bau. Die Reichswerke »Hermann Göring« sicherten sich mit der Continentale Motorschifffahrt, der DDSG, der Kestag, den Steirischen Gussstahlwerken, der Steyr-Daimler-Puch, dem Feinstahlwerk Traisen und SGP-Anteilen den größten Happen. Die Berndorfer Metallwarenfabrik ging an Krupp, die Pulverfabrik Skoda-Wetzler (Donau-Chemie) an I. G. Farben, Teudloff-Vamag an Vereinigte Armaturen Mannheim, Anteile an den Floridsdorfer und Wiener Neustädter Lokomotivfabriken an Henschel. Sperrminoritäten an Elin und KDAG gingen an die Deutsche Continental Gas. Weitere Unternehmen, die an deutsche Konzerne ganz oder teilweise verkauft, verpachtet oder von ihnen als »feindliches Eigentum« verwaltet wurden, waren unter anderem: Austria Email, die Bleiberger Bergwerks-Union, Böhler, Kellner-Partington (Borregaard), Harlander, Hofherr-Schrantz, Leykam-Druck, ÖAF, ÖAMAG, Perlmooser Zement, Treibacher Chemische Werke, Veitscher Magnesit und Waagner-Biró.

Befreit – besetzt

Die Bombenangriffe und die Kämpfe in der Endphase des Zweiten Weltkriegs verursachten enorme Schäden, auch in den Betrieben der österreichischen Industrie. Dazu kamen nach der Besetzung Österreichs durch die Truppen der Alliierten Demontagen, vor allem in der Steiermark, in Niederösterreich und Wien. In einer Besprechung zwischen Vertretern der Provisorischen Regierung unter Renner und von Marschall Tolbuchin angeführten sowjetischen Militärs wurde die Situation in den Betrieben Ostösterreichs ausführlich besprochen. Die Sowjets verwiesen auf die Demontagen und Zerstörungen in der Sowjetunion, die nun durch Demontagen von Kriegsproduktionen in Deutschland und Österreich zumindest teilweise wettgemacht werden sollten. »Das Gesetz des Krieges ist: Wer die Beute macht, der nützt auch diese Beute aus. Wir entscheiden nicht die Fragen für unsere Regierung. Sobald aber hier die reichsdeutsche militärische Industrie erbeutet wurde, hielten wir es für notwendig, diese reichsdeutsche militärische Industrie wegzuführen. Sie wissen alle, meine Herren, dass die sowjetische Union ihre ganze Industrie bis an die Wolga verloren hat …« Diese Worte Marschall Tolbuchins galten sinngemäß auch für Betriebe im so genannten »deutschen Eigentum«.

Am 2. August 1945 beschlossen die alliierten Siegermächte, dass deutsche Vermögenswerte

Erste Österreichische Glanzstoff-Fabrik AG in St. Pölten, zwischen 1904 und 1906 errichtet, Blick in die Zwirnerei, 1929. Nach 1945 lag die Fabrik in der russischen Besatzungszone und wurde in den USIA-Konzern eingegliedert.

Vom Ersten Verstaatlichungsgesetz (Bundesgesetzblatt Nummer 168, 26. Juli 1946) waren die drei größten österreichischen Aktienbanken (Creditanstalt-Bankverein, Länderbank sowie Österreichisches Credit-Institut), weiters zahlreiche große Betriebe in den Bereichen Bergbau (Kohle, Eisenerz, Kupfer, Blei und andere), Eisen- und Stahlindustrie, Metallindustrie, Maschinen-, Anlagen- und Schiffbau sowie Chemie- und Erdölindustrie betroffen.

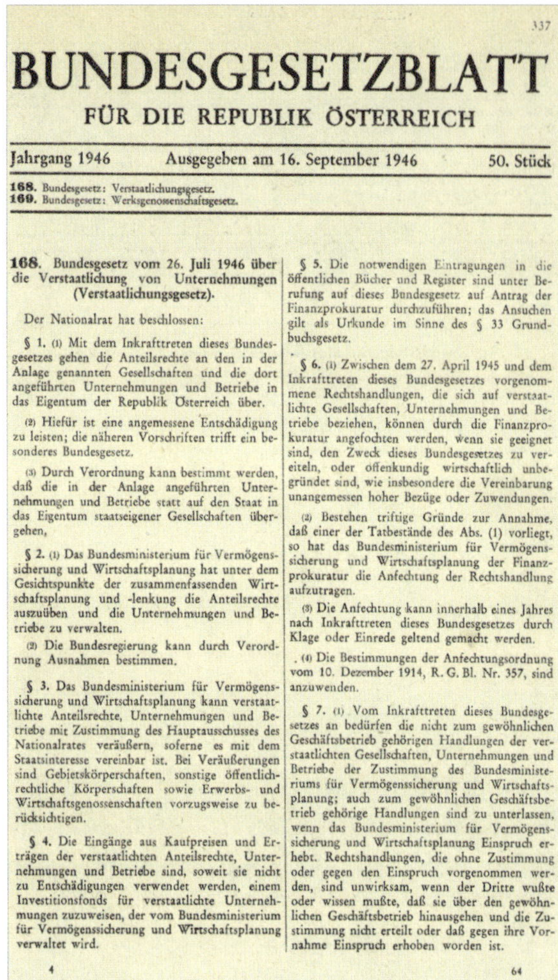

337

BUNDESGESETZBLATT

FÜR DIE REPUBLIK ÖSTERREICH

Jahrgang 1946 Ausgegeben am 16. September 1946 50. Stück

168. Bundesgesetz: Verstaatlichungsgesetz.
169. Bundesgesetz: Werksgenossenschaftsgesetz.

168. Bundesgesetz vom 26. Juli 1946 über die Verstaatlichung von Unternehmungen (Verstaatlichungsgesetz).

Der Nationalrat hat beschlossen:

§ 1. (1) Mit dem Inkrafttreten dieses Bundesgesetzes gehen die Anteilsrechte an den in der Anlage genannten Gesellschaften und die dort angeführten Unternehmungen und Betriebe in das Eigentum der Republik Österreich über.

(2) Hiefür ist eine angemessene Entschädigung zu leisten; die näheren Vorschriften trifft ein besonderes Bundesgesetz.

(3) Durch Verordnung kann bestimmt werden, daß die in der Anlage angeführten Unternehmungen und Betriebe statt auf den Staat in das Eigentum staatseigener Gesellschaften übergehen,

§ 2. (1) Das Bundesministerium für Vermögenssicherung und Wirtschaftsplanung hat unter dem Gesichtspunkte der zusammenfassenden Wirtschaftsplanung und -lenkung die Anteilsrechte auszuüben und die Unternehmungen und Betriebe zu verwalten.

(2) Die Bundesregierung kann durch Verordnung Ausnahmen bestimmen.

§ 3. Das Bundesministerium für Vermögenssicherung und Wirtschaftsplanung kann verstaatlichte Anteilsrechte, Unternehmungen und Betriebe mit Zustimmung des Hauptausschusses des Nationalrates veräußern, soferne es mit dem Staatsinteresse vereinbar ist. Bei Veräußerungen sind Gebietskörperschaften, sonstige öffentlich-rechtliche Körperschaften sowie Erwerbs- und Wirtschaftsgenossenschaften vorzugsweise zu berücksichtigen.

§ 4. Die Eingänge aus Kaufpreisen und Erträgen der verstaatlichten Anteilsrechte, Unternehmungen und Betriebe sind, soweit sie nicht zu Entschädigungen verwendet werden, einem Investitionsfonds für verstaatlichte Unternehmungen zuzuweisen, der vom Bundesministerium für Vermögenssicherung und Wirtschaftsplanung verwaltet wird.

§ 5. Die notwendigen Eintragungen in die öffentlichen Bücher und Register sind unter Berufung auf dieses Bundesgesetz auf Antrag der Finanzprokuratur durchzuführen; das Ansuchen gilt als Urkunde im Sinne des § 33 Grundbuchsgesetz.

§ 6. (1) Zwischen dem 27. April 1945 und dem Inkrafttreten dieses Bundesgesetzes vorgenommene Rechtshandlungen, die sich auf verstaatlichte Gesellschaften, Unternehmungen und Betriebe beziehen, können durch die Finanzprokuratur angefochten werden, wenn sie geeignet sind, den Zweck dieses Bundesgesetzes zu vereiteln, oder offenkundig wirtschaftlich unbegründet sind, wie insbesondere die Vereinbarung unangemessen hoher Bezüge oder Zuwendungen.

(2) Bestehen triftige Gründe zur Annahme, daß einer der Tatbestände des Abs. (1) vorliegt, so hat das Bundesministerium für Vermögenssicherung und Wirtschaftsplanung der Finanzprokuratur die Anfechtung der Rechtshandlung aufzutragen.

(3) Die Anfechtung kann innerhalb eines Jahres nach Inkrafttreten dieses Bundesgesetzes durch Klage oder Einrede geltend gemacht werden.

(4) Die Bestimmungen der Anfechtungsordnung vom 10. Dezember 1914, R. G. Bl. Nr. 357, sind anzuwenden.

§ 7. (1) Vom Inkrafttreten dieses Bundesgesetzes an bedürfen die nicht zum gewöhnlichen Geschäftsbetrieb gehörigen Handlungen der verstaatlichten Gesellschaften, Unternehmungen und Betriebe der Zustimmung des Bundesministeriums für Vermögenssicherung und Wirtschaftsplanung; auch zum gewöhnlichen Geschäftsbetrieb gehörige Handlungen sind zu unterlassen, wenn das Bundesministerium für Vermögenssicherung und Wirtschaftsplanung Einspruch erhebt. Rechtshandlungen, die ohne Zustimmung oder gegen den Einspruch vorgenommen werden, sind unwirksam, wenn der Dritte wußte oder wissen mußte, daß sie über den gewöhnlichen Geschäftsbetrieb hinausgehen und die Zustimmung nicht erteilt oder daß gegen ihre Vornahme Einspruch erhoben worden ist.

4 64

auch im Ausland als Kriegsentschädigungen heranzuziehen sind. Dementsprechend wurde ein großer Teil der österreichischen Industrieunternehmen der Kontrolle der Besatzungsmächte unterstellt. Während die westlichen Besatzungstruppen die Betriebe des deutschen Eigentums bis zum Abschluss des Staatsvertrages der treuhändigen Verwaltung durch Österreich übergaben, gründete die sowjetische Besatzungsmacht zwei Institutionen zur Verwaltung des deutschen Eigentums in ihrer Zone: die USIA und die Sowjetische Mineralöl-Verwaltung (SMV). Die USIA – die Verwaltung sowjetischen Eigentums in Österreich – kontrollierte Industrie-, Verkehrs- und Handelsunternehmen, die SMV die Erdölproduktion Niederösterreichs. Große Teile der Industrie hatten sich, wie weiter oben dargestellt, vor dem Kriegsende in der Hand deutscher Konzerne befunden, die sowjetische Besatzungsmacht legte den Begriff noch dazu relativ weit aus und anerkannte keinerlei Einsprüche.

Es würde zu zahlreichen Doppelnennungen in diesem Kapitel führen, wollte man die Namen nur der größten Betriebe anführen, die sich bis 1955 unter sowjetischer Verwaltung befanden. Bis auf Neugründungen wie beispielsweise die Hütte Krems und vor 1938 bereits existierende deutsche Direktinvestitionen in Österreich wie beispielsweise Siemens, Felten & Guilleaume und die St. Pöltner Glanzstoff sind sie in den oben angeführten Listen »germanisierter« Betriebe enthalten.

In einem Referat bei einer Tagung des Klubs der Sozialistischen Abgeordneten und Bundesräte in Bad Ischl stellte Minister Karl Waldbrunner am 21. September 1948 fest, dass allein die von der USIA beanspruchten Betriebe eine Bilanzsumme von 600 Millionen Schilling ausmachten und ihr Wiederbeschaffungswert rund 4 Milliarden Schilling darstelle. Viele Millionen Dollar seien jährlich durch die unkontrollierte Ausfuhr dieses exterritorialen Unternehmens verloren gegangen. Alleine den Verlust an Erdöl schätzte man auf 300.000 Tonnen oder 3 Millionen Dollar jährlich. USIA und SMV zahlten zwar in Österreich keine Steuern, schlossen aber Kollektivverträge für ihre Beschäftigten mit den Gewerkschaften ab.

Verstaatlichung

Die beiden Verstaatlichungsgesetze sind auch vor diesem Hintergrund zu sehen. Die führenden politischen Kräfte wollten mit diesen Beschlüssen die Verfügungsgewalt über Industrie, Bergbau und Erdölgewinnung und -verarbeitung in Österreich zurückgewinnen. Die Gewerkschaften, die Sozialistische Partei, die Kommunistische Partei, aber auch die Österreichische Volkspartei hatten in ihren Aktionsprogrammen Sozialisierung, Kommunalisierung oder Verstaatlichung der Schlüsselindustrien oder lebenswichtiger Betriebe gefordert.

Auch die Regierung Figl bekannte sich – nachdem die Novemberwahlen des Jahres 1945 der ÖVP eine absolute Mehrheit gebracht hatten – zur Verstaatlichung oder Kommunalisierung einer Reihe von Schlüsselunternehmen. Damit begann eine lange Geschichte von Organisationsänderungen, ausgelöst durch jeweilige Schwankungen in der Wählergunst. Am 26. Juli 1946 beschloss der Nationalrat einstimmig das Erste Verstaatlichungsgesetz, die sowjetische Besatzungsmacht konnte mit ihrem Einspruch im Alliierten Rat die Gesetzwerdung nicht verhindern. Aber wichtige Betriebe der verstaatlichten Industrie – vor allem in Wien und Niederösterreich – blieben unter sowjetischer Verwaltung. Erst nach dem Abschluss des Staatsvertrages im Jahr 1955 konnten diese Betriebe in die Verstaatlichte Industrie eingegliedert werden. Im März 1947 wurde das Zweite Verstaatlichungsgesetz beschlossen, mit dem die Elektrizitätswirtschaft neu geordnet wurde.

Von 1946 bis 1949 war das Bundesministerium für Vermögenssicherung und Wirtschaftsplanung unter Peter Krauland für die verstaatlichten Unternehmen zuständig, nach dessen Auflösung das Bundesministerium für Verkehr und verstaatlichte Betriebe unter Karl Waldbrunner. Für die Banken und andere öffentlich verwaltete Betriebe war das Finanzministerium der Vertreter des Eigentümers.

Der größte Teil des Bergbaus und der Grundstoffindustrien, ein beträchtlicher Teil der Maschinen-, Elektro- und chemischen Industrie, die Großbanken und ihre umfangreichen Industriebeteiligungen und der größte Teil der Energiewirtschaft standen somit direkt oder indirekt im öffentlichen Eigentum. Ähnlich wie bei den Sozialisierungsaktionen nach dem Ersten Weltkrieg war es kaum zu Eingriffen in österreichisches Privateigentum gekommen, es waren fast ausschließlich von deutschen Konzernen beherrschte Betriebe, die verstaatlicht worden waren.

Wirtschaftssäuberung

Die »Säuberung« von unter politischen oder rassistischen Aspekten unliebsamen Eigentümern, »Betriebsführern« oder Angehörigen der »Gefolgschaft«, wie die Sprache des »Dritten Reiches« Manager sowie Arbeiter und Angestellte nannte, war 1938 rasch und gründlich erfolgt. Wie Roman Sandgruber feststellt, war die Kontinuität nach 1945 wesentlich größer. Das ging hin bis zu einer personellen Identität bei der Durchführung von »Arisierungs«- wie Rückstellungsverfahren in Gestalt von Walter Kastner. Dieter Stiefel konstatiert, dass ein erster »Entnazifizierungsschub« eine relativ große Zahl von Unternehmern – fast 27.000 – aus ihren Positionen entfernt habe, während weitere Maßnahmen im bürokratischen Verfahren zwischen Parteien, Interessenvertretungen, der Regierung und den Alliierten immer wieder stecken blieben. Besonders absurd dürfte die Auseinandersetzung um die »Mittelbetriebe« gewesen sein, die das Bundeskanzleramt mit folgenden Merkmalen – 5 Millionen Betriebsvermögen, 20 Millionen Umsatz, 1.000 Beschäftigte – festgelegt sehen wollte. Damit wären wohl nur eine Hand voll Unternehmen in Österreich übrig geblieben, auf die das Verbotsgesetz für so genannte Minderbelastete Anwendung gefunden hätte. Nachdem man sich schließlich mit den Alli-

Wiener Neustädter Flugzeugfabrik, Zerstörungen 1943/44: Aus Wiener Neustadt stammte fast jede dritte jemals produzierte Me 109. Insgesamt wurden 29 Bombenangriffe gegen Wiener Neustadt geführt, der letzte am 1. April 1945. Um die Fertigung aufrechtzuerhalten wurde das Werk auf zahlreiche ober- und unterirdische Standorte von Kärnten bis nach Mähren verteilt. Das Hauptwerk selbst wurde zu einer riesigen Ruinenlandschaft, die bis 1989 bestand.

ierten auf eine komplizierte Definition geeinigt hatte, wurde eine Amnestie für »Minderbelastete« erlassen. Die Mittelbetriebsregelung war ganze zehn Tage in Kraft gewesen.

Man entschloss sich, »die Sache in die Länge zu ziehen«. Der Wiederaufbau hatte Vorrang, die gesellschaftliche Auseinandersetzung wurde mehr und mehr vom »Kalten Krieg« zwischen Ost und West geprägt. Die Spuren der Einschnitte im Laufe eines Jahrhunderts blieben jedoch in der österreichischen Wirtschaft spürbar, auf vielen Gebieten zurückgeworfen, war es vielfach ein Neubeginn, vor dem sie stand.

Sowjetischer Erdölbetrieb Aderklaa, um 1950

Rückstellungen »arisierter« Betriebe

Der bereits zitierte Schlussbericht der Historikerkommission kommt zum Ergebnis, dass »keine generalisierte wertmäßige Gegenüberstellung von ›arisierten‹ zu restituierten Unternehmen vorgenommen werden« kann. Industrieunternehmen, die wohl zu den im Bericht genannten »größeren Betrieben« zählen, waren in den meisten Fällen Gegenstand von Rückstellungsverfahren.

Der Bericht hält jedoch auch fest, dass die meisten Unternehmer, die 1938 vertrieben wurden, nicht wieder zurückkehrten. »Ein guter Teil der ›Ariseure‹ konnte dagegen seine Stellung behaupten«, wird lakonisch festgestellt. Die erheblichen Bewertungsprobleme führten dazu, dass in fast allen Fällen Verhandlungen und Auseinandersetzungen nicht durch Schätzungen und Berechnungen, sondern durch Vergleiche beendet wurden.

Das Ende von USIA und SMV

Mit dem Staatsvertrag 1955 wurde das unter sowjetischer Verwaltung stehende deutsche Eigentum in die Hände der Republik übertragen. In zahlreichen Fällen wurden die Verstaatlichungen des Jahres 1946 erst jetzt wirksam, dies gilt insbesondere für die Erdölindustrie – die Sowjetische Mineralölverwaltung wurde in die staatliche ÖMV AG übergeführt. Zwischen den Koalitionspartnern ÖVP und SPÖ entspann sich ein längerer Konflikt um die Frage, welche ehemaligen USIA-Betriebe in die Hände Privater, in den Beteiligungsbereich der Großbanken, der Gebietskörperschaften oder der verstaatlichten Industrie kommen sollten. Letztlich einigte man sich auf einen Kompromiss, der alle diese Möglichkeiten einschloss. Zur erstmaligen Ausgabe so genannter »Volksaktien« kam es auf Betreiben der ÖVP bei der früheren Zuckerwarenfabrik Stollwerck, die unter dem Namen Tivoli AG allerdings bald ein unrühmliches Ende in der Insolvenz fand. Andere Unternehmen wurden trotz ausdrücklichen Verbots durch den Staatsvertrag in jene Konzernstrukturen wieder eingegliedert, in denen sie sich vor dem Zweiten Weltkrieg befunden hatten.

Beschäftigungsstrukturen und Arbeitslosigkeit

Die Zeit von 1848 bis 1955 war eine Periode, in der konjunkturelle Schwankungen in Extremen auftraten, die man seither nicht mehr erlebt hat. In diese Epoche fällt mit der Weltwirtschaftskrise der Dreißigerjahre die schwerste Depression seit Beginn der Industrialisierung und mit der großen Depression nach 1873 eine lang andauernde Periode, in der sich die Wirtschaft nur zäh entwickelte. Dazwischen lagen teils längere Zeitspannen, in denen die Wirtschaft boomte, vor allem die erste Gründerzeit vor 1873 und die zweite Gründerzeit vor 1914. Die Zwanzigerjahre brachten in Österreich nur mäßige Erfolge. Das Jahr 1955 wiederum fällt bereits in die Zeit des Wirtschaftswunders, in der die österreichische Wirtschaft wuchs wie nie zuvor und die das Land in den Kreis der Volkswirtschaften mit den höchsten Einkommen führte. Ein Sonderfall sind die beiden Weltkriege, die schwere Schocks für die Wirtschaft mit sich brachten und ihre Umgestaltung zur Folge hatten, in einzelnen Branchen aber auch einen Boom herbeiführten und in den jeweils ersten Jahren nach Kriegsende ärgste Anpassungsprobleme schufen.

Extreme Schwankungen auf dem Arbeitsmarkt

Diese extremen Wechsel führten zu enormen Schwankungen auf dem Arbeitsmarkt, was sowohl in den Gesamtdaten der Beschäftigung als auch in der Geschichte einzelner Unternehmen zu erkennen ist. Die Mitarbeiterzahlen von Unternehmen schwankten wesentlich stärker, als dies heute der Fall ist, da die Unternehmen die Möglichkeit und den Willen hatten, ihre Belegschaftszahlen auch innerhalb kürzester Zeiträume an die Gegebenheiten des Marktes anzupassen. Nicht selten kündigten sie den größten Teil ihrer Mitarbeiter in auftragsschwachen Zeiten und vervielfachten ihre Belegschaft während des Booms. Diese Vorgangsweise lässt sich an der Geschichte eines der größten österreichischen Unternehmen, der Waffenfabrik in Steyr, verfolgen: Zwischen 1880 und 1934 schwankte die Mitarbeiterzahl der Waffenfabrik im Halbjahresabstand um durchschnittlich ein Viertel. Es gab Halbjahre, während derer sich die Belegschaft mehr als verdoppelte oder in denen die Fabrik zwei Drittel der Mitarbeiter kündigte. Mehrmals wuchs die Belegschaft innerhalb von wenigen Jahren auf das Sechs-, ja sogar Zehnfache oder schrumpfte auf ein Sechstel oder Zehntel. Die Waffenfabrik hatte einen relativ kleinen Kernbestand von langfristig beschäftigten Arbeitern, die auch verschiedene betriebliche Sozialleistungen genossen, und beschäftigte im Bedarfsfall kurzfristig angeworbene Kräfte, die später ohne weiteres wieder gekündigt wurden.

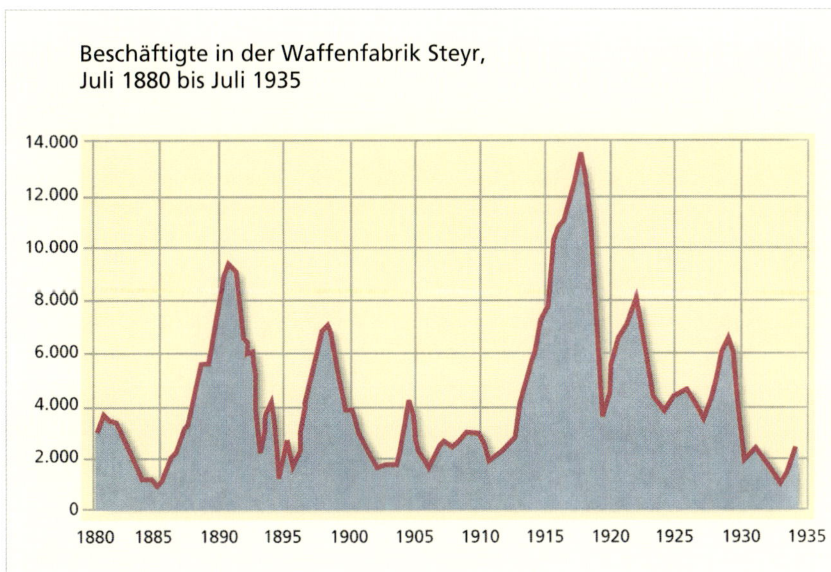

Quelle: Entwurf nach den Daten der Geschäftsberichte und Festschriften.

Männerarbeit in einer Hutfabrik um 1900: P. & C. Habig, k. u. k. Hutfabrikanten, Wien

Im Fall der Waffenfabrik waren die Fluktuationen zwar wegen der stark schwankenden Auftragslage im Rüstungsgeschäft ausgeprägter als in anderen Branchen, doch zeigt das Beispiel, welchen Spielraum die Unternehmen hatten. Auch in zivilen Produktionszweigen kam es in Rezessionsperioden innerhalb kurzer Zeiträume zu gewaltigen Veränderungen im Stand der Belegschaft. So bauten etwa die niederösterreichischen Lokomotivfabriken, die 1872 zusammen noch über 6.000 Personen beschäftigt hatten, drei Viertel davon innerhalb von drei Jahren ab. Ähnliches geschah in anderen Sparten des Maschinenbaus, der unter dem Einbruch des Jahres 1873 besonders litt. Vergleichbare Rückschläge in vielen Branchen, besonders in der Eisen- und Metallindustrie und im Baugewerbe, brachte die Weltwirtschaftskrise. Nicht wenige Unternehmen bauten in dieser Zeit binnen weniger Jahre die Hälfte ihrer Belegschaft oder noch mehr ab.

Da eine Arbeitslosenversicherung im 19. Jahrhundert nicht existierte und auch in der Weltwirtschaftskrise den heutigen Standard bei weitem nicht erreichte, bekamen die Arbeitnehmer die konjunkturellen Risiken viel stärker zu spüren. Im 19. Jahrhundert bestand der Ausweg oft in gemischten, meist unqualifizierten Beschäftigungen in Landwirtschaft und Gewerbe, oft im Taglohn. Auch während der Weltwirtschaftskrise gingen nicht wenige ausgesteuerte Arbeitslose wieder in die elterliche Landwirtschaft zurück, wo sie als mithelfende Angehörige eine gewisse Sicherheit fanden. Freilich stand nur einer Minderheit eine solche Möglichkeit offen.

Während man die Beschäftigtenzahlen einzelner Unternehmen auch im 19. Jahrhundert kennt, ist die Entwicklung der Arbeitslosigkeit in der gesamten Wirtschaft erst für spätere Zeiträume bekannt. Erstmals erhob die Volkszählung 1900 solche Daten, allerdings nur in größeren Städten. Unter den Begriff der Arbeitslosen fielen dabei Arbeitnehmer (Arbeiter, Taglöhner, Gesellen, Gehilfen, Dienstboten, Angestellte), die, obwohl sie einen Erwerb oder Verdienst suchten, zum Zeitpunkt der Erhebung keine Arbeit, Stelle oder Beschäftigung hatten. Von der Jahrhundertwende bis zum Ersten Weltkrieg wird die Arbeitslosenrate auf 3 bis 5,6 Prozent geschätzt.

Die große Krise

In der 1929 einsetzenden Weltwirtschaftskrise brach der Arbeitsmarkt ein, Österreich gehörte zu jenen Ländern, in denen sich die Krise am stärksten auswirkte. Sie betraf vor allem

Frauenarbeit in der Bekleidungsindustrie: P. Ladstätter & Söhne, k. u. k. Hoflieferanten, Wien, um 1900

den gewerblich-industriellen Sektor, der Tiefpunkt der Entwicklung wurde Anfang 1933 erreicht. Bis dahin waren das Brutto-Nationalprodukt um 22 Prozent, die Industrieproduktion um 38 Prozent, die Produktion in der Bauwirtschaft um 53 Prozent und jene im Verkehr um 29 Prozent gesunken. Auch in den Jahren nach 1933 ging die Erholung nur langsam vor sich. 1937 lag das Brutto-Nationalprodukt noch immer um 14 Prozent unter dem Wert von 1929, die Industrieproduktion um 22 Prozent, die Bauwirtschaft um 36 Prozent. Die Grundstoff- und Investitionsgüterindustrie hatten 1937 fast wieder das Produktionsvolumen von 1929 erreicht.

Die Arbeitslosigkeit stieg von 11,7 Prozent im Jahr 1928 auf 27,2 Prozent 1933 und ging dann langsam wieder zurück. Dabei muss man bedenken, dass es auch Personen gab, die gerne gearbeitet hätten, aber durch die Schwere und Dauerhaftigkeit der Krise bereits so entmutigt waren, dass sie nicht mehr als Arbeitssuchende in Erscheinung traten. Die amtlichen Arbeitslosenzahlen sind also nur Mindestangaben. In der Volkszählung 1934 erklärten sich 591.000 Personen als arbeitslos, das waren 19,3 Prozent aller »Berufsträger«, die überhaupt einen Beruf angaben – eine Zahl, die offenbar die wirkliche Größenordnung unterschätzt. In der Industrie war demnach die Arbeitslosigkeit mit 35 Prozent am höchsten; im Dienstleistungssektor betrug sie 14 Prozent und in der Landwirtschaft nur 2,7 Prozent. Am höchsten waren die Arbeitslosenraten in Bauindustrie und -gewerbe mit 54 Prozent und in der Industrie der Steine und Erden mit 51 Prozent. Die Zahlen für die Bauwirtschaft mögen durch die saisonale Komponente etwas überhöht erscheinen, doch auch in der Hütten-, Metall-, Maschinenbau- und Elektroindustrie waren es 43 Prozent. Der einzige industrielle Wirtschaftszweig mit einer Arbeitslosenrate unter

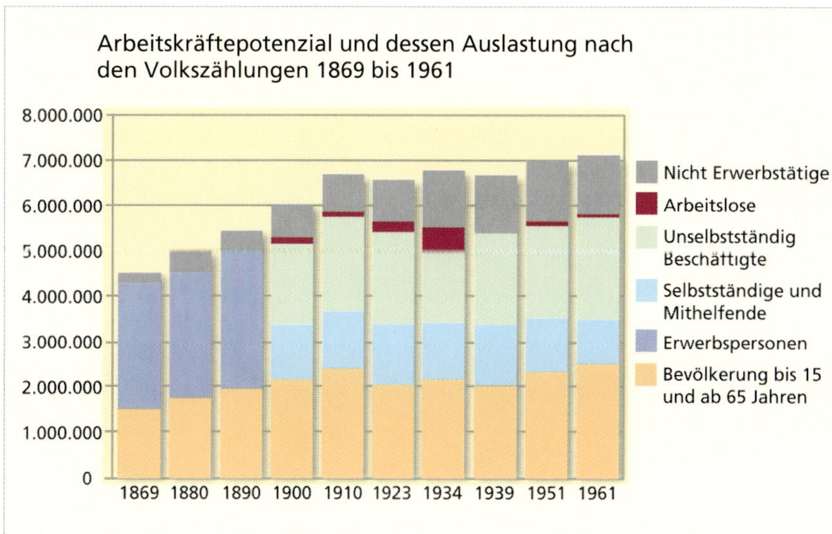

Quelle: Felix Butschek, Der österreichische Arbeitsmarkt – von der Industrialisierung bis zur Gegenwart, Übersicht 17 (Stuttgart 1992) 80.

Speisenausgabe in der Linzer Volksküche, 1930er-Jahre

20 Prozent waren die Elektrizitäts- und Wasserwerke mit 13 Prozent.

Im Durchschnitt erhielt nur jeder zweite Arbeitslose eine Unterstützung, die Situation war aber zwischen den Sektoren und Branchen unterschiedlich. In den meisten industriellen Branchen wurden noch verhältnismäßig viele Arbeitslose unterstützt: So etwa in Bauindustrie und -gewerbe, in der Industrie der Steine und Erden, in der Textil-, der Papier- und der chemischen Industrie, wo 70 bis 75 Prozent der Arbeitslosen in den Genuss einer Unterstützung kamen. Schlechter war die Situation in der Bekleidungsindustrie, einer großen Branche, in der nur 42 Prozent der Arbeitslosen Unterstützung erhielten, aber auch im Handel und in den freien Berufen. Der freiwillige Arbeitsdienst, eine Ende 1932 von der Regierung hauptsächlich in Form von weitgehend unproduktiven und ineffizient ausgeführten Projekten im Bereich des Straßenbaus eingeführte Maßnahme der Arbeitsbeschaffung, wirkte sich auf die Beschäftigungslage kaum aus. Die einzige Branche, in welcher der Arbeitsdienst überhaupt eine erkennbare Wirkung erzielte, war naheliegenderweise die Bauwirtschaft, in der 1934 immerhin 2,2 Prozent der Berufszugehörigen im freiwilligen Arbeitsdienst beschäftigt waren, das entsprach etwa 4 Prozent der Arbeitslosen dieser Branche. In den anderen Branchen lag der Anteil der im Arbeitsdienst befindlichen Berufszugehörigen zwischen null und einem halben Prozent.

Regional war die Situation ganz unterschiedlich. Weitaus am höchsten war die Arbeitslosigkeit in Wien mit 29 Prozent deklarierten Arbeitslosen, was vermutlich einen Anteil von mindestens einem Drittel wirklichen Arbeitslosen ergibt. Diese Situation war nicht nur durch die besondere sektorale Struktur Wiens bedingt: Wien hatte auch innerhalb der Sektoren und innerhalb einiger großer Branchen die höchsten Arbeitslosenraten, und zwar nicht nur in der Industrie insgesamt mit 39 Prozent und im Dienstleistungssektor mit 16 Prozent, sondern auch in der Bauwirtschaft, in der Metallwarenerzeugung, in der Holz-, der Leder-, der Textil- und der Bekleidungsindustrie. Etwas besser war die Position Wiens in einigen anderen Branchen wie der Maschinenindustrie und der chemischen Industrie. Das gegenteilige Bild findet man in Vorarlberg, das mit 19,8 Prozent die niedrigste Arbeitslosenrate in der Industrie insgesamt hatte und auch in den meisten industriellen Branchen die günstigste Situation unter allen Ländern aufweisen konnte. Selbst die Baubranche zeigte hier mit einer Arbeitslosenrate von 37 Prozent ein vergleichsweise günstiges Bild, das nicht zuletzt dem Arbeitsdienst geschuldet war, der in der Vorarlberger Bauwirtschaft beachtliche 11,4 Prozent der Berufstätigen beschäftigte; unter allen Bundesländern und Branchen war die Vorarlberger Bauwirtschaft damit der bei weitem erfolgreichste Bereich des Arbeitsdienstes. In der gesamten Arbeitslosigkeit lag Vorarlberg mit 12,6 Prozent deklarierten Arbeitslosen nur geringfügig über dem Burgenland, wo der entsprechende Wert 12,3 Prozent betrug. In beiden Ländern dürfte die wirkliche Zahl der Arbeitslosen etwa 17 Prozent betragen haben. Das gute Gesamtergebnis des Burgenlands kommt allerdings hauptsächlich durch den enormen Anteil der Landwirtschaft zustande, die hier noch 60 Prozent der Berufstätigen umfasste und so wie auch in anderen Gebieten niedrige Arbeitslosenraten aufwies. Hingegen hatte das Burgenland in dem hier stark von der Bauwirtschaft geprägten gewerblich-industriellen Sektor sogar die zweithöchste Arbeitslosenrate aller Länder. Von den übrigen Ländern erfreuten sich Tirol, die Steiermark, Oberösterreich und Kärnten noch einer verhältnismäßig günstigen Position mit einer geschätzten Zahl von Arbeitslosen zwischen 20 und 21 Prozent. In Niederösterreich und Salzburg war die Situation mit 23 bis 23,5 Prozent etwas schlechter.

Der Anteil der Arbeitslosen innerhalb der einzelnen Branchen war für Männer und Frauen mit wenigen Ausnahmen ungefähr gleich hoch. Allerdings waren jene Branchen, in denen Frauen überhaupt stärker vertreten waren, zum größten Teil auch Branchen, in denen die Arbeitslosigkeit etwas geringer war. Insgesamt fiel die Arbeitslosigkeit unter den Frauen, die einen Beruf angaben, mit 16,7 Prozent also etwas niedriger aus als bei den Männern, wo dieser Wert 20,4 Prozent betrug. Dies bedeutete aber noch keineswegs, dass damals eine günstigere Situation für die Frauen bestanden hätte: Bei ihnen war auch der Anteil der Personen, die keinen Beruf angaben, besonders hoch, sodass die Frauenarbeitslosigkeit nicht geringer als jene der Männer gewesen sein dürfte. Es ist auch anzunehmen, dass sich manche Frauen, die eigentlich den Wunsch, nicht aber die Möglichkeit hatten, zu arbeiten, als Hausfrauen deklarierten und damit nicht mehr unter die Berufstätigen fielen; die Zahl der Hausfrauen lag nur um ein Zehntel unter jener der berufstätigen Frauen.

Arbeiterwohnung in Steyr, 1930er-Jahre, Foto Lothar Rübelt

Kriegswirtschaft und Wirtschaftswunder

Im Jahr 1937 lag die Arbeitslosigkeit in Österreich noch immer bei 22 Prozent. Mit der deutschen Besetzung und Annexion 1938 änderte sich dies rasch: Noch im selben Jahr sank die Arbeitslosenrate auf 13 Prozent, im Jahr 1939 erreichte man mit 3,2 Prozent bereits die Vollbeschäftigung. In erster Linie war dies auf öffentliche Aufträge und andere fördernde Maßnahmen der öffentlichen Hand wie neuerliche Unterstützung ausgesteuerter Arbeitsloser, Umsatzsteuerermäßigung und Beihilfen für Familien zurückzuführen. Die wichtigsten Projekte, die nun in Angriff genommen wurden, waren große Industrieansiedlungen sowie der Ausbau der Verkehrsinfrastruktur und der Energieversorgung in großem Stil, dazu kam aber auch eine Vielzahl kleiner Vorhaben insbesondere in der Bauwirtschaft, die auch in entlegeneren Gebieten durchgeführt werden konnten. Ein nicht unwesentlicher Teil der Investitionen

wurde für die kommende Kriegswirtschaft bedeutsam. Eine wichtige Rolle für die wirtschaftliche Erholung kam auch der Steigerung des privaten Konsums zu.
Während des Krieges sank schließlich die Arbeitslosigkeit praktisch auf null und verkehrte sich sogar in einen Arbeitskräftemangel. Einer der Gründe war die große Zahl der zum Militärdienst eingezogenen Männer, insgesamt 1,3 Millionen, von denen 261.000 fielen. Um dem Arbeitskräftemangel abzuhelfen wurden Fremdarbeiter und Zwangsarbeiter rekrutiert: 1944 waren dies in Österreich bis zu 580.000 Personen, was etwa einem Zehntel aller in Deutschland eingesetzten Zivilarbeiter entsprach, weiters etwa 150.000 Kriegsgefangene und etwa 86.000 Konzentrationslager-Häftlinge. Die Gesamtzahl der Beschäftigten sank zwar gegenüber dem Wert von 1939, blieb aber bis 1944 über der Zahl von 1938. Dabei ergaben sich jedoch sektorale Verschiebungen: Während die Beschäftigtenzahl in der Landwirtschaft und der Anteil dieses Sektors an der gesamten Beschäftigung, die bis 1939 gesunken waren, nun wieder anstiegen, gingen Beschäftigtenzahl und gesamtwirtschaftlicher Anteil von Handel und Verkehr sowie häuslichen Diensten deutlich zurück. Unverändert blieben Anteil und absolute Zahl der Beschäftigten des öffentlichen Dienstes. Ausgeprägt waren die Veränderungen in Industrie und Gewerbe: Die Beschäftigtenzahl blieb zwar zwischen 1939 und 1944 in derselben Größenordnung, der Anteil des sekundären Sektors an allen Beschäftigten stieg von nur 46 Prozent auf 49 Prozent, doch ging dies mit beträchtlichen Verschiebungen innerhalb des Sektors einher. Das Gewicht der Industrie nahm zu, vor allem jenes der Investitionsgüter- und der Grundstoffindustrie, hingegen schrumpfte die Konsumgüterindustrie. Insgesamt entfielen von der Beschäftigung in Gewerbe und Industrie 1939 noch 47 Prozent, 1944 nur mehr 27 Prozent auf das Gewerbe.
In der unmittelbaren Nachkriegszeit herrschte nach einer kurzen Übergangszeit 1947 und 1948 Vollbeschäftigung mit Arbeitslosenraten von unter 3 Prozent. In den folgenden Jahren stieg die Arbeitslosigkeit jedoch wieder nach und nach bis auf fast 9 Prozent im Jahr 1953. Erst nach der Stabilisierung und dem Eintritt in die Phase des Wirtschaftswunders begann mit leichter Verzögerung ein langfristiger Anstieg der unselbstständig Beschäftigten und ein Rückgang der Arbeitslosigkeit, der bis 1973 andauern sollte.

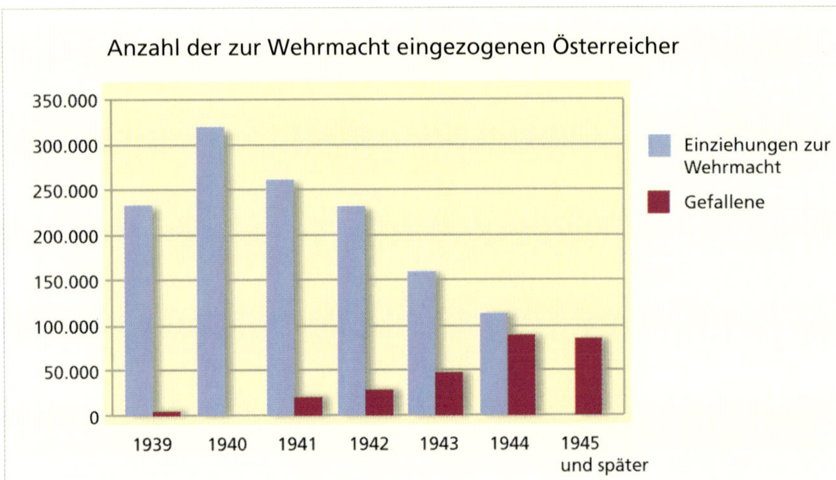

Quelle: Rüdiger Overmans, Deutsche militärische Verluste im Zweiten Weltkrieg (München 1999) Tabellen 25 und 39.

Arbeitszeit in der Industrie

Die Vorstellungen des 19. Jahrhunderts von angemessener Arbeitszeit erkennt man nicht nur an den gesetzlichen Arbeitszeitbegrenzungen, sondern auch an den Gesetzen, die eine solche Begrenzung unterließen. In der Gewerbeordnung von 1859 wurde die Arbeitszeit nur für Jugendliche unter 14 Jahren auf zehn Stunden täglich und für Jugendliche zwischen 14 und 16 Jahren auf zwölf Stunden täglich begrenzt; für Letztere war überdies eine zeitweilige, auf vier Wochen begrenzte Erhöhung auf 14 Stunden möglich. Die Wochenarbeitszeit betrug also für Jugendliche 60 Stunden, ab 14 Jahren 72 Stun-

Fabriks-Ordnung für die k. k. priv. Pottendorfer Baumwoll-Spinnerei und Weberei.

Da Ordnung und Regelmäßigkeit, so wie Fleiß und Ausdauer in den Verrichtungen jedes Bediensteten, gehörige Aufsicht der Vorgesetzten und pünktlicher Gehorsam der Untergebenen ein Haupterforderniß des Gedeihens jeder Unternehmung bilden, dabei aber auch jedem Einzelnen der Umfang seiner Verpflichtungen und Rechte klar und bekannt sein müssen, so hat sich die Direction veranlaßt gefunden, mittelst gegenwärtiger, in allen Arbeitssälen und Localitäten der Fabrik angehefteten Fabriks-Ordnung nachstehende Vorschriften und Bestimmungen für das gesammte Arbeiter- und Professionisten-Personale der k. k. priv. Pottendorfer Baumwoll-Spinnerei und Weberei, mit dem Bedeuten festzusetzen, daß jedes in den Dienst der Fabrik eintretende Individuum die in der Fabriks-Ordnung enthaltenen Vorschriften auf das genaueste zu befolgen sich verpflichte und im Unterlassungsfalle den darin ausgesprochenen Strafen ohne alle Widerrede sich unterwerfe, somit jede Entschuldigung über Unkenntniß der dießfalls festgesetzten Anordnungen entfällt. — Die Direction gewärtigt zugleich von der Ehrenhaftigkeit sämmtlicher Arbeiter und Professionisten eine gewissenhafte Erfüllung aller ihnen übertragenen Obliegenheiten.

I. Allgemeine Bestimmungen.

§. 1.

Zwei Local-Directoren führen im Einvernehmen mit der Direction in Wien die Oberaufsicht über den gesammten Fabriksbetrieb.

II. Von der Aufnahme und Entlassung der Arbeiter.

III. Ueber Arbeitszeit und Obliegenheiten der in der Fabrik in Arbeit stehenden Personen.

§. 9.

Die Dauer der Arbeit ist in der Regel auf 13 Stunden täglich, mit Ausnahme der Sonn- und gebotenen Feiertage, mit Unterbrechung einer Stunde, von 12 bis 1 Uhr für das Mittagsmahl, festgesetzt.

Bei Arbeitern zwischen 14 und 16 Jahren ist die Arbeitsdauer täglich 12 Stunden, bei Kindern unter 14 Jahren täglich 10 Stunden.

IV. Ueber die Bemessung der Löhnungen und deren Auszahlung.

V. Ueber die Fabriks-Schule und Kinderbewahr-Anstalt.

Wien, am 1. Juni 1860.

Die Direction der k. k. priv. Pottendorfer Baumwoll-Spinnerei und Weberei.

Fabriksordnung für die k. k. priv. Pottendorfer Baumwoll-Spinnerei und Weberei, 1860

den und befristet bis zu 84 Stunden. Für Erwachsene bestand hingegen gar keine Begrenzung; die Wochenarbeitszeit in der Industrie lag daher in dieser Zeit bei 80 bis 85 Stunden.

Über eine Arbeitszeitverkürzung wurde längere Zeit diskutiert. Der oberösterreichische Textilindustrielle Josef Dierzer äußerte bei einer Umfrage der Handelskammern im Jahr 1868 die Meinung, dass eine Arbeitszeitverkürzung »[d]urchaus kein Nutzen für die Arbeiter ist. Ich glaube, dass die Mehrzahl derselben, insbesonders die Stück- und Accordarbeiter, d. i. der überwiegende Theil der Beschäftigten, kein Verlangen nach einer Abkürzung haben. Ich glaube, dass selbst bei unveränderten [!] Tagesverdienst der Arbeiter schlechter daran wäre als jetzt; denn er hätte dann freie Zeit, in welcher er braucht, statt wie früher zu verdienen. Ich glaube aus diesem Grunde, dass er bei kürzerer Arbeitsdauer mit demselben Lohne nicht mehr leben könne, bei welchem er früher bestand und noch etwas zurücklegte.« Die Arbeiter selbst waren anderer Meinung und erreichten bei einer Novellierung der Gewerbeordnung im Jahr 1885 erstmals eine gesetzliche Beschränkung der täglichen Arbeitszeit auch von er-

Treuekundgebung der Arbeiter, Angestellten und Beamten der Stadt Wien am 10. März 1934

wachsenen »Hilfsarbeitern« (gemeint waren Gehilfen aller Art einschließlich Gesellen, Fabriksarbeitern, Lehrlingen und Hilfsarbeitern im engeren Sinn). Die Höchstarbeitszeit betrug nun elf Stunden täglich; Sonderregelungen ermöglichten zwar in Teilbereichen, besonders beim Schichtbetrieb, eine Ausdehnung auf zwölf Stunden, aber der Weg der Arbeitszeitverkürzung war dennoch klar vorgegeben.

Die Industrie nützte die gesetzlichen Möglichkeiten bei weitem nicht immer aus. Eine umfassende Arbeitszeiterhebung 1906 ergab, dass im Gebiet des heutigen Österreich zwei Drittel aller Fabriksarbeiter zehn Stunden pro Tag oder weniger arbeiteten, obwohl noch immer der Elfstundentag gesetzlich erlaubt war. In Wien und Niederösterreich arbeitete weniger als ein Viertel der Fabriksarbeiter mehr als zehn Stunden täglich, jeder Fünfte arbeitete höchstens neun Stunden pro Tag. Die große Ausnahme war Vorarlberg, da die das Land dominierende Textilindustrie in ganz Cisleithanien die Branche mit den längsten Arbeitszeiten war.

Österreich führte 1918 zusammen mit anderen Verliererstaaten des Ersten Weltkriegs als einer der ersten Staaten den Achtstundentag ein. Die Provisorische Nationalversammlung beschloss am 19. Dezember 1918 ein befristetes Gesetz, das den Achtstundentag in allen fabriksmäßig betriebenen Unternehmen und ihnen gleichzuhaltenden öffentlichen Unternehmen vorsah; ein Jahr später wurde schließlich das Gesetz über den achtstündigen Arbeitstag in allen der Gewerbeordnung unterliegenden Betrieben und ihnen gleichzuhaltenden Unternehmungen beschlossen. Die Wochenarbeitszeit für Frauen und Jugendliche wurde mit 44 Stunden begrenzt und hatte am Samstag zu Mittag zu enden. Eine zeitweise Überschreitung der Arbeitszeit von 48 Stunden wöchentlich war unter bestimmten Voraussetzungen erlaubt. 1919 wurden ähnliche Bestimmungen für den Bergbau beschlossen.

Als in den Dreißigerjahren in den ersten Ländern die 40-Stunden-Woche eingeführt wurde, war Österreich nicht dabei. Eine Arbeitszeit von 48 Wochenstunden wurde zwar in den meisten Industriebetrieben erreicht, in den übrigen aber häufiger unter- als überschritten. In der Eisen- und Metallindustrie arbeiteten die Beschäftigten in zwei Dritteln der Betriebe 48 Stunden pro Woche, 29 Prozent arbeiteten kürzer, 5 Prozent länger. In anderen Branchen wie der Bauindustrie, der Papierbranche oder der chemischen Industrie war Kurzarbeit weniger verbreitet. Im Bergbau betrug 1934 der Anteil der 48-Stunden-Woche 87 Prozent, das war der höchste Wert unter den verschiedenen Branchen.

Die während des Zweiten Weltkriegs aufgrund der kriegswirtschaftlichen Erfordernisse und des mittlerweile eingetretenen Arbeitskräftemangels dekretierte 60-Stunden-Woche blieb in der ersten Nachkriegszeit formal in Geltung. Tatsächlich wurden in diesen Jahren

Streik in den Hammerbrot-Werken, um 1930

kürzere Arbeitszeiten durch Kollektivverträge geregelt, wobei der Maßstab grundsätzlich der Achtstundentag war, wenngleich das Ausmaß von 48 Stunden oft überschritten wurde.

Beschäftigung und Einkommen in der Industrie

Um die Mitte des 19. Jahrhunderts war Österreich ein schwach industrialisiertes Land, in dem weniger als ein Fünftel der berufstätigen Bevölkerung im gesamten gewerblich-industriellen Sektor arbeitete, wovon die Industrie immer noch den kleineren Teil ausmachte. Hundert Jahre später war der sekundäre Sektor mit über 40 Prozent der Beschäftigten zum größten Sektor geworden. Das Wachstum des gewerblich-industriellen Sektors war zunächst rasch vor sich gegangen und verlangsamte sich dann. 1869 betrug der Anteil an allen Berufstätigen bereits ein Viertel und im Jahr 1910 fast ein Drittel. Auf diesem Niveau verblieb er auch in der Zwischenkriegszeit. Der Zweite Weltkrieg brachte einen enormen Anstieg der Beschäftigung im sekundären Sektor, insbesondere in der Industrie, die wegen der Rüstungserfordernisse ausgebaut wurde. Der Anteil von Industrie und Gewerbe dürfte in diesen Jahren 45 Prozent der Beschäftigten deutlich überschritten haben. In den ersten Jahrzehnten der Nachkriegszeit schrumpfte der Anteil von Gewerbe und Industrie für kurze Zeit, wenn auch nicht auf das Niveau der Jahre vor 1939, und stieg dann wieder an. Erst ab den Siebzigerjahren folgte der Rückgang; 1951 betrug der Anteil des sekundären Sektors an den Berufstätigen 38 Prozent, im Jahr 1961 41 Prozent.

Die Entwicklung der Einkommen ist für das 19. und die erste Hälfte des 20. Jahrhunderts ganz allgemein nur ungefähr feststellbar, da für die Einkommen in der Industrie und in den verschiedenen Beschäftigungen innerhalb der Industrie meist nur bruchstückhafte Informationen oder indirekte Hinweise existieren. Die Einkommen pro Kopf in der Wirtschaft insgesamt wuchsen vom Vormärz bis zum Ersten Weltkrieg im Durchschnitt jährlich um 1 bis 1,5 Prozent; eine Periode schwächeren Wachstums war vor allem die

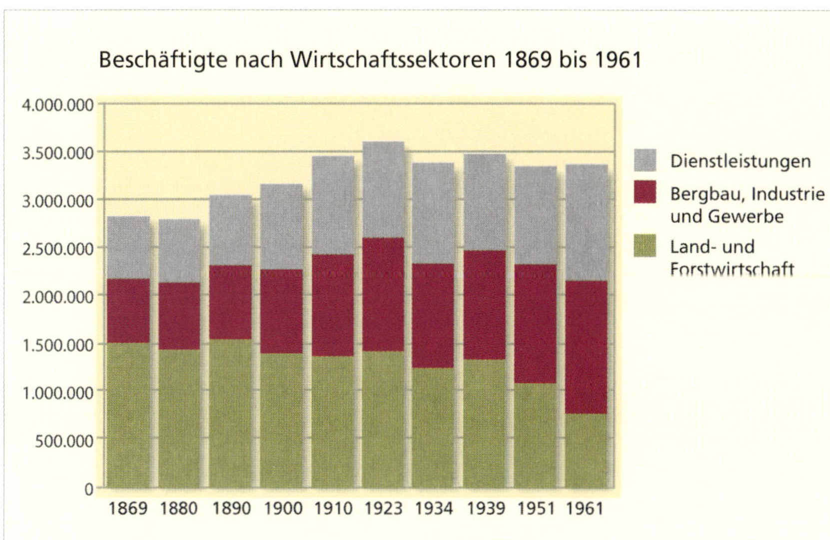

Quelle: Felix Butschek, Der österreichische Arbeitsmarkt – von der Industrialisierung bis zur Gegenwart, Übersicht 6 (Stuttgart 1992) 42.

große Depression nach 1873; ein stärkeres Wachstum fand in den Jahren zwischen 1867 und 1873, in den Neunzigerjahren des 19. Jahrhunderts und im Jahrzehnt vor Beginn des Ersten Weltkriegs statt.

Die Verteilung der Einkommen wurde bis zum Ersten Weltkrieg ungleichmäßiger, auch das Vermögen war bis zur Wende vom 19. zum 20. Jahrhundert ungleicher verteilt. Dennoch

Frauenarbeit am Schlagtisch im Ziegelwerk Guntramsdorf: links flach aufgelegte Ziegel, rechts hochkant aufgelegt zum Trocknen, 1900

gab es vermutlich die ganze Zeit hindurch auch für die unteren Klassen Einkommenszuwächse. Der Verbrauch von Genussmitteln wie Zucker, Kaffee und Tabak stieg im Lauf des 19. Jahrhunderts in einem Ausmaß, das erkennen lässt, wie auch die breite Masse durch gestiegene Einkommen in die Lage versetzt wurde, solche Güter zu konsumieren. In der Industrie war die Einkommensverteilung weitaus ungleicher als in der Landwirtschaft, was aber nicht darauf zurückzuführen war, dass Industriearbeiter geringere Einkommen bezogen hätten als Landarbeiter, sondern dass Industrielle viel höhere Einkommen hatten als Bauern. Die Einkommensunterschiede zwischen Landarbeitern und Industriearbeitern waren zwar vermutlich über längere Zeit nicht übermäßig groß, dennoch dürften Industriearbeiter in zweifacher Hinsicht im Vorteil gewesen sein: Ihr Einkommen war zumindest etwas höher, außerdem bezogen sie, anders als ländliche Dienstboten, ihren Lohn in Geld und nicht zu einem großen Teil in Naturalien. Dass Industriearbeiter ihren Einkommen nach gegenüber Landarbeitern im Vorteil waren, ist schon deswegen zu vermuten, weil es eine starke Bewegung von Arbeitern aus der Landwirtschaft in die Industrie gab, obwohl die äußeren Lebensumstände in Industriegebieten mit ihren unangenehmen Umwelt- und Arbeitsbedingungen eigentlich gegen einen solchen Wechsel gesprochen hätten. Ein weiterer Anreiz, in die Industrie zu gehen, lag freilich auch in der Möglichkeit, zu heiraten, eine Möglichkeit, die Dienstboten in der Landwirtschaft oft nicht hatten.

Für einzelne Gruppen von Arbeitern zeigen längerfristige Lohnvergleiche einen Anstieg etwa der Einkommen von Bauarbeitern in Wien von den Sechzigerjahren des 19. Jahrhunderts bis zum Ersten Weltkrieg. Von Beginn der Neunzigerjahre des 19. Jahrhunderts bis zum Ersten Weltkrieg stiegen die Tagesverdienste in Industrie und Gewerbe mit wenigen Ausnahmen in ganz Österreich jedes Jahr an und lagen 1913 real um ungefähr ein Drittel über den Werten des Jahres 1891, was einem jährlichen Reallohnzuwachs von 1,2 Prozent entspricht. Nach Branchen und Regionen waren die Werte etwas unterschiedlich, einen zumindest bescheidenen Reallohnzuwachs gab es aber durchwegs.

Zwischen Männern und Frauen bestanden krasse Einkommensunterschiede, da der Arbeitsmarkt segmentiert war und Männer und Frauen nicht um dieselben Arbeitsplätze konkurrierten. Der Grund dafür lag im unterschiedlichen Ausbildungsstand von Frauen und Männern, in ihrer unterschiedlichen Verwendung in der Industrie – Männer wurden stärker in besser bezahlten Positionen eingesetzt – und in Unterschieden in den Arbeitszeiten. Zusätzlich bewertete man allerdings auch unter sonst gleichen Bedingungen die Frauenarbeit geringer. Frauen verdienten daher in der Industrie im Durchschnitt annähernd um die Hälfte weniger als Männer. Auch in dieser Hinsicht bestanden Unterschiede zwischen den Branchen: So zahlte die Textilindustrie, eine Branche mit einem hohen Frauenanteil, den Frauen im Durchschnitt wenigstens 62 Prozent des Lohnes, den Männer bezogen; im Waldviertel, einer starken Textilregion, waren es immerhin 82 Prozent.

Über die Einkommensentwicklung in der Zwischenkriegszeit lassen sich ebenfalls nur bruchstückhafte Angaben machen. Die Nominallöhne der Kollektivverträge 1927 lagen in den meisten Fällen real über jenen der Kollektivverträge 1914. In der Weltwirtschaftskrise konnten einige Branchen wie die Metallarbeiter, Buchbinder und Buchdrucker trotz des gleichzeitigen Rückgangs der Verbraucherpreise dieses Niveau halten. Hingegen lagen die nominalen Kollektivvertragslöhne der Bauarbeiter zwar 1930 und 1931 um 13,5 Prozent über dem Wert von 1927, sanken aber bis 1934 um ein Fünftel ab, was auch real einen deutlichen Rückgang bedeutete. Auch bei den Effektivverdiensten war die Lohnentwicklung nicht einheitlich: Die Lohn- und Gehaltszuwächse in der Industrie zwischen 1929 und 1930 dürften zwar durchwegs in den folgenden Jahren wieder verschwunden, aber nicht unter das Niveau von 1929 gesunken sein, was real eine geringe Steigerung bedeutete. Hingegen sanken die nominalen Akkordlöhne sehr wohl deutlich unter das Niveau von 1929, was real für die Akkordlöhne der Frauen einen geringen und für jene der Männer einen ausgeprägten Rückgang bedeutete. Die Akkordlöhne der Männer waren bereits 1930 unter den Werten des Vorjahres gelegen. Auch bei den Zeitlöhnen und Gehältern in der Industrie konnten die Frauen in der Krise ihr Lohnniveau im Vergleich mit 1929 besser halten als ihre männlichen Kollegen.

Nach der deutschen Okkupation änderten sich die Bedingungen insofern, als im Deutschen Reich bereits 1936 ein Lohn- und Preisstopp eingeführt und mit dem Aufbau des Systems einer Zentralverwaltungswirtschaft begonnen worden war, die dann während des Krieges die gesamte Wirtschaft erfassen sollte. Durch die Lohn- und Preisregulierung wurde zwar oberflächlich das reale Einkommensniveau gehalten, die immer schlechter werdende Versorgung mit Konsumgütern, die ohne Preisregulierung zur Inflation geführt

»Trümmerfrauen«. Frauenarbeit war im Alltag des Kriegs und Wiederaufbaus unverzichtbar.

hätte, und die dadurch erforderliche Rationierung während des Kriegs bedeuteten aber de facto einen realen Wohlstandsverlust.

Nach dem Krieg blieben die Reallöhne bis 1947 bestenfalls gleich, auch die Lohn-Preis-Abkommen der Jahre ab 1947 ließen wenig Raum für einen Reallohnanstieg. Dabei muss man allerdings berücksichtigen, dass im Zug der Verbesserung der Güterversorgung die Bedeutung des Schwarzmarkts zurückging, was de facto eine Preissenkung und damit tendenziell eine Reallohnerhöhung bedeutete.

Die Wiederaufbauphase dauerte bis in die erste Hälfte der Fünfzigerjahre und ging um 1953 in die Wirtschaftswunderjahre über, während derer Österreich einen Einkommenszuwachs verzeichnete, der höher war als in den anderen OECD-Ländern, ausgenommen Japan und die Bundesrepublik Deutschland.

Unternehmerverbände, Arbeiterbewegung und der Weg zur Sozialpartnerschaft

Unternehmerverbände

Unternehmerverbände wurden mit einem erheblichen zeitlichen Vorsprung vor den Organisationen von Arbeitern und Angestellten gegründet. Zunächst wird in diesem Abschnitt die Entwicklung der Unternehmerorganisationen behandelt, dann die der Arbeiterbewegung und schließlich die ersten Ansätze der in Österreich so bedeutenden Sozialpartnerschaft.

Handelskammern – Kinder der Revolution

Die ersten Organisationen, in denen sich industrielle Unternehmer zusammenfanden, waren die »Gewerbevereine«. Der erste dieser Vereine in der Donaumonarchie entstand 1829 in Prag. In den Grenzen des heutigen Österreichs war der »Innerösterreichische« der erste Gewerbeverein, im Jahr 1837 von Erzherzog Johann gegründet, entfaltete er eine umfangreiche Tätigkeit. Bibliotheken mit vorwiegend technischen Werken, Zeichenschulen und mechanische Werkstätten wurden von den nahezu 3.000 Mitgliedern in Anspruch genommen. Erst zwei Jahre später entstand der Niederösterreichische Gewerbeverein mit Sitz in Wien, dessen Mitglieder nicht nur Fabrikanten und Händler, sondern auch Professoren, Beamte, Militärs und sogar Adelige waren.

Die Revolution des Jahres 1848 importierte die Handelskammern mittelbar aus jenem Land, in dem das Bürgertum schon im Jahr 1789

Erzherzog Johann von Österreich (1782–1859), war nicht nur selbst als Gewerke und Industrieunternehmer tätig, sondern begründete zahlreiche Vereine und industriefördernde Einrichtungen.

Kammerstaat Österreich: Der Industrieunternehmer Theodor Ritter v. Hornbostel (1815–1888) war der entscheidende Vorkämpfer für die Einrichtung von Handelskammern; 1848 als Handelsminister, 1849–1851 als erster Präsident der Wiener Handelskammer.

seine Rechte erkämpft hatte, aus Frankreich, unmittelbar aus der Lombardei, wo sie unter der Herrschaft Napoleons errichtet worden waren. Neben dem Ende der Grundherrschaft blieb diese Institution eine der beiden Errungenschaften, die von der Reaktion nach ihrem Sieg nicht rückgängig gemacht wurden. Theodor Hornbostel, der damals 32 Jahre alte Sohn eines Wiener Seidenfabrikanten, brachte in der Revolutionsperiode als Chef des neu geschaffenen Handelsministeriums ein Gesetz über die Errichtung österreichischer Handelskammern in den Ministerrat – ohne eine kaiserliche Genehmigung einzuholen. Er wurde auch der erste Präsident der neu gegründeten Wiener Kammer.

Die Handelskammern hatten nach § 2 dieses Gesetzes die Aufgabe, »Wünsche und Vorschläge über alle Gewerbe und Handelszustände in Verhandlung zu nehmen und über erhaltene Aufforderung oder auch ohne dieselbe, ihre Ansichten und Gutachten für die Erhaltung und Förderung des Gewerbefleißes und des Verkehres zur Kenntnis der Behörden zu bringen«. Das absolutistische Regime schränkte mit einem Handelskammergesetz 1850 diese Aufgaben und Rechte ein und verwahrte sich gegen jeden »Versuch einer Belehrung oder Beeinflussung der Behörden durch private Kreise«.

Freiherr von Bruck, als Handelsminister Initiator des neuen Handelskammergesetzes, legte damit den Grundstein für eine alle Teile der Monarchie umfassende Vertretung der kommerziellen Interessen. Die Konzentration auf den wirtschaftlichen Aufstieg sollte das Bürgertum ruhig stellen und von der Forderung nach politischen Rechten ablenken. Erst 1868 unter Handelsminister Ignaz von Plener wurde den Handelskammern wieder das Begutachtungsrecht zugesprochen, durch die Übertragung zahlreicher öffentlicher Aufgaben wurden sie näher an den Staatsapparat herangeführt, im Reichsrat erhielten sie im Rahmen ihrer Wahlkurie eine entsprechende politische Vertretung.

Der Kampf um das allgemeine und gleiche Wahlrecht war eines der wichtigsten Ziele der Sozialdemokratischen Arbeiterpartei, das 1907, allerdings vorerst nur für Männer, erreicht werden konnte.

Das Gebäude der Kammer für Handel u. Gewerbe für Wien 1, Stubenring 8–10. Aufnahme aus den 1920er-Jahren

Industrieverbände – Kinder der Krise

Mit dem Verein für Rübenzuckerindustrie entstand bereits 1850 der erste der zahlreichen Branchenverbände, die neben den auf Interessenausgleich bedachten Handelskammern bestanden und auf die spezifischen Probleme des jeweiligen Industriezweigs ausgerichtet waren. Gerade dieser Verein war jedoch kein Musterbeispiel einer bürgerlichen Gründung, kam doch die Hälfte der Mitglieder aus dem adeligen Großgrundbesitz, mit Louis von Haber gehörte ihm jedoch ein Mitglied aus der Finanzwelt an, das an der späteren Gründung der k. k. priv. Credit-Anstalt für Handel und Gewerbe beteiligt war. In der Folge entstanden Verbände für nahezu alle Industriebranchen, besonders intensiv war die Gründungstätigkeit im Gefolge der Krise 1873, verfolgten doch solche Verbände neben dem fachlichen Meinungsaustausch natürlich auch handfestere wirtschaftliche Ziele: Zum einen sollte mit Absprachen über Mengen und Preise eine Kartellbildung vorbereitet, zum anderen den aufkommenden Gewerkschaften einheitlich im Kampf um Löhne und Arbeitsbedingungen gegenübergetreten werden.
1875 wurde nach einem wenig erfolgreichen Versuch, einen Verein der Industriellen zu etablieren, der Industrielle Club gegründet, der als Bindeglied von Branchenverbänden und Handelskammern, vor allem aber als Vertreter der handelspolitischen Interessen fungierte. Mitglieder dieses exklusiven Klubs waren ein paar Dutzend führende Industrielle des Landes, wobei zwei Gruppen – die Textil- und die Montanindustrie – den illustren Kreis dominierten.
Eine Krise anderer Art führte zur Gründung des Centralverbands der Industriellen Österreichs. Später stellte ein Präsident des Verbandes, Hermann Hallwich, fest, dass die »eben damals von Paris her proklamierten gewalttätigen Maifeiern der Arbeiter-Bataillone … den unmittelbaren Anlass zur Konstituierung eines Verbandstages der österreichischen Großindustrie« gegeben hätten. Die Einigung der Sozialdemokraten unter Victor Adler und die mächtigen, wenn auch nicht gewalttätigen Erste-Mai-Kundgebungen mögen also im Jahre 1892 zur Konstituierung des Centralverbandes geführt haben. Seine Mitglieder waren in der Regel Verbände, nur wenige Einzelmitglieder gehörten dem Verband an. Schon fünf Jahre später wurde auf Initiative vor allem Wiener Industrieller, die gerade einen Arbeitskampf durch Aussperrung der Beschäftigten erfolgreich beendet hatten, der Bund der Österreichischen Industrie gegründet. Es war ein Bund, in dem die klein- und mittelbetrieblichen Unternehmer dominierten. Unmittelbarer Anlass der Gründung war eine Prämienerhöhung bei der Wiener Unfallversicherungsanstalt. Gerald Sturmayr zitiert in seiner »Untersuchung über industrielle Interessenpolitik in der Donaumonarchie« eine Ansprache in der konstituierenden Versammlung des Bundes: »Nun, meine Herren, wir wollen in der Bekämpfung dieses so ausgepicht raffinierten Schädlings unserer wirtschaftlichen Verhältnisse, genannt ›Unfallversicherungsanstalten‹, auch noch weiterhin mit aller Konsequenz, mit allem Nachdrucke, ohne Ermüdung fortfahren und denselben so lange bekämpfen, bis er ausgerottet ist.« Der Bund verstand sich als »Kampfverband«, dem der Centralverband zu maßvoll und zu vornehm war.
Versuche, die Industrieverbände wieder zusammenzuführen, blieben zunächst erfolglos. Erst 1907 wurde auf Initiative des Bundes die Hauptstelle österreichischer Arbeitgeberorganisationen als Kooperationsbasis gegründet, der neben vielen Klein- und Mittelbetrieben auch die Großunternehmen der Montan- und Maschinenindustrie (Alpine-Montan, Prager Eisenindustrie, Berg- und Hüttenwerksgesellschaft, Škoda-Werke) angehörten. Einziges Ziel war es, »Bollwerk gegen den Übermut und die Willkür der gewerkschaftlichen Organisation« zu sein. Arbeitsbücher, Klagen gegen streikende Arbeiter, die Aufstellung

»schwarzer Listen« und die Unterstützung »wirtschaftsfriedlicher, gelber Gewerkschaften« waren einige der Instrumente zur Erreichung dieses Ziels. Zum Zankapfel zwischen Bund und Centralverband, der zum Bruch zwischen diesen Organisationen führen sollte, wurde die »Streikversicherung«, die im Deutschen Reich durch den Bund der Industriellen eingeführt worden war. Der Syndikus des Verbandes Sächsischer Industrieller, der spätere deutsche Außenminister Gustav Stresemann, propagierte dieses System 1913 anlässlich eines Vortrages in Wien.

Dr. Hugo Koller (1867–1949), Industrieller, Kunstfreund und Mäzen. Porträt von Egon Schiele, 1918, Öl auf Leinwand

Verbände in der Kriegswirtschaft

Handelskammern und Industrieverbände wurden 1914 Teil jenes institutionellen Rahmens, der zur Ausrichtung der Wirtschaft auf die Ziele der Kriegsführung errichtet wurde. Kriegs- und Handelsministerium, aber auch Finanzen, Inneres, Verkehr, Justiz und Äußeres arbeiteten auf staatlicher Seite mit Vertretern der Großunternehmen, der Verbände und Kammern in den so genannten Zentralen zusammen, die zumeist als private Gesellschaften mbH gegründet worden waren. Die konkurrierenden Industrieverbände schlossen sich nach Kriegsausbruch zum Reichsverband der Industriellen zusammen. Im »Permanenzkomitee«, das von den Handelskammern initiiert worden war, kooperierten alle Interessenverbände der Wirtschaft.
Zu Konflikten zwischen Industrie und Behörden führte der bald spürbare Facharbeitermangel, der durch den Fronteinsatz vieler Schlüsselkräfte entstanden war. Die Industrie zögerte mit dem Ersatz der »einrückend Gemachten« durch weibliche Arbeitskräfte oder Kriegsgefangene, die niedrigere Produktivität nicht eingearbeiteter Personen befürchtend. Im dritten Jahr des Krieges kam es darüber hinaus zu erheblichen Auseinandersetzungen um die Errichtung von Lohn- und Beschwerdekommissionen. Zunehmende Krankenstände einer unterernährten Arbeiterschaft führten zu wiederholten Vorwürfen Industrieller, das Militär »habe den Müßiggang zu attraktiv gemacht«. Die militärischen Leiter der Beschwerdekommissionen wurden beschuldigt, ständig Lohnerhöhungen zu gewähren, nachdem in den ersten beiden Kriegsjahren ein Lohnstopp verhängt worden war. Tatsächlich standen die Militärs stärker unter Druck, versuchten alles, um Arbeitsunterbrechungen und Streiks zu vermeiden, um die Versorgung der Front nicht zu gefährden, während die Unternehmer befürchteten, nunmehr gemachte Konzessionen würden im Frieden kaum zurückzunehmen sein.

Ludwig Urban (1876–1946), Industrieller, 1921 bis 1938 Präsident des Hauptverbandes der Industrie. Porträt von John Quincy Adams, Öl auf Leinwand

Von der Republik zum »Ständestaat«

Das Handelskammergesetz von 1920 zog nicht nur die organisatorischen Konsequenzen aus dem Zerfall des Vielvölkerstaates, es veränderte auch das Machtgefüge in diesen Organisationen. Gewerbe- und Handelsverbände der einzelnen Regionen wurden nunmehr in bisher vorwiegend industriell ausgerichtete Handelskammern integriert, die kleingewerbliche Wirtschaft begann zu dominieren.

Handelskammern und Industrieverbände versuchten massiv auf die wirtschafts- und sozialpolitische Ausrichtung des neuen Staates Einfluss zu nehmen. Neben der Beseitigung des »revolutionären Schutts«, einer zumindest teilweisen Rücknahme der Sozialreformen der unmittelbaren Nachkriegszeit, war es vor allem die Kritik an der Ausgabenpolitik des Staates, die im Vordergrund stand. Ludwig Mises, ein führender Vertreter wirtschaftsliberaler Konzeptionen, prägte als Mitarbeiter der Wiener Handelskammer den wirtschaftspolitischen Standpunkt der Unternehmerverbände. Selbst in der Zeit der Wirtschaftskrise, in der anderswo auch von Unternehmerseite bereits staatliche Interventionen verlangt wurden, verharrten die österreichischen Unternehmerverbände ablehnend gegenüber Eingriffen der öffentlichen Hand. Ausnahme waren die Forderungen einzelner Interessenverbände nach protektionistischen Maßnahmen und die Rettungsaktionen zugunsten notleidender Banken. Zu Konflikten mit der Regierung führten Einfuhrverbote, die im Ausland Retorsionen nach sich zogen. Dollfuß, dessen Wurzeln in der christlichsozialen Bauernbewegung lagen, wollte mit diesen Maßnahmen die heimische Landwirtschaft schützen.

Der berufsständische Aufbau der Dollfuß-Diktatur gliederte die Interessenorganisationen eng in das korporative Gefüge des Staates ein. Hauptverbände für Industrie, Handel, Gewerbe und Finanz wurden gegründet. 1937 wurde ein neues Kammergesetz erlassen, das neben den regionalen Vertretungen auch erstmals deren Zusammenfassung in einer Bundeskammer vorsah. Diese Neuorganisation wurde jedoch nicht mehr wirksam, die NS-Herrschaft gliederte die Organisationen der »Ostmark« zunächst in die reichsdeutschen Institutionen ein.

Arbeiterversammlung in Wien, 1868

Von der »Arbeitsfront« zur Sozialpartnerschaft

Das Modell der Klassenharmonie im »Ständestaat« löste die NS-Ideologie durch die militärisch geprägte Deutsche Arbeitsfront (DAF) ab. In der Produktionsschlacht waren Betriebsführer und Gefolgschaft demselben Ziel verpflichtet. Das »raffende« Kapital wurde durch den Raub jüdischen Vermögens ausgeschaltet, das »schaffende« Kapital sollte eines der Fundamente der Volksgemeinschaft sein. Dem Führerprinzip verhaftet waren auch die Formen der Unternehmensorganisation, wie etwa die Aktiengesellschaft, die entsprechend dem Deutschen Aktiengesetz aus dem Jahre 1937 nunmehr (und das bis heute) vom Vorstand dominiert wird und nicht wie das alte österreichische Aktienrecht ein Zusammenwirken von Kontroll- und Geschäftsführungsorganen im Verwaltungsrat vorsieht.

Mit der Wiedererrichtung der Republik Österreich wurde ein neues Handelskammergesetz beschlossen. Die 1946 verabschiedete Neuorganisation behielt die Zentralisierung in Form der Bundeshandelskammer bei und verstärkte die Stellung der gesetzlichen, mit Pflichtmitgliedschaft versehenen Interessenvertretung. Sie wurde damit zur wichtigsten Institution der Unternehmer in der entstehenden Sozialpartnerschaft, was auch im verstärkten politischen Gewicht ihrer Vertreter zum Ausdruck kam. Der erste Handelskammerpräsident der Zweiten Republik, Julius Raab, wurde Obmann der ÖVP und Bundeskanzler, Kammerfunktionäre besetzten verschiedene politische Positionen auf Bundes- und Landesebene. Dagegen spielte die Vereinigung Österreichischer Industrieller eine geringere Rolle, ein beachtlicher Teil der Industrie befand sich ja noch unter sowjetischer Verwaltung oder wurde 1946 verstaatlicht.

Insbesondere die Handelskammern waren es, die im Bericht des Wirtschaftsattachés der US-Botschaft Harry D. Johnstone aus dem Jahre 1952 kritisiert wurden. Dieser oft zitierte Bericht über »Die Einschränkung des freien Wettbewerbs in der österreichischen

Wirtschaft« nahm die Pflichtmitgliedschaft ebenso aufs Korn wie die Festsetzung von Höchstpreisen für Waren und Leistungen, die Rolle der Handelskammern in der öffentlichen Verwaltung und den Abschluss von Kollektivverträgen auf nationaler Ebene. Der Einfluss mächtiger Verbände auf die Wirtschafts- und Sozialpolitik in einem System weitgehend regulierter und organisierter Wirtschaft – also die Realität der damaligen österreichischen Wirtschaftsverfassung – war freilich für einen Beobachter aus den USA nicht leicht zu verstehen und schon gar nicht zu akzeptieren.

Die Arbeiterbewegung – Sturm auf die Maschinen

Zurück ins Wien des Jahres 1848. Bürgerliche Fabrikanten und Handelsherren begründeten ihre Interessenvertretung und der neu entstandene »vierte Stand«, die Arbeiter in den Fabriken, trat erstmals als Subjekt der Geschichte auf. Sie standen vor geschlossenen Stadttoren, während die Ständedeputation bei der Regierung vorsprach. Ihr Zorn wandte sich gegen Verzehrungs-Steuerämter und Fabriken, die einen hatten die Waren verteuert, die anderen die Arbeiter um ihre Existenz gebracht. Maschinen wurden zerstört, Fabriken angezündet, Läden geplündert. Der Aufstand wurde blutig niedergeschlagen.
Der blinden Wut folgten erste Versuche einer Artikulation und Organisation von Interessen. Ein »Promemoria der Schlossergesellen« bat um eine »Abkürzung der Arbeitszeit, die nur von sechs Uhr früh bis sechs Uhr abends währen soll, anstatt wie bisher von fünf Uhr früh bis sieben Uhr abends«. Die Pioniere der gewerkschaftlichen Organisation, die Buchdrucker und Schriftgießer, legten »die Regelung ihrer Arbeitsverhältnisse bezwekende Punkte, zur geeigneten Würdigung« vor, die sie mit der »Versicherung unbegrenzter Hochachtung und Ergebenheit« überreichten. Der erste Kollektivvertrag wurde im Mai 1848 abgeschlossen.
Mit der Gründung des »Ersten allgemeinen Arbeitervereins« entstand die erste branchenübergreifende Organisation. Die Niederschlagung der Revolution erstickte auch die aufkeimende Arbeiterbewegung. Das absolutistische Regime verbot Arbeiter- und Unterstützungsvereine, das 1852 erlassene Strafgesetz wie die Gewerbeordnung von 1859 verboten ausdrücklich Verabredungen zur Durchsetzung besserer Arbeitsbedingungen.

Kampf um das Koalitionsrecht

Fast zwanzig Jahre nach dem Sturm auf die Fabriken wurde der Wiener Arbeiterbildungsverein gegründet, wieder wurden Petitionen von Arbeitern eingebracht, aber dabei blieb es nicht. Erneut waren es Buchdrucker und Schriftsetzer, die an der Spitze standen und für bessere Arbeitsbedingungen streikten. Im Dezember 1869 demonstrierten Tausende Arbeiter vor dem Reichsrat für das Koalitionsrecht – im April 1870 trat das Koalitionsgesetz in Kraft. Die Anführer der Demonstration wurden jedoch wegen Hochverrats angeklagt, der Arbeiterbildungsverein und viele Fachvereine, Vorläufer der Gewerkschaften, aufgelöst. Neue Demonstrationen und Streiks – diesmal der Bäcker – folgten, die Regierung nahm ihre Maßnahmen zurück.
Die junge Arbeiterbewegung erlitt mit der Wirtschaftskrise des Jahres 1873 einen schweren Rückschlag, angesichts stark steigender Arbeitslosigkeit wurden viele der erkämpften Errungenschaften wieder rückgängig gemacht, die übrig gebliebenen Fachvereine verloren Mitglieder, weitere wurden aufgelöst. Auseinandersetzungen um die politische Orientierung zwischen Reformisten, Marxisten und Anarchisten waren eine weitere Ursache für die Schwäche der Arbeiterbewegung. Die »Propaganda der Tat« der anarchistisch ausgerichteten Schuhmachergewerkschaft führte zum Verbot dieser Organisation und zum so genannten Schusterkrawall in Wien. Nach Attentaten auf Polizeiagenten beriet der

Reichsrat über ein – dem deutschen Muster folgendes – Gesetz zum Verbot sozialistischer Bestrebungen. Dazu kam es zwar nicht, aber Arbeitslose wurden künftig Landstreichern gleichgestellt und konnten zur Zwangsarbeit in »Besserungsanstalten« eingewiesen werden. Die Anzahl der Streiks nahm dennoch zu, viele blieben erfolglos und wurden durch Einsatz von Militär gebrochen, die Streikführer wurden gemaßregelt – ihnen drohte die Entlassung, das Arbeitshaus oder gar das Gefängnis. Ein neuer wirtschaftlicher Rückschlag vergrößerte die Not.

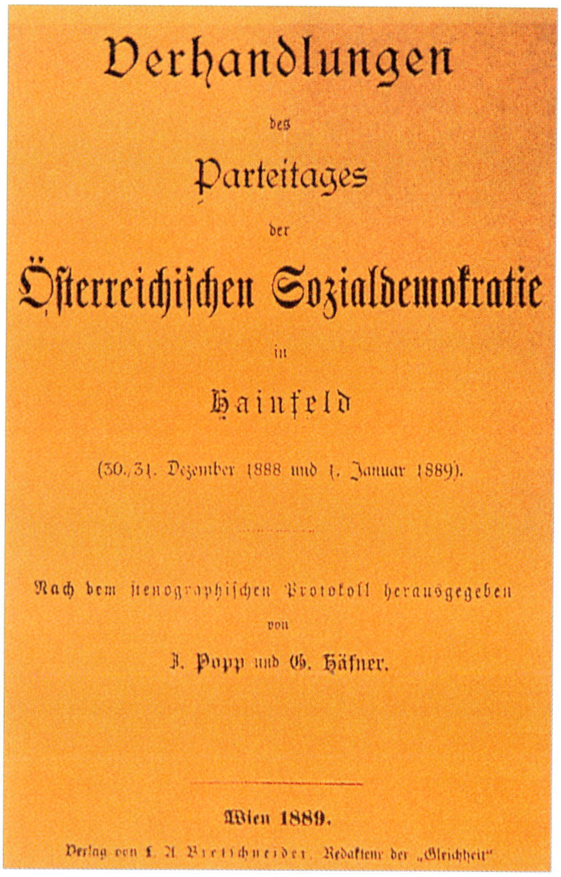

Verhandlungen
des
Parteitages
der
Österreichischen Sozialdemokratie
in
Hainfeld
(30., 31. Dezember 1888 und 1. Januar 1889).

Nach dem stenographischen Protokoll herausgegeben
von
J. Popp und G. Häfner.

Wien 1889.
Verlag von L. A. Bretschneider, Redakteur der „Gleichheit“.

Auf dem Hainfelder Parteitag der österreichischen Sozialdemokraten (30. Dezember 1888 – 1. Jänner 1889) gelang Victor Adler die Einigung der seit mehr als einem Jahrzehnt gespaltenen Richtungen der sozialistischen Arbeiterbewegung.

Siamesische Zwillinge

Zur Jahreswende 1888/89 trat in Hainfeld der Parteitag der österreichischen Sozialdemokratie zusammen, der erste erfolgreiche Versuch, die Bewegung auf ein gemeinsames Programm auszurichten. Für den Initiator der Einigung Victor Adler waren – wie er später sagte – Partei und Gewerkschaft »siamesische Zwillinge«. Allerorts sollten die Parteigenossen die »Gründung von Gewerkvereinen mit möglichster Heranziehung der männlichen und weiblichen Hilfsarbeiter« betreiben. Der internationale Sozialistenkongress beschloss 1889 in Paris unter anderem die Forderung nach dem Achtstundentag, das Verbot der Kinderarbeit, der Nachtarbeit von Frauen und Jugendlichen sowie gesundheitsschädlicher Arbeitsmethoden. Am 1. Mai 1890 sollte, um diesen Forderungen Nachdruck zu verleihen, in vielen Ländern die Arbeit ruhen.

Die bürgerliche Gesellschaft glaubte sich in einem Belagerungszustand zu befinden, als die Arbeiterdemonstrationen bevorstanden, umso erleichterter war man, als sie zwar unter Beteiligung vieler, aber friedlich und ruhig verlaufen waren. Das Ziel war erreicht: Die soziale Frage war ins Bewusstsein großer Teile der Gesellschaft eingedrungen.

1891 erging ein päpstliches Rundschreiben, das sich mit der sozialen Frage beschäftigte, sozialreformerische Kreise der Kirche begannen christlichsoziale Arbeiterorganisationen aufzubauen, auch die Deutschnationalen unter Georg Ritter von Schönerer begannen mit der Agitation unter Arbeitern. Als Feindbild diente oft das »jüdische Kapital«, von dem sich Kleingewerbetreibende wie auch manche Arbeiter und Angestellte in ihrer Existenz bedroht sahen.

Der Kampf um die Sonntagsruhe im Handel. Flugblatt, Linz, um 1900

Erste Sozialreformen

1883 wurde das Gewerbeinspektorengesetz nach englischem und deutschem Vorbild erlassen. Die Gewerbeinspektoren sollten nicht nur die Einhaltung der gewerberechtlichen Vorschriften kontrollieren, sie wurden auch

Victor Adler (1852–1918), Arzt und sozialdemokratischer Politiker, Einiger und Führer der österreichischen Sozialdemokratie

als Vermittler bei Lohnkonflikten und Streiks eingesetzt. Zwei Jahre später wurde die Fabriksarbeit von Kindern und die Nachtarbeit von Frauen und Jugendlichen verboten, die Sonntagsruhe verpflichtend gemacht und ein Elfstundentag in Fabriken festgesetzt. Mittels behördlicher Bewilligung konnte aber beispielsweise die Beschränkung der Arbeitszeit außer Kraft gesetzt werden. Auf privater Basis entstanden Einrichtungen für Arbeitsvermittlung und Krankenkassen. Die meisten Fabrikarbeiter, insgesamt jedoch nur eine Minderheit der Arbeiter, kamen in den Genuss der 1888 per Gesetz eingerichteten Kranken- und Unfallversicherung. Ähnlich wie in Deutschland versuchte die Regierung auch in der Donaumonarchie der Arbeiterbewegung einerseits durch soziale Reformen den Wind aus den Segeln zu nehmen, andererseits das Anwachsen ihrer Organisationen mit administrativen Maßnahmen zu verhindern.

Um die Jahrhundertwende waren die Gewerkschaften in den industriellen Zentren – Wien und Böhmen – zu machtvollen Interessenvertretungen geworden, in Wien war 1904 mehr als ein Drittel, in Böhmen mehr als ein Viertel der Arbeiter organisiert. Die nationalen Auseinandersetzungen machten aber vor den Organisationen der Arbeiterbewegung nicht Halt, die tschechischen Arbeiter fühlten sich von den Zentralen in Wien nicht genügend vertreten und lösten sich aus den gemeinsamen Verbänden.

1898 hatte die Regierung mit dem »Arbeitsbeirat« ein Gremium zur Beratung sozialpolitischer Fragen eingerichtet, in dem erstmals Unternehmer- und Arbeiterorganisationen vertreten waren, gewissermaßen ein Vorläufer der Sozialpartnerschaft. Die gesellschaftliche Wirklichkeit sah jedoch nach wie vor recht rau aus, es kam immer wieder zu schweren Arbeitskämpfen. Über die Häufigkeit und die Erfolgsaussichten von Streiks entschied im Wesentlichen die Wirtschaftslage: Gute Konjunktur erhöhte die Chancen auf Durchsetzung der Streikforderungen, schwache wirtschaftliche Entwicklung dämpfte die Streiklust und brachte oft Lohnkürzungen und härtere Arbeitsbedingungen mit sich. Die Gewerkschaften verloren in einer Periode des Abschwungs Mitglieder, ihre Finanzkraft sank zudem auch wegen der erhöhten Auszahlungen von Notfalls- und Arbeitslosenunterstützungen.

Den größten Erfolg erreichte die Arbeiterbewegung auf dem politischen Kampffeld – nach langen Auseinandersetzungen wurden 1907 erstmals allgemeine Wahlen abgehalten, bei denen die Teilnahme nicht mehr von Stand oder Vermögen abhing, freilich noch vom Geschlecht. Denn das allgemeine, glei-

che, geheime und direkte Wahlrecht galt nur für Männer.
Im Aufruf zur 25. Maifeier im Jahr 1914 kritisierten die Sozialdemokratische Partei und die Gewerkschaftskommission, dass mittels Notverordnungsrecht die demokratischen Institutionen außer Kraft gesetzt worden waren, und brachten dies – nicht zu Unrecht – in Zusammenhang mit der erhöhten Kriegsgefahr. Der im August 1914 ausgebrochene Krieg bedeutete zunächst den Ausnahmezustand und damit die Einschränkung der Rechte der Arbeiter und ihrer Organisationen.

Arbeiter in der Kriegswirtschaft

Schon im Jahre 1912 hatte sich der Staat mit Wehr- und Kriegsleistungsgesetz die legalen Instrumente zur totalen Verpflichtung männlicher Zivilpersonen in die Hand gegeben. Auch die nicht zum Kriegsdienst verpflichteten Arbeiter wurden der militärischen Disziplin unterworfen, ein großer Teil dem »Landsturm« unterstellt. Dies bedeutete in vielen Fällen eine Reduktion des Lohns auf das Niveau des Soldatensolds, das Verlassen des Betriebes war verboten, oft auch jegliche gewerkschaftliche Tätigkeit. Der empfindliche Mangel an Arbeitskräften wurde durch die Rekrutierung von Frauen für die Arbeit in der Kriegsindustrie gemildert. In den Munitionsfabriken des Wiener Beckens war etwa die Hälfte der Beschäftigten Frauen.
Kriegsgefangene wurden vor allem in der Großindustrie eingesetzt. Die Österreichisch-Alpine Montangesellschaft beklagte die mangelnde Leistungsbereitschaft dieser Arbeitskräfte, was nicht zuletzt darauf zurückgeführt werden konnte, dass diese – anders als in Deutschland – auch nicht ihrer Leistung gemäß entlohnt wurden. Darüber hinaus führte die mit Dauer des Krieges zunehmende Teuerung und der Mangel an Lebensmitteln zu einer allgemeinen Schwächung und Unterernährung von Arbeiterinnen und Arbeitern, was 1917 und 1918 zu zahlreichen Hungerrevolten führte.
Die militärischen Behörden reagierten auf die steigende Unzufriedenheit der Arbeiter einerseits mit disziplinarischen Strafen, nach deren Abbüßung der unbotmäßige Arbeiter »behufs Einrückung an die Truppenkörper« übergeben wurde, andererseits wurden die oben erwähnten Lohn- und Beschwerdekom-

Der Jänner-Streik 1918 begann, ausgelöst durch eine 50-prozentige Kürzung der Mehlrationen, im Daimler-Motorenwerk in Wiener Neustadt. Die Streikwelle breitete sich auf die gesamte Habsburgermonarchie aus. Am Höhepunkt beteiligten sich 750.000 Arbeiter und Arbeiterinnen in der gesamten Monarchie am Streik.

missionen eingerichtet. In diesen Kommissionen wurde den Gewerkschaften ein Vertretungsrecht für Beschwerdeführer zugestanden. Damit waren sie erstmals offiziell als Interessenvertretung anerkannt. Der Ausbruch der Revolution in Russland im Februar 1917 veränderte das soziale Klima auch in Österreich-Ungarn. Im Mai 1917 kam es zu Ausständen in der Wiener Metallindustrie, Teuerungszuschläge und Mindestlöhne wurden zugestanden. Führende Gewerkschafter wurden in den neu gebildeten »Hauptausschuss für

Ferdinand Hanusch (1866–1923), sozialdemokratischer Politiker und Schöpfer der österreichischen Sozialgesetzgebung 1918/20, Arbeiterdichter, ursprünglich Seidenweber. 1918–1920 Staatssekretär für soziale Fürsorge bzw. soziale Verwaltung.

Kriegs- und Übergangswirtschaft« berufen, im Oktober 1917 genehmigte ein kaiserliches Handschreiben erstmals die Errichtung eines Ministeriums für soziale Fürsorge.

Das letzte Kriegsjahr begann mit einer umfangreichen Streikbewegung, deren unmittelbarer Anlass die Kürzung der Mehlrationen gewesen war. Doch bald wurde die politische Bedeutung des Ausstandes sichtbar, in Wien bildete sich – nach dem russischen Vorbild – ein Arbeiterrat. Teuerung und Mangel am Notwendigsten führten zu neuen Ausständen im Juni, der wirtschaftliche und politische Zusammenbruch des Vielvölkerstaates stand bevor.

Ein sozialer Durchbruch

Die beiden letzten Kriegsjahre hatten die sozialdemokratisch orientierten Gewerkschaften erheblich gestärkt, in Wien allein erhöhte sich die Zahl ihrer Mitglieder von 66.600 auf 162.300, in Niederösterreich vervierfachte sich ihre Zahl auf 68.000. Das spiegelte die Unzufriedenheit, aber auch die hohen Erwartungen der Arbeiter und Arbeiterinnen für die Nachkriegszeit wider. Noch in den letzten Monaten des Krieges waren vom Abgeordnetenhaus Gesetze zur Beschränkung der Kinderarbeit, der Arbeitszeit für Frauen und Jugendliche beschlossen worden, aber mangels Zustimmung der zweiten Kammer, des Herrenhauses, nicht mehr in Kraft getreten. Die Nationalversammlung des »übrig gebliebenen« Deutsch-Österreich beschloss nun eine ganze Reihe von Gesetzen, die wohl zu Recht als sozialer Durchbruch bezeichnet werden konnten. Ferdinand Hanusch, der erste Sekretär der Union der Textilarbeiter, legte als Sozialminister der Republik dem Parlament ein großes Reformwerk vor: Der Achtstundentag wurde als Normalarbeitstag eingeführt, Heim- und Kinderarbeit wie auch der Urlaubsanspruch neu geregelt, die Arbeitslosen-Versicherung geschaffen, die Kranken- und Unfallversicherung wesentlich ausgeweitet. Mit der Einrichtung von Betriebsräten und Arbeiterkammern, von Einigungsämtern und dem Ausbau des Kollektivvertragsrechtes sowie einer Reihe von beruflichen Verbesserungen durch berufsspezifische Regelungen etwa den Urlaub betreffend wurde die Stellung der Arbeiter und Angestellten in Staat und Wirtschaft gestärkt.

Dieser Durchbruch war durch eine Koalition von Sozialdemokraten und Christlichsozialen

Der Kampf um den Achtstundentag. Sozialistisches Kampfblatt »Neue Glühlichter« vom 6. Mai 1904

Christlicher Arbeiterverein Viechtwang: Im Anschluss an die Sozial-Enzyklika von Papst Leo XIII. »Rerum Novarum« formierte sich die christliche Arbeiterbewegung.

ermöglicht worden. Die maßgeblichen Politiker standen unter dem unmittelbaren Eindruck des Kriegsendes mit dem Zerfall der Monarchie und der revolutionären Bewegungen in Russland, aber auch in der unmittelbaren Nachbarschaft Österreichs – in Ungarn und Bayern. Die Ablösung dieser Regierung nach dem Wahlsieg der Christlichsozialen 1920 beendete diese Phase der Politik. Die folgenden Jahre waren gekennzeichnet von schweren sozialen Auseinandersetzungen vor dem Hintergrund einer stagnierenden Wirtschaft, sie sahen die Gewerkschaften zumeist in der Defensive.

Gewerkschaften in der Defensive

Zunächst war es die Kritik aus den eigenen Reihen, vom linken Flügel der Sozialdemokratie, von den Arbeiterräten, von der neu gegründeten Kommunistischen Partei ausgehend, die den Gewerkschaften zu schaffen machte. Im Gegensatz zu Deutschland kam es jedoch nicht zu einer gravierenden Spaltung der Arbeiterbewegung, die KPÖ blieb bis zum Verbot aller Organisationen der Arbeiterbewegung eine unbedeutende Kraft, nahezu ohne Verankerung in den proletarischen Schichten. Die Sozialdemokratie schaffte die Vereinigung von austromarxistischer Theorie mit einer eher pragmatisch orientierten Gewerkschafts- und Kommunalpolitik ohne wesentliche Vertrauensverluste ihrer Anhängerschaft. Wirklich zu schaffen machte den Gewerkschaften jedoch die wirtschaftliche Schwäche des Landes. Noch Ende 1923 zählte man 1,1 Millionen Gewerkschaftsmitglieder, davon fast 84 Prozent in den sozialdemokratisch orientierten »freien« Gewerkschaften, 7 Prozent in den christlichen, 5 Prozent in den deutschnationalen und 4 Prozent in unpolitischen Verbänden. Damit nahm Österreich mit seinem Organisationsgrad international eine Spitzenposition ein. 1930 waren es insgesamt nur mehr 899.000 Mitglieder, der Anteil der »Freien« war auf 77 Prozent zurückgegangen, der Anteil der christlichen Gewerkschaften auf 12,5 gestiegen. 1924 waren von den Streiks nur 4 Prozent ohne Erfolg abgebrochen worden, 1927 bereits 13 Prozent, im Jahr 1929 waren es 27 Prozent und 1931 schließlich 36 Prozent. Schon dieser grobe Vergleich illustriert die Verschiebung der poli-

Februarkämpfe 1934 in Linz: Stellung des Bundesheeres in der Rathausgasse

Der »Karl-Marx-Hof« in Wien nach den Februarkämpfen 1934

tischen Kräfteverhältnisse wie den Einfluss steigender Arbeitslosigkeit in der Krise.

Die in jüngster Zeit anlässlich der Bearbeitung der Ministerratsprotokolle der Ersten Republik unternommenen Forschungsarbeiten rücken das Verhältnis zwischen Bürgerblock-Regierung und sozialdemokratischer Opposition in ein neues Licht. Für die Regierungen bis in die späten Zwanzigerjahre war es wohl üblich, Fragen von größerer Bedeutung mit den Führern der Opposition auf sehr diskrete Weise abzuklären. Diese stille Diplomatie fand offenbar mit der Verschärfung des politischen Kampfes, mit der Verstärkung autoritärer und faschistischer Tendenzen in Europa ihr Ende.

Die Auseinandersetzung um nach einem Streik gemaßregelte Eisenbahner war der Anlass zur so genannten Selbstausschaltung des Parlaments. Die mit kaiserlichen Notverordnungen operierende Regierung Dollfuß löste eine Reihe von Organisationen der Arbeiterbewegung auf, bis es am 12. Februar 1934 zur bewaffneten Konfrontation kam. In der Folge wurden die sozialdemokratischen Organisationen, unter ihnen die freien Gewerkschaften, verboten, später auch die anderen Richtungsgewerkschaften.

Gewerkschaften im »Ständestaat«

Per Dekret schuf die Regierung eine Einheitsgewerkschaft, in der – nach ursprünglicher Ablehnung dieses Vorhabens – christliche Gewerkschafter die Führung übernahmen. Wirtschaftliche und soziale Interessenvertretung sollte die Aufgabe dieser Organisation sein, die politische Willensbildung wurde von der Einheitspartei, der »Vaterländischen Front«, übernommen. Bis Ende August konnte die Einheitsgewerkschaft 401.000 Mitglieder rekrutieren, deutlich weniger als die Richtungsgewerkschaften insgesamt zählten, auch wenn man berücksichtigt, dass einige Gruppen der öffentlichen Wirtschaft nicht durch die neue Organisation vertreten wurden. Die

Arbeiterkammern wurden politisch gleichgeschaltet.
In so genannten Sozialen Arbeitsgemeinschaften versuchte auch die Vaterländische Front sozialdemokratisch orientierte Arbeiter anzusprechen. Ein Teil der Funktionäre der ehemaligen freien Gewerkschaften stellte sich der neuen Einheitsgewerkschaft zur Verfügung; insbesondere viele enttäuschte Sozialdemokraten, die nach 1934 zur Kommunistischen Partei übergetreten waren, befolgten eine Taktik, die unter der Losung »Trojanisches Pferd« ausgegeben worden war.
Die wirtschaftliche Stagnation hielt an, der wirtschaftliche und politische Druck aus Nazideutschland wuchs, unter diesen Umständen konnte die auf »Klassenharmonie« getrimmte Einheitsgewerkschaft keine großen Erfolge erzielen. Überdies wurde ihren Vertretern vorgeworfen, so beispielsweise von Julius Raab, dass sie »die gleichen sozialen – oder soll ich sagen sozialistischen? – Ideen vertreten wie die Gegner von ehedem«.

Alle Räder rollen für den Krieg

Illegale politische wie gewerkschaftliche Arbeit unter der ständestaatlichen Diktatur war unter strenge Strafen gestellt, doch wurden noch 1936 Mitgliedsbeiträge an die Exil-Leitung der Freien Gewerkschaften in Prag abgeführt. Versuche, im März 1938, also fünf Sekunden vor zwölf, einen gemeinsamen Widerstand gegen die Nazis zu organisieren, mussten scheitern. Der unmittelbar nach der Besetzung Österreichs einsetzende Terror vereinte viele Gegner von gestern in den Konzentrationslagern.
Mit der Machtergreifung Hitlers 1933 hatte der Umbau Deutschlands in einen totalitären Staat begonnen. Die NSBO, die Betriebszellenorganisation der NSDAP, war der Organisationsträger der Deutschen Arbeitsfront, die eine Zusammenfassung vieler Berufsverbände, Kammern, der Wehrmacht und des Reichsarbeitsdienstes darstellte. »Fachämter« standen an der Spitze der jeweiligen Branchen. Mit der NS-Gemeinschaft »Kraft durch Freude« verfügte die DAF über eine Freizeitorganisation, der unter anderem als Untergliederung das Amt »Schönheit der Arbeit« unterstand. »Das Verhältnis des Betriebsobmannes als des Vertreters der DAF und damit der NSDAP zum Betriebsführer ist das des Oberfeldwebels zum Kompaniechef«, so beschrieb Gerhard Starcke die Rolle der Arbeitsfront in der »Betriebsgemeinschaft«. Folgerichtig wurden nach dem »Anschluss« auch in Österreich Gewerkschaften und Arbeiterkammern aufgelöst.
Gleichzeitig bemühte sich das Nazi-Regime jedoch besonders um sein soziales Image. An Bedürftige wurden Lebensmittel, Kleider und Radioapparate verteilt, ausgesteuerte Arbeitslose wieder unterstützt, Ehestandsdarlehen und Kinderbeihilfen eingeführt, Urlaube im »Altreich« organisiert. Die Übernahme der arbeitsrechtlichen Normen in der »Ostmark« erfolgte durch Verordnungen, die auf eine Stärkung der Stellung des »Betriebsführers« hinausliefen. Nach Entfesselung des Zweiten Weltkriegs wurden das Arbeits- und das Sozialrecht auf die Bedürfnisse der Kriegswirtschaft ausgerichtet. Arbeitszeitbeschränkungen wurden aufgehoben, Mehrleistungszuschläge abgeschafft. Allerdings wurden im Lauf der Zeit – um den Leistungsabfall zu bekämpfen – teilweise Überstundenzuschläge und sogar Arbeitszeitbeschränkungen wieder eingeführt.
Die DAF diente auch in der Kriegswirtschaft als Disziplinierungsinstrument. Wenn die innerbetrieblichen Sanktionen nicht ausreichten, wurde der »Ehren- und Disziplinarhof der DAF« bemüht oder Polizei und Gestapo eingesetzt. »Arbeitsuntreue, Bummelantenwesen und Krankfeiern«, im Verlaufe des Krieges ansteigenden Delikten, sollte auf diese Weise begegnet werden. Verlassen des Arbeitsplatzes oder Arbeitsverweigerung konnte durch Festnahme und durch Verwarnung, Wochenendhaft, Einweisung in Arbeitserzie-

hungs- oder Konzentrationslager geahndet werden.

Die unerhörten Rüstungsanstrengungen des Deutschen Reiches führten zunächst zu Vollbeschäftigung, nach Ausbruch des Krieges konnten die Rüstungsproduktion wie die Versorgung der Bevölkerung und der Front nur durch Rekrutierung vieler weiblicher und durch massiven Einsatz ausländischer Arbeiter – meist Zwangs- oder Sklavenarbeiter – aufrechterhalten werden. Die von der österreichischen Bundesregierung eingesetzte Historikerkommission kommt zum Schluss, dass insgesamt fast eine Million Menschen auf österreichischem Staatsgebiet als Zwangsarbeiter eingesetzt waren, darunter 757.000 Zivilisten, 150.000 Kriegsgefangene und 86.000 KZ-Häftlinge. Im September 1944 betrug der Anteil der Zwangsarbeiter mit einer Anzahl von 567.000 mehr als ein Viertel an der Gesamtbeschäftigung. Wurden ursprünglich Zwangsarbeiter vorwiegend in der Landwirtschaft und im Baugewerbe eingesetzt, so dominierte insbesondere in den Gauen Wien, Nieder- und Oberdonau der Einsatz in Industrie- und Handwerksbetrieben. Es braucht nicht betont zu werden, dass Zwangsarbeiter unter verschärfter Disziplin standen, abgestuft nach ihrer Herkunft. Am oberen Ende der Skala standen italienische, spanische und »germanischen Völkern« entstammende Fremdarbeiter, gefolgt von Zivilarbeitern und Kriegsgefangenen aus dem Westen und Südosten. Am unteren Ende standen Ostarbeiter aus Polen und der Sowjetunion sowie italienische Militärinternierte, am untersten jene,

Der letzte große Streik: Oktober-Streik 1950 – Generalstreik oder Putschversuch? Dem Aufruf zum Streik folgten in Wien 120.000 Arbeiter, davon ca. 40.000 aus sowjetisch verwalteten USIA-Betrieben. Auch in Oberösterreich, Niederösterreich und der Steiermark wurde gestreikt.

bei denen meist der Tod den Arbeitseinsatz beendete – Juden, KZ-Häftlinge und sowjetische Kriegsgefangene.

1945 – Gründung des Österreichischen Gewerkschaftsbundes

Am 27. April 1945, am Tag der Deklaration der Zweiten Republik, bewilligte die sowjetische Kommandantur in Wien die Gründung eines Österreichischen Gewerkschaftsbundes, zu dessen Errichtung sich Vertreter der sozialistischen, der christlichen und der kommunistischen Richtungen zusammengefunden hatten. In den Bundesländern wurden ähnliche Initiativen ergriffen, somit war erstmals in Österreich eine einheitliche Gewerkschaft auf demokratischer Basis entstanden. Nach Beschluss des Betriebsrätegesetzes im März 1947 wurden Betriebsratswahlen durchgeführt, in denen die einzelnen Fraktionen in den meisten Fällen getrennt als wahlwerbende Gruppen antraten. Der Bericht zum ersten Bundeskongress des ÖGB konstatiert, dass 62 Prozent der Betriebsräte Mitglieder der SPÖ seien, 6,8 Prozent der KPÖ und 3,6 Prozent der ÖVP angehörten, bei mehr als einem Viertel sei die Parteizugehörigkeit unbekannt. Die Mitgliederzahl der Gewerkschaften stieg rasch an: von 129.000 Ende August 1945 auf 1,238 Millionen Ende 1947. In diesem Jahr wurde auch das Kollektivvertragsgesetz beschlossen, das die Tarifordnungen des Nazi-Regimes ablöste und wieder die Möglichkeit bundesweiter Branchenverträge eröffnete.
Die Schaffung eines einheitlichen Gewerkschaftsbundes war eine der Grundvoraussetzungen für die Zentralisierung der Lohnpolitik als wichtiger Bestandteil der Bemühungen um die Stabilisierung der Nachkriegswirtschaft.
Nach Kriegsende war durch die Ausdehnung der Geldmenge ein erheblicher inflationärer Druck entstanden, erste Stabilisierungsbemühungen hatten noch ungenügenden Erfolg, sodass schließlich die Interessenvertretungen der Unternehmer und der Arbeitnehmer unter Einbindung staatlicher Stellen beschlossen gemeinsam die Eindämmung der Inflation zu versuchen. Mit dem ersten Lohn-Preis-Abkommen wurde 1947 – in einem Jahr mit mehr als 100 Prozent Inflation – der Anfang gemacht. Diesem Abkommen sollten noch vier weitere folgen, allerdings wirkten sie immer stärker in Richtung »administrierter« Lohn- und Preiserhöhungen. Das vierte Abkommen führte 1950 zu großen Streikbewegungen und Unruhen.
Die Gewerkschaften, aber auch die Industriellenvereinigung traten Ende 1951 an die Bundeshandelskammer mit der Forderung heran, mit Preissenkungen der Inflation Einhalt zu gebieten und die Preise von Vormaterialien dem Welthandelsniveau anzugleichen. Die Gewerkschaften waren zu Konzessionen auf dem Lohnsektor bereit und tatsächlich konnte 1952 erstmals ein Sinken der Lebenshaltungskosten registriert werden, 1953 fiel der Index der Verbraucherpreise sogar um 5,4 Prozent.
Die Lohn-Preis-Abkommen mögen nicht immer die in sie gesetzten Erfolge erzielt haben, jedenfalls aber zeigten sie die Bereitschaft der Interessenvertretungen, gesamtwirtschaftliche Zielsetzungen gemeinsam zu verfolgen. Damit schufen sie zweifellos jenes Vertrauensverhältnis, das zur informellen, aber höchst wirksamen Institutionalisierung der Sozialpartnerschaft im Jahre 1957 durch die Gründung der Paritätischen Kommission führte.

III. BRANCHEN UND UNTERNEHMEN

Die Textilindustrie

Die Textilindustrie blieb in den rund 100 Jahren von 1848 bis 1955 der führende Industriezweig Österreichs mit der größten Anzahl Beschäftigter. Sie konnte in der zweiten Hälfte des 19. Jahrhunderts noch viel von ihrer Dynamik aus der frühindustriellen Phase erhalten. Nach der Jahrhundertwende prägten aber die moderneren und jüngeren Industrien wie Fahrzeug-, Maschinen-, Elektro- und chemische Industrie das Bild der industriellen Veränderung.

Innovationen, mit der stimulierenden Wechselwirkung von Kostensenkung und Nachfrageerhöhung, bestimmten das Bild der Textilindustrie unverändert. Dem bis zur Mitte des 19. Jahrhunderts schon hoch entwickelten Spinnmaschinenbau folgte in der zweiten Hälfte des 19. Jahrhunderts eine ähnliche Entwicklung bei der Webmaschine. Der mechanische Webstuhl war schneller und qualitätssicherer als die handbetriebenen Modelle und ein Weber konnte statt nur eines Stuhls zwei bis vier Maschinen bedienen. Durch das Aufkommen der Webautomaten nach dem Ersten Weltkrieg wurde es möglich, 20 bis 30 Webmaschinen von einem Weber bedienen zu lassen. Parallel dazu gelang es, bei der Gewebeveredelung die Färbe-, Appretur- und Druckmaschinen deutlich zu verbessern. Aber auch die Spinnmaschinen und die Aggregate der Vorstufen wurden weiterentwickelt und beherrschten praktisch alle Fasertypen. Die immer praxisgerechteren Wirk- und Strickmaschinen gaben der Trikotagen-Industrie nach der Jahrhundertwende starke Impulse. Schließlich erfuhr auch die Stickerei durch die neuen »Schifflistickmaschinen« einen gewaltigen Produktivitätssprung.

Der Motor der Textilindustrie in der zweiten Hälfte des 19. Jahrhunderts blieb die Baumwolle und unverändert prägte England das Bild des Fortschritts. So steigerte beispielsweise die »Boomtown« Oldham im englischen Lancashire die Zahl der Baumwollspindeln von 1866 bis 1871 von drei auf sechs Millionen. Bis 1926 – der große Baumwollboom war schon vorbei – brachte es Oldham auf 18 Millionen Spindeln, die 13 Prozent der Weltproduktion ausmachten. 1913, am Vorabend des Ersten Weltkriegs, betrug der Weltspindelstand 143,45 Millionen. England verfügte über 55,65, die USA über 31,51 und Deutschland über 11,19 Millionen Spindeln. Auf die Monarchie entfielen 4,92 Millionen Spindeln, rund ein Viertel davon auf Österreich in den heutigen Grenzen.

Die Baumwollindustrie im cisleithanischen Teil der Monarchie schlug sich bis zum Ersten Weltkrieg beachtlich. Während der heimische Markt 1875 nur zu 73 Prozent durch Inlandsprodukte gedeckt werden konnte,

Eines der frühesten Plakate für die Vorarlberger Textilindustrie. Philipp und Joseph Rosenthal, deren Familie (ursprünglich Levi) von Sulz nach Hohenems gekommen war, betrieben einen bedeutenden Handel mit Schweizer Textilwaren, die zum Großteil nach Italien transportiert wurden.
Plakat, um 1910

betrug die einheimische Versorgung 1950 bereits 93 Prozent. Im Jahr 1913 wurden 204.000 Tonnen Baumwolle im Inland verarbeitet, 24-mal mehr als im Jahr 1841.
Beschränkt man die Betrachtung auf das Österreich in den heutigen Grenzen, so zeigt sich jedoch eher das Bild einer verpassten Chance. Die Wende kam schon in der Periode der Gründerzeit zwischen 1850 und 1870. Die österreichische Textilindustrie konnte mit dem Wachstumstempo in Westeuropa, insbesondere in den angrenzenden Ländern Deutschland und Schweiz, aber auch im Reichsteil Böhmen, nicht mithalten. Der Verlust der Märkte Lombardei 1895 und Venetien 1866 spielte dabei sicher eine gewichtige Rolle. Hinzu kam die Textilkrise, ausgelöst durch den amerikanischen Bürgerkrieg 1861–1865. Durch den Wegfall der amerikanischen Baumwolle erhöhten sich die Preise um das Vier- bis Fünffache und dementsprechend schrumpften die Absatzchancen.
Noch mehr als die Ereignisse im dritten Viertel des 19. Jahrhunderts beeinflussten die Krisen der Jahre 1914 bis 1955 das Bild der Branche nachhaltig negativ. Betrachtet man die Periode zwischen Mitte des 19. und Mitte des 20. Jahrhunderts, so stechen drei große Veränderungen hervor: Das textilindustrielle Wachstum in Böhmen, der Erste Weltkrieg und seine Folgen sowie die Verlagerung des textilen Schwerpunkts vom Wiener Becken nach Vorarlberg.

Böhmen: Noch im Jahr 1854 war die österreichische Spindelkapazität rund doppelt so groß wie die böhmische. Allein Niederösterreich verfügte mit 569.976 Spindeln über eine stärkere Marktposition als ganz Böhmen, das 449.906 Spindeln auswies. Dann aber begann die böhmische Aufholjagd mit dem Ziel, die gegenüber Österreich deutlich höheren Webstuhl- und Veredelungskapazitäten selbst mit Garn zu versorgen. Bereits im Jahr 1890 verfügte der Handelskammerbezirk Reichenberg mit 1.102.654 Spindeln über eine größere Kapazität zur Garnherstellung als ganz Österreich. Dieser Vorsprung war nicht mehr aufholbar.

Der Erste Weltkrieg: Dieser Krieg und vor allem seine Folgen waren für die österreichische Textilindustrie verheerend. Während des Krieges verknappten sich wieder einmal die Rohstoffe, wie nie zuvor wurden innovative Ersatzfasern gesucht. Experimente mit Torfwolle, Bohnenranken, Weinreben und Lupinen waren nicht erfolgreich. Jene mit Brennnesseln und vor allem Papier zeigten zwar Teilerfolge, erlangten aber für die Praxis keine nachhaltige Bedeutung.

Die kriegsgeschwächte Branche musste nach 1918 durch die dramatische Verkleinerung des Reichs den entscheidenden Rückschlag hinnehmen: Der Markt für 50 Millionen Menschen schrumpfte auf 6,6 Millionen Einwohner. Im Österreich der Ersten Republik blieben mit 1.171.000 Spindeln 25 Prozent der Spinn- und mit rund 12.000 Webstühlen 9 Prozent der Webkapazität der Monarchie erhalten. Einer viel zu großen Spinnkapazität stand eine viel zu kleine Webkapazität gegenüber. In den Folgejahren wurde die Zahl der Spindeln auf 875.000 reduziert und die Zahl der Webstühle auf 16.700 erhöht. Der Anpassungsprozess war zwar gelungen, die Branche aber bleibend geschwächt.

Neuer Schwerpunkt Vorarlberg: Die Marktverluste nach dem Ersten Weltkrieg, die Weltwirtschaftskrise, die »Arisierung« nach dem »Anschluss« an Deutschland und die Besatzungszeit waren für die Textilindustrie im Osten Österreichs besonders nachteilig. Dazu kam der Marshallplan, der für die Textilindustrie von 1948 bis 1949 beträchtliche 31 Millionen Dollar (11 Prozent des Marshallplan-Budgets für Österreich) vorsah, fast ausschließlich den westlichen Zonen zugute. Es war aber auch die textile Fokussierung und Leistungsfähigkeit Vorarlbergs, die dazu führten, dass das kleine Bundesland in der ersten Hälfte des 20. Jahrhunderts von einem klaren zweiten Platz hinter Niederösterreich zu einem ebenso klaren ersten Platz in der österreichischen Textilindustrie aufstieg. Vorarlberg überholte, wenn auch nicht bei der Zahl der Beschäftigten, so doch deutlich bei den Kapazitäten, den Großraum Niederösterreich. Nachstehende Tabelle zeigt den österreichischen Spindel- und Webstuhlstand zu Beginn des Jahres 1949.

Die Textilindustrie erreichte in der zweiten Hälfte des 20. Jahrhunderts ihre Reife. Die neuen Industrien wie die Fahrzeug-, Maschinen-, Elektro- und die chemische Industrie wiesen ein viel höheres Wachstum auf. Die

Kleinmünchner Baumwoll-Spinnereien und mechanische Weberei, Neue Spinnerei, Vorwerk, ca. 1950

Der österreichische Spindel- und Webstuhlstand zu Beginn des Jahres 1949

Land	Anzahl der Spindeln	Anzahl der Webstühle
Niederösterreich	153.722	3.135
Oberösterreich	69.672	2.464
Vorarlberg	197.632	5.296
Tirol	110.564	2.139
Steiermark	24.068	827
Salzburg	–	140
Österreich gesamt	**555.658**	**14.001**

Quelle: Textilfachverband, Konstitutionsplan der Textilindustrie Österreichs (1948).

Textilindustrie war zwar bis in die Sechzigerjahre bei der Beschäftigung führend, dann aber ging diese Position an die neuen dynamischen Industrien bleibend verloren. Die nachstehende Tabelle zeigt das Wachstum für ausgewählte Industrien in der Periode 1937 bis 1955:

Wachstum ausgewählter Industrien in der Periode 1937 bis 1955 (in Prozent)

Indizes zur Industrieproduktion Österreichs Branche	1937	1955
Fahrzeugindustrie	100	462
Maschinenindustrie	100	298
Elektroindustrie	100	279
Chemische Industrie	100	266
Nahrungsmittelindustrie	100	149
Textilindustrie	100	115

Quelle: Wirtschaftsstatistisches Handbuch 1959 (hg. von der Kammer für Arbeiter und Angestellte für Wien) 93.

Auch die Bekleidungsbranche begann sich zu mechanisieren. 1814 erfand der Tiroler Josef Madersperger die Nähmaschine, aber der Prophet galt im eigenen Lande nichts. So wurde die Nähmaschine anstelle eines österreichischen Exporttriumphs ein Produkt, das ab der Mitte des 19. Jahrhunderts aus den USA nach Österreich importiert wurde. Mit der Nähmaschine begann, wie der Zeitgenosse und Detailkonfektionär Sigmund Mayer in seinen »Erinnerungen« berichtet, die »große Wandlung nach aufwärts«. Durch die Nähe zum Markt konzentrierte sich die Bekleidungsindustrie vor allem auf Wien. Es gab auch große Betriebe, so beschäftigte beispielsweise die »Wäsche- und Miederfabrik« Leopold Landeis AG in Wien zu Beginn des 20. Jahrhunderts 2.500 Mitarbeiter. Solche Beispiele dürfen aber nicht darüber hinwegtäuschen, dass die Bekleidungsindustrie nicht wirklich industriell war. Man muss sie vielmehr mit der protoindustriellen Manufaktur der Textilindustrie im 18. Jahrhundert vergleichen. In dieser Vorphase der Industrialisierung gab es neben der Fabrik viel Platz für gewerbliche Klein- und Kleinstbetriebe. Eine Gegenüberstellung von Bekleidungs- und Textilindustrie aus dem Jahr 1902 zeigt dies drastisch:

Gegenüberstellung der Unternehmen der Bekleidungs- und Textilindustrie ihrer Größe nach, 1902

Unternehmensgröße	Textilindustrie		Bekleidungsindustrie	
	Beschäftigte	Prozent	Beschäftigte	Prozent
1–20 Beschäftigte	19.144	26,6	145.031	88,3
Über 20 Beschäftigte	52.773	73,4	19.245	11,7
Beschäftigte Österreich	**71.917**	**100,0**	**164.276**	**100,0**

Quelle: Österreichische Statistik, LXXV. Band, Gewerbezählung (1908) 4.

Die Bedeutung der Textilindustrie führte auch zu frühen freiwilligen Zusammenschlüssen. So wurde 1875 der »Verein Österreichischer Baumwollspinner« mit Gustav Pacher von Theinburg als erstem Präsidenten (bis 1891) gegründet. 1892 mutierte der Verein zum »Verband der Baumwollindustriellen Österreichs«, der immer mehr die Funktion eines Dachverbandes mit den drei Sektionen Spinner, Weber und Stoffdrucker einnahm. Doch die Interessen waren ungleich, vor allem die Textildrucker wünschten keine Abhängigkeit von ihren Spinn- und Webkollegen. 1919 kam es schließlich zur Gründung des »Vereins der Baumwollspinner und Weber Österreichs«. Dieser Verein hat mit dem 1991 auf »Vereinigung Textilindustrie« (VTI) geänderten Namen die Jahrtausendwende überlebt.

Auch international schloss sich die Textilindustrie zusammen. 1904 wurde unter aktiver Mitwirkung Österreichs in Zürich die Vereinigung »International Federation of Master Cotton Spinners' and Manufacturers' Associations« gegründet, die im englischen Manchester ihren Sitz hatte. Nach einer von 1939 bis 1954 dauernden Unterbrechung wurde die Vereinigung 50 Jahre nach ihrer Gründung auf »International Federation of Cotton and Allied Textile Industries« (IFCATI) umbenannt, um der zunehmenden Verwendung von Kunstfasern zu entsprechen. 1964 wurde der Sitz nach Zürich verlegt und der Name 1978 noch einmal auf »International Textile Manufacturers Federation« (ITMF) geändert. 2004 fand unter großer internationaler Beteiligung die 100-Jahr-Feier der ITMF im Schweizer Luzern statt.

Vorarlberg übernimmt die Führung

Um die Mitte des 19. Jahrhunderts hatte die Baumwollindustrie in Vorarlberg nichts an ihrer Strahlkraft verloren. Das Zauberwort hieß Baumwolle, Seide und Wolle standen nachhaltig im Schatten dieser Faser. 60,15 Prozent der Erwerbssteuer des Jahres 1850 entfielen auf die Textilindustrie. Die Gründer-Generation hatte die Zügel längst in jüngere Hände gelegt und ihren Pioniergeist weitergegeben.

Die englischen Textilpioniere Peter Kennedy

und John Douglass zogen sich in der zweiten Hälfte des 19. Jahrhunderts aus dem Vorarlberger Textilleben zurück. Die vier großen einheimischen Vorreiter Herrburger & Rhomberg, Ganahl, Getzner und Jenny & Schindler prägten zwischen 1848 und 1955 die Textilindustrie unvermindert. Aus der Textilveredelung kommend, stießen neben anderen Gründungen vor allem die vier Unternehmen F. M. Hämmerle, F. M. Rhomberg, J. M. Fussenegger und die Gebrüder Rosenthal – später Josef Otten GmbH – zur Gruppe der führenden Textilunternehmen hinzu. Sie alle expandierten in die Mehrstufigkeit, F. M. Hämmerle und F. M. Rhomberg wurden sogar vollstufig. Die führende Position in dieser Gruppe nahm die Firma F. M. Hämmerle ein, die 1846 mit der Errichtung einer eigenen Bleicherei, Färberei, Appretur und Druckerei in Dornbirn den Schritt ins Fabrikzeitalter setzte. Es folgten eine rasche Expansion und Rückwärts-Vertikalisierung. Am Vorabend des Ersten Weltkriegs beschäftigte die Firma rund 2.000 Mitarbeiter und verfügte neben den Veredelungsbetrieben über sechs Webereien, zwei Spinnereien und eine Niederlage in Wien. F. M. Hämmerle wurde das größte Textilunternehmen in Vorarlberg.

Die Krisen im dritten Quartal des 19. Jahrhunderts spürte auch die Textilindustrie Vorarlbergs. Die verlorenen Märkte Lombardei und Venetien waren praktisch Heimmärkte der Vorarlberger. Und die unterbundene Baumwollversorgung durch den amerikanischen Bürgerkrieg veranlasste manchen Fabrikanten, die Fabrikstore für mehrere Monate zu schließen. Doch die zügige weitere Mechanisierung der Roh- und vor allem auch der Buntweberei – Vorarlberg verfügte 1867 über 19 Maschinenwebereien mit 3.550 Webstühlen – sowie der Ausbau der Veredelungsindustrie ermöglichten zusätzliche Erweiterungen der Spinnereien. Vorarlberg hatte 1895 rund die doppelte Spindelzahl als 50 Jahre zuvor. 1913 beschäftigten die Firmen Hämmerle, Herrburger & Rhomberg, Ganahl, Getzner, Jenny & Schindler zusammen rund 6.200 Mitarbeiter.

Die Stärke der Textilindustrie Vorarlbergs zeigte sich in der Überwindung des Ersten Weltkriegs und seiner Folgen und vor allem der Weltwirtschaftskrise. 1921 bis 1936 stieg in

Textilfabrik Hämmerle, Werk Dornbirn-Steinebach. Radierung von Anton Kaiser, um 1900

Franz Martin Hämmerle (1815–1878), Industrieller. Begann 1836 als kleiner Textilverleger, schuf in Dornbirn mit zeitgemäßer Mechanisierung eine Baumwollweberei mit Färberei und eine Spinnerei.

Josef Otten GmbH, Hohenems, Erzeugung von Tarnstoffen, Zweiter Weltkrieg

Vorarlberg die Zahl der Spindeln von 209.000 auf 222.000, während die Spindelzahl in Österreich von 1.032.000 auf 806.000 abnahm. In Vorarlberg gingen in der großen Krise knapp 1.000, in Niederösterreich aber 6.000 textile Arbeitsplätze verloren. Die

Weberin an Jacquard-Webstuhl, Getzner Textil, Bludenz, 1942

Baumwollindustrie war auf dem Weg nach Westen.

Vorarlberg verfügte aber auch bei zwei textilen Sektoren über eine für Österreich einmalige Marktposition: die Stickerei sowie die Strickerei für den Wäsche-Bereich. Das traditionelle, mit der Schweiz verbundene Standbein »Sticken«, das noch bis 1875 von der Handstickmaschine geprägt war, stand vor der Mechanisierung. Ab 1898 kam die Pantograph-Schifflistickmaschine mit der sieben- bis elffachen Leistung im Vergleich zur Handstickmaschine zum Einsatz, ab 1910 die Automat-Schifflistickmaschine, welche die Leistung noch einmal verdoppelte. Die Elektrifizierung der Betriebe begünstigte die Modernisierung entscheidend. Zwischen 1900 und 1940 zeigt sich folgendes Bild:

Entwicklung der Mechanisierung in der Textilindustrie zwischen 1900 und 1940

Jahr	Anzahl der Handstickmaschinen	Anzahl der Schifflistickmaschinen	
		Pantograph	Automat
1900	4.032	365	0
1910	3.456	1.375	24
1940	80	97	556

Quelle: F. Brüstle, Die Entstehung und Entwicklung der Vorarlberger Stickerei (Dornbirn 1965) 33; R. Fitz, Die Stickereiindustrie Vorarlbergs mit Lustenau als Zentrum (Wien 1976) 24.

Seit 1753 arbeitete Vorarlberg im Veredlungsverkehr für Stickereien in St. Gallen. Vor dem Ersten Weltkrieg wurden über 90 Prozent der produzierten Stickereien in die Schweiz reexportiert. Beschäftigung und Kapazitätsauslastungen der Stickereien waren immer stark schwankend. 1910 hatte die Branche mehr Leute beschäftigt als die Baumwollindustrie, 1951 dagegen hatte sie an den 17.573 Textilbeschäftigten nur noch einen Anteil von 4,4 Prozent im Vergleich zu 63,8 Prozent der Baumwollindustrie.

Im Gegensatz zur Stickerei ist die Wirkerei- und Strickereiindustrie ein vergleichsweise junges Kind der Branche. Die Trikotagen-

Industrie auf der Schwäbischen Alb und in der Ostschweiz war ein gutes Umfeld für den Aufbau in Vorarlberg. Die erste Gründerzeit der Branche reicht in das auslaufende 19. Jahrhundert zurück. 1865 baute Franz Josef Heinzle eine Fabrik in Götzis, welche die ersten Rundwirk- und -strickmaschinen in Vorarlberg in Betrieb nahm. 1908 erwarb Josef Huber diesen Betrieb. Benedikt Mäser gründete 1884 sein Unternehmen in Dornbirn, Wilhelm Benger 1885 in Bregenz. Die große Entfaltung der Trikot-Branche erfolgte ab den Zwanzigerjahren des neuen Jahrhunderts, als die Unterwäsche als Kleidungsstück zum Volumenmarkt avancierte. 1927 wurde die Wirkwarenfabrik Gebrüder Wolff in Hard gegründet, 1936 Willy Herrmann in Hard, 1948 die Wolff & Co KG – Wolford in Hard und 1949 die Strumpffabrik Kunert in Rankweil. Die Expansion der Branche war beachtlich. 1960 beschäftigte die Firma Huber 970 und die Firma Kunert über 1.000 Mitarbeiter. Von den sieben erwähnten Unternehmen haben mit Ausnahme der Firmen Mäser und Benger alle das Jahr 2000 erreicht.

Wilhelm Benger Wirkwaren, Bregenz, 1920er-Jahre

Es war ein Markenzeichen Vorarlbergs, dass es technische Neuerungen rasch und wirksam umsetzte. Die dominante Stellung der Textilindustrie in Vorarlberg führte aber auch zu unternehmerischen Großtaten, die über das betriebliche Geschehen hinausgingen:

Wilhelm Benger Wirkwaren, Bregenz, Modeschau, 1930er-Jahre

– Persönlich und in der Funktion des Vorsitzenden der Handelskammer setzte sich Carl Ganahl vehement für die infrastrukturelle Erschließung Vorarlbergs durch die Eisenbahn ein. 1872 nahm die Vorarlberger Bahn ihren Betrieb auf, 1884 die Arlbergbahn.

– Die Firma Jenny & Schindler war Vorreiter bei der Einführung des elektrischen Stroms. 1881 brannte in Kennelbach als erstem Ort der Monarchie elektrisches Licht. Die Villa Friedrich Schindlers war vermutlich das erste voll elektrifizierte Haus in ganz Europa.

– Kaiser Franz Joseph war es, der höchstpersönlich am 10. August 1881 das erste Telefon der Monarchie bei der Firma F. M. Hämmerle in Dornbirn in Betrieb nahm. Hämmerle betrieb 1892 auch die erste elektrische Normalspurbahn Österreichs in Feldkirch-Gisingen.

– Als im Ersten Weltkrieg die Baumwoll-Einfuhr ausfiel, gründeten die Unternehmen Jenny & Schindler, Hämmerle, Herrburger & Rhomberg, Ganahl und Getzner gemeinsam die »Vorarlberger Papiergarnindustrie-Gesellschaft m. b. H.« (VORPAG). 1917 konnte tatsächlich in mehreren Spinnereien Papiergarn erzeugt werden, eine nachhaltige Alternative zur Baumwolle war es aber nicht.

Vorarlberg, das am Beginn des 19. Jahrhunderts seine Bevölkerung kaum ernähren konnte, beschäftigte 100 Jahre später – 1907 – fast 31 Prozent italienische Gastarbeiter in seiner modernen Textilindustrie und wurde damit vom Arbeitssuchenden zum Arbeitgeber. Es ist am Ende der Periode 1848 bis 1955 das führende Textilland Österreichs geworden und hat diese Position in der zweiten Hälfte des 20. Jahrhunderts behalten.

Niederösterreich und Wien

Die Ostregion Österreichs hat in den dargestellten Jahren 1848 bis 1955 die textilen Chancen deutlich verpasst. Es entstand ein West-Ost-Gefälle, das nicht mehr umkehrbar war. Die Gründe lagen vor allem in der Kapazitätsstruktur, den Krisen zwischen 1914 und 1955 und nicht zuletzt in der Verlagerung auf die neuen Industrien.

Niederösterreich

Niederösterreich konnte die Krise des dritten Quartals des 19. Jahrhunderts überwinden und war in der Textilindustrie bis zum Ersten Weltkrieg expansiv. Die drei führenden Unternehmen waren Gründungen aus dem Beginn des 19. Jahrhunderts. Die Pottendorfer Spinnerei hatte ihren Spindelbestand bis 1888 auf 105.376 erhöht und war damit der größte Garnhersteller in Österreich und der sechstgrößte in der Monarchie. Die Trumauer, lange Zeit die zweitgrößte Spinnerei in Österreich, erweiterte ihre Struktur durch eine Weberei und Veredelungskapazitäten im benachbarten Marienthal und wurde dadurch vollstufig. Ebenso hatte sich die Felixdorfer Spinnerei zu einem vertikalen Betrieb entwickelt. 1913 beschäftigten die drei Unternehmen zusammen 4.000 Mitarbeiter. Der Gesamtspindelstand Niederösterreichs war mit 469.000 rund ein Drittel größer als jener Vorarlbergs.

Es kam in Niederösterreich auch nach der Mitte des 19. Jahrhunderts zu einigen bedeutenden Neugründungen. Die wichtigste war die 1858 in St. Pölten gegründete, 1869 stark erweiterte und 1894 mehrheitlich an die britische Firma Coats verkaufte Harlander Baumwollspinnerei und Zwirnfabrik, die sich auf die Herstellung von Nähfaden spezialisierte. In beiden Weltkriegen war sie unter Zwangsverwaltung gestellt, da sie sich in britischem Eigentum befand. Eine weitere Neugründung war die 1900 in Krems errichtete Teppichfabrik Eybl, die vor dem Ersten Weltkrieg mit der deutlich älteren Teppich- und Möbelfabrik Philipp Haas & Söhne fusionierte. Diese beiden Betriebe erreichten im letzten Quartal des 20. Jahrhunderts eine bedeutende Position als Automobil-Zulieferer. Eine besondere

Harlander Baumwollspinnerei. Farblithografie, Graz 1897

strategische Bedeutung hatte die 1904 konstituierte und 1906 in Betrieb genommene Erste Österreichische Glanzstoff-Fabrik-AG, die ein Viskosefilament herstellte, das als Ersatz von reiner Seide eingesetzt wurde. Das von der Seidenindustrie abhängige Großunternehmen stand nach dem Zweiten Weltkrieg unter sowjetischer Verwaltung und wurde großteils demontiert. Im Jahr 1955 erfolgte die Rückgabe an die alten Eigentümer und ein neuer Aufschwung.

Die großen Probleme der Baumwollindustrie in Niederösterreich entstanden nach dem Schrumpfen der Marktbasis als Folge des verlorenen Krieges und durch die Weltwirtschaftskrise. Das Entstehen neuer Grenzen wirkte sich auf die im Spinnbereich kopflastige Industrie verhängnisvoll aus. Neben anderen Betrieben gingen auch die Pottendorfer, die Felixdorfer und die »AG der Baumwollspinnerei, Weberei, Bleiche, Appretur, Färberei und Druckerei zu Trumau und Marienthal« im Konzern des Isidor Mautner unter. Dieser war nun mit Abstand das größte Textilgebilde in Niederösterreich. Die unübersichtliche Firmengruppe, die bis zu 9.000 Mitarbeiter beschäftigte, schlitterte gegen Ende der Zwanzigerjahre in den finanziellen Zusammenbruch. Die schmerzhafte Sanierung trug wesentlich zum Niedergang der Boden-Credit-Anstalt und der Credit-Anstalt in den Jahren 1929 beziehungsweise 1931 bei. Viele

Textilbetriebe gingen in der Weltwirtschaftskrise in Niederösterreich verloren, darunter auch die Betriebe in Trumau und Marienthal. Die verbleibenden Aktivitäten des Mautner-Konzerns in Österreich fasste man in der Pottendorfer Spinnerei und Felixdorfer Weberei AG zusammen. In diese Zeit fällt auch die einzige bedeutende Neugründung, die 1936 errichtete Macospinnerei und Zwirnerei Walek und Co. 1943 von Bomben zerstört, wurde dieser Betrieb mit modernsten Maschinen neu aufgebaut und verfügte in den Fünfzigerjahren über 30.000 Spindeln. Das Unternehmen ging 1993 in Konkurs.

Die Dynamik der niederösterreichischen Baumwollindustrie in der ersten Hälfte des 19. Jahrhunderts zerbrach an den Krisen der ersten Hälfte des 20. Jahrhunderts. Vorarlberg übernahm die Führungsrolle, Niederösterreich blieb nur noch bei der Wollindustrie dominant. Das Großunternehmen Vöslauer war 1950 mit rund 4.000 Beschäftigten das größte Textilunternehmen Österreichs und scharte eine ganze Reihe von kleinen und mittleren Wollunternehmen um sich.

Wien

Lange war Wien ein begehrter Standort für die Zentralen großer Textilkonzerne, die ihre Betriebe vor allem in Niederösterreich und Böhmen situiert hatten. Die eigene Industriebasis bestand vor allem aus einer traditionellen Seiden-, Schal-, Textilveredelungs- und Konfektionsindustrie. Haltbar war dieses Konzept nicht. Einerseits zog die Desintegration der Habsburgermonarchie die altösterreichischen, Wien-zentrierten Konzerne schwer in Mitleidenschaft und andererseits waren die eigenen Textilstandbeine dem Kostendruck der Hauptstadt nicht gewachsen, da sie typischerweise industriell-gewerblich und wenig kapitalintensiv blieben.

Die Wiener Textilindustrie konnte trotzdem auch im 20. Jahrhundert Erfolge mit überregionaler Bedeutung aufweisen. Eine in Europa herrschende Seidenraupenseuche (Pebrine) und asiatische Konkurrenz halbierten die Produktion der Seidenindustrie von 1850 bis zum Ende des 19. Jahrhunderts. Das Aufkommen der Kunstseide, wie sie seit 1906 von den Glanzstoffwerken in St. Pölten hergestellt wurde, brachte eine neue Chance. Seidenproduktion und -veredelung wurden industriell: Im Rekordjahr 1929 betrug die Ausfuhr von Seidenwaren 257 Millionen Schilling. Nach der Krise 1933 waren es 56 Millionen Schilling. Beinahe alle Seidenweber hatten ihren Hauptsitz und die Veredelung in Wien und die Gewebeproduktion in den Bundesländern. Das bedeutendste Unternehmen war die 1890 in Wien gegründete Firma Gebrüder Schiel. Gegen Ende der Zwanzigerjahre war sie mit 3.000 Webstühlen und 3.000 Mitarbeitern in Österreich und Europa Marktführer. Adolf Schiel gründete im Jahr 1921 die Wiener Messe und war Gründer und erster Präsident des österreichischen Gewerbevereins. Weitere wichtige Unternehmen der Seidenindustrie waren unter anderem die Fir-

»Das Teppichknüpfen in der Fabrik zu Ebergassing«. Federzeichnung von Hugo Charlemont, 1880er-Jahre

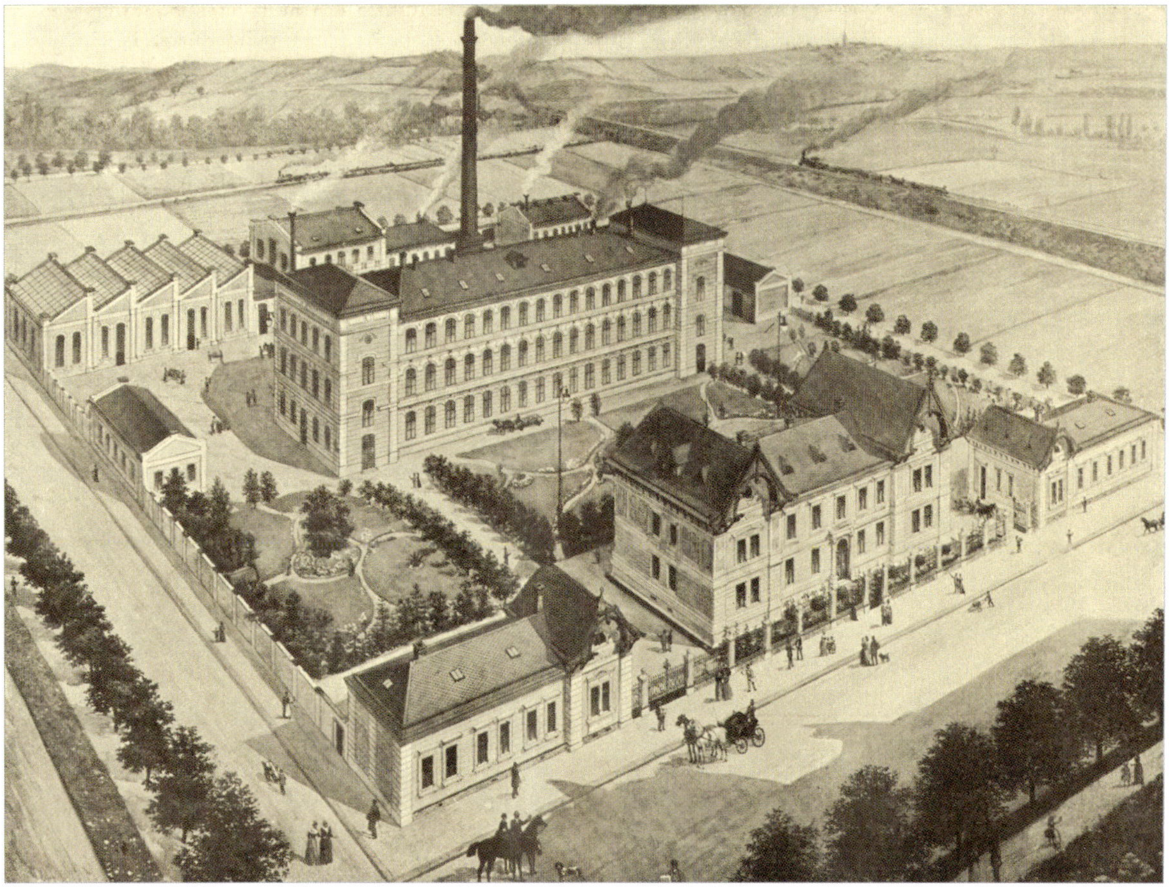

P. Ladstätter & Söhne,
k. u. k. Hoflieferant,
Wien, um 1900

men Richard Hämmerle, Silz Textil, Sewag, die Gebrüder Steiner, Otto Flemmich KG und Georg Zorn.

Wenn auch deutlich weniger markant als bei der Seidenindustrie, so ist der Erfolg der Wiener Modeindustrie doch bemerkenswert. Zwischen 1924 und 1930 betrug mit einem Volumen von 30 bis 40 Millionen Schilling der Anteil der exportierten Damenoberbekleidung 2 bis 2,5 Prozent am österreichischen Außenhandel. Wien genoss einen internationalen Ruf als Modezentrum.

Zu einem besonderen Markenzeichen der österreichischen Textilindustrie wurde die 1919 von Bernhard Altmann zur Ergänzung seines Wollhandelsgeschäfts gegründete Strickwarenfabrik mit angeschlossener Konfektion. Der modische Erfolg der Produkte ermöglichte die Gründung verschiedener Produktionsstätten und vor allem Verkaufsniederlassungen in den wichtigsten europäischen Hauptstädten. 1929 waren bereits rund 1.000 Mitarbeiter beschäftigt. Das »arisierte« und nach dem Krieg zurückerstattete Unternehmen profitierte weiterhin von dem inzwischen in die USA ausgewanderten Firmengründer Altmann, der Rohstoffe organisierte und für die modischen Damenoberbekleidungsprodukte den Absatzmarkt USA erschloss. Die Beschäftigung erreichte über 3.000 Mitarbeiter, bevor gegen Ende der Sechzigerjahre ein unaufhaltsamer Schrumpfungsprozess begann.

Die größte Jute-Fabrik Österreichs wurde 1869 von Paul Pacher von Theinburg, dem Sohn eines Baumwollfabrikanten im niederösterreichischen Sollenau, in Wien-Simmering gegründet. Der rasch zum Großkonzern expandierende Betrieb beschäftigte 1929 rund 6.500 Mitarbeiter, davon 4.400 in Österreich. Die nach den Schwierigkeiten in der Weltwirtschaftskrise auf Hanf-, Jute- und Textilit-

Briefkopf der Aktiengesellschaft der Kleinmünchner Baumwoll-Spinnereien und mechanischen Weberei aus dem Jahr 1918.

Industrie AG (HITIAG) umbenannte Firma verfügte neben Wien-Simmering über Werke in Neufeld, Pöchlarn und Pielachberg. Nach den turbulenten Kriegsjahren beschäftigte die HITIAG 1952 wiederum 4.250 Mitarbeiter. Trotz dieser Erfolge konnte die Wiener Textilindustrie ihren Niedergang in der zweiten Hälfte des 20. Jahrhunderts nicht verhindern. Bis zur Jahrtausendwende schrumpfte sie zur Bedeutungslosigkeit.

Oberösterreich

Der kollegiale Konkurrenzkampf zwischen den Unternehmen von Josef Dierzer und Johann Grillmayr hatte in der ersten Hälfte des 19. Jahrhunderts die Mechanisierung der Textilindustrie in Oberösterreich geprägt. Dieses friedliche Match konnte Grillmayr in der zweiten Hälfte des 19. Jahrhunderts für sich entscheiden. Der Grund lag wohl weniger in den Fähigkeiten als in den Interessensphären der beiden befreundeten Kontrahenten. Während Dierzer in allen drei Fasertypen Wolle, Baumwolle und Flachs erfolgreich aktiv war und sich darüber hinaus stark für öffentliche Aufgaben engagierte, konzentrierte sich Grillmayr ganz auf den dominanten Rohstoff Baumwolle und die Expansion seines Unternehmens. 1872 formte Grillmayr sein Familienunternehmen in eine Aktiengesellschaft mit einem Kapital von 1,5 Millionen Gulden um, an dem neben seiner Familie auch Bankinteressen beteiligt waren. Die Firma nannte sich fortan »Actiengesellschaft der Kleinmünchner Baumwoll-Spinnereien und mechanischen Weberei«. Als nach dem Börsenkrach von 1873 rund 20 Prozent des Kapitals in Spekulationshände zu geraten drohten, griff Grillmayr tief in die Tasche des Familienvermögens, um dieses Kapital zurückzukaufen, und erwarb diese Aktien, um sie zu vernichten. Das Unternehmen blieb expansiv und sozial engagiert. Um 1910 war die Kleinmünchner mit 78.796 Spindeln nach Pottendorf das zweitgrößte Unternehmen dieser Art in Österreich. 1917 erwarb die »Actien«, wie sie im Volksmund hieß, für 700.000 Kronen die Firma Josef Dierzer in Kleinmünchen und

im selben Jahr die Baumwollspinnerei und Weberei F. C. Hermann in Reutte in Tirol. Das Unternehmen setzte auf Akquisition und nicht so sehr auf Modernisierung und riskierte dabei eine gefährliche Anspannung der Liquidität. Mit nunmehr 120.000 Spindeln und 1.200 Webstühlen dürfte die Kleinmünchner für einige Jahre der größte Spinnweber in Österreich gewesen sein. Die Weltwirtschaftskrise, der »Anschluss« an Deutschland und der Zweite Weltkrieg brachten der Kleinmünchner ein Ringen um Existenz und Kapital. Kapazitätsabbau, die entschädigungslose Abtretung von rund 200.000 Hektar Grundbesitz an die Hermann-Göring-Werke und 896 Bomben auf dem Werksareal sprechen für die Dramatik dieser Periode. Beschäftigte der Linzer Betrieb 1939 noch 1.500 Mitarbeiter, so waren es nach dem Krieg nur noch 176. Das dominante Aktienpaket der Kleinmünchner wurde 1940 aus dem Besitz der Creditanstalt durch die Vereinigte Färbereien GmbH in Wien erworben, eine 100-Prozent-Tochter der Färbereien und Druckereien Trust AG in Chur, die mehrheitlich von Robert Thyll kontrolliert wurde. Dieser schwei-

Kleinmünchner Baumwoll-Spinnereien und mechanische Weberei, Shedhallenbau, ca. 1948/49

Dr. Robert (1897–1971) und Lina (1915–1998) Thyll-Dürr, um 1950

zerische Hintergrund war bei der Entschädigungsfrage und beim raschen Wiederaufbau 1946 bis 1949 ein entscheidender Vorteil. 1950 konnten wieder über 1.000 Mitarbeiter beschäftigt werden.
Oberösterreich verzeichnete in der Periode 1848 bis 1955 aber auch mehrere textile Neugründungen, von denen einige bedeutend und nachhaltig waren. Stark von Josef Dierzer beeinflusst und mitfinanziert, kam es im Jahr 1851 zur Gründung der Lambacher Flachsspinnerei, der modernsten ihrer Art zu dieser Zeit. 1873 wurde die Firma Gabler, eine große Bandweberei, in Traun gegründet. 1875 erfolgte in der ehemals größten Kammgarnspinnerei der Monarchie, der »Theresientaler« in Gmunden, die vollständige Umstellung auf den Rohstoff Baumwolle. Im Jahr 1912 gründete das bayerische Unternehmen F. S. Fehrer eine »Dampf-Rosshaar-Spinnerei« in Linz. Im gleichen Jahr entstand mit der Spinnerei und Weberei Ebensee das letzte große Baumwollunternehmen in Oberösterreich, das zu den wenigen Betrieben gehörte, die als Baumwollfabrik begonnen hatten und später als Wollunternehmen ihre Existenz beendeten.

Aktionärsstruktur der Zellwolle Lenzing 1938

Aktionär	**Aktienanteil in %**
Thüringische Zellwolle AG	50,0
Hirtenberger Patronen-, Zündhütchen- und Metallwerkefabrik	18,0
AG d. Kleinmünchner Baumwoll-Spinnereien u. mech. Weberei	7,5
Pottendorfer Spinnerei und Felixdorfer Weberei AG	7,5
F. M. Hämmerle	3,0
Getzner, Mutter & Cie	3,0
Carl Ganahl & Co	2,5
Franz M. Rhomberg	2,0
Herrburger & Rhomberg	2,0
Spinnerei und Weberei Teesdorf-Schönau AG	1,5
Seutter & Co	1,0
G. Borckenstein & Sohn AG	1,0
Textilwerke Schindler & Cie	1,0
Aktienkapital 1 Million Reichsmark	**100,0**

Quelle: Roman Sandgruber, Textilindustrie 1850–1955. Unpubliziertes Manuskript (2004).

Im Mühlviertel, das zur Beschaffung einer bescheidenen, aber ausreichenden Ernährungsbasis traditionell auf das Weben in Heimarbeit zur Verbesserung des kargen Bodenerlöses ausgerichtet war, begann sich in der zweiten Hälfte des 19. Jahrhunderts die Industrialisierung zögerlich und oft in Kleinstrukturen durchzusetzen. Größere Bedeutung erlangten die Firmen Vonwiller und Simonetta/Gollner. Der aus der Schweiz stammende Johann Niklas Vonwiller gründete 1819 in Haslach ein Handelsunternehmen für Leinenprodukte und baute 1830 eine eigene Fabrik. Das Unternehmen beschäftigte in der zweiten Hälfte des 19. Jahrhunderts 300 Mitarbeiter in der mechanisierten Fabrik, schwankend bis 300 zusätzliche Heimweber, hielt 300 Pferde für den Transport der exportorientierten Gewebeproduktion und genoss verdienterweise Vorbildstatus. Anders waren die Verhältnisse bei der Firmengründung durch Peter Simonetta aus Mailand 1842 in Helfenberg. Der Betrieb war wie eine Manufaktur organisiert und die in der Spitze bis zu 2.000 Beschäftigten waren vorwiegend Heimarbeiter. Der Betrieb ging 1864 in Konkurs und erreichte erst nach 1919 ein neue Blüte, als die Firma Gollner aus Haslach das Werk erwarb und industrialisierte.
Eine große Bedeutung für die Textilindustrie erlangte die einheimische Produktion von Zellwollfasern. Die Gründung der Zellwollindustrie in Lenzing war ein Resultat der nationalsozialistischen Autarkiepolitik. Schon unmittelbar nach dem »Anschluss« hatte Reichsmarschall Göring die Errichtung eines großen Zellwollwerkes in der »Ostmark« angekündigt. Diese Gründung erfolgte am 31. Mai 1938. Die Zellwolle Lenzing Aktiengesellschaft hatte ein Startkapital von einer Million Reichsmark und die nebenstehende Aktionärsstruktur.
Die Zellwollproduktion expandierte rasch. Die Jahresleistung betrug 1940 bereits 8.162 Tonnen und in den folgenden Kriegsjahren jeweils über 20.000 Tonnen. Durch den kriegs-

bedingten Rückschlag wurden 1946 nur noch 1.767 Tonnen hergestellt. Bis 1955 stieg die Produktion aber auf 39.552 Tonnen. Das 1945 auf 25 Millionen Schilling angehobene Kapital wurde 1949 auf 2,5 Millionen Schilling reduziert und nach dem nur unter heftigem Protest akzeptierten Ausschluss der Bezugsrechte der Altaktionäre wieder auf 20 Millionen Schilling erhöht. Damit ergab sich 1950 folgende von der Länderbank dominierte Aktienkapitalstruktur:

Aktienkapitalstruktur der Zellwolle Lenzing 1950

Aktionärsgruppe	Nominale in Schilling	in %
Österreichische Neuaktionäre*	17.500.000	87,5
Österreichische Altaktionäre	894.500	4,5
Deutsche Altaktionäre	1.575.500	7,8
Andere Altaktionäre	30.000	0,2
Summe	**20.000.000**	**100**

* Insgesamt fünf österreichische Banken: Davon nominierte die Österreichische Länderbank 10,199 Millionen Schilling oder 51 Prozent der Gesamtsumme.

Quelle: R. Sandgruber, Textilindustrie 1850–1955. Unpubliziertes Manuskript (2004).

Die Bedeutung der Zellwolle für die österreichischen Spinnereien lässt sich am besten durch die Aufteilung der Produktion der zumindest teilweise substituierbaren Fasertypen darstellen: 1955 betrug die Garnherstellung in Österreich 39.741 Tonnen, davon entfielen 23.475 Tonnen auf Baumwolle und 16.266 Tonnen oder beachtliche 41 Prozent auf die junge Faser Zellwolle.

Tirol und die Steiermark

Tirol und – noch ausgeprägter – die Steiermark hatten in der ersten Hälfte des 19. Jahrhunderts den Aufbau der Textilindustrie nur zögernd mitgemacht. Im Vordergrund standen der Bergbau und die Metallverarbeitung. In der Periode 1848 bis 1955 korrigierte sich dieses Bild vor allem in Tirol.

Tirol

In Tirol waren die Großbetriebe der Baumwollindustrie nicht in tirolerischen Händen. Dominant waren die beiden Vorarlberger Spinn-Weber Herrburger & Rhomberg mit Betrieben in Innsbruck, Absam und Matrei sowie Jenny & Schindler mit Betrieben in Telfs und Imst. Jenny & Schindler waren 1914 mit 52.952 Spindeln und 1.018 Webstühlen ein wahres textiles Großunternehmen.

Die Spinnerei Textil AG in Landeck (TAG) war eine Gründung des aus dem schweizerischen Glarus stammenden Jean Paravicini. Aus den 12.032 Spindeln am Start wurde rund 50 Jahre später durch die Expansionsphase nach dem Zweiten Weltkrieg eine Großspinnerei mit 43.000 Spindeln und 7.000 Zwirnspindeln. Der 1855 von F. C. Hermann übernommene Textilbetrieb in Reutte wurde in der Folge zu einem vollstufigen Unternehmen ausgebaut und 1917 von der »Actiengesellschaft der Kleinmünchner Baumwoll-Spinnereien und mechanischen Weberei« in Linz übernommen. Die 1853 in Imst gegründete tirolerische Handweberei Stapf wurde um 1860 mechanisiert und durch eine Bandweberei, Bortenwirkerei und Textilveredelung erweitert, sodass der bis 1992 existierende Betrieb eine mittlere Größe erreichte.

Im Gegensatz zur Baumwollindustrie bestand die kleinere Wollindustrie weitgehend aus tirolerischen Gründungen. Die Produkte waren rustikal und langlebig. Im Vordergrund standen drei Unternehmen, die den internationalen Qualitätsbegriff »Tiroler Loden« schufen. Es waren die Firma Weyrer (gegründet 1790), Franz Pischl in Telfs (1864) und Ezio Foradori (1919). Foradori erwarb 1923 die seit 1814 bestehende Loden-Fabrik Franz Baur und wurde unter dem Namen Vereinigte Tuchfabriken Baur-Foradori, Innsbruck, als vollstufiger Betrieb die größte Loden-Fabrik Österreichs. Das Tiroler Loden-Konzept wurde durch die in der Trachtenmode engagierten Strickerei-Unternehmen Giesswein Walkwaren

AG in Brixlegg und Geiger in Vomp ergänzt. Der Zweite Weltkrieg brachte der Tiroler Textilindustrie herbe Rückschläge. Ein rascher Wiederaufbau, nicht zuletzt als Folge der ERP-Kredite, ermöglichte es der Branche, Mitte der Fünfzigerjahre 6.251 Personen mit Arbeit zu versorgen. Mit einem Beschäftigungsanteil von 25,9 Prozent wurde die Textilindustrie vorübergehend wichtigster Industriezweig Tirols.

Steiermark

Die Textilindustrie der Steiermark war nicht wirklich bedeutend. Ähnlich wie in der ersten Hälfte des 19. Jahrhunderts in Oberösterreich Josef Dierzer und Johann Grillmayr haben in der ersten Hälfte des 20. Jahrhunderts die Firmen von Georg Borckenstein und August Sattler das Textilgeschehen in diesem Bundesland dominiert. Die von Graf Batthyany 1789 in Burgau gegründete erste mechanische Spinnerei in Österreich wurde nach wiederholten Unterbrechungen 1908 endgültig stillgelegt. Der Garn-Großhändler Georg Borckenstein erwarb 1831 die Fabriksanlage und startete mit 3.080 neuen Spindeln die Produktion. 1845 kam der Standort Neudau hinzu, der Spindelstand erreichte in diesem Jahr bereits rund 19.000. Das aus organisatorischen und Kostengründen auf Neudau konzentrierte Unternehmen wurde 1928 eine Aktiengesellschaft. Die Georg Borckenstein & Sohn AG gehörte 1938/39 zu den führenden Verarbeitern von Lenzing- und Kelheim-Zellwolle. Die Fabrik betrieb 1960 mit 750 Mitarbeitern 24.000 Spindeln, 5.000 Zwirnspindeln sowie 110 Webstühle und eine Textilveredelung.

1875 begann August Sattler in Thondorf mit dem Handel von Gummi-, Saug- und Druckschläuchen sowie Hanfschläuchen für die Feuerwehr. Um die Jahrhundertwende wurde in eine eigene Fertigung investiert. Die Hauptprodukte waren Waggon-Planen für die k. k. Eisenbahn-Direktion, Segeltuch für die k. k. Kriegsmarine und Zelte für Militär und Freizeit. 1917 wurde das Batthyany-Areal und -Jagdschloss in Rudersdorf erworben und zusätzlich eine mechanische Leinenweberei errichtet. Nach 1950 wurde mit der Umstellung auf die synthetischen Fasern Polyester und Acryl bei Planenstoffen begonnen. Ab 1960 überschritt die Beschäftigung 400 Mitarbeiter. – Die beiden Unternehmen Borckenstein und Sattler waren nachhaltig. Sie haben das Jahr 2000 überlebt.

Sattler Textil Werke, Fabriksansicht Rudersdorf, 1919. 1875 von August Sattler gegründet, entwickelten sich die Sattler Textil Werke zu einem Haupterzeuger von Schwertextilien in Europa.

Das Trauma der »Arisierung«

Die Eingliederung Österreichs in das Deutsche Reich führte in der Textilindustrie zu einem düsteren Kapitel ihrer Geschichte. Das NS-Regime widmete der Textilbranche besondere Aufmerksamkeit, weil sie, so ein Bericht des Reichskuratoriums für Wirtschaftlichkeit, als »von Juden beherrscht« galt. In diesem Bericht über »Entjudung und Arisierung« wurde für das »Altreich« angenommen, dass sich 70 bis 95 Prozent der Betriebe in der Textil- und Bekleidungsindustrie in jüdischem Eigentum befinden würden. Diese Zahlen scheinen zwar viel zu hoch gegriffen;

der Anteil der Betriebe in jüdischem Besitz in der Textilbranche lag, mit Ausnahme des Textilhandels in Wien, weit unter diesen NS-Phantasiezahlen. Die Einbußen durch »Arisierungen« und Stilllegungen waren allerdings trotzdem sehr hoch.

Die Baumwollspinnereien und Webereien machten in Österreich gemessen am gesamten Produktionsvolumen der Textilindustrie etwa 50 Prozent aus und waren damit 1937 der bei weitem wichtigste Teilbereich dieses Industriezweigs. 17 Prozent dieser Betriebe waren nach einem Bericht des Handelsministeriums in jüdischem Besitz. Die Wollindustrie machte weitere 26 Prozent der Textilproduktion in Österreich aus, wobei davon angeblich knapp 40 Prozent jüdisch waren. Nur in der Hanf-, Leinen- und Jutegewebe-Produktion nahmen die Betriebe in jüdischem Besitz einen kleinen Anteil ein.

Die Seidenindustrie samt der Seidenveredelungsindustrie in Österreich war in der Größe vergleichbar mit der Hanf-, Leinen- und Jutegewebeproduktion. In dieser Sparte war der Anteil der Betriebe in jüdischem Besitz jedoch wesentlich höher. Die meisten der seidenverarbeitenden Betriebe lagen in und um Wien. In der sehr exportorientierten Seidenindustrie wurden 1937 Waren im Wert von knapp zwölf Millionen Schilling ausgeführt. Etwa die Hälfte davon war in Betrieben mit jüdischen Besitzern produziert worden.

Insgesamt ergibt sich das Bild, dass die Textilindustrie zwar nicht »jüdisch dominiert« war, wie es die Nationalsozialisten unterstellten, aber der Anteil der Betriebe in jüdischem Besitz deutlich größer war als in anderen Industriebranchen. Eine Ursache für die spätere wirtschaftliche Stagnation der Textilindustrie im Osten lag auch in dem Umstand, dass bis 1938 über 90 Prozent aller in der nationalsozialistischen Zeit »arisierten« oder liquidierten Textilbetriebe in jüdischem Besitz hier ihren Sitz hatten und durch die »Arisierungen« in die Hände größtenteils Branchenfremder fielen oder überhaupt verschwanden.

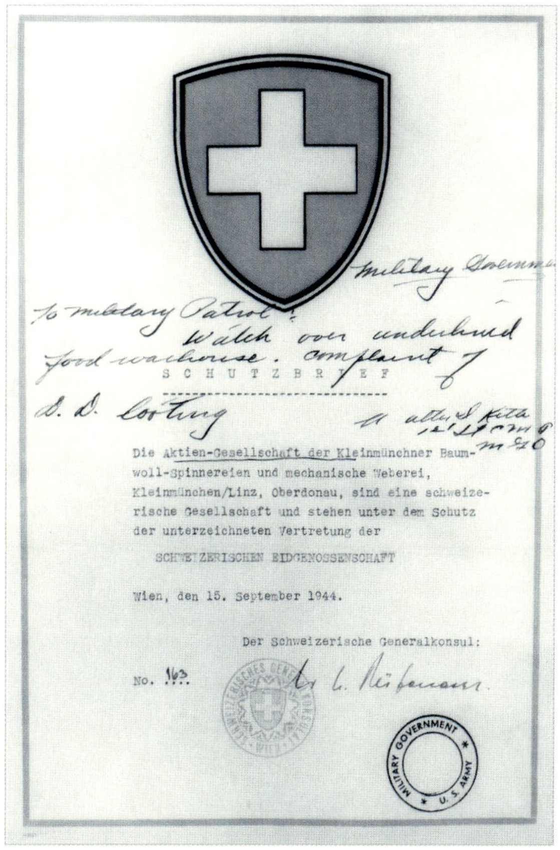

SCHUTZBRIEF

Die Aktien-Gesellschaft der Kleinmünchner Baumwoll-Spinnereien und mechanische Weberei, Kleinmünchen/Linz, Oberdonau, sind eine schweizerische Gesellschaft und stehen unter dem Schutz der unterzeichneten Vertretung der

SCHWEIZERISCHEN EIDGENOSSENSCHAFT

Wien, den 15. September 1944.

Der Schweizerische Generalkonsul:

No. 163.

MILITARY GOVERNMENT · U. S. ARMY ·

Schweizerischer Schutzbrief für die Kleinmünchner Spinnereien vom September 1944 samt Notiz eines Offiziers der amerikanischen Militärregierung aus 1945 mit der Anweisung an alle Militärstreifen, im Falle von Belästigungen Hilfe zu leisten

Kleinmünchner Baumwoll-Spinnereien und mechanische Weberei, Shedhalle, innen, ca. 1950

Das Jahrhundert des Eisens

Die in Europa lange Zeit quantitativ wie qualitativ führende österreichische Eisenindustrie wurde an der Wende vom 18. zum 19. Jahrhundert von England, in der Folge auch von Deutschland in den Schatten gestellt. Ein wichtiger Standortvorteil des »Landes der Hämmer« in den Alpen – Forste, die Holzkohle in ausreichendem Ausmaß lieferten – ging mit dem Übergang auf Feuerung mit Koks aus Steinkohle verloren. Die im ersten Band der »Österreichischen Industriegeschichte« ausführlich dargestellten Innovationen kamen aus England und Deutschland und wurden oft erst mit 30- bis 40-jähriger Verspätung in Österreich übernommen. Sehr spät wurde auch in Österreich die Grundlage für eine moderne Montanindustrie, die Wachstumsindustrie des 19. Jahrhunderts, gelegt.

Dennoch kann auch in Österreich die Zeitspanne von der Mitte des 19. bis zur Mitte des 20. Jahrhunderts als »Jahrhundert des Eisens« bezeichnet werden. Die rasch fortschreitende vertikale Integration, der Einbruch der Eisenerzeuger in die Finalindustrie, machte sie zur Schlüsselindustrie dieser Epoche.

Das Königreich Alpine-Montan

Die technischen Umwälzungen begünstigten Großanlagen, damit war das Schicksal vieler kleiner Hochöfen, vieler kleiner Eisenhämmer besiegelt. Die erste große »Fusion« war 1625 in der alpenländischen Eisenindustrie durch die Vereinigung von 19 Rad- und 44 Hammerwerken zur Innerberger Hauptgewerkschaft erfolgt. Ende des 18. Jahrhunderts war der bei weitem größte Montanbetrieb Österreichs unter staatlichen Einfluss gekommen, noch bis zum Jahr 1868 blieb er ärarisch.

Am Standort Donawitz wurde 1836 eine Hütte errichtet, einer der drei Konsorten war der Gastwirt und Gewerke Mayr aus Leoben, die beiden anderen brachten ein Patent auf ein Verfahren ein, das unter Verwendung von Kohlungsmitteln die Erzeugung von Puddelstahl ermöglichte. Ihr Vorhaben erwies sich als undurchführbar, Franz Mayr hatte aber nach dem Ausscheiden der beiden Erfinder trotzdem Erfolg. Er erzeugte weiches Puddeleisen, baute ein Walzwerk und im Jahr 1843

Ansicht der Hütte Donawitz, dreiteilige Ansichtskarte der Industrieanlage, Fotografie von Carl Krall, 1902

eine neue, größere Hütte auf dem Gelände des heutigen Werkes. Mayr expandierte, dem erfolgreichen Unternehmer wurde 1859 der Adelstitel »von Melnhof« verliehen – heute ist die Familie freilich in einer anderen Branche, in der Papierindustrie, zu finden.
1872 ging die Hütte Donawitz an die Innerberger Gesellschaft über. Das Rad der Zusammenschlüsse drehte sich aber weiter, der Zwang zur Größe war unwiderstehlich: In der Steiermark und in Kärnten schlossen sich Eisen- und Stahlhütten zur Österreichisch-Alpine Montangesellschaft zusammen. 1881 fusionierten

- die k. k. priv. Aktiengesellschaft der Innerberger Hauptgewerkschaft,
- die k. k. priv. Neuberg-Mariazeller Gewerkschaft,
- die Steirische Eisenindustriegesellschaft,
- die Vordernberg-Köflacher Montanindustriegesellschaft,
- die St. Egydy und Kindberger Eisen- und Stahl-Industriegesellschaft,
- die Hüttenberger Eisenwerksgesellschaft.

Nach kurzer Zeit schlossen sich die Eibiswalder Eisen- und Stahl-Gewerkschaft, die Grazer Eisenwarenfabrik und die so genannten Fridauwerke dem Unternehmen an.
Einige steirische Montanbetriebe erhielten

länger ihre Selbstständigkeit, so die Schwarzenberg'schen Montanwerke, die Berg- und Hüttenwerke Mitsch in Gradenberg, die Feineisenfabrik Andrieu in Bruck, Fürst und Pengg in Thörl, Nierhaus und Bleckmann in Mürzzuschlag. Der letztgenannte Unternehmer übernahm ein Hammerwerk in Österreich um Heeresaufträge zu bekommen und baute das Werk zu einem führenden Edelstahlerzeuger mit der Marke »Phönix« auf.

Röstöfen in Vordernberg, nach d. Natur gezeichnet und lithografiert von J. Kollarz, 1870

Im selben Jahr (1862) kaufte das deutsche Handelshaus Schoeller die Theresienhütte im niederösterreichischen Ternitz.
Die Geburt des großen Montankonzerns des Landes, der Alpine-Montan, war nicht gerade vom Glück begünstigt. Der französische Bankier Eugène Bontoux, in Österreich bereits durch die Übernahme der Südbahngesellschaft etabliert, hatte ein Jahr zuvor, 1880, die Gründung der Länderbank in Wien initiiert. Vom damaligen Finanzminister Alois Ritter von Dunajewski wohlwollend aufgenommen, sicherte sich Bontoux, der den französischen Hochadel an seiner Société de l'Union Générale zu interessieren vermocht

hatte, bald eine beachtliche Position in der Staatsfinanzierung Österreichs. Auch die Gründung der Alpine-Montan, laut Bontoux »eine der schönsten industriellen Conceptionen«, fand allerhöchstes Wohlwollen, übernahm doch seine Bank den Großteil der emittierten Aktien. Im Frühjahr 1882 brach die Société de l'Union Générale aufgrund missglückter Börsenspekulationen zusammen. Die Folge war, dass die Alpine-Montan, statt in ausreichendem Maße mit Eigenkapital ausgestattet zu werden, Kredite bei der Länderbank aufnehmen musste, um die Übernahmen zu finanzieren. Statt einer geplanten Aufstockung des Aktienkapitals stand die Restrukturierung der Schuld bei Union- und Länderbank auf der Tagesordnung.

Aus dieser Zwickmühle kam die Alpine-Montan nicht anders als durch Verkauf von mehr als 80 Prozent ihres Grundbesitzes (144.000 von 167.000 ha). Durch die Umstellung auf Kokshochöfen, die eine Umstellung von Holz- auf Steinkohle mit sich brachte, war der Waldbesitz entbehrlich geworden. Die 1884 einsetzende Depression machte die Lage für die Alpine-Montan nicht einfacher. 1888, als es mit der Wirtschaft wieder aufwärts ging, konnte endlich mit dem Bau der Eisenbahn Vordernberg–Eisenerz begonnen werden. Zu diesem Zweck wurde eine eigene Aktiengesellschaft gegründet, für deren künftige Erträgnisse eine staatliche Garantie in Anspruch genommen wurde. Die Bedeutung dieser Investition für die Zukunft der Alpine-Montan war enorm.

Der Bau der Erzbergbahn ermöglichte die Errichtung moderner Großanlagen in Donawitz, die 1889 bis 1891 entstanden. Ein Ausbau von Donawitz nach 1893 wurde durch den Verkauf des Gussstahlwerkes Kapfenberg an Böhler finanziert. Insgeheim mögen die Aktionäre der Alpine-Montan wohl gedacht haben, dass sie an einer der schönsten, aber leider auch wenig ertragreichen Konzeptionen beteiligt waren, allzu viele Jahre blieben dividendenlos.

Wittgenstein als »deus ex machina«

Der Zusammenbruch der Bontoux-Bank hatte auch eine positive Folge für die Alpine-Montan, wenn auch sehr spät und indirekt. Karl Wittgenstein hatte zugeschlagen, als es um den Erwerb der Anteile dieser Bank an der Böhmischen Montangesellschaft ging. Wer war dieser Mann?

Als eines von elf Kindern einer wohlhabenden Familie wuchs er in Wien auf. Der Vater stammte aus Deutschland, die Mutter aus einem alten Wiener Haus. Karl verschwand mit 17 Jahren mit seiner Geige und einem bescheidenen Sparguthaben aus seinem Elternhaus. Monate später, nachdem alle Nachforschungen vergeblich geblieben waren, meldete er sich bei einer seiner Schwestern mit einem Brief aus Amerika. Nach zwei Jahren kehrte er zurück, besuchte die Technische Hochschule, arbeitete in mehreren Eisenwerken, Maschinenfabriken, beim Eisenbahnbau, landete schließlich in Böhmen, in der Leitung des Teplitzer Walzwerkes, an dem seine Mutter beteiligt war.

Mit Hochfinanz und Großindustrie kam Karl Wittgenstein in Verbindung, als nach Jahren erfolgreicher Tätigkeit (in der er seinen Einfluss als Aktionär beträchtlich erweiterte) eine Partnerschaft mit den Witkowitzer Eisenwerken zustande kam. Witkowitz war ein Begriff in der europäischen Stahlindustrie, zwar veraltet, aber mit Aktionären, die sich sehen lassen konnten – den Wiener Bankhäusern Rothschild und Gebrüder Gutmann. Wittgenstein war erfolgreich, überwarf sich aber mit seinen Mehrheitsgesellschaftern wegen einer ihm vorenthaltenen Erhöhung der Beteiligung. Durch eine geschickte Transaktion sicherte er sich für Teplitz die Rechte am Thomasverfahren und einen beherrschenden Einfluss auf die Gesellschaft. Dann folgte die Bontoux-Krise, Wittgenstein wurde zum Herrn der Böhmischen Montangesellschaft und bekam nach Vermittlung durch die Wiener Creditanstalt durch Aktientausch Einfluss auf die Pra-

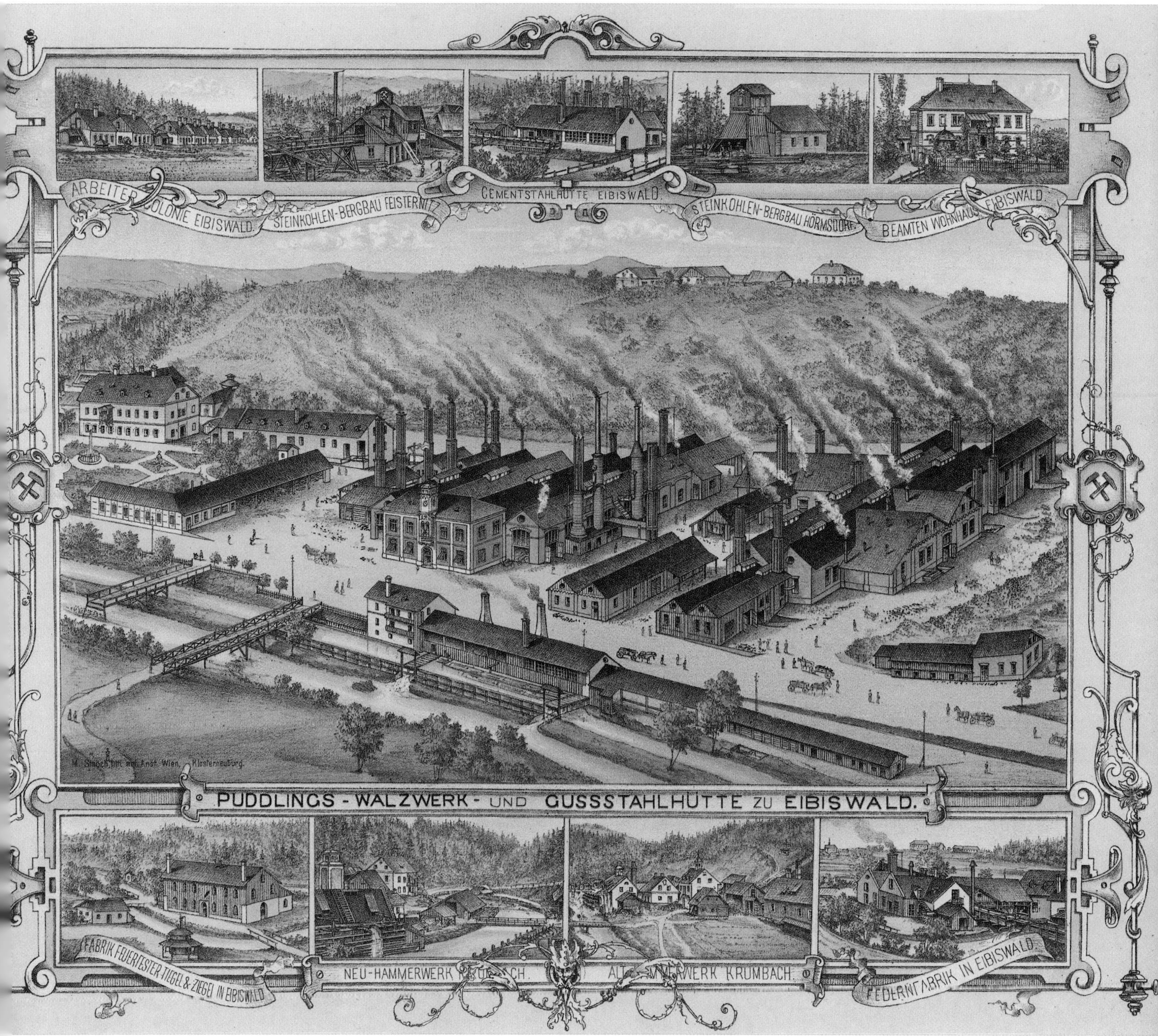

Puddlings-, Walzwerk- und Gussstahlhütte zu Eibiswald. Farblithografie 2. Hälfte des 19. Jahrhunderts, anonymer Künstler

ger Eisenindustrie, die berühmte Poldi-Hütte. Wittgenstein bewies eine glückliche Hand bei der Auswahl der Führungskräfte, er hatte wirtschaftlichen Erfolg. Und wo sich dieser nicht gleich einstellte, wurde nachgeholfen – durch die Bildung eines Kartells. Durch ein gemeinsames Verkaufsbüro mit Witkowitz entstand 1886 eine Großmacht, das erste umfassende Eisenkartell auf dem Gebiet der Monarchie.

1897 streckte Wittgenstein seine Hand nach der Alpine-Montan aus, die Prager Eisenindus-

Karl Wittgenstein (1847–1913), 1872 Eintritt in das Teplitzer Walzwerk, ab 1877 Direktor, 1884 Kauf der Aktien der Böhmischen Montangesellschaft, 1885–1998 Zentraldirektor der Prager Eisenindustriegesellschaft, 1887 Kauf der St. Egydyer Eisen- und Stahlindustriegesellschaft, 1890 Konzentration der obersteirischen Senseindustrie in den Vereinigten Sensenwerken in Judenburg, 1897 Erwerb der Aktienmehrheit der Österreichisch-Alpine Montangesellschaft, nach der Jahrhundertwende Rückzug aus der Industrie

trie wurde bestimmender Aktionär. Und Wittgenstein setzte sein Erfolgsrezept auch in der Alpine-Montan um. Verwaltungen wurden zusammengelegt, unrentable Anlagen geschlossen. Die Zahl der Hochöfen wurde von 23 auf sechs reduziert, zwei der vier Siemens-Martin-Stahlwerke, vier der sechs Puddelhütten, fünf von neun Walzhütten sowie die drei Bessemerwerke wurden stillgelegt. Die verbleibenden Kapazitäten wurden auf neuesten Stand gebracht, das Unternehmen entschuldet.

Berechnungen über die Produktivitätsentwicklung, die Otto Hwaletz angestellt hat, zeigen die raschen Fortschritte in Bergbau und Eisenproduktion vom Ausgang des 19. Jahrhunderts bis zum Ausbruch des Ersten Weltkriegs. Das Eisenkartell zerbrach und wurde durch neue Syndikate ersetzt. Heute freilich wird Karl Wittgensteins Ruhm als Industrieller und Organisator des Eisenkartells überstrahlt von dem seines Sohnes, des berühmten Philosophen Ludwig Wittgenstein.

Gold gab ich für Eisen

Das unerhörte Wachstum der österreichischen Eisenindustrie konnte den Hunger nach ihren Produkten kaum decken, ein Teil der Nachfrage konnte nur durch Importe befriedigt werden. Wichtigste Abnehmer waren die Eisenbahnen, die Maschinen- und Metallwarenindustrie und natürlich auch die Rüstungsbetriebe. Nach der Niederlage gegen Preußen 1866 begann eine Phase der Aufrüstung der österreichisch-ungarischen Streitkräfte, im Heer ebenso wie bei der Marine.

1914 war es so weit, die überall angehäuften Rüstungsgüter wurden in einem Schlachten ohnegleichen eingesetzt. In ihrer patriotischen Begeisterung riefen die Direktoren der Alpine-Montan ihre Arbeiter auf, zu den Fahnen zu eilen. Man erwartete einen raschen Sieg. Ein Drittel der Arbeiter wurde eingezogen. Doch der Krieg zog sich hin und die Arbeiter fehlten überall, wenn es um die Produktion von Nachschub ging.

Die Montanindustrie wurde einer strengen Bewirtschaftung unterworfen. Altmetalle, Kohle, Eisen wurden den Unternehmen zugeteilt. Die Koordination dafür lag beim Kriegsministerium, das mühsam zwischen den österreichischen und ungarischen Eisen-Kommissionen, zwischen den Montanbetrieben und ihren Abnehmern vermittelte. Wie österreichische Schriftsteller in den Dienst der Kriegspropaganda gestellt wurden, so arbeiteten österreichische Ökonomen an einem System

Kapfenberg, 20-t-Dampfhammer in Betrieb. Kolorierter Druck nach dem Gemälde von Kasimir Pettauer (Ausschnitt aus einem Gemälde von Alexander Scherban, In der Fabrik, Öl/Leinwand, 1920).

der Kommandowirtschaft, das später oft als »Kriegssozialismus« bezeichnet wurde. Othmar Spann und Otto Neurath zählten zu jenen Offizieren, die Produktion und Nachschub organisieren sollten, und das mit unerhörtem bürokratischen Aufwand. Allein im Jahr 1917 bearbeiteten die für die Montanindustrie zuständigen Abteilungen des Kriegsministeriums fast zwei Millionen Geschäftsstücke.

Ein erheblicher Teil der Betriebe wurde der direkten militärischen Kontrolle unterstellt, die Arbeiter dieser Betriebe unterlagen der militärischen Disziplin. Kriegsgefangene und Frauen schlossen die durch Mobilisierung entstandenen Lücken. In Eisenerz wurden bis zu 2.000 russische Kriegsgefangene im Bergbau eingesetzt, für die Lebensmittelstellen des Werks wurden sogar mit zyrillischen Buchstaben versehene »Geldscheine« ausgegeben. Durch diese Maßnahmen konnte der Produktionsstand bis ins Jahr 1917 aufrechterhalten werden. Mit größter Anspannung der finanziellen Ressourcen wurde der Krieg finanziert, zur patriotischen Pflicht gehörte es, »Gold für Eisen« zu geben.

Die Eingliederung in die Kriegswirtschaft wurde durch die straffe Kartellorganisation der Eisen- und Stahlindustrie Österreichs erleichtert, dem deutschen Vorbild folgend wurde eine Kommandowirtschaft installiert, die den nötigen Ersatzbedarf an Kampfmitteln zur Verfügung stellen sollte. Militärärarische Anstalten weiteten ihre Produktion stark aus. Im Wiener Arsenal, in dem sich eine große Kanonengießerei und Gewehrfabrik befand, wurde in den Jahren des Weltkriegs ein Stahlwerk errichtet. Freilich kam es nie zur Fertigstellung dieses »Industrieprojekts«.
Nicht nur Mangel an Roh- und Hilfsstoffen hemmte die Produktion, sondern auch die sich rapid verschlechternde Versorgungslage der Arbeiter, die zu Arbeitsniederlegungen Anlass gab. Bereits 1915 kam es zu Hungerdemonstrationen in Fohnsdorf, 1917 stürmten in Donawitz Frauen und Jugendliche die Lebensmittelausgabestellen, in Neuberg wurde ein Direktor tätlich angegriffen, ein Teil der zur Bewachung des Fohnsdorfer Bergbaus eingesetzten Soldaten desertierte. In Judenburg meuterte das dort stationierte Infanterieregiment im Mai 1918, unterstützt wurden sie von den Arbeitern des Werks. In den unter Militärverwaltung stehenden Betrieben wurden »Industrielle Beschwerdekommissionen« eingerichtet. Unter Beteiligung von gewerkschaftlichen Vertrauensmännern wurde versucht, durch Lohnerhöhungen und Kontrollen der Arbeitszeit den Unmut der Arbeiter abzufangen.
Arbeitskämpfe waren für die Alpine-Montan kein Novum, die Bergleute hatten bereits 1889 in Fohnsdorf und Seegraben den Achtstundentag durchgesetzt, Auseinandersetzungen um Mindestlöhne, Lohnerhöhungen und die Freigabe des 1. Mai führten zu zahlreichen Ausständen. Die Auseinandersetzungen während des Krieges waren bislang ohne Beispiel, allerdings waren sie nur ein Präludium für jene Kämpfe, die in der Zwischenkriegszeit in der und um die Alpine-Montan ausgetragen wurden.

Umstrittener Verkauf

Der Stand an Arbeitern ging im letzten Kriegsjahr um 7.000 auf 12.500 zurück. Drückender Mangel an Kohle verhinderte nach Kriegsende eine Wiederaufnahme der Produktion. 1919 wurde in Österreich im Vergleich zu 1913 nur mehr ein Zehntel der Roheisenerzeugung erreicht. Mit der Monarchie zerbrach auch das Imperium der Böhmisch-Österreichischen Montanindustrie. Eine Neuordnung der Wirtschaft wurde in der Republik Deutsch-Österreich eingeleitet, die Sozialisierung wichtiger Unternehmen stand auf der Tagesordnung. In einigen Betrieben der Alpine-Montan übernahmen Arbeiterräte die Leitung. Die Regierung unterrichtete im Mai 1919 die Nationalversammlung von der Absicht, Kohle und Elektrizität sowie Eisen und Forste zu enteignen. Der Kreis schien sich zu schließen, wie die Innerberger Gewerkschaft 1807 an den Montan-Ärar kam, so war die Alpine-Montan nunmehr zur Sozialisierung bestimmt.
Doch es kam anders. Zunächst verzögerte der Widerstand der steirischen und Kärntner Landesregierungen jede Aktion der Regierung. Da platzte die Bombe: Über Vermittlung des Wiener Bankiers Richard Kola war – unter nicht völlig geklärten Umständen – die Alpine-Montan unter italienischen Einfluss geraten, der Fiat-Konzern in Turin und die Mailänder Banca Commerciale Italiana waren die neuen Herrscher in Donawitz. Diese Transaktion führte zu einer veritablen Krise der Regierung Renner, einer Koalition zwischen Sozialdemokraten und Christlichsozialen mit dem parteilosen Wirtschaftsprofessor Joseph A. Schumpeter als Finanzminister. Schumpeter war zu dieser Zeit bereits ein berühmter Ökonom, er war Mitglied der Sozialisierungskommissionen in Österreich, aber auch im Deutschen Reich.
Die Sozialdemokraten machten Schumpeter für dieses Geschäft verantwortlich und fühlten sich von ihm hintergangen – das größte österreichische Unternehmen der Sozialisie-

rung entzogen, dem Feind von gestern ausgeliefert. Er habe Kola zur Devisenbeschaffung nach Zürich geschickt, um dort das Geschäft mit der italienischen Gruppe abzuschließen, lautete der Vorwurf. Schumpeter dementierte und trat zurück.

Ein Mann, der eine der umstrittensten Figuren der Ersten Republik werden sollte, spielte bei dieser Transaktion eine führende Rolle: Camillo Castiglioni. Aus Triest stammend hatte er einen Teil seines Reichtums mit Produkten erworben, die beim deutschen und österreichischen Militär auf großes Interesse stießen: Fahrzeuge und Flugzeuge. Nach dem Krieg nahm Castiglioni die italienische Staatsbürgerschaft an und nutzte geschickt seine Verbindungen zu wirtschaftlichen und politischen Kreisen in Italien und Deutschland. Einen Teil der Alpine-Montan-Aktien brachte er unter seine Kontrolle und wurde Präsident des Verwaltungsrates.

Die Fiat-Gruppe verlor allerdings bald das Interesse an dem Unternehmen, gelang es doch nicht, die Lieferungen aus den nunmehr in der Tschechoslowakei liegenden Kohlengruben wieder in Gang zu bringen.

Einer konnte Zugang zu Kohlerevieren verschaffen, einer, mit dem Castiglioni bereits gemeinsame Projekte geplant hatte, wie etwa eine Motorenfertigung bei BMW nach Lizenz Austro-Daimler. Es war Hugo Stinnes, jener Mann, der damals geradezu die deutsche Montanindustrie verkörperte. Die Italiener hatten ihm die Alpine-Montan 1919 vor der Nase weggeschnappt, doch 1921 war es mit Hilfe Castiglionis so weit: Stinnes gewann beherrschenden Einfluss auf die Gesellschaft. 1921 brachten die beiden ihre Beteiligung in eine Schweizer Holdinggesellschaft, die Promontana AG, ein. Für den Kauf benötigte Stinnes Devisen, zu dieser Zeit Mangelware in Deutschland, da diese dringend für die Beschaffung von Lebensmitteln gebraucht wurden. Doch Stinnes setzte sich durch, gegen Widerstände in Deutschland, aber auch gegen den Widerstand Frankreichs und Großbritanniens, die eine politische Vereinigung Rest-Österreichs mit Deutschland verhindert hatten und nun einen wirtschaftlichen Anschluss befürchteten. Auch Bedenken seines Partnerunternehmers Siemens, der aus wirtschaftlichen Gründen gegen den Erwerb der Alpine-Montan war, wischte er vom Tisch.

Anstich eines Siemens-Martin-Stahlofens, Ludwig Michalek, Öl/Leinwand, 1922

Ein deutscher König für die Alpine-Montan

Der Generaldirektor des von Stinnes kontrollierten Trusts, der Vereinigte Stahlwerke AG, Albert Vögler sprach von einer »ungewöhnlichen Erstarkung unseres Konzerns«, brachte doch der Erzberg auch eine sehr beachtliche Versorgungssicherheit. Die Befürchtung der Siegermächte, dass diese Übernahme auch politische Folgen haben könnte, war nicht unberechtigt. Hugo Stinnes förderte den Anschlussgedanken, bereits 1920 gewährte er dem Führer der Großdeutschen Partei in Österreich, Franz Dinghofer, eine Spende von 250.000 Mark, mit dem Hinweis, »dass das Geld nicht im Sinne einer einseitigen Parteipolitik verwandt werden, sondern dem über den Parteien stehenden Gedanken der Zugehörigkeit Deutsch-Österreichs zum deutschen Reiche dienen soll«. Gemeinsam mit seinem

Hugo Stinnes (1870–1924), Großindustrieller und Politiker. 1898 Gründung der Rheinisch-Westfälischen Elektrizitätswerke AG (RWE) und zusammen mit August Thyssen der AG des Mülheimer Bergwerksvereins und 1901 der Deutsch-Luxemburgischen Bergwerks- und Hütten AG. 1922 Erwerb der Aktienmehrheit der Österreichisch-Alpine Montangesellschaft, 1924 umfasst sein Firmenimperium über 1.500 Unternehmen mit fast 3.000 Produktionsstätten.

Freund Castiglioni unternahm Stinnes einiges – er kaufte Wiener Zeitungen auf: das »Extrablatt«, die »Mittagszeitung«, die »Wiener Allgemeine«.

Wirtschaftlich erfüllte die Alpine-Montan in den ersten Nachkriegsjahren die Hoffnungen der Stinnes-Gruppe nicht. Die Verbindungen Castiglionis zur Banca Commerciale trugen zwar Früchte, ihr Generaldirektor Joseph Toeplitz vermittelte eine Partnerschaft zur tschechischen Kohle. Österreich ging jedoch durch eine Periode der Hyperinflation, welche die Kohlenimporte unerhört verteuerte und laufende Kapitalzuschüsse und Kreditgewährungen an das Unternehmen nötig machte. Stinnes, mit der Führung der Alpine-Montan unzufrieden, berief Anton Apold an die Spitze des Unternehmens.

1922 ging es aufwärts mit der Alpine-Montan, 1924 folgte zwar ein starker Rückschlag, doch bis 1928 kamen wieder einige gute Jahre. Zu diesem Zeitpunkt erzeugte man fast so viel Stahl wie unmittelbar vor und während des Ersten Weltkriegs. 1924 starb Hugo Stinnes, Camillo Castiglioni verspekulierte sich im französischen Franc, machte Pleite und ging nach Berlin. 1926 erfolgte eine Neuordnung der Besitzverhältnisse: Die Anteile von Stinnes und Castiglioni gingen an die Vereinigten Stahlwerke Düsseldorf, den größten deutschen Montankonzern.

Der Nachbar: Böhler

An dieser Stelle ist ein Einschub nötig: Ein kurzer Blick sei auf die Entwicklung des führenden Unternehmens der Edelstahlindustrie, der Gebrüder Böhler in Kapfenberg, geworfen. Die Brüder Böhler kamen aus Deutschland und gründeten 1870 eine Gesellschaft zum Vertrieb »steyermärkischer Stahlsorten«. 1872 wurden sie Industrielle, von der Österreichischen Waffenfabriksgesellschaft kauften sie die Bruckbachhütte im Ybbstal, zum selben Zeitpunkt ging die Hütte Kapfenberg an die Innerberger Hauptgewerkschaft, von dieser an die Alpine-Montan. 1890 kaufte Böhler eine weitere Fabrik in Niederösterreich, die Feilen- und Gussstahlerzeugung in Hainfeld. Böhler spannte ein Netz von Stahl-Handelsgesellschaften über Europa, ja über die Welt. 1894 stieg er durch den Kauf der Hütte Kapfenberg in die Stahlerzeugung ein. Pläne, mit der Anglo-Bank eine Geschützfabrik zu errichten, scheiterten, das Kriegsministerium war auf Škoda und Krupp fixiert. Doch Böhler ließ sich in seinem Expansionsdrang nicht aufhalten. Wittgenstein verkaufte den Brüdern 1898 die St. Egydyer, 1900 übernahm Böhler – nunmehr bereits als Aktiengesellschaft – das Frischstahlwerk Kleinreifling von der Alpine-Montan.

Rüstung blieb ein wichtiger Ansatzpunkt der Strategie Böhlers, zuerst erzeugte man Artilleriegeschosse, eröffnete in Sollenau eine neue Munitionsfabrik und produzierte ab 1907 Feldgeschütze. Kein Wunder, dass der Erste Weltkrieg Böhler eine »gewaltige Ausweitung des Geschäftsbetriebes« bescherte, wie eine Jubiläumsschrift feststellt. Noch während des Krieges baute man eine Hütte in Düsseldorf, das Kapital von der Ruhr kam aber auch zu Böhler – Stinnes übernahm ein Drittel der Aktien. Hier schloss sich der Kreis, die Alpine-Montan hatte zwar einst Kapfenberg an Böhler verkauft, nunmehr saß ihr Generaldirektor aber im Verwaltungsrat von Böhler, der deutsche Montantrust besaß zu Anfang der Dreißigerjahre 40 Prozent der Aktien. Nach der Okkupation durch Hitler-Deutschland wurde dem Stahlverein die Aktienmehrheit abgetreten, »da man nur so den Erwerb der Böhlerwerke durch die neu gegründeten Reichswerke ›Hermann Göring‹ verhindern zu können glaubte«, wie Franz Mathis ausführt.

Gussstahlwerk Kapfenberg: im Vordergrund Wohlfahrtsgebäude, unmittelbar dahinter Glüherei und Lager; links hinten die Schmelzbetriebe, in der Mitte Walzwerk und Hammerhütten, rechts Werkstätten. Ansicht aus dem Jahr 1922

Fahnen über Donawitz

Die Obersteiermark, in den Jahren der Ersten Republik neben Wien das größte Industriezentrum Österreichs, war eine jener Regionen, in denen immer neue Konfrontationen zwischen Links und Rechts, Sozialdemokraten und Heimwehr, später zwischen Vaterländischen und Nazis aufbrachen. Die Alpine-Montan spielte in diesen Konflikten eine Hauptrolle. Zunächst förderte das Unternehmen das Entstehen christlicher Gewerkschaften im Betrieb. Als diese sich nicht immer so zahm gebärdeten, wie von ihnen erwartet wurde, entstanden »Unabhängige Gewerkschaften«, von den Sozialdemokraten wie den Christlichsozialen als »Gelbe« verdächtigt und dem Steirischen Heimatschutz nahe stehend.

Das Unternehmen versuchte mit Zuckerbrot und Peitsche die Arbeiter den Freien Gewerkschaften zu entfremden. Die Arbeit wurde durch das vom Deutschen Institut für technische Arbeitsschulung (DINTA) entwickelten System strengstens rationalisiert, doch auch in der Freizeit blieb die Alpine-Montan präsent: Von der Werkssiedlung über Turnhalle und Schwimmbad bis zu Hauswirtschaftsschule und Kindergarten entstand eine »innige Verbindung mit dem Betriebe«.

Die 1929 einsetzende Krise der Weltwirtschaft traf die Stahlindustrie schwer. Bei Böhler ging der Umsatz innerhalb von drei Jahren auf unter die Hälfte zurück, die Alpine-Montan beging ihr 50. Bestandsjubiläum in gedrückter Stimmung: Nur mehr ein Hochofen stand 1931 unter Feuer, auch dieser wurde Mitte 1932 stillgelegt, mehr als die Hälfte der Arbeiter verlor ihren Arbeitsplatz. Trotz Lohnkürzungen stieg die Attraktivität der dem Betrieb ergebenen Gewerkschaften, der Heimatschutz erhielt Zulauf. Wenn man während des Ersten Weltkriegs unter Militärverwaltung »Rädelsführer einrückend gemacht« hatte, wurde nunmehr durch Kündigung gesäubert. Das Wort von den Arbeitern, die wie Blutorangen – außen gelb und innen rot – seien, entstand.

Die Alpine-Montan finanzierte die Heimwehren, stellte viele leitende Beamte als Führer und das Werksgelände als Waffendepot zur Verfügung. Freilich erwies sich die Ankündigung einer Wiedereinführung der 12-Stunden-Schichten in Donawitz als verfrüht, denn der Putschversuch der steirischen Heimwehr unter Walter Pfrimer endete kläglich. Am 1. Mai 1933 ging die Hakenkreuzfahne am Schlot der Gießerei in die Höhe, der von der Alpine-Montan geförderte Teil des steirischen Heimatschutzes war zur Nazi-Bewegung übergegangen. Die Regierung Dollfuß stellte nach einem Arbeitskampf in den Kohlebergbauen das Unternehmen unter die Kontrolle eines Regierungskommissars.

1933 war die Erzeugung von Roheisen um über 80 Prozent im Vergleich zum Jahr 1929 abgesunken, in der Folge stieg sie wieder, allerdings lag sie 1937 noch um mehr als ein Drittel unter dem Niveau des Jahres 1913. Mehr als die Hälfte der Arbeiter wurde in der Krise abgebaut. Die neuen Machthaber Deutschlands wurden von einem Aktivum der Alpine-Montan genauso magnetisch angezogen wie seinerzeit Stinnes: vom Erzberg. Gesteigerter Abbau am Erzberg und Ausbau der Hüttenkapazität wurde ein strategisches Ziel der deutschen Rüstungspläne.

Breitbandstraße, Donawitz, ca. 1930. Radierung von Lois Pregartbauer

Reichswerke »Hermann Göring«

1937 waren die Reichswerke »Hermann Göring« gegründet worden, die helfen sollten, die gesamte deutsche Montanindustrie in den Dienst der Aufrüstung zu stellen, vor allem aber die Autarkie des Reiches durch Verhüttung heimischer Erze zu stärken. Anlässlich einer 1938 unternommenen Dampferfahrt von Linz nach Wien, der so genannten Nibelungenfahrt, eröffnete Göring Albert Vögler und Ernst Poensgen von den Vereinigten Stahlwerken, dass er gedenke, die Alpine-Montan seinen Reichswerken einzuverleiben. Obwohl mit Fritz Thyssen und Friedrich Flick nicht gerade machtlose Industrielle wenige Jahre zuvor die Hauptaktionäre der Vereinigten Stahlwerke geworden waren, schien Widerstand aussichtslos. Immerhin gelang es Vögler und Poensgen, den Nachbarn, die Firma Böhler, unter ihre Kontrolle zu bringen.

Im Zuge der Eroberungen Nazi-Deutschlands wurden die »Reichswerke« zum in ganz Mittel- und Osteuropa tätigen Montan- und Rüstungskonzern. In Österreich wurden neben der Alpine-Montan auch die Steyr-Werke und die DDSG eingegliedert und den Bedürfnissen der Rüstungswirtschaft entsprechend strukturiert. In Linz wurde unmittelbar nach dem »Anschluss« mit dem Bau der Hütte begonnen, allerdings konnten erst gegen Ende des Jahres 1941 die ersten beiden Hochöfen angeblasen werden, 1942 wurde die Kokerei und Erzaufbereitung in Betrieb genommen. Für die Erzeugung von Baumaterial wurde mit einem Wirtschaftsunternehmen der SS ein Joint Venture gegründet, die Hochofenschlacke Linz GmbH. Damit erhielt das Unternehmen Zugang zu Sklavenarbeitern aus den Konzentrationslagern. Am Erzberg und in den Panzerschmieden kamen Tausende KZ-Häftlinge zum Einsatz. Panzerteile wurden in Linz erzeugt und in den Nibelungenwerken St. Valentin montiert. An erbeuteten französischen Werkzeugmaschinen arbeiteten Fremdarbeiter, großteils aus Frankreich und Ost-

Erzberg II,
Herbert Boeckl,
Öl/Leinwand, 1943

europa. 1943 waren mehr als die Hälfte der Belegschaft Fremd-, Zwangsarbeiter und KZ-Häftlinge.

Die Planungen für den Standort Linz waren davon ausgegangen, dass kein Fernbomber aus Frankreich oder England eine solche Reichweite erzielen könnte. Seit August 1943 bombardierten die Alliierten jedoch auch die Montanbetriebe im »Reichsluftschutzkeller Ostmark«. Trotzdem waren die Beeinträchtigungen deutlich geringer als im »Altreich«, 1944 waren mehr als doppelt so viele Arbeitskräfte in österreichischen Standorten der Eisen- und Stahlindustrie beschäftigt als 1939.

Der erste LD-Abstich bei der VÖEST am 27. November 1952

Verstaatlichung und Wiederaufbau

Die Montanindustrie Österreichs war während des Zweiten Weltkriegs zwar beträchtlich ausgebaut worden, 1943 wurde um fast 60 Prozent mehr Roheisen erzeugt als vor dem Ersten Weltkrieg. Dennoch prägten Zerstörungen, Demontagen, vor allem aber ein höchst unorganischer Aufbau das Bild. In den letzten Kriegstagen war die Eisen- und Stahlerzeugung an allen Standorten zusammengebrochen, 1947 ging man daran, in den nunmehr vier verstaatlichten Eisen- und Stahlfirmen – VÖEST, Alpine-Montan, Böhler und Schoeller-Bleckmann – die Produktion planmäßig aufzubauen. Der Ausbau am Standort Linz sollte fortgesetzt und dort die Blecherzeugung konzentriert werden, während die Alpine-Montan in Donawitz auf Profile spezialisiert war. In der günstigen Konjunktur der Nachkriegszeit wurden die Produktionspläne relativ rasch übertroffen. Der größte Erfolg der österreichischen Stahlindustrie in der Zweiten Republik lag aber zweifellos darin, ein die Kommerzstahlerzeugung weltweit revolutionierendes Verfahren zur industriellen Reife gebracht zu haben. Wie so oft, war auch diese Innovation ein Kind des Mangels, diesmal der unzureichenden Versorgung mit Schrott. Sie beruhte darauf, reinen Sauerstoff auf ein Roheisenbad im Konverter aufzublasen. Der Rationalisierungseffekt bestand vor allem in der wesentlich kürzeren Dauer, die für eine Charge im Vergleich zum Siemens-Martin-Verfahren benötigt wurde, und der zumindest ebenbürtigen hohen Qualität.

Wiederaufbau und Modernisierung an allen Standorten ermöglichten es, bereits 1951 die bisherige Spitze der Roheisenerzeugung während des Zweiten Weltkriegs zu überschreiten, 1955 wurde in Österreich viermal so viel Roheisen erzeugt wie 1937. Die Eisen- und Stahlindustrie war geradezu zu einem Symbol des Wiederaufbaus, der Wirtschaftskraft und des neuen Selbstbewusstseins Österreichs geworden: »Land der Hämmer – zukunftsreich.«

Die Metallindustrie

Die Metallindustrie war schon in den Anfängen der Industrialisierung zu den leitenden Branchen zu rechnen: nicht nur wegen des Umfangs der Beschäftigten und der Höhe der Produktion, sondern auch wegen der Vielzahl der innovativen Prozesse, die von ihr den Ausgang nahmen, und wegen der Zentralressource, die Metalle in vielen anderen Bereichen einnahmen.

Hatten Metalle bis ins 19. Jahrhundert vor allem für eine Fülle von Werkzeugen, Haushaltsgeräten, Ziergegenständen und Waffen massenweise Verwendung gefunden, sodass hier die serielle Produktion bei Nadeln und Knöpfen über Sensen, Messer und Nägel bis hin zu Stich- und Schusswaffen früh zum Durchbruch kam, so wurden sie im Lauf des 19. Jahrhunderts immer mehr zu Grundelementen des Maschinenbaus, des chemischen Anlagenbaus, des Eisenbahn-, Schiffs- und Fahrzeugbaus, des Hoch- und Brückenbaus, der Elektrotechnik, der Gas- und Wasserinstallation und auch der modernen Militärtechnik.

War die Metallindustrie schon immer wegen der verschiedenen Materialien, von den Edelmetallen über das Eisen zu den Buntmetallen

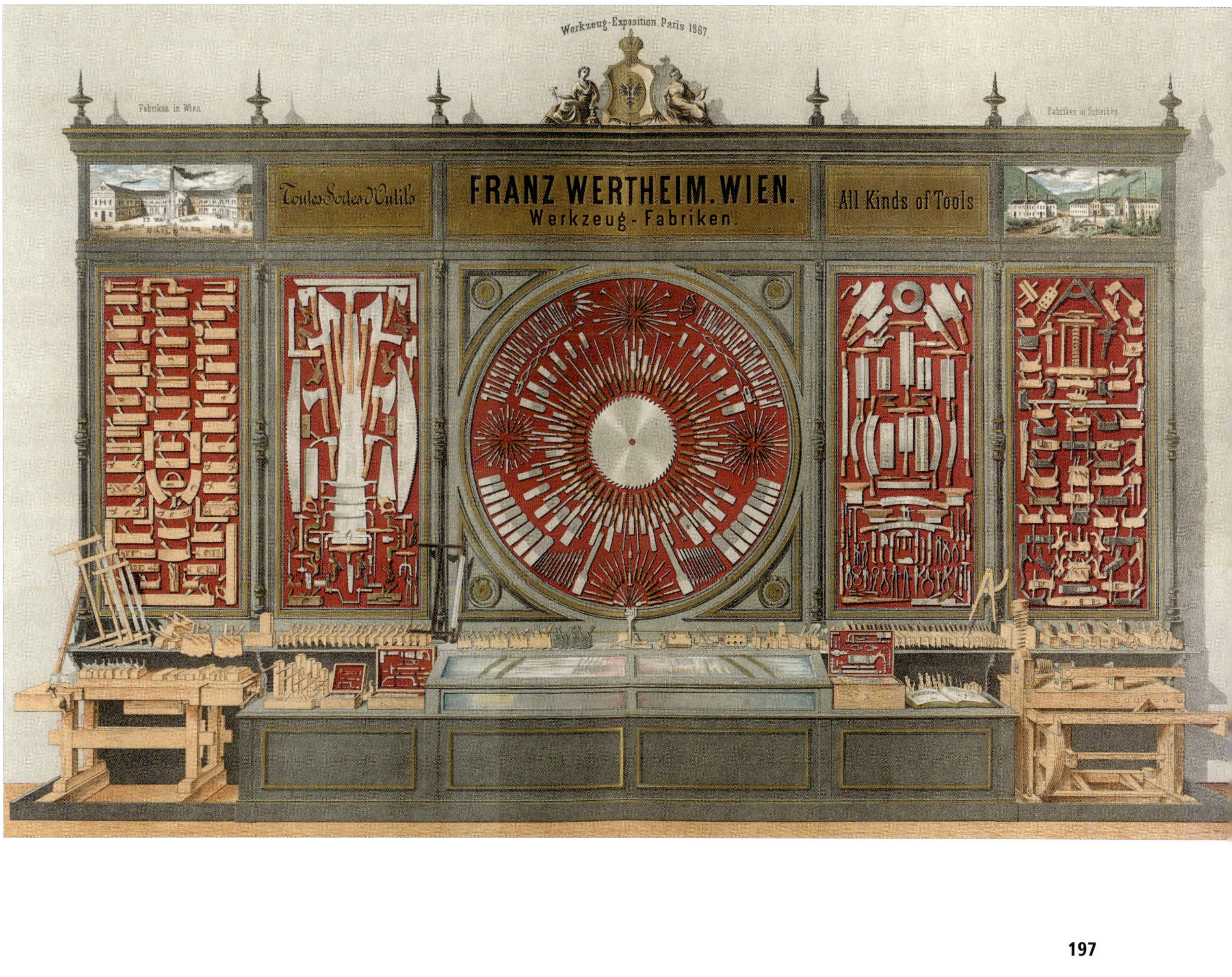

Franz R. v. Wertheim, Werkzeugfabrikant zu Wien, Werkzeugmustersammlung, 1869

Bayerische und Tiroler Sensenunion AG, Werbeplakat »Türkensense«, 1. Hälfte 20. Jahrhundert

und den zahlreichen Legierungen, aber auch wegen der Vielzahl der Produkte ein recht heterogener Bereich, so wurde sie ab der zweiten Hälfte des 19. Jahrhunderts noch inhomogener als zuvor. Einerseits setzte ein starker Konzentrationsprozess ein, der zu wenigen sehr großen Unternehmen führte, andererseits verblieb eine große Zahl von Klein- und Mittelbetrieben.

Konzentrationsprozess und technischer Wandel

Am ausgeprägtesten war diese Bipolarität vorerst im Bereich der Eisen erzeugenden und Eisen verarbeitenden Industrie. Bei der Eisenverhüttung hatte schon im frühen 19. Jahrhundert ein rascher Konzentrationsprozess einzusetzen begonnen. Um die Mitte des 19. Jahrhunderts begann die Lage für die vielen kleinen Betriebe der Eisenwurzen dramatisch zu werden, in den Eisenhütten war ein rascher Konzentrationsprozess im Gange. Ab den Vierzigerjahren mussten die Welschhammerwerke, die zu Frischfeuern umgewandelt worden waren, den Puddelwerken weichen. Diese wurden ihrerseits bald durch an neuen Standorten angesiedelte Bessemerhütten verdrängt. Die Blechhämmer, Zainhämmer und Drahtzüge wurden durch Walzwerke ersetzt. Die Nagelschmiede, Feilhauer und Messerschmiede sahen sich der Konkurrenz von Fabriksbetrieben ausgesetzt, die mit Maschinen produzierten, und auch die härteste Selbstausbeutung konnte die Handarbeit auf Dauer nicht retten.
Eine große Welle von Betriebsstilllegungen setzte ein. In der Zeit der Hochkonjunktur von 1867 bis 1873 konnten sich zwar viele der kleinen Betriebe noch einmal etwas erholen, zur Katastrophe aber kam es in der schweren Wirtschaftskrise, die dem Börsenkrach von 1873 folgte und die für die Eisenindustrie bis etwa 1883 dauerte. An ihr gingen nicht nur viele Kleinbetriebe zugrunde, sondern auch eine Reihe von Großbetrieben.

Als sich nach dem Jahr 1880 das endgültige Ende der Kleineisenindustrie immer deutlicher abzeichnete, versuchten die Handels- und Gewerbekammern Hilfseinrichtungen auf die Beine zu stellen. Die Kleineisenindustrie der Eisenwurzen war aber nicht mehr zu retten.
Am besten behaupteten sich lange Zeit die Sensenwerke, obwohl auch hier ein Konzentrationsprozess eingesetzt hatte. Der Micheldorfer Sensengewerke Kaspar Zeitlinger vereinigte 1845 bereits vier Hämmer mit über 400 Arbeitern und einer jährlichen Produktion von 150.000 bis 200.000 Sensen in seiner Hand. Im letzten Viertel des 19. Jahrhunderts stieg die Kirchdorfer und Scharnsteiner Firma »Simon Redtenbacher seel. Wwe. & Söhne« zum größten Sensenerzeuger der Habsburgermonarchie auf. 1890 wurde in Scharnstein eine große Sensenfabrik errichtet und 1914 wurden dort etwa 1,2 Millionen Sensen und zwei Millionen Sicheln und Strohmesser erzeugt. Das Unternehmen beschäftigte etwa 700 Personen. Weitere Großproduzenten befanden sich mit Franz de Paul Schröckenfux in Rossleithen, Michael Zeitlingers Sohn in Blumau bei Kirchdorf, Christof Piesslinger in

Bayerische und Tiroler Sensenunion AG, Ausschnitt aus einem Werbeplakat für den ungarischen Markt, 1. Hälfte 20. Jahrhundert

Molln und Ludwig Zeitlinger in Leonstein. Von den im Jahr 1900 im cisleithanischen Teil der Habsburgermonarchie hergestellten 10,5 Millionen Stück Sensen entfielen 37,8 Prozent auf die Steiermark, 35,6 Prozent auf Oberösterreich und 16,7 Prozent auf Niederösterreich. Bis 1914 erhöhte sich der Anteil der oberösterreichischen Sensenindustrie auf 43,8 Prozent, während die Steiermark auf 24,7 Prozent zurückfiel.

Die Wirtschaftskrise erfasste alle Branchen. Die Sensen-Industrie, die vom agrartechnischen Fortschritt überholt wurde, verlor einen Markt nach dem anderen. Als Ende der Zwanzigerjahre die Sowjetunion mit der Errichtung eigener Sensenwerke begann und zugleich durch die von Stalin 1929 eingeleitete Zwangskollektivierung der Landwirtschaft in dem Riesenland eine dramatische Agrarkrise ausbrach, ging der österreichischen Sensenindustrie der weitaus größte Markt verloren. Als auch die Konkurrenz in Form von Mähmaschinen dazukam, brach der Sensenmarkt europaweit zusammen. 1956, das erste Jahr nach dem Staatsvertrag, war das letzte Jahr, in welchem die Sensenwerke eine gute Auftragslage erreichen konnten; stellten doch Sensen ein nicht unwesentliches Kontingent der mit der Sowjetunion ausgehandelten Ablöseverpflichtungen dar. Dann war der endgültige Niedergang der Sensenwerke nicht mehr aufzuhalten und nur wenigen gelang es, neue Betätigungsfelder zu erschließen.

Vielgestaltige Industrie

Es ist auffällig, dass die neuen Fabriken sich selten aus traditionsreichen Hammerwerken entwickelten. Ausgangspunkt für die Austria Email AG war die 1873 von Friedrich Wilhelm Haardt in Knittelfeld errichtete Emailgeschirrfabrik, die zu einem der größten Stanz- und Emaillierunternehmen in Europa expandierte. Der Zerfall der Habsburgermonarchie erzwang eine Neuordnung des Konzerns, der wieder auf das Knittelfelder Werk reduziert wurde. 1939 folgte ein neuerlicher Zusammenschluss mit anderen österreichischen Emaillierwerken zur Austria Vereinigte Emaillierwerke, Lampen- und Metallwarenfabriken AG mit 3.775 Mitarbeitern im Jahr 1955.

Die Anfänge der beiden größten, im Jahr 1900 zur Brevillier-Urban AG vereinigten österreichischen Schraubenfabriken lagen in Wien und Neunkirchen. Der Nagelschmied Ignaz Urban hatte 1800 in Wien-Wieden eine Nagelschmiede errichtet und begann nach 1848 mit der Erzeugung von Schrauben, Muttern und Nieten. Carl Wilhelm Brevillier war ein Textilunternehmer, der 1823 in seiner Neunkirchner Baumwollspinnerei die Erzeugung von Maschinenteilen und Schrauben aufnahm.

Eisengießerei, Waagner-Biró, Ludwig Michalek, 1928

Schmidtstahlwerke Wien, Feilenfabrik, Schleiferei, 1917

Adolf Finze hatte 1867 in Knittelfeld eine alte Schmiede aufgekauft, um die fabriksmäßige Produktion von Draht und Drahtstiften aufzunehmen, später auch Schrauben und Nieten. Die Brüder Lapp bauten aus einer Grazer Schlosserwarenfabrik die Eisenwarenfabriks AG Sopron-Graz auf.

Der im Jahr 1814 als Sohn eines Kleinhändlers in Krems geborene Franz Wertheim machte sich nach einer kaufmännischen Ausbildung als Werkzeugproduzent im Konflikt mit der Zunft selbstständig, kam durch eine Heirat mit der Tochter des Papierfabrikanten Wilhelm Knepper zu Geld und begann 1852 in Wien-Erdberg mit der Herstellung von einbruchs- und feuerfesten Geldschränken, für die er die Herstellungsrechte von einem Magdeburger Eisenwarenunternehmen erworben hatte. Wertheim, ein begnadeter Vermarkter seiner Produkte und seiner selbst, wurde für seine spektakulären Reklamegags berühmt, zum Beispiel für die öffentlichen Feuerproben, die er von Wien bis Istanbul veranstaltete. 1869 feierte er, inzwischen zu einem der reichsten Männer der Ringstraßengesellschaft aufgestiegen, die Fertigstellung des 20.000sten Geldschranks mit einem Fest im Volksgarten. Josef Strauß komponierte dafür die Polka »Feuerfest«. In den Achtzigerjahren wurde als neue Sparte die Produktion von Aufzügen aufgenommen. Die Franz Wertheim & Comp. Kassen- und Aufzugsfabrik AG durchlebte die erste Hälfte des 20. Jahrhunderts als mittelgroßes Unternehmen, der Aufstieg zum Großunternehmen begann erst nach dem Zweiten Weltkrieg.

Vor dem Ersten Weltkrieg beschäftigte die Eisenwarenindustrie auf dem Gebiet des heutigen Österreich etwa 35.000 Arbeitskräfte, eine Zahl, die zwischen den beiden Kriegen nie mehr erreicht wurde.

Im Bereich der Nichteisenmetalle ist die Entwicklung noch wesentlich uneinheitlicher als in der Eisenverarbeitung. Die Verhüttung diverser Metalle, ein nicht unwichtiger Aktivposten der vorindustriellen Wirtschaft der östlichen Alpenländer, verlor im 19. Jahrhundert immer mehr an Bedeutung. Angesichts sprunghaft steigender weltweiter Förderung wurden die österreichischen Bergbaue praktisch bedeutungslos.

Die österreichische Buntmetallverarbeitung war in hohem Maße exportorientiert, wurde gleichzeitig immer mehr vom Import der Rohstoffe abhängig. Das galt in ganz besonderem Maß für Kupfer. Während die inländischen Kupferbergbaue im Verlauf des 19. Jahrhunderts fast zur Gänze stillgelegt wurden, stieg die Nachfrage nach Kupfer, weil zu den traditionellen Verwendungsmöglichkeiten neben Dachblechen, Gefäßen, Herdbestandteilen etc. immer neue hinzugekommen waren: für Elektroinstallationen, für Feuerboxen in Lokomotiven, für Kessel in Brauereien und Brennereien, für Anlagen in Zuckerfabriken und Chemiebetrieben und als immer wichtiger werdendes Element in der Munitionserzeugung.

Auch bei Blei, wo die Habsburgermonarchie kaum von Importen abhängig war, ergaben sich im Verlauf der zweiten Hälfte des 19. Jahrhunderts mit der zunehmenden Inneninstallation der Wasserversorgung völlig neue Absatzmöglichkeiten mit innen verzinnten, später geschwefelten Bleirohren, wie sie zum Beispiel die 1851 in Gumpoldskirchen gegründete Firma G. Winiwarter erzeugte. In über 60 Städten der Monarchie wurde, dem Beispiel Wiens folgend, die Wasserversorgung mit Bleirohren organisiert. Auch der traditionelle Bedarf in der Munitionsindustrie und im Druckereibetrieb blieb aufrecht. Kabel und Akkumulatoren stellten völlig neue Verwendungsbereiche dar.

Der Bedarf an Zink stieg ebenfalls rasch: unter anderem für Zinkbleche und verzinkte Wellbleche, die in Form der von Josef Neumayer in Wien ersonnenen »Waschrumpeln« vor Einführung der Waschmaschine für jeden Haushalt zu einem nahezu unentbehrlichen Behelf wurden.

Metallsammlung, Erster Weltkrieg, 1915

Auch bei Zinn ergaben sich neue Verwendungsmöglichkeiten abseits des traditionellen Zinngeschirrs: zum Verzinnen von Stahl und zum Emaillieren von Geschirr. Nickel wurde für Scheidemünzen verwendet, die aus von Arthur Krupp in Berndorf gelieferten Reinnickelplättchen hergestellt wurden.

Eine besondere Stellung nahm die »Berndorfer Metallwaaren-Fabrik Arthur Krupp« ein. Die von Alexander Schoeller, einem der vielseitigsten Unternehmer des alten Österreich, und Hermann Krupp aus der berühmten Essener

Familie, aber bereits 1849 dort ausgeschiedenem Miteigentümer der Gussstahlfabrik, im niederösterreichischen Berndorf gegründete Besteck- und Metallwarenfabrik entwickelte sich zum größten Unternehmen ihrer Art auf dem Kontinent. Schon 1873 war sie in der Lage, täglich 1.500 bis 2.000 Dutzend Essbestecke herzustellen.

Lend: Alte Gold- und Silberhütte, Gemälde von Anton Reiffenstuhl, Öl/Leinwand, um 1840

Der Aufstieg basierte auf zwei Erfindungen, der neu entwickelten Legierung Alpaka, die in Aussehen und Eigenschaften echtem Silber sehr nahe kommt, und der Löffelwalze; beides zusammen erlaubte es, nicht rostendes Besteck billig und in Massen zu produzieren. Arthur Krupp, der seinem 1879 verstorbenen Vater in der Fabriksleitung nachfolgte und nach dem Tode Alexander von Schoellers auch die Schoeller'schen Anteile übernahm, baute als Alleineigentümer das Unternehmen zum größten seiner Art in Europa aus und schuf gleichzeitig in Berndorf das wohl geschlossenste Konzept einer patriarchalisch organisierten Fabriksstadt.
Krupp war in den Zwanzigerjahren mit 5.000 Beschäftigten noch immer eines der größten österreichischen Industrieunternehmen. Von der Weltwirtschaftskrise arg ramponiert ging die Aktienmehrheit 1938, als Arthur Krupp starb, von der Creditanstalt auf die Friedrich Krupp AG in Essen über, was das Unternehmen 1945 als deutsches Eigentum in den USIA-Konzern hineinführte. 1955 beschäftigte das Werk, das einerseits durch gewaltige Demontagen (etwa 1.300 Waggons mit einer kompletten Drahtstraße, mehreren Walzwerken, Elektroschmelzöfen und Spezialmaschinen), andererseits durch die Wirtschaft der USIA schwer zu leiden hatte, nur noch 770 Personen. 1955 waren zwei Drittel der Betriebsgebäude funktionsunfähig und alle modernen Maschinen demontiert. Die Lösung der Probleme des an den Staat fallenden Werkes wurde in einer Fusion mit dem Aluminiumwerk Ranshofen gesehen, die 1957 auch vollzogen wurde: Es entstand die Vereinigte Metallwerke Ranshofen-Berndorf AG, der Anfang vieler weiterer Probleme.

Der moderne Werkstoff Aluminium

Für den Aufbau einer Aluminiumindustrie hatte Österreich durch die verfügbare Elektroenergie aus Wasserkraft gute Voraussetzungen. Allerdings waren die österreichischen Bauxitvorkommen als Rohstoff wenig geeignet. Eine schweizerische Kapitalgruppe, die AIAG (heute Alusuisse), errichtete 1897 in Lend auf dem Gelände der alten Gold- und Silberhütte eine der modernsten europäischen Aluminiumhütten. Die elektrische Energie kam von der Gasteiner Ache. Bis 1916 blieb es das einzige Aluminiumwerk der Habsburgermonarchie. Eine weitere Hütte kam 1916 in Steeg dazu, mit einer Kapazität von 2.000 Tonnen, inklusive Tonerdeaufbereitung und Elektrodenfabrik. Das Aluminiumwerk Steeg wurde 1943 nach der Inbetriebnahme des Ranshofener Werkes stillgelegt und nur die Elektrodenerzeugung fortgeführt. 1938 hatte Österreich in den zwei Werken eine Jahreskapazität von 4.500 Tonnen Hüttenaluminium. Der Inlands-

bedarf betrug knapp 1.000 Tonnen. Drei Viertel der Produktion wurden exportiert.
Sofort nach dem »Anschluss« Österreichs fiel die Entscheidung, am Inn ein großes Aluminiumwerk zu bauen. Die von den VAW Berlin errichtete Anlage in Ranshofen wurde mit einer Kapazität von 60.000 Tonnen geplant, das entsprach etwa 10 Prozent der damaligen Weltproduktion. Die für die Erzeugung notwendige elektrische Energie (etwa 1,2 Milliarden kWh) entsprach der Hälfte des gesamten österreichischen Stromverbrauchs im Jahr 1937. Geliefert werden sollte diese Energiemenge von großen zu errichtenden Wasserkraftwerken am Inn. Als Standort wählte man gegen massivste den Naturschutz betreffende Bedenken ein 200 Hektar großes Areal im Lachforst, das zur Hälfte der jüdischen Familie Wertheimer und zur Hälfte den Sparkassen Ried und Braunau gehörte. Die Sparkassen erhielten für ihre Hälfte 306.000 Reichsmark, die Familie Wertheimer 42.750 Reichsmark, von denen noch die Reichsfluchtsteuer bezahlt werden musste. Nach dem Krieg erhielt die Familie Wertheimer 1949 aufgrund des Dritten Rückstellungsgesetzes eine Nachzahlung von 1,2 Millionen Schilling. Der Bau wurde 1939 begonnen und 1944 vollendet. Die volle Kapazität konnte bis Kriegsende gar nicht genutzt werden, 1943 wurden immerhin 35.900 Tonnen Rohaluminium erzeugt, 1944 das vorläufige Maximum mit 45.000 Tonnen.
Das Mattigwerk in Ranshofen überstand den Krieg völlig unbeschädigt. Um feindliche Flugzeuge zu täuschen, war auf einem etwa 15 Hektar großen Ackerstück in Neukirchen 1943 eine Tarnanlage nachgebaut worden, mit riesigen Kohlekreuzen, die brennende Hallen vortäuschen konnten, mit Attrappen von Schornsteinen und Strommasten aus Holz und Kunststoff und teilweise taghell beleuchtetem Gelände, das auch mehrmals von feindlichen Verbänden angegriffen wurde. Nach dem Krieg hielt man eine Weiterführung des Werkes zunächst für gänzlich unmöglich und wollte es entweder völlig stilllegen oder auf ein Sechstel der Kapazität zurückbauen. Man glaubte weder an eine entsprechende Aluminiumnachfrage noch an die Möglichkeit des Betriebes, was Tonerde- und Stromzufuhr betraf. Zudem hatten zwei der drei Großtransformatoren als Reparationen an Frankreich

Aluminiumwerk Ranshofen, Ende der 1940er-Jahre

abgegeben werden müssen und waren wegen der damals äußerst langen Lieferfristen nur schwer zu ersetzen. Aber selbst die optimistischsten Prognosen über die Entwicklung der Nachkriegsnachfrage nach Aluminium wurden durch die Realität rasch eingeholt. Schon 1952 konnte die Höchstproduktion der Kriegsjahre wieder erreicht werden, 1955 produzierte Ranshofen mit etwa 1.900 Beschäftigten 51.000 Tonnen Hüttenaluminium und 1959 arbeitete man schon mit voller Kapazitätsauslastung. Auch die Salzburger Aluminium AG in Lend war beträchtlich ausgebaut worden. 1959 erzeugten die österreichischen Aluminiumhütten 85.000 Tonnen Rohaluminium. Drei Viertel davon wurden als Rohmetall oder Halbzeug exportiert.

Die Bauwirtschaft

Ziegelofen des Herrn Dub, Wien, auf der Wieden. Aquarell aus dem Jahr 1888

Bau der Trisanna-Brücke der Arlbergbahn westlich von Landeck, in 86 Metern Höhe mit einer Stützweite von 120 Metern, 1884, lange Zeit das größte Bauwerk dieser Art in Österreich. 1924 wurde die Konstruktion verstärkt, 1964 das Tragwerk durch eine neue Stahlkonstruktion ersetzt.

Die Bauwirtschaft war zwischen den Jahren 1848 und 1955 in einigen Bereichen durch eine über Jahrzehnte gehende kontinuierliche Produktion bestimmt, auf anderen Gebieten durch eine auf mittlere und kürzere Zeiträume konzentrierte intensive Bautätigkeit. Eine lang andauernde, wenn auch nicht völlig gleichmäßige Entwicklung fand im Eisenbahn- und Straßenbau statt, in der städtischen Verkehrsinfrastruktur konzentrierte sich der Ausbau auf eine kürzere Zeitspanne um die Jahrhundertwende. Diese Entwicklungen sind im Kapitel über die Infrastruktur beschrieben.

Im Hochbau findet man im Verlauf dieser hundert Jahre mehrere Perioden besonders intensiver Tätigkeit. Hier ist die Wiener Stadterweiterung in der zweiten Hälfte des 19. Jahrhunderts zu nennen, ebenso die zweite Gründerzeit der Jahre vor dem Ersten Weltkrieg. In der Zwischenkriegszeit ragt insbesondere das kommunale Wohnbauprogramm in Wien hervor, in der Zeit der nationalsozialistischen Herrschaft das staatliche Wohnbauprogramm in Linz. Die Jahre nach dem Zweiten Weltkrieg waren durch den Wiederaufbau geprägt.

Bauindustrie versus Baugewerbe

Einen beträchtlichen Teil dieser Bauten führte die Bauindustrie aus, die gegenüber dem Gewerbe eine höhere Kapitalausstattung – ermöglicht durch eine Organisation in Form von Aktiengesellschaften – und höhere Beschäftigtenzahlen aufwies. Diese Umstände waren in mehrerlei Hinsicht wichtig.

Der markanteste Unterschied in der Funktion von Baugewerbe und Bauindustrie ab der ersten Gründerzeit lag in der Rolle der Bauindustrie als Projektentwickler, das heißt, die Unternehmen waren oft eigeninitiativ tätig oder übernahmen große Teile der Tätigkeiten im Vorfeld der eigentlichen Bauausführung. Diese Aufgaben erforderten oft Koordinationsleistungen und einen Kapitaleinsatz, den gewerbliche Unternehmen nicht leisten konnten. Besonders augenfällig wurde diese Rolle bei Wohnbauprojekten, die Bauunternehmen als Bauträger durchführten. Hier nützte die Bauindustrie die Vorteile einer Projektierung im großen Stil. In der Gründerzeit erwarben Unternehmen der Bauindustrie ausgedehnte Baugründe, die sie in der Folge planmäßig bebauten, eine Vorgangsweise, die die Kapitalkraft von Gewerbebetrieben überfordert hätte.

Gewisse Vorteile hatten Unternehmen der Bauindustrie auch bei einzelnen Großprojekten. Manche dieser Projekte erforderten viele Arbeitskräfte; so betrug der Höchststand an Maurern und Hilfsarbeitern beim Bau der Hofoper 1862 1.160 Personen. Tiefbauprojekte waren noch umfangreicher, waren allerdings oft in Baulose aufgeteilt, sodass auch gewerbliche Baufirmen zum Zug kommen konnten. Arbeitsgemeinschaften blieben hingegen einer späteren Entwicklung vorbehalten. Sie findet man erst im Kraftwerks- und Brückenbau der Zwischenkriegszeit, in großem Ausmaß entwickelte sich diese Form der Bauabwicklung erst nach dem Zweiten Weltkrieg.

Ein weiterer Unterschied zwischen Bauindustrie und Gewerbe lag in der Expansion in die vorgelagerten Produktionsbereiche: Unternehmen der Bauindustrie übernahmen Baustoffbetriebe, die dann die Mutterunternehmen belieferten. Man erwartete, damit eine gewisse Unabhängigkeit von der selbstständigen Baumaterialienindustrie zu erreichen, was auch tatsächlich der Fall war. Allerdings mochten hohe Fixkosten, Auslastungsprobleme und Produktivitätsnachteile der konzerneigenen

Betriebe diesen Vorteil oft wieder aufwiegen. Jedenfalls ist aber klar, dass gewerbliche Unternehmen nicht die Kraft für eine solche Expansion gehabt hätten.

Die bautechnische Seite spielte demgegenüber eine unwesentliche Rolle für die Entstehung der Bauindustrie, die sich in dieser Hinsicht vom Gewerbe noch weniger unterschied, als dies heute der Fall ist. Der Maschineneinsatz im Bauwesen erreichte im 19. Jahrhundert nur bescheidene Ausmaße, der Großteil der Projekte erforderte keine ausgesprochenen Spezialverfahren. Die gegebenen technischen Möglichkeiten konnten daher in der Regel von gewerblichen Unternehmen ebenso leicht genutzt werden wie von der Bauindustrie.

Aufschwung und Krisen: Die Entwicklung im Überblick

In der ersten Zeit nach 1848 war das Bauwesen durch einen Eisenbahnboom geprägt, der zwar in absoluten Begriffen keine Besonderheit gegenüber späteren Perioden darstellt, in den relativen Zuwächsen aber doch erkennen ließ, dass hier etwas völlig Neues im Entstehen war. Einen wichtigen Einschnitt brachte das Jahr 1857 mit der Entscheidung für die Stadterweiterung Wiens, die für die Entwicklung der Stadt und den Hochbau größte Auswirkungen hatte. Einen Boom für die Baubranche brachten die Jahre zwischen 1867 und 1873, die eine Spekulationswelle von bisher nicht da gewesenem Ausmaß sahen und in denen die Bauwirtschaft zu den beliebtesten Branchen für die Neugründung von Aktiengesellschaften gehörte. Über hundert neue Bauaktiengesellschaften wurden in Österreich neu konzessioniert. Jede dritte davon nahm eine Tätigkeit nie auf, mit dem Börsenkrach von 1873 verschwand eine Reihe von ihnen wieder. Im Eisenbahnbau brachte die erste Gründerzeit Ergebnisse, die man weder vorher noch nachher auch nur annähernd wieder erreichte. Die folgende Depression führte in der gesamten Bauwirtschaft zu einer gewissen Verlangsamung der Entwicklung, wenngleich im langfristigen Vergleich von einem tiefen Einbruch nicht die Rede sein kann.

Nach dem neuerlichen Boom der zweiten Gründerzeit stellten der Erste Weltkrieg und die frühen Zwanzigerjahre für die Bauwirtschaft eine Krisenzeit dar. Da die Branche nicht die Bevorzugung der kriegswichtigen Industrien genoss, sank die Produktion während der Kriegsjahre dramatisch ab, die Erholung dauerte bis in die Zeit nach der Währungssanierung. Die Zwanzigerjahre wurden dennoch insgesamt eine durchaus erfolgreiche Periode zumindest im Wohnungsbau, in dem die Branche wieder annähernd das Niveau der Gründerzeitjahre erreichte.

Die Weltwirtschaftskrise traf die Bauwirtschaft dann allerdings stärker als jede andere Branche. Die Produktion betrug 1933 weniger als die Hälfte von 1929 und weniger als ein Drittel des Niveaus der Vorkriegszeit. Der Beitrag der Bauwirtschaft zum Bruttoinlandsprodukt betrug 1933 nur 2,2 Prozent gegenüber 5,1 Prozent im Jahr 1913, 6,7 Prozent 1948 und 8,1 Prozent 1958. Von 164.000 Beschäftigten der Branche waren 89.000 zum Zeitpunkt der Volkszählung 1934 arbeitslos. Trotz der Arbeitsbeschaffungsmaßnahmen der Regierung, die vor allem auf eine Belebung der Bautätigkeit abzielten, ging die Erholung nur langsam vor sich: Noch 1937 erreichte die Produktion in der Bauwirtschaft weniger als die Hälfte des Werts von 1913.

In der Zeit des Nationalsozialismus verschwanden diese Probleme angesichts einer alsbald erreichten Vollbeschäftigung und eines Arbeitskräftemangels während des Kriegs. Für das Erreichen der Vollbeschäftigung während der nationalsozialistischen Herrschaft ist die Bauwirtschaft eine Art Sinnbild geworden, obwohl die Produktion in dieser Periode im längerfristigen Vergleich, von regionalen Ausnahmen abgesehen, keineswegs auffallend hoch war. Gerechtfertigt ist hingegen die ebenso sprichwörtliche Bedeutung der Bauwirtschaft im Wiederaufbau nach 1945. In dieser Zeit hat die Baubranche nicht nur nach den Maßstäben der Kriegsjahre, sondern auch im langfristigen Vergleich ein hohes Produktionsniveau erreicht.

Beschäftigung und Unternehmen in der Bauwirtschaft

Von der Mitte des 19. bis zur Mitte des 20. Jahrhunderts stieg die Zahl der Beschäftigten in Bauindustrie und -gewerbe samt Nebengewerben beständig an. Im Jahr 1869 waren in diesem Bereich in den Alpenländern 85.000 Personen beschäftigt, 1910 bereits 147.000. Damit lag der Anteil der Alpenländer an der

gesamten cisleithanischen Bauwirtschaft bei etwa 31 Prozent. Bis 1934 war im Gebiet der Republik ein weiterer Anstieg auf 164.000 Beschäftigte zu verzeichnen, neue Höchststände gab es 1951 und 1961 mit etwa einer Viertelmillion. Damit stieg in diesem Zeitraum auch der Anteil der Bauwirtschaft an allen Beschäftigten an; 1890 hatte dieser in den Alpenländern noch etwas über 3 Prozent der Beschäftigten aller Branchen betragen, bis 1934 hatte er sich auf 4,4 Prozent und bis 1961 auf 7,6 Prozent erhöht. Im Wiederaufbau entwickelten sich Gebiete mit hohen Anteilen von Bauarbeitern, die zu ihren Arbeitsplätzen aus der Region auspendelten. Das charakteristischste Beispiel hiefür ist das Burgenland, wo zwischen 1951 und 1961 der Anteil der Bauwirtschaft von 8,4 auf etwas über 16 Prozent stieg. Die Bauwirtschaft lieferte damit in diesem Bundesland einen entschei-

Bau der Semmeringbahn, Viadukt über die Kalte Rinne. Farblithografie von Emmerich Benkert, 1854

Karl Ritter von Ghega (1802–1860), Erbauer der Semmeringbahn, leitete 1836–1840 den Bau von Teilstrecken der Nordbahn. Für die Überwindung des Semmerings legte er 1848 einen Streckenplan unter Anwendung eines reinen Adhäsionsbetriebs vor. Der Bau konnte 1854 eröffnet werden. 1855–1857 baute Ghega das letzte Teilstück der Südbahn Laibach–Triest.

Schretter & Cie, Ton-, Kalk- und Zementwerk in Vils/Tirol, Anlieferung einer neuen Zementmühle, 1932

denden Beitrag zum sektoralen Wandel. Nicht ganz so ausgeprägt, in der Tendenz aber sehr ähnlich verlief die Entwicklung in Kärnten. Umgekehrt sieht man am Fall Wiens, Niederösterreichs und Vorarlbergs, wie in den höchstentwickelten Regionen im 19. Jahrhundert die Bauwirtschaft noch einen vergleichsweise hohen Anteil an den Beschäftigten hatte, in der Zwischenkriegszeit (in Wien) und vor allem in der Nachkriegszeit aber einen relativ niedrigen.

Unter den großen Unternehmen der ersten Gründerzeit, welche die folgende Depression überlebten, wurden 1869 die Wiener Baugesellschaft und die Allgemeine österreichische Baugesellschaft gegründet. Die Wiener Baugesellschaft wurde 1934 liquidiert, die Allgemeine österreichische Baugesellschaft fusionierte 1927 mit ihrer Tochtergesellschaft, der A. Porr Betonbauunternehmung, und besteht auch heute noch als einer der größten Baukonzerne Österreichs. 1871 wurde unter anderem die Union Baugesellschaft (1980 mit der Universale fusioniert) gegründet, 1873 die Baugesellschaft des ersten allgemeinen Beamten-Vereines der österreichisch-ungarischen Monarchie und der Nieder-Oesterreichische Bauverein.

Große Baustoffproduzenten konstituierten sich in dieser Periode neu, so die traditionsreiche Wienerberger Ziegelfabriks- und Baugesellschaft und die seit 1854 bestehende Hydraulische Kalk- und Portland-Cement-Fabrik zu Perlmoos, die 1869 beziehungsweise 1872 als Aktiengesellschaften gegründet wurden. Eine Neugründung des Jahres 1873 war die Union Baumaterialien-Gesellschaft, die 1916 ihre Ziegelwerke im Austausch gegen Wiener Baugründe an die Wienerberger abgab und sich in der Folge auf das Realitätengeschäft beschränkte. Eine Reihe weiterer großer Bauunternehmen aus der ersten Gründerzeit wurde in den Jahren nach 1873 liquidiert. Aus der Zeit des Ersten Weltkriegs stammt die Universale, die 1916 als Gesellschaft mit beschränkter Haftung gegründet und 1921 als Aktiengesellschaft neu konstituiert wurde.

Perlmooser Zementwerke, Ansicht der Ofenanlage des Saullichwerkes. Foto aus dem Jahr 1928

Bautechnik

In der Zeit nach 1850 kam es zu einer Reihe von Veränderungen bei den Baustoffen. Herkömmliche Baustoffe wurden durch verbesserte Transportmöglichkeiten und den Aufschwung der Baumaterialienindustrie leichter verfügbar, die Qualität der Baustoffe verbesserte sich. Neue Stoffe erweiterten die konstruktiven Möglichkeiten und senkten die Baukosten.

Eine der Veränderungen, die in engem Zusammenhang mit der Entwicklung der Zementindustrie steht, war die Durchsetzung

Wienerberger Ziegelfabriks- u. Baugesellschaft, Wien, Ziegelfabriks-Anlage »Am Wienerberg«, um 1900

des Portlandzements gegenüber dem bis zur Jahrhundertwende in Österreich dominierenden Romanzement. Für die Verbreitung des Portlandzements, der mit höheren Brenntemperaturen gebrannt wird und eine höhere Dichte als der Romanzement erreicht, wurde die Perlmooser Zementfabrik wichtig, die bald nach ihrer Gründung einen selbst entwickelten Portlandzement produzierte. Das Unternehmen expandierte beständig und war um die Jahrhundertwende für annähernd ein Viertel der cisleithanischen und in der Ersten Republik für etwa die Hälfte der österreichischen Zementproduktion verantwortlich. Bereits vor dem Ersten Weltkrieg lag der Anteil des Portlandzements bei mehr als der Hälfte der österreichischen Produktion, nach 1918 wurde fast nur mehr dieser Zement erzeugt.

Ein neuer Baustoff war Stahl, der sowohl im Brückenbau als auch im Hochbau, auch in Verbindung mit Glas, Verwendung fand und neue Gestaltungsmöglichkeiten eröffnete. Außer für Brücken galt dies besonders für große Bauten im öffentlichen Raum wie Bahnhöfe oder Repräsentationsbauten. Bereits vor der Mitte des 19. Jahrhunderts verwendete man für Dachkonstruktionen gusseiserne Träger, ein Verfahren, das in der zweiten Jahrhunderthälfte weite Verbreitung fand. Um 1930 entstanden schließlich Bauten in Stahlskelettbauweise wie das Hochhaus in der Herrengasse in Wien oder die Tabakfabrik in Linz.

Ebenfalls neu war die Verwendung von Stahlbeton, für die schon vor der Jahrhundertwende eine Reihe neuer Verfahren erfunden wurde. In den letzten Jahren vor dem Ersten Weltkrieg kam Stahlbeton in zahlreichen Brücken- und Hochbauten, insbesondere in öffentlichen Gebäuden, Repräsentations- und Bürobauten, zum Einsatz. Bekannte Beispiele sind Otto Wagners Postsparkasse und Adolf Loos' Haus am Michaelerplatz in Wien oder

Dampfbetriebene Mischanlage aus dem Jahr 1929 der im Jahr 1928 gegründeten Allgemeinen Straßenbau-Aktiengesellschaft

Josef Hoffmanns Sanatorium Purkersdorf. Frühe Stahlbetonskelettbauten sind der Erweiterungsbau des Museums für Kunst und Industrie, das heutige Museum für Angewandte Kunst, und das Haus der Riunione Adriatica di Sicurtà. Aber auch im Wohnbau gab es schon bald nach der Jahrhundertwende Stahlbetondecken und Zwischenwände aus unbewehrtem Leichtbeton (Schlackenbeton).

Ein Gebiet, auf dem über die Jahrzehnte zahlreiche kleinere und größere Erfindungen die Bautechnik erneuerten, war die Fundierung von Gebäuden. Auch dabei wurde Beton immer wichtiger. Um die Mitte des 19. Jahrhunderts wurden Fundamente noch zur Gänze gemauert, bald verwendete man Beton für die unterste Schicht, auf der das Mauerwerk errichtet wurde. Ab der Jahrhundertwende ging man dazu über, Fundamente zur Gänze zu betonieren. Auch bei Fundierungen durch Pfähle lösten noch vor dem Ersten Weltkrieg Betonkonstruktionen die bis dahin verwendeten Holzpfähle ab.

Öffentliche Bauten und Wohnungsbau

Im Hochbau war die Zeit von der Mitte des 19. bis zur Mitte des 20. Jahrhunderts sowohl im Bereich des Wohnbaus als auch in der repräsentativen Architektur bis hin zu großen Geschäftshäusern von Unternehmen eine äußerst produktive Periode. In jeder Hinsicht spielte dabei Wien eine hervorgehobene Rolle: Das Bauprogramm der Ringstraßenzeit führte zur Errichtung einer ganzen Reihe der bekanntesten öffentlichen Bauten Österreichs, das Bevölkerungswachstum Wiens vor dem Ersten Weltkrieg schuf einen enormen Bedarf an zusätzlichem Wohnraum in der Hauptstadt.

Die Ringstraßenzeit begann 1857 mit der Schleifung der Befestigungen rund um die Innere Stadt Wiens und der Umwandlung frei werdender Flächen in Baugrund. Die Verwertung dieses Baugrunds sollte die Bildung eines Baufonds für die Errichtung öffentlicher Gebäude ermöglichen. 1861 nahm man den

Bau der Hofoper in Angriff – der Bau der Votivkirche hatte unabhängig von der Schleifung der Basteien schon 1855 begonnen –, die meisten anderen öffentlichen Großbauten der Ringstraße folgten ab den Siebzigerjahren. Durch den späten Beginn und weil die Fertigstellung bei den meisten Bauten ein bis zwei Jahrzehnte dauerte, fiel die Bauzeit großteils in die große Depression der Jahre nach 1873.

Der zweite besonders in Wien wichtige Bereich des Hochbaus war der Wohnungsbau. Zwischen 1850 und 1890 nahm die Bevölkerung Wiens bei gegebener Fläche von 425.000 Einwohnern auf 817.000 zu, 1890 vergrößerte sich die Bevölkerung durch Eingemeindungen um eine weitere halbe Million, 1910 lebten etwas über zwei Millionen Menschen in der Hauptstadt. In den folgenden Jahrzehnten ging die Bevölkerung um 0,35 bis 0,81 Prozent jährlich zurück; ausgenommen davon ist die Zeit zwischen 1923 und 1934, in der sich die Bevölkerungszahl fast gar nicht änderte. Die Phasen des intensiven Wohnbaus im 19. Jahrhundert gingen also mit einem starken gleichzeitigen Bevölkerungswachstum einher, in den Zwanziger- und frühen Dreißigerjahren mit einer gleich bleibenden Bevölkerungszahl, in der Wiederaufbau- und Wirtschaftswunderzeit mit einem Bevölkerungsrückgang.

In der ersten Gründerzeit vor 1873 wurden in Wien innerhalb von fünf Jahren etwa 3.000 Neubauten bewilligt. In der Depression verfielen zwar die Bodenpreise, Baustoffpreise und Bauarbeiterlöhne, von einem Einbruch in der Bautätigkeit kann aber trotzdem keine Rede sein. In den Sechzigerjahren wurden in dem Gebiet, das nach 1890 zu Wien gehörte, zwischen 4.000 und 5.000 Häuser gebaut, nach 1870 pro Jahrzehnt an die 7.000, im ersten Jahrzehnt des 20. Jahrhunderts etwa 7.800. Ein beträchtlicher Teil dieser Bauten ersetzte ältere Gebäude, sodass von den Häusern, die im Gebiet innerhalb des Gürtels im Jahr 1869 noch gestanden waren, im Jahr 1900 nur noch 70 Prozent existierten, im Jahr 1910 nur noch 46 Prozent. 1910 waren 40 Prozent aller Wiener Häuser jünger als 20 Jahre. Selbst im älteren Stadtgebiet, den Bezirken Innere Stadt (I) bis Alsergrund (IX),

Bau der Wiener Ringstraße: Der Franzensring Anfang der 1880er-Jahre (jetzt Dr.-Karl-Renner-Ring). Die Finanzierung der bis 1888 entlang der 6,5 Kilometer langen und 57 Meter breiten Allee errichteten Monumentalbauten erfolgte größtenteils aus dem Erlös des Verkaufs von Fortifikations- und Glacisgründen.

waren 35 Prozent der Häuser jünger als 20 Jahre; im Durchschnitt waren die Häuser innerhalb des Gürtels etwa sechs Jahre älter als die Häuser außerhalb. Im Stadtgebiet der Jahre vor 1890 stieg die Häuserzahl zwischen 1869 und 1910 von etwas über 10.000 auf knapp 14.000, in den 1890 eingemeindeten Gebieten von ebenfalls rund 10.000 auf über 25.000.

Verglichen mit Wien war die Wohnbautätigkeit in anderen österreichischen Städten vor 1910 insgesamt weniger bedeutsam. Da die größeren Städte durchwegs stark wuchsen, kam es so wie in Wien zu einem beträchtlichen Zuwachs an neuer Bausubstanz: 1910 waren in Graz 30 Prozent aller Häuser jünger als 20 Jahre, in Linz und Salzburg 34 Prozent, in Klagenfurt 38 Prozent und in Innsbruck sogar 47 Prozent – ein Anteil, wie er in Wien nur in den am stärksten wachsenden Bezirken außerhalb des Gürtels zu verzeichnen war. Die Provinzhauptstädte hatten zur selben Zeit aber meist noch deutlich mehr

Der Wiener Westbahnhof wurde 1858 eröffnet.

alte Bausubstanz als die Reichshauptstadt: 40 Prozent der Häuser in Graz, über 40 Prozent in Linz, Salzburg und Klagenfurt, immerhin 32 Prozent in Innsbruck waren älter als ein halbes Jahrhundert. Um 1913 waren die Häuser in Innsbruck im Durchschnitt um drei Jahre, in den anderen Provinzhauptstädten um zehn Jahre älter als in Wien.

Obwohl der Wohnbau ein Erfordernis war, das die Verstädterung mit sich brachte, gab es doch auch auf dem flachen Land vor dem Ersten Weltkrieg starke Zuwächse. Im ganzen Gebiet der heutigen Republik Österreich stieg zwischen 1869 und 1910 die Zahl der Häuser um etwa ein Viertel. Besonders groß waren die Zuwächse mit 34 Prozent in Vorarlberg mit seinem hohen Bevölkerungswachstum, schwach mit zirka 10 Prozent in Oberösterreich und Kärnten.

Die Bedeutung des Wohnbaus in den letzten Jahrzehnten vor dem Großen Krieg zeigt sich noch stärker in der Zahl der neu errichteten Wohnungen: Die Häuser wurden gegenüber früheren Zeiten höher gebaut, nicht selten wurden abgerissene Häuser durch größere Bauten ersetzt. Die Zahl der Wohnungen pro Haus nahm besonders in Wien zu. Zwischen 1869 und 1880 stieg die Zahl der Wohnungen in Wien in den alten Grenzen um ein Viertel, von 1890 bis 1910 in der erweiterten Stadt um zwei Drittel. In Wien waren 1910 zwar knapp 20 Prozent der Häuser älter als 50 Jahre, aber auf diese Häuser entfielen nur 15 Prozent der Wohnungen. Auch in Städten wie Graz oder Linz waren die alten Häuser kleiner als die neuen.

Der Erste Weltkrieg und die ersten Jahre nach dem Krieg brachten den ersten deutlichen Einbruch im Wohnbau. Von 1910 bis 1920 nahm der Häuserbestand insgesamt um 1 Prozent zu, in einigen Bundesländern verringerte er sich sogar und auch in den folgenden drei Jahren gab es regional keine erkennbaren Zuwächse. In Wien waren in beiden Zeitabschnitten die Zuwächse noch am stärksten mit insgesamt 11 Prozent zwischen 1910 und 1923, verglichen mit der Zeit davor und danach ein für die Hauptstadt singulär niedriger Wert. Bedenkt man, dass die Neubauten in den letzten, noch produktiven Jahren vor dem Ersten Weltkrieg in all diesen Zahlen enthalten sind, wird deutlich, wie schwer die öster-

reichische Bauwirtschaft vom Kriegs- und Krisenjahrzehnt ab 1914 getroffen wurde.
Der kommunale Wohnbau Wiens in der Zwischenkriegszeit begann 1923. Der Mieterschutz als zentraler Programmpunkt der Sozialdemokratie erforderte in deren Sicht auch einen öffentlichen Wohnbau großen Stils. Mehrjährige Wohnbauprogramme mit jeweils etwa 25.000 Wohnungen wurden durch eine eigene Wohnbausteuer finanziert. Insgesamt ließ die Wiener Stadtverwaltung bis 1934 mehr als 63.000 Wohnungen errichten, das waren mehr als 40 Prozent aller zwischen 1910 und 1934 errichteten Wohnungen. Da die Bevölkerungszahl Wiens in dieser Zeit stagnierte, bewohnten 1934 im Durchschnitt weniger als drei Personen eine Wohnung, während es 1910 noch 4,2 Personen gewesen waren. Den Zuwächsen nach war dies für Wien zwar nicht die stärkste Wachstumsphase – in der Gründerzeit wurden prozentuell wie absolut mehr zusätzliche Wohnungen gebaut –, doch waren auch die Rahmenbedingungen ganz andere: Die neuen Wohnungen wurden nicht für Zuwanderer benötigt, sondern bedeuteten eine Verbesserung der Wohnsituation für die vorhandene Bevölkerung. Teilweise ersetzten die neuen Wohnungen auch ältere Wohnungen in Gebäuden, die nun beseitigt wurden.
In der Phase zwischen 1934 und 1951 verzeichnete Wien keinen wesentlichen Zuwachs an Wohnungen. Besonders wenig wurde in Wien während der nationalsozialistischen Zeit gebaut, in der die Zahl der jährlich errichteten Häuser gegenüber der Zeit von 1919 bis 1937 auf weniger als die Hälfte sank. Ungünstig war die Entwicklung auch im Burgenland, in Niederösterreich, Kärnten und Vorarlberg. Für Tirol, die Steiermark und Salzburg hat die verbreitete Vorstellung von einer intensiven Bautätigkeit unter der nationalsozialistischen Herrschaft hingegen eine gewisse Berechtigung, da der Wohnbau hier immerhin um 10 bis 20 Prozent zunahm.
Am stärksten war die Zunahme aber in Oberösterreich, wo in der Zeit des Nationalsozialismus jährlich um ein Viertel mehr Häuser gebaut wurden als in der Ersten Republik. Der Grund liegt in der forcierten Entwicklung des oberösterreichischen Zentralraums, die Industrieansiedlungen und eine dafür notwendige Bevölkerungszunahme einschloss und eine zügige Errichtung von Wohnraum in großem Umfang erforderte. Es wurden auch wirklich bis Mitte 1944 10.900 Wohnungen durch verschiedene regimenahe Bauträger errichtet, was einen Zuwachs um fast ein

Kommunaler Wohnbau im »Roten Wien«: Bis zu einem Viertel des gesamten Gemeindebudgets wurde in den 1920er-Jahren für Wohnbautätigkeit aufgewendet.

Drittel bedeutete und Linz in dieser Zeit zum Zentrum des Wohnungsbaus in Österreich machte. Die Wohnungen boten in Ausstattung und Qualität einen relativ hohen Standard, architektonisch folgten sie einem reichsweiten Einheitsstil. Bei der Wohnungsvergabe wurde berücksichtigt, ob eine Familie nach den Vorstellungen des Regimes »erbgesund« und »würdig« sei. Aufgrund des enormen Bevölkerungswachstums der Stadt reichte allerdings selbst der große Zuwachs nicht aus, um auch nur eine gleich bleibende Versorgung der Linzer Bevölkerung mit Wohnraum zu sichern beziehungsweise den Zuwanderern den gleichen Standard zu bieten. Während 1938 in Linz noch durchschnittlich 3,25 Personen in einer Wohnung gelebt hatten, stieg die Zahl kontinuierlich auf über 4,2 Personen pro Wohnung an.

Ist die nationalsozialistische Zeit somit nur mit Einschränkungen als produktive Periode im Wohnbau zu nennen, so waren die Wiederaufbaujahre ganz eindeutig die intensivste Zeit des Wohnbaus in Österreich. Die Wieder- und Neuerrichtung von Häusern zwischen 1945 und 1951 erfolgte in Wien und Niederösterreich in einer Intensität, die selbst die zweite Gründerzeit um gut ein Viertel übertraf, in den anderen Bundesländern stellte die Wiederaufbauperiode alles Dagewesene in den Schatten. Selbst im zuletzt noch privilegierten Oberösterreich wurden in dieser Zeit mindestens jährlich um die Hälfte mehr Häuser als unter dem Nationalsozialismus errichtet. In Wien, dem Burgenland, Kärnten und Salzburg brachten die Wiederaufbaujahre gegenüber der nationalsozialistischen Zeit mindestens eine Verdoppelung der Intensität im Wohnbau. Auf diese Weise hatten zumindest Kärnten, Salzburg und Tirol mit ihren in den letzten Jahrzehnten der Monarchie nur schwachen Steigerungen im Wohnbau zu Vorarlberg und Niederösterreich aufgeschlossen.

Haus der Industrie am Schwarzenbergplatz: errichtet in den Jahren 1907–1909 nach Plänen von Carl König; 1945 bis 1955 Sitz des Alliierten Rates

Die Maschinenbauindustrie

Zum Maschinen-, Apparate- und Instrumentenbau zählten im 19. und frühen 20. Jahrhundert ganz unterschiedliche Produktionen: Außer der Dampfmaschinenerzeugung, der Motorenproduktion und dem Schiffbau war dies auch die Erzeugung von landwirtschaftlichen Maschinen, Nähmaschinen und Mühlen sowie einer Vielzahl von sonstigen Maschinen und Apparaten bis hin zu Fahrrädern, deren Geschichte in einem eigenen Kapitel behandelt wird. Eng mit dem Bau von Lokomotiven verbunden war der Wagenbau. Ausgeklammert bleiben hier die Waffenfabriken und die Elektroindustrie, die im Verständnis des 19. Jahrhunderts ebenfalls zum Maschinenbau gehörten, sowie die Hilfsgewerbe des Wagenbaus und die Uhren- und Musikinstrumentenerzeugung. Unter den Produktionssparten des Maschinenbaus gibt es keine, die im Gebiet des heutigen Österreich gegenüber den anderen herausragende Bedeutung gehabt hätte.

Die österreichische Maschinenbauindustrie war um die Mitte des 19. Jahrhunderts eine noch junge Branche, die gerade in eine Phase schnellerer Entwicklung eingetreten war. Zwischen 1848 und 1856 stieg die Zahl der Beschäftigten auf das Siebenfache, zwischen 1848 und 1898 auf das Zehnfache. In der größten Sparte, den Dampfmaschinen und Lokomotiven, produzierte Österreich-Ungarn bereits mehr als die Hälfte des Inlandsbedarfs selbst. Eine Reihe von Unternehmen erzeugte Maschinen und Apparate für spezielle Anwendungen in verschiedensten Bereichen. Der Aufschwung der Branche wurde erst in der großen Depression nach 1873 deutlich gebremst, die sich im Maschinenbau stärker bemerkbar machte als in der Industrie insgesamt. Ein neuerlicher Aufschwung setzte in der zweiten Hälfte der Achtzigerjahre ein. In den zweieinhalb Jahrzehnten vor dem Ersten Weltkrieg, in denen sich die Industrieproduktion insgesamt verdoppelte, wuchs die Produktion im Maschinenbau real ungefähr auf das Fünffache an. Rechnet man die in absoluten Zahlen weit kleinere ungarische Produktion hinzu, war Österreich-Ungarn kurz vor dem Ersten Weltkrieg weltweit der viertgrößte Maschinenproduzent.

In dieser ganzen Zeit konzentrierte sich die Maschinenbauindustrie Cisleithaniens auf Niederösterreich und die böhmischen Länder. Von den Berufstätigen der Branche lebten 1910 knapp ein Drittel in Niederösterreich, ein weiteres Drittel in Böhmen und knapp ein Siebtel in Mähren und Schlesien. Da in diesen vier Ländern die Arbeitsproduktivität im

Voith-Werke, St. Pölten, Turbinenbau, 1928

Dreschmaschine mit Lokomobil bei der Arbeit, Dr. Wilhelm Hamm, »Landwirtschaft in Bildern«, um 1872

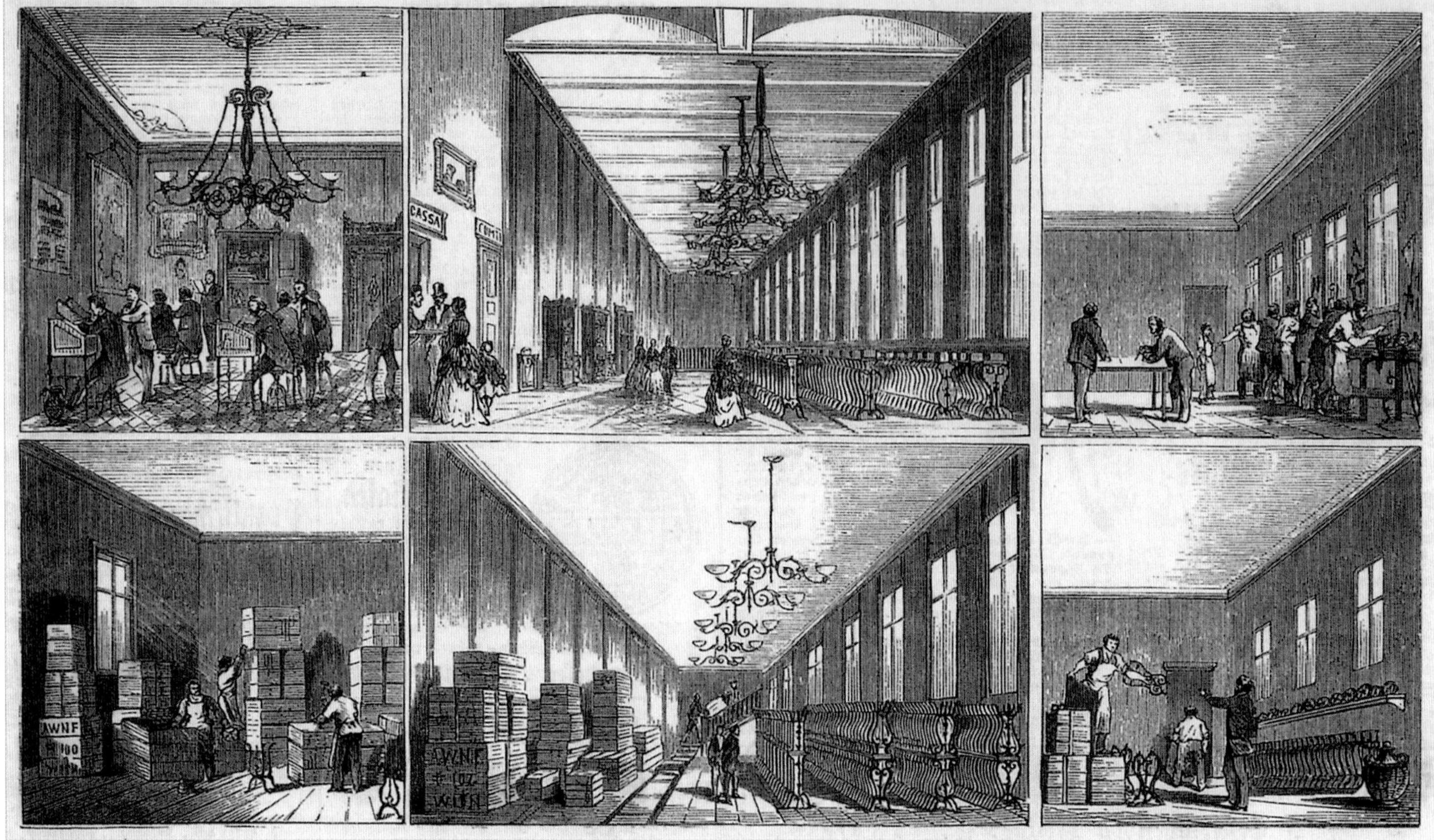

Allgemeine Wiener Nähmaschinenfabrik in der Operngasse. Zeitungsholzstich, 1872

Maschinenbau mindestens so hoch war wie in den übrigen Ländern, stammten vor dem Ersten Weltkrieg mindestens vier Fünftel der cisleithanischen Maschinenproduktion aus diesen Gebieten, 30 Prozent alleine aus Niederösterreich. Niederösterreich erwirtschaftete damit allein gut drei Viertel der Maschinenproduktion im Gebiet des heutigen Österreich. Insgesamt stieg die Zahl der Beschäftigten in der Branche (ohne Elektro- und Waffenindustrie) im Gebiet des heutigen Österreich zwischen 1890 und 1910 von 25.000 auf 61.000 Personen.

Niederösterreich war schon zur Mitte des 19. Jahrhunderts in der Maschinenbauindustrie die wichtigste Region des heutigen Österreich gewesen. 1848 befanden sich hier 16 Fabriken der Branche, darunter zwei Lokomotivfabriken, acht Fabriken für Dampfmaschinen, Waggons, Pumpen und anderes, drei Fabriken für Mühlen und landwirtschaftliche Maschinen, zwei Fabriken für Waagen und eine für Papier- und Spinnmaschinen. Zehn Jahre später hatte sich die Zahl der Fabriken auf 26 erhöht, bis 1887/88 auf 205. Zusammen beschäftigte die Branche um 1848 etwa 2.500 Arbeiter, 1910 bereits 44.000; Elektro- und Waffenindustrie sind hiebei nicht enthalten.

Von den anderen Alpenländern fielen vor dem Ersten Weltkrieg nur die Steiermark, die innerhalb des heutigen Österreich etwa ein Achtel der Maschinen erzeugte, und Oberösterreich mit 7 Prozent ins Gewicht. Um 1900 kamen aus Niederösterreich fast alle Motoren, etwa 95 Prozent der Nähmaschinen, 90 Prozent der Dampfmaschinen, -motoren und -kessel sowie 85 Prozent der landwirtschaftlichen Maschinen und der sonstigen Maschinen. Die Steiermark war in der Erzeugung von Wagen mit immerhin einem Viertel und in der Fahrraderzeugung zu mehr als der Hälfte vertreten. In fast allen Bereichen lag der Schwerpunkt innerhalb Niederösterreichs in Wien, von wo etwa zwei Drittel aller alpenländischen Motoren und landwirtschaftlichen Maschinen und ein noch größerer Anteil der Nähmaschinen kamen. Der einzige Bereich, in dem Niederösterreich außer Wien eine ähnlich dominierende Rolle spielte, war der Dampfmaschinenbau, in dem das Gebiet zwei Drittel der alpenländischen Produktion lieferte.

Während die Zeit vor dem Ersten Weltkrieg für die Alpenländer einen anhaltenden Auf-

schwung der Branche brachte, konnte man in der Zwischenkriegszeit bestenfalls eine Stagnation registrieren. Auch die regionalen Schwerpunkte blieben die gleichen. Von den 55.000 bis 60.000 Beschäftigten Anfang der Dreißigerjahre entfielen auf Wien etwas mehr als die Hälfte, auf Niederösterreich etwas mehr als ein Sechstel. Etwa auf demselben Stand befand sich die Branche in den ersten Jahren nach dem Zweiten Weltkrieg.

Lokomotiven und Waggons: Die Simmering-Graz-Pauker AG und ihre Vorgänger

Als die Simmering-Graz-Pauker AG (SGP) 1956 die Wiener Lokomotivfabriks AG und die Rax-Werke übernahm und mit ihnen in der Folge fusionierte, bedeutete dies den Abschluss einer über Jahrzehnte erfolgten Zusammenführung des Großteils der alpenländischen Lokomotiven- und Eisenbahnwagenfabrikation in einem einzigen Großunternehmen. Die SGP war aus mehreren Fusionen von Unternehmen entstanden, von denen die drei wichtigsten die Maschinenfabrik von Heinrich Daniel Schmid in Wien (gegründet 1831/1844), die Grazer Waggon- und Maschinenfabriks AG (1861) und das Paukerwerk in Wien-Leopoldau (1911) waren. Die nun übernommene Wiener Lokomotivfabrik war nach dem Konzentrationsprozess der österreichischen Lokomotivenindustrie verblieben. In ihr waren die Lokomotivfabrik der Österreichischen Staatseisenbahn-Gesellschaft (STEG) (1838), die Günther'sche (später Sigl'sche) Lokomotivfabrik in Wiener Neustadt (1842) und die Linzer Lokomotivfabrik Krauss (1880) aufgegangen.

Andere große Unternehmen dieser Sparten waren schon viel früher geschlossen worden: Die Waggons- und Tramway-Baugesellschaft in Wien-Hernals, eine Gründung aus dem Jahr 1869, hatte bis zu 2.000 Beschäftigte,

Aktiengesellschaft der Wiener Neustädter Lokomotiv-Fabrik vorm. G. Sigl. Druck nach einer Bauzeichnung, um 1910

Dampfkesselbau. Farbige Radierung von Luigi Kasimir, 1940

wurde aber ein Opfer der großen Depression; ihr Ende kam 1889. Im selben Jahr und aus demselben Grund wurde auch die Lokomotivfabrik von Georg Sigl in Wien-Währing geschlossen, die vor 1873 bis zu 1.500 Mitarbeiter beschäftigt hatte, dann aber auf wenige hundert Beschäftigte geschrumpft war.
Die Lokomotivfabrik der STEG, die Günther'sche Fabrik und die 1869 gegründete Wiener Lokomotivfabrik waren in den Jahren vor dem Börsenkrach ebenfalls erfolgreich gewesen. Die Fabrik der STEG erreichte bis 1872

Lokomotivfabrik Krauss & Comp.: Die Lokomotivfabrik Krauss wurde im Jahr 1866 von Georg Krauss (1825–1906) in München gegründet, 1880 wurde die Filialfabrik in Linz eröffnet, 1930 geschlossen. Inserat, um 1925

einen Stand von 1.300 Mitarbeitern. Die Günther'sche Fabrik war nach Schwierigkeiten 1860 an die Credit-Anstalt und dann an Georg Sigl gelangt, der zur selben Zeit bereits seine Wiener Lokomotivfabrik betrieb und der größte Maschinenindustrielle in Österreich war. 1872 beschäftigte die Günther'sche Fabrik 3.000 Mitarbeiter. Die Wiener Lokomotivfabrik war in den wenigen Jahren seit ihrer Gründung noch nicht zu einem Großunternehmen gewachsen. Alle drei Unternehmen traf die Depression schwer, sie erholten sich aber in der zweiten Gründerzeit wieder und erreichten Belegschaftshöchstzahlen von 1.300 (STEG), 2.000 (Sigl) beziehungsweise 1.000 (Wiener Lokomotivfabrik) Arbeitern. Nach dem Ersten Weltkrieg erwarb die STEG unter anderem die Österreichischen Industriewerke Warchalowski, Eissler & Co. AG, die Maschinen und Lokomotiven fabrizierten und mit denen sie 1929 fusionierte. Sigl hatte in dieser Zeit wesentlich größere Probleme und schrumpfte auf eine Belegschaftsstärke von etwa 300 Personen. Bis 1930 hatten die STEG und Sigl jeweils etwa 5.000 Lokomotiven erzeugt, die Wiener Lokomotivfabrik in etwa 3.000.
Die Linzer Lokomotivfabrik Krauss & Comp. war die Tochter eines Münchener Unternehmens, das sich auf den Bau von Lokalbahnen und Lokomotiven für diese spezialisiert hatte. Verglichen mit den niederösterreichischen Konkurrenten war das Linzer Werk mit etwa 300 Arbeitern um die Jahrhundertwende wesentlich kleiner, der Gesamtkonzern war allerdings von ähnlicher Größe wie die großen österreichischen Firmen. Bis 1930 erzeugte das Linzer Werk über 1.500 Lokomotiven. Kunden waren Lokalbahnen, die Bosnisch-Herzegowinischen Staatsbahnen und vor allem die Österreichischen Staatsbahnen. Nach dem Ersten Weltkrieg wuchs die Belegschaft des Linzer Werks zeitweise auf 800 bis 900 Personen an. Eigentümer war nun die Österreichische Eisenbahnverkehrsanstalt, die besonders im Waggonleihgeschäft engagiert war und in Linz außer Lokomotiven auch Spezialwaggons erzeugen ließ. Um 1930 war die Mitarbeiterzahl krisenbedingt auf 154 gesunken.
Ursache für die nun folgende Konzentration der Lokomotivenfabrikation war weniger die Weltwirtschaftskrise als der Niedergang der Sparte aufgrund des nach dem Weltkrieg geschrumpften Inlandsmarkts. Auch die Bankenkrise spielte eine Rolle: Die Sigl'sche Fabrik in Wiener Neustadt gehörte zum Konzern

Links: In der Lokomotiv-Werkstätte. Rechts: Vollendung der Lokomotive. Farblithografien von Paul Meyerheim, 1896

der Creditanstalt, die Wiener Lokomotivfabrik zu jenem der Boden-Credit-Anstalt; nach dem Zusammenbruch der Boden-Credit-Anstalt 1929 und ihrer Übernahme durch die Creditanstalt fusionierte man die beiden Lokomotivenerzeuger 1930 unter der Firma der Wiener Lokomotivfabrik und legte die Wiener Neustädter Fabrik still. Zur gleichen Zeit kaufte die Wiener Lokomotivfabrik die Maschinen aus diesem Produktionszweig der STEG und jene der Lokomotivfabrik Krauss, die damit aus der Produktion ausschieden. Die Warchalowskische Lokomotivenfabrik hatte die STEG bereits zuvor selbst eingestellt (von der Warchalowskischen Emailgeschirrfabrik ausgehend verlegte sich die STEG auf die Konzentration dieser Sparte und übernahm in der Folge die Austria Email), die Standorte Wiener Neustadt, Favoriten und Linz schlossen ebenfalls. Als einziger von bisher vier Standorten, an denen zeitweise insgesamt über 6.000 Personen gearbeitet hatten, verblieb somit die Produktion in Floridsdorf, wo die Belegschaft bis Mitte der Dreißigerjahre auf 350 Personen sank. In der Besatzungszeit wurde die Wiener Lokomotivfabrik ein USIA-Betrieb, der nach und nach auf 1.500 Beschäftigte wuchs und Lokomotiven sowie andere Maschinen erzeugte.

Das Gelände der Wiener Neustädter Fabrik blieb aber nicht dauerhaft ungenutzt: 1942 errichtete der deutsche Henschel-Konzern dort einen Rüstungsbetrieb – die Rax-Werke – unter anderem für die Produktion von Lokomotiven für militärische Zwecke und für die Raketenproduktion. Das Werk war das größte Tenderwerk im Deutschen Reich, für Bau und Produktion wurden Konzentrationslager-Häftlinge eingesetzt. Auch dieses Unternehmen wurde nach dem Krieg ein USIA-Betrieb. Die Simmering-Graz-Pauker AG, das bis 1989 bestehende größte österreichische Maschinenbauunternehmen in der Zeit nach dem Zweiten Weltkrieg, geht bis in das Jahr 1831 zurück, in dem Heinrich Daniel Schmid seine Maschinenfabrik in der Leopoldstadt in Wien gründete. Schmid war zu dieser Zeit noch stiller Gesellschafter und Geschäftsführer, er übernahm das Unternehmen nach 1844; später übersiedelte die Fabrik nach Simmering. Nach Schmids Rückzug 1869 beteiligte sich unter anderem die Niederösterreichische Escompte-Gesellschaft an der Fabrik. Nach 1900 übernahm die Simmeringer einige Maschinenfabriken in Brünn und Wien und errichtete eine Fabrik in Bukarest.

Die Grazer Waggon- und Maschinenfabrik war eine Gründung des Huf- und Wagenschmieds Johann Weitzer. Weitzer begann 1854 mit einem kleingewerblichen Betrieb, errichtete bald eine größere Werkstätte für die Produktion von Wagen und schließlich 1861 seine Wagen- und Waggonfabrik, Eisen- und Metallgießerei Joh. Weitzer, die sich binnen zehn Jahren zu einem Großunternehmen entwickelte. In den folgenden Jahrzehnten bis zu seinem Tod 1902, in denen er das Unternehmen teilte, wieder zusammenführte und weitere Unternehmen gründete, blieb Weitzer die bestimmende Figur in dem seit der Jahrhundertwende »Grazer Waggon- und Maschinenfabriks AG vorm. Joh. Weitzer« benannten Unternehmen. Nach 1918 begann die Grazer Waggon eine Kooperation mit der Simmeringer, die 1934 in eine Übernahme des Grazer Unternehmens durch die Simmeringer mündete.

Die Maschinenfabriks AG, vormals Jos. Pauker und Sohn, in Wien wurde von der Österreichische Industriekredit AG erworben (Nachfolgerin der Niederösterreichischen Escompte-Gesellschaft zur Verwaltung von deren Industriebeteiligungen), die einer der größeren Aktionäre der Simmeringer war, 1935 im Tausch gegen die Brünner Beteiligung der Simmeringer. Die Fusion mit der Simmeringer erfolgte erst 1941 durch die Reichswerke »Hermann Göring«, welche die Aktienmehrheit an beiden Unternehmen erlangt hatten. Am Ende des Zweiten Weltkriegs war die SGP deutsches Eigentum und wurde 1946 verstaatlicht.

Die Simmeringer und die Grazer Waggonfabrik waren für sich große Unternehmen gewesen, die um 1870 jeweils um die 1.000 Beschäftigte hatten. Beide litten unter der großen Depression nach 1873, waren aber vor Ausbruch des Ersten Weltkriegs größer als je zuvor. Und beide profitierten auch von der Kriegswirtschaft, als etwa die Grazer Waggon 4.000 Beschäftigte hatte. Nach Kriegsende etwas geschrumpft, entwickelten sich beide Unternehmen in den Zwanzigerjahren durchaus erfolgreich; die Simmeringer beschäftigte in dieser Zeit an die 2.000 Personen, die Grazer Waggon 1.000. Unter der Weltwirtschaftskrise litt besonders die Grazer Waggon, deren Belegschaft auf 100 bis 200 Personen sank, während sich die Simmeringer besser hielt und nach der Fusion 1934 immer noch 1.600 Beschäftigte hatte. Nach dem Zweiten Weltkrieg wuchs die SGP noch weit über diese Größe hinaus, 1955 beschäftigte sie bereits 5.000 Mitarbeiter.

Die Produktion dieses Unternehmens und seiner Vorgänger umfasste eine breite Palette. Schmid hatte im Vormärz mit der Erzeugung von Dezimal-Brückenwaagen nach eigener Erfindung begonnen und dann auch Dampfmaschinen und schließlich Waggons produziert. Nach 1848 wurde die Waggonproduktion zum wichtigsten Teil der Erzeugung – um 1900 hatte die Simmeringer bereits 40.000 Waggons gefertigt –, und sie war auch der Grund für die Verlegung der Fabrik nach Simmering 1852. Die Grazer Waggonfabrik erzeugte verschiedene Fahrzeuge und ab der Jahrhundertwende Dieselmotoren und Schienenfahrzeuge mit elektrischem Antrieb, die Paukerwerke waren ein Kesselbauunternehmen. Alle diese Produktionszweige wurden nach dem Zweiten Weltkrieg fortgeführt, als die SGP Schienenfahrzeuge, Dieselmotoren und Kraftwerkskessel produzierte, dazu auch Kräne und Pressen. In der Besatzungszeit, vor der Übernahme der Wiener Lokomotivfabrik, erzeugte die SGP auch Lokomotiven. Eine wesentlich jüngere und mit der SGP nicht verbundene Produktion von Schienenfahrzeugen ist jene der Jenbacher Werke AG. Dieses Unternehmen geht auf die Firma Reitlinger zurück, eine 1939 vom deutschen Flugzeugindustriellen Ernst Heinkel den jüdischen Eigentümern abgenommene Gießerei mit etwa 20 Beschäftigten, die nach der Übernahme vollkommen umgestaltet wurde und in großem Stil Flugzeugteile und Motoren produzierte. Die Belegschaft betrug während des Krieges fast 4.000 Personen. Nach dem Krieg schrumpfte das Unternehmen auf etwa ein Zehntel dieser Größe, die Produktion verlagerte sich vor allem auf Dieselmotoren, Lokomotiven und Waggons. Nach 1959 gelangte das Unternehmen aus dem Eigentum der Republik in jenes der Creditanstalt.

Martin Hubers Maschinenfabrik Enns, Fabrikation und Vertrieb von Landmaschinen. Plakat, um 1910

Landwirtschaftliche Maschinen

Landwirtschaftliche Geräte waren seit langem ein wichtiger Produktionsbereich der Metallindustrie gewesen. Noch weit ins 20. Jahrhundert hinein blieb die österreichische Sensenindustrie eine erfolgreiche Sparte: Das 1875 gegründete führende Unternehmen Redtenbacher & Co. erlebte einen über Jahrzehnte gehenden Aufschwung und erreichte noch nach dem Ersten Weltkrieg eine Belegschaftsstärke von 1.300 Personen. Die Produktion ging fast zur Gänze in den Export. Daneben führte aber die Mechanisierung der Landwirtschaft zur Entwicklung der Landmaschinenindustrie, die eine Vielzahl von Maschinen entwickelte, anfangs häufig noch von Hand betrieben, später mit Motorenantrieb. Obwohl vieles davon erst in die Zeit nach 1945 fällt, war doch schon in der Monarchie die Landmaschinenfabrikation eine der bedeutenderen Sparten der Maschinenbauindustrie im heutigen Österreich. Die meisten Unternehmen waren klein, es gab aber auch ein Großunternehmen und mehrere mittlere Erzeuger. Dieses eine Großunternehmen war die Hofherr-Schrantz-Clayton-Shuttleworth, Landwirtschaftliche Maschinen-Fabrik A.-G. in Wien-Floridsdorf: sie ging auf die 1857 in Wien-Landstraße gegründete Clayton & Shuttleworth Ltd. und die 1869 gegründete Hofherr & Schrantz zurück, die 1912 fusioniert hatten. Clayton & Shuttleworth, österreichischer Ableger eines englischen Unternehmens, hatte mit der Produktion von Dreschmaschinen und anderen Geräten begonnen und war bis 1902 auf 1.400 Mitarbeiter angewachsen. Hofherr & Schrantz ging auf eine Gießerei zurück und erzeugte ebenfalls Dreschmaschi-

Clayton & Shuttleworth, Fabrik landwirthschaftlicher Maschinen, Wien, Niederlassung in Wien, um 1900

nen, Mähmaschinen, Mahlmühlen, Kukuruzrebler, Häcksler und anderes; auch dieses Unternehmen wuchs noch vor der Fusion auf 1.000 Mitarbeiter an. Erst in den Dreißigerjahren schrumpfte die Firma auf einen Bruchteil ihrer früheren Größe. Nach der deutschen Besetzung gelangte es ins Eigentum der Heinrich Lanz AG in Mannheim, des größten Unternehmens dieser Sparte in Deutschland, nach dem Krieg erfolgte die Einbeziehung in den USIA-Konzern und die Verstaatlichung als deutsches Eigentum, die de facto 1955 wirksam wurde. 1969 und 1970 wurde das Unternehmen zuerst mit der Trauzl-Werke AG und dann mit der Böhlerwerke AG, beide ebenfalls verstaatlicht, fusioniert. Von der anschließend eingestellten Landmaschinenerzeugung bleibt als literarische Spur die Firma Clayton & Powers mit ihren Eigentümern Robert und Donald Clayton, die im Mittelpunkt von Heimito von Doderers »Die Wasserfälle von Slunj« stehen.

Eines der anderen großen Unternehmen dieser Sparte ist die Maschinenfabrik Heid in Stockerau, die 1883 der aus Deutschland gebürtige Nicolaus Heid als Werkstätte für landwirtschaftliche Maschinen gründete und bald zu einer Fabrik für Werkzeugmaschinen erweiterte. 1901 kamen eine eigene Gießerei und ein Walzwerk dazu, im selben Jahr erfolgte die Umwandlung in eine Aktiengesellschaft, in der Heid bis zu seinem Tod als Hauptaktionär und Generaldirektor wirkte. Heid befasste sich hauptsächlich mit der Erzeugung von patentierten Trieuren (Auslesemaschinen) und Sortiermaschinen, Anlagen für Mälzereien, Brauereien und Mühlen, Lagerhauseinrichtungen und so weiter. Heid war bei wechselhafter Entwicklung eines der größeren Unternehmen der Branche, mit 600

Motorpflug Puch Excelsior, 1919

Beschäftigten unmittelbar vor dem Ersten Weltkrieg, dem Zweiten Weltkrieg und Mitte der Fünfzigerjahre. Im Ersten Weltkrieg wuchs es kurzzeitig auf über 1.000 Beschäftigte, in der Weltwirtschaftskrise konnte es hingegen nur 250 Personen beschäftigen.

Auch die Alfa Separator, später Alfa-Laval, wuchs gegen Ende der Fünfzigerjahre des 20. Jahrhunderts zu einem Großunternehmen an. Als Molkereimaschinenfabrik in Wien gegen Ende des 19. Jahrhunderts gegründet und 1898 an die schwedische Aktiebolaget Separator verkauft, erzeugte das Unternehmen schon vor dem Ersten Weltkrieg die ganze Palette von milchwirtschaftlichen Maschinen und Geräten und komplette Molkereieinrichtungen. Tochtergesellschaften bestanden in Budapest und Prag. Auf längere Zeit verblieb das Unternehmen in mittelbetrieblichen Dimensionen, mit unter 200 Beschäftigten vor dem Ersten Weltkrieg und etwas mehr vor der deutschen Okkupation. Erst in den Sechzigerjahren wuchs Alfa-Laval für einige Jahre auf über 1.200 Mitarbeiter an.

Maschinen für verschiedene Branchen

Von den zahlreichen Unternehmen, die Maschinen für verschiedene branchenspezifische Anwendungen herstellten, seien die Andritz AG, die J. M. Voith AG und die C. Reichert Optischen Werke angeführt.

1852 gründete der gebürtige Szegediner Josef Körösi in Graz die Maschinenfabrik Andritz. Das Unternehmen wuchs bis 1873 auf 1.300 Mitarbeiter, sank aber in der folgenden Depression auf einen Bruchteil dieser Größe ab. In der Folge wechselte es wiederholt den Eigentümer und gelangte zuerst an die Alpine und dann an den Gutmann-Konzern, bei dem es bis zur deutschen Besetzung 1938 blieb. Die Nationalsozialisten nahmen die Firma den jüdischen Eigentümern weg, die sie nach dem Zweiten Weltkrieg aber zurückerhielten und schließlich an die Creditanstalt-Bankverein verkauften. In all diesen Jahrzehnten wechselte die wirtschaftliche Lage immer wieder: Nach der Jahrhundertwende erneut auf über 1.000 Beschäftigte gewachsen, blieb das Unternehmen bis zur Weltwirtschaftskrise in einer ähnlichen Größenordnung, um in den Dreißigerjahren auf unter 300 Personen zu sinken. Das Produktionsprogramm war vielfältig und reichte von Dampfmaschinen, Hütten- und Bergwerksmaschinen, Hochofengasmaschinen, Dampfhämmern und Transmissionen bis zu Maschinen für die Erzeugung von Zellstoff, Papier und Karton sowie Wasserturbinen, Pumpen, Walzwerken und Anlagen zur Oberflächenbehandlung von Stahl.

Turbine der St. Pöltner Firma J. M. Voith für das Kraftwerk Achensee I, Laufräder, 1928

Die J. M. Voith AG in St. Pölten wurde 1903 vom gleichnamigen Unternehmen im deutschen Heidenheim gegründet und produzierte zunächst Wasserturbinen, Zündholz- und Papiermaschinen sowie Transmissionen. Bis zum Ersten Weltkrieg bereits auf 700 Mitarbeiter angewachsen, expandierte das Unternehmen nach dem Krieg weiter und beschäftigte Ende der Zwanzigerjahre 1.500 Mitarbeiter, eine Größe, die es nach einem Einbruch in der Krise bald neuerlich erreichte.

Zwischen 1945 und 1955 war Voith Teil des USIA-Konzerns, danach wurde es in eine Aktiengesellschaft umgewandelt, an der letztlich das deutsche Stammhaus federführend beteiligt war und auch die Länderbank eine Beteiligung hielt.
Carl Reichert, ein aus Württemberg stammender Mechaniker, gründete seine Optischen Werke in Wien 1876 als Kleinunternehmen, das einen über Jahrzehnte gehenden fast stetigen Aufstieg nahm. Reichert erzeugte Mikroskope und ähnliche Geräte und konnte durch den erhöhten Bedarf im Ersten Weltkrieg sein Unternehmen, das 1913 gut 250 Beschäftigte hatte, stark ausdehnen. Der Erfolg setzte sich in der Zwischenkriegszeit fort, selbst die Weltwirtschaftskrise überstand Reichert verhältnismäßig gut. Nach dem Zweiten Weltkrieg stieß die nunmehrige Aktiengesellschaft in großbetriebliche Dimensionen vor. Anfang der Sechzigerjahre erwarb die American Optical Corp. vom Sohn des Gründers und der Creditanstalt zusammen die Mehrheit und in der Folge das gesamte Eigentum an C. Reichert.

Alte und neue Maschinenindustrie

Das Jahrhundert nach 1848 sah den Aufstieg der Maschinenbauindustrie als neue Branche mit Unternehmen, die für die österreichische Industriegeschichte prägend wurden. Gerade die erfolgreichsten Sparten dieser Epoche erlebten aber noch vor der Mitte des 20. Jahrhunderts ihren Niedergang, der bald nach 1955 mit der endgültigen Schließung traditionsreicher, ehemals großer Unternehmen endete. Die Jahre um 1955 markieren aber auch den Beginn einer neuen Epoche des österreichischen Maschinenbaus mit hoch spezialisierten Unternehmen wie der 1953 gegründeten Plasser & Theurer mit ihrem Stammwerk in Linz, die mit ihren Maschinen zum Bau von Gleiskörpern für Eisenbahnen eine international führende Stellung errang. Auch die Textilmaschinenfabrik Dr. Ernst Fehrer AG, im selben Jahr und ebenfalls in Linz gegründet, ist mit ihren 1.200 Patenten ein herausragendes Beispiel für die Innovationskraft der österreichischen Maschinenbauindustrie der letzten Jahrzehnte.

Schmiedepresse, Steyr, 1920er-Jahre

Waffenfabriken

Die Habsburgermonarchie als europäische Großmacht mit einer entsprechend großen Armee beschäftigte eine große Rüstungsindustrie. Man brauchte Gewehre, Kanonen, Munition, Säbel und Bajonette, aber auch Ausrüstungsgegenstände sonder Zahl: Uniformen, Schuhwerk, Zaumzeug, Wägen, Feldküchen und vielerlei Geräte. Die Nachfrage nach militärischer Ausrüstung war sowohl für die Eisen- und Metallverarbeitung, für die Chemie- wie auch für die Textil- und Bekleidungsindustrie von Bedeutung.

Rüstung und Industrialisierung standen in engem wechselseitigem Verhältnis: Militärische Disziplin und Arbeitsdisziplin, Kaserne und Fabrik waren eng verwandt. Einerseits zwang das militärische Konkurrenzverhältnis, in dem sich die europäischen Mächte seit dem späten Mittelalter befanden, immer wieder zu wirtschaftlichen und organisatorischen Reformen, um die enormen Kosten der stehenden Heere und ihrer Ausrüstung auch finanzieren zu können. Andererseits wurden in der Rüstungsindustrie wichtige Grundlagen industrieller Fertigung entwickelt: Massenfertigung, zentralisierte Produktion und serielle, arbeitsteilige Produktionsweise.

Die Rüstungsindustrie begann um 1900 in allen Industriestaaten immer mehr eine Sonderstellung einzunehmen. Das Bestreben der Militärs, einerseits jeweils auf dem modernsten Stand der Rüstungstechnik zu halten, andererseits vom Ausland möglichst unabhängig zu werden beziehungsweise zu bleiben, führte zu zunehmenden Eingriffen der öffentlichen Hand. Seit 1904 verzeichneten Unternehmen, die für die Rüstung arbeiteten, eine gute Auftragslage. Die Bevorzugung inländischer Unternehmen ermöglichte monopolartige Strukturen. Gleichzeitig drängte man die Unternehmen zu Exportgeschäften, nicht nur um andere Staaten diesbezüglich in Abhängigkeit zu bringen, sondern auch um im Ernstfall im Inland entsprechend hohe Kapazitäten zur Verfügung zu haben.

Das Charakteristikum der Rüstungsindustrie war ihre Instabilität. Nirgendwo sonst gab es derart große Schwankungen der Auftragslage auch in Friedenszeiten zwischen Perioden extremster Auslastung und völliger Beschäftigungslosigkeit. Nirgendwo sonst wurde immer wieder so viel Kapital vernichtet und Vermögen zerstört.

Der österreichisch-ungarische Rüstungsaufwand vor 1914 wird meist als vergleichsweise bescheiden eingestuft, auch in der Phase der Aufrüstung nach der Annexion Bosnien-Herzegowinas im Jahr 1908, als bis zum Jahr 1913 der militärische Sektor auf beinahe ein Drittel der gesamten Staatsausgaben anstieg.

Gesellschaft für Heeres-Ausrüstung Skene und Consorten, Stand auf der Wiener Weltausstellung 1873

Obwohl die Militärausgaben der Habsburgermonarchie in absoluten Zahlen wesentlich hinter denen anderer Großmächte zurückblieben, war der prozentuelle Anteil am Volkseinkommen schon vor Kriegsausbruch vergleichsweise hoch. In Deutschland betrug er 3,5 Prozent, in Großbritannien 3,6 Prozent, in Österreich-Ungarn rund 4 Prozent, in Russland allerdings 6 Prozent. Im Bereich der unmittelbaren Heeresversorgung war bereits vor Kriegsbeginn die Militarisierung weit vorangetrieben worden. Kriegswichtige Betriebe und deren Beschäftigte wurden nach dem Kriegsleistungsgesetz von 1912 militärischer Kontrolle unterstellt. Die Rüstungsgroßindustrie – die Österreichische Waffenfabriksgesellschaft (Steyr), Škoda (Pilsen), die Hirtenberger und die Wöllersdorfer Munitionsfabrik, das Artillerie-Arsenal in Wien oder die großen Rüstungsproduzenten in Triest – bildeten einen mächtigen, international verzahnten Sektor.

Josef Werndl (1831–1889), Ölgemälde von Franz Kulstrunk, 1889

Gewehre und Pulver

Die höchsten technisch-industriellen Anforderungen gab es vorerst bei Gewehren. Aus Gewehr-Manufakturen mit Einzelfertigung in Handarbeit wurden Gewehr-Fabriken mit serieller maschineller Produktion. Um die Mitte des 19. Jahrhunderts wurde der Großteil des Armeebedarfs an Gewehren von Wiener Fabrikanten gedeckt, es gab in der Hauptstadt mehr als 40 Gewehrfabrikanten. Das größte Unternehmen war die Firma Fruwirth, die auch im Export sehr engagiert war. Die staatliche Gewehrfabrik in Wien-Währing war hauptsächlich mit dem Zusammenbau der anderswo erzeugten Einzelbestandteile zu kompletten Waffen betraut. 1850 wurde die Gewehrfabrik in Währing aufgelöst. Ihre Aufgabe übernahm das k. k. Artillerie-Arsenal.
Nach der Mitte des 19. Jahrhunderts verlor Wien seine Bedeutung als Zentrum der Gewehrproduktion. An seine Stelle trat Steyr. Dort hatte schon vor 1850 im Wehrgraben, im Wieserfeld sowie an der Sierninger Straße Leopold Werndl mehrere Werkstätten erworben und 400 bis 500 Arbeiter in der Erzeugung von Gewehrbestandteilen beschäftigt, die an die Wiener Fabriken geliefert wurden. Sein Sohn Josef Werndl lernte die Gewehrerzeugung bei Fruwirth in Wien, hatte in den Fünfzigerjahren ausgedehnte Auslandsreisen unternommen und sich in thüringischen, englischen und amerikanischen Waffenfabriken mit den modernsten Techniken der Gewehrerzeugung in Serienbauweise mit genormten, austauschbaren Einzelteilen vertraut gemacht, bei Remington in Ilion und Colt in Hartford. Mit diesem Wissen baute er den Betrieb seines Vaters zu einer modernen Waffenfabrik aus. Werndl profitierte von den Kriegen 1859, 1864 und 1866. Zugute kam ihm, dass Österreich nicht zuletzt wegen der Ausrüstung mit veralteten Vorderladergewehren den Krieg gegen Preußen im Jahr 1866 verloren hatte und er mit dem Werndl-Holub'schen Tabernakelverschluss ein Patent für ein Hinterladergewehr besaß.
Die Umrüstung der Armee der Habsburgermonarchie und verschiedener anderer europäischer Staaten auf das militärtechnisch überlegene Hinterladergewehr sicherte dem Unternehmen in den nächsten Jahren volle Auftragsbücher. Am 1. August 1869 erfolgte die Umgründung des Unternehmens zur Österreichischen Waffenfabriks-Gesellschaft unter maßgeblicher Beteiligung der Österreichischen Boden-Credit-Anstalt. Die Steyrer Fabrik, die mit etwa 2.000 Arbeitsmaschinen, die von 33 Wasserrädern angetrieben wurden, damals rund 4.500 Personen beschäftigte, reihte sich bald unter die größten Waffenschmieden Kontinentaleuropas ein. Zu den wichtigsten Kunden der Steyrer Waffenfabrik wurden neben Österreich Preußen, Frankreich, Griechenland, Rumänien, Montenegro, Persien, China und Chile. Besonders wichtig waren der lateinamerikanische Markt und der Balkan.

Alte Gewehrfabrik, 1090 Wien, Währinger Str. 11–13/ Schwarzspanierstr. 17. Die Wiener Gewehrfabrik bestand von 1787 bis 1852 an diesem Standort und wurde dann ins neue Arsenal übersiedelt. Heute befindet sich hier das Anatomische Institut der Universität Wien. Aquarell von Rudolf Schmidt, 1903

Die Beschäftigtenzahlen in Steyr pendelten zwischen 900 und 9.000. Der Tiefststand war zu Jahresbeginn 1885 erreicht. Um die enormen Auftragsschwankungen abzufangen, musste immer wieder nach zusätzlichen Produktlinien gesucht werden. So beschloss Josef Werndl während der Konjunkturflaute Anfang der Achtzigerjahre, in die sich gerade entwickelnde elektrotechnische Industrie einzusteigen, und organisierte für 1884 in Steyr eine »Elektrische Landes-Industrie-, Forst- und Kulturhistorische Ausstellung«. Die im Gefolge der Ausstellung begonnene Produktion von Generatoren, Glühlampen und elektrischem Installationsmaterial wurde allerdings wieder aufgegeben, weil sich ab 1887 durch die Einführung des Mannlicher-Repetiergewehrs M 1886 in der österreichisch-ungarischen Armee ein viel lohnenderes und risikoloseres Geschäft machen ließ.

Die Waffenfabrik war der größte Industriebetrieb Oberösterreichs. Und Josef Werndl war schon zu Lebzeiten zum Mythos geworden: Er wurde mit Ehren überhäuft, nach seinem frühen Tod im Jahr 1889 errichtete ihm die Stadt zahlreiche Denkmäler: das Werndl-Fenster in der Stadtpfarrkirche, gestiftet von den Töchtern Josef Werndls, Caroline Imhof und Anna von Lamberg, das Werndl-Denkmal, gestaltet von einem der besten Bildhauer der Zeit, Viktor Tilgner, und das Ehrengrab am Stadtfriedhof.

Die Steyrer Waffenfabrik blieb auch nach Josef Werndls Tod erfolgreich: Im Jahr 1894, als die Waffennachfrage wieder einmal am Tiefpunkt angelangt war und im August des Jahres nur 529 Personen beschäftigt waren, wurde die Erzeugung von Fahrrädern aufgenommen, die durch die mit genormten Einzelteilen arbeitende Serienfertigung mit der

Steyrer Waffenfabrik, Wehrgraben, Objekt IX (Gsangfabrik, später Sichelwerk bzw. so genanntes Ledigenheim, heute Wohnhaus), Ende 19. Jahrhundert

Gewehrfabrikation viel gemeinsam hatte. Das aus der Fahrradproduktion sich entwickelnde konstruktive und fertigungstechnische Wissen wurde wiederum für die Motorrad- und Autoindustrie entscheidend. Zudem schien sich auch im militärischen Bereich für Fahrräder ein hoffnungsvoller Markt aufzutun. 1895 kam noch die Produktion der Zeilensetzmaschine »Monoline« dazu und man experimentierte auch mit Schreibmaschinen.

Ein neuer Aufschwung des Waffengeschäftes setzte nach der Jahrhundertwende ein: Das Maschinengewehr »System Schwarzlose«, dessen Produktion nach deutscher Lizenz aufgenommen wurde, die automatische Pistole »System Mannlicher« und die Taschenpistole »System Pieper« wurden zu Exportschlagern. Der Japanisch-Russische Krieg, die Balkankriege und die hektische Aufrüstung besserten die Auftragslage. Dass 1912/14 ein vollkommener Neubau der Fabriksanlagen auf neuem Standort am östlichen Ufer des Enns durchgezogen worden war, erwies sich als Glückstreffer. Im Krieg wurde in den neuen und alten Anlagen in Höchstauslastung produziert.

Im letzten Jahrzehnt des 19. Jahrhunderts nahmen auch die Böhlerwerke, die sich mit Edelstahl aus Kapfenberg und Bruckbach bei Waidhofen einen weltweiten Ruf geschaffen hatten, die Erzeugung von Rüstungsgütern auf: Hergestellt wurden Panzergranaten, wolframlegierte Gewehrläufe für Repetier- und Maschinengewehre und Geschütze mit Rohren aus Chromnickelstahl, etwa die 1914 bei der österreichischen Artillerie eingeführte 10-cm-Ehrhardt-Böhler-Feldhaubitze. In mindestens 20 Staaten bestanden die Gewehrläufe aus Böhlerstahl. 1905 errichtete Böhler in unmittelbarer Nachbarschaft der staatlichen Pulverfabrik Blumau eine eigene Munitionsfabrik in Sollenau.

Der Schwerpunkt der Munitionsherstellung der Habsburgermonarchie war im Wiener Neustädter Becken konzentriert: die Munitionsfabriken Wöllersdorf, Blumau, Sollenau, Enzesfeld und Hirtenberg, die Pulver- und Munitionsfabrik C. Roth sowie die Pulverfabriken Blumau, Felixdorf und Saubersdorfer Föhrenwald. Der wichtigste Betrieb neben der 1891 eingerichteten Pulverfabrik Blumau war die k. u. k. Munitionsfabrik in Wöllersdorf, die aus der 1815 gegründeten Erzeugungsanstalt für Kriegsraketen (»Raketendörfl«) her-

Hirtenberger Patronen-, Zündhütchen- und Metallwarenfabrik, um 1900

vorgegangen war. Als 1867 die Raketentruppen aufgelöst und die Entwicklung von Raketen zugunsten der Geschütze eingestellt wurde, wurde die Fabrik in eine Erzeugung für Artilleriemunition umgewandelt. Der Ausbau zum größten Rüstungsunternehmen der Habsburgermonarchie erfolgte allerdings erst im Ersten Weltkrieg.

Die Anfänge der Hirtenberger Munitionsfabrik reichen in den Österreichisch-Italienischen Krieg von 1859. Damals begann der Drechsler Seraphin Keller, der 1848 aus Schwaben zugewandert war, mit der Erzeugung von Geschosszündern. Das Unternehmen wuchs rasch; in den Achtzigerjahren betrug die Tagesleistung bereits 25.000 Patronen. Die Hülsen wurden in der Munitionsfabrik Wöllersdorf scharf gemacht. 1897 wurde das Unternehmen unter Anton Keller und Sigmund Mandl in eine Aktiengesellschaft umgewandelt. Immer größer wurden auch die Erfolge im Exportgeschäft.

Die Flottenaufrüstung der Habsburgermonarchie, die im letzten Friedensjahrzehnt immer komplexer und aufwändiger wurde und ausschließlich mit heimischen Unternehmen bewerkstelligt werden sollte, bescherte den beteiligten Unternehmen hohe Gewinne. Die Linzer Schiffswerft, die im Jahr 1909 vom Stabilimento Tecnico Triestino, dem wichtigsten Marinerüstungsunternehmen der Habsburgermonarchie, übernommen worden war, wurde ebenfalls verstärkt in die Rüstungsproduktion einbezogen.

Munitionsfabrik Wöllersdorf, Geschossfabrik

K. k. Armeebekleidungsfabrik der I. Armee, Sortieren der Schuhe, 1918

Der Erste Weltkrieg

Der Erste Weltkrieg, der erste Krieg, der in Materialschlachten und »Stahlgewittern« mit ungeheurem Einsatz von Eisen ausgefochten wurde, führte zu einem Beschäftigungsboom in den Rüstungsbetrieben. Allerdings nur kurzfristig. Denn umso härter bekamen sie nach Kriegsende die Folgen des Zerfalls der Habsburgermonarchie, das Verbot der Waffenproduktion, die ökonomischen Probleme des neuen Kleinstaats und die Weltwirtschaftskrise zu spüren.

Der kriegswirtschaftliche Beschäftigungsboom betraf primär die bereits vorhandenen Betriebe. Doch das reichte nicht. Neue Betriebe wurden gegründet und zahlreiche Zulieferer einbezogen. Der Flugzeugbau wurde prak-

Rüstungsproduktion Österreich-Ungarns 1914–1918

	1914	1915	1916	1917	1918
Gewehre (in 1.000 Stück)	149,2	905,8	1.197,1	1.091,1	237,1
MGs (in 1.000 Stück)	1,2	3,7	6,3	15,4	12,2
Geschütze (in 1.000 Stück)		1,7	6,9	7,7	2,1
Munitionserzeugung (in Mio. Stück)					
für Gewehre (täglich)	2,5	3,5–4	4,0	3,0	1,5–2
für Geschütze (monatlich)	0,3	1,3	2,0	1,4	0,8

Quelle: R. J. Wegs, Die österreichische Kriegswirtschaft: 1914–1918, dt. Bearb. von H. Mejzlik (Wien 1979).

Frauenarbeit in der Granatenfertigung, Wiener Heeresmunitionsanstalt, 1943

Schmidtstahlwerke, Appretur-Werkstätte für Geschosse, 1917

tisch neu etabliert. Hatten 1914 rund 1.400 Beschäftigte etwa 70 Flugzeuge im Jahr hergestellt, so bauten im Jahr 1918 rund 12.000 Beschäftigte 2.378 Maschinen. Eine ähnliche Ausweitung erfuhr auch die Automobilindustrie. Dennoch blieb die österreichische Luftrüstung völlig unbedeutend. In Österreich wurden während des Krieges etwa 3.400 Flugzeuge produziert, in Ungarn 2.000, verglichen mit fast 70.000 in Frankreich, 60.000 in Großbritannien, 50.000 in Deutschland, 20.000 in Italien, 15.000 in den USA und 4.700 in Russland.

Die Steyr-Waffenfabrik war während des Krieges auf eine Beschäftigtenzahl von 14.000 ausgeweitet worden. Bis zu 4.000 Gewehre, Gewehrbestandteile und Maschinengewehre wurden pro Tag erzeugt, dazu Militärfahrräder und Flugmotoren. Insgesamt waren während des Krieges 3.000.325 Gewehre, Stutzen und Karabiner, 234.919 Pistolen, 40.524 Maschinengewehre und rund 20 Millionen Waffenbestandteile produziert worden.

Während des Ersten Weltkriegs wurde das Industriegebiet im Südosten Niederösterreichs zum wichtigsten Rüstungszentrum der Habsburgermonarchie. Hier lagen die beiden größten militärischen Betriebe, die Munitionsfabrik Wöllersdorf und die Pulverfabrik Blumau, deren Beschäftigtenstand zusammen auf 50.000 und 60.000 Arbeiter ausgeweitet und damit mehr als verzehnfacht wurde. Insgesamt wurden während des Krieges in Wöllersdorf 25 Millionen Schuss Artilleriemunition und mehr als eine Milliarde Gewehrpatronen erzeugt. Neben den beiden großen staatlichen Betrieben traten besonders die beiden Hirtenberger Munitionsfabriken – die Hirtenberger Patronen-, Zündhütchen- und Metallwarenfabrik und die Munitionsfabrik Fridolin Keller – und die Enzesfelder Munitionsfabrik hervor. Diese beschäftigte Ende 1916 rund 6.400 Arbeiter und Arbeiterinnen, die beiden Hirtenberger Fabriken 5.000 bis 7.000.

Auch die Daimler Motorenwerke in Wiener Neustadt verzehnfachten ihren Belegschaftsstand auf mehr als 6.000, dazu kamen die Lokomotiv- und die Flugzeugfabrik. Zusammen mit der Schoeller'schen Metallwarenfabrik in Ternitz und den Krupp'schen Metallwerken in Berndorf war damit im südlichen Niederösterreich ein wahres Rüstungsdreieck entstanden.

Die Gründung der Oesterreichischen Flugzeugfabrik AG (Oeffag) in Wiener Neustadt im Jahr 1915 und die Produktion von Flugzeugmotoren durch Austro-Daimler, die bereits 1900 als wichtiger Heereslieferant aufgetreten war, machten Wiener Neustadt zum Rüstungszentrum. 1919 hatte der Österreichische Aero-Club in seinem Jahrbuch Bilanz gezogen: Die Luftfahrt sei der größte Kriegsgewinner. Aus dem Sportflugzeug sei das Kriegsflugzeug geworden, das sich nun zum Verkehrsflugzeug entwickeln werde. Die Realität sah anders aus ... Am schlimmsten erging es den Lohner-Werken. Der Friedensvertrag hatte in Österreich den Bau jeglicher Flugzeuge verboten.

Rüstung in der Krise

Die Notwendigkeit des Um- und Rückbaus der hypertrophen Rüstungsindustrie auf zivile Produkte für einen Kleinstaat versetzte die Region in eine chronische Wirtschaftskrise. Zahlreiche Betriebe mussten die Produktion völlig einstellen, die Flugzeugfabriken, die Torpedofabrik Whitehead in St. Pölten, die Munitionsfabriken ...

Zu den großen Rüstungsbetrieben, denen die Umstellung auf Friedensproduktion völlig misslang, zählte auch die G. Roth AG. Die 1867 gegründete Munitionsfabrik beschäftigte um die Jahrhundertwende etwa 800 Mitarbeiter. 1908 wurde das Unternehmen in eine AG umgewandelt, vier weitere Produktionsstätten in dem Rüstungsdreieck zwischen Wien, Pressburg und Wiener Neustadt erworben beziehungsweise errichtet und der Beschäftigtenstand auf etwa 1.500 ausgeweitet. Während des Krieges erreichte das Unternehmen eine Größe von etwa 15.000 Beschäftigten, 1923 hatte man nur noch 410 Mitarbeiter. 1927 wurde das Ausgleichsverfahren über das immer noch mehrheitlich im Besitz der Familie Roth befindliche Unternehmen eröffnet und 1929, nachdem überhaupt nur noch eine kleine Jagdpatronenfertigung in Lichtenwörth übrig war, die völlige Liquidierung beschlossen.

Steyr wurde gegen Ende 1929 zu einem traurigen Symbol. Es war zu einer der »ärmsten Städte der Republik« geworden. Ende 1931 war rund die Hälfte der Steyrer Bevölkerung auf Arbeitslosenunterstützung und andere öffentliche Fürsorge angewiesen. Die politischen und sozialen Gegensätze der Zwischenkriegszeit prallten gerade hier mit besonderer Härte aufeinander. Ähnlich war es Wiener Neustadt ergangen.

Nationalsozialistische Aufrüstung und Zweiter Weltkrieg

So verwundert es nicht, dass gerade in Steyr und Wiener Neustadt viele Hoffnungen auf den »Anschluss« an das Deutsche Reich gesetzt wurden. Man kann mehrere Schübe von NS-Industrieneugründungen unterscheiden: Bereits unmittelbar nach dem »Anschluss« und schon vor Kriegsausbruch wurde die Wirtschaftsentwicklung in den »Ostmarkgauen« besonders stark von unmittelbaren und mittelbaren Rüstungsproduktionen bestimmt, während die relative Bedeutung der Konsumgüterindustrie im Unterschied zum »Altreich« schon in der Periode 1939 bis 1941 zurückging. Die Finanzierung übernahm dabei weitgehend der Staat.

Die alten Waffenfabriken wurden sofort wieder voll in den Dienst der Rüstung genommen und neue Gründungen kamen dazu. Im Vordergrund der Rüstungsplanung des Deutschen Reiches standen Kugellager, Eisen, Aluminium, Stickstoff und Benzin. Stickstoff braucht man nicht nur zum Düngen, sondern auch zum Schießen. Im Rahmen des »Pulver-Schnellplans« sollte in Linz vor allem Stickstoff für Sprengstoff erzeugt werden. Der steirische Erzberg wurde zu einem wichtigen Faktor im deutschen Rüstungskalkül, mit der neuen Hütte der Hermann-Göring-Werke in

Linz, mit einem entsprechenden Ausbau der Kapazitäten auch bei Böhler in Kapfenberg, Schoeller-Bleckmann in Mürzzuschlag und Ternitz, in Judenburg, Bruck und zahlreichen anderen Orten. Das in Steyr-Münichholz mit Geldern des Reichsluftfahrtministeriums entstandene Wälzlagerwerk zur Herstellung von Speziallagern für die Flugzeugindustrie, für Waggons, Lokomotiven, LKWs und Kettenfahrzeuge machte die Steyr-Daimler-Puch AG innerhalb von drei Jahren zum drittgrößten Kugel- und Wälzlagerproduzenten des Reiches. Auch die Errichtung eines Aluminiumwerkes in Ranshofen/Braunau als Gründung der Aluminiumwerke Berlin hatte wehrwirtschaftliche Hintergründe. 1944 war das Mattigwerk in Ranshofen der größte Aluminiumproduzent Deutschlands und stellte mit seiner etwa zu zwei Dritteln genutzten Kapazität von rund 65.000 Jahrestonnen rund 10 Prozent der weltweiten Erzeugung.

Die Produktionsanlagen der Steyr-Daimler-Puch AG wurden im Sinne der Rüstungswirtschaft des Deutschen Reichs ausgestaltet und umstrukturiert. Man produzierte neben den traditionellen Handfeuerwaffen auch geländegängige Militärfahrzeuge, Raupenschlepper, Flugzeugmotoren und Flugzeugkanzeln und im neu errichteten Nibelungenwerk in Herzograd bei St. Valentin Panzerkampfwagen und Sturmgeschütze. Steyr wurde zu einem der größten deutschen Rüstungskonzerne ausgebaut. Der Umsatz des Unternehmens kletterte von 57 Millionen Reichsmark im Jahr 1938 auf 456 Millionen Reichsmark im Jahr 1944. Tausende Zwangsarbeiter arbeiteten in der Rüstungsindustrie, auch mehrere Nebenlager des Konzentrationslagers Mauthausen wurden für die Steyrer Rüstungsindustrie eingerichtet.

Im Sommer 1942 entschloss sich die Oberste Heeresleitung zur Verlagerung des Schwerpunkts der deutschen Panzerproduktion in das Rüstungsdreieck Linz–Steyr–St. Valentin, was den Ausbau des Nibelungenwerkes zur größten Panzerproduktionsstätte im »Dritten Reich« zur Folge hatte.

Die Wiener Neustädter Flugzeugwerke (WNF), die bereits am 30. März 1938 durch das Reichsluftfahrtministerium gegründet wurden, entwickelten sich mit zeitweise bis zu 23.000 Beschäftigten zum bei weitem größten Jagdflugzeughersteller des Deutschen Reiches. Gefertigt werden sollte in Lizenz von Messerschmitt. Anfang 1940 wurde das Werk um einen weiteren Standort in Fischamend erweitert, sukzessive kamen weitere Standorte und Zweigwerke dazu.

Die Dimension der ab 1941 errichteten Flugmotorenwerke Ostmark in Wiener Neudorf war ebenfalls auf einen Riesenbetrieb ausgelegt. Die von Henschel & Sohn erworbene Wiener Lokomotivfabrik (LOFAG) wurde von der kleinsten zu einer der größten Lokomotivfabriken des Reiches ausgebaut, wobei mit der Wiederingangsetzung des in den Dreißigerjahren gesperrten Zweigwerkes Wiener Neustadt und der 1942 begonnenen Errichtung der Raxwerke zur Tender- und später Raketenerzeugung auch der Standort Wiener Neustadt erneut erweitert wurde, unter anderem auch mit der 1942 in Kraljevo demontierten »großen Serbenhalle«. Der Ausbau der Erdölförderung im Marchfeld und der Verarbeitung in der Raffinerie Moosbierbaum war für die deutsche Kriegswirtschaft von tragender Bedeutung. Die Ausweitung der Stahlwerke und Metallfabriken in Enzesfeld, St. Aegyd, Waidhofen, Traismauer, Ternitz, Traisen und Berndorf machte Niederösterreich zum zweiten Ruhrgebiet.

Mit zunehmender Bedeutung der Rüstungsindustrie im Verlauf des Krieges verlagerte sich der Schwerpunkt des Industrieausbaus im »Dritten Reich« wegen der zu den wichtigsten Kriegsschauplätzen im Osten günstigen, vor alliierten Luftangriffen lange geschützten und deshalb auch als »Reichsluftschutzkeller« apostrophierten Lage immer stärker nach Österreich. Teilbereiche der Heinkel-Werke wurden nach Österreich verlegt. In Zwölfaxing wurden viermotorige Bomber gefertigt, in der Seegrotte Hinterbrühl wurde unter dem Decknamen »Languste« eine unterirdische Produktion in Gang gesetzt.

Im Westen des Bundesgebietes gab es im Inntal größere Gründungen: Die an sich kleinen, krisengeschüttelten Jenbacher Berg- und Hüttenwerke des Friedrich Reitlinger, der nach dem »Anschluss« Selbstmord begangen hatte, wurden 1939 von Ernst Heinkel »arisiert« und zu einem Zulieferer der Flugzeugindustrie mit bis zu 4.000 Beschäftigten ausgebaut. Dornier ließ sich in Bregenz und Dornbirn nieder, Messerschmitt in Kematen bei Innsbruck. In Friesach, Hallein und Spittal wurden Flugzeugteile montiert.

Im Sommer 1943 setzten auch in Österreich die Luftangriffe ein, doch hielten sich die Auswirkungen in Grenzen. Von Mai 1944 bis Januar 1945 sank die Wertschöpfung der Industrie in eklatantem Unterschied zu Deutschland nur um 10 Prozent, trotz Dezentralisierung und Untertag-Verlagerung der Produktionsanlagen im Jahr 1944, die mit erheblichen Produktivitätseinbußen verbunden waren.

Mehrere Faktoren wirkten zusammen, dass die im Osten Österreichs konzentrierte Rüstungsindustrie nach 1945 nicht erfolgreich in zivile Produktionen übergeführt werden konnte. Die Zerstörungen waren im Osten größer als im Westen. Dazu kam die sowjetische Besatzung, die einen Großteil der Anlagen demontierte und jene Unternehmen, die in deutschem Eigentum standen – und dies war in der Rüstungsindustrie fast ausnahmslos der Fall –, in den USIA-Konzern überführte. In der sowjetischen Zone fehlte die Marshallplan-Hilfe und die weitergeführten Betriebe, etwa die Enzesfelder Metallwerke oder die Raxwerke, waren nach dem Staatsvertrag in einem derart schlechten Zustand, dass ihre Stilllegung nur eine Frage der Zeit war.

Produktion von Raketenteilen für die V 2 (Verdampfungsanlage). Jenbacher Werke AG, damals Heinkel-Werke, Halle 1, Aufnahme aus dem Zweiten Weltkrieg

Die Fahrrad- und Autoindustrie

Das Ende des 19. Jahrhunderts stand im Zeichen des Rades. Aus der viel verspotteten Spielerei einiger versnobter Sportfans war innerhalb weniger Jahre ein Fortbewegungsmittel geworden, das die Entwicklung des individuellen Massenverkehrs zu einem Kultur- und Wirtschaftsfaktor ersten Ranges einleitete. Wenn von den überall aus dem Boden sprießenden Radfahrerjournalen die »Cyclisation« als neue, höhere Stufe der Zivilisation gefeiert wurde, so drückte sich darin jenes Erlebnis der Beschleunigung aus, das mit der Entwicklung der Eisenbahnen und Dampfschiffe am Anfang des 19. Jahrhunderts erstmals verspürt worden war und mit dem Fahrrad, Auto und Flugzeug am Ende desselben Jahrhunderts sich als Leitsektor der nächsten Generation ankündigte.

Das Fahrrad

1884 hatte John Kemp Starley – ein Neffe von James Starley, dem Erfinder des Hochrades – mit dem Rover, einem Niederfahrrad, das Urmodell aller heutigen Fahrräder entworfen oder wiederentdeckt und damit die Voraussetzung zur allgemeinen Verbreitung und kommerziellen Nutzung des Radfahrens geschaffen. Obwohl die gegenüber den Hochrädern leicht zu handhabenden Niederräder keineswegs überall freudig begrüßt wurden, da sie als weniger schnell, unruhiger und generell als unsportlich und unmännlich galten, wurde durch sie und durch die luftgefüllten Gummireifen des irischen Tierarztes John Boyd Dunlop der Fahrradboom der Neunzigerjahre eingeleitet. Die Nachfrage stieg so schlagartig, dass die Fabrikanten kaum Schritt halten konnten.

Riesige Summen wurden in den Aufbau der Fahrradindustrie investiert. Die Nachfrage nach Metallen und Werkzeugmaschinen wurde angeregt, ebenso die Gummiindustrie, die Kleinmetallindustrie und die Textilindustrie (Radmode). Auch für die Versicherungswirtschaft ergaben sich neue Möglichkeiten. Für die um 1900 sich entwickelnde Werbewirtschaft war die Fahrradindustrie einer der ersten großen Kunden und Impulsgeber. Die Fahrradwerbung arbeitete als erste bedeutende

Der Emanzipation entgegen. Farblithografie von Michael Zeno, München, 1896

Prospekt, um 1930

Branche mit Markennamen: Attila, Danubia, Diana, Electra, Express, Favorit, Gladiator, Helios, Hercules, Liberator, Mars, Optima, Record, Sirius, Styria, Triumph, Victoria sind längst vergessen, Puch und das Waffenrad immer noch berühmt. Der Radsport wurde zum Geschäft. Das aus der Fahrradproduktion sich entwickelnde fertigungstechnische und organisatorische Wissen kam nicht nur der Motorrad- und Autoindustrie zugute, sondern auch anderen Bereichen des Maschinenbaus. Fahrräder, Nähmaschinen, Schreibmaschinen und auch Gewehre wurden nach weitgehend ähnlichen Prinzipien entwickelt und in Serie gebaut.

Die Räder wurden vorerst aus England importiert. Die ersten inländischen Fahrräder stammten von der Wiener Firma K. Greger, die 1884 die Erzeugung von Hochrädern und 1886 auch von Niederrädern aufgenommen hatte. Und schon bald sollte eines der berühmtesten Produkte der österreichischen Industrie gefertigt werden, das Steyrer Waffenrad, Gebrauchsartikel mehrerer Generationen und Kultobjekt von Radfahrenthusiasten, gekennzeichnet durch Robustheit und Perfektion der Fertigung einerseits, Einfachheit und noble Eleganz andererseits. Im Jahr 1893 hatte die Österreichische Waffenfabriks-Gesellschaft in Steyr beschlossen, den Anfang der Neunzigerjahre ausbrechenden Fahrradboom zu nutzen und die Erzeugung von Fahrrädern aufzunehmen. Die Fahrraderzeugung hatte mit der Gewehrfabrikation die mit genormten Einzelteilen arbeitende Serienfertigung gemeinsam, zudem schien sich für Fahrräder im militärischen Bereich ein hoffnungsvoller Markt aufzutun. Zuerst wurden die Räder von Steyr aus unter der englischen Lizenzmarke »Swift« vertrieben. Der Name »Waffenrad« wurde am 13. August 1896 als Markenname registriert. Adel und Militär als Werbeträger für Waffenräder heranzuziehen war nahe liegend. Waffenräder waren damals im oberen Preissegment angesiedelt. 1901 kostete das billigste Modell 270 Kronen, das teuerste 400 Kronen. Von 1894 bis Mitte 1925 hatten etwa 350.000 Fahrräder, Militärräder inklusive, die Fabrik in Steyr verlassen, bis 1935 weitere 50.000. Nach dem Ersten Weltkrieg musste die Produktion der Steyrer Waffenfabrik ganz auf zivile Produkte umgestellt werden. Folgerichtig wurde im Jahr 1925 auch der Firmenname von Österreichische Waffenfabriks-Gesellschaft in Steyr-Werke AG umgewandelt. Man blieb aber beim Markennamen »Waffenrad«. 1933 war das letzte Jahr, in welchem das Steyr Waffenrad noch wirklich aus Steyr kam. 1934 folgte die Fusion der Steyr-Werke AG mit der Austro-Daimler-Puchwerke AG, Waffenräder wurden nun in der Grazer Fahrradfabrik der Steyr-Daimler-Puch AG hergestellt. In weiterer Folge dürften es von Graz aus noch gut und gern eine weitere Million gewesen sein, auch wenn nach dem Zweiten Weltkrieg das Waffenrad sein

Benzinmotor von Siegfried Marcus, Foto 1885

Qualitätsimage verlor und zum eher billigen Massenprodukt wurde.
1937 wurden in Österreich etwa 150.000 Fahrräder produziert. Immer noch war das Fahrrad das weitaus wichtigste private Verkehrsmittel. Wer sein Fahrrad unbeschädigt durch den Zweiten Weltkrieg gerettet hatte, konnte sich glücklich schätzen. Ende 1945 waren in Wien 184.038 Fahrräder registriert. Fahrraddiebstahl war ein lukratives Geschäft: Da die Produktion von Fahrrädern im Jänner 1946 erst bei 765 Stück und im April bei 5.000 Stück lag, kam es zu einem ungeregelten Preisanstieg für Räder auf den Schwarzmärkten auf bis zu 3.000 Schilling. Im gesamten Jahr 1946 wurden 50.000 Fahrräder produziert, ein Drittel von 1937. Dem Ideal der Aufbruchsstimmung und Technikbegeisterung der Nachkriegszeit konnte das Fahrrad nicht mehr genügen. Es wurde zum Kinderspielzeug, das die Zeit bis zum Mofa oder Roller überbrückte. Der soziale Status des Fahrrads sank, die Qualität wurde schlecht, es wurde zum Fahrzeug für Frauen, Kinder und arme Leute. Nur noch in ökonomischen Randgebieten ließ sich ein einigermaßen befriedigender Absatz erzielen, bis im ausgehenden 20. Jahrhundert im exklusiven Freizeit- und Fitnessbereich ein neuer Boom des Fahrrads einsetzte.

Die ersten Automobilbauer

Das Automobil hatte seinen Start fast zeitgleich mit dem Fahrrad. Es wurde als Mittel der Demokratisierung und Selbstbestimmung des Verkehrs angepriesen: individuell statt kollektiv, ungebunden statt vom Fahrplan eingeengt, familiär statt öffentlich … Doch mit der »Demokratisierung«, die mit dem Automobil gewonnen worden sei, war es vorerst so eine Sache. Automobile waren zunächst viel zu teuer um zum »Volkswagen« zu werden. Autofahren war ein luxuriöser Sport der gehobenen Gesellschaft. Es signalisierte für die einen Jugendlichkeit, Modernität und Emanzipation, für die anderen Exklusivität und Status.
Österreich ist in der Automobilgeschichte ganz früh dabei: Dass 1870 Siegfried Marcus (1831–1898) einen mit Benzin getriebenen

Motor konstruierte und ihn in einen einfachen Handwagen einbaute, gehört zur österreichischen Erfindergeschichte. Das Bedeutungsvolle war allerdings nicht der durch Zeugen belegte frühe Fahrversuch, sondern die erstmalige Verwendung von »Petroleumdestillat«, also Benzin, als Treibstoff für Motoren. Allerdings waren diese Motoren wenig leistungsfähig. Das änderte sich erst mit dem Viertaktmotor, für den Nicolaus August Otto 1877 ein Patent erhalten hatte. Als dieses Patent 1885 zu Fall gebracht wurde, hatte jedermann die Möglichkeit, Viertaktmotoren zu bauen: Die wirkliche Geburtsstunde des Automobils war gekommen. 1886 bauten Daimler und Benz das erste Auto. Zum Pionierland des Automobilismus wurde Frankreich, was bis heute von der französischen Herkunft vieler Fachausdrücke belegt wird: Sie reichen vom Automobil über das Chassis und den Chauffeur bis zum Volant.

Nach dem Fall des Otto-Patentes begann die Maschinenfabriksfirma Märky, Bromovsky & Schulz in Prag, Königgrätz und Adamsthal von Siegfried Marcus entworfene Motoren nach dem Viertaktprinzip zu bauen und Marcus konnte damit 1888 seine alte Idee des selbst fahrenden Wagens nochmals aufgreifen. Das Baujahr dieses zweiten, mit Viertakt-Benzinmotor, magnetelektrischer Abreißzündung und Spritzbürstenvergaser ausgestatteten Marcus-Wagens war lange und ist unter Fans immer noch umstritten: War es schon 1875, und damit meilenweit vor den Konkurrenten, oder doch erst viel später? Von Hans Seper konnte es zweifelsfrei mit 1888 bestimmt werden. Dieser Marcus-Wagen, der im Technischen Museum in Wien erhalten und ausgestellt ist, hatte aber entscheidende Schwächen und blieb ein Einzelstück.

Der erste kommerzielle Automobilbauer Österreichs wurde die k. u. k. Hofwagenfabrik Jacob Lohner & Cie. Ludwig Lohner hatte 1892 im Alter von 34 Jahren die alleinige Leitung der 1832 gegründeten Kutschenfabrik übernommen. Er erkannte sofort die Chancen des Automobilismus beziehungsweise die Konkurrenz, die daraus den Pferdewägen entstehen würde. Er konzentrierte sich allerdings, weil er trotz intensiver Verhandlungen keinen geeigneten Lieferanten für einen Benzinmotor auftreiben konnte, 1898 auf das Elektromobil, dem man damals auch in den USA höhere Zukunftschancen zubilligte als den mit Benzin betriebenen Wägen. Bei der Inbetriebnahme und Weiterentwicklung des »Egger-Lohner-Elektromobils« arbeitete auch der 22-jährige Ferdinand Porsche (System Lohner-Porsche und Lohner-Porsche-Mixte) mit.

Den Wettlauf um das erste Automobil der Habsburgermonarchie gewann die Nesselsdorfer Wagenbau-Fabriks-Gesellschaft in Nesselsdorf (Kopřivnice), später bekannt unter dem Namen Tatra, die unter Direktor Hugo Fischer von Röslerstamm 1897 den »Präsident« herausbrachte. An der Konstruktion waren unter anderem der spätere Flugzeugkonstrukteur Edmund Rumpler und der spätere Chefkonstrukteur und Direktor Hans Ledwinka beteiligt. Die Entwicklungskosten machten die enorme Summe von 400.000 Gulden aus.

In Wiener Neustadt entstand 1899 die Österreichische Daimler-Motoren-Gesellschaft Bierenz, Fischer & Co, unter der konstruktiven Leitung Paul Daimlers und vorerst in enger Anlehnung an die deutsche Stammfirma. Neben jenen Automobilfabriken wie Lohner oder Nesselsdorfer, die aus Kutschenerzeugern hervorgegangen waren, und jenen wie Daimler und Leesdorfer, die mit ausländischen Lizenzen arbeiteten, gab es noch eine dritte Gruppe, die Fahrradproduzenten, die sich dem Automobilbau zuwandten: Gräf & Stift, Bock & Hollender (Wiener Automobil-Fabrik), Johann Puch, Laurin & Klement in Jungbunzlau (heute Škoda, Mladá Boleslav) und nach 1918 auch die Steyrer Waffenfabrik. Johann Puch hatte 1889 eine Fahrradfabrik gegründet, die 1894 in die Styria-Fahrradwerke umgewandelt wurde und das erfolgreiche Modell Styria produzierte. 1897 schied Johann Puch aus der Firma aus und gründete 1899, nach Ablauf einer zweijährigen Sperrfrist, die Erste Steiermärkische Fahrrad-Fabriks AG Johann Puch, mit der er allerdings, da der Fahrradmarkt schon ausgereizt erschien, den Erfolg im Motorrad- und Automobilbau suchte. Auch der Gedanke, eine Schreibmaschinenerzeugung einzurichten, beschäftigte Puch stark. Johann Puch, der vom südsteirischen Kleinbauernsohn zum Großunternehmer aufgestiegen war, starb 1914, kurz vor Kriegsausbruch, 52-jährig, auf einer Geschäftsreise in Zagreb an einem Herzschlag.

Einer der Pioniere des österreichischen Automobilismus war auch Emil Jellinek, der sich 1897 bei Wilhelm Maybach in Cannstatt einen extrastarken 6-PS-Daimler-Phaeton bestellte. Jellineks Tochter Mercedes wurde zur Namensgeberin eines der bekanntesten Produkte der Automobilindustrie: 1900 wurde ein Vertrag zwischen Emil Jellinek und der Daimler-Motoren-Fabrik unter Wilhelm Maybach unterzeichnet, der Jellinek die Alleinvertretung für Österreich-Ungarn, Frankreich, Belgien und die USA unter dem Namen »Mercedes« einräumte. In allen übrigen Ländern wurde das Auto vorerst weiter unter dem Namen Daimler verkauft, aber auch hier rasch durch den Namen Mercedes verdrängt. Weniger erfolgreich wurde eine zweite Namensgebung durch Jellinek, der Maja-Wagen, der in Wiener Neustadt gebaut, nach Jellineks zweiter Tochter Maja benannt und von Ferdinand Porsche konstruiert wurde.

Ferdinand Porsche hatte 1906 von Lohner, der sich dem Flugzeugbau zuwandte, zu Daimler nach Wiener Neustadt gewechselt und blieb dort von 1906 bis 1923. Er begründete das legendäre Renommee der Österreichischen Daimler-Werke. Bei Austro-Daimler wurden nicht nur innovative und luxuriöse Automobile gebaut, sondern auch Zugmaschinen für das Militär. Der Austro-Daimler mit 86 PS erreichte 1910 eine Spitzengeschwindigkeit von 140 km/h.

Einer der vielen österreichischen Autoerzeuger: Automobilfabrik Perl, Werbung, 1920er-Jahre

Der Erste Weltkrieg steigerte den Bedarf an militärischen Automobilen ganz beträchtlich. Neun von zwölf Automobilfabriken der österreichischen Reichshälfte lagen im späteren Österreich. Zwei Drittel der Branchenkapazität der Automobilindustrie der Habsburgermonarchie waren in der Republik Österreich konzentriert: die Wiener Automobilfabriks-GmbH vorm. Bock & Hollender (W.A.F.), die sich allerdings nur bis 1925 halten konnte, die drei Omnibus- und Nutzfahrzeug-Hersteller Fross-Büssing, Österreichische Saurer-Werke AG und die Automobilfabrik Perl AG, dann die Wiener Automobil-Fabriks-AG vorm. Gräf & Stift – deren Modelle, Sechs- bis Zwölfzylinder, mit dem berühmten Silber-Löwen als Kühlerfigur in der Zwischenkriegszeit gern als österreichische Rolls-Royce bezeichnet wurden –, die Österreichische Automobil-Fabriks-AG vorm. Austro-Fiat, die Puchwerke AG und die Österreichische Daimler-Motoren-AG. Austro-Daimler blieb der Tradition der

Austro-Daimler anno 1926. Aufstellung der Rennerfolge, Kritiken, Kunden und Fabrikate, Schutzumschlag

Nobelmarke ebenfalls treu, versuchte sich aber auch mit einem Volkswagen, dem Sascha-1,1-Liter, der aber in Wirklichkeit ein erfolgreicher Sportwagen blieb. Besitzer der Aktienmajorität von Austro-Daimler war nach dem Ersten Weltkrieg der Inflationsgewinnler Camillo Castiglioni. Nach seinem Scheitern kam das Paket an die Credit-Anstalt. Porsche wechselte 1923 nach Stuttgart. Puch konzentrierte sich in der Zwischenkriegszeit verstärkt auf Motorräder, obwohl man auch den Kleinwagenmarkt im Auge hatte: Der Puch 500, Baujahr 1929 und nicht zu verwechseln mit dem Puch 500 der Fünfzigerjahre, war als zweisitziger offener oder geschlossener Tourenwagen erhältlich.

Dazu kam nach 1918 als ganz neuer und sehr potenter Konkurrent die Steyrer Waffenfabrik, die sich nach dem Verbot der Waffenfabrikation im Friedensschluss von Saint-Germain neue Betätigungsfelder suchen musste. Glück für Steyr war es, dass schon 1916 der Entschluss gefasst worden war, eine Automobilfabrik großen Stils zu gründen. Hans Ledwinka wurde als Chefkonstrukteur von Nesselsdorf nach Steyr geholt. Die Umstellung auf zivile Produkte, auf die Automobilerzeugung als neuen Hoffnungsmarkt, erwies sich als schwierig. Zwar konnte man mit genialen Chefkonstrukteuren (Hans Ledwinka 1917–1921, Ferdinand Porsche 1929 und Karl Jenschke 1930–1935) technisch bahnbrechende und konstruktiv hochwertige Produkte auf den Markt bringen. Ein kommerzieller Erfolg aber stellte sich nicht ein.

Bereits 1920 kam das Waffenauto (Typ II) auf den Markt, ein Sechszylinder mit konventionellem Chassis, aber hochmodernem 3,3-Liter-Motor. Unter den Highlights der Steyrer Konstruktionstätigkeit ist der robuste, ab 1925 gebaute Typ XII als das erste serienmäßige Auto mit Gelenkschwingachse besonders hervorzuheben. Er wurde bereits in Fließbandfertigung und in bis dahin in Österreich unbekannten Stückzahlen (1926 bis 1929 insgesamt 11.124 Stück) hergestellt. Als Glanz- und Höhepunkt war der von Ferdinand Porsche konstruierte und Mitte Oktober 1929 auf der Pariser Weltausstellung präsentierte Typ Austria mit 5,3-Liter-Achtzylinder-Motor und 100 PS Leistung gedacht, der nur einen Nachteil

Dr. h. c. Ferdinand Porsche (1875–1951), um 1920

hatte: Dass von ihm nur vier Stück gebaut wurden. Sein Start war in die Weltwirtschaftskrise und in die Krise der Boden-Credit-Anstalt, des Haupteigentümers der Steyr-Werke, hineingeraten. Da die Boden-Credit-Anstalt 1929 von der Credit-Anstalt übernommen werden musste, gelangten die Steyr-Werke und die Austro-Daimler-Werke an denselben Eigentümer. 1934 wurde Steyr mit Austro-Daimler-Puch zur Steyr-Daimler-Puch fusioniert und das Werk Wiener Neustadt geschlossen. Porsche, der seinerzeit von Austro-Daimler im Streit geschieden war, trennte sich darauf bereits nach einem Jahr auch von Steyr. Nach Anton Honsig und Ferdinand Porsche wurde Karl Jenschke im Alter von 31 Jahren Chefkonstrukteur in Steyr. Mit dem 1934 auf den Markt gebrachten Typ 100, dem ersten Automobil mit serienmäßiger Stromlinienkarosserie, gelang Chefkonstrukteur Karl Jenschke eine technische Spitzenleistung. Auch der nächste große Steyrer, der ab 1937 gebaute 55-PS-Sechszylinder, Typ 220, gewann sowohl als Autobahn- wie auch als Bergauto einen legendären Ruf.

Der Burgenländer Laszlo Edouard de Almásy (1895–1951), der »englische Patient«, war anders als im 1996 preisgekrönten Film nach der Romanvorlage von Michael Ondaatje nicht mit Ford-Modellen, sondern mit Steyr-Autos in der Wüste unterwegs. Sein Vertrag wurde aber 1930 wegen der Weltwirtschaftskrise gelöst. Der Steyr 100 war das Auto, mit dem der Salzburger Landeshauptmann Josef Rehrl die Großglockner-Hochalpenstraße eröffnete. Max Reisch und Helmut Hahmann benützten Steyr-Autos für ihre Transasien-Expeditionen. Aber das technische Renommee allein genügte nicht zum kommerziellen Erfolg.

Zu einem Massenmarkt für Automobile wurde Österreich spät. Hatte man zu stark auf teure Autos gesetzt? Es war kaum verständlich, warum von allen drei großen österreichischen Automobilbauern versucht wurde, jeweils Achtzylinder-Autos als Renommierprodukte auf den Markt zu bringen. Im unteren Preissegment gab es keine geeigneten Angebote: Wer weniger Geld hatte, musste sich mit Motorrädern begnügen. Österreich war das einzige Land in Europa, in welchem zwischen den beiden Weltkriegen die Zahl der angemeldeten Motorräder höher war als die aller anderen Kraftfahrzeuge zusammen. Nach 1918 wurde das Auto zum Statussymbol der Inflationsgewinner, Spekulanten und Schieber. Die gegen Ende der Dreißigerjahre veröffentlichte Schrift »Das Auto und seine Besitzer in Österreich« vermittelt ein treuliches Bild der damaligen High Society vom Militär bis zum Film. Die Masse konnte sich auch Motorräder nicht leisten, während eine schmale Elite »im Auto zum Flugplatz« fuhr.

Austro-Daimler-Schnelltriebwagen, nach 1933

Anfänge einer Massenproduktion

Das Automobil wurde in Österreich zunächst in der Form des Autobusverkehrs massenwirksam, daher auch die vielen Buserzeuger. Der Steyr 200, der als idealer Wagen des »Herrenfahrers« beworben wurde, war als Kabriolett um 8.500 Schilling erhältlich, das Steyr-Baby als »Volkswagen« um 4.500 Schilling. 1936 betrug der Jahresverdienst eines unqualifizierten Arbeiters 1.017 Schilling, das Jahreseinkommen eines qualifizierten, gut verdienenden Arbeiters 1.812 Schilling.

Steyr-Automobile warten auf den Verkauf, 1930er-Jahre

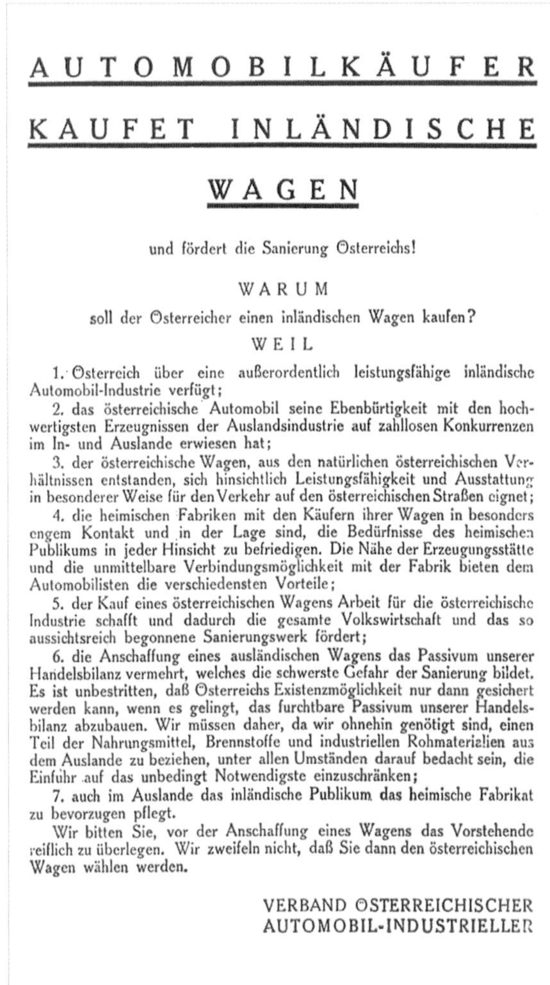

AUTOMOBILKÄUFER

KAUFET INLÄNDISCHE

WAGEN

und fördert die Sanierung Österreichs!

WARUM

soll der Österreicher einen inländischen Wagen kaufen?

WEIL

1. Österreich über eine außerordentlich leistungsfähige inländische Automobil-Industrie verfügt;

2. das österreichische Automobil seine Ebenbürtigkeit mit den hochwertigsten Erzeugnissen der Auslandsindustrie auf zahllosen Konkurrenzen im In- und Auslande erwiesen hat;

3. der österreichische Wagen, aus den natürlichen österreichischen Verhältnissen entstanden, sich hinsichtlich Leistungsfähigkeit und Ausstattung in besonderer Weise für den Verkehr auf den österreichischen Straßen eignet;

4. die heimischen Fabriken mit den Käufern ihrer Wagen in besonders engem Kontakt und in der Lage sind, die Bedürfnisse des heimischen Publikums in jeder Hinsicht zu befriedigen. Die Nähe der Erzeugungsstätte und die unmittelbare Verbindungsmöglichkeit mit der Fabrik bieten dem Automobilisten die verschiedensten Vorteile;

5. der Kauf eines österreichischen Wagens Arbeit für die österreichische Industrie schafft und dadurch die gesamte Volkswirtschaft und das so aussichtsreich begonnene Sanierungswerk fördert;

6. die Anschaffung eines ausländischen Wagens das Passivum unserer Handelsbilanz vermehrt, welches die schwerste Gefahr der Sanierung bildet. Es ist unbestritten, daß Österreichs Existenzmöglichkeit nur dann gesichert werden kann, wenn es gelingt, das furchtbare Passivum unserer Handelsbilanz abzubauen. Wir müssen daher, da wir ohnehin genötigt sind, einen Teil der Nahrungsmittel, Brennstoffe und industriellen Rohmaterialien aus dem Auslande zu beziehen, unter allen Umständen darauf bedacht sein, die Einfuhr auf das unbedingt Notwendigste einzuschränken;

7. auch im Auslande das inländische Publikum das heimische Fabrikat zu bevorzugen pflegt.

Wir bitten Sie, vor der Anschaffung eines Wagens das Vorstehende reiflich zu überlegen. Wir zweifeln nicht, daß Sie dann den österreichischen Wagen wählen werden.

VERBAND ÖSTERREICHISCHER AUTOMOBIL-INDUSTRIELLER

Aufruf des Verbands österreichischer Automobil-Industrieller, 1920er-Jahre

Es ist allerdings nicht so, dass es keine Ansätze für den Kleinwagenbau gegeben hätte: Der Markt für Kleinwägen wurde zuerst von kleinen Produzenten abzudecken versucht. Ihre Namen sind heute fast vergessen. Die Cyclecar-Industrie sei einer der jüngsten Zweige der Autotechnik, schrieb die »Allgemeine Automobil-Zeitung« bereits 1920. Cyclecars waren Kleinwägen für ein oder zwei Personen, die ohne Zubehör nicht über 350 Kilogramm wogen. Es etablierten sich in Österreich zahlreiche Produzenten: Egon Seilnacht in Atzgersdorf (ESA), Bartsch & Frankmann (Baja), Fuchs, Rumpler, Barth & Köhler, Herz & Schröter, AVIS (unter der technischen Leitung von Franz Dozekal, dem späteren Konstrukteur der Goggomobile), Amilcar, Grofri, Austro-Grade, Karner, Schasche, Gloriette (1936 als erster österreichischer Volkswagen beworben, seit 1937 unter dem Namen Gloria angeboten), der Smythe-Volkswagen, von dem man nur durch eine Fotografie weiß, dass er überhaupt gebaut wurde, der Monos, der Krauseco und der 1935 in Produktion genommene Trio des Feuerwehr-Ausrüsters Rosenbauer. Größere Produzenten allerdings machten um diesen Markt zuerst einen großen Bogen.

Erst Ende 1934 schrieb die »Steyrer-Zeitung«: »Der Steyrer Volkswagen kommt.« Der mit dem Typ 50/55, dem Steyr-Baby (nach dem Werbeslogan »Ich möcht' von dir ein Baby –

Österreichische Waffenfabriks-Gesellschaft

Wien, I.
Teinfaltstraße 7

Steyr.

Gesamtpersonal
5.00

12/40 PS 6 Zylinder
Sporttype

34 PS
Schnellastwagen
für 2·5 t

Österreichische Daimler Motoren-Aktiengesellschaft

Wiener-Neustadt

ADM
10/40 PS
6 Zylinder

Gesamt-personal
2500

Wien, I.
Schwarzenbergplatz
Nr. 18

AD
17/60 PS
6 Zylinder

Puchwerke Aktiengesellschaft

Graz

Gesamtpersonal
1000

Wien, I.
Schwarzenbergplatz 18

Type VIII
14/38 PS 4 Zyl.

Öst. Automobilfabriks-Akt.-Ges. vorm. Austro-Fiat

Wien, XXI.
Floridsdorf

1 TCR 25 PS
5 TNG 40 PS

Gesamt-personal
900

Wien, I.
Schwarzenbergpl. 18

T AFI 9 32 PS
4 Zylinder
Lastwagen

Wiener Automobilfabriks-Aktienges. vorm. GRÄF & STIFT

Wien, XIX.
Weinberggasse 56

Gesamtpersonal
900

Personen-
und
Lastwagen

Automobilfabrik Perl Akt.-Ges.

Wien, I.
Friedrichstr. 4

Gesamt-personal
500

Liesing

Kleinautos,
Benzin- und
Elektro-Lastwagen

Österreichische Saurer-Werke Aktiengesellschaft

Fabrik:
Wien XI.

Verkaufsbüro:
Wien, IX.
Hahngasse 13-15

Lastkraftwagen
und Lastzüge
1½—10 t,
Spezialwagen,
Autobusse

A. FROSS-BÜSSING

Komm.-Ges.

WIEN, XX. Nordwestbahnstraße 53

Lastwagen, Omnibusse und
Anhänger, Spezialfahrzeuge
für jede Art Lasttransporte

»W.A.F.« Wiener Automobil-Fabrik, Ges.m.b.H.

Personenwagen:
4 Zylinder
11/30 und 21/50 PS
Type 15/50 PS
8 Zylinder

Wien, X.
Hardtmuthgasse 95

Leichte
Lieferungs- und
Lastwagen

Steyr-Traktor Typ 180 (26 PS), 1950er-Jahre

ein Steyr-Baby«), versuchte Einstieg in den Massenmarkt kam allerdings zu spät. Man konnte vom »Baby« bis 1940 insgesamt etwa 13.000 Stück absetzen: immerhin der einzige Volkswagen im Deutschen Reich, den man tatsächlich kaufen konnte. Die Produktion wurde allerdings kriegsbedingt gestoppt. In seiner käferähnlichen Karosserie und seiner Ausstattung mit einem robusten Boxer-Motor war das »Baby« zweifellos der »Onkel« des Volkswagens.

Auch der Volkswagen selbst war ein Kind österreichischer Konstrukteure. Ferdinand Porsche, Josef Ganz und Edmund Rumpler hatten Pläne für einen Volkswagen im Kopf und wurden 1934 vom Reichsverband der deutschen Automobilindustrie eingeladen, sie auszuarbeiten. Porsche erhielt schließlich den Zuschlag, auch wenn kriegsbedingt kein Volkswagen die Konsumenten erreichte.

Die österreichischen Automobilfabriken mussten ab 1938/39 ihre PKW-Produktion zugunsten des Rüstungsbereichs umstellen und hatten schwere Kriegsschäden davongetragen. Fross-Büssing stellte 1947 den Betrieb überhaupt ein. Gräf & Stift hatte seinen gesamten Maschinenpark verloren, Saurer zu mehr als 75 Prozent, auch die Österreichische Automobil-Fabriks-AG in Wien und Puch in Graz hatten schwere Kriegsschäden. Das Werk Thondorf wurde demontiert. Die ÖAF, die 1938 von Fiat an MAN verkauft worden war, kam 1945 in den USIA-Konzern. Steyr-Daimler-Puch hatte als einziges Unternehmen in Oberösterreich durch Demontagen stark gelitten. Man entschied sich, vorerst keine PKW-Fertigung mehr aufzunehmen und Kraftfahrzeuge vornehmlich für den Agrarsektor und den Transportbereich zu bauen. Noch im Jahr 1945 wurde mit der Konstruktion von Dieselmotoren der Serie 13 begonnen. Der größte Erfolg war der Einzylinder-Motor, der bis 1975 erzeugt wurde. Daneben baute man Zwei-, Drei- und Vierzylinder-Versionen. 1946 begann die Serienfertigung der ersten Steyr-Lastkraftwagen, vorerst noch mit luftgekühlten Benzinmotoren aus der militärischen Entwicklung, 1947 auch der ersten legendären Steyr-Traktoren vom Typ 180, die mit einem 26 PS starken Zweizylinder-Diesel ausgestattet und wegen ihrer grünen Farbe und etwas behäbigen Form liebevoll als »Frosch« bezeichnet wurden. 1948 kam der erste Steyr-Diesel-LKW auf den Markt, der Typ 380 mit einem Vierzylinder-Dieselmotor mit 90 PS, von dem bis 1964 etwa 36.000 Stück in verschiedenen Varianten erzeugt wurden. 1950 nahm man die Produktion des kleineren Traktors vom Typ 80 auf, der von einem 15 PS starken Einzylinder-Dieselmotor angetrieben wurde. Bis heute sieht man diese Fahrzeuge, von denen rund 60.000 Stück produziert wurden, im Einsatz. 1952 kam noch ein Vierzylinder-Traktor dazu. Bis 1975 wurden 154.933 Traktoren der Serie 13 (grüne Serie) gebaut, 1956 wurde mit fast 15.000 Einheiten das Produktionsmaximum erreicht. Steyr konnte sich in der Hochkonjunktur der Nachkriegszeit eine gute Position im Nutzfahrzeugsektor schaffen.

Auch die übrigen österreichischen Automobilfabriken beschränkten sich nach 1945 auf den Nutzfahrzeugsektor: Die ÖAF baute LKW und Omnibusse, ebenso Gräf & Stift und die Saurer-Werke. Ende der Vierzigerjahre glaubte man, auch wieder an den PKW-Markt denken zu können. Steyr schloss 1948 mit Fiat einen Assembling-Vertrag: Insgesamt wurden in Steyr bis Mitte der Sechzigerjahre etwa 100.000 Einheiten des Steyr-Fiat zusammengebaut.

1954 wurde unter Leitung von Erich Ledwinka, dem Sohn von Hans Ledwinka, der Prototyp des Steyr-Puch 500 entwickelt und 1957 als neuer österreichischer Kleinwagen der Presse vorgestellt. Innenausstattung, Dach und Heckteile sowie Motor und Kraftübertragung waren rein österreichische Entwicklungen. Äußerlich glich der Steyr-Puch 500 dem Fiat-Nuova 500. Denn wegen der vertraglichen Bindung an Fiat mussten Fiat-Teile übernommen werden und blieb der Verkauf auf Österreich beschränkt, was den Weg zu größeren Stückzahlen versperrte. Der geplante Ausstoß von 15.000 Stück pro Jahr wurde in keinem einzigen Jahr erreicht. Die Produktion wurde 1975 eingestellt. Insgesamt wurden knapp 55.000 Stück erzeugt.

Ferdinand Porsche, der im Jahr 1944 mit der Verlagerung der Konstruktions- und Betriebsstätten nach Gmünd in Kärnten nach Österreich zurückgekehrt war, begann hier mit der Entwicklung seines Sportwagens (Prototyp 356). Doch Porsche war in Österreich nicht willkommen. 1949 wurden die Betriebsstätten in Kärnten aufgelöst und wieder nach Deutschland verlegt. Vorerst schien die große Geschichte Österreichs im Automobilbau zu Ende zu gehen. Erst ab den Siebzigerjahren gelang es, über zahlreiche Zulieferbetriebe Österreich doch noch zu einem großen Automobilproduzenten werden zu lassen.

Herkunft der in Österreich zugelassenen Kraftfahrzeuge, 1934 und 1955 (in Prozent und Gesamtsumme)

Herkunftsland	PKW		KFZ insgesamt	
	1934	1955	1934	1955
Österreich	**54,6**	**22,0**	**65,0**	**53,2**
Belgien	0,6	0,0	0,4	0,3
Deutschland	9,5	54,8	7,2	33,7
England	1,5	5,7	0,9	4,1
Frankreich	7,2	6,3	5,3	2,1
Italien	8,9	2,7	6,6	1,6
USA	8,1	4,0	7,0	2,5
Tschechoslowakei	9,3	4,4	7,5	2,3
Sonstige	0,3	0,0	0,1	0,1
Summe	**23.953**	**143.099**	**41.878**	**572.958**

Quelle: Österreichisches Statistisches Zentralamt, Statistisches Handbuch für die Republik Österreich, jeweilige Jahrgänge.

Das tausendste Steyr-Baby rollt vom Fließband. Steyr 1936

Die Papierindustrie

Der große Aufschwung, in dem sich die »Papiermacher« zur Papierindustrie wandelten, setzte in der Donaumonarchie in der zweiten Hälfte des 19. Jahrhunderts ein. Vorbereitet wurde dieser Aufschwung, der eine der wohl leistungsfähigsten Exportbranchen der Monarchie hervorbringen sollte, durch die Papiermaschine und den Einsatz von Holzschliff und Cellulose als Vorprodukt, ausgelöst aber auch durch die Einführung der Pressefreiheit 1848. »Die Geburtsstunde unserer Zeitungskultur«, schreibt einer der ersten Chronisten der Branche, Franz Krawany, habe einen enormen Papierbedarf ausgelöst, der zunächst noch nicht im Land habe gedeckt werden können: »Das Ausland lieferte uns dieses Mittel zur geistigen Emancipation.« Erst ab 1860 formierten sich die österreichischen Papierfabriken zur Großindustrie.

Zwei Innovationen bereiteten den Boden

1799 erhielt der Franzose Louis Robert das Patent für eine Papiermaschine, in welcher der Herstellungsvorgang ohne Unterbrechung abläuft und eine endlose Papierbahn entsteht. Der Kern der Erfindung basierte auf einem Metalltuchsieb, das in der Leinenweberei entwickelt worden war. Damit ließ sich schon in herkömmlichen Papiermühlen Velinpapier, also glattes, ebenmäßiges Papier, erzeugen. Die zweite Innovation geschah auf der Verbraucherseite durch die Erfindung der Buchdruckschnellpresse durch Friedrich König 1811.

Mehrere Unternehmer gestalteten an Standorten in Niederösterreich und der Steiermark den industriellen Auftakt. In Klein-Neusiedl hatte Ignaz Theodor von Pachner schon 1793 bis 1797 eine durch Umfang und Technik epochemachende Papierproduktion errichtet, die dann Georg Borckenstein erweiterte. 1819 wurde die erste Papiermaschine Österreichs installiert und das Unternehmen sollte später als »Neusiedler AG für Papierproduktion« zu einem der größten Papiererzeuger der Monarchie werden. 1841 beschäftigte die Neusiedler AG bereits 320 Arbeiter.

1835 gründete der Mainzer Buchdrucker Andreas Leykam in Graz eine Papierfabrik. Matthias Kaspar Salzer zählte mit seinen Papierfabriken südlich von Wien und ab 1848 auch in Stattersdorf bei St. Pölten ebenfalls zu den Pionieren in Österreich. Salzers Unternehmen gliederte 1866 die Buchdruckerei Carl Ueberreuter ein und verfügte damit über den größten Militärdrucksortenverlag, während die Leykam-Josefsthal AG nach Übernahme der Papierfabrik Pitten allein zwei Papiermaschinen für die Produktion der »Neuen Freien Presse« beschäftigte.

Die Produktion wuchs dort rasch, wo Papiermaschinen standen, vor allem in Niederösterreich, der Steiermark und Oberösterreich. Es war aber nicht allein die Papiermaschine, welche die Branche in eine neue Dimension führte. Jahrzehntelang suchte man Ersatzmaterial für den begehrten Rohstoff Hadern und fand ihn schließlich im Holzschliff. Holz löste damit Hadern ab, industriell wandte Wilhelm Hamburger die neue Methode erstmals 1856 in der niederösterreichischen Papierfabrik Pitten an. Viele Fabriken erwarben in der Folge Forstbesitz von der frühen regionalen Eisenindustrie und richteten zur Selbstversorgung Holzschleifereien ein. Viele veraltete Eisenwerke wurden von Holzstoff- und Zellstofffabriken verdrängt, zum Beispiel im Ybbstal. Mit dem Wechsel von der textilen Rohstoffbasis hin zu Holz änderten sich also auch die Standorte der Papierfabriken: So wanderte die Neusiedler AG von Neusiedl nach Kematen.

Auch der Direktor der k. k. Staatsdruckerei

Erste Papiermaschine in Steyrermühl

Hadernsortierung in der Papierfabrikation, 1944

Alois Auer von Welsbach experimentierte mit pflanzlichen Ersatzstoffen und produzierte schließlich in der staatlichen Papierfabrik Schlöglmühl Papier aus Maisstroh, eine Innovation, die 1862 in London vorgeführt wurde: Österreich druckte einen Teil seines Katalogs zur Weltausstellung auf der Novität Maispapier. Parallel zur Erfindung des Holzschliffs liefen Versuche, Pflanzenfasern, insbesondere Holz, durch chemische Behandlung aufzuschließen, was auch mit Natronlauge beziehungsweise Schwefelsäure gelang. Diese verschiedenen Methoden bereiteten den Boden für die Celluloseproduktion und Zellstofffabriken. 1872 wurde in Leopoldstein bei Eisenerz die erste Zellstofffabrik gebaut. Sie brannte allerdings vor der Inbetriebnahme nieder und die Maschinen kamen 1876 in Stuppach/Gloggnitz zum Einsatz, wo erstmals Zellstoff erzeugt wurde. In Frantschach

Papier- und Cellulosefabrik Kematen von Ellissen, Roeder & Co, um 1900

in Kärnten rüstete Graf Henckel von Donnersmarck 1882 ein Eisenwalzwerk um in eine Zellstofffabrik, um dieser wenig später als Abnehmer des Vorprodukts eine Papierfabrik anzuschließen. Karl Kellner, Direktor einer Papierfabrik in Görz, patentierte gemeinsam mit Hektor Ritter von Zahony 1884 ein weiteres Verfahren zur Holzaufschließung und Cellulosegewinnung, ein Verfahren, das er großindustriell in der Kellner-Partington Paper Pulp Co Ltd. in Hallein anwendete. In den Jahren 1878 bis 1888 etablierte sich die österreichische Papierindustrie neu auf Basis von Holzschliff und Zellstoff. In Cisleithanien wuchs begleitend die Zahl der Holzschleifereien und Pappefabriken um 251 Prozent, die der Cellulosefabriken um 167 Prozent.

In Niederösterreich übernahm die Neusiedler AG im Lauf der Zeit auch andere Fabriken wie Schlöglmühl, Stuppach und schließlich die Theresienthaler Fabrik. In der Steiermark nahm die Leykam-Josefsthal AG mit zwölf Fabriksstandorten den ersten Rang ein. In Oberösterreich produzierten die Steyrermühl Papierfabriks- und Verlagsgesellschaft, die 1875 neu gegründete Nettingsdorfer Papier- und Cellulosefabrik und die im Jahr 1891 gegründete Cellulosefabrik Lenzing; in Salzburg die Kellner-Partington-Zellstofffabrik in Hallein, in Kärnten Frantschach. An der Wende zum 20. Jahrhundert arbeiteten im gesamten cisleithanischen Staatsgebiet 144 Papierfabriken, die meisten verfügten über eigene Holzschleifereien, viele über vorgelagerte Zellstoffproduktionen, manche wie Leykam sogar über ein Kiesbergwerk und eine Chlor-

fabrik. Einzig Tirol blieb eine Problemzone, bis mit der Eisenbahn die nötige Infrastruktur entstand und 1918 in Wattens durch die Firma Bunzl & Biach die Produktion neu aufgenommen wurde.
Etwa ein Viertel der Papierproduktion wurde exportiert, vor allem Seiden-, Zigaretten- und Löschpapier, Buntpapier, Schreib- und Zeichenpapier. In Indien wurden bis in die Neunzigerjahre des 19. Jahrhunderts die Zeitungen auf österreichischem Papier gedruckt. Auch kleinere Papierfirmen waren weltweit erfolgreich. Die Wiener Firma Theyer & Hardtmuth vermarktete hochwertige Schreibwaren nach englischem Vorbild sehr erfolgreich, indem sie – in der damaligen Vorstadt in Margareten gelegen – einfach die Produkte unter der Marke »Margret Myrtle Mill« anglisierte. Die Lithografische Kunstanstalt Jakob Weiner war die erste, die Großplakate druckte und US-amerikanische Kunden belieferte, etwa die »Buffalo Bill-Wildwest Tournee«. Die k. k. Staatsdruckerei war die erste Druckerei im deutschen Sprachraum, die Broschüren mit echten Fotografien illustrierte. Allerdings entwickelten sich im holzreichen Skandinavien noch vor 1914 bedeutende Konkurrenten, die durch ihre Seehäfen begünstigt waren.
Den höchsten Anteil am Papierverbrauch im Inland hatten die Zeitungen, die Zeitschriften- und Buchverlage und sowohl Leykam als auch Steyrermühl verfügten über eigene Verlagshäuser. Auf Drängen des »Vereins der österreichisch-ungarischen Papierfabrikanten« wurden mit 1. Januar 1900 500 Zeitungen der Monarchie von der Gebührenlast des »Zeitungsstempels« befreit. Im Ersten Weltkrieg wurden die österreichischen Zellstofffabriken hart getroffen, als Italien den Schwefel-Export nach Österreich stoppte. Inländischen Schwefelkiesgruben sollten für den chemischen Bedarf aushelfen, wurden aber vielfach zur Munitionsherstellung beschlagnahmt. Als auch der Import von Baumwolle und Schafwolle versiegte, mussten Österreichs Papierfabriken so genanntes Spinnpapier als Stoffersatz an die Textilindustrie liefern, mehr als zwölf Papierfabriken waren damit ausgelastet.
Von den 160 Papierfabriken der Monarchie lagen nach 1918 30 Prozent und von den 331 Holzschleifereien 37 Prozent auf dem Boden der Republik Österreich. Sie waren noch stärker als früher auf Export angewiesen, mussten aber neue Märkte im Mittelmeerraum und

Papierfabrik Nettingsdorf, anonymes Aquarell 1910

Papierfabrik Wattens, Teil des Firmengeländes, ca. 1950

in Übersee erschließen, da sich die neuen Nachbarn durch hohe Einfuhrzölle schützten. Die angestiegenen Produktionszahlen und der hohe Export, der bis zu 55 Prozent der österreichischen Papierproduktion umfasste, konnten aber nicht darüber hinwegtäuschen, dass österreichisches Papier im Ausland teilweise unter den Gestehungskosten verkauft wurde. Seit dem letzten Hochkonjunkturjahr 1928 sank der Absatz im Inland. Die Lage verschlechterte sich, als ab 1935 durch die skandinavische Konkurrenz auch der Export immer schwieriger wurde. Außerdem stützte Hitler-Deutschland ab 1933 ähnlich wie im Buchhandel die Exporte der deutschen Papierindustrie besonders nach Osteuropa, sodass dem »Österreichischen Volkswirt« zufolge die Preise »von anderen Ländern nicht zu halten sind«. Die Tatsache, dass die Kapazität der österreichischen Papierindustrie in der Ersten Republik im Verhältnis zum Inlandsabsatz um mehr als die Hälfte zu groß war, brachte die Branche in eine schwierige Lage. 1935 sandte die Österreichische Papierverkaufs GmbH ÖPA einen Notruf an den Sozialminister, die Zahl der Arbeiter habe sich von 1929 bis 1933 von 18.000 auf 1.600 verringert, die Exporte hätten sich nahezu halbiert und fast alle Fabriken schrieben Verluste. In dieser Zeit bewährte es sich, wenn Papierfabriken vertikale Strukturen besaßen, also wie Steyrermühl oder Leykam Standbeine im Druck- und Verlagswesen hatten oder wie Bunzl & Biach im Papierrohstoff- und Hadernhandel. Der internationale Konjunkturaufschwung 1936 erleichterte die Situation, auf dem inländischen Markt hatte 1935 die Bildung des österreichischen Papierkartells zur Entspannung beigetragen. Ihm gehörten sämtliche 35 Fabriken an, die Federführung lag bei der Creditanstalt, zu deren Konzern so große Produzenten wie die Leykam-Josefsthal AG, die Steyrermühl AG und teilweise auch die Nettingsdorfer AG gehörten.

Solche Kapitalgruppen in der Papierindustrie, die von Banken geführt wurden, waren vielfach durch Verschuldungskrisen entstanden. Die Leykam-Josefsthal AG, die Neusiedler-Gruppe und die Bunzl & Biach AG, die ihrerseits noch 1937 die Lenzing AG erworben hatte, waren die größten Papierkonzerne Österreichs, als 1938 die Nationalsozialisten die Macht übernahmen. Jene Gruppen, die als jüdisch galten – die Neusiedler-Gruppe, die Bunzl & Biach AG, der Hartmann-Konzern in Frantschach, die Welser Papierfabrik und die Mahler-Gruppe –, waren schlagartig von Übernahmen bedroht. Um das Exportgeschäft nicht zu zerstören gab sich das »Reichskommissariat für Wiedervereinigung« flexibel und vermerkte: »Die besten Betriebe sind nichtarisch. … Die Arisierung muss nach der Eigenart des Einzelbetriebs vorgenommen werden.« Die wenigsten der als jüdisch eingestuften Betriebe wurden stillgelegt, die meisten »arisiert«, wobei dem Verkäufer der Kaufpreis in der Regel nicht zur Verfügung stand, sondern auf ein Sperrkonto ging, von dem er nur geringe Auszahlungen erhielt, die kaum die Kosten des alltäglichen Lebens deckten. Die Oesterreichische Kontrollbank vermittelte jene »Arisierungen«, bei denen aufgrund ihrer Größe die Suche nach einem Käufer schwierig war. Dazu gehörte der Bunzl-&-Biach-Konzern, der schließlich von einem Bankenkonsortium übernommen wurde, genauso wie die Papierwarenfabrik Adolf Reiss in Wien, deren Eigentümer nach Theresienstadt deportiert und vermutlich in Auschwitz ermordet wurden. Der Bunzl-&-Biach-Konzern hatte im 19. Jahrhundert als Hadernhandel begonnen und noch als Familienunternehmen ein Handelsnetz in Ost- und Südosteuropa aufgebaut. 1917 hatte Bunzl & Biach die Seidenfabrik im niederösterreichischen Ortmann gegründet, 1918 jene in Wattens in Tirol übernommen. 1938 wurde der Konzern schon über die Bunzl-&-Biach-Holding geführt. Die Besonderheit der »Arisierung« der Bunzl-&-Biach-Firmen bestand darin, dass die sechs Brüder Bunzl am »arisierten« Konzern beteiligt blieben. Trotzdem wurden zwei Familienmitglieder in Dachau in-

haftiert und dort gewissermaßen in erpresserischer Absicht als Geiseln behalten. Im Falle der Steyrermühl AG wurde die Zerschlagung des Konzerns angeordnet, Lenzing AG und Frantschach AG wurden von deutschen Konzernen übernommen. Die Firmen der Bunzl-&-Biach-Gruppe wurden 1946 an die Familie zurückgestellt, in anderen Fällen gestaltete sich die Rückstellung mühsam.

Die NS-Politik hatte mit ihren Eingriffen in die Struktur die »Initialzündung« zu einem enormen Konzentrationsprozess gegeben. Nach dem Zweiten Weltkrieg schöpfte die österreichische Papierindustrie die Chancen der amerikanischen Starthilfe des Marshallplans zur technologischen Modernisierung voll aus, mehr als zwei Drittel aller Mittel, die investiert wurden, stammen aus ERP-Krediten.

Die Eigentumsverhältnisse hatten sich nach dem Zweiten Weltkrieg ungeachtet der Rückstellungen »arisierter« Betriebe wesentlich verändert. Auf die Mittelbetriebe (100 bis 500 Beschäftigte) entfielen 1960 nur noch 14 Prozent der Produktion, die Großindustrie wurde 1960 von den drei Banken Creditanstalt, Länderbank und Bankhaus Schoeller dominiert, die 51 Prozent der Papierindustrie auf sich vereinten.

Papierfabrik Leykam-Josefsthal, Werbeblatt mit Abbildung der Fabriken Gratwein und Josefsthal, nach 1877

Vom österreichischen Bier

Das Bierbrauen, ursprünglich eine hauswirtschaftliche Tätigkeit und jedem freien Hausbesitzer in Stadt und Land erlaubt, wurde schon im frühen Mittelalter, auch aufgrund der erheblichen Ertragskraft der Biererzeugung, zum Privileg und war nur dem Landadel, den Klöstern und Städten zugänglich. Zunftordnung und diverse Beschränkungen von Produktion und Vertrieb verringerten Wettbewerb und Risiko der Brauherren. Auch in diesem Wirtschaftszweig war es der technische Fortschritt, der im 19. Jahrhundert zu einer Revolution der wirtschaftlichen Verhältnisse führte. Die Dampfmaschine wurde in der Brauindustrie Österreichs zwar später eingeführt als in den meisten anderen Branchen – nämlich erst 1850 –, aber mit dem baldigen Einsatz des Elektro-Antriebs holten die Brauereien im technischen Bereich schnell auf. Daneben schufen die allgemeine Entwicklung des Verkehrswesens, insbesondere der Eisenbahn, und der Einsatz der Linde-Kältemaschinen wichtige Voraussetzungen für das Entstehen der Bierindustrie, schließlich gaben die Erkenntnisse der modernen Biologie Einblick in die Kausalität eines altbekannten Produktionsprozesses. Damit eröffneten sich neue Möglichkeiten der Steuerung und Kontrolle der Erzeugung, die eine höhere Qualität und Haltbarkeit der Produkte ermöglichten.

Dreher – Meichl – Mautner: eine Biergroßmacht in Schwechat

Ostösterreich war eigentlich – als Weinland – gar nicht prädestiniert, Standort der größten Brauerei auf dem Kontinent zu sein. Es war der 1810 in Wien als Spross einer Brauerfamilie geborene Anton Dreher, dem diese Entwicklung zu verdanken ist. Gemeinsam mit Gabriel Sedlmayr, der aus der Münchener Spaten-Bräu-Dynastie stammte, unternahm er zwei Expeditionen nach England, um die bereits industriell fertigenden Brauereien dieses Landes zu studieren. Legenden flechten sich um diese Reisen, so jene vom ausgehöhlten Spazierstock Drehers, der ihm dazu diente, Proben von verschiedenen Stadien des Gebräus aus englischen Fabriken zu entwenden. Ob es nun Industriespionage war oder nicht, die beiden kamen jedenfalls zu dem Schluss, dass es Eisen und Kohle, Maschinen und Dampfkraft waren, die die Engländer zu den ersten Brauindustriellen machten. Gebinde aus Eisen, Steinkohle als Brennmaterial, Hebe- und Transportvorrichtungen sowie mechanische Rührwerke brachten deutlich niedrigere Kosten, bessere Qualität und einen höheren Ausstoß.
In seiner Brauerei in Klein Schwechat erzeugte Dreher als Erster in Österreich untergäriges Bier. Der Gärungsprozess erfordert Kühlung, vor der Erfindung der Kältemaschinen wurde der Eisstoß der Donau als industrielles Hilfsmittel verwendet. Das so erzeugte Bier ist haltbarer – das Lagerbier war erfunden, ein Begriff, der um die Welt ging. Die Mengen sprechen eine deutliche Sprache: 1836/37 erzeugte Dreher in Schwechat 16.000 Hektoliter, Ende des Jahrhunderts waren es in Schwechat fast 800.000. Nach dem frühen Tod des Vaters übernahm Anton Dreher jun. die Leitung der Brauerei und dehnte ihren Wirkungskreis auf die ganze Monarchie aus: Im böhmischen Micholup, in Steinbruch bei Budapest und in Triest entstanden Brauereien – in Ungarn und Italien ist die Marke »Dreher« noch heute anzutreffen. Nebenbei wurden auch noch die Konkurrenzbetriebe am Standort Schwechat aufgekauft. Alle Braustätten zusammengenommen hatte Dreher um die Jahrhundertwende die Hektoliter-Million schon beachtlich überschritten.

Anton Dreher (1810–1863), Erinnerungsblatt mit Ansicht der Brauereianlagen in Klein Schwechat. Lithografie, um 1860, bez. J. W.

Durch Heirat kam es zu einer Verbindung von Dreher mit der benachbarten Bierbrauerei Meichl in Wien-Simmering, die erst 1822 aus dem Besitz des Religionsfonds in die Hände privater Industrieller gekommen war. Noch vor dem Ersten Weltkrieg kam es zur Mega-Fusion: die »Vereinigte Bauereien Schwechat, St. Marx, Simmering – Dreher, Mautner, Meichl AG« war entstanden.

Adolf Ignaz Mautner war in Böhmen Besitzer einer kleinen Brauerei gewesen, bevor er die Brauerei in St. Marx übernahm. Deren Geschichte ähnelt der Dreher'schen: 1840 wurden noch 36.000 Hektoliter Bier gebraut, Ende des Jahrhunderts deutlich mehr als eine halbe Million – ein rasanter Anstieg der Produktion. Mautners industrielle Fähigkeiten wie auch seine humanitären Initiativen wurden durch Erhebung in den Adelsstand honoriert. Mautner konnte seinem Namen einen »Ritter von Markhof« hinzufügen, ein Name, der noch 100 Jahre später österreichische Großindustrie symbolisiert.

Dem Wachstum der einen stand das Verschwinden der anderen gegenüber. Die Zahl der Braustätten in den Grenzen des heutigen Österreich verringerte sich zwischen Mitte und Ende des 19. Jahrhunderts um die Hälfte. Viele Kleinbrauereien wurden aufgekauft und stillgelegt, die industrielle Produktionsweise

Biertransport um die Jahrhundertwende

setzte sich durch. Doch es waren nicht nur der hohe Kapitaleinsatz und die Mindestgröße Ursachen dieser Strukturbereinigung. Vor dem Hintergrund eines rasch wachsenden Bierkonsums wurden die Kämpfe um Marktanteile härter.

Eines der Charakteristika der Brauindustrie ist es, dass gerade die Absatzsicherung in hohem Maß Kapital bindet. Die unerhörte Expansion zwang die Großbrauereien in im-

Eisgewinnung, ca. 1910: Entscheidend für untergärige Biere war die Kühlung und Lagerung, die vorerst nur mit Natureis erfolgen konnte.

mer härtere Kämpfe um den Markt, massive Kreditgewährung an die Abnehmer war eines der Mittel, die Absatzwege zu sichern.

Der Bierkonsum spiegelte in dieser Zeit außerordentlich deutlich die Entwicklung des Lebensstandards der breiten Schichten wider. Jeder wirtschaftliche Rückschlag ist als Delle in der stark ansteigenden Trendkurve des Bierabsatzes ablesbar. Um die Jahrhundertwende zählte nicht nur Böhmen, das international eine Spitzenstellung im Pro-Kopf-Verbrauch einnahm, sondern auch das spätere »Rest-Österreich« zu den Ländern mit den eifrigsten Biertrinkern.

Der Markt wird organisiert

Allzu lange währte die Phase des ruinösen Wettbewerbs unter den neu entstandenen Großbrauereien nicht, im Jahr 1882 wurde der Österreichische Brauerbund gegründet, und man geht nicht fehl in der Annahme, dass neben der Bekämpfung der Biersteuer und der Lohnforderungen der Arbeiter auch Marktabsprachen das Ziel seiner Errichtung waren. Ergebnis waren Vereinbarungen, die eine Versteinerung der Marktverhältnisse zum Ziel hatten. »Kundenschutz« bedeutete im Jargon der Brauindustriellen nicht Schutz der Kunden, sondern Schutz vor Abwerbung von Kunden. Die Abwerbung eines Kunden, einer Gaststätte hatte Entschädigungszahlungen zur Folge. Als eine der Ursachen für diese Wettbewerbsbeschränkungen wurde der rasche

Die Brauerei Puntigam wurde 1838 im Puntigamhof, einer kleinen Bierwirtschaft im Grazer Stadtteil Puntigam, errichtet. 1840 kaufte sie Franz Hold und machte aus ihr durch Modernisierung und Vergrößerung ein professionelles Brauunternehmen. 1889 entstand durch Fusion mit der Grazer Brauerei Schreiner & Söhne die »Erste Grazer Aktienbrauerei«, die 1943 mit der zweiten großen Grazer Brauerei, jener der Brüder Reininghaus, zusammengeschlossen wurde. Kolorierter Plakatdruck, o. J.

Fortschritt der gewerkschaftlichen Organisation der Brauereiarbeiter angeführt, dessen Konsequenz eine übermäßige Lohnsteigerung gewesen sei. Das Kartell wirkte sich aber auch wohltuend auf die finanzielle Lage sowohl der Brauereien als auch der Gastwirte aus.

Die Großbrauereien hatten also ihre Rayons abgesteckt. Die bei weitem größte, die Vereinigte Brauereien Schwechat, St. Marx, Simmering AG, erzeugte in den drei Braustätten vor dem Ersten Weltkrieg fast 1,4 Millionen Hektoliter. Die größte steirische Brauerei – Reininghaus – produzierte 440.000 Hektoliter. Mitte des 19. Jahrhunderts waren die Brüder Reininghaus aus Westfalen nach Österreich gekommen, Julius fand in Mautners Brauerei in St. Marx Arbeit, sein Bruder Johann Peter gar seine Ehefrau. Schwiegervater Mautner half beim Erwerb einer steirischen Brauerei, freilich einer sehr kleinen mit einem Ausstoß von 2.300 Hektolitern. Hinsichtlich ihrer Heiratspolitik versuchten die österreichischen Brauer den habsburgischen Landesherren nachzueifern, Verschwägerung mag der strikten Marktordnung eine feste Grundlage gegeben haben.

Die Steiermark war das zweite industrielle Zentrum der Brauwirtschaft, mit der Brauerei in Puntigam (1913: 380.000 Hektoliter) und der Gösser Brauerei bei Leoben (1913: 290.000 Hektoliter), Namen, die heute noch geläufig sind. In der Reichshauptstadt Wien sind noch die Liesinger und die Brauerei Kuffner in Ottakring und Döbling sowie das Brauhaus der Stadt Wien erwähnenswert.

Der Erste Weltkrieg brachte einen Zusammenbruch der Produktion. Die Bewirtschaf-

Ansicht der Wieselburger Brauerei, 1937

tung erfolgte durch eine spezielle »Zentrale«, ebenfalls eine Spezialität war die Gründung einer »Biereinkaufsstelle des Kriegsministeriums«, die sich nicht nur die Versorgung der Truppe mit »flüssigem Brot«, sondern auch die der Rüstungsarbeiter in den unter Militärkommando stehenden Betrieben zum Anliegen machte.

Bei der Verteilung der knappen Rohstoffe musste natürlich der Brot- und Futtermittelerzeugung Vorrang vor dem Bierbrauen eingeräumt werden. Kleine Brauereien stellten ihren Betrieb ein und verkauften die heiß begehrten Rohstoffkontingente an die Großen der Branche, Resultat war eine Halbierung der Zahl der Braustätten Österreichs innerhalb von vier Jahren, die Erzeugung war auf ein Sechstel gefallen.

Staatlich verordnete Produktionsbeschränkungen aufgrund der Rohstoffknappheit und technisch veraltete Überkapazitäten charakterisierten die Brauwirtschaft in der ersten Nachkriegszeit. Die allmähliche Erholung der Gesamtwirtschaft fand ihre Parallele in der Biererzeugung. Doch vorerst war der Verlust jener Absatzgebiete zu verkraften, die nunmehr in den neu gebildeten Nationalstaaten lagen. Und wieder tobte der Kampf um den Markt, bis er 1926 durch einen Kartellfrieden zwischen Wiener und alpenländischen Brauereien beendet werden konnte. Das Fusions-Karussell kam erneut in Schwung, die Schwechater schluckte zwei Wiener Brauereien, die Hütteldorfer und die Jedleseer, sowie die Brauerei Waidhofen an der Thaya, übernahm Lieferkontingente stillgelegter Brauereien und die bereits zum Mautner'schen Einflussbereich zählende St.-Georgs-Brauerei in Wien Floridsdorf.

AKTIE DER BRAUBANK A. G. ZU VIERHUNDERT 400 KRONEN

DURCH DIE DEM INHABER ALLE RECHTE GEWÄHRT WERDEN, WELCHE JEDEM INHABER EINER AKTIE DER BRAUBANK A.-G. NACH DEN SATZUNGEN EINGERÄUMT SIND.

LICHTENEGG BEI WELS, AM 16. OKTOBER 1921. BRAUBANK A.-G.

Aktie der Braubank, 1921

Eine Bank für die Brauer

Der größte Konzentrationsprozess wurde mit der Gründung der Braubank 1921 eingeleitet, die fünf Brauereien – Gmunden, Kaltenhausen, Linz, Wieselburg und Poschacher – zusammenfasste. Als Geburtshelfer waren eine Reihe österreichischer Banken beteiligt, die auch in erheblichem Umfang Anteile zeichneten. Damit war der Kern der in Zukunft größten Braugruppe Österreichs entstanden – durch Vereinigung großer Braufamilien, in erster Linie die Beurles, mit führenden Bankinstituten des Landes. Die Anziehungskraft dieser Gruppe erwies sich durch immer neue Verschmelzungen und Firmenkäufe, unter an-

Ansicht der Brauerei Schwechat in der Zwischenkriegszeit

deren 1928 die Liesinger Brauerei und Arco-Valley'sche Brauerei Aurolzmünster, 1929 das Bürgerbräu Innsbruck, die Brauereien Kundl und Reutte, das Sternbräu Salzburg und 1930 die Brauerei Brunn am Gebirge. Freilich, die Braubank schenkte in ihren Filialen kein Bier aus und änderte auch recht bald ihren Firmennamen in Österreichische Brau Aktiengesellschaft.

Die Zahl der Braustätten in Österreich sank erneut, von 1922 bis 1929 um ein Fünftel, teilweise auch infolge der Stilllegung und des Aufkaufs von Kleinbrauereien durch steirische, Salzburger (Stiegl) und oberösterreichische (Zipf) Brauereien.

Die wesentlichste Änderung im Produktionsprozess war die rasch zunehmende Bedeutung von Flaschenbier. Der hohe Organisationsgrad der Brauindustrie ermöglichte relativ bald eine Rationalisierung durch Einführung der Einheitsflasche, die in jüngerer Zeit dem Wunsch nach verstärkter Produktdifferenzierung – zumindest teilweise – wieder zum Opfer fiel. Ende der Zwanzigerjahre wurde bereits ein Fünftel des erzeugten Biers in Flaschen abgefüllt.

Die Wirtschaftskrise traf die Brauindustrie voll: Der Pro-Kopf-Verbrauch ging von 1930 bis 1933 auf weniger als die Hälfte (von 75,6 auf 34 Liter) zurück. In der Zeit bis zum Zweiten Weltkrieg erholten sich weder die Wirtschaft noch der Bierkonsum. Die großen Brauereien rationalisierten ihre Absatzwege durch Abtäusche von Liefergebieten, die Konzentration verschärfte sich, der Anteil der kleinen Brauereien sank weiter ab.

Eingliederung in den »Reichsnährstand«

Der »Anschluss« an Hitler-Deutschland brachte Eingriffe in die Ordnung der Brauwirtschaft, wie sie nur die Kriegswirtschaft kennt. Bereits im Frieden konnte der Reichsernährungsminister oder der Reichsbauernführer in Unternehmensentscheidungen eingreifen. Die nunmehr ostmärkischen Brauereien waren Teil des so genannten Reichsnährstandes und verfügten offenbar über eine leistungsfähige Lobby, wurde doch ausdrücklich ihre Konkurrenzierung durch Betriebe aus dem »Altreich« untersagt. Der Rausch, der zahlreiche »Ostmärker« erfasst hatte, schlug sich in einer Verdopplung des Bierabsatzes von 1937 bis 1939 nieder.

Freilich folgte der Katzenjammer auf dem Fuß,

mit Beginn des Zweiten Weltkriegs mussten erneut Produktionsbeschränkungen eingeführt werden. Allerdings verschlechterte sich die allgemeine Versorgungslage in unseren Breiten erst in den letzten Kriegsjahren erheblich. Einige Brauereien wurden in Rüstungsbetriebe umgewandelt. Zu diesem Zeitpunkt setzten auch die massiven Luftangriffe der Alliierten ein, die zahlreiche Betriebe beeinträchtigten oder zerstörten. Wie das zivile Leben überhaupt brach auch die Biererzeugung 1944/45 zusammen.

Ein Blick in die Zukunft

Nur langsam erholte sich die Brauwirtschaft, Mitte der Fünfzigerjahre war noch nicht das Niveau der bisherigen Höchstproduktion aus der Mitte der Zwanzigerjahre erreicht. Erst das einsetzende »Wirtschaftswunder« sollte den Pro-Kopf-Verbrauch der Österreicher wieder an die Weltspitze heranführen. Was aus der Vorkriegszeit erhalten blieb, war die strikte Kartellierung der Branche, noch ungestört vom Wettbewerb der Importeure. Nur langsam begann die Konkurrenzierung durch alkoholfreie Getränke spürbar zu werden, an deren Erzeugung einige Bierbrauer wachsenden Gefallen fanden. Der Trend ging in Richtung Uniformität im Marktauftritt, eine Tendenz, welcher der Kunde nicht in erwartetem Ausmaß folgte. Der Konzentrationsprozess setzte sich fort, gleichzeitig taten sich neue Nischen für innovative Erzeuger auf.

Bierdeckel einiger Betriebsstätten der Österreichischen Brau AG, 1930er-Jahre

In der anlässlich des 50-jährigen Regierungsjubiläums Franz Josephs I. herausgegebenen Pracht-Darstellung der österreichisch-ungarischen Großindustrie schreibt der böhmische Brauereibesitzer Karl Urban: »Wenn man prophezeien wollte, dass um das Jahr 2000 die Gesamterzeugung der österreichischen Bier-Industrie 200 Millionen Hektoliter betragen und Etablissements mit einer Jahreserzeugung von 2 Millionen Hektoliter keineswegs zu den Seltenheiten zählen werden, dass die Handarbeit aus der Mälzerei fast völlig verdrängt und durch technische Einrichtungen ersetzt sein wird, die einen continuirlichen Betrieb gestatten, dass es keine offenen Feuerherde weder bei der Darre noch im Sudhaus geben, dass nach unentdeckten Principien gebaute Maschinen das Abläutern und die Extraction in vollkommener Weise besorgen und den ganzen Betriebsprocess vereinfachen und verkürzen werden, so würde man von vielen Leuten für wahnsinnig gehalten werden.« Mit vielen seiner Prophezeiungen hat Herr Urban Recht behalten, nur den Durst der Österreicher und ihrer Nachbarn in den Nachfolgestaaten der Monarchie dürfte er überschätzt haben.

Zuckerbarone und Zuckerlerzeuger

Süßwaren gehören zu jenen österreichischen Industrieprodukten, die immer wieder mit österreichischen Nationalklischees identifiziert werden: Konditorwaren, Mozartkugeln, Manner-Schnitten, Heller-Zuckerln, Schmidt-Famos, PEZ und Bensdorp, die süßen Mehlspeisen usw.

Rüben statt Zuckerrohr

Die Habsburgermonarchie als Ganzes hatte sich in der zweiten Hälfte des 19. Jahrhunderts von bescheidenen Anfängen zum größten Rübenzuckerproduzenten der Welt entwickelt. Zucker war auch zum wichtigsten Exportartikel der Monarchie aufgerückt. Innerhalb kurzer Zeit vermochte sich die österreichische Rübenzuckerindustrie aus bescheidenen Anfängen um 1830 zu einer international erfolgreichen und innovativen Führungsbranche und »Königin der österreichischen Industrie« zu entwickeln. Weltruf erlangte das 1864 von Julius Robert entwickelte technische Verfahren der Auslaugung der Rübenschnitzel durch Diffusion. 1862 schloss die letzte Kolonialzuckerraffinerie Österreichs in Wiener Neustadt. Begünstigt durch die staatliche Steuer- und Subventionspolitik verwandelte sich die Rübenzuckerindustrie nach 1867 innerhalb weniger Jahre von einer Import substituierenden in eine primär exportorientierte Industrie.

Der Zuckerrübenanbau und die entsprechenden Fabriken zur Verarbeitung konzentrierten sich fast ausschließlich auf die Großgrundbesitzungen in Böhmen, Mähren, Schlesien und Ungarn. Die Zuckerindustrie basierte einerseits auf der steigenden Kaufkraft und Nachfrage der Konsumenten in den städtischen Zentren, insbesondere in und um Wien, andererseits auf den günstigen Standortbedingungen in Mähren, Böhmen und Schlesien. Auf den großen Gutswirtschaften waren entsprechende Anbauflächen verfügbar, es gab billige Arbeitskräfte, die ehemaligen Grundherren hatten aus der Ablöse der Grundherrschaften entsprechende Finanzmittel, die Versorgung mit Kohle und die Transportverhältnisse waren günstig.

Noch größer als das wirtschaftliche war das politische Gewicht der Zuckerbarone. Über

Werbeplakat der Likörfabrik Eduard Fünck, um 1864

Der Großteil der Zuckerindustrie lag in den böhmischen Ländern, Zuckerfabrik Czakowitz, Schoeller & Comp.

das 1897 errichtete »Große Zuckerkartell«, das eng mit der staatlichen Steuer- und Prämienpolitik verknüpft war, entstand ein Interessengeflecht zwischen den Unternehmern und dem Staat, das auf Zuckersteuer, Schutzzoll und Exportprämie basierte.

Die politische Macht der Zuckerindustrie zeigte sich am Beispiel des Konkurrenten Saccharin. 1878 vom deutschen Zuckerchemiker Constantin Fahlberg bei einem Aufenthalt in den USA zufällig entdeckt, kam dieser erste künstliche Süßstoff neun Jahre später unter dem Namen Saccharin als »Zucker der armen Leute« auf den Markt. Nach 1896 hielt die österreichische Zuckerindustrie keine Versammlung ab, in der nicht vor der »Gefährlichkeit« des Saccharins gewarnt worden wäre. Nicht dass das Saccharin den Zucker wirklich hätte gefährden können – die Bedeutung seiner Konkurrenz bestand lediglich darin, dass die Preispolitik des Zuckerkartells sowie das verwickelte Steuer- und Zollsystem in Frage gestellt worden wären. Saccharin, das ausschließlich importiert wurde, durfte ab 1898 in Österreich nur noch in Apotheken verkauft werden.

Die großen Erfolge der Förderung des Zuckerrübenanbaus und der inländischen Zuckererzeugung konnten im letzten Drittel des 19. Jahrhunderts eingeheimst werden: Nicht nur konnte der Zuckerverbrauch im Gebiet des heutigen Österreich bei rasch fallenden Preisen vom Beginn des 19. Jahrhunderts bis zum Vorabend des Ersten Weltkriegs von einem halben Kilo pro Kopf und Jahr auf etwa 20 Kilogramm gesteigert werden. Zuckerrübenanbau wurde auch zu einem Motor des Fortschritts. Die Arbeitskräfte der großen Gutswirtschaften konnten damit wesentlich ökonomischer eingesetzt werden: im Frühjahr Zuckerrübenbestellung, dann Getreideernte, hernach Zuckerrübenernte und Getreidesaat, zuletzt Arbeit in den Zuckerfabriken. Die Rübenabfälle konnten in der Viehmast verwertet werden. Dazu erforderte die Zuckerrübe eine gründliche Bodenbearbeitung und eine gute Düngung, auch die Züchtung erlangte hier früh große Bedeutung. Der Zuckergehalt der Rüben konnte von ersten Anfängen im frühen 19. Jahrhundert bis zum Ersten Weltkrieg von 2 bis 3 Prozent auf durchschnittlich 15,6 Prozent gesteigert werden.

Von der Zuckernot zum Zuckerüberfluss

Als die Habsburgermonarchie zerfiel, stand Österreich ohne Zucker da, da auf das Staatsgebiet der Republik nur weniger als 5 Prozent der Zuckerproduktion entfiel. Es gelang jedoch recht rasch, den Selbstversorgungsgrad Österreichs bei Zucker zu steigern: Von beinahe null bei Kriegsende auf 20 bis 30 Prozent in den Jahren 1923/24 und fast 100 Prozent in den Dreißigerjahren. Die Voraussetzungen für die Zuckererzeugung in Österreich waren in mehreren Regionen gegeben. Zuerst versuchte man es im Innviertel. Die Zuckerfabrik Ranshofen blieb im Planungsstadium stecken und die »Erste oberösterreichische Bauernzuckerfabrik« in Suben musste 1926 nach etwa fünfjähriger Betriebsdauer wieder stillgelegt werden.

Als sich 1927 mährische Zuckerindustrielle unter der Führung von Hans von Redlich zusammen mit der Creditanstalt für Handel und Gewerbe entschlossen, noch einmal die Errichtung einer Zuckerfabrik in Oberösterreich zu versuchen, fiel die Wahl aus verschiedenen Gründen auf Enns: Die guten Böden, die Lage an der Westbahn und die in Gründung begriffene Molkereigenossenschaft, an deren Mitglieder man die Rübenschnitzel verkaufen konnte, gaben den Ausschlag. Durch die Weltwirtschaftskrise sank der Zuckerkonsum pro Kopf von 22 auf 17 Kilogramm und die Zuckerproduktion sowie die Rübenanbauflächen mussten um 30 Prozent reduziert werden. Bis 1938 gab es in der Genussmittelindustrie keine Nachfragebelebung, dennoch wurde im November 1936 mit der Niederösterreichischen Zuckerfabriks AG ein weiteres Unternehmen gegründet. Als Standort der neuen Fabrik wurde Tulln gewählt und im Herbst 1938 konnte der Betrieb aufgenommen werden.

Eine einschneidende Veränderung bedeutete die Eingliederung der österreichischen Zuckererzeugung in die deutsche Wirtschaft. Das betraf nicht nur die Konkurrenz durch die reichsdeutsche Zuckerwirtschaft, deren Rentabilität höher war, und die planwirtschaftlichen Vorgaben wie Preisregulierung, Rationierung, Kontingentierung und Verpflichtung zur Vorratshaltung, sondern auch die Eigentumsänderungen durch »Arisierung« von Betrieben in jüdischem Besitz.

Bei drei der sechs österreichischen Zuckerfabriken gab es jüdische Eigentümer: bei der

Firma Cabos, Stanniolieren von Konfekt, 1930

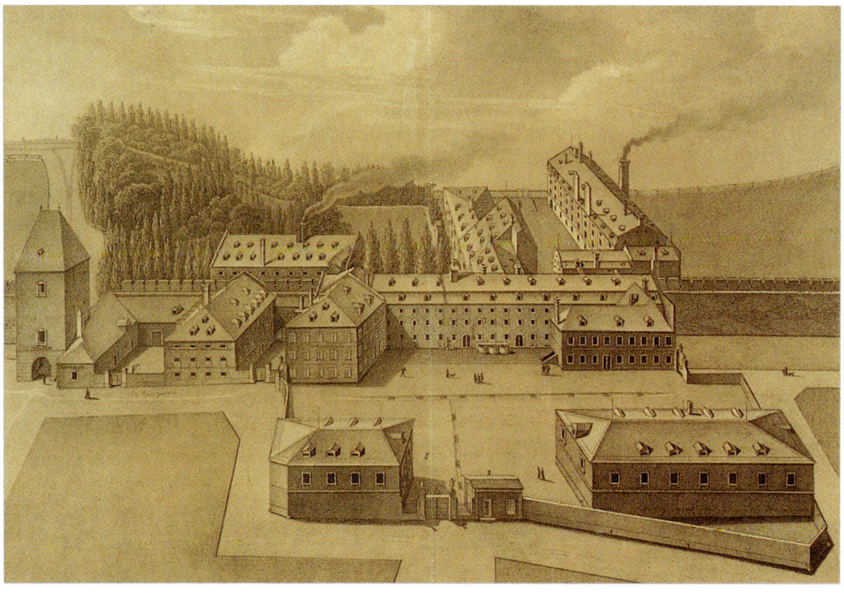

Die Rohrzuckerfabrik Wiener Neustadt, Blick aus der Stadt gegen Westen. Lithografie, um 1860

Österreichischen Zuckerindustrie AG (ÖZAG) in Bruck/Leitha, der Hohenauer Zuckerfabrik und durch Beteiligungen auch bei der Oberösterreichischen Zuckerfabriks AG in Enns. Die ÖZAG stand unter Kontrolle der Gruppe Bloch-Bauer. Die Hohenauer Zuckerfabrik war eine OHG mit Georg Strakosch-Feldringen und Oskar Strakosch als offenen Gesellschaftern sowie einer Reihe von Familienmitgliedern als stillen Gesellschaftern. An der Ennser Zuckerfabrik waren mährische Fabriken und die Brucker Zuckerfabrik mit der Familie Bloch-Bauer beteiligt.
Insgesamt war die Zuckererzeugung während des Krieges von beträchtlichen Produktionseinschränkungen betroffen. Die Rückstellung der Strakosch'schen Zuckerfabrik in Hohenau nach der Befreiung Österreichs gestaltete sich zwar rasch und ziemlich problemlos. Aber bei der Brucker Zuckerfabrik, die von der sowjetischen Besatzungsbehörde als deutsches Eigentum beschlagnahmt worden war, verlief die Rückstellung viel schwieriger und konnte erst 1957 nach Abschluss des Staatsvertrages erfolgen. Nur die Anlagen der Ennser Zuckerfabrik waren intakt geblieben, sodass Enns zu Kriegsende die einzige Zuckerfabrik war, die überhaupt produzieren und im Herbst 1945 eine Kampagne durchführen konnte.
Obwohl 1946 der österreichische Normalverbraucher nur 3,8 Kilogramm Zucker oder 16 Prozent des durchschnittlichen Vorkriegsjahresverbrauchs erhielt, konnte die Zuckerversorgung rasch normalisiert werden. Die Kopfquote betrug 1950/51 bereits 23,6 Kilogramm und 1960/61 schon 35,4 Kilogramm. Seit Mitte der Fünfzigerjahre pendelt der Zuckerverbrauch zwischen 35 und 40 Kilogramm pro Kopf der Bevölkerung.

Suchard-Werbung, Lithografie 1902

Das süße Österreich

Es ist folgerichtig, dass sich aufbauend auf die mächtige Zuckerindustrie auch eine leistungsfähige Süßwarenindustrie entwickelte. Diese konzentrierte sich im Wiener Raum, wo die größte Kaufkraft versammelt war. Die Zeit zwischen 1890 und 1910 war die große Wachstumsperiode der österreichischen Schokolade- und Zuckerwarenfabriken: Die Rohstoffe, vor allem Zucker, aber auch Kakaobohnen, waren trotz der hohen Besteuerung preisgünstiger geworden. Industrielle Fertigungstechniken verbilligten und verbesserten das Produkt.
Im Unterschied zu Westeuropa begann der große Aufstieg der Wiener und österreichischen Schokoladenfabriken erst im ausgehen-

»Sortiment- und Preis-Liste der Bäckereien-, Cakes-, Cacao-, Chocoladen-, Bonbons- und Zuckerwaren-Fabrik Charles Cabos. Kaiserl. u. königl. Hoflieferant«, um 1910

den 19. Jahrhundert. Die Erfolgsgeschichten der Großen der österreichischen Süßwarenindustrie gleichen einander: Victor Anton Schmidt, 1826 in Stegersbach im heutigen Burgenland als Sohn eines Zöllners an der damaligen Zwischenzolllinie zwischen Ungarn und Österreich geboren, erlernte in Pressburg den Konditorberuf, machte sich 1846 dort auch selbstständig und begann mit einer eigenen Erzeugung von Konditorwaren. Bald ging er nach Budapest und Ende der Fünfzigerjahre nach Wien. Mit 1. Januar 1858 meldete er bei der dortigen Handels- und Gewerbekammer das Gewerbe der Schokoladenfabrikation an, expandierte rasch, musste aber dann aufgrund der Wirtschaftskrise von 1864/65 den Ausgleich anmelden. Danach aber begann ein rasantes Wachstum: Bis zum Ende des 19. Jahrhunderts war das Unternehmen Victor Schmidt & Söhne mit 800 bis 1.000 Beschäftigten zur führenden Schokoladen-, Zuckerwaren- und Backwarenfabrik in Österreich-Ungarn aufgestiegen. In der Zwischenkriegszeit beschäftigte Schmidt während der Saison von August bis Weihnachten etwa 1.200 bis 1.400 Menschen, vorwiegend Frauen. 1934 kam die Firma Schmidt mit einer neuen Tafelschokoladenserie unter dem Markennamen »Famos« auf den Markt, um in das Billigpreissegment einzudringen. Die »Famos«-Serie war vierzig Jahre, unterbrochen vom Zweiten Weltkrieg, ein Riesenerfolg. Übrig geblieben ist der Werbeslogan: »Vergönn dir eine Schmidt Famos«.
Gustav Heller, der Gründer der Firma G. & W. Heller, Wien, und sein Bruder Wilhelm be-

Josef Manner (1865–1947): »Chocolade für alle«. Das war die Devise von Josef Manner I. bei der Gründung der Süßwarendynastie im Jahr 1890. Damals war Schokolade ein Luxusartikel. Ein Kilo Schokolade entsprach dem Wert von zwei Tageslöhnen eines Arbeiters.

gannen 1891 in einem gemieteten Lokal im Souterrain des Wiener Beatrixbades mit der Produktion von Seidenbonbons, die damals sonst nur in der Schweiz erzeugt wurden. Innerhalb von sechs Jahren stieg die Beschäftigtenzahl auf 280 Personen. 1899 brachte Heller die so genannten »Wiener Zuckerl« auf den Markt, gewickelte Karamellen mit Fruchtgeschmack, sehr bald darauf auch die Likörbonbons mit flüssiger Füllung, die in Stanniol verpackt waren. Ebenfalls 1899 wurde in Favoriten ein neues Fabriksgebäude bezogen. Die Fabrik expandierte rasch auf 600 bis 800 Beschäftigte, fast jedes zweite Jahr musste ein Zubau gemacht werden. Vor dem Ersten Weltkrieg war der Beschäftigtenstand auf 1.400 angewachsen.

Noch spektakulärer war der Aufstieg des Josef Manner (1865–1947), der im Jahr 1890 mit der Schokoladenerzeugung praktisch als Einmannbetrieb und ohne nennenswertes Kapital begonnen hatte. Er konnte bis zum Ersten Weltkrieg den Personalstand seines Unternehmens auf 3.000 hinauftreiben. Der Sohn eines aus der Oberpfalz nach Wien zugewanderten Fleischhauergesellen, der es in Wien zu einer kleinen Gastwirtschaft gebracht hatte, hatte im oberösterreichischen Perg eine Kaufmannslehre absolviert und begann 1889 mit dem Schokoladenfabrikanten Friedrich Günther aus Aue bei Gloggnitz als Partner eine Schokoladen- und Feigenkaffeehandlung am Stephansplatz zu betreiben. Die Günther'sche Schokolade dürfte qualitativ den Vorstellungen Manners nicht wirklich entsprochen haben. Sie war, wie sich Manner selbst ausdrückte, »nicht zum Essen«. Daher beschloss er, selbst in die Produktion einzusteigen.

Die Entstehungsgeschichte der Firma »Chocolade Manner Wien« lässt sich in drei prägnante Abschnitte gliedern. Von 1890 bis 1896 wurde rein handwerksmäßig mit wenigen und nur von Hand betriebenen Maschinen gearbeitet. 1896 wurde eine 20 PS starke Dampfmaschine angeschafft. Zwischen 1896 und 1904 wandelte sich der handwerkliche Betrieb zur Fabrik, von 1904 bis 1913 in mehreren Bauphasen zum Großbetrieb. Von 1890 bis 1913, dem Jahr der Umwandlung in eine Aktiengesellschaft, war aus einer in einem Wohnhaus in Hernals betriebenen, rein auf Handarbeit beruhenden Fabrikation ein riesiger Fabriksbau geworden, an dessen Dimensionen die majestätischen Fensterfronten mit ihren mehr als 2.000 Fensteröffnungen keinen Zweifel ließen. Der Personalstand kletterte bis zum Ersten Weltkrieg auf 3.000, der Umsatz hatte sich von 49.000 Gulden im Jahr 1892 auf 377.000 Gulden im Jahr 1898 gesteigert und zwischen 1901 und 1913 von etwa einer Million Kronen (500.000 Gulden) auf etwa 16 Millionen Kronen versechzehnfacht.

Carl Hofbauer (1855–1916), in Oberkreuzstetten als Sohn eines Fassbinders geboren, erlernte das Kuchenbäckergewerbe, einen speziellen Zweig des Zuckerbäckergewerbes, und eröffnete nach der Wanderschaft im 5. Wiener Gemeindebezirk, Margaretenstraße 73, im Jahr 1882 einen eigenen Gewerbebetrieb, dessen Geschäftsumfang sich rasch ausweitete. Sein Sohn Ludwig Hofbauer stellte den Betrieb 1922 auf die Engroserzeugung von Schokolade- und Zuckerwaren aller Art um. Durch zielbewusste Sorten- und Markenwerbung (»Schokoladen-Maroni«, »Toffee«) expandierte der Betrieb rasch.

Der Erste Weltkrieg war für die österreichischen Schokoladen- und Zuckerwarenerzeuger zu einer wahren Katastrophe geworden: Nicht nur, dass sie im Krieg die Produktion fast einstellen mussten, war auch der große Markt der Monarchie zerfallen und beeinträchtigte die Wirtschaftskrise die Kaufkraft. Während Österreich nach 1918 vorerst eine sehr unzulängliche Zuckerproduktion besaß, hatte es im Wiener Raum eine Süßwarenindustrie, die für die Nachfrage aus der gesamten Habsburgermonarchie ausgelegt war.

Im Jahr 1920 zählte das Branchenverzeichnis im neuen Österreich immer noch 23 Schokoladenfabriken: Die Zeit zwischen den Kriegen war bitter: Man lebte davon, dass Süßigkeiten einen hohen Statuswert einnahmen. Entsprechend empfindlich reagierte der Markt auf Krisen und Kaufkrafteinbußen, vor allem bei der Mittel- und Unterschicht: In Marienthal, dem bekanntesten Modellfall eines von Arbeitslosigkeit betroffenen Ortes, wurden praktisch keine Süßigkeiten mehr konsumiert. Die Weltwirtschaftskrise traf die Süßwarenindustrie mit großer Härte. Bei der G. & W. Heller Schokolade-, Zuckerwaren- und Obstkonservenfabrik, neben Victor Schmidt und Manner das größte Unternehmen der österreichischen Süßwarenindustrie, war der Umsatz von 11,6 Millionen Schilling im Jahr 1928 auf 6,8 bis sieben Millionen Schilling in den Jahren 1933 bis 1937 abgesunken. Der Zweite Weltkrieg und die Not der Nachkriegszeit veränderten das Bild kaum. So ist es nicht verwunderlich, dass die erste Phase des Wirtschaftswunders in den Fünfzigerjahren von einem Boom der Süßwarenindustrie sowie des Zucker- und Schokoladenkonsums begleitet war.

Manner-Weihnachtsbaum, aus der Preisliste 1913–1914

Die Österreichische Tabakregie

Die Geschichte der österreichischen Tabakwirtschaft war von 1784, als Tabakverarbeitung und Handel endgültig in staatliche Regie übergegangen waren, bis ins ausgehende 20. Jahrhundert die eines einzigen Unternehmens. Lange Zeit war die Österreichische Tabakregie, die spätere Austria Tabakwerke AG, eines der größten, wenn nicht überhaupt das größte Industrieunternehmen des Landes.
Einerseits ging es darum, über das Monopol für den Staat möglichst hohe Einnahmen zu erwirtschaften und dabei alle Konkurrenten auszuschalten. Andererseits stellte das staatliche Engagement auch eine frühe Form der öffentlichen Beschäftigungspolitik und Regionalförderung dar.
Bis zum Jahr 1848 hatte das Österreichische Tabakmonopol Fabriken in Fürstenfeld, Hainburg und Schwaz, in Winniki und Monasterzyska (Galizien), in Prag und Jenikau (Böhmen), in Klosterbruck und Göding (Mähren) und in Fiume, Trient, Mailand und Venedig errichtet.
Im Hungerjahr 1846 war auch in Wien in den Gebäuden der staatlichen Porzellanmanufaktur in der Roßau (im Bereich der heutigen Porzellangasse) eine Fabrikation eröffnet worden. 1851 geschah dasselbe in Linz, wo man für die stillgelegte staatliche Wollzeugfabrik Ersatz brauchte, und in Stein, wo man Arbeit für die Not leidenden Weinhauer suchte. 1858 kam Klagenfurt dazu und 1869 Hallein, das wegen der immer stärker reduzierten Saline zur Notstandsregion geworden war. 1897 öffnete die Fabrik in Wien-Ottakring, anstelle der aufgelassenen Roßauer Fabrik.
1913 hatte die Österreichische Tabakregie ihr erfolgreichstes Jahr: Sie erzeugte in 30 Fabriken über 66.000 Tonnen Tabakfabrikate, Frankreich kam auf 41.000 Tonnen, Italien auf 20.000. Erzeugt wurden 6,3 Milliarden Zigaretten, 1,4 Milliarden Zigarren, 25.000 Tonnen Pfeifentabak sowie 1.100 Tonnen Schnupftabak, zusammen ein Siebentel der europäischen und ein Dreißigstel der Weltproduktion. Verarbeitet wurden 33.866 Tonnen Inlandstabak und 15.967 Tonnen aus dem Import, bei einem Mitarbeiterstand von 27.000 Arbeitern und rund 200 Beamten.
Obwohl man vom Import kaum abhängig war und Tabak fast so kriegswichtig war wie Pulver und Blei, brach die Versorgung im Ersten Weltrieg wie in fast allen Bereichen nahezu vollständig zusammen. Kriegsmischungen von Ahorn bis Zichorie wurden verwendet.
Durch den Zerfall der Habsburgermonarchie gingen 21 Tabakfabriken und praktisch alle Anbaugebiete verloren. Weil dem kleinen Österreich keine Fabrikationsstätte des Inbegriffs österreichischer Rauchkultur – der Virginier – verblieben war, wurde bis 1922 eine neue Fabrik in Stein errichtet. Architektonisch eine Mischung aus Ringstraßenkulisse und Jugendstil, sollten dort 100 Millionen Zigarren im Jahr gefertigt werden. 1.000 Arbeiter und Arbeiterinnen sollten Platz finden. So viele wurden aber nie beschäftigt, denn die Zeit der Zigarren war zu Ende.
Im Wiener Arsenal wurde 1922 eine Zigarettenfabrik eingerichtet um die Handzigarettenerzeugung endgültig auflassen zu können. Die Produktivität der Erzeugung wurde durch Hochleistungs-Strangzigarettenmaschinen gesteigert. Im Jahr 1929 wurden von etwa 6.000 Arbeitern 5,1 Milliarden Zigaretten und 213,8 Millionen Zigarren produziert.
1928 entschloss sich die Tabakregie zu einem Fabriksneubau in Linz, den Auftrag erhielten die renommierten Architekten Peter Behrens und Alexander Popp. Der Bau und die Fertigstellung der südseitigen Zigarettenfabrik, des Pfeifentabakgebäudes und der Verwaltungsgebäude an der Donaulände und des Maschinen- und Kesselhauses waren ganz von der Weltwirtschaftskrise überschattet. Dennoch

gelang es, das Bauprogramm durchzuziehen, sodass am 12. November 1935 die feierliche Eröffnung erfolgen konnte. Mit der neuen Fabrik waren nicht nur der maschinellen Erzeugung angepasste Räumlichkeiten entstanden, sondern ein Industriebau, der internationale Maßstäbe setzte: Berühmt wurde die von der Gerade in die Kurve übergehende, an einen Schiffskörper anknüpfende geschwungene Form und auf die innere Struktur ausgerichtete Fassadengliederung des Zigarettenfabrikationsgebäudes.

Die neue Fabrik sollte einen Ausstoß von drei Milliarden Zigaretten sowie drei Millionen Kilogramm Pfeifentabak und 900.000 Kilogramm Zigarettentabak ermöglichen. Der Produktivitätszuwachs war gewaltig: 1867 hatte eine Susini-Zigarettenmaschine eine Stundenleistung von 3.600 Stück. Um 1900 kamen die ersten Strangmaschinen, 1945 schafften sie 600 Stück in der Minute, in den Fünfzigerjahren 1.400 Stück. Im Jahr 2003 erzeugten in Linz rund 350 Mitarbeiter 19,9 Milliarden Zigaretten und 2004 wurden zwei neue Maschinen angeschafft, mit denen pro Minute statt 8.000 Zigaretten 15.000 produziert werden können.

Die »Österreichische Tabakregie« war einer der wenigen Namen, in dem Österreich als Begriff während der NS-Zeit erhalten blieb. Im Deutschen Reich gab es kein Tabakmonopol. Doch das gewinnbringende Unternehmen der Tabakregie sollte in Form eines Gebietsmonopols unbedingt weitergeführt werden, und zwar in Form der »Austria Tabakwerke Aktiengesellschaft, vormals Österreichische Tabakregie«. Das Aktienkapital wurde zur Gänze vom Deutschen Reich gehalten.

Die Zigarettenproduktion stieg von 1939 bis 1941 von 6,3 Milliarden Stück auf über neun Milliarden und sank dann kriegsbedingt bis 1944 auf sechs Milliarden. Das Sortiment wurde radikal eingeschränkt, angloamerikanische Markennamen wie Smart, Jam, Jonny, Flirt und Pearl fielen der Eindeutschung zum Opfer. Das Versorgungsgebiet wurde mit den Eroberungen zuerst beträchtlich ausgedehnt: nicht nur durch die südböhmischen und südmährischen Gebiete, sondern auch durch den Sudetengau und die nach der Eroberung Jugoslawiens der Steiermark und Kärnten zugeordneten slowenischen Gebiete. Immer mehr überschattete der Krieg die Produktion. 1942 machten die Wehrmachtslieferungen bereits

Die Arbeit in der Linzer Tabakfabrik. Glasbild nach Vorlage von Robin Andersen in der Neuen Tabakfabrik in Linz, links Generaldirektor Dorrek und der Architekt, 1934

Mobilisierung gegen den Schwarzmarkt. Raucht österreichisch. Plakat, Entwurf Josef Autheried, 1948

Herstellung von Zigarettentabak: Auslaufband der Rauchtabak-Packmaschine der Maschinentype T.K.F., 1952

19,9 Prozent des Umsatzes aus, 1944 schon 41,3 Prozent. Tabakprodukte wurden wieder Mangelware, ab Januar 1942 gab es wieder Raucherkarten.

Immer mehr wurden Zigaretten und sonstige Tabakprodukte zu einer Art Ersatzwährung, als »neues Geld«, für das auf dem Land, aber auch in der Stadt viel zu bekommen sei, wie in einem geheimen Lagebericht des Sicherheitsdienstes bereits im Januar 1944 zu lesen war. Nach Kriegsende waren es vor allem die amerikanischen und englischen Marken, die diese Position einnahmen.

Der Tiefpunkt der Produktion an Tabakwaren war nicht 1945 erreicht, sondern 1946. Die Wiener Betriebe hatten schwere Bombenschäden zu verzeichnen, die niederösterreichischen wurden als angeblich »deutsches Eigentum« von der sowjetischen Besatzungsmacht beschlagnahmt und in den USIA-Konzern eingebracht. Als wichtigste Produktionsstätte stand vorerst nur die Linzer Fabrik zur Verfügung. Ziemlich klaglos arbeiteten auch Schwaz und Fürstenfeld. Hallein und Klagenfurt waren während des Krieges geschlossen worden und konnten auch nicht mehr zurückgewonnen werden.

Am 11. April 1949 konnte die Rauchwarenbewirtschaftung endgültig eingestellt werden – die Raucherkarte war nun ein Museumsstück. Allerdings gab es immer noch einen Schwarzmarkt mit amerikanischen Zigaretten und die Sowjetunion stellte mit den steuerfreien USIA-Zigaretten eine schmutzige Konkurrenz dar. 1954 war für die Austria Tabak ein schlimmes Jahr: Der Absatz ging steil nach unten und das Unternehmen geriet in die roten Zahlen. Daher warben die ersten Zigarettenplakate nach 1945 nicht für eine bestimmte Marke, sondern für Österreich: »Raucht österreichisch, damit Österreichs Schornsteine rauchen.« Für die Tabakindustrie war 1955 ein echtes Wendejahr. Hatte man 1954 einen Produktionsrückgang um 803 Millionen Stück Zigaretten hinnehmen müssen, so wurden 1955 wieder 815 Millionen Zigaretten mehr verkauft: Das Monopol war mit dem Wegfall der USIA wieder voll gesichert.

Die chemische Industrie

Die chemische Industrie erzeugte trotz ihrer geringen Größe schon zur Mitte des 19. Jahrhunderts eine beachtliche Vielfalt von Substanzen für andere Branchen. Dazu gehörten Säuren, vor allem Schwefelsäure für eine Vielzahl von Anwendungen von der Produktion von Schießpulver bis zu jener von Seifen und Kerzen und als Schädlingsbekämpfungsmittel; weiters Salpetersäure für die Zündholz- und Sprengmittelindustrie. Wichtige Alkalien waren Soda für die Glaserzeugung, die Textil- und Papierindustrie und die Herstellung von Seife und Kerzen; Pottasche ebenfalls für die Glas-, Seifen- und Kerzenerzeugung und Ätznatron als Ausgangsprodukt für die Seifen-, Kerzen-, Farbstoff- und Celluloseerzeugung. Die wichtigsten Salze waren Chlorkalk als Bleichmittel in der Textilindustrie und Desinfektionsmittel; Glaubersalz für die Verwendung in der Glas-, Textil- und Papiererzeugung und für Farbstoffe; Tonerde-Salze für die Verwendung in der Gerberei und Farbstoffproduktion; Eisenvitriol ebenfalls für den Einsatz in der Gerberei und als Holzkonservierungsmittel. Zu diesen Stoffen, die man in größeren Mengen erzeugte, kam eine Vielzahl von Substanzen in kleinen Produktionsmengen, von weiteren Rohstoffen für die Färberei über Klebemittel bis hin zu pharmazeutischen Produkten. Zum Teil verarbeitete die chemische Industrie diese Grundstoffe selbst zu Zwischen- und Endprodukten weiter, so etwa Farbstoffe für die Textilindustrie und den Konsum, auch Zündhölzer, eine bis zum Ersten Weltkrieg wichtige Sparte. Typische Produktkombinationen im Konsumgüterbereich waren im 19. Jahrhundert beispielsweise Seifen und Kerzen, später auch Speisefett, die oft von denselben Unternehmen produziert wurden.

Die wichtigsten Regionen der Branche waren in der zweiten Hälfte des 19. Jahrhunderts Schlesien und, mit jeweils etwas geringerer Produktion, Niederösterreich sowie die böhmischen Handelskammerbezirke Prag und Pilsen. Die Produkte setzte man zum weitaus überwiegenden Teil im Inland ab. In einigen wichtigen Produktbereichen wie Soda und Schwefelsäure bestanden nach der Jahrhundertwende in der österreichischen Industrie Kartelle.

Im 20. Jahrhundert verschoben sich die Gewichte innerhalb der chemischen Industrie. Nach dem Ersten Weltkrieg verlor die Zündholzindustrie immer mehr an Bedeutung, hingegen baute die Kautschukindustrie, die schon vor 1914 eine der größeren Sparten gewesen war, ihre Position aus und sollte auch nach dem Zweiten Weltkrieg für Jahrzehnte ein wichtiger Produktionsbereich bleiben. Die größten Änderungen kamen aber erst mit der Zeit der nationalsozialistischen Herrschaft und in der ersten Nachkriegszeit, welche die Grundlagen für die spätere Düngemittel- und Kunstfaserproduktion legte. Gleichzeitig gelangte die petrochemische Industrie über die begrenzten Ansätze vorangegangener Jahre hinaus und entwickelte sich zu einer Großindustrie.

Standorte und Beschäftigung

Die chemische Industrie gehörte bis in die ersten Jahre nach dem Zweiten Weltkrieg zu den kleinen Branchen der österreichischen Industrie. Um 1880 arbeiteten in ganz Cisleithanien in den 54 größten Chemiefabriken unter 5.000 und in der ganzen Branche vermutlich unter 10.000 Personen. Bis 1910 stieg die Zahl der Chemiebeschäftigten auf 56.000 Personen, von denen auf die Alpenländer ungefähr 40 Prozent entfielen. Ein Fünftel der cisleithanischen Chemieindustrie konzentrierte sich in Wien, doch nahm die verhält-

Johann Nepomuk Reithoffers Bruder Josef (1796–1858) gründete 1832 in Wien eine Gummifabrik, die seine Söhne 1865 nach Steyr verlegten.

Johann Nepomuk Reithoffer (1781–1872). Er gründete 1831 in Wien die erste Fabrik zur Herstellung gummierter Gewebe auf dem Kontinent, die er 1852 nach Wimpassing verlegte. Ölgemälde von Friedrich von Amerling (1803–1887), um 1844

nismäßige Bedeutung Wiens, so wie auch die der anderen alpenländischen Regionen, in den letzten Jahrzehnten vor dem Ersten Weltkrieg ab.

In der Zwischenkriegszeit änderte sich das Bild innerhalb Österreichs nicht wesentlich. Die Chemieindustrie wuchs zwar bis 1934 auf 33.000 Beschäftigte an, die regionale Verteilung ähnelte aber der vorangegangenen Periode. Knapp die Hälfte der österreichischen Chemiearbeiter lebten in Wien, mehr als ein Drittel in Niederösterreich, der Rest verteilte sich ohne Schwerpunkt auf die anderen Bundesländer. Eine markante Änderung brachte erst die Zeit des Nationalsozialismus: In Oberösterreich entstanden nun mit den Stickstoffwerken in Linz und der Lenzinger Zellwolle zwei neue Großunternehmen, sodass in Oberösterreich nach Beschäftigten gerechnet 1951 gut ein Fünftel und zehn Jahre später fast ein Viertel der österreichischen Chemieindustrie, mehr als in Niederösterreich, beheimatet war. Auf Wien entfielen 1951 und 1961 40 beziehungsweise 35 Prozent der Branche, die in diesem Jahrzehnt von 42.000 auf 61.000 Mitarbeiter anwuchs.

Kleine Unternehmen und beginnende Konzentration vor 1914

Lange Zeit war die Chemiebranche stark von kleinen und mittleren Unternehmen geprägt: Noch 1902 arbeitete mehr als ein Viertel der Chemie-Beschäftigten in Unternehmen mit höchstens 20 Mitarbeitern, etwas weniger als die Hälfte in Firmen mit mehr als 100 Mitarbeitern. Die Verhältnisse unterschieden sich je nach Sparte. So war auch schon zur Jahrhundertwende die Kautschukindustrie überwiegend großbetrieblich organisiert, wobei 40 Prozent der Beschäftigten dieser Sparte im Gebiet des heutigen Österreich alleine in den Vereinigten Gummiwarenfabriken Harburg-Wien arbeiteten, dem einzigen Chemieunternehmen mit über 1.000 Beschäftigten. Dazu kam aber noch eine Reihe weiterer mittlerer bis größerer Unternehmen wie etwa die Österreichisch-Amerikanische Gummifabrik, die Vorläuferin der Semperit. Nur 14 Prozent der Beschäftigten der Gummiindustrie entfielen auf Unternehmen mit unter 100 Mitarbeitern. In einigen anderen Bereichen fehlten zwar noch Unternehmen der größten Kategorie, es gab aber doch eine Reihe von Betrieben mit mehreren hundert Beschäftigten. Auch in den Leuchtgasfabriken, den Erdölunternehmen, den Sprengmittelfabriken und der Zündholzindustrie arbeitete daher nur eine Minderheit in Unternehmen mit unter 100 Mitarbeitern. Hingegen spielte sich die Erzeugung von Farbstoffen, Fetten, Ölen und Leim überwiegend in Unternehmen mit 20

Parfümeriefabrik Klement. Farblithografie von Max Schammler, um 1910

Werbeplakat der Seifenfabrik Alois Epp, 1949

Semperit-Werke in Traiskirchen. Aufnahme Ledermann, Wien 1931

bis 100 Beschäftigten ab, fast nur im gewerblichen Rahmen wurden Harze und Peche, Wachs, Firnis und Lacke sowie Kunstdünger produziert. Ein Sonderfall sind die Apotheken, die als Erzeuger von pharmazeutischen Produkten damals noch größere Bedeutung hatten und meist nur wenige Mitarbeiter beschäftigten.

Solo-Schwefelhölzer

Solo-Zündhölzer

Die Jahrhundertwende war jene Zeit, in der sich in einigen Bereichen der Branche ein Konzentrationsprozess anbahnte. So hatte in der Zündholzindustrie die steirische Solo 1902 noch gut 700 Mitarbeiter. In den wenigen Jahren bis zum Ersten Weltkrieg wuchs sie aber durch eine Reihe von Zusammenschlüssen mit anderen Unternehmen zu einem Großunternehmen mit 4.000 Mitarbeitern an verschiedenen Standorten, darunter 2.000 im Gebiet des heutigen Österreich, und umfasste damit den größten Teil der heimischen Zündholzfabrikation.

Auch in der Gummiindustrie wuchsen die beiden größten Unternehmen, die Vereinigten Gummiwaren und die Österreichisch-Amerikanische Gummifabrik, durch Übernahmen bis 1913 noch beträchtlich an. Die Vereinigte Gummiwaren AG in Wimpassing, die auf die Gummiwarenfabrik von Johann Nepomuk Reithoffer zurückging, hatte sich mit der norddeutschen Harburger Gummifabrik zusammengeschlossen und beschäftigte 1913 über 4.500 Personen, davon 2.000 in Österreich.

Die Österreichisch-Amerikanische Gummifabrik hatte 1910/12 von ihrer ungarischen Tochtergesellschaft die Semperit Gummiwerke in Traiskirchen erworben und beschäftigte 1913 bereits 1.500 Personen. In der Folge firmierte sie als Semperit Österreichisch-Amerikanische Gummiwerke.

In einer kleineren Sparte, der Kerzen- und Seifenerzeugung, hatte sich schon im Vormärz eine Reihe von Seifensiedern zur Apollo zusammengeschlossen. Mit der Produktion von Speisefett seit den Siebzigerjahren entwickelte sich das Unternehmen zu einem der größten Kerzen-, Seifen- und Speisefettproduzenten der Monarchie. Ein zweites Wiener Unternehmen, das Speisefett produzierte, war Khuner in Atzgersdorf, das unter anderem die Kokosfettmarken Kunerol und Laureol kreierte. 1911 und 1912 gingen zuerst die Apollo und dann Khuner ins Eigentum des wichtigsten Konkurrenten, der Georg Schicht AG in Aussig, über, die zu dieser Zeit unter anderem bereits die Hirsch-Seife und das Waschpulver Frauenlob erzeugte. Im Zug der Übernahme fusionierte Apollo mit Schicht, behielt den Wiener Standort aber bei, während Khuner als eigenes Unternehmen weiter bestand. Nach dieser Fusion waren 90 Prozent der pflanzlichen Speisefetterzeugung der Monarchie im Schicht-Konzern konzentriert.

Fortgang der Konzentration und Krise zwischen den Kriegen

Von den später bedeutenden Sparten der chemischen Industrie spielte in der Zwischenkriegszeit nur die Gummiindustrie eine große Rolle, wichtige Produktionsbereiche späterer Jahrzehnte wie die Erdölindustrie, die Kunstdüngerproduktion oder Cellulosefasererzeugung waren noch unbedeutend. Hingegen erlebte das zweite Schwergewicht der Zeit vor 1914 in Österreich, die Zündholzindustrie, einen Niedergang, der sie auf einen Bruchteil ihrer früheren Größe zurückführte.

Die Solo als führendes Unternehmen der Zündwarenindustrie verfügte nach dem Ersten Weltkrieg neben ihren inländischen Produktionsstätten auch über einige Fabriken im nunmehrigen Ausland, die sie in Tochtergesellschaften ausgliederte. Andere Werke im In- und Ausland legte die Solo bereits während des Ersten Weltkriegs still, 1928 stellte sie in einer der drei noch vorhandenen inländischen Fabriken den Betrieb ein, neu erworbene inländische Werke nahm sie ebenfalls aus der Produktion. 1927 kam es zu einem Übereinkommen zwischen der Solo und dem schwedischen Zündholztrust von Ivar Kreuger, das der Solo einen bestimmten Anteil am Zündholzgeschäft zusicherte und Kreuger die Kontrolle der Vermarktung ermöglichte. Alle diese Maßnahmen führten dazu, dass die Solo schon zu Beginn der Weltwirtschaftskrise in Österreich weniger als ein Drittel ihres Beschäftigtenstands von 1913 hatte. Der Rückgang setzte sich in der Krise fort, 1937 beschäftigte das Unternehmen nur mehr 450 Mitarbeiter; ein Stand, der auch nach dem Zweiten Weltkrieg nicht wesentlich überschritten wurde.

In der Gummiindustrie setzte sich nach dem Ersten Weltkrieg der schon vor 1914 begonnene Konzentrationsprozess fort. Von den beiden großen Kautschukunternehmen der Vorkriegszeit blieb letztlich die Semperit übrig, die 1923 das ältere Unternehmen, die Vereinigten Gummiwaren, und im gleichen Jahr auch die Gummi- und Kabelwerke Josef Reithoffer's Söhne im oberösterreichischen Garsten als Eigentümer übernahm. Vor dem Beginn der Weltwirtschaftskrise hatte der Konzern damit etwa 5.000 Beschäftigte. Die Fusion der Semperit mit den Vereinigten Gummiwaren erfolgte erst 1939, während der Standort Garsten in den Dreißigerjahren wegen der Wirkungen der Krise stillgelegt wurde. Insgesamt hatte die Krise allerdings nur kurzzeitige Auswirkungen auf die Semperit, die schon 1933 in etwa wieder ihren früheren Stand erreichte. Während der nationalsozialistischen Herrschaft wuchs das Unternehmen durch weitere Übernahmen zum zweitgrößten Gummiunternehmen des Deutschen Reichs an. Nach kurzzeitigem Einbruch durch Kriegsende und Besatzungszeit erreichte die Semperit bereits 1949 ihre frühere Größe innerhalb Österreichs, 1960 war der Konzern wieder so groß wie während des Zweiten Weltkriegs.

Eine in der Zwischenkriegszeit noch deutlich kleinere Sparte war die Erzeugung von Speisefett, Seifen und verwandten Produkten. Hier war die längerfristig bedeutendste Veränderung die Bildung der Unilever: Die beiden holländischen Margarineerzeuger Jurgens und van den Bergh und die englischen Lever Brothers fungierten als ausländische Partner, die

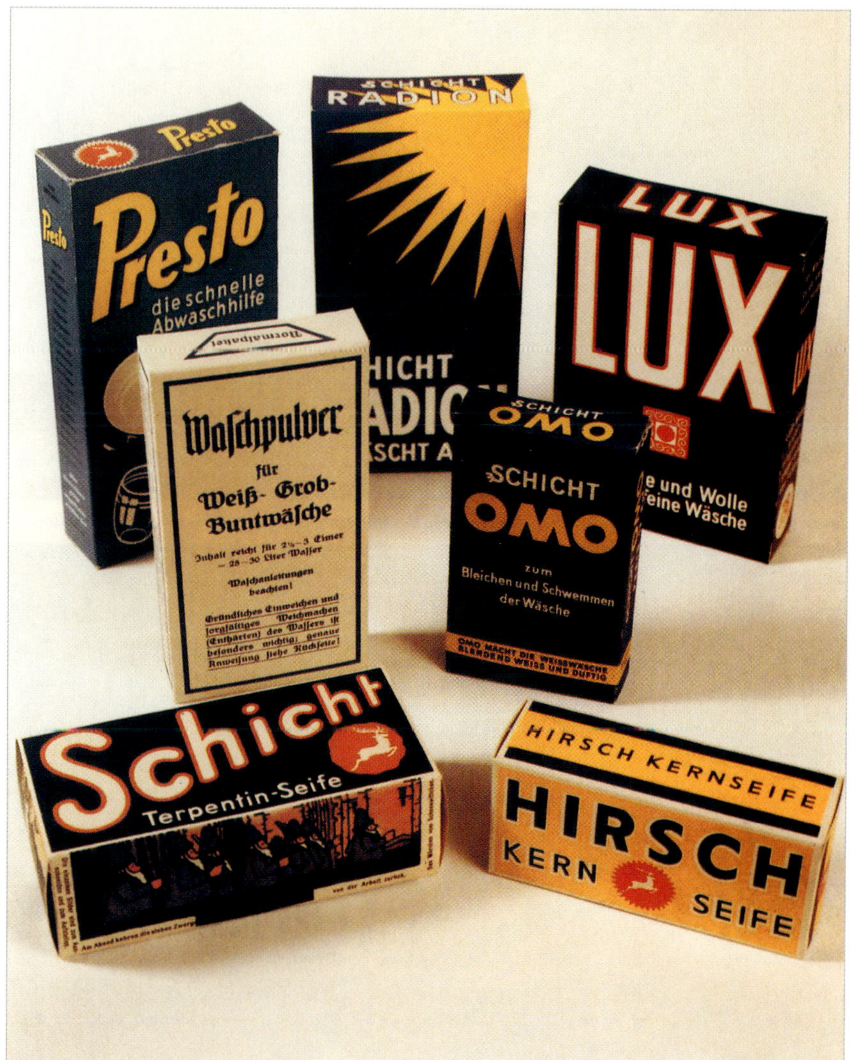

Produktpalette der Firma Unilever 1925–53

nunmehrige Österreichische Georg Schicht AG übernahm den österreichischen Teil. Unmittelbar nach dem Krieg hatte zunächst van den Bergh mit der Centra ein kleineres österreichisches Seifen-, Kerzen- und Fettunternehmen erworben, das unter anderem das Waschmittel Radion produzierte. Die Schicht AG hatte die Liesinger Firma Sarg übernommen, die seit 1874 mit ihrem Kokosfett Ceres und seit 1887 mit der Kalodont-Zahnpasta, der ersten Zahnpasta in Tuben überhaupt, auf dem Markt gewesen war. Eine andere bekannte Marke des Schicht-Konzerns war die Margarine Thea, die Khuner seit 1923 erzeugte und schon seit den ersten Jahren in Würfeln mit Datumsstempel abpackte. 1928 erfolgte dann der Zusammenschluss der Schicht AG mit den holländischen Partnern und ihrer österreichischen Tochter, 1929 die Vereinigung mit Lever. Die Konzentration setzte sich mit der Übernahme weiterer kleiner Unternehmen wie der seit 1899 in Österreich bestehenden Fischhandelskette Nordsee fort. 1937 hatte die Unilever in Österreich etwa 1.000 Beschäftigte, erst nach dem Zweiten Weltkrieg entwickelte sie sich zu einem Vielfachen dieser Größe weiter. In den Nachkriegsjahren wurden einige der alten Marken reaktiviert, ab 1950 brachte der Konzern der Reihe nach die Lux-Seife (in den USA seit den Zwanzigerjahren auf dem Markt), das Waschmittel Omo, Gloria-Shampoo, das Speisefett Rama (in Holland als Rahma seit dem 19. Jahrhundert) und Bona-Speiseöl auf den Markt. In den Sechzigerjahren und später übernahm die Unilever weitere Produkte, die ebenfalls seit langem auf dem Markt gewesen waren, zum Beispiel Eskimo-Speiseeis, das die Milchindustrie AG seit 1927 produziert hatte.

Der Nationalsozialismus und die oberösterreichische Chemieindustrie

Noch im Frühjahr 1938 gab Adolf Hitler seine Zustimmung zur Errichtung des Linzer Hüttenwerks der Reichswerke »Hermann Göring«. Im Lauf der Planungsarbeiten regten die technischen Mitarbeiter an, am selben Standort auch eine Stickstofferzeugung einzurichten, die das Überschussgas der Kokerei nutzen und der deutschen Rüstungsindustrie Salpetersäure und Ammonnitrat für die Erzeugung von Sprengstoffen und der Landwirtschaft Düngemittel liefern sollte. Die Stickstoffwerke Ostmark AG wurde schließlich drei Monate vor dem Kriegsbeginn von der Stickstoff-Syndikat GmbH gegründet, der führend die IG Farbenindustrie Aktiengesellschaft in Frankfurt als Mehrheitseigentümer und weitere Unternehmen angehörten. Die Produktion begann 1942, Anfang 1943 erfolgten die ersten Lieferungen von Düngemitteln. Der Produktionsschwerpunkt verlagerte sich alsbald auf Salpeter und die für die Rüstung wichtige Salpetersäure, während man die Düngerherstellung 1944 beendete. Nach Kriegsende wurde das Unternehmen als Österreichische Stickstoffwerke AG weitergeführt und 1946 verstaatlicht. Die Produktion erstreckte sich nun auf Dünge- und Pflanzenschutzmittel, Erzeugung von Chemikalien für Gewerbe und Industrie und die Herstellung von Arzneimitteln. Die Pro-

Persil-Fabriksgebäude, Radierung von Erich Veit, 1934

duktionskapazität ging bald über die Erfordernisse der österreichischen Landwirtschaft hinaus, sodass von 1949 bis 1954 zwischen 60 und 76 Prozent des Umsatzes auf das Exportgeschäft entfielen. Noch in der Kriegszeit erreichte das Unternehmen großbetriebliche Dimensionen mit bis zu 1.950 Mitarbeitern. Bis 1955 wuchsen die Stickstoffwerke bei weiter steigender Tendenz auf fast 4.700 Mitarbeiter an, das war nahezu ein Zehntel aller Beschäftigten in der chemischen Industrie Österreichs.

Die Zellwolle Lenzing AG war eine Gründung der Thüringischen Zellwolle AG, einiger Textilunternehmen und der Hirtenberger Patronenfabrik aus dem Jahr 1938. Am Standort befand sich bereits die Cellulose- und Papierfabrik der Bunzl & Biach AG, die zu der in der Schweiz ansässigen Bunzl-Konzern-Holding gehörte und nun der Zellwolle Lenzing die erforderliche Cellulose liefern solle. Die Thüringische Zellwolle entzog diese Fabrik ihren Eigentümern und fusionierte sie mit der Zellwolleerzeugung zur Lenzinger Zellwolle- und Papierfabrik AG. Bunzl & Biach hatte in Lenzing 1937 1.800 Mitarbeiter beschäftigt, zusammen mit der neuen Fabrik erreichte die Zellwolle 1944 einen Beschäftigtenstand von 2.800 Personen. Die Zellwolle Lenzing produzierte Viskosefasern und ab 1951 Zellophan, später auch Polyesterfasern. Bis 1960 wuchs sie auf einen Personalstand von 3.000 Mitarbeitern an.

Erdöl und Besatzung

Vor dem Ersten Weltkrieg gab es auf dem Gebiet der Monarchie eine wesentliche Erdölförderung nur in Galizien. In der Republik Österreich begann die Förderung erst in den Dreißigerjahren, als nach intensiver Suche im Gebiet um Zistersdorf Öllagerstätten entdeckt wurden. Die Zuwachsraten in der Förderung waren beträchtlich: 1933 wurden etwa 1.000 Tonnen gefördert, 33.000 Tonnen

Bohrtürme Zistersdorf um 1940

Zapfsäule Rocco, ca. 1930: Es war schwierig, Treibstoff zu bekommen. Dieser wurde anfänglich von Apotheken und Drogerien vertrieben, danach entwickelte sich der Vertrieb von Treibstoff zu einem lukrativen Nebengeschäft für Verkaufsstellen von Lampenpetroleum. Bereits vor dem Ersten Weltkrieg gab es eigene Benzinabgabestellen.

im Jahr 1937 und 1,2 Millionen Tonnen 1944. Nach einem durch das Kriegsende bedingten Absinken stieg die Produktion bis zum Höchststand von 3,7 Millionen Tonnen im Jahr 1955 an.
In den Jahren zwischen 1945 und 1955 kam die überwiegend in der sowjetischen Besatzungszone gelegene Erdölwirtschaft unter den Einfluss der Besatzungsmacht und wurde zum Inbegriff der durch diese betriebenen Industriewirtschaft in Österreich. Die Sowjetunion beschlagnahmte eine Anzahl von Unternehmen, die in den ersten Jahren der österreichischen Erdölwirtschaft entstanden waren, und unterstellte sie der Sowjetischen Mineralölverwaltung (SMV). Zugleich verstaatlichte die Republik Österreich zur Sicherung ihrer Ansprüche die beschlagnahmten Unternehmen.
Die SMV begann nun selbst mit der Erdölförderung und betrieb eine Reihe von Einrichtungen zur Prospektion sowie Bau-, Bohr- und Transportbetriebe. Sie entwickelte sich zu einem wichtigen Teil der sowjetischen Vermögensverwaltung und beschäftigte 1955 10.000 Arbeiter und Angestellte. Vom geförderten Erdöl wurde ein großer Teil als Reparationsleistung in die Sowjetunion exportiert. Nach dem Abschluss des Staatsvertrags 1955 übernahm die Republik Österreich die Betriebsstätten der SMV und übertrug sie an die Österreichische Mineralölverwaltung, die selbst aus der Fusion der früher verstaatlichten Erdölunternehmen hervorgegangen war. Zu Beginn hatte die ÖMV (später OMV) 13.000 Beschäftigte, baute aber durch Rationalisierungen innerhalb weniger Jahre einen beträchtlichen Teil davon ab.

Sparten der Zukunft

Mit der Erdölindustrie war eine der neuen Sparten der chemischen Industrie bereits kurz nach dem Zweiten Weltkrieg in großindustrielle Größenordnungen aufgestiegen, andere Zukunftssparten entwickelten sich erst in dieser Zeit. So begann eines der erfolgreichen Pharmaunternehmen Österreichs, die Biochemie GmbH, 1946 seine Tätigkeit in der stillgelegten Brauerei der Brau AG in Kundl. Das Unternehmen wuchs über Jahrzehnte, gehört seit 1964 zu Sandoz und ist heute Teil von Novartis. Es ist ein bezeichnendes Beispiel für die Entwicklung der pharmazeutischen Industrie von der kleinbetrieblichen Struktur früherer Zeiten zum Großunternehmen und zu einer bedeutenden Sparte der chemischen Industrie.

Die Elektroindustrie

Die österreichische Elektroindustrie ist eine junge Branche ohne gewerblich-handwerkliche Vorläufer. Sie entstand erst im 19. Jahrhundert, da die wirtschaftliche Nutzung der Elektrizität mangels technischer Möglichkeiten davor nicht möglich war. Die Branche blieb längere Zeit vergleichsweise klein, wies aber hohe Zuwächse auf. Man kann dabei drei Phasen unterscheiden, die jeweils von neuen Entwicklungsschüben im Zusammenhang mit neuen Anwendungen der Elektrizität und dazu erforderlichen Apparaten geprägt waren und etwa 1850, 1880 und 1920 begannen.

In den ersten Jahrzehnten ab 1850 bestand Elektrotechnik vor allem in der Anwendung galvanotechnischer Verfahren und der Telegrafentechnik für die Nachrichtenübermittlung. Die industrielle Entwicklung begann wenige Jahre vor der Mitte des 19. Jahrhunderts und die Produktion auf diesem Gebiet wuchs bis zum Ersten Weltkrieg an.

Die zweite Phase, die um 1880 begann, zeichnete sich vor allem in drei Bereichen durch Neuerungen aus. Die erste war die Nutzung von elektrischen Apparaten und Maschinen im Alltag wie etwa elektrischen Haushaltsgeräten, aber auch des Telefons. Dieses war zwar noch jahrzehntelang nur eine Annehmlichkeit für wenige, verlangte aber besonders durch die erforderliche Infrastruktur auch schon in dieser Zeit beträchtliche Produktionsleistungen. Die zweite Neuerung war die elek-

Generatorenfertigung in den Siemens-Schuckert-Werken, Wien, 1913

trische Beleuchtung, die ebenfalls durch die notwendige Infrastruktur, aber auch durch die Lampenerzeugung große Bedeutung für die Industrie hatte. Die dritte Neuerung betraf verschiedene industrielle Anwendungen von Elektromotoren und die elektrische Verkehrstechnik mit der entsprechenden Infrastruktur. Letztere erforderte Elektrizitätswerke ebenso wie elektrische Leitungen und Schaltanlagen verschiedenster Art, ein Produktionsbereich für eine Reihe neuer Unternehmen in den letzten Jahrzehnten vor dem Ersten Welt-

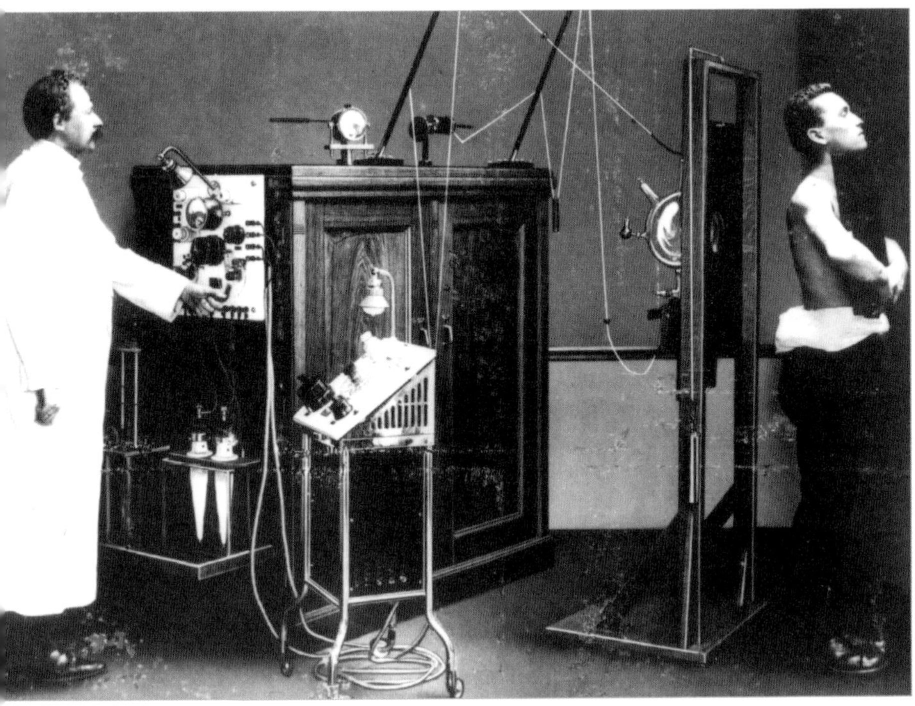

Röntgenapparatur von Siemens & Halske, Wien, 1930

krieg. Alle in dieser zweiten Phase wichtig gewordenen Produkte blieben auch in weiterer Folge zentrale Bereiche der Elektrotechnik.
Diese dritte, nach dem Ersten Weltkrieg beginnende Phase hob sich von der vorangegangenen Zeit wieder durch ein neues, den Alltag prägendes Produkt ab, nämlich durch den Rundfunk. Wenige Jahre nach dem Ende des Ersten Weltkriegs entstand eine größere Zahl von Unternehmen, die Radioapparate erzeugten, und in den Fünfzigerjahren des 20. Jahrhunderts kam auch die Erzeugung von Fernsehgeräten dazu. Eine andere wichtige Sparte, die in dieser Zeit ihren Aufschwung nahm, war die Gesundheitstechnik mit dem vielfältigen Einsatz von Apparaten wie Röntgengeräten oder Bestrahlungslampen.

Beschäftigung in Elektroindustrie und Elektrizitätswirtschaft

Die Entwicklung der Elektroindustrie war mindestens so stark durch gesamtwirtschaftliche Einflüsse und damit durch Kriege, Krisen und kurzfristige Veränderungen geprägt wie durch die Dynamik der Branche selbst. In den Alpenländern beschäftigte die Branche um 1900 etwa 7.600 und um 1910 13.800 Personen, das entsprach etwa zwei Dritteln der cisleithanischen Elektroindustrie. Nach dem Ersten Weltkrieg setzte sich das Wachstum fort; 1934 waren 22.600 Personen der Elektroindustrie zuzurechnen, 1951 bereits 43.800.
Der bei weitem wichtigste Standort war Wien: 1900 arbeiteten 56 Prozent aller Beschäftigten der cisleithanischen Elektroindustrie in Wien, zehn Jahre später waren es noch knapp 50 Prozent. Und auf das heutige Österreich beschränkt konzentrierten sich vor dem Ersten Weltkrieg fast 80 Prozent der Elektroindustrie in Wien, ein Anteil, der in der Zwischenkriegszeit noch stieg.
Ähnlich der Maschinenbauindustrie, der die Elektroindustrie statistisch oft zugerechnet wird, erwies sich diese als besonders krisenanfällig. Dies kann man selbst für die große Depression nach 1873 behaupten, in der der Bau von Telegrafenlinien, der wichtigste Bereich der Branche in der frühen Zeit, deutlich langsamer vor sich ging als in den benachbarten Perioden: Während in der Zeit davor die Länge der verlegten Drähte sich alle zehn Jahre mehr als verdoppelte und ab den Neunzigerjahren immerhin pro Jahrzehnt um die Hälfte wuchs, bewegte sich der Zuwachs in der großen Depression im Bereich von nur 20 Prozent pro Dezennium. Auch den Konjunktureinbruch um 1900 bekam die Elektroindus-

trie stark zu spüren. Nach 1918 litt die alpenländische Elektroindustrie, die den größten Teil der Erzeugnisse von und für ganz Cisleithanien produziert hatte, lange Zeit unter dem Verlust des größeren Teils ihres Inlandsmarktes, da die Nachfolgestaaten der Monarchie nun bestrebt waren, ihre eigene Produktion aufzubauen. Auch deshalb gehörte in der Weltwirtschaftskrise nach 1929 die Elektroindustrie mit 44 Prozent Arbeitslosen zu den Branchen mit den höchsten Arbeitslosenraten. Bis zur deutschen Besetzung Österreichs hatte sich die Branche gegenüber dem Tiefpunkt des Jahres 1934 etwas erholt, ohne jedoch das Niveau von 1929 wieder erreicht zu haben. Erst in der Zeit der nationalsozialistischen Herrschaft wuchs der Beschäftigtenstand der Unternehmen stark an, zum Teil deutlich über die höchsten zuvor erreichten Zahlen hinaus. Die Endphase des Kriegs und die unmittelbare Nachkriegszeit führten zwar zu einem vorübergehenden Rückgang der Beschäftigung, doch wiesen am Ende der Fünfzigerjahre die großen Unternehmen der Elektroindustrie höhere Beschäftigtenzahlen auf als je zuvor.

Ausländisches Kapital und deutsches Eigentum

Ein auffallendes Charakteristikum der österreichischen Elektroindustrie war schon von Beginn an die große Bedeutung von Beteiligungen durch ausländische Unternehmen. In den großen österreichischen Elektrounternehmen zählten zu den ausländischen Eigentümern Brown Boveri, Ericsson, Western Electric und ITT in der Telegrafen- und Telefonfabrikation; Westinghouse, Philips und Siemens in der Glühlampenerzeugung; Philips und später Grundig als Nachfolger der Minerva in der Radioerzeugung; Siemens, AEG und Felten & Guilleaume bei der Herstellung von Infrastrukturanlagen und dazugehörigen Apparaten, der Kabelfabrikation und vor- und nachgelagerten Produktionen. Die ausländischen Beteiligungen bestanden häufig schon vor dem Ersten Weltkrieg; ihr Zweck war es, dem ausländischen Eigentümer einen problemlosen Zugang zum Markt der Monarchie zu verschaffen.

Die Annexion Österreichs durch das Deutsche Reich führte vielfach zu einer Verände-

Plakat zur »Internationalen Electrischen Ausstellung in Wien«, 1883

rung in den Eigentumsverhältnissen und der Eigenständigkeit der Unternehmen. So wurde das Vermögen von Siemens & Halske in Wien, die der deutschen Siemens & Halske gehörte, an die deutsche Muttergesellschaft übertragen und das Wiener Unternehmen in der Folge als Filiale geführt. Das Gleiche passierte mit Siemens-Schuckert und mit der AEG-Union. Allein diese wenigen Unternehmen repräsentierten mit etwa 5.500 Beschäftigten im Jahr 1937 einen beträchtlichen Teil der österreichischen Elektroindustrie. Die Elin, die überwiegend der Creditanstalt und der Eisenbahnverkehrsanstalt gehört hatte, ging nach 1938 an die Deutsche Continental-Gas-Gesellschaft Dessau; dasselbe geschah mit der Kabel- und Drahtindustrie AG (KDAG), die ihrerseits zuvor im Eigentum der Elin gestanden war. Die österreichische Brown Boveri, die zuvor der Schweizer Brown Boveri und der Niederösterreichischen Escompte-Gesellschaft gehört hatte, ging ins Eigentum der Mannheimer Tochtergesellschaft der BBC über; die ITT wurde unter die Verwaltung der Stuttgarter Lorenz AG gestellt; die Allgemeine Lokalbahn- und Kraftwerke AG in Berlin erwarb die Elektrobau AG (EBG).

Nach dem Zweiten Weltkrieg wurden Unternehmen, die während des Kriegs in deutsches Eigentum gelangt waren, von den sowjetischen Besatzungsbehörden beschlagnahmt, von der Republik Österreich verstaatlicht, an frühere Eigentümer zurückgegeben oder an ausländische, nicht-deutsche Eigentümer verkauft. Letzteres geschah etwa mit der österreichischen BBC, die nun wieder an die Schweizer BBC ging. Unter den beschlagnahmten Fabriken in der sowjetischen Besatzungszone befanden sich die Werke von Siemens-Schuckert in Wien-Brigittenau, die Osram-Glühlampenfabrik in Atzgersdorf, die Wiener Anlagen der Elin und das Hauptwerk der AEG-Union in Wien-Stadlau. Als deutsches Eigentum verstaatlicht wurden 1946 unter anderem Siemens & Halske, die von der Beschlagnahme durch die sowjetischen Behörden nicht betroffenen Teile der Siemens-Schuckert, die Elin, die ihrerseits ihr Eigentum an der KDAG zurückerhielt, die AEG-Union und der deutsche Anteil an der EBG. Auf diese Weise gelangten nach 1945 große Teile der österreichischen Elektroindustrie in öffentliches Eigentum.

Die technischen Anfänge: Galvanotechnik und Nachrichtenübermittlung

Die Elektrotechnik im industriellen Maßstab bekam zwar erst im späten 19. Jahrhundert größere Bedeutung, ein elektrotechnisches Gewerbe entwickelte sich aber bereits im Vormärz. Selbst in der Industrie findet man bereits um die Jahrhundertmitte elektrotechnische Anwendungen. Der früheste Zweig dieses Produktionsbereichs war die Galvanotechnik, die Franz Theyer und Erwin Waidele in Wien bereits 1841 als Galvanoplastik auf gewerblicher Basis betrieben. Wichtig wurde die Galvanoplastik im grafischen Gewerbe bei der Herstellung von Druckplatten, eine Tätigkeit, mit der Theyer und Waidele 1848 begannen. In der Metallwarenindustrie nutzte die Berndorfer Metallwarenfabrik seit 1850 die Galvanotechnik für das Versilbern und Vergolden von Besteck und anderen Gegenständen.

Die zweite frühe Anwendung der Elektrotechnik war die Telegrafie. Die erste Telegrafenleitung bestand seit 1846 entlang der Eisenbahn zwischen Wien und Brünn, in den nächsten Jahren folgten Verbindungen von Wien nach Triest, nach Linz und Salzburg und schließlich ein umfassendes Netz mit Zentral- und Nebenlinien. Zahlreiche Erfindungen, die etwa die automatische Weiterleitung von Telegrammen oder die gleichzeitige Beförderung mehrerer Nachrichten in gleiche oder verschiedene Richtungen ermöglichten, erhöhten rasch die Leistungsfähigkeit des Systems. Das Netz wurde über Jahrzehnte ausgebaut und verdichtet, 1914 umfasste es

Telefonzentrale in Wien, Börseplatz, Februar 1938

in Cisleithanien 250.000 Kilometer an Drähten. Auf die Alpenländer, wo der Ausbau früher als in den anderen Gebieten erfolgte, entfielen um die Jahrhundertwende 29 Prozent der Leitungen und 25 Prozent der Drähte.

Aus politischen Gründen beanspruchte der Staat von Anfang an ein Telegrafen-Monopol, erlaubte aber auch Privaten die Nutzung. Beschränkungen lagen weniger im Inhalt von Depeschen, wohl aber in deren Länge, denn nach dem Tarif von 1849 durften höchstens 100 Wörter pro Nachricht versandt werden. Die anfangs enormen Kosten von Telegrammen verhinderten zunächst eine massenhafte Nutzung: So kostete im Jahr 1849 eine Nachricht von Wien nach Triest mit 100 Wörtern 28 Gulden; das entsprach etwa dem, was zu dieser Zeit ein Arbeiter in Wien im Taglohn in zwei Monaten verdienen konnte. Sinkende Kosten und der Ausbau des Netzes führten in den folgenden Jahrzehnten aber doch zu einer intensiven Nutzung: Alleine die Zahl

Schaltwerk Gresten der Elektrizitätswerke Wien (1926): Der erste 110-kV-Schalter in Österreich von Sprecher & Schuh, Linz

gebührenpflichtiger Telegramme in Cisleithanien nahm von etwa 800.000 im Jahr 1860 auf drei Millionen 1870 und über fünf Millionen 1880 zu. Dann lag der Zuwachs bei etwa 60 Prozent pro Jahrzehnt. Der gesamte Korrespondenzverkehr auf den Staatslinien betrug jeweils ein Mehrfaches davon. Bei weitem am intensivsten war der Telegrammverkehr in Niederösterreich mit seiner Ballung von Industrie, Finanz und Bürokratie, überdurchschnittlich auch in Salzburg und Tirol, die am wachsenden Tourismus besonders hohen Anteil hatten.

Die Telegrafie stand am Anfang einiger der ältesten Großunternehmen der Elektroindustrie in Österreich: Die im Jahr 1862 gegründete Mechanische Werkstätte und Telegrafenbauanstalt B. Egger in Wien war der Ursprung der Vereinigten Elektrizitäts AG, in welcher der Gründer Béla Egger 1896 das Wiener Werk und zwei Budapester Fabriken vereinigte, die außer Schwach- und Starkstromgeräten auch Glühlampen produzierten. 1910 übernahm die Schweizer Brown, Boveri & Cie. das Wiener Werk als Österreichische Brown Boveri Werke. Ein anderes Beispiel ist Schrack: Vorläufer von Schrack war Deckert & Homolka, ein 1872 gegründetes Unternehmen für Telegrafeninstallation, das ab 1883 als Telegrafen-, Telefon- und Blitzableiterbauanstalt firmierte. 1912 wurde Deckert & Homolka in die Ericsson Österreichische Elektrizitäts AG eingebracht, an der vor allem die schwedische Ericsson und die Credit-Anstalt beteiligt waren. Zu diesem Zeitpunkt hatte das Unternehmen bereits etwa 1.000 Beschäftigte. Eduard Schrack erwarb 1938 den schwedischen Anteil des infolge der Weltwirtschaftskrise auf ein Fünftel geschrumpften Unternehmens. Ein ähnlicher Fall ist die Vereinigte Telephon- und Telegraphenfabrik Czeija, Nissl & Co., die aus zwei in den Jahren 1871 und 1884 gegründeten Telegrafen- und Telefonbauunternehmen hervorging und ebenfalls einen ausländischen Großaktionär hatte, nämlich die amerikanische Western Electric, die nach dem Ersten Weltkrieg von der ITT übernommen wurde.

Die Elektrotechnik wird alltäglich

Eine gegenüber der Telegrafie wesentlich spätere Erfindung wirkte sich auf die industrielle Produktion wie auch auf den Alltag noch stärker aus: Die Verbreitung des Telefons begann in der ersten Hälfte der Achtzigerjahre des 19. Jahrhunderts und binnen weniger Jahre erwies sich das neue Medium als höchst bedeutsam. Die Länge der verlegten Leitungsdrähte, die Zahl der installierten Apparate und die Zahl der hergestellten Gesprächsverbindungen nahmen rasant zu. In den letzten Jahren vor dem Ersten Weltkrieg führten die Bewohner Cisleithaniens im Durchschnitt zweimal pro Monat ein Telefongespräch. In den Alpenländern bestanden zu Beginn des Ersten Weltkriegs etwa 100.000 Telefonanschlüsse, 1934 etwa 250.000 und 1955 waren es 500.000. Freilich waren die Möglichkeiten, zu telefonieren, ganz ungleich verteilt: Unmittelbar vor dem Ersten Weltkrieg kam ein Telefon in ganz Cisleithanien auf knapp 200 Einwohner, in Niederösterreich einschließlich Wiens auf 50 Einwohner, in Salzburg auf 100 Einwohner und in Kärnten auf fast 500 Einwohner. In Niederösterreich befand sich die Hälfte aller Telefone Cisleithaniens, es wurden dort mehr als 60 Prozent aller cisleithanischen Telefonate geführt. Der größte Teil davon entfiel auf Wien, wo sich noch in den Dreißigerjahren zwei Drittel aller österreichischen Telefonanschlüsse befanden.

Ein anderer Bereich, in dem die Elektrotechnik den Alltag veränderte, war der Haushalt, für den immer neue elektrische Geräte entwickelt wurden. Als Pionier wirkte dabei Friedrich Wilhelm Schindler, dessen Familie schon seit dem frühen 19. Jahrhundert unter der Firma Jenny & Schindler eines der großen Vorarlberger Textilunternehmen geführt hatte. So wie in anderen Unternehmen gehörten

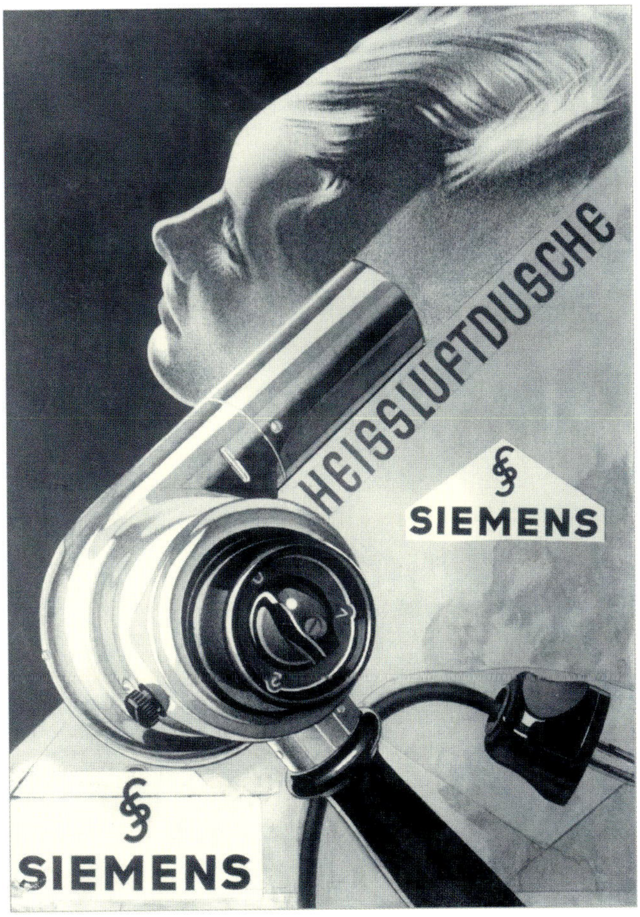

Elektrogeräte aus dem Hause Siemens. Werbung 1938

dazu eigene Elektrizitätswerke, die 1907 als Elektrowerke Jenny & Schindler zu einem erfolgreichen Unternehmen der Elektrizitätsversorgung wurden. Im Jahr 1916 in Vorarlberger Kraftwerke GmbH umbenannt, ging das Unternehmen 1928 in das Eigentum des Landes Vorarlberg über. Schindlers Beschäftigung mit elektrischer Haushaltstechnik reichte in die Achtzigerjahre des 19. Jahrhunderts zurück. 1893 präsentierte er in Chicago auf der Weltausstellung eine vollständig mit elektrischen Geräten ausgestattete Küche. Fünf Jahre später gründete er die Elektra (seit 1901 Elektra Bregenz), die Elektrogeräte herstellte und die zahlreichen Patente ihres erfinderischen Gründers verwertete.

Elektrische Beleuchtung

Nur wenige Jahre nach der Erfindung der Kohlefadenlampe durch Thomas Alva Edison 1879 entstanden auch in Wien die ersten Fabriken zur Glühlampenerzeugung. Nach oftmaligen Eigentümerwechseln verblieben nach einigen Jahrzehnten zwei größere Unternehmen dieser Sparte, nämlich die Watt Glühlampen und Elektrizitäts AG (später Tungsram Austria AG) und die österreichische Tochtergesellschaft der deutschen Osram.

Die Tungsram Austria AG geht unter anderem auf Johann Kremenezky zurück, einen der größten Glühlampenerzeuger der Monarchie, der 1884 mit einigen Partnern die Mehrheit an einer bestehenden Glühlampenfabrik erwarb. Das Unternehmen erzeugte bald außer Glühlampen auch Starkstromgeräte; Kremenezky verkaufte es 1896 an die Schuckert-Werke, kaufte aber kurz darauf die Glühlampenerzeugung zurück und vergrößerte sein Unternehmen noch vor dem Ersten Weltkrieg bis auf 1.500 Mitarbeiter. Nach dem Krieg weitete das Unternehmen die Erzeugung auch auf andere Elektrogeräte aus. 1931 verkaufte Kremenezky das Unternehmen schließlich an die ungarische Vereinigte Glühlampen- und Elektrizitäts AG, die es mit ihrer Not leidenden Watt AG fusionierte.

Die Elektrische Glühlampenfabrik »Watt« (Watt AG), 1891 von Alexander Scharf gegründet, entwickelte sich vor dem Ersten Weltkrieg ähnlich wie Kremenezky, mit etwa dem gleichen Mitarbeiterstand und einer ebenso um-

Glühlampenfabrik Kremenezky, Fabriksgebäude in der Dresdner Straße in Wien XX, errichtet in den Jahren 1907 und 1908. Auftraggeber war Johann Kremenezky (1850–1934), der 1880 die erste Glühlampenfabrik Österreichs gegründet hatte.

fangreichen internationalen Verkaufsorganisation. Seit 1913 war Watt eine Aktiengesellschaft unter Beteiligung der Länderbank, 1917 wurde sie von der Vereinigten Glühlampen- und Elektrizitäts AG in Budapest übernommen – ursprünglich die erwähnte ungarische Glühlampenfabrik Béla Eggers, die noch immer ein Tochterunternehmen der Vereinigten Elektrizitäts AG in Wien war. Nach dem Ersten Weltkrieg wurde so wie in anderen Branchen auch in der Glühlampenfabrikation eine Konzentration erforderlich, da die Kapazitäten für den kleiner gewordenen Inlandsmarkt zu hoch waren. Die Fusion mit Kremenezky war für die wesentlich stärker geschrumpfte Watt AG daher eine Notwendigkeit. Die Produktion am Standort der Watt AG wurde nach der Fusion eingestellt und erst während des Zweiten Weltkriegs als Geschoßzünderproduktion wieder aufgenommen. Zu diesem Zeitpunkt erreichte das Unternehmen eine Größe von 2.000 Beschäftigten. Dieser Standort blieb zunächst auch in der Nachkriegszeit erhalten, nun wieder unter der Firma Watt, während die Kremenezky'sche Fabrik nach der durch Kriegsschäden bedingten Unterbrechung nicht mehr in Betrieb ging. Das Unternehmen verblieb in weiterer Folge mit 300 bis 400 Mitarbeiteren in wesentlich kleineren Dimensionen als früher.
Die österreichische Osram geht auf die Atzgersdorfer Osmium-Licht-Unternehmung zurück, eine Gründung, die Auer von Welsbachs Erfindung der Metallfadenlampe industriell verwerten sollte. Das Unternehmen begann die Produktion 1904, zwei Jahre später wurde es nach einer Beteiligung von George Westinghouse in die Westinghouse Metallfaden Glühlampenfabrik umgewandelt. Nach raschem Wachstum war es vor Beginn des Ersten Weltkriegs etwas größer als Kremenezky oder Watt. Die drei großen Glühlampenproduzenten gründeten 1916 auch eine gemeinsame Vermarktungsgesellschaft.
Drei Jahre nach Kriegsende verkaufte Westinghouse seine europäischen Unternehmen. Philips und die deutsche Osram übernahmen die Atzgersdorfer Glühlampenfabrik, zehn Jahre später erwarb Osram alle Anteile; seither firmierte das Unternehmen unter Osram Österreichische Glühlampenfabrik Ges.m.b.H. Die deutsche Osram war ihrerseits aus einem Unternehmen hervorgegangen, das ebenfalls zur Verwertung der Auer'schen Patente gegründet worden war, und gehörte unter anderem der AEG und Siemens & Halske, später auch General Electric. Dieselben Partner sollten nach dem Ende der sowjetischen Verwaltung, die auch die Atzgersdorfer Osram erfasst hatte, im Jahr 1958 die österreichische Osram am selben Standort neu gründen. In weiterer Folge übernahm Siemens sämtliche Anteile an diesem Unternehmen.

Radio, Fernsehen, Film

Die österreichische Radioindustrie entwickelte sich kurz nach dem Ersten Weltkrieg, als innerhalb weniger Jahre eine Vielzahl von meist kleinen Radioerzeugungs- und Handelsunternehmen entstand, von denen der größte Teil das Geschäft bald aufgab: 1924 verzeichnete man noch fast 1.000 Firmen, davon 85 Prozent in Wien, zwei Jahre später nur mehr 464; in Wien war die Zahl von 846 auf 272 zurückgegangen. In dieser Zeit entstand Ludwig Neumanns Wiener Firma Ingelen, die seit 1924 Radiobestandteile erzeugte, ihren größten Aufschwung aber erst nach dem Zweiten Weltkrieg mit tragbaren Radios erlebte. Ingelen wurde 1966 von der ITT übernommen. Auch Radione, das Unternehmen von Nikolaus und Theodor Eltz, wurde 1924 gegründet. Die Firma produzierte schon vor dem Zweiten Weltkrieg Kofferradios und seit 1957 das Radionescop, ein tragbares Fernsehgerät, stellte aber 1977 die Produktion ein. Das Engagement von ITT bei Ingelen war typisch für die österreichische Radioindustrie, denn seit der Zwischenkriegszeit übernahmen ausländische Konzerne die meisten Unter-

Im Vergleich zu den damals üblichen Osmium-Lampen erreichten Tantal-Lampen einen höheren Wirkungsgrad und eine etwas längere Lebensdauer. Farblithografie, 1905

nehmen. Die wichtigsten darunter sind der niederländische Philips-Konzern und die deutsche Grundig.

Die österreichische Philips geht auf eine Reihe von österreichischen Unternehmen zurück, unter denen sich auch zwei Radioerzeuger aus der Frühzeit der Rundfunktechnik befanden, nämlich die Wiener Radiowerke AG (Wirag) und die Radiowerk Horny AG. Die Wirag war eine Gründung Eduard Schracks (1889–1979), der am Elektrotechnischen Institut der Technischen Hochschule Wien 1918 die erste Hochvakuum-Elektronenröhre Österreichs entwickelt hatte. Das 1920 gegründete Radiolaboratorium E. Schrack produzierte Röhren und Radioapparate. 1937 übernahm Philips, die bereits eine Mehrheitsbeteiligung gehalten hatte, das Unternehmen zur Gänze und benannte es in Wiener Radiowerke um (Schrack kaufte mit dem Verkaufserlös die österreichische Ericsson). Im Jahr 1971 wurde die Wirag im Zug der Zusammenfassung der österreichischen Unternehmen von Philips in die Österreichische Philips–Industrie Fabrikationsges.m.b.H. aufgenommen. Letzteres geschah auch mit der Radiowerk Horny AG, einem 1923 von Friedrich Horny gegründeten Unternehmen, das Philips 1936 übernahm. In dieser Zeit war Horny mit 1.200 Mitarbeitern deutlich größer als die Konkurrenten in der Radioproduktion, nach dem Zweiten Weltkrieg wuchs es beträchtlich an und war 1960 mit 1.850 Mitarbeitern noch unwesentlich größer als die Wirag.

Die Anfänge der späteren österreichischen Grundig gehen auf die Jahre unmittelbar nach dem Ersten Weltkrieg zurück. Das Vorläuferunternehmen war der Elektrobetrieb des aus Deutschland stammenden Wilhelm Wohleber, der 1919 mit einem Elektrohandel begann und 1926 eine eigene Produktion von Radioapparaten aufbaute. Diese Geräte wurden unter der Marke »Radiola« vertrieben, ab 1930 unter »Minerva«, 1954 begann die Produktion von Fernsehapparaten. Das Unternehmen beschäftigte 1937 trotz Weltwirtschaftskrise 300 Mitarbeiter, um 1960 etwa 500. 1969 übernahm Max Grundig das Minerva-Werk.

Außer diesen Radiowerken, die zu österreichischen Ablegern internationaler Konzerne wurden, bestanden auch Unternehmen, die in der Radioproduktion tätig waren, deren Schwerpunkt aber in anderen Bereichen lag. Ein Beispiel ist Kapsch, das nach seiner Gründung 1892 zunächst hauptsächlich Telegrafen- und Telefonanlagen für die Post- und Telegrafenverwaltung produzierte, nach dem Ersten Weltkrieg auch Trockenbatterien und

Kondensatoren. Auch die 1919 gegründete Elektrizitäts- und Metallwarenindustriegesellschaft (Eumig) erzeugte ab 1924 für lange Zeit Radio- und dann Fernsehapparate, ab den Dreißigerjahren auch Filmkameras, bis

Siemens & Halske, Kabelfabrik in Wien Floridsdorf, um 1900

sie sich in den Sechzigerjahren ausschließlich auf Kameras und Projektoren spezialisierte. Unter den Radioerzeugern war Eumig mit 200 Beschäftigten um 1930 und 300 um 1938 eine der kleineren Firmen.

Infrastruktur – Kabel, Draht, Apparate, Anlagen

Einige der größten Unternehmen der Elektroindustrie nach dem Zweiten Weltkrieg entstanden in einem breit gefächerten Produktionsbereich, der Apparate- und Maschinenbau und Einrichtungen der elektrotechnischen Infrastruktur umfasste. Dazu gehören die Siemens AG, das größte Unternehmen der Branche nach 1945, und die Elin.

Die Geschichte der österreichischen Siemens AG begann 1879, als die Berliner Firma Siemens & Halske in Wien einen Betrieb eröffnete. Das Unternehmen baute Eisenbahnsicherungsanlagen, Beleuchtungsanlagen, Dynamomaschinen, Apparate und Bogenlampen und errichtete Elektrizitätswerke, betrieb seit 1897 ein Kabelwerk und seit 1900 eine Maschinenfabrik. Der Mitarbeiterstand wuchs bis 1896 auf über 2.000 Beschäftigte. 1903 gingen die Starkstromabteilung und 1908 die Produktion von Kabeln auf die neu gegründete österreichische Siemens-Schuckert AG über. Die Schwachstromabteilung wuchs weiter, die Belegschaft stieg bis zum Ersten Weltkrieg neuerlich auf 2.000 Beschäftigte an und sank während des Kriegs nur vorübergehend ab. In der Weltwirtschaftskrise ging der Mitarbeiterstand auf etwa die Hälfte zurück, stieg aber nach der deutschen Besetzung innerhalb kürzester Zeit auf eine vorher nicht da gewesene Höhe. Nach dem Zweiten Weltkrieg verstaatlicht und auf Verlangen des deutschen Stammhauses in Wiener Schwachstromwerke umbenannt, ging das Unternehmen Anfang der Siebzigerjahre in der Siemens AG auf.

Die Österreichischen Siemens-Schuckert-Werke gehen, wie schon erwähnt, auf die Glühlampen- und Starkstromfabrik zurück, die Johann Kremenezky betrieben und 1896 an die Nürnberger Schuckert-Werke verkauft hatte. Nach Rückkauf der Glühlampenproduktion durch den früheren Eigentümer verblieb die Starkstromabteilung bei den Österreichischen Schuckert-Werken, an denen sich alsbald die Länderbank beteiligte. Nach der erwähnten Fusion der Österreichischen Schuckert-Werke mit der Starkstrom- und Kabelabteilung von Siemens & Halske, der Errichtung einer Drahtfabrik und eines Kupferwalzwerks, der Gründung der Ungarischen Siemens-Schuckert AG als Tochterunternehmen und Errichtung weiterer Werke in Ungarn war Siemens-Schuckert vor dem Ersten Weltkrieg das größte Unternehmen der Elektroindustrie in Österreich und Ungarn und führend in der Starkstromindustrie. Die Belegschaft umfasste

Elektrizität im Haushalt, Werbeplakat der Wiener Stadtwerke, 1928

6.000 Personen in Österreich und 3.000 in Ungarn, Siemens & Halske war Hälfteeigentümer der Gesellschaft. Siemens-Schuckert baute Elektrizitätswerke, elektrische Bahnen, Beleuchtungsanlagen und Kraftübertragungsanlagen. Nach dem Ersten Weltkrieg wurde die Verflechtung mit Siemens & Halske beibehalten; die Österreichischen Siemens-Schuckert-Werke gingen nun ins Eigentum der deutschen Siemens-Schuckert über, die ihrerseits der Berliner Siemens & Halske gehörte. Das Auslandsgeschäft in Osteuropa betrieben Siemens-Schuckert und Siemens & Halske überwiegend in Form von gemeinsamen Tochtergesellschaften. Nach 1938 wurden einzelne Produktionsbereiche in eigene Gesellschaften übergeführt, die Kabelproduktion in die Wiener Kabel- und Metallwerke, die Bauabteilung in die Siemens-Bauunion. Nach dem Krieg verstaatlicht und in Wiener Starkstromwerke umbenannt, erreichte das Unternehmen bis Anfang der Sechzigerjahre mit über 5.000 Mitarbeitern wieder annähernd seine frühere Größe. Im Jahr 1967 übernahm die Siemens Ges.m.b.H. den Vertriebsapparat, die Produktion wurde mit der Elin fusioniert.

Die Elin AG für elektrische Industrie geht auf das Unternehmen von Franz Pichler zurück, eines studierten Elektrotechnikers, der für seinen Heimatort Weiz 1892 eine elektrische Beleuchtung geplant und eingerichtet hatte und 1897 zusammen mit dem Zivilingenieur Cornel Masal das Weizer Elektrizitätswerk Franz Pichler & Co. ins Leben rief. Dieses Elektrizitätswerk wurde schließlich an die Gesellschaft für elektrische Industrie verkauft, eine Wiener Gründung der Eisenbahnverkehrsanstalt, die mehrere Elektrizitätswerke betrieb. Pichler und Masal blieben Leiter des Weizer Elektrizitätswerks. Vor dem Ersten

Weltkrieg hatte die Elin 500 bis 600 Mitarbeiter, bis zum Jahr 1929 stieg die Beschäftigtenzahl auf 3.000 und betrug nach einem Tiefpunkt im Jahr 1934 wieder 2.000 Personen im Jahr 1937. Dies geschah im Zug einer Expansion durch den Erwerb verschiedener Fabriken und Fabriksinventare – darunter Gießereien, eine Starkstromfabrik, Glühlampenfabriken und anderes – und einer damit verbundenen Verlagerung von der Stromerzeugung zu Elektrotechnik, Installation, Handel und Dienstleistung. Die erwähnte Übernahme der Elin durch eine deutsche Gesellschaft während der deutschen Besetzung führte nach dem Zweiten Weltkrieg zur Verstaatlichung als deutsches Eigentum und 1959 zur Fusion mit der ebenfalls als deutsches Eigentum verstaatlichten AEG Union. Die 1898 gegründete Union Elektrizitätsgesellschaft hatte Apparate für Beleuchtung, Bahnen und Kraftübertragung gebaut und war nach fünf Jahren von der Berliner AEG übernommen worden. Es war jahrzehntelang immer wieder eines der großen Unternehmen der Branche mit 2.000 bis über 3.500 Beschäftigten gewesen, hatte aber dazwischen mehrfach starke Einbrüche erlebt. Die Fusion mit der Elin zur Elin Union erfolgte im Zug einer Neuorganisation der verstaatlichten Elektroindustrie.

Elektrische Praterbahn zur Wiener Internationalen Elektrizitäts-Ausstellung 1883

Massenmedien und Filmindustrie

Das Zeitungswesen gewann in der zweiten Hälfte des 19. Jahrhunderts industriellen Charakter. Drucktechnische Innovationen steigerten die Auflagenzahlen, die harte Zensur wirkte aber lange hemmend. In wirtschaftlichen Krisenzeiten überlebten jene Unternehmen leichter, die in einem Verbund von Papierfabriken, Druckereien und Verlagen arbeiteten. Film und Rundfunk wurden von der ersten Stunde an auch industriell definiert, denn Filmunternehmen entwickelten sich aus dem Schaustellergewerbe in Verbindung mit optischem Apparatebau. Das kreative Potenzial dieser Branche in Österreich wanderte mangels Kapital aber bald nach Deutschland ab. Die technische Infrastruktur der Sendeanlagen war Grundlage für die Entwicklung des Rundfunks und stimulierte letztlich die Produktion der elektrotechnischen Branchen.

Das Zeitungswesen

Die österreichische Presse ist ein Kind des Jahres 1848. Österreich hatte großen Nachholbedarf, doch der »Zeitungs-Frühling« währte nur kurz. Schon 1850 wurde die Inseraten Steuer eingeführt und wenig später erneut die Gebühr des »Zeitungsstempels«. Die Kolportage, »das Hausieren, Ausrufen und Feilbieten« von Druckschriften, blieb verboten. Unter diesen staatlichen Vorgaben erscheint es erklärlich, dass die Druckereien in ihrer technischen Ausstattung nicht auf dem Stand der Zeit waren. Die zeitgenössische Fachwelt selbst merkte an, es sei »geradezu erstaunlich« gewesen, dass der kurzfristige Publikationsbedarf im Revolutionsjahr 1848 habe bewältigt werden können, da viele »noch von den Vätern überkommene schwerfällige Einrichtungen« benutzt hätten. Die Ära des Liberalismus förderte dann vor allem den Aufschwung des Zeitungsmarktes in Wien, dessen frühes Beispiel »Die Presse« werden sollte. 1848 von August Zang nach französischem Vorbild gegründet, erreichte diese

erste moderne Zeitung Österreichs 1855 schon eine tägliche Auflage von 20.000 Exemplaren. Zang richtete die erste selbstständige Zeitungsdruckerei Österreichs ein und holte aus London die Papierstereotypie, welche die

Der Film »Die heilige Lüge« war ein Riesenerfolg in den späten 1920er-Jahren.

Massenauflage erleichterte, weil der Satz nicht mehrfach hergestellt werden musste. Er handelte als Unternehmer, der die Zeitung als Erwerbsquelle sah und bereits damals die Möglichkeiten des Inserats und der Reklame erkannte. Er selbst führte die volkswirtschaftliche Beilage »Der kleine Kapitalist« ab 1856 als Ratgeber ein und ließ seine Mitarbeiter wissen, die ideale Zeitung sei die, in der

»Sprechender Werbewagen« von Philips: 1926 fasste der niederländische Konzern mit einer Vertriebsgesellschaft in Österreich Fuß.

selbst die Königin von England ihre Thronrede inserieren müsse. Die Nachfolgerin der »Presse«, die »Neue Freie Presse«, präsentierte sich 1873 auf der Wiener Weltausstellung mit einem eigenen Pavillon als Zeitungsunternehmen, das bis zu 600 ständige Mitarbeiter beschäftigte. Die »Neue Freie Presse« und das »Neue Wiener Tagblatt«, die österreichweit am stärksten verbreiteten liberalen Zeitungen, verdankten, wie ein Zeitgenosse beobachtete, »hauptsächlich dem technisch vollkommenen Apparate, mit welchem die gesamten Blätter gegenüber den anderen, namentlich den antiliberalen, bevorzugt sind«, ihre Marktführerschaft.

Im aufstrebenden politischen Katholizismus erhielten die liberalen Zeitungen aber einen erbitterten Gegner, der im Druckerei- und Zeitungswesen die katholischen Pressvereine in den Ländern etablierte. Zuerst 1869 den Pressverein der Diözese Seckau (später »Styria Verlag«), gleich darauf jenen in Oberösterreich (später »Oberösterreichischer Landesverlag«) und in Tirol (später »Tyrolia«). Die Lockerung des behördlichen Zugriffs begünstigte den Zeitungsmarkt, auch war die Zeit der Massenparteien, der Christlichsozialen und der Sozialdemokraten, angebrochen. Die »Arbeiter-Zeitung« wurde ab 1889 Zentralorgan der Sozialdemokratie, die »Reichspost« ab 1893 das Medium der Christlichsozialen.

Schon in den Siebzigerjahren waren zwei große Zeitungskonzerne entstanden: Die Steyrermühl AG und der Elbemühl-Konzern, der vier Wiener Tageszeitungen besaß und 1912 den Verlag Waldheim-Eberle übernahm. Waldheims »xylographische Anstalt« erwarb sich große Verdienste um die Illustration: Rudolf Waldheims später an die Steyrermühl AG verkaufte »Neue Illustrierte Zeitung« galt als der erste Höhepunkt der österreichischen Bildpresse.

Die Drucktechnik wurde in England und in Deutschland verbessert. Die Walter-Rotations-Schnellpressen im Zeitungsdruck beschäftigten bald nicht mehr je sechs »Einleger«, sondern arbeiteten ab 1872 »selbstthätig« und lieferten 11.000 komplette Zeitungen pro Stunde. Am häufigsten in Verwendung stand die Heidelberger Klapptiegelpresse, die ab 1919 für die Druckereien verfügbar war. Ab den Achtzigerjahren des 19. Jahrhunderts wurde die Linotype-Zeilensetz- und -gießmaschine zum technischen Standard, bis sie um 1970 vom Fotosatz abgelöst wurde.

Die Aufhebung des Zeitungsstempels mit dem Jahr 1900 brachte Österreich einen Zeitungsboom: einen Zuwachs von 12,5 Prozent. Unter diesen neuen Zeitungen war auch die »Illustrierte Kronen-Zeitung«, ihr Name bezeugt den günstigen Abonnementspreis – eine Krone im Monat. Mit dem Zusammenbruch der Monarchie verlor die Wiener Presse große Absatzgebiete, die Bundesländerpresse und die Parteizeitungen hingegen blühten auf, zumindest bis 1934.

Nach dem »Anschluss« 1938 zerschlug die NS-Politik die Eigentümerstrukturen, liquidierte Zeitungen, verhaftete Eigentümer und Redakteure. Der Zentralverlag der NSDAP, der Franz Eher Verlag, erwarb mit Partnergesellschaften ab 1938 die wichtigsten österreichischen Verlage und Druckereien. Die Herausgeberin der »Illustrierten Kronen-Zeitung«, die Gustav Davis & Co. OHG, war einer der gewinnträchtigsten Zeitungsverlage Österreichs. Im April 1938 musste Gustav Davis sein gesamtes Unternehmen der NSDAP zur Verfügung stellen. Als er 1951 versuchte, die Zeitung wieder erscheinen zu lassen, hinderten ihn die Alliierten daran. Später erwarb Hans Dichand von ihm die Titelrechte.

In der Nachkriegszeit sollte die unterschiedliche Praxis der vier Besatzungsmächte bei der Genehmigung von Zeitungen die Landschaft der österreichischen Printmedien lange Zeit prägen. So erteilten die Sowjets und Briten neben ihren eigenen Besatzungszeitungen nur den nach Kriegsende zugelassenen drei Parteien ÖVP, SPÖ und KPÖ die Erlaubnis zur Herausgabe von Zeitungen, was eine jahrelange Dominanz der Parteipresse in Ost- und Südösterreich bewirkte. Der Informationshunger der Österreicher war so groß, dass die Parteizeitungen im Sommer 1945 Höchstauflagen erzielten, nur die Papierrationierung setzte dem Wachstum Grenzen. Anders als die Sowjets und Briten ließen die Amerikaner und Franzosen zunächst ihnen vertrauenswürdig erscheinende Personen, ad personam bestellte Verleger, in das Zeitungsgeschäft, etwa im Fall der »Oberösterreichischen Nachrichten« und der »Salzburger Nachrichten«. In der Steiermark sollte ab Oktober 1948 die »Kleine Zeitung« zum Konkurrenten der Parteipresse werden. Der Zeitungsverlag und die Druckerei der Steyrermühl AG mussten nach 1945 zehn Jahre lang an den kommunistischen Globus-Verlag verpachtet werden, danach war ein Neubeginn geschäftlich und technisch nicht mehr möglich. Auch die Eigentümerstruktur der Papierfabrik hatte sich inzwischen völlig gewandelt. Die Gesamtauflage der österreichischen Tageszeitungen lag 1946 um 700.000 Exemplare höher als 1938,

Wirklich noch in den Kinderschuhen steckte das österreichische Radio 1924, als dieses Plakat erschien. Entwurf aus dem Atelier Hans Neumann

eine Steigerung, die den Bundesländerzeitungen zuzuschreiben war. 1947 setzte am österreichischen Zeitungsmarkt allerdings ein Auflagenschwund ein, der bis 1957 anhielt und die Zeitungen in den Bundesländern stärker traf als in Wien. Ab Mitte der Fünfzigerjahre, als die unabhängigen Zeitungen ihre Auflagen wieder erhöhen konnten, sanken die Auflagen der Parteipresse unablässig.

Die Filmindustrie

Selbst Kaiser Franz Joseph besuchte die »lebenden Photographien«, als im Jahr 1896 in

Wien – ein Jahr nach der ersten Vorstellung in Paris – die Brüder Lumière durch ihren Vertreter die erste Filmvorführung veranstalten ließen. Der Film begann als Jahrmarktsattraktion und war der Schaustellerei zugeordnet. Die Filme dauerten anfangs maximal 15 Minuten. Mit zunehmender Vorführdauer allerdings änderten sich Präsentationsräume und Publikum, wurde die Jahrmarktsattraktion zum »Lichtspieltheater«.

1910 gründete der Fotograf Anton Kolm gemeinsam mit seiner Frau und Partnerin Luise Kolm, der ersten Regisseurin Österreichs, die erste österreichische Filmproduktion, die Österreichisch-ungarische Filmindustrie GmbH.

»Sascha« Graf Kolowrat prüft Filmstreifen: Alexander (»Sascha«) Joseph Graf Kolowrat-Krakowsky (1886–1927), Begründer der österreichischen Filmindustrie, gründete 1910 die Sascha-Film-Fabrik in Pfraumberg (Böhmen) und entdeckte zahlreiche Schauspieler für den Film, unter anderem Willi Forst und Marlene Dietrich. Höhepunkte seiner künstlerischen Arbeit waren die Produktionen von Monumentalstreifen der Stummfilmzeit auf dem Wiener Laaer Berg (»Sodom und Gomorrha«, 1922, »Die Sklavenkönigin«, 1924).

Ein Jahr später gründeten die beiden die Wiener Kunstfilm Industrie GmbH. Schon damals wurde Kritik laut, dass die Firmen über zu wenig Gründungskapital verfügten. Kolm profitierte von der Erlaubnis, den Kaiser »in allernächster Nähe« filmen zu dürfen, und begann schon 1910 mit Werbefilmen. Inzwischen hatte auch Graf Alexander »Sascha« Kolowrat seine Filmbegeisterung mit beachtlichem Privatvermögen von einem aristokratischen Freizeitvergnügen in ein Unternehmen umgewandelt, 1914 ließ er seine Firma als »Sascha Filmfabrik« ins Handelsregister eintragen und 1916 gründete Kolowrat gemeinsam mit Oskar Meßter, dem Vater der deutschen Filmindustrie, die Produktionsfirma »Sascha-Film«. Ein Jahr später erfolgte in Deutschland die von Militärs und Politikern angeregte Gründung der Ufa, die neben vielen anderen deutschen Firmen auch jene Oskar Meßters aufkaufte. So kam bereits damals eine deutsch-österreichische Achse zustande.

Anfang der Zwanzigerjahre sollte die österreichische Filmindustrie ihren Höhepunkt erreichen. Sascha Kolowrat suchte mit Monumentalfilmen nach amerikanischem Muster die USA als Markt für den österreichischen Film zu öffnen, so entstand ab 1920 bei der Sascha-Film unter der Regie von Michael Kertesz das Epos »Sodom und Gomorrha«. Kertesz wanderte später nach Hollywood aus und drehte als Michael Curtiz »Casablanca«. Der Film »Sodom und Gomorrha« mit einer Spieldauer von drei Stunden kombinierte geschickt Bibelstoff und Zeitstimmung und wurde einer der teuersten in Österreich produzierten Filme. Die Dreharbeiten beschäftigten bis zu 14.000 Statisten, dazu Handwerker, Techniker und Architekten.

Sascha Kolowrat hatte seine Filmstudios in Wien-Sievering errichtet, die Wiener Kunstfilm von Anton und Luise Kolm, die nach einer Finanzspritze durch die Depositenbank in die Vita-Film umgewandelt worden war, baute am Rosenhügel die modernsten Studios Österreichs. Die Vita-Film knüpfte Kontakte nach Frankreich und beschäftigte französische Regisseure und Schauspieler, um, wie Kolowrat seinerseits in den USA, den österreichischen Film zu internationalisieren. Trotzdem geriet der österreichische Film parallel

Plakat für den österreichischen Monumentalfilm »Sodom und Gomorrha«: in den Sascha-Film-Studios entstandener Stummfilm unter der Regie von Michael Kertész (später: Michael Curtiz) aus dem Jahr 1922. Nicht nur der bei den Dreharbeiten betriebene Aufwand war enorm. Neben Darstellern wie Georg Reimers, Lucy Doraine und Walter Slezak traten mehr als 3.000 Komparsen auf – darunter Willi Forst, Paula Wessely, Hans Thimig und Béla Balázs.

mit dem verstärkten Import amerikanischer Produktionen 1921 in die Krise und viele Filmschaffende wechselten nach Berlin. Auch der Tonfilm, welcher der Landessprache eine Chance bot, löste das Absatzproblem des österreichischen Films nicht. Denn in Österreich war es faktisch unmöglich, einen Film zu produzieren ohne sich dabei am deutschen Markt und Publikumsgeschmack zu orientieren. Die Kapitalintensität des Films war schon Jahre vor der NS-Diktatur das Problem der österreichischen Filmindustrie.

Radio Minerva, Plakat, Entwurf Armin Horovitz, um 1935

Darstellung einer der ersten Großreportagen der RAVAG anlässlich des Fluges des Luftschiffes »Graf Zeppelin« über Wien im Jahr 1929. Das Foto zeigt eine auf einem Hausdach installierte Übertragungsstelle mit dem beim Mikrofon stehenden Reporter Balduin Neumann und dem dahinter sitzenden RAVAG-Direktor Erich Kunsti.

Im Februar 1935 kritisierte der Schriftsteller Joseph Roth, den Hollywood damals als Drehbuchautor umwarb, in der Zeitschrift »Das neue Tage-Buch« in seinem »Anschluss im Film« betitelten Artikel ein »Film-Abkommen« zwischen Österreich und dem »Dritten Reich«, weil sich der Bund der österreichischen Filmindustriellen darin verpflichtet hatte, »keine Produktion zu unterstützen, deren Inhalt und Ensemble in Deutschland als tendenziös oder irgendwie verletzend wirken könnten«. Und Joseph Roth warnt: »Die Angst vor dreitausend neuen Arbeitslosen der Filmindustrie kann zu verheerenden politischen Folgen für ein Land führen, das den Kampf um seine Unabhängigkeit mit allen Mitteln führen muss, unter Umständen auch mit den Mitteln des Films.«

1938 wurden alle Filmorganisationen Österreichs aufgelöst und der Reichsfilmkammer unterstellt. Die 1933 durch Mehrheitsbeteiligung der deutschen Tobis-Klangfilm an der Sascha-Film entstandene Tobis-Sascha-Film wurde in die Wien-Film GmbH umgewandelt und sollte zum Produktionszentrum der »Ostmark« werden. Unter der straffen Lenkung der NS-Filmindustrie wurde neben prominent besetzten Propagandastreifen gemütvolle Ablenkung geschaffen.

1945 lag ein Teil der Wien-Film-Ateliers im sowjetischen Sektor (Rosenhügel), ein Teil im amerikanischen Sektor (Atelier Sievering) der Stadt. Dennoch wurde rasch mit neuen Filmproduktionen begonnen. Der größte österreichische Filmerfolg der Nachkriegsjahre war der Heimatfilm »Hofrat Geiger« in der Kulisse der Wachau; international berühmt wurde das Wien jener Jahre aber durch die englische Produktion »Der dritte Mann« mit Orson Welles.

Österreich gelang es nach 1945 nicht mehr, auf Dauer eine eigenständige Filmbranche aufrechtzuerhalten. Vorführungen im Inland brachten nur 10 bis 15 Prozent der Herstellungskosten ein, die Finanzierung österreichischer Produktionen erfolgte in der Regel durch Verleihverträge mit deutschen Filmverleihern. Österreich blieb also auf die Einspielergebnisse des westdeutschen Marktes angewiesen, sodass Ludwig Gerek in der Zeitschrift »Filmkunst« 1953 die Frage »Hat Österreich eine Filmindustrie?« verneinte. Auch wenn Österreich seit 1918 über Jahrzehnte als Reservoir und Talenteschmiede der deutschen Filmindustrie beachtet wurde.

Das Radio

Am 1. Oktober 1924 schlug die Geburtsstunde der RAVAG, der Radio-Verkehrs AG. An diesem Tag begann die tägliche Ausstrahlung von Radiosendungen aus dem Dachgeschoß des

Heeresministeriums, mit einer Sendeanlage, die vorher der militärischen Flugsicherung gedient hatte. Am ersten Sendetag besaßen bereits 11.000 Menschen Empfangslizenzen, der Markt für das Massenmedium war aufbereitet von zahllosen Vereinen und Radiobastlern.

In Österreich war Oskar Czeija (1887–1958) der Rundfunkunternehmer der ersten Stunde. Überzeugt von den Zukunftsperspektiven der neuen Nachrichtentechnik versuchte er ab 1920 ein Unternehmen zur Nachrichtenübermittlung aufzubauen. Czeija musste aber mit seinem Privatvermögen einspringen und auf eigenes Risiko den notwendigen Sender bei Telefunken bestellen, ehe es nach viel Überzeugungsarbeit bei Politikern und Banken zur Bildung einer Proponentengruppe und zur Gründung kam. Im Juli 1924 standen schließlich die Aktionäre der RAVAG fest: 82 Prozent des Aktienkapitals waren in öffentlicher Hand, 8 Prozent im Besitz der Österreichischen Anzeigengesellschaft und 10 Prozent im Besitz von vier Firmen der Schwachstromindustrie. Czeija war zu verstehen gegeben worden, wenn er im neuen Radio in leitender Position bleiben wolle, müsse er auf jeden Aktienanteil verzichten. Statt selbstständiger Radiounternehmer wurde Czeija nun erster Generaldirektor der RAVAG.

Neben der RAVAG erhielt die Radio-Austria die Lizenz für den Funkverkehr mit dem Ausland. Sie war eine Tochterfirma der Marconi Company, die das Monopol in England, Italien und Kanada besaß und im Jahr 1922 die erste Rundfunksendung in England ausgestrahlt hatte. Schließlich existierte vorübergehend noch der erste Wiener Privatsender Radio Hekaphon, der bereits vor dem Sendestart der RAVAG im April 1923 kurze Musiksendungen ausgestrahlt hatte.

Das Geschäft mit den Detektorenempfängern wurde zunächst aus dem Selbstbaubedarf gedeckt, dann aber Mitte der Zwanzigerjahre von der Radioindustrie übernommen, die Interesse am Ausbau des Sendernetzes hatte. 1926 überstieg die Zahl der angemeldeten Hörer 200.000, in demselben Jahr wurde ein Sieben-Kilowatt-Sender auf dem Rosenhügel in Wien gebaut, Sender in den Bundesländern folgten. Währenddessen war die Zahl der Radiohörer weiter gewachsen, 1928 auf 300.000, 1937 auf 600.000 Teilnehmer.

Das Radio verfügte damals schon über internationale Vernetzung, zum Beispiel bot die RAVAG das Europäische Konzert unter Franz Lehár im Verbund mit 113 Sendern an. 1933 wurde der Großsender Wien-Bisamberg mit 100 Kilowatt in Betrieb genommen. Im autoritären »Ständestaat« entwickelte sich der

Bürgermeister Karl Seitz wird von Oskar Czeija, Dr. Gustav Schwaiger und dem Techniker Rudolf Müller vor der Premiere mit dem neuen Medium bekannt gemacht.

Rundfunk zum Verlautbarungsmedium der Regierung, RAVAG-Aufsichtsrat und -Beirat wurden ausgeschaltet. Inzwischen nahmen die Nationalsozialisten Österreich über den Sender München unter mediales Trommelfeuer.
1938 fielen die Sendeanlagen der RAVAG an die Deutsche Reichspost, Wien wurde einer von 16 »Reichssendern«, Salzburg und Innsbruck wurden dem Sender München, Vorarlberg dem Sender Stuttgart zugeschlagen.
1945 war es zunächst erneut der damals 56-jährige Oskar Czeija, der jene Aufbauarbeit fortsetzte, die ihm die Nationalsozialisten 1938 entrissen hatten. Und wieder, wie zwei Jahrzehnte zuvor, finanzierte er die Anlaufkosten aus eigener Tasche vor, eine kleine Wiederaufbaugruppe organisierte mit Handkarren technisches Material, um anstatt der völlig zerstörten Sender behelfsmäßige Anlagen zu errichten.
In der Nachkriegszeit erhielt Österreich den Besatzungszonen entsprechend vier Sendergruppen. Die höchste Popularität, nicht zuletzt durch die Einführung von »Personen-Suchmeldungen« als Radio-Service, erreichte die von den Amerikanern in Salzburg gegründete Sendergruppe »Rot-Weiß-Rot«, die auch bald in Linz und Wien Studios errichtete und zum innovativen Motor des Rundfunks in Österreich werden sollte. »Radio Wien«, kontrolliert von den Sowjets, war in seiner Programmgestaltung wesentlich konservativer ausgerichtet und litt unter dem Beginn des Kalten Krieges. Die österreichische Bundesregierung bemühte sich um die Rückgabe der Sender. 1949 gelang es mit dem »Investitionsschilling«, ein Finanzierungsinstrument zum Aufbau eines einheitlichen österreichischen Rundfunks zu schaffen: Ein Teil der Rundfunkgebühren wurde zentralen technischen Aufgaben gewidmet. Die getrennte Entwicklung während der Besatzungsjahre begünstigte freilich auch die dezentrale Etablierung von Studios in den verschiedenen Bundesländern. Im Jahr 1953 begann der UKW-Betrieb mit dem ersten einheitlichen und von Besatzungsmächten unabhängigen Programm des »Österreichischen Rundfunks«.
Nachdem Österreich nun wieder selbst über sein Sendernetz verfügte, meldeten die ÖVP-dominierten Länder ihre Ansprüche auf eigene Landessender an. Der Rundfunk wurde letztlich Bundessache, sollte aber der föderalen Struktur Österreichs gerecht werden.
Der Schritt ins Fernseh-Zeitalter erfolgte 1955 nach mehreren inoffiziellen Präsentationen. Fernsehübertragungen wurden zwar schon 1936 in Deutschland realisiert, der NS-Postminister kündigte 1939 einen »Fernseh-Volksempfänger« an, in die Wohnzimmer kam das neue Medium aber nicht mehr, denn die Entwicklungsarbeit wurde auf Radartechnik und Rüstung verlagert. In Österreich war es am 1. August 1955 so weit, dass dreimal wöchentlich Versuchssendungen ausgestrahlt wurden – nachmittags, um den Passanten das »Fernsehen« in den Schaufenstern der Radiogeschäfte präsentieren zu können, ehe das Ferngerät zum Massenkonsumartikel wurde. 1955 empfingen 1.420 Haushalte das Fernsehprogramm, 1959 waren es schon über 100.000.

Sendergruppe Rot-Weiß-Rot, in der amerikanischen Zone (Wien, Salzburg, Oberösterreich südlich der Donau)

IV. FRÜHER STARTER – SPÄTER SIEGER

Österreichs wirtschaftliche Entwicklung im internationalen Vergleich

Großbritanniens Vorsprung, Frankreichs Abweichung vom allgemeinen Entwicklungspfad, Deutschlands Aufholjagd, Österreich-Ungarns »Durchwursteln«, der gewaltige Nachholbedarf Südeuropas, Russlands Rückständigkeit und später Start ... Die Biografien der Industrialisierung unterscheiden sich beträchtlich. Mit welchen Ländern kann Österreich verglichen werden: mit dem unmittelbaren Nachbarn und Vorbild Deutschland, mit anderen Regionen der Habsburgermonarchie, insbesondere mit Böhmen–Mähren–Schlesien beziehungsweise der späteren Tschechoslowakei, oder mit England, dem Mutterland der Industrialisierung, mit den westeuropäischen Industriestaaten, mit den Nachbarn in Osteuropa oder mit dem Durchschnitt der gesamten Welt?

Um 1850 war England die Werkstatt der Welt: Das Land hatte das höchste Sozialprodukt, die leistungsfähigste Industrie, den dichtesten Verkehrsverbund, die besten Straßen, ein weites Kanal- und Wasserstraßennetz, die meisten Eisenbahnlinien, eine funktionsfähige Küstenschifffahrt – und es beherrschte die Meere. Zwischen 1800 und 1870 hatte sich seine Industrieproduktion verachtfacht. In zahlreichen Branchen entfiel mehr als die Hälfte der europäischen Produktion auf Großbritannien.

Die Weltausstellung 1851 im Londoner Kristallpalast demonstrierte den Gipfelpunkt der britischen Suprematie. Schon 1867 zeigte sich eine etwas veränderte Ausstellungswelt. Nur noch 10 Prozent der Exponate stammten diesmal aus Großbritannien. Aber Großbritannien produzierte 1870 noch immer etwa 58 Prozent des europäischen Roheisens und verbrauchte 57 Prozent der nach Europa importierten Baumwolle.

Doch der Aufholprozess der anderen hatte längst eingesetzt, beim Eisenbahnbau, auch im Textilsektor, noch nicht beim Eisen. 1913 übertraf Großbritannien im Pro-Kopf-Einkommen immer noch alle anderen Staaten, ausgenommen die USA, konnte das Tempo aber nicht mehr mithalten.

Anders als Großbritannien fielen die USA nicht zurück, sondern hielten sich mehr als 100 Jahre unangefochten an der Spitze. Die Spitzenpositionen und Rangfolgen wechselten jedoch. Im frühen 20. Jahrhundert zählte zum Beispiel Argentinien zu den reichsten Staaten der Welt. Oder: 1945 dürfte die Tschechoslowakei ein BIP pro Kopf erzielt haben, das etwa doppelt so hoch war als jenes des benachbarten Österreich, und damit zu den reichsten Staaten Europas zu rechnen gewesen sein.

1951 schrieb Alexander Gerschenkron, altösterreichischer Herkunft und sicherlich beeinflusst von der Kenntnis der Entwicklung der Habsburgermonarchie, den bahnbrechenden Aufsatz über die Vor- und Nachteile verspäteter Industrialisierung. Darin stellte er die Frage, was ein Nachfolgerland brauche, um seine Vorgänger einzuholen. Die Mobilisierung von Kapital sei das Entscheidende: An erster Stelle stünden Länder mit hohem privatem Reichtum und gut ausgestatteten Handels- und Privatbankhäusern, die in der Lage seien, die Investitionen über Familienvermögen, Privatkredite und Reinvestitionen zu finanzieren. Dann folgten ärmere Länder mit relativ geringen Privatvermögen, wo das Investitionskapital über Investmentbanken aufgebracht und gebündelt werden müsse, und schließlich arme Länder, wo nur der Staat über Steuerabschöpfungen in der Lage sei, das nötige Kapital aufzubringen. Die Situation wurde dadurch verschärft, dass mit der technischen Entwicklung die Kapitalintensität und der Kapitalbedarf zunahmen. Großbritannien gehörte zweifellos zur ersten Kategorie, Deutschland, Österreich und Italien zur zweiten, Russland zur dritten.

Globaler Verkehr: Kolonial- und Weltverkehrskarte der Erde nach dem Ersten Weltkrieg, Wien, ohne Jahr

Bevölkerung, Arbeitskraft, Bildung

Österreichs Bevölkerung, bezogen auf das heutige Bundesgebiet, stieg zwischen 1850 und 1910 von 3,9 Millionen auf 6,6 Millionen, wobei der Großteil des Zuwachses auf Zuwanderung entfiel. Bis 1950 kam es nur mehr zu einer geringfügigen Zunahme auf 6,9 Millionen. Österreichs Anteil an der Gesamtbevölkerung Europas (inklusive des europäischen Teils Russlands und später der UdSSR) lag zwischen 1850 und 1910 ziemlich gleich bleibend bei etwa 1,5 Prozent. Durch Kriegsverluste, rassische und politische Verfolgungen und Vertreibungen, die durch Flüchtlinge und durch Zuwanderung nur teilweise ausgeglichen wurden, sank dieser Anteil bis 1939

lonial- und Weltverkehrskarte der Erde.

Äquatorial-Maßstab 1 : 150,000.000.

Kartogr. Anstalt G. Freytag & Berndt, Ges. m. b. H., Wien.

Die Meridiane von 15° zu 15° entsprechen dem Zeitunterschiede von einer Stunde.

auf 1,2 Prozent, stieg dann bis 1949 durch die Flüchtlingswellen auf 1,3 Prozent und ging bis 1960 wieder auf 1,2 Prozent zurück. Die Zuwanderer erfüllten eine wichtige Funktion im wirtschaftlichen Wandel, als unselbstständige Arbeitskräfte wie als selbstständige Unternehmer. In beiden Kriegen hatte Ost- und Südosteuropa demografisch die Hauptlast zu tragen.

Die Geburtenraten im heutigen Österreich waren schon im 19. Jahrhundert extrem niedrig. Mit knapp über 30 Promille um 1850 (nur Frankreich und Irland hatten niedrigere Werte) und Sterberaten ganz knapp unter 30 war das natürliche Bevölkerungswachstum schon um die Mitte des 19. Jahrhunderts sehr gering. Deutschland mit mehr als 35 Promille oder Russland mit über 50 Promille erreichten hier deutlich höhere Zuwachsraten. Als um 1880 der demografische Übergang in Österreich einsetzte, zuerst mit sinkenden Sterbe- und ab 1900 auch sinkenden Geburtenraten, veränderten sich die Relationen zu anderen Ländern wenig. Österreich hatte um 1910 eine Geburtenrate von etwa 25 Promille, Deutschland etwa 30 und Russland etwa 45. Auch im 20. Jahrhundert, insbesondere in den Dreißigerjahren, zählte Österreichs Geburtenrate zu den niedrigsten Europas, nur Schweden und Frankreich lagen noch niedriger. Bei den Sterberaten, auch außerhalb der Kriegszeiten, lag Österreich im Mittelfeld der europäischen Länder, deutlich über West- und Nordeuropa.

Die Lebenserwartung bei der Geburt war um 1870 für Männer im heutigen Österreich mit 32,7 Jahren die niedrigste in einem Sample nord-, west- und südeuropäischer Länder (Deutschland 35,6 Jahre, Italien 35,1 Jahre, Frankreich 40,8 Jahre, Großbritannien 41,4 Jahre, die Schweiz 41,1 Jahre und die skandinavischen Länder jeweils mehr als 45 Jahre). Bis 1910 hatte sich an der Positionierung Österreichs nichts Wesentliches geändert, Österreich lag mit nunmehr 43,5 Jahren Lebenserwartung bei der Geburt immer noch an der letzten Stelle dieses Samples europäischer Länder. Auch um 1950 lag Österreich bei diesem Indikator noch deutlich schlechter als Nord- und Westeuropa. Ähnliches gilt auch für die Frauen.

Es gab im Jahr 1880 kein europäisches Land (Frankreich mit 65,2 Prozent ausgenommen), das einen höheren Anteil an Einwohnern im potenziell erwerbsfähigen Alter zwischen 15 und 65 Jahren gehabt hätte als Österreich. In Deutschland betrug dieser Anteil 59,9 Prozent, in Großbritannien 59 Prozent, in Griechenland 57,3 Prozent und in Bulgarien nur 52,7 Prozent.

Die vor allem von Erwachsenen getragene Zuwanderung führte dazu, dass Österreich immer einen relativ hohen Anteil der Bevölkerung im Alter zwischen 15 und 65 Jahren hatte, einen höheren als andere europäische Länder. Die Wanderbewegung war von sehr heterogenen Faktoren beeinflusst: Dass Österreich in den Fünfzigerjahren des 20. Jahrhunderts noch zu den Auswanderungsländern zählte, war einerseits noch Folge der großen Flüchtlingsströme der Vierzigerjahre, andererseits des wirtschaftlichen Gefälles, das gegenüber den Nachbarländern Schweiz und Deutschland noch immer bestand.

Einfache Korrelationen zwischen Bildungsstand und Wirtschaftswachstum gibt es nicht. Weder ist ein bestimmtes Bildungsniveau Voraussetzung für modernes Wachstum, noch besteht ein direkter Zusammenhang zwischen Perioden wirtschaftlicher Prosperität und Perioden der Veränderung in Bildungswesen und Bildungsstand. Das Beispiel Großbritannien zeigt, dass man auch ohne allgemeine Schulpflicht eine führende Industrienation werden und technische Pionierleistungen ohne technische Hochschulen erbringen konnte. Mit komplizierter werdender Technik und den neuen Leitsektoren Elektrizität, Chemie oder Fahrzeugbau wurden aber Bildungsstand und Bildungsinvestitionen immer bedeutsamer.

Entscheidend war zweifellos das Wissen. Während hier im 18. und frühen 19. Jahrhun-

dert Österreich im internationalen Vergleich gar nicht gut abschnitt, gab es zwischen 1850 und 1938 einen Boom in Forschung und Hochschulbildung. Österreich wurde zu einer Region mit viel Wissen und hoher Wissensproduktion, seine Universitäten und seine Wissenschaftler erreichten Weltniveau. Nie mehr hat Österreich so viele Nobelpreisträger hervorgebracht wie in der ersten Hälfte des 20. Jahrhunderts.
Bis in die Mitte des 19. Jahrhunderts dominierte der Wissenstransfer nach Österreich. Kommerzialreisende, Handelsagenten und Industriespione fuhren nach England und holten Know-how in Form von Ingenieuren und Facharbeitern und in Form von Plänen und Lizenzen.
Die Reform des Bildungswesens, die unter Maria Theresia, Joseph II. und Franz I. eingeleitet wurde, trug langsam Früchte (Universitäten nach Humboldt'schem Muster, Polytechnische Hochschulen, die Akademie der Wissenschaften etc.). An den Universitäten, Technischen Hochschulen und den mittleren Gewerbeschulen und Ausbildungsstätten wurden eigene Wissensstätten aufgebaut. Allerdings brauchte es Zeit, bis die Früchte zu ernten waren.
Österreich hatte in den Jahrzehnten von 1920 bis 1940 den weitaus höchsten Anteil an Hochschülern. 3,6 Prozent aller 20- bis 24-Jährigen besuchten eine Universität oder Hochschule, das waren mehr als doppelt so viele als in Deutschland und fast dreimal so viele als in Großbritannien. Der Mittelwert eines Samples west- und mitteleuropäischer Länder lag bei 2 Prozent. 1950/55 war Österreichs Studentenquote immer noch hoch (4,5 Prozent), doch der Mittelwert lag nunmehr bei 3,9 Prozent. Der hohe Anteil des Dienstleistungssektors (Beamte, freie Berufe etc.) hat den vergleichsweise hohen Anteil von Studenten in Österreich begünstigt, während nach dem Zweiten Weltkrieg die Universitätsstudien in West- und Nordeuropa vorerst sehr viel rascher wuchsen als in Österreich.

Unterschiedliche Geschwindigkeiten

Österreich-Ungarn war eine Großmacht, die beherrschenden Einfluss am Balkan ausübte, immer noch starken Anteil an der italienischen Politik nahm, starke Beziehungen nach Deutschland hatte und durch seinen hohen Anteil slawischer Bevölkerung, die in Summe die weitaus größte nationale Gruppierung ausmachte, in enger Beziehung und auch Konfrontation mit dem größten slawischen Staat, mit Russland, stand.
Historiker tendieren dazu, politisches Scheitern durch ökonomische Misserfolge bedingt zu sehen und einem politisch krisengeschüttelten Staat automatisch auch wirtschaftliche Schwäche zuzuschreiben. Auf die Habsburgermonarchie bezogen, im 19. Jahrhundert häufig als »Europas China« oder als »kranker Mann an der Donau« bezeichnet, begegnet diese Argumentationskette in besonders häufiger Form. Die politische Instabilität, die internen Nationalitätengegensätze und das schließliche Versagen und der Untergang im Ersten Weltkrieg haben viele Beobachter veranlasst, eine im Verlauf des 19. Jahrhunderts zunehmende wirtschaftliche Rückständigkeit und regionale soziale Ungleichheit zu konstatieren.
Tatsächlich war von 1820 bis 1870 das ökonomische Gefälle zwischen Westeuropa und der Habsburgermonarchie größer geworden. Zwischen 1870 und 1910 aber machte Österreich-Ungarn durch vergleichsweise hohe Wachstumsraten wieder etwas Boden gut. Dennoch war 1914, auch wenn man ab dem ausgehenden 19. Jahrhundert wieder auf die Überholspur gewechselt hatte, die ökonomische Position relativ zu Westeuropa doch immer noch schlechter als ein Jahrhundert zuvor. Man blieb unzufrieden. Die Vorstellung, dass das Deutsche Reich expandiere, politisch, ökonomisch und kulturell, während Österreich stagniere und sich »durchwurstle« oder »fortfrette«, wurzelte sich immer tiefer ein.

Die aus dem Zerfall der Habsburgermonarchie als »Rest« hervorgehende Republik Österreich zählte zu den wirtschaftlichen Hauptverlierern des Ersten Weltkriegs: Österreich war zwar nie Kriegsgebiet gewesen und es gab keine physischen Zerstörungen wie in Belgien und Nordfrankreich, aber die territorialen Verluste und daraus resultierenden Strukturprobleme waren immens, und noch viel ärger war die Vertrauenskrise, mit der die neue Republik zu kämpfen hatte. Es gab nicht wie in der Tschechoslowakei die Euphorie des nationalen Neubeginns, nicht wie in Deutschland das trotzige Aufbegehren der Revanche und schon gar nicht wie in den USA den Triumph des militärischen und vor allem wirtschaftlichen Siegers. Die »goldenen« Zwanzigerjahre, welche die USA, Westeuropa und auch Deutschland und die Tschechoslowakei kennzeichneten, fehlten in Österreich.

Der Erste Weltkrieg zerstörte die wirtschaftliche Einheit Europas. Am stärksten wirkte sich dies in Mittel- und Osteuropa aus. Er unterbrach nicht nur viele Handelsströme, Ströme von Dienstleistungen, Kapital und Arbeitskräften. Er hinterließ zwei unterschiedliche Wirtschaftssysteme: 1917 entstand mit der Sowjetunion eine »Zweite Welt«, ein von der Marktwirtschaft grundsätzlich verschiedenes Wirtschaftssystem. Die Auswirkungen auf die »Erste Welt« waren gravierend: ein grassierendes Revolutionsfieber, der Aufstieg des Faschismus, der sich auch als Antwort auf den Kommunismus verstand, schließlich auch die Auswirkungen der planwirtschaftlichen Experimente.

Während eine Reihe von Ländern nach 1918 in eine Hyperinflation schlitterten – neben Österreich auch Deutschland, Ungarn, Polen, Russland, Griechenland, die Baltischen Staaten –, konnten Länder wie die Tschechoslowakei und Italien mit einer mäßigen Geldentwertung auskommen und andere

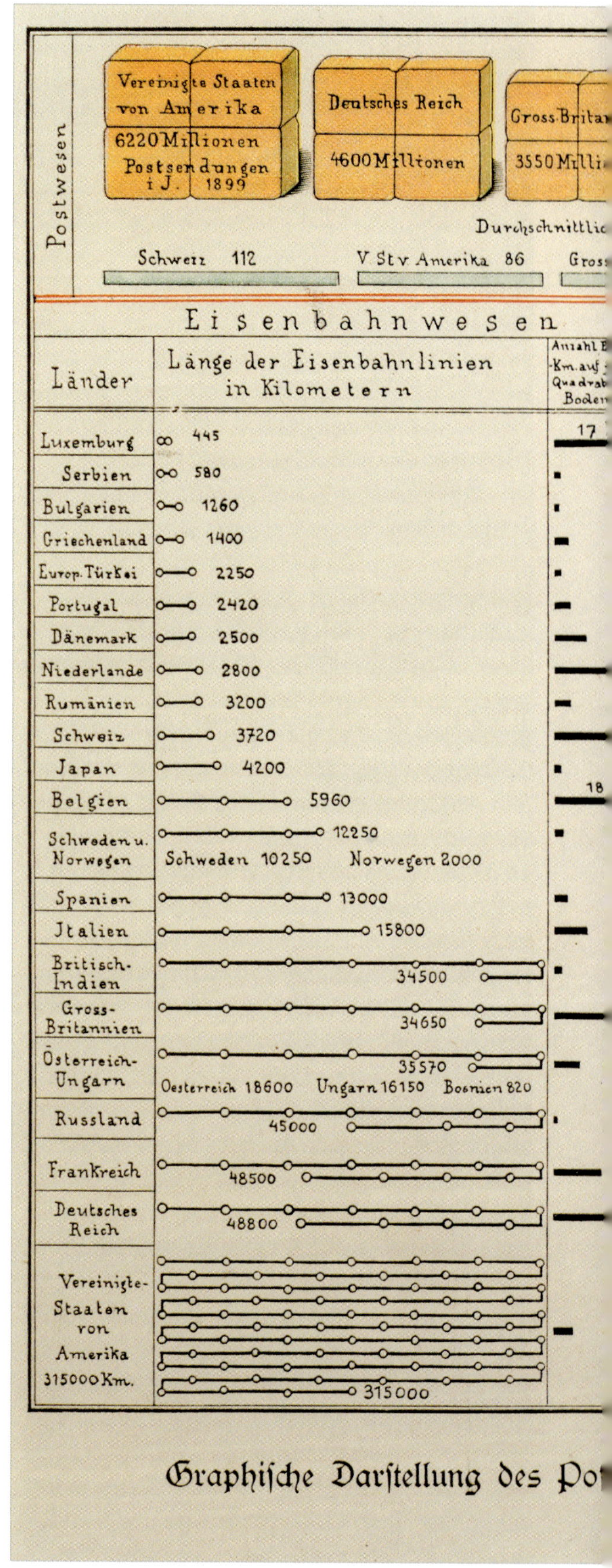

Globale Vernetzung: Die Welt der »Jahrhundertwende«. Ein internationaler Vergleich, Stand 1899

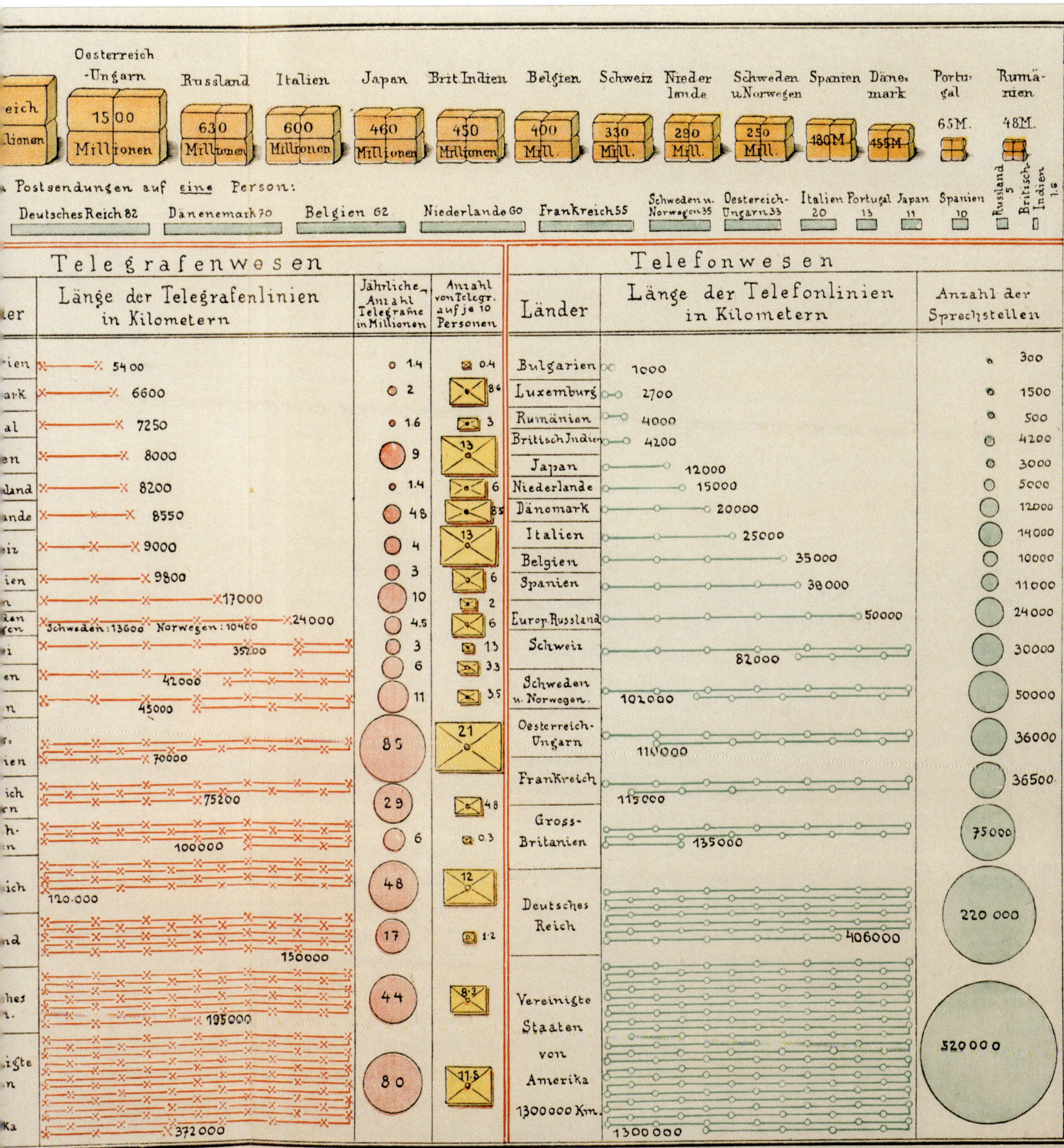

…ahn-, Telegraphen- und Telephonwesens der wichtigsten Kulturstaaten im Jahre 1899.

Entworfen und gezeichnet von Professor A. L. Hickmann (Wien).

hatten wiederum mit einer Deflation zu kämpfen. Deutschland hielt in der Höhe der Inflation mit einem Wertverlust auf ein Billiardstel den Rekord. Russland folgte mit eins zu vier Milliarden, Polen mit eins zu 2,5 Millionen, Ungarn und Österreich mit einem Sinken auf ein Einundzwanzigtausendstel und ein Vierzehntausendstel. Aber praktisch waren die Vermögen in Österreich bei einem Vierzehntausendstel des ursprünglichen Wertes genauso vernichtet wie in Deutschland bei einem Milliardstel. In den Ländern mit zerrütteter Währung wurde auch der gesamte Banken- und Kreditapparat in Mitleidenschaft gezogen.

Einen echten Wirtschaftsboom gab es in den Zwanzigerjahren nur in den USA, Deutschland war auf dem Weg, die Vorkriegsdynamik wiederzuerlangen, und die Niederlande, Norwegen, Schweden, die Schweiz und die ČSR konnten ihre Position verbessern. Österreichs Volkswirtschaft hingegen verzeichnete zwischen 1913 und 1938 eine der schlechtesten Vorstellungen Europas, nur Spanien lag noch schlechter. Während Europas Sozialprodukt zwischen 1913 und 1918 pro Kopf und Jahr um etwa 0,9 Prozent wuchs, gab es in Österreich einen Rückgang um 0,3 Prozent. Spitzenreiter im Wachstum waren die skandinavischen Staaten, dahinter Deutschland und die westeuropäischen Länder.

Auch die Weltwirtschaftskrise traf die europäischen Länder sehr unterschiedlich. Die skandinavischen Länder litten weniger als Mitteleuropa. Deutschland konnte sich vermutlich schon 1932, sicher aber 1933 aus der Talsohle befreien, in Österreich und der Tschechoslowakei war die Krise hartnäckig, aber auch in Frankreich und den USA. Spanien war durch den Bürgerkrieg überhaupt ein Sonderfall. Die Sowjetunion schuf sich mit ihrer Agrar- und Industriepolitik eine eigene, viel brutalere Krise, der mehrere Millionen Menschen zum Opfer fielen.

Dass Österreich nach dem New Yorker Börsenkrach vom 24. Oktober 1929 von der Weltwirtschaftskrise schwerer und hartnäckiger getroffen wurde als andere Länder, hatte mehrere Ursachen:

Erstens die langfristigen Folgen des Zerfalls des gemeinsamen Wirtschafts- und Handelsraumes der Habsburgermonarchie mit seinen generell negativen und für das ehemalige Zentrum der Habsburgermonarchie, die spätere Republik Österreich, besonders nachteiligen Auswirkungen.

Zweitens die den Krieg und den Zerfall des gemeinsamen Wirtschaftsgebietes begleitende und seine Folgen verschärfende Hyperinflation mit den nach der Stabilisierung sich ergebenden extrem hohen Zinssätzen, welche die Investitionsbereitschaft lähmten.

Drittens der nahezu völlige Zusammenbruch des Außenhandels und damit der außenwirtschaftlichen Arbeitsteilung in Mitteleuropa.

Viertens die nicht abreißende Kette von Bankenzusammenbrüchen und die damit verbundene Vernichtung von Kapital, welche die Handlungsspielräume extrem eng machte. Der drohende Zusammenbruch der Boden-Credit-Anstalt am 5. Oktober 1929 konnte nur durch eine Fusion mit der Credit-Anstalt aufgeschoben werden, doch 1931 brach die mühsam gekittete Hilfskonstruktion. Die Credit-Anstalt konnte nur durch staatliche Hilfsmaßnahmen, die der Höhe nach fast ein ganzes Bundesbudget in Anspruch nahmen, gerettet werden.

Fünftens die Folgen der politisch-wirtschaftlichen Pressionen, die von Deutschland aus auf Österreich ab dem Jahr 1933 ausgeübt wurden.

Sechstens auch die Auswirkungen der österreichischen Beschäftigungs- und Wirtschaftspolitik, die kurzfristig wenig Erfolg zeigte und langfristig ihre Bewährungsprobe nicht antreten konnte.

Siebtens wohl auch der Umstand, dass das Land innenpolitisch nicht zur Ruhe kam. Der Versuch zur Bildung einer Konzentrationsregierung, wozu Ignaz Seipel im Juni 1931 vom Bundespräsidenten beauftragt worden

war, schlug fehl und das gegenseitige Misstrauen der Parteien wurde immer größer.
Die Weltwirtschaftskrise wirkte in Österreich besonders langwierig und tief greifend. Die Zahl der Arbeitslosen stieg auf über 30 Prozent und konnte bis 1938 nur langsam abgebaut werden. Die Arbeitslosenrate hatte in Österreich im Jahr 1933 (inklusive der »Ausgesteuerten«) mit fast 600.000 Betroffenen beziehungsweise mit 27,2 Prozent aller unselbstständig Erwerbstätigen den Höhepunkt erreicht und lag 1937 immer noch bei 21,7 Prozent. Im Vergleich dazu betrug die Arbeitslosenrate in Dänemark im selben Jahr 1937 noch 21,9 Prozent, in den Niederlanden 26,9 Prozent, in Norwegen 20 Prozent und den USA im Jahr 1938 noch 19 Prozent.
Dass sie in Deutschland von 30,1 Prozent im Jahr 1932 auf 14,9 Prozent im Jahr 1934 gedrückt werden konnte und 1937 nur noch bei 4,6 Prozent lag, mag vordergründig als Erfolg einer »nationalsozialistischen Beschäftigungspolitik« zu deuten sein. Doch es war ein gefährliches Spiel mit dem Feuer. Es darf nämlich keinesfalls übersehen werden, wie sehr die Beschäftigungspolitik Hitler-Deutschlands schon vom Jahr 1933 an durch extreme, wenn auch geschickt verdeckte Verschuldung der öffentlichen Haushalte und durch getarnte Geldschöpfung über öffentliche Sonderkreditinstitute, eigens dafür gegründete öffentlich-rechtliche Körperschaften und Gesellschaften des privaten Rechts außerhalb des Reichshaushalts (Öffa, Mefo, Bau- und Bodenbank, Deutsche Rentenbank etc.) finanziert und auf Gewalt und Zwang aufgebaut war. Die Neuverschuldung des Deutschen Reiches, wenn auch außerhalb des regulären Budgets, erreichte bereits 1933 und 1934 jeweils fast die halbe Höhe der gesamten Steuereinnahmen. 1938 war die Situation schon so verfahren, dass man den Ausweg nur noch in der Beraubung verfolgter Gruppen und Ausbeutung eroberter Gebiete zu finden glaubte.
Auch Österreich war ab 1930 mit einer rasch ansteigenden Anspannung der öffentlichen Haushalte konfrontiert. Die Neuverschuldung der Bundeshaushalte in den Jahren 1930 bis 1935 lag mit Ausnahme des Jahres 1932, bezogen auf die Gesamtausgaben, jeweils im zweistelligen Bereich. Die Finanzschuld des Bundes, bezogen auf das BIP, erhöhte sich daher von 19 Prozent im Jahr 1930 auf 42,7 Prozent im Jahr 1936. In den Jahren 1936 und 1937 wurde versucht, den Staatshaushalt in den Griff zu bekommen und die Neu-

Österreich auf der Weltausstellung in Paris 1900. Plakat von Alfons Mucha, 1900

verschuldung auf unter 5 Prozent der Ausgaben zu senken.
Gleichzeitig sank ab 1930 das Volumen des österreichischen Außenhandels ganz dramatisch ab. Die Industrie, die in hohem Maße von den Exporten abhängig war und auch auf Nachfrageschwankungen im Inland empfindlicher reagierte als die Landwirtschaft, war von der Krise am stärksten betroffen. Arbeitslosigkeit und Kaufkraftrückgang verstärkten sich gegenseitig. Das führte dazu, dass die Zahl der Streiks sich ab 1929 zwar ganz entscheidend verringerte, die Konfrontationen sich aber immer mehr auf die außerbetriebliche Ebene verlagerten.

Der Strukturwandel

Die Situation Österreichs war insofern merkwürdig, als es bis zum Zweiten Weltkrieg das Image eines Agrarstaates hatte, sehr früh aber eigentlich ein Industriestaat war. Der sekundäre Sektor erreichte aber erst sehr spät nach dem Zweiten Weltkrieg seinen maximalen Anteil, und das Land war von Beginn an sehr stark vom tertiären Sektor dominiert, dessen Anteil 1920 höher war als 1950. Im europäischen Vergleich hatte Österreich 1920 mit 31,9 Prozent der Beschäftigten im agrarischen Sektor bereits einen sehr niedrigen Agraranteil. In Deutschland lag er mit 30,5 Prozent nur geringfügig niedriger, in Frankreich mit mehr als 40 Prozent deutlich höher, ebenso in der Tschechoslowakei, während in den ost- und südosteuropäischen Ländern der Anteil zwei Drittel und mehr erreichte. Und als es in allen anderen Ländern ausnahmslos bis 1950 zu einer teilweise sehr deutlichen Reduktion des Agraranteils kam, nahm er in Österreich sogar leicht zu.
Der Dienstleistungsanteil war um 1920 mit mehr als einem Drittel (34,8 Prozent) nur in Dänemark, den Niederlanden und Großbritannien höher. Während der Anteil in allen anderen Ländern bis 1950 zunahm, ging er in Österreich zurück. Beide Trends zusammen hatten zur Folge, dass in Österreich in den Fünfziger- und Sechzigerjahren der Anteil des sekundären Sektors noch einmal stark zunahm.
Noch deutlicher wird der Strukturwandel, wenn die Betrachtung statt auf den Anteil der Sektoren an den Beschäftigten auf den Anteil am Sozialprodukt gerichtet wird. Nur noch 15 Prozent steuerte die Landwirtschaft in Österreich 1920 zum Sozialprodukt bei, weniger als in Deutschland oder Frankreich und um vieles weniger als etwa in der Tschechoslowakei. Bis 1950 stieg dieser Anteil in Österreich auf 18 Prozent. Der Anteil der Dienstleistungen war mit 40 Prozent im Jahr 1920 deutlich höher als in Deutschland, wo er damals nur bei 28 Prozent lag. Höher war er nur in den skandinavischen Staaten sowie in Großbritannien und Irland. Der Beitrag des sekundären Sektors war 1920 mit 45 Prozent nur in Deutschland höher. Die hohe Wertschöpfung des sekundären und tertiären Sektors zeigt Österreich bereits 1920 als relativ moderne Wirtschaft mit einem gleichzeitig ausgesprochen rückständigen Agrarsektor, der einen doppelt so hohen Anteil bei den Beschäftigten als beim Sozialprodukt aufwies.
So entstand eine zum allgemeinen europäischen Trend gegenläufige Entwicklung: Ausdehnung des Agrarsektors noch bis zur Mitte des 20. Jahrhunderts, Rückgang des tertiären und Ausdehnung des sekundären Sektors, der erst in der zweiten Hälfte des 20. Jahrhunderts seinen höchsten Anteil erreichte.
Österreich hatte zwischen 1920 und 1938 mit 6,1 Prozent des BIP eine der niedrigsten Investitionsquoten der europäischen Länder. In Deutschland lag sie im selben Zeitraum bei 9,7 Prozent, in Schweden bei 10,5 Prozent, im Durchschnitt der wichtigsten europäischen Länder bei 9,6 Prozent. 1950/60 war die durchschnittliche Investitionsquote europäischer Länder auf 15,6 Prozent gestiegen, in Österreich lag sie in diesem Jahrzehnt bei 17 Prozent.

Auch die Arbeitsproduktivität war zwischen den beiden Weltkriegen in Österreich vergleichsweise sehr niedrig. Da der Kapitalstock (physisches Kapital und Humankapital) hoch und wenig ausgenutzt war, waren nach 1950 auch hohe Wachstumsraten möglich.

Der hohe Anteil des sekundären Sektors in Österreich war verbunden mit einem niedrigen Anteil des primären Sektors am Sozialprodukt. Der Agrarsektor war zwischen den beiden Weltkriegen für ein entwickeltes Land ausgesprochen rückständig. Die Hektarerträge bei Weizen oder Roggen lagen im Durchschnitt der drei Jahre 1920/22 mit elf beziehungsweise zehn Doppelzentnern auf einem Niveau, das seit dem Mittelalter üblich war und auch in Polen, Ungarn, Rumänien oder Jugoslawien erreicht wurde, in Frankreich und Deutschland aber um 50 Prozent, in England, Belgien, der Schweiz oder Schweden um 100 Prozent, in den Niederlanden und Dänemark bei Weizen sogar um 200 Prozent überschritten wurde. 1938 lag der Verbrauch mineralischer Düngemittel pro Hektar Ackerland in Österreich bei 13 Kilogramm, in Deutschland bei 104, in Belgien bei 220 und in den Niederlanden bei 324 Kilogramm. Niedriger war der Mineraldüngerverbrauch nur in den Balkanstaaten und in Osteuropa. Traktoren wurden in Österreich bis 1938 praktisch überhaupt nicht eingesetzt und auch die Ausstattung mit sonstigen Landmaschinen war entsprechend gering.

Produktivitätsniveau europäischer Länder und der USA (BIP pro Arbeitsstunde, verglichen zu den USA=100)

	1913	1938	1950	1973
USA	100	100	100	100
Belgien	75	70	50	75
Dänemark	60	60	43	63
Deutschland	57	56	33	71
Finnland	43	44	35	63
Frankreich	54	64	44	76
Großbritannien	81	70	56	64
Italien	43	49	32	66
Niederlande	74	68	53	81
Norwegen	49	62	48	69
Österreich	**54**	**47**	**29**	**62**
Schweden	50	59	55	79
Schweiz	60	70	52	62

Quelle: Wolfram Fischer, Wirtschaft, Gesellschaft und Staat in Europa 1914–1980, in: ders. (Hg.), Handbuch der europäischen Wirtschaftsgeschichte, Bd. 6 (Stuttgart 1987) 99.

Solange die Kohle wichtigster Energieträger war, war Österreich standortmäßig im Nachteil. Vor dem Ersten Weltkrieg war Großbritannien der größte Kohlenproduzent Europas, in den Zwanzigerjahren übernahm das Deutsche Reich die Führung. Bis in die erste Hälfte der Vierzigerjahre baute es seinen Vorsprung bei der Kohleförderung aus und in den Fünfzigerjahren wurde die Sowjetunion der größte Kohlenproduzent Europas. Wichtige Kohlenproduzenten waren auch Belgien, Polen und die Tschechoslowakei. Österreichs Kohleförderung, praktisch nur auf Braunkohle beschränkt, war vergleichsweise teuer und unbedeutend.

Österreichs Position verschob sich mit den neuen Energieträgern Erdöl, Erdgas und Wasserkraft, denn es war im Zweiten Weltkrieg mit einer jährlichen Förderung von 851.000 Tonnen hinter der UdSSR und Rumänien der größte Erdölproduzent Europas geworden. Diese Position wurde auch in den Jahren 1945/49 (860.000 Tonnen) und im Jahrzehnt 1950/59 (2.898.000 Tonnen) noch weiter gehalten. Erst in den Sechzigerjahren ging diese Position rasch verloren, auch innerhalb Europas, zuerst an Deutschland, später an Norwegen, Großbritannien und andere Staaten, die vom Nordseeöl profitieren konnten. Verglichen mit der UdSSR und im Weltmaßstab waren Österreichs Erdölvorkommen allerdings zu jeder Zeit vergleichsweise unbedeutend.

Wichtig war für Österreich der durch den ab 1938 forciert einsetzenden Ausbau seiner Wasserkraft erreichte Schub, der aber erst nach 1945 voll wirksam werden konnte. Zusammen mit der Erdölförderung machte diese verstärkte Nutzung inländischer Energieträger Österreich nach dem Zweiten Weltkrieg energiemäßig kurzfristig nahezu autark beziehungsweise zu einem Nettoexporteur von Energie, während in der Zwischenkriegszeit Österreich zwei Drittel seines Energiebedarfs durch Importe decken musste. Inzwischen ist wieder die Situation des ersten Drittels des 20. Jahrhunderts eingetreten. Etwa zwei Drittel des österreichischen Energieverbrauchs, allerdings auf einem sehr viel höheren Niveau, werden gegenwärtig in Form von Erdöl, Erdgas und Steinkohle importiert.

Österreichs Bergbau ist vielfältig, aber nur bei Eisenerz und Magnesit von überregionaler Bedeutung. In der Eisenerzeugung war Österreichs Position von heftigen Schwankungen gekennzeichnet. Mit beträchtlichen Investitionen im ausgehenden 19. Jahrhundert und erneut während des Zweiten Weltkriegs sowie nach 1945 (LD-Verfahren) konnte die Position als eines der wichtigen Eisen erzeugenden Länder Europas gehalten werden.

Auch im weltweiten Vergleich bedeutend war die durch den gigantischen Ausbau der Aluminiumindustrie im Zweiten Weltkrieg verursachte Zunahme in der Metallindustrie, ebenso wichtig wurde die Erzeugung von Zellwolle durch die Errichtung des Zellwollewerkes Lenzing.

In der Automobilerzeugung hatte Europa schon vor dem Ersten Weltkrieg den Anschluss an die USA verloren. 1929 erreichten die drei führenden europäischen Automobilproduzenten Frankreich, Großbritannien und Deutschland zusammen nur 11 Prozent der US-amerikanischen Automobilerzeugung. In den Dreißigerjahren begann ein Aufholprozess, der sich nach dem Zweiten Weltkrieg weiter verstärkte. Erstens war die europäische Automobilproduktion von der Weltwirtschaftskrise weniger stark betroffen, zweitens begann hier die Massenmotorisierung erst nach dem Zweiten Weltkrieg. Nun wurde Westeuropa zum führenden Automobilproduzenten der Welt. Österreichs Autoerzeugung war schon vor dem Ersten Weltkrieg technisch sehr innovativ, zahlenmäßig aber nicht sehr bedeutend. Dieser Trend setzte sich zwischen den beiden Weltkriegen fort. Nach dem Zweiten Weltkrieg gelang es nicht mehr, eine eigenständige PKW-Fertigung aufzubauen, im Nutzfahrzeugbereich blieb die Struktur zu kleinteilig. Allerdings ermöglichte das vorhandene Knowhow eine immer stärker werdende Position im Zulieferbereich der KFZ-Industrie.

Österreich hat zwar keine großen Multis in der Elektroindustrie entwickelt, aber dennoch eine wichtige Position in diesem Bereich errungen. In der chemischen Industrie stieg Österreichs Bedeutung ebenfalls, auch wenn die großen Chemiekonzerne in den fünf altindustrialisierten Ländern Großbritannien, Belgien, der Schweiz, Deutschland und Frankreich beheimatet waren. Ein Aufholprozess Österreichs setzte mit der Erdölindustrie und den Chemiefasern ein.

Elektrizitätserzeugung (in Mrd. kWh) im Durchschnitt der Jahre

	1920/29	1930/39	1940/44	1945/49	1950/59
Belgien	2,31	4,49	4,55	6,47	10,78
Bulgarien	0,05	0,16	0,31	0,51	2,05
Dänemark	0,38	0,86	1,03	1,57	3,34
Deutschland	20,69	37,96	69,90	44,19	103,67
Finnland	0,65	2,09	2,26	3,06	6,18
Frankreich	10,72	17,95	19,62	25,16	48,58
Griechenland	0,13	0,35	0,20	0,41	1,32
Großbritannien	11,97	25,63	42,50	51,70	86,81
Irland	0,06	0,25	0,43	0,63	1,49
Italien	6,40	12,48	19,42	17,38	34,07
Jugoslawien	0,75	0,85		1,53	4,52
Niederlande	1,34	3,03	3,52	4,42	11,00
Norwegen	6,76	8,19	9,32	12,59	22,04
Österreich	**2,09**	**2,66**	**4,72**	**4,45**	**10,37**
Polen	2,09	2,92		7,00	16,98
Portugal	0,16	0,35	0,48	0,72	1,83
Rumänien	0,35	0,82	1,19	1,68	4,23
Schweden	3,55	6,60	10,20	14,26	24,74
Schweiz	3,89	5,80	8,30	9,93	14,36
Spanien	1,52	2,84	4,29	5,46	11,90
Tschechoslowakei	1,91	2,71	2,65	6,51	14,80
UdSSR	2,64	24,78	48,31	58,58	167,14
Ungarn	0,52	0,89	1,81	1,61	4,98

Quelle: Wolfram Fischer, Wirtschaft, Gesellschaft und Staat in Europa 1914–1980, in: ders. (Hg.), Handbuch der europäischen Wirtschaftsgeschichte, Bd. 6 (Stuttgart 1987) 120.

In der Textilindustrie mussten traditionelle Industrieländer teilweise noch stärkere Einbußen hinnehmen als Österreich. Während in Österreich in den Zwanzigerjahren 25.000 Tonnen Rohbaumwolle zu 23.000 Tonnen Baumwollgarn verarbeitet wurden, waren es in den Fünfzigerjahren immer noch 22.000 Tonnen Baumwollgarn. In Großbritannien ging in diesem Zeitraum die Verarbeitung von 663.000 auf 363.000 Tonnen zurück, in der Tschechoslowakei von 104.000 auf 73.000 Tonnen. Ähnlich wie in Österreich war die Tendenz in Deutschland, Belgien, Frankreich, Spanien und der Schweiz. Beträchtliche Zuwächse gab es in Bulgarien, Polen, Portugal, Rumänien, Ungarn und der UdSSR.
Das Niveau der Industrieproduktion als Ganzes ist nur schwer vergleichbar. Schätzungen fallen je nach Definition von »Industrie« unterschiedlich aus. Nach der Definition der Vereinten Nationen, die an frühere des Völkerbundes anknüpft und den Bergbau einbezieht, das Handwerk aber, sofern es überhaupt erfassbar ist, ausklammert, hatte Europa 1913 einen Anteil von mehr als der Hälfte an der Weltindustrieproduktion, die USA von einem weiteren Drittel. Zwischen den beiden Kriegen war Europa zurückgefallen, holte aber dann wieder auf, weil Deutschland stark aufrüstete und die Sowjetunion eine forcierte Politik der Industrialisierung verfolgte. 1937 hatte die Sowjetunion einen Weltanteil von 18,5 Prozent, Deutschland von 10,7 Prozent.
Österreich hat anders als die anderen kleinen europäischen Industrienationen keine prominenten multinationalen Unternehmen entwickelt wie etwa Schweden, die Schweiz oder die Niederlande. Das lag einerseits am großen Binnenmarkt der Habsburgermonarchie, andererseits an den gewaltigen Verwerfungen, die durch den Zerfall der Habsburgermonarchie, den »Anschluss« an das Deutsche Reich und die Folgen des Zweiten Weltkriegs mit der anschließenden Errichtung des Eisernen Vorhangs verbunden waren.
Es lag aber auch am Fehlen privaten Kapitals. Die Habsburgermonarchie war im 19. Jahrhundert einer der größten Kapitalimporteure, während die größten Auslandsinvestitionen im 19. Jahrhundert Großbritannien, dahinter Frankreich, Deutschland, die Schweiz, Holland und Belgien tätigten. Österreich-Ungarn hingegen gehörte vor dem Ersten Weltkrieg hinter Russland und der Türkei zu den größten Auslandsschuldnern. Pro Kopf der Bevölkerung allerdings hatte vor dem Krieg Schweden die höchsten Auslandsschulden, gefolgt von den USA und Russland. Österreichs Position wurde zwischen den beiden Weltkriegen nicht besser, sondern noch schlechter. Und nach dem Zweiten Weltkrieg dauerte es aus verschiedenen Gründen sehr lange, bis die inländische Kapitalkraft in Österreich sich wieder erholen konnte.

Der Staat und die Wirtschaft

Drei Bereiche werden üblicherweise als österreichische Spezifika hervorgehoben, der hohe Staatseinfluss auf die Wirtschaft, das hohe Niveau des Ausbaus des Sozialstaats und das durch die Sozialpartnerschaft erzeugte soziale Klima.
Elemente der Markt- und Planwirtschaft vermischten sich nach dem Zweiten Weltkrieg in allen Ländern Europas. Abgesehen von der Sowjetunion und ihren neuen Satelliten gab es auch in den westlichen Ländern, darunter Frankreich und Großbritannien, erhebliche Präferenzen für staatliche Lenkung und Verstaatlichung. So entwickelten sich gemischte Wirtschaftsordnungen unterschiedlichen Ausmaßes.
Österreich zählte nach 1945 unter den nicht kommunistischen Staaten zu jenen mit hohem Anteil des Staates in der Wirtschaft. Das Ausmaß staatlicher Unternehmertätigkeit im internationalen Vergleich ist historisch schwer zu fassen: Nicht nur, weil sich das öffentliche Leben auf verschiedenen Ebenen (Zentralstaat, Länder, Gemeinden) und in den ver-

schiedensten Rechtsformen abspielen kann, sondern auch weil die Grenze zwischen staatlichem Eigentum, kollektivem Eigentum und verschiedenen Formen genossenschaftlichen Zusammenschlusses und öffentlicher Haftung (etwa bei Sparkassen) unscharf ist.

Globale Hilfe: Der amerikanische Schauspieler Joseph Cotten verteilt Care-Pakete in Wien. Die Familie des Kriegsinvaliden Karl Kutak erhält ein Paket. Foto vom 16.12.1948

Als typische Betätigungsfelder für öffentliche oder gemischtwirtschaftliche Unternehmen bildeten sich fast überall in Europa im ausgehenden 19. Jahrhundert die Energieversorgung und kommunale Dienstleistungen heraus, daneben Eisenbahn und Postwesen. In manchen Bereichen gab es aus langer, noch in feudale Wurzeln reichender Tradition ein verstärktes staatliches Engagement, zum Beispiel in der Forstwirtschaft, im Bergbau oder in der Waffenfabrikation. Verstaatlichungen erfolgten in zahlreichen Ländern in Krisensituationen zur Unternehmenssanierung und Beschäftigungssicherung. Verstaatlichungen bestimmter Schlüsselindustrien, der Banken oder der Produktionsmittel insgesamt erfolgten auch aus ideologischen Gründen, insbesondere unter kommunistischen und sozialistischen Regierungen. Doch auch in den kommunistisch regierten Ländern wurde nirgends die gesamte Wirtschaft verstaatlicht, blieben unterschiedlich große Teile in privater Hand und entwickelte sich ein kollektivierter Sektor in Arbeiterselbstverwaltung, der sich aber häufig von staatlicher Verwaltung kaum unterscheiden ließ.

Österreich unterschied sich zwischen den beiden Weltkriegen nicht sehr wesentlich vom benachbarten Deutschen Reich. Mit den von der Weltwirtschaftskrise erzwungenen Engagements bei Banken – in Österreich bei der Creditanstalt und bei der Niederösterreichischen Escompte-Gesellschaft, in Deutschland etwa bei der Dresdner Bank – stieg in beiden Ländern der Staatseinfluss gewaltig. Die NS-Regierung gründete zahlreiche Staatsunternehmen, insbesondere die Hermann-Göring-Werke, und dehnte den Einfluss auf bestehende Unternehmen aus, sodass zu Ende des Zweiten Weltkriegs rund die Hälfte des Grundkapitals aller deutschen Aktiengesellschaften direkt oder indirekt im Besitz der öffentlichen Hand war.

Anders als in der Bundesrepublik wurde in Österreich nach 1945 vorerst nicht ein Schritt zu mehr Privatisierung, sondern zu mehr Staatseinfluss gemacht. Die österreichische Entwicklung verlief hier durchaus in Übereinstimmung mit jener in Großbritannien, Frankreich, Schweden oder Italien, wo der staatliche Einfluss auf die Industrie in den Vierziger-, Fünfziger- und Sechzigerjahren stark zunahm.

Der vom US-amerikanischen Außenminister George C. Marshall am 5. Juni 1947 angekündigte Plan einer großzügigen amerikanischen Wirtschaftshilfe stieß nicht in allen Ländern auf Zustimmung. Manche Staaten suchten den Bruch mit der Sowjetunion zu vermeiden, so Schweden und Norwegen. Griechenland und die Türkei wollten sich lieber auf bereits angelaufene Hilfslieferungen verlassen. Die Sowjetunion und ihre osteuropäischen Satelliten waren zwar zur Teilnahme

Anteil der Beschäftigten in staatseigenen Betrieben an der Gesamtbeschäftigtenzahl im europäischen Vergleich

Land	Jahr	Insgesamt	gesamte Warenproduktion	Insgesamt (ohne Landwirtschaft)	Warenproduktion (ohne Landwirtschaft)	Versorgung	Verkehr	Dienstleistung	Bau	Sekundärer Sektor	Handel, Finanzen	Land-/Forstwirtschaft
Bulgarien	1956	37	27	92	88	100	100	97	96	85	96	6
DDR	1964	71	69	80	84	100	96	84	67	84	55	17
Polen	1960	48	40	84	86	100	96	90	90	83	53	8
UdSSR	1959	59	49	96	95	100	100	98	100	93	92	14
Jugoslawien	1953	30	18	75	80	100	100	86	100	72	79	3
BRD	1950	9	7	12	10	43	74	33	0	1	0	2
Finnland	1965	34	25	36	26	53	59	77	31	14	3	17
Frankreich	1954	17	10	22	15	83	69	41	1	8	5	
Großbritannien	1962	25	17	26	19	70	70	87	8	9	9	9
Österreich	**1966**	**31**	**27**	**33**	**30**	**100**	**78**	**59**	**4**	**25**	**18**	**6**
Schweden	1960	20	6	22	7	71	53	56	12	4	5	5
Schweiz	1960	11	8	12	9	60	63	31	6	1	2	3

Quelle: F. L. Pryor, Property and Industrial Organization in Communist and Capitalist Nations (Bloomington 1973) 14 f und 46 f; Wolfram Fischer, Wirtschaft, Gesellschaft und Staat in Europa 1914–1980, in: ders. (Hg.), Handbuch der europäischen Wirtschaftsgeschichte, Bd. 6 (Stuttgart 1987) 198.

eingeladen, klinkten sich aber sofort aus. Die Verlierer des Zweiten Weltkriegs sahen im Marshallplan die große Chance, gleichberechtigt mit den übrigen europäischen Staaten in den Genuss der Hilfe zu gelangen. Insgesamt wurden von April 1948 bis 30. Juni 1951 rund 12,5 Milliarden Dollar zur Verfügung gestellt. Zählt man die unmittelbare Nachkriegshilfe und weitere Hilfen bis 1953 dazu, so summieren sich die amerikanischen Hilfsleistungen auf rund 25 Milliarden Dollar.

Entscheidend bei der Marshallplan-Hilfe waren die Impulse, die für das wirtschaftliche Wachstum und die Produktivitätsentwicklung gesetzt wurden, noch wichtiger aber waren die Weichenstellungen für die Westorientierung der jeweiligen Wirtschaftsordnungen und für den Beginn der europäischen Einigung, die von den Marshallplan-Ländern aus erfolgte.

Während das Ausmaß des staatlichen Einflusses starken zeitlichen und regionalen Schwankungen unterlag, war die Sozialpolitik von stärkerer Kontinuität gekennzeichnet. Die Tendenz zum Wohlfahrtsstaat war eine allgemeine, in den Sozialversicherungssystemen zeigten sich allerdings größere Auffassungsunterschiede. Bis zum Ersten Weltkrieg hatten sich drei verschiedene Systeme herausgebildet: Erstens die staatlich subventionierte freiwillige Versicherung, die in der

Marshallplan-Hilfe an die europäischen Staaten im Vergleich

	In Mio. Dollar	In Dollar pro Kopf
Belgien/Luxemburg	556	62
Dänemark	271	64
BRD	1.389	28
Frankreich	2.706	65
Griechenland	694	89
Großbritannien	3.176	63
Irland	146	49
Italien	1.474	32
Jugoslawien	109	7
Niederlande	1.079	107
Norwegen	254	78
Österreich	**677**	**97**
Portugal	50	6
Schweden	107	15

Quelle: Wolfram Fischer, Wirtschaft, Gesellschaft und Staat in Europa 1914–1980, in: ders. (Hg.), Handbuch der europäischen Wirtschaftsgeschichte, Bd. 6 (Stuttgart 1987) 188.

Schweiz, in den romanischen Ländern und in Skandinavien angewendet wurde. Zweitens die durch Gesetz geregelte Zwangsversicherung für größere Gruppen, insbesondere die Industriearbeiterschaft, wobei die Arbeitgeber und zum Teil auch der Staat einen Teil der Beiträge zu übernehmen hatten. Diesem Lösungsmodell folgten Deutschland, Österreich, Luxemburg und die Mehrzahl der westeuropäischen Länder. Das dritte Modell, die Volksversicherung, war in der Altersversicherung in Österreich vor 1914 diskutiert, aber dann nicht mehr eingeführt worden. 1913 war Schweden zu diesem System übergegangen, in der Zwischenkriegszeit folgten andere skandinavische Länder, nach dem Zweiten Weltkrieg auch Großbritannien, die Schweiz und die Niederlande. In der Krankenversicherung setzte sich das Prinzip der Volksversicherung in Form nationaler Gesundheitsdienste in Großbritannien, Irland, Skandinavien und Italien durch, mit der Vorstellung, dass ein allgemeiner Anspruch auf ein Minimum an sozialer Sicherung in Notlagen bestehe. Die Schwierigkeiten der Finanzierung und damit auch das niedrige Niveau der Leistungen machten aber unter dem Eindruck des Liberalismus stehende individualistische oder von der katholischen Soziallehre angeregte subsidiäre Strategien attraktiv, die in Österreich und Deutschland dominierend wurden. Jene Länder, die den Weg in die Volks- und Einheitsversicherung nicht gingen, neben Österreich auch Belgien, die BRD oder Frankreich, dehnten die Versicherungspflicht auf immer mehr Bevölkerungsgruppen aus: auf Bauern, Gewerbetreibende, Studenten, Hausfrauen etc.

Im europäischen Vergleich lag Österreich 1920 hinsichtlich der Einbeziehung der Erwerbstätigen in die Sozialversicherung bei der Unfallversicherung mit etwa 32 Prozent unter dem ungefähren europäischen Mittelwert von 43 Prozent, bei der Krankenversicherung mit 39 Prozent etwas über dem Mittelwert von 35 Prozent, bei der Altersversicherung mit 5 Prozent deutlich unter dem Mittelwert von 25 Prozent und bei der Arbeitslosenversicherung mit 34 Prozent weit über dem Mittel von etwa 10 Prozent.

Der sozialpolitische Schub, der in Österreich unmittelbar nach dem Ersten Weltkrieg wie in zahlreichen anderen europäischen Staaten erfolgte, fand im weiteren Verlauf der Zwischenkriegszeit in Österreich keine Fortsetzung.

Der nächste und wesentliche sozialpolitische Schub war mit dem »Anschluss« Österreichs an das Deutsche Reich verbunden, das hinsichtlich des Ausdehnungsgrades der Sozialversicherung in der Zwischenkriegszeit eine Spitzenstellung in Europa erreicht hatte. Nach dem Krieg ging der Ausbau weiter. Um 1960 hatte Österreich bei der Unfallversicherung schon etwa 93 Prozent der Erwerbstätigen erfasst, bei der Krankenversicherung 71 Prozent, bei der Altersversicherung 75 Prozent und bei der Arbeitslosenversicherung 55 Prozent. Das unterschied sich zwar deutlich von jenen Staaten, die sich für eine Volksversicherung entschieden hatten (die skandinavischen Staaten, die Niederlande, die Schweiz, teilweise auch Großbritannien) und bei Kranken- und Altersversicherung 100 Prozent er-

Sozialversicherungsausgaben (in Prozent des BIP)

	1930	1950	1955	1960	1980
Belgien		6,1	7,4	8,7	17,3
Dänemark	2,6	5,2	6,4	7,5	17,9
BRD	7,8	7,3	7,9	10,0	17,4
Finnland	0,7	1,9	2,7	4,6	11,6
Frankreich		4,8	5,5	6,0	15,9
Großbritannien	4,6	6,7	6,0	5,3	10,0
Irland	2,8	4,9	6,3	6,4	15,9
Italien		3,3	4,5	6,1	13,1
Niederlande	1,5	3,7	4,7	7,3	20,2
Norwegen	1,0	3,9	4,8	6,5	15,9
Österreich	**4,4**	**6,5**	**7,6**	**8,6**	**13,6**
Schweden	1,1	5,4	6,9	7,8	21,7
Schweiz	1,4	3,9	4,6	5,4	10,4

Quelle: Wolfram Fischer, Wirtschaft, Gesellschaft und Staat in Europa 1914–1980, in: ders. (Hg.), Handbuch der europäischen Wirtschaftsgeschichte, Bd. 6 (Stuttgart 1987) 213 ff.

reichten, war aber vergleichbar mit dem Erfassungsgrad in Deutschland, Belgien, Frankreich, Italien oder Irland.

Österreichs wirtschaftlicher Erfolg nach dem Zweiten Weltkrieg wird auch der Reduzierung der sozialen Konflikte zugeordnet, umschrieben mit dem Schlagwort »Sozialpartnerschaft«: Zwar hatte dieses partnerschaftliche Denken in Österreich bereits eine längere Tradition, doch zeigte der geringe Gewaltpegel nach 1950 einen dramatischen Bruch mit der Zeit vorher. Österreich war in den 100 Jahren von 1848 bis 1950 von schweren Konflikten geprägt, von nationalen und sozialen Auseinandersetzungen in der zweiten Hälfte des 19. Jahrhunderts, von politischer Gewalttätigkeit in der ersten Hälfte des 20. Jahrhunderts und von einer großen Streikintensität im ersten Drittel des 20. Jahrhunderts.

Es ist schwierig, internationale Vergleiche anzustellen. Die Streikmuster veränderten sich nicht nur in Österreich, sondern auch in anderen Ländern deutlich. Auch Schweden gehörte vor dem Ersten Weltkrieg und bis in die Dreißigerjahre zu den Ländern mit großer Streikhäufigkeit, seither zu denen mit der geringsten. Während des Ersten Weltkriegs nahm die Streikhäufigkeit fast überall in Europa deutlich zu, nicht nur in den Verliererländern und nicht nur in den Krieg führenden Staaten, trotz Einschränkung des Streikrechts. Der Höhepunkt der Streikhäufigkeit wurde wie in Österreich in zahlreichen Ländern in den Zwanzigerjahren erreicht. Die Weltwirtschaftskrise führte zu einem starken Rückgang der Streikintensität, und wo sich autoritäre oder faschistische Regime etablierten, verschwanden Streiks fast zur Gänze. Nach dem Zweiten Weltkrieg ging überall die Streikhäufigkeit zurück.

Korporatistische Modelle zur Konfliktregulierung etablierten sich in zahlreichen Ländern. Dennoch entwickelte sich Österreich zum Sonderfall. Die Sozialpartnerschaft, die nach dem Zweiten Weltkrieg zu einem tragenden Pfeiler der österreichischen Wirtschaftsordnung wurde, fand hier nicht nur passende institutionelle Voraussetzungen, sondern traf auch auf die Bereitschaft, aus den Fehlern der Vergangenheit zu lernen. Partnerschaftliche Lösungsstrategien und wirtschaftliches Wachstum erzeugten eine gegenseitige Wechselwirkung, die den Hintergrund für die auch im internationalen Vergleich bemerkenswerte Erfolgsgeschichte der zweiten Hälfte des 20. Jahrhunderts darstellte.

Streikende pro 1.000 Beschäftigte

	1921/25	1926/30	1931/35	1946/50	1951/55	1956/60
Belgien	33	18	19	61	40	36
Dänemark	30	1	3	7	2	10
Deutschland	51	11			9	3
Finnland	4	6	1	33	10	56
Frankreich	15	14	4	150	68	71
Großbritannien	39	22	14	21	29	33
Irland		2	6		7	6
Italien	23				116	83
Niederlande	15	5	6	9	3	6
Norwegen	47	16	14	5	4	11
Österreich	**61**	**9**	**1**	**4**	**12**	**10**
Schweden	30	12	11	4	4	0,4
Schweiz	3	2	2	3	1	0,1

Quelle: Wolfram Fischer, Wirtschaft, Gesellschaft und Staat in Europa 1914–1980, in: ders. (Hg.), Handbuch der europäischen Wirtschaftsgeschichte, Bd. 6 (Stuttgart 1987) 72 ff.

Streiktage (pro 1.000 Arbeitnehmer)

	1921/25	1926/30	1931/35	1946/50	1951/55	1956/60
Belgien		378	255	499	189	362
Dänemark	603	44	61	185	4	111
Deutschland	784	231			52	29
Finnland	102	303	18	672	90	770
Frankreich						82
Großbritannien	1.363	1.604	179	89	104	189
Irland		58	154		106	81
Italien					242	276
Niederlande	535	154	217	76	16	36
Norwegen	1.874	770	1.477	52	59	157
Österreich	**579**	**139**	**8**	**55**	**23**	**22**
Schweden	1.192	571	733	24	88	7
Schweiz		65	36	38	9	1

Quelle: Wolfram Fischer, Wirtschaft, Gesellschaft und Staat in Europa 1914–1980, in: ders. (Hg.), Handbuch der europäischen Wirtschaftsgeschichte, Bd. 6 (Stuttgart 1987) 72 ff.

	Bruttoinlandsprodukt pro Kopf der Bevölkerung, 1820 bis 1973 (in Dollar zu Preisen 1998)					Bruttoinlandsprodukt insgesamt, 1820 bis 1973 (in Mrd. Dollar zu Preisen 1998)				
	1820	1870	1913	1950	1973	1820	1870	1913	1950	1973
Westeuropa	1.232	1.974	3.473	4.594	11.534	163,7	370,2	906,5	1.401,4	4.133,7
Belgien	1.319	2.697	4.220	5.462	12.170	4,5	13,7	32,4	47,2	118,5
Dänemark	1.274	2.003	3.912	6.946	13.945	1,5	3,8	11,7	29,7	70,0
Deutschland	1.058	1.821	3.648	3.881	11.966	26,3	71,4	237,3	265,3	944,8
Finnland	781	1.140	2.111	4.253	11.085	0,9	2,0	6,4	17,1	51,7
Frankreich	1.230	1.876	3.485	5.270	13.123	38,4	72,1	144,5	220,5	683,9
Großbritannien	1.707	3.191	4.921	6.907	12.022	36,2	100,2	224,6	347,9	675,9
Italien	1.117	1.499	2.564	3.502	10.643	22,5	41,8	95,5	165,0	582,7
Niederlande	1.821	2.753	4.049	5.996	13.082	4,3	10,0	25,0	60,6	175,8
Norwegen	1.104	1.432	2.501	5.463	11.246	1,1	2,5	6,1	17,8	44,5
Österreich	**1.218**	**1.863**	**3.465**	**3.706**	**11.235**	**4,1**	**8,4**	**23,4**	**25,7**	**85,2**
Portugal	963	997	1.244	2.069	7.343	3,2	4,3	7,5	17,6	63,4
Schweden	1.198	1.664	3.096	6.738	13.493	3,1	6,9	17,4	47,3	63,4
Schweiz	1.280	2.202	4.266	9.064	18.204	2,3	5,9	16,5	42,5	117,3
Spanien	1.063	1.376	2.255	2.397	8.739	13,0	22,3	45,7	66,8	304,2
Sonstige	743	1.066	1.840	2.536	7.614	2,2	4,9	12,5	30,6	105,9
Osteuropa	636	871	1.527	2.120	4.985	23,2	45,5	121,6	185,1	550,8
Ehemalige UdSSR	689	943	1.488	2.834	6.058	37,7	83,6	232,4	510,3	1.513,0
Europäische Abkömmlinge	1.201	2.431	5.257	9.288	16.172	13,5	112,1	585,6	1.635,6	4.058,3
USA	1.257	2.445	5.301	9.561	16.689	12,5	98,4	517,4	1.455,9	3.536,5
Sonstige	753	2.339	4.947	7.538	13.364	0,9	13,8	68,2	179,6	521,7
Lateinamerika	665	698	1.511	2.554	4.531	14,1	27,9	121,7	423,5	1.397,6
Mexiko	759	674	1.732	2.365	4.845	5,0	6,2	25,9	67,4	279,3
Sonstige	623	705	1.461	2.593	4.459	9,1	21,7	95,8	356,2	1.118,3
Japan	669	737	1.387	1.926	11.439	20,7	25,4	71,7	160,9	1.243,0
Asien	575	543	640	635	1.231	390,6	396,7	592,6	824,4	2.633,3
China	600	530	562	439	839	228,6	189,7	245,7	240,1	739,9
Indien	533	533	673	619	853	111,4	134,8	204,4	222,2	494,7
Sonstige	565	603	794	924	2.065	50,5	72,1	147,0	362,7	1.398,4
Afrika	418	444	585	852	1.365	31,0	40,2	72,9	194,5	529,1
Welt	667	867	1.510	2.114	4.104	694,4	1.101,1	2.704,4	5.336,9	16.060,9

Berechnet nach: Angus Maddison, The World Economy. A Millennial Perspective (Paris 2001) 261 ff.

V. NATIONALÖKONOMIE IN ÖSTERREICH

Die Österreichische Schule der Nationalökonomie

In der zweiten Hälfte des 19. Jahrhunderts und bis in die Zwischenkriegszeit hinein leistete die österreichische Nationalökonomie einen enormen Beitrag zur Volkswirtschaftslehre schlechthin. Zentrum des Geschehens war Wien, die Volkswirtschaftslehre bildete einen der wichtigsten Bereiche, in denen das sprichwörtliche »Wien um 1900« eine zentrale Stellung in Kunst und Wissenschaft einnahm. In erster Linie ist hier die Österreichische Schule der Nationalökonomie zu nennen, die im Wien der Gründerzeit entstand und sich in dieser Stadt bis in die Zwischenkriegszeit weiterentwickelte, bevor die meisten Vertreter ins Ausland abwanderten. Ein anderer wichtiger Beitrag Österreichs zur Nationalökonomie kam aus der austromarxistischen Theorie, die an der Wende vom 19. zum 20. Jahrhundert entstand und deren führende Vertreter in ihrem Werdegang in engem Kontakt mit Vertretern der Österreichischen Schule standen. Eine dritte, vor allem in Österreich selbst wichtig gewordene Richtung war die Ganzheitslehre Othmar Spanns, die nach dem Ende des Ersten Weltkriegs entstand und noch weit in die Zweite Republik hinein wirkte. Alle diese Richtungen prägten politische Programme, auch waren ihre Vertreter an prominenter Stelle in der Politik tätig.

Die Österreichische Schule der Nationalökonomie

Der Anfang der Österreichischen Schule lässt sich auf das Jahr genau datieren: 1871 erschien das Buch eines jungen Bediensteten in der Presseabteilung des Ministerratspräsidiums, das den Titel »Grundsätze der Volkswirtschaftslehre« trug. Sein Verfasser Carl Menger (1840–1921) hatte im Ministerratspräsidium unter anderem Marktberichte für die »Wiener Zeitung« zu verfassen gehabt, eine Tätigkeit, bei der ihm Mängel in den etablierten volkswirtschaftlichen Erklärungen des Marktgeschehens auffielen, was vielleicht für die Formulierung seiner Gedankengänge eine Rolle gespielt hat. Die Wirkung dieser Gedankengänge liegt nicht nur am Rang von Mengers Buch, sondern auch in der Bildung einer Schule, die eine lange Reihe hervorragender Ökonomen hervorbrachte und erst eine breite Wirkung ermöglichte.

Diese Ideen waren nicht völlig neu, Menger war in seiner Zeit nicht ihr einziger Vertreter. Der für die Österreichische Schule zentrale Begriff des Grenznutzens bezeichnet ein Konzept, das gleichzeitig mit Menger und unabhängig von ihm auch Leon Walras in Lausanne und William Stanley Jevons in England entwickelten. Alle drei waren sich bewusst, dass sie auch auf Erkenntnissen früherer Autoren aufbauten, kannten aber ihren unmittelbaren deutschen Vorläufer Hermann Heinrich Gossen nicht. Dieser hatte bereits 1854 sein Konzept vom Grenznutzen entwickelt, hatte damit aber nur wenig Wirkung erzielen können.

Menger und die Grenznutzentheorie

Die Grenznutzentheorie entstand aus der Beschäftigung mit der Frage, wodurch der Wert eines Gutes bestimmt ist. Diese Frage wurde in der klassischen Nationalökonomie von Adam Smith und David Ricardo so beantwortet, dass der Wert eines Gutes sich prinzipiell danach bestimme, wie viel Mühe und Arbeit es mache, dieses Gut zu erlangen. Wir können demnach das Gut entweder durch eigene Arbeit hervorbringen, oder wir können jemandem anderen, der dies an unserer Stelle tut, seine Arbeit abgelten. Bereits vor der Grenznutzentheorie wurde aber von vielen Autoren bemerkt, dass der Arbeitswert für manche Güter nicht wesentlich ist, weil diese Güter gar nicht durch Arbeit vermehrt werden können. Für solche Güter wurden dann eigene Erklärungen für Wert und Preis eingeführt.

Carl Menger von Wolfensgrün (1840–1921), der Begründer der Österreichischen Schule der Nationalökonomie

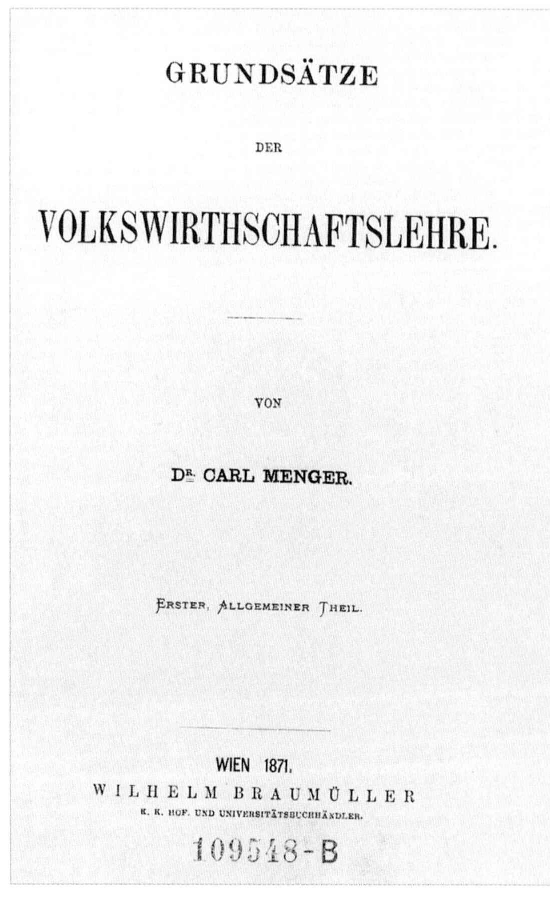

GRUNDSÄTZE

DER

VOLKSWIRTHSCHAFTSLEHRE.

VON

DR. CARL MENGER.

ERSTER, ALLGEMEINER THEIL.

WIEN 1871.

WILHELM BRAUMÜLLER

K. K. HOF- UND UNIVERSITÄTSBUCHHÄNDLER.

Die Mängel der Arbeitswertlehre führten die Grenznutzentheoretiker zu einem Wechsel der Perspektive: Statt bei Eigenschaften des Gutes selbst anzusetzen, die dem Gut einen ihm innewohnenden Wert verleihen würden, suchten sie nun den Schlüssel in der subjektiven Bewertung eines Gutes durch den einzelnen Marktteilnehmer. Ausgangspunkt dieser Überlegungen ist der Umstand, dass oft ein Gut seiner Art nach verschiedene Bedürfnisse erfüllen kann. Wenn jemand von dem Gut nur eine Einheit zur Verfügung hat, wird er damit das dringendste dieser Bedürfnisse erfüllen; wenn eine zweite Einheit vorhanden ist, wird das zweitwichtigste Bedürfnis erfüllt, und so fort. Der Wert, den jemand einem Gut beimisst, richtet sich nach dessen Grenznutzen, also danach, welchen Nutzen ihm eine zusätzliche Einheit dieses Gutes erbringen würde. Dies hat zur Folge, dass man für eine zusätzliche Einheit nur jenen Preis erlegt, der dem durch sie erzielten Nutzenzuwachs entspricht, nicht aber jenen höheren Preis, den man nur für höherrangige, aber nunmehr bereits befriedigte Bedürfnisse erlegt hätte. Darin liegt die Erklärung, warum etwa in einer Wirtschaft, in der Wasser im Überfluss vorhanden ist und auch minder wichtigen Verwendungen zugeführt wird, der Preis für Wasser viel geringer ist als der Preis, den in einer wasserlosen Gegend ein Verdurstender für Wasser zu zahlen bereit wäre. Der Wert eines Gutes richtet sich somit nicht danach, welche Bedürfnisse bereits befriedigt sind, sondern danach, welche Bedürfnisse noch nicht befriedigt sind.

An diesen Vorstellungen sind zwei Aspekte besonders wichtig, nämlich die Subjektivität der Bewertung und die individuellen Unterschiede zwischen den Marktteilnehmern. Die Erklärung des Wertes von Gütern aus ihrem Nutzen erfordert ja eine Einschätzung dieses Nutzens seinem Ausmaß nach. Für diese Einschätzung gibt es aber keinen objektiven Maßstab, sondern nur die notwendigerweise subjektive Bewertung durch die Marktteilnehmer. Eine subjektive Bewertung des Nutzens durch die Marktteilnehmer lässt aber kein einheitliches Ergebnis erwarten, da Menschen unterschiedliche Vorlieben haben und demgemäß den Nutzen, den ihnen ein Gut verschafft, verschieden bewerten. Dieser Umstand legt es nahe, sich bei der Beschäftigung mit dem Wert von Gütern in erster Linie mit diesen individuellen Präferenzen, Nutzenvorstellungen und Bewertungen zu befassen. Der Individualismus wurde daher Ansatz und Richtschnur in den Methoden der Österreichischen Schule.

Mengers Wirkung lag darin, dass er diese grundlegenden Gedankengänge auch auf komplexere Situationen anwandte. Dazu unterschied er zwischen Konsumgütern als Gütern erster Ordnung und Kapitalgütern als Gütern zweiter und höherer Ordnung. Güter höherer Ordnung werden dazu verwendet, Güter niedrigerer Ordnung hervorzubringen. Ihr Wert ist aber nicht von außen gegeben, sondern hängt vom Wert der Güter niedriger Ordnung ab: So bestimmt der Wert, den ein Konsument einem Konsumgut beimisst, den Wert des Kapitalguts, das dazu verwendet wird, das Konsumgut hervorzubringen. Genauer gesagt, ist es der erwartete Wert eines in der Zukunft erzeugten Konsumguts, der den heutigen Wert des Kapitalguts bestimmt, ein zeitliches Element, das sich auf alle Wertbeziehungen zwischen Gütern verschiedener Ordnung auswirkt.

Carl Menger wurde zwei Jahre nach dem Erscheinen der »Grundsätze« außerordentlicher Professor an der Universität Wien. Seit 1876 war er Lehrer des Kronprinzen Rudolf, den er merkwürdigerweise mehr im Sinn der klassischen Nationalökonomie und weniger den eigenen Ideen nach unterrichtete. Danach erfolgte schließlich 1879 seine Ernennung zum Ordinarius an der Universität Wien, eine Stellung, die er 1903 aufgab.

Böhm-Bawerk und Wieser

Dass sich im Gefolge von Mengers Werk eine Österreichische Schule bilden konnte, wurde allerdings erst durch das Auftreten zweier jüngerer Ökonomen möglich, die stark durch ihre Nähe zu Menger und durch sein Werk beeinflusst waren: Friedrich von Wieser (1851–1926) und Eugen von Böhm-Bawerk (1851–1914) wurden als erstrangige Gelehrte und Mentoren einer weiteren Generation von hervorragenden Ökonomen zu zentralen Figuren in der Nationalökonomie dieser Zeit. Beide waren 1851 geboren, zusammen studierten sie Jus in Wien, traten 1872 in die niederösterreichische Finanzprokuratur ein und verließen sie, um Volkswirtschaftslehre in Heidelberg, Jena und Leipzig zu studieren. Auch privat waren die beiden miteinander verbunden, nachdem Böhm 1880 Paula von Wieser, die Schwester seines Kollegen, geheiratet hatte. Die Karriere der beiden Schwäger nach der Rückkehr aus Deutschland verlief zunächst unterschiedlich und traf sich erst nach der Jahrhundertwende wieder, als beide kurz nacheinander als Professoren an die Universität Wien berufen wurden: Wieser kam 1903 als Nachfolger Mengers von der Universität Prag, wo er seit 1884 Professor gewesen war, nach Wien zurück; Böhm stieß im folgenden Jahr dazu, nachdem er zwischen 1881 und 1889 Professor in Innsbruck gewesen war, dann als Ministerialrat in das k. k. Finanzministerium eingetreten war und schließlich dreimal (1895 und 1897/98 jeweils für einige Monate und 1900–1904 durchgehend) als Finanzminister der im Reichsrat vertretenen Königreiche und Länder gedient hatte (in dieser Funktion führte er unter anderem die progressive Einkommensbesteuerung ein). In den letzten Jahren vor seinem Tod im August 1914 war Böhm auch Präsident der Akademie der Wissenschaften. Auch Wieser wurde in eine Regierungsfunktion berufen, jedoch wesentlich später: Er war 1917/18 der letzte österreichische Handelsminister.

Unmittelbar nach Abschluss ihres Jusstudiums waren Böhm und Wieser erstmals mit Mengers Werk in Berührung gekommen, von dem ausgehend sie in den folgenden Jahren ihre eigenen Gedankengänge formulierten. Ihre ersten Ergebnisse legten sie 1876 im Rahmen ihrer Studien in Heidelberg bei Karl Knies als Seminararbeiten vor, freilich mit wenig positivem Echo, war doch Knies einer der wichtigsten Exponenten der in Deutschland herrschenden Historischen Schule, mit der sich Menger wenige Jahre später eine heftige Kontroverse liefern sollte. Die Themen jener Heidelberger Seminarvorträge waren bereits Themen, mit denen die Namen Wiesers und Böhm-Bawerks auch heute noch verbunden werden: Wieser sprach über Werttheorie, Böhm über Kapitaltheorie. Dazu legten sie in den folgenden anderthalb Jahrzehnten mehrere große Untersuchungen vor: Wieser veröffentlichte »Ursprung und Hauptgesetze des wirtschaftlichen Wertes« (1884) und »Der natürliche Wert« (1889), Böhm seine beiden Bände von »Kapital und Kapitalzins« (1884 und 1889). Unter den späteren Arbeiten Wiesers sind vor allem seine »Theorie der gesellschaftlichen Wirtschaft« (1914) und der kurz vor seinem Tod erschienene Band »Das Gesetz der Macht« (1926) zu nennen. Von Wieser stammt der Begriff der »Opportunitätskosten«: Die Entscheidung für ein Produkt bedeutet zugleich, dass man auf ein anderes Produkt verzichten muss, das man sich sonst hätte leisten können. Kosten sind daher gleich dem Wert oder Nutzen dieses anderen, nun nicht mehr zur Verfügung stehenden Produkts oder, allgemeiner gesprochen, die Kosten eines Produkts sind gleich dem entgangenen Nutzen.

Friedrich von Wieser (1851–1926), ab 1889 Universitätsprofessor in Prag, ab 1903 in Wien; 1917–1918 Mitglied des Herrenhauses und Handelsminister

Böhm befasst sich im ersten Band seines Hauptwerks zunächst mit verschiedenen Auffassungen anderer Autoren über den Kapitalzins, die er allesamt kritisch würdigt. Im zweiten Band »Positive Theorie des Kapitales« legt er seine eigene Theorie vor, deren entscheidendes Element einerseits der Zeitablauf in der Produktion ist, die über mehrere Stufen erfolgt, andererseits die unterschiedliche Bewertung von Gütern, die sofort, und Gütern, die erst in der Zukunft verfügbar sind. In seiner Darstellung gliedert Böhm die gesamte Kapitalmasse in Reife- oder Jahres-

Eugen von Böhm-Bawerk (1851–1914), Begründer der modernen Kapitaltheorie

klassen, die in konzentrischen Kreisen angeordnet sind: Außen befinden sich die Konsumgüter (Güter niederer Ordnung), innen die Güter, die als letzte ausreifen (Güter entfernter Ordnung). Tendenziell ist die Fläche der äußeren Ringe größer, weil nicht alle reifen Produkte Kapitalgüter der höchsten Ordnung benötigen: »So schwillt die Menge der Zwischenprodukte bis zur ersten Reifeklasse, in die jeder Produktionszweig ohne Ausnahme seine Vertreter entsendet.« Nach einer Darstellung von Nutzentheorie, Preisbildung und Kosten gelangt Böhm zu seiner Zinstheorie. Der wesentliche Punkt darin ist die Erkenntnis, dass gegenwärtige Güter gegenüber zeitlich entfernten, später ausreifenden Gütern höher zu bewerten sind. Der Kapitalgewinn der Unternehmer kommt dadurch zustande, dass Unternehmer Güter entfernter Ordnung kaufen und unter Zuhilfenahme von Arbeit Güter niederer Ordnung produzieren. Dabei lukrieren sie einen Gewinn, der über dem Wert ihrer eigenen Arbeitsleistung liegt. Der Grund dafür liegt darin, dass Güter höherer Ordnung erst in späteren Perioden in genussreife Güter umgesetzt werden und daher weniger wert sind als Güter niederer Ordnung; die Verwandlung eines Guts höherer Ordnung in ein Gut niederer Ordnung bringt daher einen Wertzuwachs, der dem Kapitalgewinn entspricht. Der Arbeiter, der an der Produktion mitwirkt, gibt für ein gegenwärtiges Produkt (seine Subsistenzgüter) die zukünftigen Güter, die er erzeugt; diese Güter können nicht zum gleichen Preis gehandelt werden, weil dieser als zukünftiger Preis einer Minderbewertung unterliegt. Kapitalisten sind daher für Böhm nichts anderes als »glückliche Besitzer eines Güterstocks, den sie für ihre momentanen persönlichen Bedürfnisse nicht brauchen. Sie vertauschen ihn also in irgend einer Form gegen Zukunftswaare, und lassen diese in ihrer Hand wieder zu vollwerthiger Gegenwartswaare ausreifen.«

Als akademische Lehrer repräsentierten Wieser und Böhm ganz verschiedene Typen. Während Wieser im professionellen Austausch allgemein zurückhaltend war und wenige Studenten unmittelbar betreute, trat mit Böhms Berufung an die Wiener Universität das legendäre Böhm-Bawerk-Seminar ins Leben, aus dem praktisch die ganze nächste Generation der Österreichischen Schule hervorging, darunter Hans Mayer, Ludwig von Mises, Joseph A. Schumpeter und Richard von Strigl. Unter den sonstigen Teilnehmern befanden sich der Staatsrechtler Hans Kelsen, der austromarxistische Nationalökonom Rudolf Hilferding und der austromarxistische Theoretiker und Politiker Otto Bauer. Mit Ausnahme des etwas jüngeren Strigl waren alle Genannten in den Jahren um 1880 geboren. Unter den Angehörigen dieser Generation setzte bereits die teilweise Abwanderung der österreichischen Schule ins Ausland ein, die sich in der dann folgenden Generation noch verstärken sollte. Während Hans Mayer als Nachfolger Wiesers an der Universität Wien in Österreich blieb, gingen Schumpeter und Mises in der Zwischenkriegszeit zuerst ins benachbarte Ausland und später in die Vereinigten Staaten.

Schumpeters Theorie der wirtschaftlichen Entwicklung

Sowohl Schumpeter als auch Mises waren bereits in den Jahren vor dem Ersten Weltkrieg mit wichtigen Werken hervorgetreten. Der 1883 geborene Joseph A. Schumpeter veröffentlichte 1908 »Das Wesen und der Hauptinhalt der theoretischen Nationalökonomie«. Schon im Jahr nach dieser Veröffentlichung wurde der Autor Universitätsprofessor in Czernowitz, 1911 wechselte er an die Universität Graz. Sein zweites Buch, »Theorie der wirtschaftlichen Entwicklung«, erschien 1912.

Im Jahr 1919 verließ Schumpeter die universitäre Szene, um für ein halbes Jahr als Finanzminister der Republik Österreich zu dienen, eine Tätigkeit, in der er keine erkennbaren Erfolge aufzuweisen hatte. Die Ursachen lagen unter anderem darin, dass er nicht nur keine feste Bindung an eine Partei hatte, sondern sich mit jeder der beiden Regierungsparteien in mindestens einer wichtigen Sachfrage überwarf: Im Fall der Christlichsozialen Partei war dies eine von Schumpeter propagierte einschneidende Vermögensabgabe, die dazu dienen sollte, die enormen Staatsschulden deutlich zu verringern. Gegenüber der Sozialdemokratischen Partei lagen die Konflikte einerseits im offenen Eintreten des Finanzministers gegen die von Außenminister Otto Bauer betriebene Annäherung an Deutschland, andererseits in Schumpeters Verhalten beim Versuch der Sozialdemokraten, die Österreichisch-Alpine Montangesellschaft zu verstaatlichen – ein Verhalten, das Bauer als illoyal ansah. Nach kurzer Tätigkeit in der Regierung wurde der Finanzminister entlassen.

Bald nach seinem Ausscheiden aus der Regierung wurde Schumpeter Präsident der privaten Biedermann Bank, der er aufgrund seiner politischen Verbindungen eine Bankkonzession hatte verschaffen können. Diese Tätigkeit war mehr repräsentativer Art, aber hervorragend bezahlt und mit einem beträchtlichen Kreditrahmen ausgestattet, sodass er einen bereits früher gepflogenen extravaganten Lebensstil, der nicht frei von Bizarrerien war, fortführen konnte. Im Zug der Bankenkrise der folgenden Jahre geriet die Biedermann Bank allerdings in ernste Schwierigkeiten, weshalb Schumpeter 1924 auch aus dieser Tätigkeit entlassen wurde. Er war zu diesem Zeitpunkt hoch verschuldet, sodass er in den folgenden Jahren allerlei Nebentätigkeiten ausüben musste, was seine wissenschaftliche Arbeit stark behinderte.

Zwischen 1925 und 1932 lehrte Schumpeter als Professor in Bonn und ab 1932 an der Harvard University, an der er bis zu seinem Tod im Jahr 1950 blieb. Im Jahr 1937 wurde er Präsident der Econometric Society, die er mitbegründet hatte, 1948 bis 1950 war er Präsident der American Economic Association.

Im Zentrum des Schumpeterschen Werks steht eine Theorie der wirtschaftlichen Entwicklung, die zugleich eine Theorie der Tätigkeit des Unternehmers ist. Schumpeter geht vom Gegensatzpaar einer statischen und einer dynamischen Wirtschaft aus: In der statischen Wirtschaft bleibt die Produktion unverändert, die Bedürfnisse der Konsumenten, die produzierten Mengen und die Preise ändern sich nicht; in einer solchen Wirtschaft gibt es die hervorgehobene Funktion des Unternehmers und den Unternehmergewinn nicht, an deren Stelle treten »Wirte«, die einen Lohn erhalten. In der dynamischen Wirtschaft hingegen ändern sich die Bedingungen durch neue Produkte, Produktionsmethoden, Absatzmärkte, Rohstoffquellen oder organisatorische Neuerungen; diese Neuerungen gehen auf Unternehmer zurück, ja bestimmen überhaupt erst, wer ein Unternehmer ist. Die Unternehmer werden durch die von ihnen

Joseph Alois Schumpeter (1883–1950), Nationalökonom. Lehrtätigkeit in Czernowitz, Graz und Bonn, ab 1932 an der Harvard University. Er wurde durch seine Konjunkturtheorie und durch das Hervorheben des Unternehmers als tragende Persönlichkeit der wirtschaftlichen Entwicklung berühmt und trug in den USA maßgeblich zur Entwicklung der Nationalökonomie bei.

eingeführten Neuerungen in die Lage versetzt, Kostenvorteile und damit Unternehmergewinne zu erlangen. Dies bewirkt einerseits im Vergleich zur statischen Wirtschaft eine Störung des Gleichgewichts, weil die innovativen Teile der Wirtschaft den überkommenen Teilen Produktionsmittel entziehen und sie niederkonkurrieren. Die Innovation bedeutet also zugleich eine »schöpferische Zerstörung« von bestehenden Strukturen, die sich gegenüber dem Neuen nicht mehr bewähren. Andererseits werden die Neuerungen durch Nachahmer imitiert, wodurch im Lauf der Zeit der Vorteil des Unternehmers verschwindet und sich die Wirtschaft tendenziell wieder auf ein Gleichgewicht zubewegt, das aber durch weitere Innovationen wieder gestört wird. Da Innovationen zu einzelnen Zeitpunkten gehäuft auftreten, bewegt sich die Wirtschaft kurzfristig in konjunkturellen Zyklen. Wichtig ist bei diesen Vorgängen die Rolle des Kredits: Der innovative Unternehmer verfügt nicht über eigene Mittel zur Finanzierung seiner Vorhaben, sodass er sich an die Banken wenden muss. Diese haben in einer Wirtschaft, die sich entwickelt, die Möglichkeit der Geldschöpfung – nicht des Transfers von freien Ressourcen wie in einer statischen Wirtschaft, sondern der Schaffung neuer Kaufkraft aus dem Nichts. Der Bankier, der zwischen jenen, die Innovationen durchsetzen wollen, und den Besitzern von Produktionsmitteln steht, schafft Kaufkraft und wird zum Superintendenten der Verkehrswirtschaft.

Mises und Hayek

Der zwei Jahre ältere Mises (1881–1973) gelangte zwar in Österreich nie in eine universitäre Position, die ihm eine ausschließlich akademische Tätigkeit ermöglicht hätte, wurde aber dennoch Lehrer einer äußerst erfolgreichen Gruppe von Ökonomen. An der Universität Wien war er nur Privatdozent; angestellt war Mises an der Wiener Handelskammer, wo er alle vierzehn Tage sein Privatseminar abhielt, eine Diskussionsrunde unter seinem Vorsitz, die ähnlich legendär wurde wie das Böhm Bawerk Seminar zwei Jahrzehnte früher. Im Mises-Seminar saßen unter anderem Friedrich August Hayek, Gottfried Haberler, Fritz Machlup, Oskar Morgenstern und Paul Rosenstein-Rodan, die später als Professoren an der London School of Economics, der University of Chicago, der Harvard University, der Princeton University und am Massachusetts Institute of Technology lehren sollten.

Haberler und Machlup wurden beide Präsidenten der American Economic Association, Hayek erhielt 1974 den Nobelpreis für Wirtschaftswissenschaften. Andere Teilnehmer des Mises-Seminars waren Philosophen, Historiker und Juristen. In jenen Jahren waren diese Personen überwiegend in verschiedenen Positionen außerhalb des akademischen Milieus tätig, einige in der Industrie oder bei Banken, andere als Freiberufler. Haberler und Hayek waren in der Handelskammer angestellt, Hayek wurde dann der erste Direktor des 1927 von ihm und Mises gegründeten Österreichischen Instituts für Konjunkturforschung, eine für die Entwicklung der empirischen Wirtschaftsforschung in Österreich äußerst wichtige Institution, die unter anderem von der Handelskammer, der Arbeiterkammer und der Nationalbank getragen wurde. Mises selbst ging 1934 als Gastprofessor ans Institut Universitaire des Hautes Etudes Internationales in Genf und von dort 1940 nach New York, wo er an der New York University lehrte.
Das erste von Mises' einflussreichen Büchern war die 1912 erschienene »Theorie des Geldes und der Umlaufmittel« (sein erstes Buch überhaupt hatte Mises bereits 1902 im Alter von 21 Jahren veröffentlicht), die stärkste Wirkung erzielte Mises aber mit seinem Werk »Die Gemeinwirtschaft. Untersuchungen über den Sozialismus«, das 1922 erschien. Darin vertrat er die Position, dass in einer sozialistischen Wirtschaft eine effiziente Verwendung von Ressourcen unmöglich sei. Unter den jüngeren Ökonomen in Mises' Umkreis, bei denen in den Jahren nach dem Ersten Weltkrieg eine nicht unbeträchtliche Sympathie für den Sozialismus bestand, wurde die »Gemeinwirtschaft« zum Gegenstand intensiver Diskussion, die auch einige, wie etwa Hayek, dazu veranlasste, ihre Position zu verändern. Unter den Teilnehmern seines Privatseminars schätzte Mises Hayek, der einer der letzten Studenten Wiesers vor dessen Emeritierung 1922 gewesen war, ganz besonders. Hayek habilitierte sich während seiner bereits erwähnten Tätigkeit am Institut für Konjunkturforschung 1929 mit »Geldtheorie und Konjunkturtheorie« und ging 1931 an die London School of Economics. 1950 wechselte er an die University of Chicago und 1962 an die Universität Freiburg im Breisgau. Hayek repräsentiert den »evolutiven« Zweig der Österreichischen Schule, der anerkennt, dass die Handlungen der Menschen oft Konsequenzen

Ludwig von Mises (1881–1973), Wirtschaftswissenschaftler und Leiter der Finanzabteilung der Handels- und Gewerbekammer in Wien, 1940 Emigration in die USA; 1945–1969 Lehrtätigkeit an der Graduate School of Business Administration der New York University. Gründete 1927 mit F. A. von Hayek das Wiener Institut für Konjunkturforschung (heute Österreichisches Institut für Wirtschaftsforschung).

haben, die nicht beabsichtigt waren, weil man sie nicht vorhersehen konnte. Wirtschaftliches Verhalten ist oft spontan und nur in einem begrenzten Sinn rational, indem Menschen zwar etwa auf Preise reagieren, aber andere Folgen nicht abschätzen können. Gerade dies ist aber für Hayek ein Argument, das für den Markt spricht – nicht wegen dessen höherer Rationalität, sondern im Gegenteil deswegen, weil Menschen die Folgen ihres Handelns nur unzureichend erfassen können. Von Mises setzt er sich mit dem Argument ab, dieser nehme eine unrealistische Position ein,

derzufolge Menschen in einer liberalen Ordnung die Folgen ihrer Handlungen rational erfassen würden und frei ihre Entscheidungen träfen.
Hayek wurde sowohl mit nationalökonomischen als auch mit allgemein gesellschaftspolitischen Werken bekannt. Die Konjunkturtheorie der österreichischen Schule geht wesentlich auf ihn zurück; sie war Gegenstand

Friedrich August von Hayek (1899–1992), Nationalökonom und Sozialphilosoph, Nobelpreisträger für Wirtschaftswissenschaft, 1974. Gründete 1927 das Österreichische Institut für Konjunkturforschung (heute Österreichisches Institut für Wirtschaftsforschung). 1931–1950 Professor an der London School of Economics, dann in Chicago, Freiburg und Salzburg (1970–1974).

seines ersten Buchs und Anlass für seine Berufung nach London. Ihr zufolge entsteht eine Rezession nicht, wie von John Maynard Keynes angenommen, durch ungenügende Nachfrage nach Gütern, sondern durch ein Überangebot an Gütern. Dieses Überangebot kommt durch »unnatürlich« niedrige Kreditzinsen in einer Boomperiode zustande, die dazu führen, dass übermäßig investiert und zu wenig gespart wird. »Unnatürlich« niedrig sind die Zinsen auch dann, wenn die Produktivität rasch wächst und die Zinsen nicht erhöht werden; in diesem Fall führen höhere Gewinnerwartungen ebenfalls zu übermäßigen Investitionen. In der nächsten Periode führen die übermäßigen Investitionen zu einem Überangebot an Gütern, während der vorherige Ausfall bei den Sparleistungen zu einem Nachfrageausfall führt. Das Ergebnis ist ein Anstieg der Zinsen, ein Rückgang der Gewinne und ein Rückgang der Investitionen und damit eine Rezession. Dieses Ergebnis ist unvermeidlich, weil übermäßige Investitionen nicht auf Dauer aufrechterhalten werden können.

Der Austromarxismus

Wie man an den Namen der Studenten im Böhm-Bawerk-Seminar erkennt, standen die Vertreter der Österreichischen Schule in ihrem Werdegang in einer gewissen Verbindung mit wichtigen austromarxistischen Theoretikern. Berührungspunkte liegen nicht nur in der Phase der universitären Ausbildung, sondern auch in der Politik unmittelbar nach dem Ende des Ersten Weltkriegs, als Otto Bauer auf Anraten Rudolf Hilferdings den Grazer Professor Schumpeter als Finanzminister vorschlug – hier trafen drei Teilnehmer des Böhm-Bawerk-Seminars wieder zusammen. Hilferding hatte kurz zuvor mit Schumpeter in einer Sozialisierungskommission zu tun gehabt, die in Berlin Verstaatlichungen bestimmter Industriezweige in Deutschland vorzubereiten hatte. Ein weiteres Mitglied dieser Kommission war Emil Lederer, ebenfalls seinerzeit Teilnehmer am Böhm-Bawerk-Seminar. Schumpeter, der kurz nach dieser Tätigkeit österreichischer Finanzminister wurde und dabei die Verstaatlichung der Alpine-Montan nicht eben förderte, hatte sich in Berlin noch als großer Befürworter von Verstaatlichungen gezeigt und war zum Erstaunen seiner Kollegen weitaus radikaler als der eher pragmatisch agierende Hilferding aufgetreten.
Rudolf Hilferding (1877–1941) war zu diesem Zeitpunkt bereits der profilierteste austromar-

xistische Ökonom. Seiner Ausbildung nach war er eigentlich zunächst Arzt gewesen. Seit 1906 in Berlin ansässig, unterrichtete er an der Berliner Parteihochschule und fungierte zwischen 1907 und 1915 als Leiter des »Vorwärts«, des Zentralorgans der SPD. Während des Ersten Weltkriegs schloss er sich der Unabhängigen Sozialdemokratischen Partei (USPD) an, einer 1917 gegründeten Abspaltung des kriegsfeindlichen Parteiflügels von der SPD. Nach dem Krieg kehrte er in die SPD zurück, wurde 1919 deutscher Staatsbürger und 1923 sowie 1928/29 Reichsfinanzminister. Nach der Machtübernahme Hitlers emigrierte er in die Schweiz und ging von dort nach Frankreich. 1940 lieferte ihn die kollaborierende Vichy-Regierung an die deutsche Geheime Staatspolizei aus, Anfang 1941 nahm sich Hilferding in einem Pariser Gefängnis das Leben.

Obwohl Hilferding auch nach dem Ersten Weltkrieg noch umfangreiche Werke veröffentlichte, stammen seine bekanntesten Arbeiten aus der Zeit vor dem Krieg. Hier ist eine Kontroverse um die Arbeitswertlehre von Karl Marx zu nennen, die Hilferding mit Böhm-Bawerk führte, vor allem aber sein wichtigstes Werk, »Das Finanzkapital«. Dieses Buch, das nationalökonomische Hauptwerk des Austromarxismus, hatte Hilferding großteils schon in Wien geschrieben, aber erst 1910 veröffentlicht.

Mit dem »Finanzkapital« unternahm Hilferding eine Neufassung des Marx'schen Systems, die jene Veränderungen in der Wirtschaft berücksichtigen sollte, die seit Marx in auffälliger Weise hervorgetreten waren. Vor allem war dies die gewachsene Bedeutung des Finanzsektors, dem es im Lauf des 19. Jahrhunderts immer besser gelungen war, das Kapital der Wirtschaft insgesamt für Unternehmen zu mobilisieren. Die Banken wirkten auch selbst an der Gründung und Führung von Unternehmen mit und setzten mit der immer wichtiger werdenden Rechtsform der Aktiengesellschaft auch ein dafür besonders geeignetes Instrument ein. Der Unternehmertypus des Managers hatte neben dem des Kapitaleigentümers als Unternehmensleiter größere Bedeutung gewonnen. Der Wettbewerb zwischen Unternehmen war in vielfacher Hinsicht wirklich oder zumindest dem Wunsch nach durch Kartelle beschränkt. Einige europäische Länder hatten bereits Imperien in Übersee aufgebaut, einige Nachzügler versuchten es ihnen gleichzutun. Rassismus, Nationalismus und Militarismus kennzeichneten ein verändertes politisches Klima.

Alle diese Umstände baute Hilferding im »Finanzkapital« in ein System von Erklärungen ein, das Aufschlüsse sowohl für die zeitgenössische Situation als auch für die Zukunft geben sollte. Der Schlüssel lag für Hilferding in der Rolle der Banken, die als Finanzkapital eine immer wichtigere und letztlich die steuernde Rolle übernehmen: Der Bankkredit wird gegenüber dem kommerziellen Kredit immer wichtiger, da er den Profit auf das Eigenkapital des Kapitalisten absichert und allenfalls eine Erhöhung der individuellen Profitrate auf Kosten der anderen erlaubt. Mit der Konzentration des Kapitals verschwindet dieser Effekt. Die Konzentration des Kapitals wird deshalb erforderlich, weil sich das Verhältnis ändert, in dem der Kredit für das Anlagekapital und das Umlaufkapital verwendet wird: Während der Kapitalist zunächst für das Anlagekapital sein Eigenkapital und für das Umlaufkapital das Fremdkapital verwendet, wird er mit der Zeit versuchen, seinen Kredit auszudehnen und auch für das Anlagekapital den Kredit in Anspruch zu nehmen. Wegen der längeren Abschreibung der Anlagen verlängert sich dadurch aber auch die Laufzeit des Kredits; um ein entsprechend größeres Kapital für solche Kredite zur Verfügung stellen zu können, muss im Finanzsektor eine Konzentration stattfinden, da nur so die Bank als Kreditgeber einen Kapitalstock der erforderlichen Größe konstant zur Verfügung hat. Mit dieser Art der Kreditgewährung ändert sich aber die Stellung der Banken zur Industrie insgesamt: Mit der langfristigen Bindung wird die Beziehung zwischen Bank und Industrieunternehmen intensiver; der Wettbewerb zwischen den produzierenden Unternehmen, an dem die Banken nicht interessiert sind, weil er für die eigenen Kreditnehmer gefährlich werden kann, wird ausgeschaltet. Der mit kurzfristigen Krediten bediente Handel wird

Rudolf Hilferding (1877–1941, in Gestapo-Haft umgekommen), sozialdemokratischer Finanzpolitiker, Redakteur. Einer der führenden Theoretiker des Austromarxismus; lebte ab 1907 in Deutschland, wo er 1923 und 1928/29 Finanzminister war; 1933 emigrierte er nach Frankreich.

gegenüber der langfristig bedienten Produktion zweitrangig. So wie im Finanzsektor der Konzentrationsprozess immer weiter voranschreitet, nimmt auch in der Güterproduktion die Kartellierung zu. Im extremen Stadium bedeutet dies eine vollkommene Kontrolle des Geschehens durch das konzentrierte Finanzkapital, das die Form eines Generalkartells annimmt und die Wirtschaft nicht mehr nach marktmäßigen, sondern nach planerischen Abläufen steuert. In diesem Prozess werden auch die Klassengegensätze extremer: Die zwischen dem Kapital und den Arbeitern stehenden Schichten der Kleinbürger und der Angestellten und Techniker werden einer der beiden Seiten zugetrieben – das Kleinbürgertum, das keine eigenen Perspektiven mehr hat, wird sich mit dem Kapital identifizieren und für imperialistische und rassistische Angebote immer empfänglicher werden, und die Angestellten werden mit der Zeit erkennen, dass ihr Platz auf der Seite der Arbeiter ist. Das vorletzte Stadium ist somit eine klassenmäßige Zweiteilung und eine Diktatur der Kapitalmagnaten. In einem nicht näher konkretisierten Verweis stellt Hilferding am Ende in Aussicht, dass diese Diktatur der Kapitalmagnaten schließlich in die Diktatur des Proletariats umschlagen werde.

Rudolf Hilferding hielt das von ihm entworfene Szenario für eine realistische Beschreibung von Entwicklungstendenzen in der Wirtschaft. Für ihn ergaben sich daraus vor allem Chancen: Eine weitgehende oder völlige Kapitalkonzentration würde die Sozialisierung letztlich erleichtern, da die Neuorganisation der Wirtschaft bereits erfolgt sei und nur mehr ein Eigentümerwechsel erforderlich wäre. Wie erwähnt, war er als sozialdemokratischer Funktionär allerdings eher an den praktischen Möglichkeiten orientiert und in der Sozialisierungsfrage nach dem Ersten Weltkrieg weniger radikal als Schumpeter.

Die Ganzheitslehre Othmar Spanns

Obwohl eine Reihe von Epigonen Othmar Spanns (1878–1950) Theorie folgte und sie auch Vertreter anderer Fächer abseits der Nationalökonomie beeinflusste, ist die Ganzheitslehre doch vor allem mit Spanns Person verbunden. Spann war zu Beginn der Ersten Republik einer von drei Professoren für Nationalökonomie an der Universität Wien, neben dem damals kurz vor seiner Emeritierung stehenden Wieser und dem Marxisten Carl Grünberg, der später der erste Direktor des Frankfurter Instituts für Sozialforschung werden sollte. Spanns Ideen zogen eine beachtliche Gefolgschaft an, die in den Zwanzigerjahren auch Personen umfasste, die sonst mit der Volkswirtschaftslehre wenig zu tun hatten. Dies hängt auch damit zusammen, dass Spann über die Grenzen des Fachs im engeren Sinn hinausging und sich mit seinen Spekulationen auch auf das allgemeinere philosophische und politische Gebiet begab. Grundgedanke seiner Ganzheitslehre, für die

Othmar Spann (1878–1950), Nationalökonom, Soziologe, Geschichtsphilosoph. Vertrat eine universalistisch-idealistische Gesellschaftslehre und forderte eine Neuordnung von Staat und Gesellschaft auf berufsständischer Grundlage (»Ständestaat«).

Spann sich auf Adam Müller, die Romantik und allgemein auf platonische Gedankengänge berief, ist die Vorstellung, dass nicht die vielen Einzelnen, die Individuen, in ihren Eigeninteressen und ihren Handlungen zusammengenommen die Wirtschaft ausmachen, sondern dass »Wirtschaft« als Gesamtheit, als Ganzes primär da ist und sich im Einzelnen nur manifestiert. Das Einzelne nährt sich aus dieser Ganzheit, es erhält seine Eigenart erst aus dieser Zugehörigkeit zum Ganzen, ähnlich wie ein Organ seine Eigenart erst aus seiner Funktion in dem Organismus gewinnt, zu dem es gehört. Das »Ganze« ist in Spanns Spekulationen nicht bloß eine Abstraktion, ein Name, ein Sammelbegriff für die vielen beobachtbaren Einzelerscheinungen, sondern etwas Reales, das unabhängig von den Einzelerscheinungen existiert. Tatsächlich ist nach Spann nicht das Ganze, sondern das Individuum etwas Abstraktes: Aus der im Hintergrund bestehenden Ganzheit stellt das Individuum einen Auszug dar, erst in ihr bekommt es seinen Halt, erst aus ihr seine Funktion. Für die Wirtschaft und für die in einer Volkswirtschaft Handelnden bedeutet die Ganzheitslehre eine Absage an den Individualismus und an einige wesentliche Merkmale einer Volkswirtschaft, die die klassische Nationalökonomie herausgearbeitet hatte, wie etwa die Arbeitsteilung und das Prinzip des Tauschs.

Für Spanns politische Folgerungen aus seiner Ganzheitslehre ist wichtig, dass er die Wirtschaft als einen unter vielen Teilbereichen der Gesellschaft schlechthin auffasst und seine ökonomischen Theorien sogleich zu einer Theorie über die Gesellschaft insgesamt verallgemeinert. Die Gesellschaft ist demnach nicht ein Zusammenschluss freier Individuen, die sich zusammentun, um ihre Interessen befördern und miteinander abstimmen zu können. Die Gesetze sind nicht da, um die Freiheit des Einzelnen vor dem Zugriff der Allgemeinheit zu schützen. Vielmehr ist auch die Gesellschaft etwas Reales, vor und über den Einzelnen Bestehendes, in dem die Individuen überhaupt erst existieren können, und die Gesetze sind da, um die Bürger zu erziehen und besser zu machen.

In Spanns Buch »Der wahre Staat« aus dem Jahr 1921, das auf eine Vorlesung an der Universität Wien im Jahr davor zurückgeht, gerinnen diese allgemeinen Überlegungen zur konkreten politischen Handlungsanleitung und zum Plan für den Aufbau des Staates. So wie die Organe eines Organismus sollen auch die Institutionen der Gesellschaft miteinander nicht in Konkurrenz stehen, sondern im

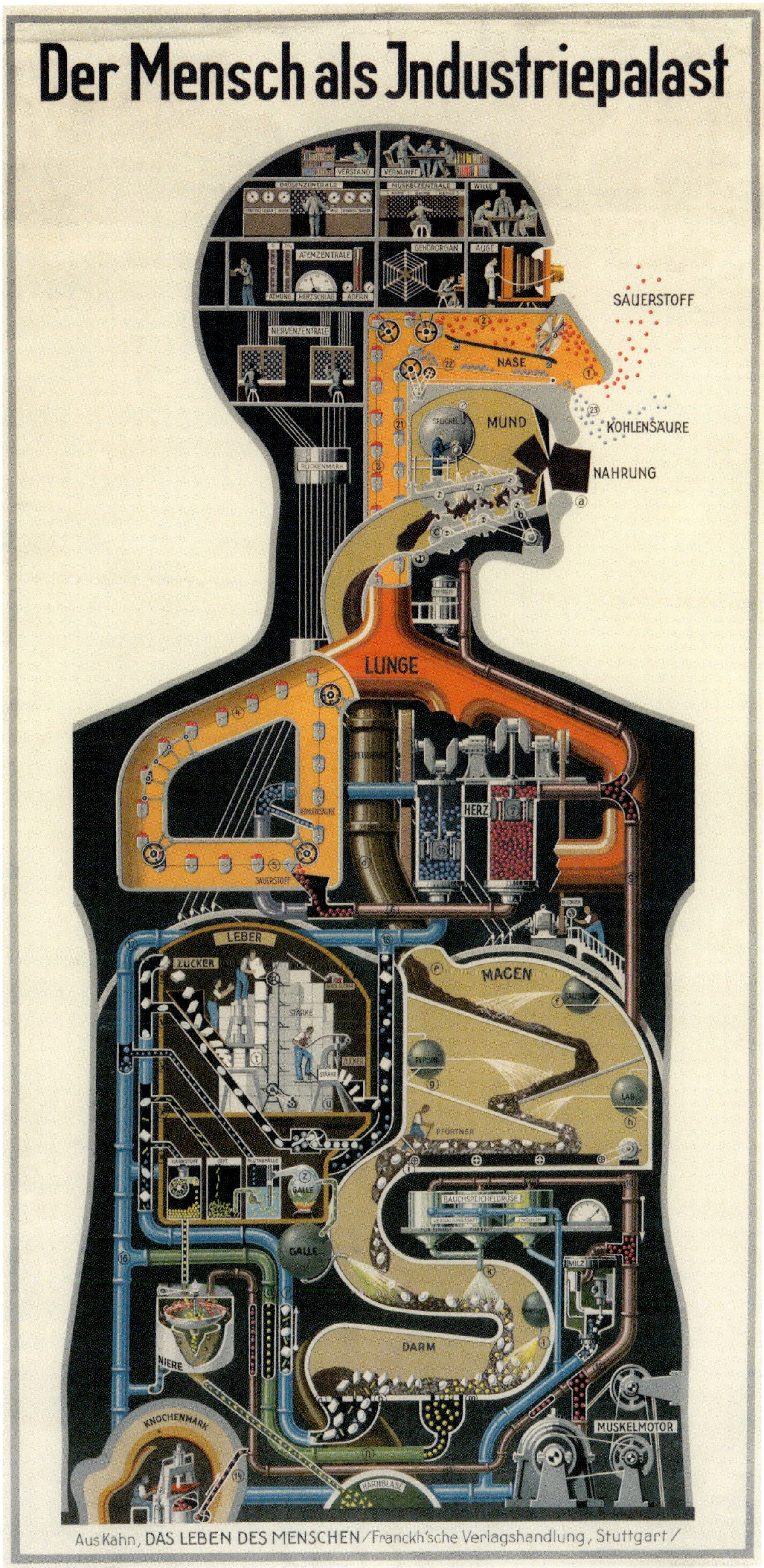

Der Mensch als Industrie-palast. Farbdruck aus Kahn, Das Leben des Menschen. Franckh'sche Verlagsbuchhandlung, Stuttgart

Interesse des Ganzen zusammenwirken. Diese Institutionen bezeichnet Spann als »Stände«, und der Staat, dem die Stände dienen, ist ein »Ständestaat«. Aus dem Bild vom »Organismus«, der für die Gesellschaft und auch für die Wirtschaft steht, und den »Organen«, die diesem Organismus dienen und aus denen er besteht, ergibt sich für Spann die Bejahung von Ungleichheit innerhalb des Gemeinwesens: Die Organe eines Organismus sind ja nicht gleichartig, mögen sie auch alle wichtig sein. Eine notwendige »organische Ungleichheit« habe daher an die Stelle der »atomistischen Gleichheit« des Individualismus zu treten. Über die »organische Ungleichheit« hinaus sind die verschiedenen Teile aber auch in ihrem Wert nicht gleich, woraus sich eine Hierarchie oder Rangordnung der Glieder der Gesellschaft ihrem Wert nach ergibt.

Spann verharrte mit seinen Überlegungen nicht in akademischer Selbstgenügsamkeit, sondern lieferte gedankliche Grundlagen für den »Ständestaat« der Jahre 1934 bis 1938. Dieser »Ständestaat« war zwar in Wirklichkeit keineswegs eine konsequente Umsetzung der ideologischen Vorstellungen Spanns und anderer »ständischer« Autoren, da die aktuellen tagespolitischen Erfordernisse dies gar nicht zuließen und auch das Interesse an einer ideologiegesteuerten Politik zu gering war. Aber immerhin boten »ständische« Ideen und die Benennung des 1934 neu geordneten Staates als »Ständestaat« die Möglichkeit, eine konservative Diktatur mit einem idealistisch-gesellschaftsphilosophischen Mäntelchen zu umhüllen. Spann war in die politischen Vorgänge, die zum »Ständestaat« führten, zwar nicht unmittelbar involviert, seine Vorlesungen, Vorträge und Schriften beeinflussten aber viele der handelnden Personen. Sein enger Mitarbeiter Walter Heinrich, seit 1925 Spanns Assistent an der Universität Wien und von 1929 bis 1930 Generalsekretär der Bundesführung der Heimwehr, verfasste den Text des »Korneuburger Eids« von 1930, mit dem sich die Führer der Heimwehrverbände auf die Schaffung einer antidemokratischen und antiparlamentarischen »Neuordnung« mit ständischer Selbstverwaltung und autoritärer Staatsführung verpflichteten. Von der Verfassung des »Ständestaats« vom 1. Mai 1934 distanzierte sich Spann allerdings; er bezeichnete sie als »Fastnachtscherz« und als »Mischung der Grundsätze von 1789 und in der Luft schwebender ständischer Einrichtungen«. Nach der Annexion Österreichs durch das Deutsche Reich im Jahr 1938 wurde Spann als Universitätsprofessor zwangspensioniert, Heinrich, der mittlerweile Professor an der Hochschule für Welthandel geworden war, wurde anderthalb Jahre lang im Konzentrationslager Dachau inhaftiert.

Nach dem Zweiten Weltkrieg verblieb von der praktischen Nutzanwendung Spann'scher Ideen bei Autoren in seiner Nachfolge der schlichte Ruf nach einer Förderung jener Wirtschaftszweige, die dem Anspruch einer »organischen Wirtschaftsgestaltung« angeblich am ehesten entsprechen würden, womit die Landwirtschaft und die Klein- und Mittelbetriebe des Gewerbes gemeint waren. In der Nationalökonomie wurde die Ganzheitslehre noch über einige Zeit von Schülern Spanns weitergetragen, verschwand aber mit diesen aus Forschung und Unterricht. Heute spielen diese Ideen keine Rolle mehr.

VI. AUSBLICK

Unterzeichnung des Österreichischen Staatsvertrages im Schloss Belvedere, Wien, 15. Mai 1955. Sergius Pauser, Öl auf Leinwand, 1956

Die zweite Hälfte des 20. Jahrhunderts brachte Österreich einen bis dahin einzigartigen wirtschaftlichen Aufstieg. Das reale Bruttoinlandsprodukt konnte zwischen 1955 und 2005 fast verfünffacht werden, Österreich rückte in diesen Jahrzehnten zu einem der reichsten Staaten der Welt auf. Eine derart erfolgreiche Entwicklung, die einer so schwer wiegenden Katastrophe wie dem Zweiten Weltkrieg folgte, beruhte auf mehreren Ursachen: der aus der gemeinsamen Erfahrung des Nationalsozialismus erwachsenden solidarischen und konsensorientierten Gesinnung der gesellschaftlich-politischen Lager, der Auslandshilfe durch den Marshallplan und den insgesamt günstigen weltwirtschaftlichen Rahmenbedingungen.

Die Phase sehr raschen wirtschaftlichen Wachstums, die von 1947 bis 1973 reichte, wurde von einer Phase langsameren und gedämpfteren Wachstums abgelöst, die bis in die Gegenwart nicht abgeklungen ist. Auf das Wirtschaftswunder der Nachkriegszeit und eine bis dahin beispiellose Steigerung des Massenkonsums folgte ein Einschwenken auf ein säkulares »Normalwachstum« von etwa 2,5 bis 3 Prozent pro Jahr gegenüber den 4 bis 5 Prozent der Ausnahmeperiode 1947 bis 1973. Die Anpassungsschwierigkeiten, die im Übergang von derart hohen Zuwächsen auf niedrigere Wachstumsraten auftreten mussten, verursachten mehr oder weniger stark die Krisenphänomene mit, die sich im letzten Drittel des 20. Jahrhunderts abzeichneten, und zwar nicht nur in Europa, sondern auch in den USA und in Japan.

Österreich zählte 1950 noch zu den Ländern mit geringer Pro-Kopf-Produktion, lag aber Anfang der Neunzigerjahre durch enorme Steigerung der Leistung bereits im Spitzenfeld der OECD-Länder. Investitionen und Automatisierung führten dazu, dass sich bis 2003 bei einer um fast 30 Prozent geschrumpften Beschäftigtenzahl die Industrieproduktion gegenüber 1955 fast versechsfachte, gegenüber 1937 sogar mehr als verzehnfachte.

Die Wirtschaftspolitik wurde ab 1953 deutlich von marktwirtschaftlichen Überlegungen geleitet. Der so genannte Raab-Kamitz-Kurs, der die Preissteigerung eindämmte und den Staatshaushalt sanierte, wurde durch den nachfragebedingten Produktionsboom begünstigt. Eine dreistufige Steuerreform mit der Möglichkeit, Investitionen vorzeitig abzuschreiben, kurbelte die Investitionsquote an. Ab 1957 war die Sozialpartnerschaft mit der »Paritätischen Kommission für Preis- und Lohnfragen« in Form einer dreiseitigen Zusammenarbeit von Arbeitgebern, Arbeitnehmern und Regierung organisiert. 1959 wurde die Wochen-Arbeitszeit von 48 auf 45 Stunden gekürzt, in den Siebzigerjahren dann auf 40 Stunden. Nahm in der Nachkriegszeit die Ernährung noch fast die Hälfte des privaten Konsums ein, so sank ihr Ausgabenanteil im Haushaltsbudget auf weniger als 15 Prozent; heute geben die Österreicher mit mehr als 30 Prozent bereits doppelt so viel für Verkehr, Kommunikation, Bildung, Gesundheit und Freizeit aus.

Mit dem Autobahnbau, dem Ausbau der Telefonnetze und der weiteren Elektrifizierung der Eisenbahn wurde die Infrastruktur verbessert. Der österreichische Stromverbrauch stieg zwischen den Jahren 1947 und 2003 auf mehr als das Achtzehnfache, Kohle wurde in ihrer Bedeutung von Erdöl abgelöst. Die Anzahl der Arbeitskräfte in der Landwirtschaft wurde schon zwischen 1950 und 1970 mehr als halbiert, die Beschäftigung im Dienstleistungssektor stieg kräftig an, während auch in der Industrie der Höhepunkt der Beschäftigung erreicht wurde. Mit der zweiten Ölkrise im Jahr 1979 ging aber auch in Österreich die Phase der Vollbeschäftigung zu Ende.

Der durch die Erdölkrise 1973 eingeleiteten internationalen Konjunkturwende suchte die österreichische Wirtschaftspolitik im so genannten Austro-Keynesianismus gegenzusteuern – in der Präferenz für Vollbeschäftigung mit einer Kombination aus antizyklisch-expansiver Budgetpolitik, Hartwährungspolitik und stabilitätsorientierter Einkommens- und Preispolitik.

Österreich ordnete sich in das internationale Handelssystem ein, Exportanreize brachten eine Steigerung des Außenhandels. 1960 machte Österreich mit dem Beitritt zur europäischen Freihandelszone, der EFTA, einen ersten, vorsichtigen Schritt in Richtung Europäische Integration. Der Weg zur Europäischen Union sollte allerdings noch mehr als drei Jahrzehnte dauern. Die Ostöffnung seit 1989, der EU-Beitritt 1995 und die gemeinsame EU-Währung seit 1999/2002 stellten Österreich vor neue Herausforderungen – und boten neue Chancen. Österreich konnte als kleine Volkswirtschaft vom EU-Binnenmarkt und den Wachstumschancen der neuen Märkte in den Reformländern deutlich profitieren.

Österreich verfügt inzwischen – auch wenn der High-Tech-Sektor im internationalen Vergleich noch schwächer ausgebildet ist – über leistungsstarke Klein- und Mittelbetriebe, die global beeindruckende Erfolge verzeichnen, über attraktive Standorte, die internationale Konzerne anziehen, und auch über große Unternehmen und Unternehmer, die den Sprung über die Grenzen wagen und multinationale Netze aufbauen. Die stark anwachsenden Kapitalströme verliehen der Globalisierung des ausgehenden 20. Jahrhunderts eine neue Qualität und lassen auch Österreich spüren, dass nationale Volkswirtschaften in ihrer Bedeutung und in ihrem Einfluss abnehmen.

Die Erweiterung der EU bietet die Möglichkeit, die Exporte Österreichs in die ostmitteleuropäischen Reformländer von derzeit 13 Prozent auf prognostizierte 25 Prozent anzuheben. Mit dem Beitritt der zentral- und osteuropäischen Nachbarländer ist Österreich vom östlichen Rand der EU in ihr Zentrum gerückt. Viele österreichische Industrieunternehmen haben neue Formen der Arbeitsteilung mit diesen Ländern entwickelt, die unser Land an der Dynamik einer aufstrebenden Region teilhaben lassen.

Am 15. Dezember 1955 tritt Österreich der UNO bei. New York, kolorierte Postkarte

Literaturverzeichnis

Statistiken, Quellenwerke

Bevölkerung und Viehstand der im Reichsrathe vertretenen Königreiche und Länder, dann der Militärgränze. Nach der Zählung vom 31. Dezember 1869. (bearb. u. hg. von der k. k. Statistischen Central-Commission, Wien 1871).

Compass. Finanzielles Jahrbuch für Oesterreich-Ungarn (Wien 1868–1918).

Ergebnisse der gewerblichen Betriebszählung vom 3. Juni 1902 in den im Reichsrathe vertretenen Königreichen und Ländern (= Österreichische Statistik LXXV, bearb. von dem Bureau der k. k. Statistischen Zentralkommission, Wien 1905–1908).

Ergebnisse der österreichischen Volkszählung vom 22. März 1934, Heft 1–10 (bearb. vom Bundesamt für Statistik, Wien 1935).

Ergebnisse der Volkszählung und der mit derselben verbundenen Zählung der häuslichen Nutzthiere vom 31. December 1880. 3. Heft: Die Bevölkerung der im Reichsrathe vertretenen Königreiche und Länder nach Beruf und Erwerb (= Oesterreichische Statistik I. 3, bearb. von der k. k. Direction der administrativen Statistik, Wien 1882).

Ergebnisse der Volkszählung vom 31. December 1890 in den im Reichsrathe vertretenen Königreichen und Ländern. XXXIII. Band: Berufsstatistik nach den Ergebnissen der Volkszählung vom 31. December 1890 in den im Reichsrathe vertretenen Königreichen und Ländern (= Österreichische Statistik XXXIII. 2–5,7, bearb. von dem Bureau der k. k. Statistischen Central-Commission, Wien 1892–1894).

Ergebnisse der Volkszählung vom 31. Dezember 1900 in den im Reichsrate vertretenen Königreichen und Ländern. LXVI. Band: Berufsstatistik nach den Ergebnissen der Volkszählung vom 31. Dezember 1900 in den im Reichsrate vertretenen Königreichen und Ländern (= Österreichische Statistik LXVI. 2–5,7, bearb. von dem Bureau der k. k. Statistischen Zentral-Kommission, Wien 1903).

Ergebnisse der Volkszählung vom 31. Dezember 1910 in den im Reichsrate vertretenen Königreichen und Ländern. 3. Band: Berufsstatistik nach den Ergebnissen der Volkszählung vom 31. Dezember 1910 in Österreich (= Österreichische Statistik, N. F. 3. 2–5,7, bearb. von dem Bureau der k. k. Statistischen Zentralkommission, Wien 1914–1915).

Ergebnisse derVolkszählung vom 1. Juni 1951 (bearb. u. hg. vom Österreichischen Statistischen Zentralamt, Wien 1951–1953).

Ergebnisse der Volkszählung vom 21. März 1961 (bearb. u. hg. vom Österreichischen Statistischen Zentralamt, Wien 1961–1966).

Nachrichten über Industrie, Handel und Verkehr aus dem Statistischen Department im k.-k. Handelsministerium 1–92 (1873–1908).

Österreichische Statistik LXXV. Gewerbezählung (1908).

Österreichisches Statistisches Handbuch für die im Reichsrathe vertretenen Königreiche und Länder, Jg. 1–33, 1882–1914 (Wien 1883–1916).

Statistisches Jahrbuch der Oesterreichischen Monarchie, Jg. 1863–1881 (Wien 1864–188).

Literatur

Friedrich *Achleitner* (u.a.), Lichtjahre: 100 Jahre Strom in Österreich. 40 Jahre Verbundkonzern (Wien 1986).

Isabella *Ackerl*, Unterdrückungsmaßnahmen des autoritären Regimes in Österreich von 1933 bis 1938, in: Erich *Zöllner* (Hg.), Wellen der Verfolgung in der österreichischen Geschichte (Wien 1986).

Helmut *Alexander*, Geschichte der Tiroler Industrie. Aspekte einer wechselvollen Entwicklung (Innsbruck 1992).

Robert Loring *Allen*, Opening Doors, The Life and Work of Joseph Schumpeter. Vol. 1: Europe (New Brunswick 1994).

Hellmut *Andics* / Viktor *Ergert* / Robert *Kriechbaumer*, 50 Jahre Rundfunk in Österreich. 4 Bde. (Salzburg 1974, 1975, 1977 und 1985).

Die Arbeitszeit in den Fabriksbetrieben Österreichs. Dargestellt vom k. k. Arbeitsstatistischen Amte im Handelsministerium (Wien 1907).

Marie-Theres *Arnbom*, Friedmann, Gutmann, Lieben, Mandl, Strakosch. Fünf Familienporträts aus Wien vor 1938 (Wien 2002).

Karl *Ausch*, Als die Banken fielen. Zur Soziologie der politischen Korruption (Wien 1968).

Karl *Ausch*, Erlebte Wirtschaftsgeschichte. Österreichs Wirtschaft seit 1945 (Wien 1963).

Karl *Bachinger* / Vlastislav *Lacina*, Wirtschaftliche Ausgangsbedingungen, in: Alice *Teichova* / Herbert *Matis* (Hg.), Österreich und die Tschechoslowakei 1918–1938. Die wirtschaftliche Neuordnung in Zentraleuropa in der Zwischenkriegszeit. Studien zur Wirtschaftsgeschichte Bd. 4 (hg. von Herbert *Matis* / Roman *Sandgruber*, Wien 1996).

Karl *Bachinger* / Herbert *Matis*, Der österreichische Schilling. Geschichte einer Währung (Graz 1974; 2. Auflage, Wien 2002).

Frank *Bajohr*, »Arisierung« als gesellschaftlicher Prozess, Verhalten, Strategien und Handlungsspielräume jüdischer Eigentümer und »arischer« Erwerber, in: Irmtrud *Wojak* / Peter *Hayes* im Auftrag des Fritz Bauer Instituts, »Arisierung« im Nationalsozialismus (Frankfurt a. M. 2000).

Kurt *Bauer* (Hg.), Faszination des Fahrens: unterwegs mit Fahrrad, Motorrad und Automobil (= Damit es nicht verloren geht ... 50, Wien 2003).

Otto *Bauer*, Die Sozialisierungsaktion im ersten Jahre der Republik (Wien 1919).

Günter *Bayerl*, Die Papiermühle. Vorindustrielle Papiermacherei auf dem Gebiet des alten Deutschen Reichs. Technologie, Arbeitsverhältnisse, Umwelt. Europäische Hochschulschriften Reihe 3, Bd. 260 (Frankfurt a. M. u. a. 1987).

Heinrich *Benedikt*, Alexander von Schoeller, 1805–1886, ein Lebensbild. Zum 125jährigen Bestehen des Hauses Schoeller & Co. (Wien 1958).

Karin *Berger*, Die »innere Front«, in: Wolfgang *Neugebauer*/Elisabeth *Morawek*, Österreicher und der Zweite Weltkrieg (Wien 1989).

Ernst *Bezemek*, Dokumentation der Betriebe des USIA-Konzerns, in: Die USIA-Betriebe in Niederösterreich. Geschichte, Organisation, Dokumentation (Wien 1983).

Fritz *Blaich* / Gustav *Otruba* / Dietmar *Petzina* / Harald *Winkel*, Probleme der nationalsozialistischen Wirtschaftspolitik (hg. von Friedrich-Wilhelm *Henning*, Berlin 1976).

Peter J. *Boettke* (Hg.), The Elgar Companion to Austrian Economics (Aldershot–Brookfield 1994).

Otto *Böhler*, Geschichte der Gebr. Böhler & Co. AG. 1870–1940. Steirischer Stahl für Werkzeug und Waffe Bd. 1 (Berlin 1941).

Harald *Böhm*, Die wirtschaftliche Bedeutung der Donau seit dem Ersten Weltkrieg. Diplomarbeit an der Johannes Kepler Universität Linz (1993).

Eugen v. *Böhm-Bawerk*, Kapital und Kapitalzins. 1. Abt.: Geschichte und Kritik der Kapitalzins-Theorieen. 2. Abt.: Positive Theorie des Kapitales. 2 Bde. (Innsbruck 1884–1889).

Gerhard *Botz*, Wien vom »Anschluß« zum Krieg. Nationalsozialistische Machtübernahme und politisch-soziale Umgestaltung am Beispiel der Stadt Wien 1938/39 (Wien 1978).

Christoph *Boyer*, Die Erfindung der tschechischen Wirtschaft im 19. und 20. Jahrhundert, in: Jacques *LeRider* / Moritz *Csáky* / Monika *Sommer* (Hg.), Trans-nationale Gedächtnisorte in Zentraleuropa (Innsbruck 2002).

Horst *Brettner-Messler*, Die Protokolle des österreichischen Ministerrates 1848–1867. VI. Abteilung: Das Ministerium Belcredi, Bd. 1, 29. Juli 1865 bis 26. März 1866 (Wien 1971).

Ernst *Bruckmüller*, Sozialgeschichte Österreichs (Wien 2001).

Ernst *Bruckmüller*, Das sozial- und wirtschaftspolitische System Österreichs. Historische Entwicklung und Bewertung in der Gegenwart, in: 75 Jahre Kammern für Arbeiter und Angestellte (Wien 1995).

Ernst *Bruckmüller* (Hg.) / Karl *Gutkas*, Verkehrswege und Eisenbahnen: Beiträge zur Verkehrsgeschichte Österreichs aus Anlaß des Jubiläums »150 Jahre Dampfeisenbahn in Österreich«. Schriften des Instituts für Österreichkunde (Wien 1989).

Alois *Brusatti*, Entwicklung der Wirtschaft und Wirtschaftspolitik, in: Erika *Weinzierl* / Kurt *Skalnik* (Hg.), Österreich. Die Zweite Republik Bd. 1 (Graz 1972).

Alois *Brusatti* (Hg.), Die Habsburgermonarchie 1848–1918. Bd. 1: Die wirtschaftliche Entwicklung (Wien 1973).

Alois *Brusatti*, Österreichische Wirtschaftspolitik vom Josephinismus zum Ständestaat (Wien 1965).

Ferdinand *Brüstle*, Die Entstehung und Entwicklung der Vorarlberger Stickerei (Dornbirn 1965).

Ursula *Bürbaumer*, Das erste Auto der Welt? Männer und Motoren in Österreich im 19. Jahrhundert (Wien 1998).

Felix *Butschek*, Europa und die Industrielle Revolution (Wien 2002).

Felix *Butschek*, Fundamente der österreichischen Wirtschaft, in: Gerhard *Jagschitz* / Stefan *Karner* (Hg.), Menschen nach dem Krieg – Schicksale 1945–1955 (Innsbruck 1995).

Felix *Butschek*, Die Preis-Lohnabkommen und ihre Bedeutung für den Wiederaufbau der österreichischen Wirtschaft, in: Walter *Göhring* (Hg.), Lohn- und Preisabkommen: Eine historische Fragestellung oder heute wieder aktuell? (Wien 1963).

Felix *Butschek*, Der österreichische Arbeitsmarkt – von der Industrialisierung bis zur Gegenwart (Stuttgart 1992).

Felix *Butschek*, Die österreichische Wirtschaft 1938 bis 1945 (Stuttgart 1978).

Felix *Butschek*, Die österreichische Wirtschaft im 20. Jahrhundert (Stuttgart 1985).

Felix *Butschek*, Statistische Reihen zur österreichischen Wirtschaftsgeschichte. Die österreichische Wirtschaft seit der industriellen Revolution (Wien 1993).

Felix *Butschek*, Vom Konflikt zur Konsensorientierung. Die Kammer für Arbeiter und Angestellte und die österreichische Wirtschaftspolitik 1920–1995 (Wien 1996).

Francis L. *Carsten*, Faschismus in Österreich. Von Schönerer zu Hitler (München 1977).

Günther *Chaloupek*, Entwicklung und Zukunft der österreichischen Sozialpartnerschaft, in: 75 Jahre Kammern für Arbeiter und Angestellte (Wien 1995).

Günther *Chaloupek*, Prinzipien gewerkschaftlicher Lohnpolitik – damals und heute, in: Walter *Göhring* (Hg.), Lohn- und Preisabkommen: Eine historische Fragestellung oder heute wieder aktuell? (Wien 1963).

Günther *Chaloupek* / Peter *Eigner* / Michael *Wagner*, Wien. Wirtschaftsgeschichte 1740–1938. Geschichte der Stadt Wien Band IV (hg. im Auftrag des Vereines für Geschichte der Stadt Wien von Felix *Czeike*, Wien 1991).

Gerhard *Chroust* / Heinz *Zemanek* (Hg.), Die Geschichte der Datenverarbeitung: Bibliographie zur Geschichtswand (= The history of data processing). Schriftenreihe der Österreichischen Computer-Gesellschaft 86 (Wien 1995).

Karl *Cornides* / Günther *Gruber*, Österreichs Maßnahmen zum Wiederaufbau seines Außenhandels und zum Ausgleich seiner Zahlungsbilanz, in: Österreich und das Dollarproblem (Wien 1951).

Eberhard *Czichon*, Deutsche Bank – Macht – Politik, Faschismus, Krieg und Bundesrepublik (Köln 2001).

Fritz *Czoklich*, Massenmedien, in: Kurt *Skalnik* / Erika *Weinzierl*, Das neue Österreich. Geschichte der Zweiten Republik (Graz–Wien u.a. 1975).

Robert *Danneberg*, Die Schiebergeschäfte der Regierungsparteien. Der Antisemitismus im Lichte der Tatsachen (Wien 1926).

Das Deutschtum im Wirtschaftshaushalte Österreichs. Vom Verfasser von: »Das allgemeine Wahlrecht«, »Die Ämtervertschechung in Deutschböhmen«, »Deutschböhmen als Wirtschaftsgroßmacht u.a. Teil I: Der Besitzstand der Deutschen in Österreich (Reichenberg 1905).

Anton *Durstmüller*, 500 Jahre Druck in Österreich. Bd. 2: Die österreichischen graphischen Gewerbe zwischen Revolution und Weltkrieg 1848–1918 (Wien 1986).

Friedrich F. *Ehn*, Puch-Automobile (2. Auflage, Graz 2000).

Peter *Eigner*, Die Verflechtungen zwischen den Wiener Großbanken und der Industrie 1895 bis 1938, in: Historische Betriebsanalyse und Unternehmer. Festschrift für Alois Mosser (hg. von Herbert *Matis*, Wien 1997).

Peter *Eigner*, Nostrifikation und Bodenreform in den Nachfolgestaaten der Habsburgermonarchie – ein Vermögensentzug?, in: Österreich in Geschichte und Literatur. 45. Jg., Heft 5–6 (2001) 281–299.

Arno *Einwitschläger*, Amerikanische Wirtschaftspolitik in Österreich 1945–1949 (Wien 1986).

Sabine *Emerstorfer*, Die Entstehung und Entwicklung der Luftfahrt in Österreich am Beispiel der Austrian Airlines. Diplomarbeit an der Geistes- und Kulturwissenschaftlichen Fakultät der Universität Wien (2002).

Johannes *Emmer*, 60 Jahre auf Habsburgs Throne (Wien 1908).

Gertrude *Enderle-Burcel*, Protokolle des Ministerrates der Ersten Republik. Abteilung VIII, 20. Mai 1932 bis 25. Juli 1934, Bd. 5, Kabinett Dr. Engelbert Dollfuß, 3. November 1933 bis 16./17. Februar 1934 (Wien 1984).

Gertrude *Enderle-Burcel* unter Mitarbeit von Johannes *Kraus*, Christlich – Ständisch – Autorität. Mandatare im Ständestaat 1934–1938 (Wien 1991).

Gertrude *Enderle-Burcel* / Eduard *Kubu*, Handelsbeziehungen in der unmittelbaren Nachkriegszeit, in: Alice *Teichova* / Herbert *Matis* (Hg.), Österreich und die Tschechoslowakei 1918–1938. Die wirtschaftliche Neuordnung in Zentraleuropa in der Zwischenkriegszeit. Studien zur Wirtschaftsgeschichte Bd. 4 (hg. von Herbert *Matis* / Roman *Sandgruber*, Wien 1996).

Die Entwicklung des Filmwesens in Österreich bis 1918, in: 100 Jahre im Dienst der Wirtschaft Bd. 2 (hg. vom Bundesministerium für Handel und Wiederaufbau, Wien 1961) 170–180.

Entwicklung von Industrie und Gewerbe in Österreich in den Jahren 1848–1888 (hg. von der Commission der Jubiläums-Gewerbe-Ausstellung Wien 1888, Wien 1888).

Erfinder. Patente. Österreich (= TMW-Transmission 1, red. von Hubert *Weitensfelder*, Wien 2001).

Markus *Ettinger*, Die Kartelle in Oesterreich, in: Die Regelung des Wettbewerbes im modernen Wirtschaftssystem. I. Teil (Wien 1905).

Fahr!Rad – von der Draisine zur Hightech-Maschine: Technisches Museum Wien (Wien 2002).

Fahrrad = Weg / Zeit: Anmerkungen zur österreichischen Fahrradgeschichte. Edition TMW (histor. Recherche u. Text von Walter *Ulreich*, Wien 1990)

Fahrräder – Motorräder – Automobile: Straßenfahrzeuge aus der Sammlung des Technischen Museums Wien (Texte von Gerhard *Schaukal*, Wien 2001).

Ulrike *Felber* / Elke *Krasny* / Christian *Rapp*, Smart Exports: Österreich auf den Weltausstellungen 1851–2000 (Wien 2000).

Gerald D. *Feldman*, Die Deutsche Bank vom Ersten Weltkrieg bis zur Weltwirtschaftskrise 1914–1933, in: Lothar *Gall* / Gerald D. *Feldman* / Harold *James* / Carl-Ludwig *Holtfrerich* / Hans E. *Büschgen*: Die Deutsche Bank 1870–1995 (München 1995).

Gerald D. *Feldman*, Hugo Stinnes. Biographie eines Industriellen 1870–1924 (München 1998).

Josef *Fendt*, Die Papierindustrie Oberösterreichs in den letzten 100 Jahren: unter besonderer Berücksichtigung der Nettingsdorfer Papierfabrik. Diplomarbeit an der Johannes Kepler Universität Linz (1973).

Josef *Fendt*, Die Textilindustrie Oberösterreichs. Untersuchung über die Entwicklung, Bedeutung und strukturelle Verhältnisse eines Industriezweiges. Dissertation an der Johannes Kepler Universität Linz (1978).

Festschrift »100 Jahre«. Verein der Baumwollspinner und Weber Österreichs (hg. vom Verein der Baumwollspinner und Weber Österreichs, Wien 1975).

Festschrift der österreichischen Wirtschaftsunternehmungen im Interessenkreis der Creditanstalt-Bankverein. Als Ehrung für Generaldirektor Dr. Josef Joham zum 60. Geburtstag (Wien 1949).

Helmut *Fiereder*, Reichswerke »Hermann Göring« in Österreich 1938–1945. Veröffentlichungen des Historischen Instituts der Universität Salzburg (hg. von Gerhard *Botz*, Wien 1983).

Wolfram *Fischer*, Wirtschaft, Gesellschaft und Staat in Europa 1914–1980, in: ders. (Hg.), Handbuch der europäischen Wirtschaftsgeschichte Bd. 6 (Stuttgart 1987).

Reinhold *Fitz*, Die Stickereiindustrie Vorarlbergs mit Lustenau als Zentrum. Dissertation an der Wirtschaftsuniversität Wien (1976).

Peter *Flora*, State, Economy, and Society in Western Europe: 1815–1975. A Data Handbook Vol. 1 (Frankfurt 1983).

Axel *Föhl* / Manfred *Hamm*, Die Industriegeschichte des Textils. Technik, Architektur, Wirtschaft (Düsseldorf 1988).

Bernhard *Frankfurter*, Rund um die »Wien-Film«-Produktion. Staatsinteressen als Impulsgeber des Massenmediums eines Jahrzehnts, in: Lisbeth *Waechter-Böhm* (Hg.), Wien 1945, davor – danach (Wien 1985) 185–195.

Ivan *Franz* (Hg.), 200 Jahre Tageszeitung in Österreich: 1783–1983. Festschrift und Ausstellungskatalog (Wien 1983).

Hans *Freihsl*, Bahn ohne Hoffnung. Die österreichischen Eisenbahnen von 1918–1938. Versuch einer historischen Analyse (Wien 1971).

Florian *Freund*, Arbeitslager Zement. Das Konzentrationslager Ebensee und die Raketenrüstung (Wien 1989).

Florian *Freund*, Kriegswirtschaft, Zwangsarbeit und Konzentrationslager in Österreich, in: Wolfgang *Neugebauer* / Elisabeth *Morawek*, Österreicher und der Zweite Weltkrieg (Wien 1989).

Florian *Freund* / Bertrand *Perz*, Das KZ in der Serbenhalle. Zur Kriegsindustrie in Wiener Neustadt (Wien 1988).

Georg *Fritz*, Die Vervielfältigungs-Industrie. Heft 9b (= Wirtschaftsgeograph. Karten u. Abhandlungen zur Wirtschaftskunde der Länder der ehemaligen österr. Monarchie) Handels-Museum Wien (1919).

Walter *Fritz*, Im Kino erlebe ich die Welt. 100 Jahre Kino und Film in Österreich (Wien u.a. 1997).

Walter *Fritz*, Kino in Österreich. 3 Bde. (Wien 1981, 1984 und 1991).

Wilhelm *Führer*, Der Weg der Steyrermühl von der Mühle bis zum Großbetrieb. Österreichisches Papiermachermuseum (Steyrermühl 2004).

Judit *Garamvölgyi*, Betriebsräte und sozialer Wandel in Österreich 1919/1920 (Wien 1983).

Gebr. Böhler & Co. AG (Hg.), 100 Jahre Böhler Edelstahl, 1870–1970 (Wien o. J.).

Franz *Geißler*, Die Entstehung und der Entwicklungsgang der Handelskammern in Österreich, in: Hans *Mayer* (Hg.), Hundert Jahre österreichischer Wirtschaftsentwicklung 1848–1948 (Wien 1949).

Geld. 800 Jahre Münzstätte Wien (hg. von Wolfgang *Häusler*, Wien 1994).

Rudolf *Gerlich*, Die gescheiterte Alternative. Sozialisierung in Österreich nach dem Ersten Weltkrieg (Wien 1980).

Alexander *Gerschenkron*, An Economic Spurt that Failed. Four Lectures in Austrian History (Princeton 1977).

Manfred A. *Getzner*, Die Textilindustrie in Vorarlberg (1848–1955). Unpubliziertes Manuskript (2003).

Manfred A. *Getzner*, Geschichtsverein Vorarlberg. Unpubliziertes Manuskript (2003).

John *Gillingham*, Industry and Politics in the Third Reich. Ruhr Coal, Hitler and Europe (London 1985).

Walter *Göhring* / Brigitte *Pellar*, Ferdinand Hanusch, Aufbruch zum Sozialstaat (Wien 2003).

David F. *Good*, Der wirtschaftliche Aufstieg des Habsburgerreiches 1750–1914. Forschungen zur Geschichte des Donauraumes Band 7 (Wien 1986).

Theodor *Graff* / Stefan *Karner*, Leykam-Aktiengesellschaft. 400 Jahre Druck und Papier. Zwei steirische Unternehmen in ihrer historischen Entwicklung (Wien u.a. 1985).

Rudolf *Granichstaedten-Cerva* / Josef *Mentschl* / Gustav *Otruba*, Altösterreichische Unternehmer. 110 Lebensbilder (Wien 1969).

Die Gross-Industrie Oesterreichs. Festgabe zum glorreichen fünfzigjährigen Regierungs-Jubiläum seiner Majestät des Kaisers Franz Josef I. dargebracht von den Industriellen Oesterreichs. 6 Bde. (Wien 1898).

Die Gross-Industrie Oesterreichs. Festgabe zum glorreichen sechzigjährigen Regierungs-Jubiläum seiner Majestät des Kaisers Franz Josef I. dargebracht von den Industriellen Oesterreichs 1898. 4 Bde. (Wien 1908).

Helmut *Grössing*, Rot-Weiß-Rot auf blauen Wellen. 150 Jahre DDSG (Wien 1979).

Oskar *Grünwald* / Herbert *Krämer*, Die verstaatlichte österreichische Metallindustrie (Frankfurt a. M. 1966).

Oskar *Grünwald* / Ferdinand *Lacina*, Auslandskapital in der österreichischen Wirtschaft (Wien 1970).

Georg *Günther*, Lebenserinnerungen (Wien 1936).

Martin *Gutsjahr*, Rüstungsunternehmen Österreich-Ungarns vor und im Ersten Weltkrieg: die Entwicklung dargestellt an den Firmen Skoda, Steyr, Austro-Daimler und Lohner. Dissertation (Wien 1995).

Murray G. *Hall*, Österreichische Verlagsgeschichte 1918–1938. Bd. 1: Geschichte des österreichischen Verlagswesens (Wien–Köln–Graz 1985).

George W. F. *Hallgarten* / Joachim *Radkau*, Deutsche Industrie und Politik von Bismarck bis in die Gegenwart (Reinbek b. Hamburg 1981).

Johann B. *Hamberger*, Der Buchdruck in Österreich, in: Die Gross-Industrie Oesterreichs. Festgabe zum glorreichen fünfzigjährigen Regierungs-Jubiläum seiner Majestät des Kaisers Franz Josef I. dargebracht von den Industriellen Oesterreichs Bd. 6 (Wien 1898) 97–109.

Ernst *Hanisch*, Der kranke Mann an der Donau. Marx und Engels über Österreich (Wien 1978).

Ernst *Hanisch*, Der lange Schatten des Staates. Österreichische Gesellschaftsgeschichte im 20. Jahrhundert. Österreichische Geschichte Bd. 9 (hg. von H. *Wolfram*, Wien 1994).

Helmut *Hanslik*, Republik Österreich 1945–1975. Österreichisches Statistisches Zentralamt (Wien 1975).

Hans *Hautmann* / Rudolf *Kropf*, Die österreichische Arbeiterbewegung vom Vormärz bis 1945. Sozialökonomische Ursprünge ihrer Ideologie und Politik (Wien 1974).

Friedrich A. *Hayek*, The Road to Serfdom (London–Chicago 1944); dt. Ausgabe: Der Weg zur Knechtschaft (München 1994).

Friedrich A. *Hayek*, The Fortunes of Liberalism: Essays on Austrian Economics and the Ideal of Freedom. The Collected Works of F. A. Hayek Vol. 4 (hg. von Peter G. *Klein*, Chicago–London 1992).

Heimatschutz in Österreich (Wien 1935).

Walter *Heinrich* (Hg.), Die Ganzheit in Philosophie und Wissenschaft. Othmar Spann zum 70. Geburtstag (Wien 1950).

Franz *Hemala*, Geschichte der Gewerkschaften (Wien 1930).

Walter *Hermann*, Textilindustrie Vorarlbergs 1848–1955. Unpubliziertes Manuskript.

Friedrich *Hertz*, Die Produktionsgrundlagen der österreichischen Industrie vor und nach dem Kriege insbesondere im Vergleich mit Deutschland (Wien o. J.).

Rudolf *Hilferding*, Böhm-Bawerks Marx-Kritik, Marx-Studien. Blätter zur Theorie und Politik des wissenschaftlichen Sozialismus 1 (1904) 1–61.

Rudolf *Hilferding*, Das Finanzkapital. Eine Studie über die jüngste Entwicklung des Kapitalismus (Berlin 1955).

Richard *Hiscocks*, Österreichs Wiedergeburt (Wien 1954).

Michael *Hlatky*, Das große österreichische Bierlexikon. Österreichische Braustätten und Biersorten (Graz 1999).

Eric J. *Hobsbawm*, Industrie und Empire. Britische Wirtschaftsgeschichte seit 1750 (Frankfurt a. M. 1969).

Hannes *Hofbauer*, Westwärts. Österreichs Wirtschaft im Wiederaufbau (Wien 1992).

Alfred *Hoffmann*, Wirtschaftsgeschichte des Landes OÖ. Band I: Werden, wachsen, reifen. Von der Frühzeit bis zum Jahr 1848 (Salzburg 1952).

Josef *Hofmann*, Der Pfrimer-Putsch. Der steirische Heimwehrprozess des Jahres 1931 (Graz 1965).

Karl *Höger*, Aus eigener Kraft! Die Geschichte eines österreichischen Arbeitervereines seit fünfzig Jahren (Wien 1892).

Erich *Hohensinn*, Die Entwicklung des österreichischen Brauwesens vom Kleingewerbe bis zur Großindustrie. Dissertation (Linz 1978).

Carl-Ludwig *Holtfrerich*, Die deutsche Inflation 1914–1923. Ursachen und Folgen in internationaler Perspektive (Berlin–New York 1980).

Everhard *Holtmann*, Zwischen Unterdrückung und Befriedung. Sozialistische Arbeiterbewegung und Autoritäres Regime in Österreich 1933–1938 (Wien 1978).

Gustav *Holzmann*, Unternehmensgeschichte in Niederösterreich. Struktur – Funktion – Bibliographie (Wien 1972).

Kurt *Horak*, ... glaubt an dieses Österreich! 50 Jahre ÖGB (Wien 1995).

Alfred *Horn* / Friedrich *Rollinger*, Die Eisenbahnen in Österreich. Offizielles Jubliäumsbuch zum 150jährigen Bestehen (Wien 1986).

Carl *Hudeczek*, Die österreichische Volkswirtschaft und ihr Wiederaufbau (Wien 1946).

Carl *Hudeczek*, Wege und Ziele der Wirtschaft Österreichs (Wien 1958).

Wolfgang *Ilg*, Wirtschaftsgeschichte Vorarlbergs (Bregenz 1972).

Clemens *Jabloner* / Brigitte *Bailer-Galanda* / Eva *Blimlinger* / Georg *Graf* / Robert *Knight* / Lorenz *Mikoletzky* / Bertrand *Perz* / Roman *Sandgruber* / Karl *Stuhlpfarrer* / Alice *Teichova*, Schlussbericht der Historikerkommission der Republik Österreich. Vermögensentzug während der NS-Zeit sowie Rückstellungen und Entschädigungen seit 1945 in Österreich. Zusammenfassungen und Einschätzungen (Wien 2003).

Ein Jahrhundert Creditanstalt-Bankverein (Wien 1957).

Harold *James*, Die Deutsche Bank und die Diktatur, 1933–1945, in: Lothar *Gall* / Gerald D. *Feldman* / Harold *James* / Carl-Ludwig *Holtfrerich* / Hans E. *Büschgen*, Die Deutsche Bank 1870–1995 (München 1995).

Harold *James*, Banks and the Era of Totalitarianism: Banking in Nazi Germany, in: Harold *James* / Jakob *Tanner* (Hg.), Enterprise in the Period of Fascism in Europe (Aldershot 2002).

Drahomir *Jancik* / Herbert *Matis*: »Eine neue Wirtschaftsordnung für Mitteleuropa«. Mitteleuropäische Wirtschaftskonzeptionen in der Zwischenkriegszeit, in: Alice *Teichova* / Herbert *Matis* (Hg.), Österreich und die Tschechoslowakei 1918–1938. Die wirtschaftliche Neuordnung in Zentraleuropa in der Zwischenkriegszeit (Wien 1996).

Michael *John*, Zwangsarbeit und NS-Industriepolitik am Standort Linz, in: Oliver *Rathkolb* (Hg.), NS-Zwangsarbeit: Der Standort Linz der Reichswerke Hermann Göring AG Berlin, 1938–1945. Bd. 1 (Wien 2002).

Helma *Kaden*, Die faschistische Okkupationspolitik in Österreich und der Tschechoslowakei 1938–1945 (Dokumentenauswahl) (Köln 1988).

Reinhard *Kamitz*, Die österreichische Geld- und Währungspolitik von 1848 bis 1948, in: Hundert Jahre österreichische Wirtschaftsentwicklung (hg. von Hans *Mayer*, Wien 1949).

Kammer für Arbeiter und Angestellte für Wien (Hg.), Wirtschaftsstatistisches Handbuch 1959 (Wien 1960).

Leopold *Kammerhofer* (Red.), Protokolle des Kabinettsrates der Provisorischen Regierung Karl Renner 1945. Bd. 1: »... im eigenen Haus Ordnung schaffen«, Protokolle des Kabinettsrates 29. April 1945 bis 10. Juli 1945 (hg. von der Österreichischen Gesellschaft für historische Quellenstudien, Horn 1995).

Viktor *Kaplan*, Die Donau als Energiequelle, in: Zeitschrift des Österr. Ingenieur- und Architektenvereins. Heft 1926.

Stefan *Karner*, Kärntens Wirtschaft 1938–1945. Unter besonderer Berücksichtigung der Rüstungsindustrie (Klagenfurt 1976).

Stefan *Karner*, Österreichs Rüstungsindustrie 1944. Ansätze zu einer Strukturanalyse. Zeitschrift für Unternehmensgeschichte 25 (1980) 179–206.

Wolfgang *Kemmetmüller* / Franz *Pastler*, Die Biererzeugung in Österreich vom Ausgang des 19. Jahrhunderts bis zum Ende der Ersten Republik, in: Historische Betriebsanalyse und Unternehmer. Festschrift für Alois Mosser (hg. von Herbert *Matis*, Wien 1997).

Lajos *Kerekes*, Abenddämmerung einer Demokratie. Mussolini, Gömbös und die Heimwehr (Wien 1966).

Felix *Kern*, Der Oberösterreichische Landesverlag (Ried im Innkreis 1951).

Manfred *Kern*, Firmengeschichte der Borckenstein AG. Unpubliziertes Manuskript (2003).

Hans *Kernbauer*, Währungspolitik in der Zwischenkriegszeit. Geschichte der Oesterreichischen Nationalbank von 1923 bis 1938 (Wien 1991).

Hans *Kernbauer*, Zur österreichischen Wirtschaftspolitik in der Ersten Republik: Ein Überblick, in: Banken, Währung und Politik in Mitteleuropa zwischen den Weltkriegen. Geld und Kapital. Jahrbuch der Gesellschaft für mitteleuropäische Banken- und Sparkassengeschichte Bd. 1 (hg. von Alice *Teichova*, Wien 1997).

Otto *Klambauer*, Ein Überblick über Entwicklung und Organisation des USIA-Konzerns, in: Die USIA-Betriebe in Niederösterreich. Geschichte, Organisation, Dokumentation (Wien 1983).

Fritz *Klenner*, Die österreichischen Gewerkschaften. Eine Monographie (Wien 1967).

Fritz *Klenner*: Die österreichischen Gewerkschaften, Vergangenheit und Gegenwartsprobleme (1. Band: Wien 1951, 2. Band: Wien 1953).

Arnost *Klíma*, The Beginning of the Machine-Building Industry in the Czech Lands in the first Half of the 19th Century. Journal of European Economic History 4 (1975) 49–78.

Hans *Kloepfer* / Hans *Riehl*, Das steirische Eisenbuch. Steirisches Eisen. Beiträge zur Geschichte des österreichischen Eisenwesens Bd. 1 (hg. von Viktor *von Geramb* / Hans *Pirchegger* / Hans *Riehl*, Graz 1937).

Christine *Klusacek* / Herbert *Steiner* / Kurt *Stimmer*, Dokumentation zur österreichischen Zeitgeschichte 1938–1945 (Wien 1980).

Christine *Klusacek* / Kurt *Stimmer*, Dokumentation zur österreichischen Zeitgeschichte 1928–1938 (Wien 1982).

Rolf *Knieper*, Weltmarkt, Wirtschaftsrecht und Nationalstaat (Frankfurt a. M. 1976).

Peter-Ferdinand *Koch* (Hg.), Die Dresdner Bank und der Reichsführer-SS (Hamburg 1987).

Peter-Ferdinand *Koch*, Die Geldgeschäfte der SS. Wie deutsche Banken den schwarzen Terror finanzierten (Hamburg 2000).

Josef *Kocensky*, Dokumentation zur österreichischen Zeitgeschichte 1945–1955 (Wien 1984).

Leszek *Kolakowski*, Die Hauptströmungen des Marxismus. Entstehung. Entwickung. Zerfall Bd. 2 (München 1978).

Evelyn *Kolm*, »Ich gebe für diesen Dreck nicht einen Kreuzer ...« Finanzkapital und imperialistische Politik in Österreich-Ungarn, in: Historische Betriebsanalyse und Unternehmer. Festschrift für Alois Mosser (hg. von Herbert *Matis*, Wien 1997).

John *Komlos*, Austria and European Economic Development, in: Charles W. *Ingrao*, State and Society in Early Modern Austria (West Lafayette 1994).

John *Komlos*, Die Habsburgermonarchie als Zollunion. Die Wirtschaftsentwicklung Österreich-Ungarns im 19. Jahrhundert (Wien 1986).

Kommentar zum Johnstone-Bericht (Wien 1952).

Martina *König*, Die Geschichte der Aluminiumindustrie in Österreich: unter besonderer Berücksichtigung des Werkes Ranshofen. Linzer Schriften zur Sozial- u. Wirtschaftsgeschichte 26 (Linz 1994).

Helmut *Konrad* / Franz-Josef *Lackinger* (Hg.), »Alle Räder stehen still, wenn dein starker Arm es will« (Wien 1995).

Stephan *Koren*, Sozialisierungsideologie und Verstaatlichungsrealität in Österreich, in: Wilhelm *Weber* (Hg.), Die Verstaatlichung in Österreich (Berlin 1964).

Stephan *Koren*, Struktur und Nutzung der Energiequellen Österreichs, in: Wilhelm *Weber* (Hg.), Österreichs Wirtschaftsstruktur gestern – heute – morgen Bd. 1 (Berlin 1961).

Burkhard *Köster*, Militär und Eisenbahn in der Habsburgermonarchie. 1825–1859. Militärgeschichtliche Studien Bd. 37 (München 1999).

Hans Jörg *Köstler*, Der Weg zur Stahlerzeugung nach dem Sauerstoffaufblas-(LD-)Verfahren. Blätter für Technikgeschichte 59 (1997) 9–54.

Franz *Krawany*, Geschichte der Papierindustrie der ehemaligen oesterreichisch-ungarischen Monarchie (Wien 1923).

Franz *Krawany*, Die Papierindustrie Österreich-Ungarns (Wien 1919).

Richard *Krcal*, 100 Jahre Schreibmaschine 1864–1964. Die Schreibmaschine Peter Mitterhofers. Tatsachen und Irrtümer über seine Modelle. Blätter für Technikgeschichte 26 (1964) 81–111.

Paul *Kupelwieser*, Aus den Erinnerungen eines alten Österreichers (Wien 1918).

Ferdinand *Lacina*, Development and Problems of Austrian Industry, in: Kurt *Steiner*, Modern Austria (Palo Alto 1981).

Helmut *Lackner*, Die Arbeit am Erzberg, in: Otto *Hwaletz* / Helmut *Lackner* / Josef *Mayer* / Stefan *Riesenfellner* / Ingrid *Spörk* / Karl *Stocker* / Peter *Teibenbacher* / Ilse *Wieser*, Bergmann oder Werkssoldat. Eisenerz als Fallbeispiel industrieller Politik. Dokumente und Analysen über die Österreichisch-Alpine Montangesellschaft in der Zwischenkriegszeit (Graz 1984).

Helmut *Lackner* / Gerhard *Stadler*, Fabriken in der Stadt. Eine Industriegeschichte der Stadt Linz (Linz 1990).

David S. *Landes*, Wohlstand und Armut der Nationen: warum die einen reich und die anderen arm sind (Berlin 1999).

Edmond *Langer*, Die Verstaatlichungen in Österreich (Wien 1966).

W. T. *Layton* / C. H. und Charles *Rist*, Die Wirtschaftslage Österreichs (Wien 1925).

Otto *Leichter*, »Die Betriebsräte haben doch großen Einfluss gehabt«. Gespräch über die Arbeit im »Arsenal« und anderen gemeinwirtschaftlichen Anstalten, in: Mitbestimmungsinformation 5 (1973).

Hans *Lindenbaum* / Georg *Schmid* / Peter *Staudacher*, Bewegung und Beharrung: Transport und Transportsysteme in Österreich 1918–1938. Eisenbahn, Automobil, Tramway (Wien–Köln–Weimar 1994).

Herbert R. *Lottmann*, Die Rothschilds in Frankreich. Geschichte einer Dynastie (Hamburg 1999).

Stefan *Lütgenau* / Alexander *Schröck*, Zwangsarbeit in der österreichischen Bauindustrie. Die Teerag-Asdag 1938–1945 (Innsbruck 2001).

Radomir *Luza*, Österreich und die großdeutsche Idee in der NS-Zeit (Wien 1977).

Angus *Maddison*, The World Economy. A Millennial Perspective (Paris 2001).

Magie der Industrie. Leben und Arbeiten im Fabrikszeitalter (hg. von Roman *Sandgruber*, Wien 1989)

Wilfried *Mähr*, Der Marshallplan in Österreich (Graz 1989).

Eduard *März*, Joseph Alois Schumpeter – Forscher, Lehrer und Politiker (München 1983).

Eduard *März*, Österreichische Bankpolitik in der Zeit der großen Wende 1913–1923. Am Beispiel der Creditanstalt für Handel und Gewerbe (Wien 1981).

Eduard *März*, Österreichische Industrie- und Bankpolitik in der Zeit Franz Josephs I. Am Beispiel der k. k. priv. Österreichischen Credit-Anstalt für Handel und Gewerbe (Wien 1968).

Eduard *März* / Karl *Socher*, Währung und Banken in Cisleithanien, in: Die Habsburgermonarchie 1848–1918. Band I: Die wirtschaftliche Entwicklung (hg. von Alois *Brusatti*, Wien 1973).

Eduard *März* / Maria *Szecsi*, Austria's Economic Development, 1945–1978, in: Kurt *Steiner*, Modern Austria (Palo Alto 1981).

Materialien zur Geschichte der Preise und Löhne in Österreich Bd. 1 (hg. von Alfred Francis *Pribram*, Wien 1938).

Franz *Mathis*, Big Business in Österreich 1. Österreichische Großunternehmen in Kurzdarstellungen (Wien 1987).

Franz *Mathis*, Big Business in Österreich 2. Wachstum und Eigentumsstruktur der österreichischen Großunternehmen im 19. und 20. Jahrhundert: Analyse u. Interpretation (Wien 1990).

Franz *Mathis*, Fusion und Konzentration in der österreichischen Großindustrie, in: Österreichische Gesellschaft für Unternehmensgeschichte (Hg.), Unternehmer und Unternehmen. Festschrift für Alois Brusatti (Wien 1989).

Franz *Mathis*, Die österreichische Wirtschaft, Grundlagen und Entwicklungen, in: Rolf *Steininger* / Michael *Gehler* (Hg.), Österreich im 20. Jahrhundert. Bd. 2: Vom Zweiten Weltkrieg bis zur Gegenwart (Wien 1997).

Sigmund *Mayer*, Ein jüdischer Kaufmann 1831 bis 1911. Lebenserinnerungen (Leipzig 1911).

Herbert *Matis*, Das Industriesystem, Wirtschaftswachstum und sozialer Wandel im 19. Jahrhundert (Wien 1988).

Herbert *Matis*, Leitlinien der österreichischen Wirtschaftspolitik, in: Die Habsburgermonarchie 1848–1918. Band I: Die wirtschaftliche Entwicklung (hg. von Alois *Brusatti*, Wien 1973).

Herbert *Matis*, Die multinationale Unternehmung in historischer Perspektive, in: Historische Betriebsanalyse und Unternehmer. Festschrift für Alois Mosser (hg. von Herbert *Matis*, Wien 1997).

Herbert *Matis*, Österreichs Wirtschaft 1848–1913. Konjunkturelle Dynamik und gesellschaftlicher Wandel im Zeitalter Franz Josephs I. (Berlin 1972).

Herbert *Matis*, Die Wundermaschine: die unendliche Geschichte der Datenverarbeitung. Von der Rechenuhr zum Internet (Frankfurt–Wien 2002).

Herbert *Matis* / Karl *Bachinger*, Österreichs industrielle Entwicklung, in: Die Habsburgermonarchie 1848–1918. Band I: Die wirtschaftliche Entwicklung (hg. von Alois *Brusatti*, Wien 1973).

Herbert *Matis* / Fritz *Weber*, Economic *Anschluss* and German *Großmachtpolitik*: the Take-over of the Austrian Credit-Anstalt in 1938, in: P. L. *Cottrell* / Hakan *Lindgren* / Alice *Teichova* (Hg.), European Industry and Banking Between the Wars. A Review of Bank-Industry Relations (Leicester 1992).

Siegfried *Mattl*, Die Finanzdiktatur, Wirtschaftspolitik in Österreich 1933–1938, in: Emmerich *Tálos* / Wolfgang *Neugebauer* (Hg.), »Austrofaschismus«. Beiträge über Politik, Ökonomie und Kultur 1934–1938 (Wien 1984).

Gerhard *Meißl*, Gewerkschaft und industrielle Arbeitsbeziehungen 1889 bis 1914, in: Wolfgang *Maderthaner* (Hg.), Sozialdemokratie und Habsburgerstaat (Wien 1988).

Erich Maria *Meixner*, Wirtschaftsgeschichte des Landes OÖ. Band II: Männer, Mächte, Betriebe. Von 1848 bis zur Gegenwart (Salzburg 1952).

Heinrich *Mejzlik*, Die Eisenbewirtschaftung im Ersten Weltkrieg. Die Planwirtschaft des k. u. k. Kriegsministeriums (Wien 1977).

Carl *Menger*, Grundsätze der Volkswirtschaftslehre. Erster, allgemeiner Theil (Wien 1871).

Josef *Mentschl*, Das österreichische Unternehmertum, in: Die Habsburgermonarchie 1848–1918. Band I: Die wirtschaftliche Entwicklung (hg. von Alois *Brusatti*, Wien 1973).

Josef *Mentschl*, Österreichisches Unternehmertum des 19. Jahrhunderts in seiner Selbstdarstellung, in: Österreichische Gesellschaft für Unternehmensgeschichte (Hg.), Unternehmer und Unternehmen. Festschrift für Alois Brusatti (Wien 1989).

Josef *Mentschl* / Gustav *Otruba*, Österreichische Industrielle und Bankiers (Wien 1965).

Christoph Maria *Merki*, Zucker gegen Saccharin. Zur Geschichte der künstlichen Süßstoffe (Frankfurt 1993).

Michael *Mesch*, Arbeiterexistenz in der Spätgründerzeit – Gewerkschaften und Lohnentwicklung in Österreich 1890–1914 (Wien 1984).

F. *Migerka*, Das Wachsthum der oesterreichischen Industrie und die Wandlung des Arbeitsverhältnisses in den letzten fünfzig Jahren, in: Die Gross-Industrie Oesterreichs. Festgabe zum glorreichen fünfzigjährigen Regierungs-Jubiläum seiner Majestät des Kaisers Franz Josef I. dargebracht von den Industriellen Oesterreichs Bd. 1 (Wien 1898).

Ludwig *Mises*, Die Gemeinwirtschaft. Untersuchungen über den Sozialismus (1922).

Ludwig von *Mises*, Theorie des Geldes und der Umlaufsmittel (München–Leipzig 1912).

Johannes *Mißlbeck*, Der Österreichische Gewerkschaftsbund. Analyse einer korporatistischen Gewerkschaft (Frankfurt a. M. 1983).

Brian R. *Mitchell*, International Historical Statistics. Europe 1750–1993 (4. Auflage, New York 1998).

Richard Lewinsohn pseud. *Morus*, Wie sie groß und reich wurden, Lebensbilder erfolgreicher Männer (Berlin 1927).

Josef *Moser*, Aus ökonomischer Sicht: Die Bedeutung des Einsatzes ausländischer Arbeitskräfte, ZwangsarbeiterInnen, Kriegsgefangener und KZ-Häftlinge in den Linzer Eisen- und Stahlwerken, in: Oliver *Rathkolb* (Hg.), NS-Zwangsarbeit: Der Standort Linz der Reichswerke Hermann Göring AG Berlin, 1938–1945. Bd. 1 (Wien 2002).

Josef *Moser*, Oberösterreichs Wirtschaft 1938 bis 1945. Studien zur Wirtschaftsgeschichte und Wirtschaftspolitik 2 (hg. von Roman *Sandgruber* / Herbert *Matis*, Wien 1995).

Alois *Mosser*, Die Industrieaktiengesellschaft in Österreich 1880–1913: Versuch einer historischen Bilanz- und Betriebsanalyse (Wien 1980).

Alois *Mosser*, Unternehmertum und Familie in Österreich. Zur Funktionalität des patriarchalischen Systems in der Industrialisierung, in: Österreichische Gesellschaft für Unternehmensgeschichte (Hg.), Unternehmer und Unternehmen. Festschrift für Alois Brusatti (Wien 1989).

Vera *Mühlpeck* / Roman *Sandgruber* / Hannelore *Woitek*, Index der Verbraucherpreise von 1800 bis 1914, in: Geschichte und Ergebnisse der zentralen amtlichen Statistik in Österreich 1829 bis 1979. Beiträge zur Österreichischen Statistik 550 (Wien 1979) Bd. 1: 649–688, Bd. 2: 125–166.

Heinz *Müller*, Die Geschichte des Österreichischen Automobil-Clubs von der Gründung im Jahr 1898 bis zum Anschluß im Jahr 1938. Diplomarbeit (Wien 1992).

Peter *Muzik*, Die Zeitungsmacher. Österreichs Presse: Macht, Meinungen und Milliarden (Wien 1984).

Eduard *Narozny*, Vom Vormärz zur Gegenwart. Die Geschichte der Gewerkschaft Druck und Papier von der Gründung im Jahre 1842 bis zum Jubiläum des einhundertfünfundzwanzigjährigen Bestandes im Jahre 1967 (Wien 1967).

Charlotte *Natmeßnig*, Britische Finanzinteressen in Österreich: die Anglo-Oesterreichische Bank. Studien zur Wirtschaftsgeschichte und Wirtschaftspolitik Bd. 5 (hg. von Herbert *Matis* / Roman *Sandgruber*, Wien 1998).

Jürgen *Nautz*, Die österreichische Handelspolitik der Nachkriegszeit 1918 bis 1923. Die Handelsvertragsbeziehungen zu den Nachfolgestaaten (Wien 1994).

Rudolf *Neck*, Arbeiterschaft und Staat im Ersten Weltkrieg 1914–1918. I: Der Staat (Vom Juni 1917 bis zum Ende der Donaumonarchie im November 1918) (Wien 1968).

Heinrich *Neelmeyer-Vukassowitsch*, Oesterreich-Ungarn. Nach eigenen Beobachtungen geschildert (Leipzig 1885).

Ernst *Neweklowsky*, Die Schiffahrt und Flößerei im Raume der oberen Donau Bd. 1 (Linz 1952).

Rainer *Nick* / Anton *Pelinka*, Bürgerkrieg – Sozialpartnerschaft. Das politische System Österreichs. Erste und Zweite Republik. Ein Vergleich (Wien 1983).

Alfred *Niel*, Die österreichischen Eisenbahnen von der zweiten Staatsbahnperiode bis zum Ersten Weltkrieg, in: Ernst *Bruckmüller* (Hg.) / Karl *Gutkas*, Verkehrswege und Eisenbahnen: Beiträge zur Verkehrsgeschichte Österreichs aus Anlaß des Jubiläums »150 Jahre Dampfeisenbahn in Österreich«. Schriften des Instituts für Österreichkunde (Wien 1989) 87–99.

Ninth International Congress of Delegated Representatives of Master Cotton Spinner's and Manufacturer's Associations (Manchester 1913).

Jiři *Novotny* / Jiři *Sousa* / Désirée *Verdonk*, Beziehungen von Bank und Industrie am Beispiel der Živnostenská Banka und des Wiener Bankvereins, in: Alice *Teichova* / Herbert *Matis* (Hg.), Österreich und die Tschechoslowakei 1918–1938. Die wirtschaftliche Neuordnung in Zentraleuropa in der Zwischenkriegszeit. Studien zur Wirtschaftsgeschichte Bd. 4 (hg. von Herbert *Matis* / Roman *Sandgruber*, Wien 1996).

Ewald *Nowotny*, Entwicklung und Zukunft der österreichischen Sozialpartnerschaft, in: 75 Jahre Kammern für Arbeiter und Angestellte (Wien 1995).

NS-Herrschaft in Österreich. Ein Handbuch (hg. von

Emmerich *Tálos* / Ernst *Hanisch* / Wolfgang *Neugebauer* / Reinhard *Sieder*, Wien 2001).

Heinrich *Oberwinder*, Sozialismus und Sozialpolitik. Ein Beitrag zur Geschichte der sozialpolitischen Kämpfe unserer Zeit (Berlin 1887).

O. M. G. U. S., Militärregierung der Vereinigten Staaten für Deutschland, Finanzabteilung – Sektion für finanzielle Nachforschungen. Ermittlungen gegen die Deutsche Bank 1946/1947 (Nördlingen 1985).

O. M. G. U. S., Militärregierung der Vereinigten Staaten für Deutschland, Finanzabteilung – Sektion für finanzielle Nachforschungen. Ermittlungen gegen die Dresdner Bank 1946 (Nördlingen 1986).

Die österreichische Schule der Nationalökonomie. Texte. IIAE, Internationales Institut »Österreichische Schule der Nationalökonomie«. 2 Bde. (hg. von Kurt R. *Leube*, Wien 1995–1996).

Österreichs Wirtschaftsstruktur gestern – heute – morgen. 2 Bde. (hg. von Wilhelm *Weber*, Berlin 1961).

Gustav *Otruba*, Österreichs Wirtschaft im 20. Jahrhundert (Wien 1968).

Dieter *Otten*, Die Welt der Industrie, Entstehung und Entwicklung der modernen Industriegesellschaften. Bd. 2: Krise und Transformation (Reinbek bei Hamburg 1986).

Richard J. *Overy*, Business in the *Grossraumwirtschaft*: Eastern Europe, 1938–1945, in: Harold *James* / Jakob *Tanner* (Hg.), Enterprise in the Period of Fascism in Europe (Aldershot 2002).

Kurt *Paupie*, Handbuch der österreichischen Pressegeschichte 1848–1959 Bd. 1 (Wien–Stuttgart 1960).

Bertrand *Perz*, KZ-Häftlinge als Zwangsarbeiter der Reichswerke »Hermann Göring« in Linz, in: Oliver *Rathkolb* (Hg.), NS-Zwangsarbeit: Der Standort Linz der Reichswerke Hermann Göring AG Berlin, 1938–1945. Bd. 1 (Wien 2002).

Bertrand *Perz*, Projekt Quarz. Steyr-Daimler-Puch und das Konzentrationslager Melk (Wien 1991).

Bertrand *Perz*, Rüstungsindustrie in Wiener Neustadt 1938–1945, in: »Die Wienerische Neustadt«. Handwerk, Handel und Militär in der Steinfeldstadt (hg. von Sylvia *Hahn* / Karl *Flanner*, Wien 1994) 47–70.

Wilfried *Peterseil*, Historische Analyse der Markenartikelpolitik, dargestellt an der Produktpalette der Österreichischen Unilever Ges. m. b. H. Dissertation an der Wirtschaftsuniversität Wien (1978).

Dietmar *Petzina*, Die deutsche Wehrwirtschaftsplanung und der »Anschluß« Österreichs, in: Tirol und der Anschluß (hg. von Thomas *Albrich* u.a., Innsbruck 1988) 453–480.

Hermannus *Pfeiffer*, Das Imperium der Deutschen Bank (Frankfurt a. M. 1987).

O. S. *Phillpotts*, Report on the Industrial and Commercial Situation of Austria to August, 1923 (London 1923).

Alois *Piperger*, 100 Jahre Österreichische Länderbank 1880–1980 (Wien o. J).

Franz *Pisecky*, Österreich und die Donau (Wien 1965).

Peter *Podolsky*, Die österreichische Seidenindustrie. Unpubliziertes Manuskript (2003).

Hans *Prader*, Die Angst der Gewerkschaften vor'm Klassenkampf. Der ÖGB und die Weichenstellung 1945–1950 (Wien 1975).

Harald *Praschinger*, Die österreichischen Eisenbahnen als wirtschaftlicher Faktor, in: Ernst *Bruckmüller* (Hg.) / Karl *Gutkas*, Verkehrswege und Eisenbahnen: Beiträge zur Verkehrsgeschichte Österreichs aus Anlaß des Jubiläums »150 Jahre Dampfeisenbahn in Österreich«. Schriften des Instituts für Österreichkunde (Wien 1989) 100–123.

Josef *Prettenhofer*, Die Reichswerke für Erzbergbau und Eisenhütten »Hermann Göring«, Linz. Der Ausbau der Linzer Werke während der Kriegsjahre und die Folgen für die österreichische Volkswirtschaft. Dissertation (Wien 1975).

Josef *Promintzer*, 300 Jahre Brauhaus Schwechat 1632–1932 (Wien 1932).

Oliver *Rathkolb*, Historische Fragmente und die »unendliche Geschichte« von den sowjetischen Absichten in Österreich 1945, in: Alfred *Ableitinger* / Siegfried *Beer* / Eduard G. *Staudinger*, Österreich unter alliierter Besatzung 1945–1955 (Wien 1998).

Oliver *Rathkolb*, Am Beispiel Paul Pleigers und seiner Manager in Linz – Eliten zwischen Wirtschaftsträumen, NS-Eroberungs- und Rüstungspolitik, Zwangsarbeit und Nachkriegsjustiz, in: Oliver *Rathkolb* (Hg.), NS-Zwangsarbeit: Der Standort Linz der Reichswerke Hermann Göring AG Berlin, 1938–1945. Bd. 1 (Wien 2002).

Hans *Ratzersdorfer*, Die Metallindustrie. Heft 12 A der Wirtschaftsgeographischen Karten und Abhandlungen zur Wirtschaftskunde der Länder der ehemaligen österr.-ungar. Monarchie (hg. Franz *Heiderich*, Wien 1922).

Manfried *Rauchensteiner*, Der Tod des Doppeladlers. Österreich-Ungarn und der Erste Weltkrieg (Graz 1993).

Gustav A. *Raunig*, Der Außenhandel der Monarchie und die Stellung der oesterreichischen Industrie im Weltmarkte, in: Die Gross-Industrie Oesterreichs. Festgabe zum glorreichen fünfzigjährigen Regierungs-Jubiläum seiner Majestät des Kaisers Franz Josef I. dargebracht von den Industriellen Oesterreichs Bd. 1 (Wien 1898).

Fritz M. *Rebhann*, Die braunen Jahre, Wien 1938–1945 (Wien 1995).

Manfred *Reinschedl*, Die Aufrüstung der Habsburgermonarchie von 1880 bis 1914 im internationalen Vergleich: der Anteil Österreich-Ungarns am Wettrüsten vor dem Ersten Weltkrieg. Beiträge zur neueren Geschichte Österreichs 16 (Frankfurt a. M. 2001)

Andreas *Resch*, Die alpenländische Sensenindustrie um 1900. Studien zur Wirtschaftsgeschichte und Wirtschaftspolitik Bd. 3 (hg. von Herbert *Matis* / Roman *Sandgruber*, Wien 1995).

Andreas *Resch*, Firma Walek & Co. Unpubliziertes Manuskript (2004).

Andreas *Resch*, Industriekartelle in Österreich vor dem Ersten Weltkrieg. Marktstrukturen, Organisationstendenzen und Wirtschaftsentwicklung von 1900 bis 1913. Habilitationsschrift vorgelegt an der Wirtschaftsuniversität Wien (2001).

Andreas *Resch*, Quantitative Entwicklung der österreichischen Textilindustrie von der Mitte des 19. bis zur Mitte des 20. Jahrhunderts. Unpubliziertes Manuskript (2004).

Andreas *Resch*, Die Textilindustrie in Wien und Niederösterreich. Unpubliziertes Manuskript (2004).

Andreas *Resch* / Zdenek *Sladek*, Integrations- und Desintegrationstendenzen. Die Handelsbeziehungen 1921–1937, in: Alice *Teichova* / Herbert *Matis* (Hg.), Österreich und die Tschechoslowakei 1918–1938. Die wirtschaftliche Neuordnung in Zentraleuropa in der Zwischenkriegszeit (Wien 1996).

Richard *Riedl*, Die Industrie Österreichs während des Krieges (Wien 1932).

Georg *Rigele*, Die Großglockner-Hochalpenstraße: Zur Geschichte eines österreichischen Monuments (Wien 1998).

Georg *Rigele*, Die Wiener Höhenstraße. Autos, Landschaft und Politik in den dreißiger Jahren (Wien 1993).

Michaela *Roiss*, Erdölversorgung – Erdölverteilung – Tankstellennetz in Österreich. Unveröffentlichtes Manuskript (Linz 2002).

Felix *Romanik*, Der Leidensweg der österreichischen Wirtschaft 1933–1945 (Wien 1957).

Felix *Romanik*, Österreichs wirtschaftliche Ausbeutung 1938–1945 (Wien 1966).

Ralf Roman *Rossberg*, Geschichte der Eisenbahn (Künzelsau 1984).

Rudolf *Rübberdt*, Geschichte der Industrialisierung. Wirtschaft und Gesellschaft auf dem Weg in unsere Zeit (München 1972).

Richard L. *Rudolph*, The Pattern of Austrian Industrial Growth from the Eighteenth to the Early Twentieth Century. Austrian History Yearbook 11 (1975) 3–25.

Helmut *Rumpler*, Eine Chance für Mitteleuropa. Bürgerliche Emanzipation und Staatsverfall in der Habsburgermonarchie. Österreichische Geschichte 1804–1914 (Wien 1997).

Roman *Sandgruber*, Wirtschaftswachstum, Energie und Verkehr in Österreich 1840–1913, in: Hermann *Kellenbenz* (Hg.), Wirtschaftliches Wachstum, Energie und Verkehr vom Mittelalter bis ins 19. Jahrhundert (Stuttgart 1978) 67–93.

Roman *Sandgruber*, 150 Jahre Sparkasse Oberösterreich (Linz 1999).

Roman *Sandgruber*, 20. Jahrhundert. Geschichte Österreichs Bd. 6 (Wien 2003).

Roman *Sandgruber*, Der Alltag des Schillings, in: Vom Schilling zum Euro. Kontinuität und Stabilität (hg. von Klaus *Liebscher* / Wilfried *Seipel*, Wien 2002) 179–188.

Roman *Sandgruber*, Die Anfänge der Konsumgesellschaft. Konsumgüterverbrauch, Lebensstandard und Alltagskultur in Österreich im 18. und 19. Jahrhundert (Wien 1982).

Roman *Sandgruber*, Bittersüße Genüsse. Kulturgeschichte der Genußmittel (Wien 1986).

Roman *Sandgruber*, Cyclisation und Zivilisation. Fahrradkultur um 1900, in: Glücklich ist, wer vergißt ...? Das andere Wien um 1900 (hg. von H. Ch. *Ehalt* / G. *Heiß* / H. *Stekl*, Wien 1986) 285–303.

Roman *Sandgruber*, Die Eisenwurzen. Landschaft – Kultur – Industrie (hg. von Gerhard *Trumler*, Wien 1997).

Roman *Sandgruber*, Fusionen in Österreich, oder: Warum gibt es keine österreichischen Multis?, in: Handbuch Fusionen. Allgemeine, betriebswirtschaftliche, rechtliche und Branchen-Aspekte (hg. von Helmut *Pernsteiner* / Klaus *Mittermair*, Wien 2002) 19–64.

Roman *Sandgruber*, Geld und Geldwert. Vom Wiener Pfennig zum Euro, in: Vom Pfennig zum Euro. Katalog (Wien 2002) 62–79.

Roman *Sandgruber*, Ökonomie und Politik. Österreichische Wirtschaftsgeschichte vom Mittelalter bis zur Gegenwart. Österreichische Geschichte Bd. 10 (hg. von Herwig *Wolfram*, Wien 1995).

Roman *Sandgruber*, Strom der Zeit. Das Jahrhundert der Elektrizität (Linz 1992).

Roman *Sandgruber*, Textilindustrie 1850–1955. Unpubliziertes Manuskript (2004).

Roman *Sandgruber*, Zur Germanisierung Österreichs in der NS-Zeit. Das Beispiel Böhler, in: Stefan *Karner* (Hg.), Wirtschaft und Gesellschaft. Festschrift für Gerald Schöpfer zum 60. Geburtstag (Graz 2004) 149–172.

Roman *Sandgruber* / Ernst *Bruckmüller* / Ernst *Hanisch* / Norbert *Weigel*, Geschichte der österreichischen Land- und Forstwirtschaft im 20. Jahrhundert. Bd. 1: Politik, Gesellschaft, Wirtschaft (Wien 2002).

Roman *Sandgruber* / Willibald *Katzinger* / Franz *Pisecky* / Erwin *Kerschbaummayr*, Der Handel in Oberösterreich. Tradition und Zukunft (Linz 2002).

Roman *Sandgruber* / Harry *Kühnel* (Hg.), Genuß und Kunst. Kaffee, Tee, Schokolade, Tabak, Cola. Ausstellung Schloß Schallaburg, Katalog (Innsbruck 1994).

Michael *Schacherl*, 30 Jahre steirische Arbeiterbewegung, 1890 bis 1920 (Graz o. J.).

Adolf *Schärf*, Österreichs Erneuerung 1945–1955. Das erste Jahrzehnt der zweiten Republik (Wien 1955).

Norbert *Schausberger*, Rüstung in Österreich 1938–1945 (Wien 1970).

Norbert *Schausberger*, Der Griff nach Österreich. Der Anschluß (Wien 1978).

Egon *Scheffer*, Das Bankwesen in Österreich. Entstehung, Entwicklung, Bedeutung für Wirtschaft und Geist (Wien 1924).

Ulrich *Schefold*, 150 Jahre Eisenbahn in Österreich (München 1986).

Ignaz *Scheuble* (Hg.), Handbuch für die k. k. Reichshaupt- und Residenzstadt Wien. Erster Jahrgang 1899–1900 (Wien 1899).

Barbara *Schleicher*, Heißes Eisen. Zur Unternehmenspolitik der Österreichisch-Alpine Montangesellschaft in den Jahren 1918–1933 (Frankfurt a. M. 1999).
Horst *Schreiber*, Wirtschafts- und Sozialgeschichte der Nazizeit in Tirol (Innsbruck 1994).
Max-Stephan *Schulze*, Engineering and Economic Growth. The Development of Austria-Hungary's Machine-Building Industry in the late Nineteenth Century (Frankfurt u. a. 1996).
Joseph *Schumpeter*, Das Wesen und der Hauptinhalt der theoretischen Nationalökonomie (Leipzig 1908).
Joseph *Schumpeter*, Theorie der wirtschaftlichen Entwicklung. Eine Untersuchung über Unternehmergewinn, Kapital, Kredit, Zins und den Konjunkturzyklus (1. Auflage, Leipzig 1911/1912; 2. Auflage, Leipzig 1926).
Joseph A. *Schumpeter*, Capitalism, Socialism and Democracy (New York 1942); dt. Ausgabe: Kapitalismus, Sozialismus und Demokratie (Bern 1946).
Hans *Seidel*, Die »Dollarknappheit« im Lichte der Wirtschaftstheorie, in: Österreich und das Dollarproblem (Wien 1951).
Hans *Seidel*, Die Auslandsabhängigkeit der österreichischen Wirtschaft, in: Österreich und das Dollarproblem (Wien 1951).
Hans *Seper*, Österreichische Automobilgeschichte 1815 bis heute (Wien 1986).
Klaus-Jörg *Siegfried*, Klerikal-Faschismus. Zur Entstehung und sozialen Funktion des Dollfußregimes in Österreich. Ein Beitrag zur Faschismusdiskussion (Frankfurt a. M. 1979).
Robert *Skidelsky*, John Maynard Keynes. Vol. 3: Fighting for Freedom, 1937–1946 (New York 2001).
Adam *Smith*, An Inquiry into the Nature and Causes of the Wealth of Nations. 2 Bde. (Oxford 1979).
Karl *Socher*, Die öffentlichen Unternehmen im österreichischen Banken- und Versicherungssystem (mit einem Anhang: Die Beteiligungsgesellschaften der verstaatlichten Großbanken von Oskar *Grünwald*), in: Wilhelm *Weber* (Hg.), Die Verstaatlichung in Österreich (Berlin 1964).
Alfred *Sohn-Rethel*, Ökonomie und Klassenstruktur des deutschen Faschismus. Aufzeichnungen und Analysen (Frankfurt a. M. 1973).
Sowjetpolitik gegenüber Österreich, April 1945 bis April 1947. Eine Dokumentensammlung (Wien 1947).
Othmar *Spann*, Fundament der Volkswirtschaftslehre (Jena 1918).
Othmar *Spann*, Vom Geist der Volkswirtschaftslehre. Antrittsrede an der Universität Wien, gehalten am 5. Mai 1919 (Jena 1919).
Othmar *Spann*, Hauptpunkte der universalistischen Staatsauffassung (Berlin 1929).
Othmar *Spann*, Kämpfende Wissenschaft. Gesammelte Abhandlungen zur Volkswirtschaftslehre, Gesellschaftslehre und Philosophie (Jena 1934).
Othmar *Spann*, Der wahre Staat. Vorlesungen über Abbruch und Neubau der Gesellschaft, gehalten im Sommersemester 1920 an der Universität Wien (Leipzig 1921).
Herbert *Steiner*, Karl Marx in Wien. Die Arbeiterbewegung zwischen Revolution und Restauration 1848 (Wien 1978).
Dieter *Stiefel*, Entnazifizierung in Österreich (Wien 1981).
Dieter *Stiefel*, Die große Krise in einem kleinen Land. Österreichische Finanz- und Wirtschaftspolitik 1929–1938 (Wien 1988).
Karl *Stocker*, Arbeiterschaft zwischen Selbstbestimmung und Unternehmerkontrolle – Einige Aspekte über Disziplinierung, Machtverhältnisse und Widerstand in Eisenerz, in: Otto *Hwaletz* / Helmut *Lackner* / Josef *Mayer* / Stefan *Riesenfellner* / Ingrid *Spörk* / Karl *Stocker* / Peter *Teibenbacher* / Ilse *Wieser*, Bergmann oder Werkssoldat, Eisenerz als Fallbeispiel industrieller Politik. Dokumente und Analysen über die Österreichisch-Alpine Montangesellschaft in der Zwischenkriegszeit (Graz 1984).
Wolfgang F. *Stolper* / Christian *Seidl*, Einleitung zu Joseph A. Schumpeter, Aufsätze zur Wirtschaftspolitik (Tübingen 1985).
Die Störungen im deutschen Wirtschaftsleben in ihren Rückwirkungen auf die industriellen, Effekten- und Geldmarktverhältnisse Österreichs. Schriften des Vereins für Socialpolitik 112 (hg. vom Verein für Socialpolitik, Leipzig 1903).
Josef *Streiter*, Übersicht über die Entwicklung der Textilindustrie in Österreich, in: Jahrbuch der Bundeslehr- und Versuchsanstalt für Textilindustrie (Wien 1973/74) 128–189.
Gerald *Sturmayr*, Industrielle Interessenpolitik in der Donaumonarchie (Wien 1996).
Arnold *Suppan*, Jugoslawien und Österreich 1918–1938. Bilaterale Außenpolitik im europäischen Umfeld (Wien 1996).
Richard *Swedberg*, Joseph A. Schumpeter. Eine Biographie (Stuttgart 1994).
Maria *Szecsi*, Social Partnership in Austria, in: Kurt *Steiner*, Modern Austria (Palo Alto 1981).
Emmerich *Tálos*, Sozialpolitik im Austrofaschismus, in: Emmerich *Tálos* / Wolfgang *Neugebauer* (Hg.), »Austrofaschismus«. Beiträge über Politik, Ökonomie und Kultur 1934–1938 (Wien 1984).
Emmerich *Tálos*, Sozialpolitik in der »Ostmark«. Angleichungen und Konsequenzen, in: Emmerich *Tálos* / Ernst *Hanisch* / Wolfgang *Neugebauer* / Reinhard *Sieder* (Hg.), NS-Herrschaft in Österreich. Ein Handbuch (Wien 2000).
Tätigkeitsbericht 1945–1947 und Stenographisches Protokoll des Ersten Kongresses des Österreichischen Gewerkschaftsbundes (Wien 1948).
Josef *Taus*, Parteien und Wirtschaft, in: Erika *Weinzierl* / Kurt *Skalnik* (Hg.), Österreich. Die Zweite Republik Bd. 1 (Graz 1972).
Das Technische Museum in Wien. Die Welt der Erfinder und Konstrukteure (Wien 1982).

Alice *Teichova*, Rivals and Partners: Reflections on Banking and Industry in Europe, 1880–1938, in: P. L. *Cottrell* / Hakan *Lindgren* / Alice *Teichova* (Hg.), European Industry and Banking Between the Wars. A Review of Bank-Industry Relations (Leicester 1992).

Alice *Teichova*, Der tschechische Unternehmer in der Zweiten Tschechoslowakischen Republik und im »Protektorat von Böhmen und Mähren«, in: Historische Betriebsanalyse und Unternehmer. Festschrift für Alois Mosser (hg. von Herbert *Matis*, Wien 1997).

Alice *Teichova*, Wiens wechselhafte Rolle als Finanzzentrum in Europa während des 20. Jahrhunderts, in: Banken, Währung und Politik in Mitteleuropa zwischen den Weltkriegen. Jahrbuch der Gesellschaft für mitteleuropäische Banken- und Sparkassengeschichte. Bd. 1: Geld und Kapital (hg. von Alice *Teichova*, Wien 1997).

Daniela *Theiner*, Die wirtschaftliche und soziale Entwicklung der TAG Landeck seit ihrer Gründung. Diplomarbeit an der Leopold Franzens Universität Innsbruck (1993).

Viktor *Thiel*, Geschichte der Papiererzeugung im Donauraum: ein Beitrag zur Geschichte deutscher Leistung (Biberach an der Riß 1940).

Viktor *Thiel*, Geschichte der Papiererzeugung und des Papierhandels in Steiermark, in: Zentralblatt für die Papierindustrie Jg. 1 / 7 (1926).

Tradition – Innovation. Industrie im Wandel. Vergangenheit – Gegenwart – Zukunft (hg. v. Michael *John* / Roman *Sandgruber*, Steyr 1998).

Ferdinand *Tremel*, Wirtschafts- und Sozialgeschichte Österreichs. Von den Anfängen bis 1955 (Wien 1969).

Ernst *Trost*, Zur allgemeinen Erleichterung ...: Eine Kultur- und Wirtschaftsgeschichte des Tabaks in Österreich (Wien 1984).

Walter *Ulreich*, Das Steyr-Waffenrad (Graz 1995).

Berthold *Unfried*, Arbeiterschaft und Arbeiterbewegung im Ersten Weltkrieg: Wien und Niederösterreich, in: Wolfgang *Maderthaner* (Hg.), Sozialdemokratie und Habsburgerstaat (Wien 1988).

Karl *Urban*, Die Brau- und Malz-Industrie Oesterreichs, in: Die Gross-Industrie Oesterreichs. Festgabe zum glorreichen fünfzigjährigen Regierungs-Jubiläum seiner Majestät des Kaisers Franz Josef I. dargebracht von den Industriellen Oesterreichs Bd. 5 (Wien 1898).

Hans-Erich *Volkmann*, Ökonomie und Expansion, Grundzüge der NS-Wirtschaftspolitik. Ausgewählte Schriften. Beiträge zur Militärgeschichte 58 (hg. von Bernhard *Chiari* im Auftrag des Militärgeschichtlichen Forschungsamtes (München 2003).

Marija *Wakounig*, Konsumverhalten des Wiener Bürgertums, in: Jahrbuch 44/45 des Vereins für Geschichte der Stadt Wien, 154–186.

Harald *Walser*, Bombengeschäfte. Vorarlbergs Wirtschaft in der NS-Zeit (Bregenz 1989).

Tina *Walzer* / Stephan *Templ*, Unser Wien. »Arisierung« auf Österreichisch (Berlin 2001).

Adam *Wandruszka*, Geschichte einer Zeitung. Das Schicksal der »Presse« und der »Neuen Freien Presse« von 1848 zur Zweiten Republik (Wien 1958).

Gustav *Wärmer*, Das österreichische Kreditwesen (Wien 1936).

Wasserkraft Viktor Kaplan: 1876–1934. Sonderausstellung zur 50. Wiederkehr seines Todestages (Ausstellung und Begleittext von Gerhard *Maresch*, Wien 1984).

Robert J. *Wegs*, Die österreichische Kriegswirtschaft: 1914–1918 (dt. Bearb. von Heinrich *Mejzlik*, Wien 1979).

Josef *Weidenholzer* / Brigitte *Kepplinger*, Geschichte der Arbeiterkammern 1920–1992, in: 75 Jahre Kammern für Arbeiter und Angestellte (Wien 1995).

Bernd *Weisbrod*, Schwerindustrie in der Weimarer Republik, Interessenpolitik zwischen Stabilisierung und Krise (Wuppertal 1978).

Erwin *Weissel*, Die Ohnmacht des Sieges, Arbeiterschaft und Sozialisierung nach dem Ersten Weltkrieg in Österreich (Wien 1976).

Friedrich von *Wieser*, Der natürliche Werth (Wien 1889).

Friedrich von *Wieser*, Theorie der gesellschaftlichen Wirtschaft (2. Auflage, Tübingen 1914).

Walter *Wiltschegg*, Die Heimwehr. Eine unwiderstehliche Volksbewegung? (Wien 1985).

Wilhelm *Winkler*, Die Einkommensverschiebungen in Österreich während des Weltkrieges (Wien 1930).

Victor *Wolff*, Die Eisen-Industrie, in: Die Gross-Industrie Oesterreichs, Festgabe zum glorreichen fünfzigjährigen Regierungs-Jubiläum seiner Majestät des Kaisers Franz Josef I. dargebracht von den Industriellen Oesterreichs Bd. 2 (Wien 1898).

Oskar *Wurst* / Hermann *Leiter*, Die Handels- und Gewerbekammer Österreich-Ungarns sowie die Institute für fachliche Ausbildung, Heft 1. Wirtschaftsgeographische Karten und Abhandlungen zur Wirtschaftskunde von Österreich-Ungarn (Wien 1917).

Gerd *Wysocki*, Arbeit für den Krieg. Herrschaftsmechanismen in der Rüstungsindustrie des »Dritten Reiches« (Braunschweig 1992).

Bildnachweis

Berlin – akg-images: 10, 65 o., 150 li., 153, 310, 319, 331; ullstein bild: 321; *Bludenz* – Getzner, Mutter & Cie: 172 u.; *Bregenz* – Archiv der Landeshauptstadt Bregenz: 83 u., 173 u.; *Dornbirn* – F. M. Hämmerle Holding AG: 171 (2x); *Feldkirch* – Wirtschaftsarchiv Vorarlberg: 173 o.; *Graz* – Sattler AG: 182; Steiermärkisches Landesarchiv: 83 o., 184, 185, 187, 189, 251, 255, 259; *Guntramsdorf* – Heimatmuseum Ernst Wurth: 148; *Hall* – J. Recheis Teigwaren GmbH: 94 u.; *Hohenems* – Josef Otten GmbH: 172 o.; Jüdisches Museum: 168; *Innsbruck* – Stadtarchiv: 78, 131, 208 u., 271 u.; Tiroler Landesmuseum Ferdinandeum: 235, 271 o.; *Jenbach* – Jenbacher Museum: 198, 199, 234; *Kleinraming* – Steyr Mannlicher GmbH & Co KG: 226; *Linz* – Archiv der Stadt Linz: 92, 142, 163 li.; Energie AG OÖ: 84; Geschichte Club VOEST: 125 u., 126 re. o., 196; Lentos Kunstmuseum: 191; Linz Textil AG: 169, 178, 179, 180 (2x), 183 (2x); Nestlé GmbH: 89 o.; Nordico – Museum der Stadt Linz: 48, 63, 105; Oberösterr. Landesarchiv: 8, 221; Sprecher Automation GmbH: 281 u.; Wirtschaftskammer OÖ: 157 u.; *London* – National Portrait Gallery: 64; *Pottendorf* – Museum Rother Hof: 145; *Rastatt* – Wehrgeschichtliches Museum: 10; *Salzburg* – Salzburger Landesarchiv: 81 o.; Salzburger Museum Carolino Augusteum: 194, 202; Verbund-Archiv: 75; *St. Pölten* – Niederösterr. Landesbibliothek: 253, 275 o.; Stadtmuseum: 135, 175, 215 o., 223; *Steyr* – Archiv Museum Arbeitswelt: 228; *Steyrermühl* – Sammlung Alfred Ursprunger: 247 o.; *Stockerau* – Bezirksmuseum: 69; *Vils* – Schretter & Cie: 208 o.; *Wattens* – Papierfabrik Wattens GmbH: 247 u., 249 u.; *Wien* – Architekturzentrum Wien, Sammlung: 55; Archiv Pichler Verlag: 9, 41 u., 76; Austria Tabak AG & Co KG: 267, 268 re.; Bezirksmuseum Döbling: 289; Bibliothek der Technischen Universität Wien: 77; Brau Union Österreich AG: 254 o., 256 (2x), 258; Bundesministerium für Bildung, Wissenschaft und Kultur: 329; Dokumentationsarchiv des österr. Widerstandes: 132 li.; Erich Lessing: 74, 195; Filmarchiv Austria: 292; Fotoarchiv der KZ-Gedenkstätte Mauthausen (F/1/3/2): 132 re.; Gerhard Trumler: 257; Heeresgeschichtliches Museum: 30; IMAGNO/Austrian Archives: 15, 121, 162; Institut für Zeitgeschichte: 33, 125 o., 138, 149, 213; Josef Manner & Comp. AG: 264, 265; MAK – Österr. Museum für angewandte Kunst/Gegenwartskunst/VBK, Wien 2004: 305; Museum der Gewerkschaft der Agrar-, Nahrungs- und Genussmittelarbeiter: 37, 38 (2x), 39 (2x), 127, 147, 254 u., 261 o., 263; Oesterr. Nationalbank: 97, 100 li., 102 (4x), 103 (4x), 112 li., 114 o.; ORF-Archiv: 49, 295 o.; Österr. Galerie Belvedere: 153, 270 u.; Österr. Industriellenvereinigung: 154 (Foto: Andi Bruckner), 242 li., 243; Österr. Nationalbibliothek, Bildarchiv: 12, 13, 31, 32, 34, 35, 42, 50, 51, 61, 65 u., 70 li., 70/71, 82, 106, 108, 109 (2x), 114 li., 115, 116 (2x), 117 (2x), 119, 143, 146, 150 re., 151 u., 155, 158, 160, 163 re., 176, 188, 192, 193, 197, 200 li., 203, 205 u., 207 u., 215 u., 230 o., 230 u., 272 o., 288, 290, 295 u., 316 (2x), 318, 322, 323, 325, 326; Österr. Nationalbibliothek, Flugblätter-, Plakate- und Exlibris-Sammlung: 293; Österr. Nationalbibliothek, Kartensammlung: 11, 299; Österr. Unilever GmbH: 273; Porr-Archiv: 112 re., 133, 210, 214, 283 u.; Sammlung Ingrid Hänsel: 7, 157 o., 281 o., 296; Shell Austria GmbH: 68; Siemens-Archiv: 53, 90, 277, 278, 283 o., 285; Technisches Museum Wien: 44, 52, 54, 99, 207 o., 212, 217 u., 237, 272 (2x), 274, 275 u., 327; Verein für Geschichte der Arbeiterbewegung: 151 o., 161; Votava: 41 o., 165; Wertheim GmbH: 45 (2x); Wien Museum: 14, 73, 87, 100 re., 104, 107, 113, 205 o., 211, 216, 225, 227; Wiener Stadt- und Landesbibliothek: 81 u.; Wiener Stadt- und Landesbibliothek, Plakatsammlung: 57, 58, 65 u., 85, 94 li. o., 95, 96, 101, 120, 123, 126 li. u., 201, 262, 268 li., 287, 291, 294; *Wiener Neustadt* – Industrieviertelmuseum: 159, 229 u.; Stadtarchiv: 137, 240 (2x), 241; Stadtmuseum: 43, 217 o., 219 (2x), 261 u.; *Zürich* – Museum für Gestaltung Zürich, Plakatsammlung: 279; Privatbesitz: 47, 200 re., 222 u., 224, 231, 236, 239, 242 re., 244, 245, 249 o.; Am Anfange des XX. Jahrhunderts. Eine Ehrengallerie der österreichisch-ungarischen Monarchie (Wien o. J.): 6; Die Gross-Industrie Oesterreichs. 6 Bde. (Wien 1898): 59 u., 60, 71 re., 129, 140, 141, 177, 209, 222 o., 229 o., 248, 260, 286; Hans Kraemer, Das XIX. Jahrhundert in Wort und Bild (Berlin 1905): 59 o., 303; Österreichs Industrie Bd. 1 (Linz 1924): 89 u., 218, 270 o.

Bildnachweis Faltblatt auf Seite 24 und 25
Obere Bildreihe (Persönlichkeiten, von links nach rechts):
Nr. 1, 3, 4, 6, 10, 12: Berlin, ullstein bild; Nr. 2, 5, 7: Berlin, akg-images; Nr. 8: Bombay, Mahatma Gandhi Foundation; Nr. 9, 11: Wien, Österr. Nationalbibliothek, Bildarchiv; Nr. 13: London, National Portrait Gallery; Nr. 14: Berlin, Voller Ernst.
Mittlere Bildreihe (Hochöfen, von links nach rechts):
Wolfsberg, Kärntner Montanindustrie GmbH; Linz, Geschichte Club VOEST.
Untere Bildreihe (Politiker, von links nach rechts):
Nr. 1: Wien, János Kalmár; Nr. 2, 3, 5, 6, 7, 8, 9, 10, 11, 12, 13, 14, 15, 17, 18, 20, 21: Wien, Österr. Nationalbibliothek, Bildarchiv; Nr. 4: St. Pölten, Niederösterr. Landesbibliothek; Nr. 16, 19: Berlin, akg-images; Nr. 22: Wien, Allgemeines Verwaltungsarchiv/BPD Nr. 102.

Die Bilder auf Seite 17 und 21 wurden von Christian Ludwig Attersee als Auftragswerke für Band II der Österreichischen Industriegeschichte angefertigt.